Wirschinger

Jagdrecht des Königreichs Bayern

Das Jagdrecht

des Königreichs Bayern

Für das rechtsrheinische Bayern und die Pfalz

systematisch bearbeitet

von

L. F. Wirschinger

k. Bezirksamtmann a. D.

München 1902

J. Schweitzer Verlag (Arthur Sellier)

Vorwort.

Eine ausführlichere systematische Darstellung des Jagdrechtes im rechtsrheinischen Bayern hat bisher gemangelt.

Diese Lücke soll die vorliegende Arbeit ausfüllen, die aus den Ergebnissen einer mehr denn 50 jährigen Handhabung des bayer. Gesetzes über die Ausübung der Jagd und der Rechtsprechung ein übersichtliches Bild der jagdrechtlichen Verhältnisse im dießrheinischen Bayern geben will.

Um dem praktischen Bedürfnisse möglichst entgegenzukommen, wurde auch besonders darauf Bedacht genommen, die in Fachzeitschriften und in der Presse auftauchenden Zweifelsfragen aus Jäger- und sonstigen Interessentenkreisen in die Erörterung miteinzuziehen und in der gleichen Absicht der gesammten deutschen Spruchpraxis in Jagdstrafsachen eingehende Aufmerksamkeit zugewendet. Dies konnte um so unbedenklicher geschehen, als einerseits die Begriffe des Jagdstrafrechts für das ganze Reich einheitlich feststehen und anderseits die grundlegenden Gedanken und Hauptsätze des bayer. Jagdgesetzes vom Jahre 1856 auch in der Mehrzahl der um die gleiche Zeit entstandenen Jagdgesetze anderer Bundesstaaten wiederkehren.

Die Angleichung jagdrechtlicher und vor Allem auch jagdpolizeilicher Grundsätze des rechtsrheinischen Bayern mit jenen der Pfalz, welche die Gesetzgebung zur Ausführung des Strafgesetzbuches, des Gerichtsverfassungsgesetzes, der Strafprozeßordnung und endlich jüngst des Bürgerlichen Gesetzbuches herbeiführte, mußte es nahelegen, die Bearbeitung auch auf die jagdrechtlichen Verhältnisse der Pfalz zu erstrecken und auf diese Weise das „Jagdrecht im Königreiche Bayern" darzustellen.

Möge die Arbeit freundliche Aufnahme finden bei den Jüngern des hl. Hubertus, welche die Jagd im Wald und auf der Haide üben und bei jenen, die berufen sind, Ordnung und Schutz des Jagdwesens zu handhaben, bei den Gemeindebehörden, bei den Verwaltungs-, Richter-, Forst-, Jagdschutz- und Sicherheitsbeamten, wie endlich bei allen jenen, die als Grundeigenthümer Träger des Jagdrechtes sind und als solche über dieses zu verfügen oder doch am Ertrage desselben ihren Antheil anzusprechen haben.

München am 24. Dezember 1901.

Der Verfasser.

Inhalts-Uebersicht.

Verzeichniß der Abkürzungen.

Allg. pr. L.-R., Th., T., § = allgemeines preußisches Landrecht, Theil, Titel, §.
Archiv f. bürgerl. R. = Archiv für bürgerliches Recht.
Archiv f. civ. Pr. = Archiv für civilistische Praxis.
Archiv f. frz. C.- und Cr.-R. = Archiv für französisches Civil- und Criminalrecht.
A.-Referent = Ausschuß-Referent (Referat) der bayer. Abgeordnetenkammer.
Ausschr. = Ausschreiben.
Bayer. Gmde.-Zeit., Jhrgg. = Bayer. Gemeindezeitung, Jahrgang.
B. L.-R., Th., C., §, Nr., Anm. = bayer. Landrecht, Theil, Capitel, §, Nummer, Anmerkungen.
Beiträge z. Erläut. d. deutsch. R. = Beiträge zur Erläuterung des deutschen Rechts.
Bl. f. a. Pr., Bd. = Blätter für administrative Praxis, Band.
Bl. f. bayer. Finanzwesen = Blätter für bayer. Finanzwesen.
Bl. f. R.-A., Bd., E.-Bd. = Blätter für Rechtsanwendung, Band, Er änzungsband.
Blums Annalen = Blum, Annalen des Reichsgerichts.
Bolze = Bolze, Praxis des Reichsgerichts in Civilsachen.
Brater, Komm. z. b. J.-G. = Brater, Kommentar zum bayer. Jagdgesetz.
Brater, Komm. z. J.-Fr.-G. = Brater, Kommentar zum bayer. Jagdfrevelgesetz.
Brater, Komm. z. W.-Sch.-G. = Brater, Kommentar zum bayer. Waldschadengesetz.
Brater, Samml. prinz. Erlasse = Brater, Sammlung prinzipieller Erlasse.
B.G.B. = Bürgerliches Gesetzbuch.
C.-Pr., C.-Pr.-O. = Civilprozeß, Civilprozeßordnung.
Dalke, pr. J.-R. = Dalke, preußisches Jagdrecht.
Dernburg, Pand. = Dernburg, Pandekten.
Dernburg, pr. Priv.-R. = Dernburg, preußisches Privatrecht.
D. — Deutsch. Jäger, Jhrgg., Bd. = Deutscher Jäger, Jahrgang, Band.
D. J.-Z. = Deutsche Juristenzeitung.
Döllinger, S. d. V.-O. über d. b. Jagdwesen = Döllinger, Sammlungen baierischer Verordnungen über das Jagdwesen.
Döllinger, V.-O.-S. = Döllinger, Verordnungen-Sammlung.
E. = Entscheidung.
E. i. Str.-S., i. Civ.-S. = Sammlung von Entscheidungen des Reichsgerichts in Strafsachen, in Civilsachen.
Eger, eisenbahnrechtl. Entsch. = Eger, eisenbahnrechtliche Entscheidungen deutscher und österreichischer Gerichte.
Emmerling, S. = Emmerling, Sammlung der Entscheidungen des großherzogl. hessischen Cassationshofes.
E. d. b. A.-G. (A.-G.-H.) = Entscheidungen des bayer. Appellationsgerichts (Appellationsgerichtshofes).
E. d. b. Cass.-H., S., Bd. = Entscheidungen des bayer. Cassationshofes für die Pfalz, Sammlung, Band.
E. d. w. Cass.-H. = Entscheidungen des württemb. Cassationshofes.
E. d. b. Comp.-Confl.-Sen. = Entscheidungen des bayer. Competenzkonflikts-Senates.
E. d. b. Ob.-A.-G.-H., S. = Entscheidungen des bayer. Oberappellationsgerichtshofes, Sammlung.
E. d. b. Ob. G.-H., S. i. Str.-S., i. Civ.-S. = Entscheidungen des bayer. Obersten Gerichtshofes Sammlung in Strafsachen, in Civilsachen.
E. d. O.-L.-G. München, S. i. Str.-S. = Entscheidungen des Oberlandesgerichts München, Sammlung in Strafsachen.

E. d. b. L.-V.-A. = Entscheidungen des bayer. Landesversicherungsamts.
E. d. b. V.-G.-H., S. = Entscheidungen des bayer. Verwaltungsgerichthofes, Sammlung.
E. d. pr. K.-G. = Entscheidungen des preußischen Kammergerichts.
E. d. pr. Ob.-Trib., S. = Entscheidungen des preußischen Obertribunals, Sammlung.
E. d. pr. O.-V.-G., S. = Entscheidung des preußischen Oberverwaltungsgerichts, Sammlung.
E. d. R.-O.-H.-G. = Entscheidungen des Reichsoberhandelsgerichts.
Fin.-Min.-Bl. = bayer. Finanz-Ministerial-Blatt.
Fin.-Min.-Entschl. = Entschließung des bayer. Finanzministeriums.
Fischer-Henle, Komm. z. B.G.B. = Fischer-Henle, Kommentar zum Bürgerl. Gesetzbuch.
Fränkel = Fränkel, Mieth- und Pachtrecht.
Gmde.-Ordg. = bayer. Gemeindeordnung, pfälzische Gemeinde-Ordnung.
Gmderechngs-Instr. = Gemeinderechnungsinstruktion für die Pfalz.
Gengler = Gengler, deutsches Privatrecht.
Geret, V.-O.-S. = Geret, Sammlung von Verordnungen.
G.-Entw. = Gesetzentwurf.
Gesetzgebung d. deutsch. R. = Gesetzgebung des deutschen Reiches von B. Gaupp u. A.
G.- u. V.-O.-Bl. = b. Gesetz- und Verordnungsblatt.
Goltdammer, Arch. = Goltdammer, Archiv für Strafrecht.
Heinzerling, Arch. = Heinzerling, Archiv für praktische Rechtswissenschaft (Hessen).
Hirth, Annalen = Annalen des deutschen Reichs von Hirth und Seydel.
J.-G. = Jagdgesetz für das rechtsrhein. Bayern.
J.-Pol.-V.-O. = jagdpolizeiliche Verordnung vom 5. Oktober 1863 und 4. Januar 1872.
J.-V.-O. = Verordnung der österr. und bayer. Landesadministrationskommission, die Verwaltung und Ausübung der Jagd in der Pfalz betr. vom 21. September 1815.
Jhering, Jhrb. = Jhering, Jahrbücher für Dogmatik des bürgerl. Rechts.
Jochow = Jochow, Sammlung von Entscheidungen des preuß. Kammergerichts.
J. W.-Schr. = juristische Wochenschrift.
Kahr, Gmde.-Ordg. = Kahr, Kommentar der rechtsrh. Gemeindeordnung.
Kahr, b. V.-G.-H.-G. = Kahr, Kommentar zum bayer. Verwaltungsgerichtshofgesetze.
Krais, Handbuch = Krais, Handbuch der inneren Verwaltung.
Krais, b. V.-G.-H.-G. = Krais, Kommentar z. bayer. Verwaltungsgerichtshofgesetze.
Kr.-A.-Bl. = Kreisamtsblatt.
Kr.-Int.-Bl. = Kreisintelligenzblatt.
Kriegs-Min.-V.-O.-Bl. = Verordnungsblatt des bayer. Kriegsministeriums.
Kuby, pf. J.-R. = Kuby, das pfälzische Jagdrecht.
Liszt, d. Del.-Oblig. i. Syst. d. B.G.B. = Liszt, die Deliktsobligationen im System des bürgerl. Gesetzbuches.
Liszt, Zeitschr. f. d. ges. Strf.-R.-W. = Liszt, Zeitschrift für die gesammte Strafrechtswissenschaft.
Männer = das Jagdrecht der Pfalz.
Mayer, Gen.-S. = Mayer, bayer. Generalien-Sammlung.
Mecklenburg. Zeitschr. = Mecklenburgische Zeitschrift für Rechtspflege und Rechtswissenschaft.
Min.-A.-Bl. d. Inn. = Amtsblatt des bayer. Staatsministeriums des Innern.
Min.-Bek. = Ministerialbekanntmachung.

Min.-Entschl. d. Inn. = Entschließung des bayer. Staatsministeriums des Innern.
Min.-Komm. = Ministerialkommissär (im Landtage).
Rspr. = d. deutschen Oberhandelsgerichts.
Rspr. = des deutschen Reichsgerichtes in Strafsachen
R. = Reger = Entscheidungen der Gerichte und Verwaltungsbehörden.
Rggs.-Ausschr. = Ausschreiben der bayer. Kreisregierungen
Rggs.-Bek. = Bekanntmachung der bayer. Kreisregirungen.
Rggs.-Bl. = Regierungsblatt.
R.-G.-Bl. = Reichsgesetzblatt.
Riedel-Pröbst, P.-Str.-G.-B. = Kommentar zum bayer. Polizeistrafgesetzbuch.
Roth, b. Civ.-R. = Roth, bayerisches Civilrecht.
Sächsische Annalen = Entscheidung des Oberlandesgerichts Dresden.
Scherer, Komm. = Scherer, Kommentar zum bürgerl. Gesetzbuch.
Scherer, „1. Jahr" = Scherer, „1. Jahr des bürgerlichen Gesetzbuchs."
Serini = Andeutungen über Gesetzgebung und Rechtspflege in den deutschen Rheinprovinzen.
Seufferts Archiv = Seufferts Archiv für Entscheidungen der obersten Gerichte.
Staudinger, Komm. z. B G.B. = Staudinger, Kommentar zum bürgerl. Gesetzbuche.
Stelling, hann. J.-R. = Stelling, das hannoverische Jagdrecht.
Str.-G.-B. = Strafgesetzbuch für das deutsche Reich.
Str.-Pr.-O. = Strafprozeßordnung.
Striethorst, Arch. = Striethorst, Archiv für Rechtsfälle des pr. Obertribunals.
Verh. d. Abg.-K. = Verhandlungen der bayer. Abgeordnetenkammer.
Verh. d. Abg.-K., Beil.-Bd. = Verhandlungen der bayer. Abgeordnetenkammer, Beilagen-Band.
Verh. d. Abg.-K., sten. Ber. = Verhandlungen der bayer. Abgeordnetenkammer, stenographische Berichte.
V.-O. = bayer. Verordnung.
Verw.-Archiv = Verwaltungsarchiv v. Schultzenstein.
Verw.-Bl. pr. = preußisches Verwaltungsblatt.
Volkmar, Jurispr. = Volkmar, Jurisprudenz des rhein. Kassationshofes in Berlin.
W.-B.-G. = bayer. Wasserbenützungsgesetz.
Weber, V.-O.-S. = Weber, Gesetz- und Verordnungen-Sammlung.
W.-Sch.-G. = bayer. Wildschadengesetz.
Wild und Hund = Jagdzeitung, Berlin.
Zachariä, fr. Civ.-R. = Zachariä-Dreyer, Handbuch des franz. Civilrechts.
Zwinger und Feld = Jagdzeitung, Stuttgart.

Druckfehlerberichtigung.

Die Spitzmarke des Abs. 3 auf Seite 123 hat, wie der Sinn schon ergibt, zu lauten: Gewährleistungspflicht des Jagd**verpächters** und ist auch im weiteren Texte dieses Versehen richtig zu stellen.

Seite 131 Note 94 erste Zeile ist statt v. Selling zu lesen **Stelling**.

Seite 284 Note 63 Zeile 21 von unten hat die Jahreszahl statt 30. Juli 1883 zu lauten: **1833**.

Einleitung.

Zur Geschichte der Jagd und des Jagdrechtes im rechtsrheinischen Bayern.

I.

In ältester Zeit schon gaben die Deutschen sich der Jagd mit besonderer Lust hin. Nach dem Zeugnisse eines Julius Cäsar und eines Tacitus pflegten unsere Vorfahren der Jagd mit solchem Eifer, daß „ihr ganzes Leben eine beständige Jagd" genannt werden konnte.[1]) Was sie dazu antrieb, war wohl nicht allein der hohe wirthschaftliche Werth, welchen zu jener Zeit das Wildpret für die Volksernährung hatte[2]) und der nach Cäsars Berichten die damaligen Deutschen sogar zu einem nicht sehr waidmännischen Jagdbetriebe verleiten mochte[3]), sondern auch die Freude an körperlicher Uebung und die Erkenntniß, daß die Abhärtung des Körpers, die Gewandtheit und Sicherheit des Armes und Auges, die Jägerlist, welche das Beschleichen und Erjagen des Wildes fordert und fördert, eine treffliche Vorschule für den Krieg sei.[4])

Das Recht, die Jagd auszuüben, war einst eine der Befugnisse, welche den Markgenossen an dem Gemeindelande, der unvertheilten Allmende, an der im Grundeigenthume der Markgenossenschaft stehenden, dem Einzelnen nur zur Sondernutzung überlassenen Feldmark zukamen.[5]) Das Jagdrecht erschien demnach in Deutschland schon zu ältester Zeit als Zubehör und

---

[1]) Caesar de bello gallico lib. IV de Suevis: multumque sunt in venationibus (die Sueven sind viel auf der Jagd) und lib. VI: vita omnis in venationibus atque in studiis rei militaris consistit (ihr ganzes Leben ist der Jagd und kriegerischen Uebungen gewidmet). S. a. Ickstatt, gründliche Abhandlungen von den Jagdrechten, Vorrede F. 7.

[2]) Schwappach, Handbuch der Forst- und Jagdgeschichte Deutschlands Bd. I S. 54; Pollwein, bayer. Jagdgesetz, Einleitung S. 1.

[3]) Caesar de bello gallico lib. VI: Neque ferae, quam conspexerint, parcunt. Has studiose foveis captas interficiunt. (Sie schonen kein Wild, dessen sie ansichtig werden. Die in den eifrig gestellten Halsschlingen gefangenen Thiere töten sie).

[4]) Bruckmann, Traktat von der Jagd (tractatus de venatione) c. I. 46—48; Chlingensperg, von der Hoffmarchs-Herrn Nider-Gerichtsbarkeit c XLII, 1 p. 246, 247.

[5]) lex Baiuo. 11,5 (Monum. Germ. hist. legum tom. III); Höcht, system. Darstellung des dießrh. Jagdrechts, S. 1; Schwappach a. a. O. S. 54.

Ausfluß des Grundeigenthums.[6]) Mit dem Fortschreiten der Kultur und der Seßhaftigkeit der Bevölkerung, welche zur Ausbildung des Privateigenthums an Grund und Boden führten trat allmälig neben dem freien Jagdrechte, der „freien Pürsch“ auf der unvertheilten Mark, ein die Ausübung durch Dritte ausschließendes Jagdrecht hervor, während bei einigen Stämmen, so insbesondere bei den Bajoariern noch allen Markgenossen ein, wenn auch vielleicht beschränktes, Jagdrecht auf dem Privateigenthume der Einzelnen zustand.[7])

Unter den karolingischen Königen entstanden die Bannforsten (Bannwälder, Bannhölzer, foresta)[8]) mit ausschließendem königlichen Jagdrechte. Und allmälig nahmen die Könige das Jagdrecht auch auf fremdem Grundbesitze in Anspruch.[9])

Die stetig sich vollziehende Auflösung der freien Markgenossenschaften und deren Umwandlung in gutsherrliche Verbände führte zu immer weiterer Einschränkung des altdeutschen Grundsatzes, daß das Jagdrecht jedem freien Manne auf seinem Eigenthume, auf der Allmende zustehe, und diese fortschreitende Beschränkung der Jagdfreiheit der Unterthanen wurde durch die Vorstellung begünstigt, daß die bei Auflösung der Markgenossenschaften frei gewordenen bisherigen gemeinsamen Rechte als herrenlose dem Könige zufielen.[10]) Der Bannforst wurde schließlich zum Wildbanne (wildbann, bannus ferinus, wildbahn), einem Jagdrechte, das auch ohne Grund und Boden, also auf fremdem Grundbesitze allein verliehen werden konnte.[11]) Das Jagdrecht wurde nach und nach zu einem Vorrechte einzelner Privilegirter.[12]) Die Erstarkung der Landeshoheit, vereint mit dem zur Herrschaft gelangenden Begriffe des Patrimonialstaates, brachten endlich die gänzliche Loslösung des Jagdrechtes vom Grundeigenthum zustande. Die Landesherren zogen das Jagdrecht ganz an sich und verliehen es, soweit dasselbe nicht ihrer ausschließenden Uebung vorbehalten blieb, wieder in verschiedenem Umfange.[13]) Die

---

[6]) Schwappach a. a. O. S. 54; s. a. Conrad, Handwörterbuch der Staatswissenschaften, Artikel „Jagdrecht“.

[7]) lex Baiuo. 22,11 (a. a. O.), Schwappach a. a. O. S. 54, 55.

[8]) Forst (foresta, forestis, foriste) wurde zur regelmäßigen Bezeichnung der Bannforste im Gegensatze zu den übrigen Waldungen (silvae, nemora), Schwappach a. a. O. S. 56, 57.

[9]) Haydenpuecher, Disputation über das Recht der Jagd, des Vogel- und Fischfangs thes. X, XII—XIV; Schwappach a. a. O. S. 58.

[10]) Schwappach a. a. O. S. 63, 206; Höcht a. a. O. S. 2; Roth, bayer. Civ.-R. Bd. III S. 125.

[11]) Schwappach a. a. O. S. 58, 59, 198, 200.

[12]) Schwappach a. a. O. S. 206; Khraisser jus ven. rom.-bevaric. c. II, 16.

[13]) Schwappach a. a. O. S. 61, 206, 207; Haydenpuecher a. a. O. thes. XVII; s. a. Khraisser a. a. O. c. II.

„Hohe Jagd“ auf die „fürtrefflicheren Thiere“ wurde vom „niederen Wildbanne, dem Reißgejaid und kleinen Waidwerk“ getrennt, ersterer zumeist dem Landesherrn allein vorbehalten, ausnahmsweise bevorzugten Ständen, der „kleine Wildbann“ den anderen geistlichen und weltlichen Ständen, Prälaten und Stiftern, dem Adel und Patriziat zugestanden, dem des Waffenrechtes verlustig gewordenen Bauern die Ausübung des Waidwerkes aus polizeilichen Rücksichten in der Regel gänzlich versagt.[14]) Die schon seit Jahrhunderten verbreitete Lehre des öffentlichen Rechts, daß der Inhaber der Landeshoheit vermöge dieser und aus Rücksichten der öffentlichen Wohlfahrt (jure superioritatis et publicae salutis) seinen Unterthanen das Jagen nicht nur an öffentlichen Orten sondern auch auf den eigenen Liegenschaften verbieten könne,[15]) fand für Bayern im Landpot von 1520 förmlichen gesetzlichen Ausdruck: „Es soll auch hier mit sondern ernst allen Bürgern, die nit aus den stetten von geschlechten seyn, sambt allen andern gemainen Volkh und sonderlich aller pawrschaft die Haasen und Fuchs zu schießen oder sonsten in was weg das geschehen möcht auch fliegend wildpret mit den Netzen, Pern oder Schilten zu fahen, in unsere Land gänzlichen und gar verpoten sin und bleiben.“[16]) Damit war der nächste Schritt zur Entstehung eines staatlichen Jagdregals als Hoheitsrecht des Landesherrn gethan, ein Schritt, welcher in Bayern schon früherhin versucht worden war; so im Jahre 1435, als bei den Verhandlungen zwischen Herzog Ludwig und dem Bischofe von Passau wegen des Wildpannes die herzoglichen Abgeordneten geltend machten: „wie der wildpann ein solich herrlichkeit wer, die in als einem landesfürsten billich zugehört in seinem land.“ [17]) Immerhin wurde aber auf die landständischen Beschwerden, insbesondere des Ritterstandes Rücksicht genommen, welcher schon anno 1499 Klage geführt hatte, daß

---

[14]) Pruckmann a. a. O. c. IV, 7, 17; Medices a. a. O. quaest. V, 4; Khraisser a. a. O. c. XVII S. 66; Roth, bayr. Civilrecht Bd. III S. 124 ff.; Höcht a. a. O. S. 3; Schwappach a. a. O. S. 212. V.-O. Herzog Albrechts von 1487 und 1493 s. Kraut, Grundriß zu den Vorlesungen über deutsches Privatrecht § 121, 19 und S. 341, 342.

[15]) Außer dem allgemeinen Satze vom „Befehlsrechte der Obrigkeit und der Gehorsamspflicht des Unterthanen“ wurden von den Rechtsgelehrten zur Unterstützung dieser Lehre die heil. Schrift (Jeremias 27,6 und 28,14, Daniel 2,28: wonach das Wild dem gehöre, deß das Land ist) und eine Reihe wirthschaftlicher, sozialer und polizeilicher Rücksichten geltend gemacht: die Gefahr der Ausrottung des Wildstandes, das Bedenken möglicher Vernachlässigung des Ackerbaues und anderer Berufszweige über der Jagd, die Gefährlichkeit allgemeineren Waffengebrauchs, die Begünstigung von Mord und Diebstahl, das Drohen von Friedbrüchen und Streitigkeiten (rixae) u. s. w., so bei Pruckmann a. a. O. c. IV, 7—43, Haydenpucher a. a. O. thes. VII ff., Ickstatt a. a. O. T. II c. 2 §§ 18 ff.

[16]) Kraut a. a. O. § 121, 21.

[17]) Monum. boica XXXI. 2. p. 280.

die herzoglichen Jägermeister, Jäger und Forstmayster sich gegen altes Recht und altes Herkommen unterfingen, den Adel an der Jagd auf Hoch- und Rehwild zu behindern.[18]) Das ständische, erbliche oder auf Herkommen beruhende Jagdrecht blieb, wenn auch mit Einschränkungen, anerkannt. Das bayerische Landrecht von 1616 (Gejaidsordnung Cap. 1—11) bestätigte die Regalität des Jagdrechtes unter Aufrechthaltung der wesentlichen Zugeständnisse der erklärten Landesfreiheit. Die jagdrechtlichen Verhältnisse gestalteten sich auf Grund dieser gesetzlichen Bestimmungen dahin aus: Die Regalität beruhte auf der Abtheilung in die hohe und niedere Jagd. Die hohe Jagd („das hoch Jagen, die hohe Jagdbarkeit auf hoches, großes rot und schwartzes Wildtprätt") stand dem Landesherrn zu, soweit sie nicht als Erb- oder Gnadenjagden an einzelne von den Ständen, vom Adel, von den Landsassen oder an Inhaber fürstlicher Aemter abgetreten war.[19]) Die Erbjagden waren in der Familie vererblich, die Gnadenjagden, fürstlichen Beamten oder sonstigen Persönlichkeiten zumeist in Anerkennung besonderer Verdienste und nur ausnahmsweise an Familien vergeben, standen dem Begnadigten nur für sich in widerruflicher Weise (precario) zu, erloschen mit der Persönlichkeit des Beliehenen und fielen dann dem Landesherrn wieder heim, soferne dieser nicht den Erben die Jagdausübung aus besonderer Gnade hingehen ließ, was einer Neuverleihung gleichgeachtet wurde, oder letztere ausdrücklich verfügte.[20]) Gewöhnlich wurden Erb- wie Gnadenjagden nur auf Ansuchen und selten unentgeltlich vergeben. In der Regel mußte eine ansehnliche Kaufsumme oder eine beträchtliche Jahresabgabe (Kompens) erlegt werden.[21])

---

[18]) biblioth. hist. Gotting. t. 1 p. 287; s. a. Schwappach a. a. O. S. 202, 203.

[19]) Weizenegger, Dissert. über das Jagdrecht p. c. IV, 24; Roth, b. Civ.-R. Bd. III S. 125. — Gegenstand des hohen Wildbannes (Hauptwildfuhr) war das Schwarzwild, Bären und Sauen, dann das Rothwild, Hirsch und Thier, die fürtrefflicheren Thiere. Vom fliegenden Wildpret waren dem Landesherrn allein vorbehalten die Falken und Blaufüße, Milanen und Fasanen. Weizenegger a. a. O. c. IV, 16, V, 3; Khraisser a. a. O. c. III, 1, XXI, XXIII; Chlingensperg a. a. O. c. XLI, 6, XLII, 12; s. a. b. Gejaidtsordnung Kap. 21, Mandat vom 25. März 1625 und kurf. Dekret vom 11. April 1681.

[20]) b. Gejaidtsordnung von 1616 Kap. 2; Chlingensperg a. a. O. c. XLI, 7; Waizenegger a. a. O. c. IV, 25; Höcht a. a. O. S. 4.

[21]) Höcht a. a. O. S. 4 entnimmt einem Verzeichnisse derer, „denen aus gnaden und auf Widerlosung Jhaiden zu kauffen gebn und auch um gelt angebotten worden sind", daß Adelige und Klöster jährlichen Kompens für das Jagdrecht an die landesherrliche Kasse einbezahlen mußten. Mit Rücksicht auf diese einem Pachtschillinge entsprechenden Jahreskompense wird in der älteren Jagdrechtsliteratur auch von Pachtjagden (venationes conductae) gesprochen, so Khraisser a. a. O. c. VIII, 2. Die pachtweise verlassenen Gnadenjagden wurden auch Bestandjagden genannt, Ickstatt a. a. O. T. II c. V § 9 S. 265.

Ueberdies war den Inhabern von Bestand- oder Gnadenjagden die Auflage gemacht, daß sie, wenn ein fürtrefflicheres Wildstück von ihnen erlegt würde, dasselbe an den fürstlichen Hof einliefern sollten.[22])

Bestehende Erb- oder durch altes Herkommen erworbene Jagdrechte wurden als verliehen erklärt und anerkannt.

Die Inhaber von Pfleg- und Gnadenjagden durften letztere ohne landesherrliche Spezialerlaubniß bei Meidung des Einzugs der Jagdgerechtigkeit an Niemanden verstiften oder überlassen.[23]) Von 1715 ab waren im Interesse der Hebung der im Lande völlig ruinirten Jagdbarkeit verschiedene Pfleg- und Gnadenjagden eingezogen worden, zwar unter Erlaß der jährlichen Rekompensgelder, aber auch unter Vorbehalt der beliebigen landesherrlichen Neuverleihung an andere.[24]) Bald darauf wurden die also eingezogenen Pfleg- und Gnadenjagden als vorbehaltene Wildfuhren erklärt, in denen keinem Stande oder anderen die Ausübung des großen noch des kleinen Waidwerks mehr erlaubt sein sollte.[25])

Die Ausübung der Niederjagd (kleine Jagdbarkeit, kleines Waidwerch, der nider Wildbann, Reißgejaid) auf Füchse, Hasen, Wachteln, Hühner und Vögel[26]) war, ausser in den vorbehaltenen Bannforsten (Lustgejaidern, Wildpanen) und in deren Vorhölzern,[27]) den Landständen, Prälaten, Stiftern, edelmannsfreien Landsassen und den Angehörigen (Bürgern) aller Geschlechter einzelner Städte gestattet (verlassen), jedoch unter ausdrücklicher Verwahrung der Regalität und landesfürstlichen Gerechtsame am kleinen Waidwerke und dessen gnadenweisen Bewilligung in den landesherrlichen Wildfuhren, Jagd- und Forstämtern.[28]) An den Landes-

---

[22]) Diese Auflage war nur den Inhabern der Gnaden-, nicht aber der Erbjagden gemacht, Kap. 8 der Gejaidtsordnung von 1616.

[23]) Weizenegger a. a. O. c. IV, 23, V, 3; Khraisser a. a. O. c. VIII, XIII; Chlingensperg a. a. O. c. XLII; s. a. b. Gejaidtsordnung Kap. 21 und kurfürstl. Mandate vom 27. August 1669 und 19. Juni 1673; ferner Höcht a. a. O. S. 4; Art. 18 der Landesfreiheitserklärung von 1553; Gejaidtsordnung Kap. 9; Roth, bayer. Civ.-R. Bd. III. S. 125; Schwappach a. a. O. S. 559.

[24]) Kurfürstl. Mandat vom 3. Juli 1677; Weizenegger a. a. O. c. IV, 24, 25.

[25]) Kurfürstl. Dekret vom 9. November 1715.

[26]) Chlingensperg a. a. O. c. XLII, 10, 11 zählt weiters zum kleineren Waidwerk an Vierfüßern: den Dachs, Marder, Biber (s. Note 38 oben) und Ottern; von Federwild: Wildtauben, Lerchen, Schnepfen, Auer- und Spielhahnen und was alles zur Gattung der Vögel gehört, Khraisser dazu noch Haselhühner a. a. O. c. XXII.

[27]) b. Gejaidtsordnung von 1616 Kap. 1 Eingang; Khraisser a. a. O. c. I; kurfürstl. Mandat vom 13. August 1678.

[28]) Art. 16 der Landesfreiheitserklärung: Gejaidtsordnung Kap. 9—11; Khraisser a. a. O. c. X; Chlingensperg a. a. O. c. XLI, 5; Roth, b. Civ.-R. Bd. III S. 125, 126. Kurfürstl. Mandat vom 19. Juni 1673 und vom 23. Januar 1728.

grenzen war die Verpachtung der Niederjagd auch an — landesangehörige — Unterthanen statthaft.[29])

Die Jagdgerechtigkeit konnte innerhalb ein und desselben Jagdgebietes mehreren bewilligt werden, mit Gleichberechtigung, nach Hoch- und Niederjagd, sowie nach Art der Jagdausübung oder für bestimmte Wildgattungen getrennt.[30]) Bei gleicher Jagdberechtigung, der sogen. Ehejagd, war die Prävention maßgebend, wer zuvorkam, durfte zuerst die Jagd ausüben, die anderen nach ihm, soweit noch Aussicht auf Erbeutung von Wild gegeben war.[31]) Wem nur die hohe Jagd zustand, der durfte in der Regel Thiere nicht jagen, welche Gegenstand des einem anderen zukommenden kleinen Waidwerks waren, umgekehrt der nur zur Niederjagd Berechtigte sich nicht anmaßen, in das Recht des hohen Wildbannes einzugreifen.[32]) War bei Verleihung einer Jagdgerechtigkeit deren Umfang nicht ausdrücklich und unzweideutig an erkannt worden, so wurde von Rechtswegen nur die Bewilligung des niederen Wildbannes vermuthet.[33]) Den der Edelmannsfreiheit Fähigen kam die Jagdausübung nicht nur auf eigenem Grund und Boden, im eigenen Hofmarksbezirke, sowie auf den landesherrlichen (landgerichtischen) Gründen zu, sondern auch auf den anstoßenden fremden Grundstücken, Wiesen und Waldungen „soweit sich das blau am Himmel erstreckt." Es stand aber noch jederzeit in landesfürstlicher Macht, die landgerichtischen Gründe durch eigene Jagdbediente selbst besuchen zu lassen und diesem oder jenem vom Adel eine besondere Freiheit und Vergünstigung deswegen zu gestatten (Mandat vom 27. November 1629 und 19. Juni 1673). Den der oberpfälzischen Edelmannsfreiheit Fähigen vom Adel, insbesondere jenen, welche keine eigenen Jagden hatten,

---

[29]) Khraisser a. a. O. c. XI text. pag. 42 zu vgl. mit Art. 17 der Landesfreiheitserklärung.

[30]) Dem einen konnte in einem bestimmten Jagdgebiete (Wald) ausschließlich die Jagd auf Hirsche — Hirschfaißt, dem anderen nur die Sauhatz zustehen, einem die Verfolgung des Wildes nur mit Hunden (Hetzen), anderen lediglich der Hasen- und Fuchsfang ohne Hunde mit Netz und Garn zur Nachtzeit, einem Dritten nur das Schießen des Wildes gestattet sein. Waizenegger a. a. O. c. IV, 27.

[31]) Die in Koppel- und Ehejagden gemeinsam Berechtigten sollten von ihrem Jagdrechte keinen den Mitjagenden nachtheiligen unwaidmännischen Gebrauch machen. Waizenegger a. a. O. c. IV, 28; Chlingensperg a. a. O. c. XLI, 15.

[32]) Weizenegger a. a. O. c. IV, 17, 26; b. Gejaidtsordnung von 1616 Kap. 12 und 2. Wer gelegentlich der Ausübung der ihm zustehenden Niederjagd Hochwild fing, hatte dasselbe dem Inhaber der hohen Jagdgerechtigkeit abzuliefern.

[33]) Weizenegger a. a. O. c. IV, 17. War die Jagdgerechtigkeit mit der Formel ertheilt „alles Waydtwerk wie das mag Namen haben", so war Verleihung der Hoch- und Niederjagd anzunehmen. Khraisser a. a. O. c. II, 14 und Waizenegger a. a. O. c. IV, 19.

wurde bei Vertheilung ihrer Privilegien auf landgerichtischen Gründen ebenfalls der kleine Wildbann bewilligt. Sie durften aber auf diesen Gründen nur einen Vogelherd zurichten, Hasen, Füchse, Rebhühner jagen und Enten auf einem Weiher schießen (Mandat vom 28. November 1629). Unter den Edelmannsfreien war es im stillschweigenden Einverständnisse zum Herkommen geworden, daß sie die Jagd wechselseitig auf ihren Besitzungen ausübten.[34] Der eine durfte auf den Grundstücken und in den Wäldern des anderen jagen, wenn auch von den einzelnen Jagdberechtigten hiegegen Verwahrung eingelegt worden sein mochte.[35] Den nicht edelmannsfreien Adeligen und Hofmarkbesitzern stand die Jagdausübung nur im eigenen Gebiete und auf den landgerichtlichen, nicht aber auf fremden Gründen zu, während den Kaufbürgern und sonstigen dergleichen gemeinen Leuten „die für adelich im Land nit angeschaft seyn" nicht einmal auf dem eigenen von Adeligen erworbenen Hofmarkbesitze die Ausübung des kleinen Waidwerks verstattet war.[36] Als bemerkenswerthe Erscheinung aus dem damaligen Jagdrechte ist noch das Recht der Wildfolge hervorzuheben. Wer eine Erb- oder Gnadenjagd innehatte, durfte das auf seinem Gebiete verwundete Wild mit dem Leit- oder Bluthund auch in einem anderen Jagdbezirke verfolgen und dort ergreifen. Die Verfolgung (Nacheile, Nachsetzen) mußte jedoch ununterbrochen fortgesetzt und durfte auf ebenem Lande nicht über 24 Stunden, im Gebirge nicht länger als bis zum dritten Tage ausgedehnt werden. Auch war der Verfolger gehalten, das verwundete (schweissende) Wild am Orte des Flüchtiggehens zu verbrechen zum Beweise, daß nicht frischem, sondern nur verwundetem Wilde nachgetrachtet werde.[37]

---

[34] Chlingensperg a. a. O. c. XLI, 12, 16, 17; kurfürstliches Mandat vom 29. Dezember 1667, 27. August 1669, 19. Juni 1673; s. a. Roth b. Civ.-R. Bd. III S. 126; Höcht a. a. O. S. 5. Durch Ziff. III des Dekretes vom 19. Juni 1674 war in den Gebieten der übrigen Jagdberechtigten ein landesrechtliches Mitjagdrecht vorbehalten. Die pfalzneuburgische Freiheitserklärung von 1607 wahrte in § 17 dem Landesherrn die Ausübung der Jagd zu seiner Ergötzlichkeit auch auf den Jagdgebieten seiner Landsassen, jedoch unbeschadet ihrer Rechte. Khraisser a. a. O. c. I, 3.

[35] Chlingensperg a. a. O. c. XLI, 17.

[36] Daß es übrigens bei diesem Zusammentreffen verschiedener Jagdberechtigungen auf demselben Gebiete nicht immer ohne Streit, Feindschaft, Tumult und selbst Thätlichkeiten abging, ist aus der landesväterlichen Mahnung in Kap. 2 der Gejaidtsordnung: „Daß die Landsassen etwas nachbarlichers und vertraulichers sich gegeneinander im Jagen halten und keiner den anderen, bevorab wann jemandt sein Jagen allberait angestellt, zu trutz und neyd jagen soll" recht deutlich zu entnehmen. Kurfürstl. Mandat vom 19. Juni 1673; Chlingensperg a. a. O. c. XLI, 17 und 19; Höcht a. a. O. S. 5.

[37] Gejaidtsordnung von 1616 Kap. 3: Khraisser a. a. O. c. III, 17, 19; Chlingensperg a. a. O. c. XLII, 8. Im Vorderösterreichischen war die Wildfolge ausgeschlossen. In anschaulicher, lebhafter Schilderung erläutert ein alter Jagdschriftsteller diesen Vorgang. „Der Jäger kumbt ins

Solange das verwundete Wild verfolgt wurde, stand das Recht der Besitzergreifung an demselben dem (jagdberechtigten) Verfolger allein zu. Unterließ der Jäger die Verfolgung oder gab er dieselbe auf, so gehörte das Thier demjenigen, welcher sich desselben im Bereiche seiner Jagdberechtigung bemächtigte. [38])

Das bayer. Landrecht von 1756 bestätigte die Regalität des Jagdrechtes aufs neue. Theil II Kap. 3 § 3 besagt: „nach hiesigen Land-Rechten aber darf man sich weder der Jagd noch des Vogel-Fangs . . . . anmassen, es sei denn aus landesfürstlicher Spezial-Concession oder sonst rechtmäßiger Weise hergebracht," und die Anmerkungen hiezu fügen bei: „. . . ist unleugbar, daß das jus capiendi feras fast in aller Herrn dem Unterthan benommen und von der Landesherrschaft an sich gezogen worden seye."

Der Kreis der Jagdberechtigten war erweitert. Nachdem zufolge kurfürstlichen Mandates vom 7. April 1679 denjenigen, welche den kurfürstlichen Rathstitel inne hatten, auf ihren Hofmarken die Ausübung des kleinen Waidwerks zuerkannt worden, werden in den Anmerkungen zum Landrechte von 1756 unter den der Edelmannsfreiheit nicht fähigen Adeligen nicht mehr blos die für „adelich bekannt und ausgeschriebenen" begriffen, sondern „denselben hierinnfalls auch die graduirten Personen gleich geachtet."

Der Umfang der Jagdgerechtigkeiten erscheint sachlich eingehender umschrieben. Zur hohen Jagdbarkeit werden insonderheit neben Hirsch und Schwein die Gemsen und Steinböcke[39]) gezählt, zur Niederjagd die sogen. Thändl, Rehe, Füchse, Hasen

---

Feldt, wo der Hirsch die Wayd genommen, zeucht ihm auff der fart oder Grüß nach gen Holtz: So Er aber vernimmt und deß Hirsch Klauen und gespür heiß, welches Er an dem Hund, wann Er friedtlich reist, vernimbt, so liebt Er seinen Hundt, Hochta nur Mannrecht, streicht ihm die Augen herauß, zeucht wider davon, legt sein Bruch (einen in den Boden gesteckten oder dort gelegten abgebrochenen Zweig nach der Fluchtrichtung des Wildes). Lestlich zeucht der Jäger seinen Bruch, da Er den Hirsch verbrochen und bestettiget, sucht oder jagt ihn mit dem Leydthundt auff, hetzt und jagt in's Horn, schreyet Ju, Ju, antwortet den Jagdhunden, den Hirsch herfür, hengt denn Lauff bis zum Zeug oder den Schutz, da der Hirsch gefangen oder gefallen: alsdann kombt der Laidthund mit grosser begirdt und hochlautend wird ihm sein theil im Jägerrecht von dem Jäger geraicht, mit lautern schönen Waydtsprichen, von hellen Hals und Hornschällung, Hou, Hou, Hou." Meurer, Forst- und Jagdrecht Th. IV S. 71. Khraisser setzt hier voraus, daß nach Legung des Bruchs die Fluchtbahn durch Personen besetzt, mit Tüchern, Lappen oder Spähnen abgeschlossen werde.

[38]) Als Aufgeben der Verfolgung war es wohl auch zu erachten, wenn dieselbe wegen Ablaufes der Verfolgungsfrist (s. oben) eingestellt werden mußte. Weizenegger a. a. O. c. IV, 32, 33; Pruckmann a. a. O. c. II, 26, 28, 29; Haydenpucher a. a. O. thes. XLV, XLVI.

[39]) Der Steinbock kam als Wechselwild aus den tiroler in die bayerischen Alpen. Schwappach a. a. O. S. 625.

und Dachse, sowie alles andere kleinere Wildpret, wie auch die Schnabelwaid an Hühnern, Wildenten und Gänsen, Wildtauben und Lerchen.[40]) Die Fasanen, Haselhühner, Trappen, Birk- und Auerhähne gehörten nun zur Niederjagd und der Hof beanspruchte auch nicht mehr, daß dergleichen Federwild gegen die übliche Taxe an die Hofküche abgeliefert werde.[41]) Otter und Biber zählten gleichfalls zur Niederjagd.

Wie in den rechtsrheinischen Landestheilen, welche zum Rechtsgebiete des bayr. Landrechts gehören, so war auch in jenen, welche der Herrschaft des preußischen Landrechts unterstehen, die Regalität der Jagd anerkannt und zwar in letzterem durch allgem. L.-R. Th. II Tit. 16 § 39 „die Jagdgerechtigkeit gehört zu den niederen Regalien und kann von Privatpersonen nur so wie bei Regalien überhaupt verordnet ist, erworben und ausgeübt werden.“ Unter der Jagdgerechtigkeit, welche den Rittergütern gewöhnlich beigelegt war, wurde in der Regel nur die niedere Jagd verstanden. Wer nur mit der Jagd überhaupt beliehen war, hatte nur ein Recht zur Niederjagd. Wer sich also die hohe Jagd anmaßen wollte, mußte die auf eine rechtsgültige Art geschehene Erwerbung derselben besonders nachweisen. Zur hohen Jagd wurden gewöhnlich nur Hirsche, wilde Schweine, Auerochsen, Elenthiere, Fasanen, Auer-Hähne und -Hennen gerechnet. Wo die Provinzialgesetze keine mittlere Jagd bestimmten, gehörte alles übrige Wild zur niederen Jagd. Jagdbare Thiere sind in der Regel alle vierfüßigen Thiere, und wildes Geflügel, soferne sie zur Speise gebraucht werden; andere wilde Thiere aber, wozu auch Wölfe, Bären und dergleichen schädliche Raubthiere gehörten, waren in der Regel Gegenstand des freien Thierfanges mit der Einschränkung, daß auf die genannten Raubthiere in Wäldern und Jagdrevieren nur von dem Jagdberechtigten gesucht oder gejagt werden durfte.[42]) Wo die Jagdfolge üblich, durfte das nachweislich (durch die am Orte der Verwundung befindlichen Haare, Farbe — Blut —) auf dem eigenen Reviere verwundete (angeschossene) Wild auch auf fremden Revieren solange verfolgt werden als die Spürhunde die Fährte noch nicht verloren hatten.

[40]) Namentlich die Holz- und Riegeltauben. Weizenegger a. a. O. c. V, 10. Der „Lerchenstreich“, von welchem Kyllinger Disput. über die Jagd a. Schl. meint, daß er jedermann frei gestattet sei (s. a. Kap. 22 der Gejaidtsordnung), aber doch zugesteht, daß der Lerchenfang auch den auf fremdem Grund und Boden Jagdberechtigten zukomme, war in Bayern schon früherhin der Niederjagd beigezählt, s. Chlingensperg a. a. O. c. XLII, 11. Das Schießen von Schwänen war durch kurfürstl. Mandat vom 16. Mai 1763 verboten worden.

[41]) Weizenegger a. a. O. c. V, 3; Chlingensperg a. a. O. c. XLII, 12. Früher war das kurfürstl. Mandat vom 19. Juni 1673 maßgebend.

[42]) Allgem. L.-R. Th. II Tit. 16 §§ 40, 41, 42 mit 37, 32—35.

Das Gewehr mußte hiebei auf dem eigenen Reviere zurückgelassen, nach dem Einfangen oder wenn die Spur des Wildes verloren gegangen, sogleich wieder mit eingekoppelten Hunden in das eigene Revier zurückgekehrt werden. Das eingeholte Wild durfte nur in Gegenwart des Jagdberechtigten oder herbeigerufenen unparteiischen Zeugen aus dem fremden Revier weggeschafft werden. Unter diesen Voraussetzungen sollte die Jagdfolge als üblich vermuthet werden. Bei angeschossenem Hochwilde war dem Jagdberechtigten auf seine Kosten binnen 24 Stunden von dem Anschusse Nachricht zu geben.[43])

Auch in den übrigen altbayerischen sowie in den später einverleibten rechtsrheinischen Landestheilen des Königreiches behauptete die Gesetzgebung beinahe durchgängig die landesherrliche Regalität des Jagdrechtes.

Das Ende des 18. und der Anfang des 19. Jahrhunderts brachte weitere entscheidende Einschränkungen der bisherigen Jagdgerechtigkeiten in Bayern. Durch Mandat vom 10. November 1790 wurde ausgesprochen, daß auf zur Kultur gewidmeten Gründen diejenigen, welche dort die Jagdbarkeit hergebracht haben, die Kultur nicht unter dem Vorwande einer Schmälerung ihres Jagdrechtes einstellen oder verhindern dürften.[44]) Ein Mandat vom 28. Juni 1799 verordnete, daß alle hohen und niederen Jagden — mit Ausnahme der Parke und der bisher vom Oberjägermeisteramte unmittelbar besorgten und zum Beschlag der Hofhaltung und Residenz bestimmten, sowie der der verwittw. Herzogin

---

[43]) Th. I Tit. 9 §§ 128—140.

[44]) Die Holz- und Kohlordnung des Herzogtums Sulzbach vom 15. Juni 1755; Generale vom 5. Januar 1801 für die Grafschaft Cham; pfalzneuburgische Verordnung vom 22. September 1579 und 14. Dez. 1584; pfalzneuburgische Verordnung vom 5. Januar 1678 und Art. 11 der pfalzneuburgischen Forst- und Jagdordnung von 1690. — Ansbacher Wildbahnmandat vom 27. März 1710 § 10. Verordnung vom 2. Januar 1680. Mainzische Forst- und Jagdordnung vom 5. November 1744 c. II §§ 2, 11, 19; würzburgische Landesverordnungen vom 10. April 1700, 1. April 1726 und vom 24. Mai 1774. — Die Reichsstift Irsee'sche Holz- und Jagdordnung von 1787. — Das fürstlich Kempten'sche Maiengebot vom 1. Mai 1786. — Die reichsherrschaftliche Forst- und Jagdordnung für Königseck, Rothenfels und Staufen von 1778 für die Gebiete der Grafschaft Immenstadt und der Herrschaft Staufen. — Reichsgotteshaus Ottobeurer Jagdordnung vom 17. März 1787. – Etwas freiere Anschauungen bekundete das Jagdpatent für die ehemals vorderösterreichischen Staaten vom 28. Februar 1786: der hohe Wildbann wie die niedere Jagdbarkeit durften verkauft oder verpachtet werden — ausgenommen an solche des Bauern- und Bürgerstandes. Die Jagdbarkeiten der Städte und Märkte waren von Zeit zu Zeit im Wege der Versteigerung zu verpachten, wobei kein Einstandsrecht gegen den Meistbietenden eingeräumt wurde. S. Döllinger Repertorium der Staatsverwaltung Bd. XVI S. 300 u. ff. — Roth, b. Civ.-Recht Bd. III S. 126.

von Zweibrücken in Neuburg angewiesenen Jagden — auf gewisse Jahre verstiftet werden sollten, und durch Reskript vom 19. Mai 1800 wurde angeordnet, daß die auf Widerruf verliehenen und nicht landesherrlich bestätigten Gnadenjagden mittels Versteigerung zu verpachten seien.[45]) Durch Verordnung vom 13. August 1804 § 23 wurde neuerdings aufgetragen, daß alle nicht zu dem Leibgehege gezogenen und nicht zur Reservejagd für die Bedürfnisse der Hofhaltung bestimmten Jagden der allgemeinen Verpachtung unterliegen sollen,[46]) und mit Reskript vom 27. Juni 1807 angeordnet, daß allen künftigen sowohl lebenslänglich, als auf unbestimmte Zeit verliehenen Jagdpachtungen die Bedingniß nach Allerh. Reskripte vom 26. Juni 1807 ausdrücklich einverleibt werde, daß, wenn eine solche Jagd während der Pachtzeit entweder zur Einverleibung in das Leibgehege oder zur Einreihung in die Reservejagden zum Behufe der Hofhaltung zurückgezogen werden wolle, hiegegen weder eine Reklamation noch ein Entschädigungsanspruch statthaben könne.[47])

Als durch Verordnung vom 20. April 1806 (publizirt 1809) das Vorrecht der Edelmannsfreiheit aufgehoben worden war, erschien es als eine unvermeidliche Folge, daß auch bezüglich der Jagdrechte ein neues grundlegendes Rechtsverhältniß geschaffen werde. Dies geschah durch das Edikt über die gutsherrlichen Rechte vom 28. Juli 1808, in welchem das Jagdrecht, soweit es den Gutsherrn nach Maßgabe bisherigen Herkommens zugestanden hatte, als gutsherrliches Recht aufgefaßt wurde, im übrigen aber Staatsregal verblieb.[48]) Die Verfassungsurkunde von 1818 nahm diesen Grundsatz unverändert auf.[49]) Während bis dahin das den Edelmannsfreien zugestandene Waidwerk nur ein persönliches Recht bildete, wurde nun das gutsherrliche Jagdrecht zu einem dinglichen, dem mit der Gutsherrlichkeit ausgestatteten Gutsbesitze entfließenden Eigenthumsrechte, das jedem Gutseigen-

---

[45]) Mayer, General. S. v. 1799 S. 208. Ein Reskript vom 13. April 1804 (Rggsbl. 1804 S. 411) verordnete im Anschlusse hieran, daß sowohl im Leibgehege, in den Reserve-, als auch in den verpachteten Jagddistrikten die Jagd nur unbeschadet der Kultur und ihrer Unternehmungen ausgeübt werden solle.

[46]) Mayer, General. S. v. 1800 S. 297: in der Oberpfalz auf Lebzeiten, Mandat vom 6. August 1799; Intell. Bl. 1800 S. 311.

[46]) Rggsbl. 1804 S. 405.

[47]) Rggsbl. 1807 S. 1455.

[48]) Rggsbl. 1809 S. 113; § 67 dieses Edikts, Rggsbl. 1808 S. 1833; vgl. a. Roth, b. Civ.-R. Bd. III S. 126, 127.

[49]) Verf.-Urk. Tit. V § 4, und IV. Beil. § 3; vgl. a. hieher IV. Beil. § 49, ferner Allerh. Reskript vom 31. Dezember 1806 über die der königlichen Souveränität unterworfene Ritterschaft und ihre Hintersassen, E. 3. Abs. I g — Rggsbl. 1807 S. 193 — und Art. XXVII der Rheinbundsakte — Rggsbl. 1807 S. 114; Roth a. a. O. S. 127.

thümer mit grundherrlichen Vorrechten zustand.[50]) Die als Staatsregalität verbliebenen — königlichen Jagdbarkeiten dagegen wurden auch fortan nur in persönlicher Weise übertragen, indem sie durch öffentliche Versteigerung an den Meistbietenden verpachtet wurden. Wo sich auf solchen Jagdgebieten Mit- oder Koppeljagden befanden, sollte noch vor der Verpachtung das Zustandekommen angemessener Purifikationsvergleiche angestrebt werden.[51])

Zur Mitsteigerung auf die zur Verpachtung gelangenden königlichen Jagden sollten anfänglich nur die Adeligen, königlichen und Privatbediensteten höherer Klassen, überhaupt alle Honoratioren, dann das Jagdpersonal aller Grade, insofern der betr. Jagdbezirk sich nicht über ihren Forstdienstbezirk ausdehnte (mit Ausschluß der Forstgehilfen), nicht aber Individuen aus den Klassen der Bürger und Bauern, deren Nahrungszweigen die Jagdausübung hinderlich sein würde, zugelassen werden.[52]) Späterhin (1829) wurde der Kreis der durch Erpachtung persönlichen Jagdausübungsrechtes Fähigen dahin erweitert, daß zur Pachtung jeder selbstständige, gutbeleumundete Staatsbürger zugelassen wurde, welcher das 21. Lebensjahr zurückgelegt hatte und sich im freien Genusse eines seinen und seiner Familie Unterhalt sichernden Einkommens befand, welches nachzuweisen war.[53]) Diener der Kirche, Volksschullehrer, subalterne Staatsdiener der k. Stellen vom Sekretär abwärts und äußere Beamten mußten die Erlaubniß der vorgesetzten Stellen oder Behörden zur Jagdpachtung, die k. Offiziere vom Hauptmann abwärts und ranggleichen Militärbeamten kriegsministerielle Bewilligung hiezu beibringen.[54]) Zur Jagdpachtung wurden ferner zugelassen Stiftungen im Besitze eigener Jagden behufs Arrondirung derselben durch angrenzende königliche Jagdbezirke und Gemeinden inner-

---

[50]) Noch die kurfürstl. Mandate vom 27. November 1756 und 20. Februar 1766, dann vom 30. April 1784 — Mayers General. S. v. 1788 Bd. III S. 100 und 1784 Bd. I S. 34, 212 — erneuerten den grundsätzlichen Hinweis, daß das kleine Waidwerk den adeligen Sitzen und Hofmarken nicht als Realrecht (jure reali), sondern nur als spezielle Konzession und persönliches Recht anhafte. Verf.-Urk. Tit. V § 4; Pözl, b. Verf.-R. V. Aufl. S. 178.

[51]) Oberförster-Instruktion v. J. 1812 § 17 Abs. II; Döllinger S der bayer. VO. über das Jagdwesen S. 204; Reskript vom 3. Mai 1829, Beil. § 1, Döllinger a. a. O. S. 215. Oberförster-Instruktion § 17 Abs. II b.

[52]) Oberförster-Instruktion v. 1812 § 17 Abs. II f., Döllinger a. a. O. S. 206.

[53]) Reskript vom 3. Mai 1829 Beil. Z. II § 3; Döllinger a. a. O. S. 217.

[54]) Ebenda § 5. Aeußere Beamte und Bedienstete, insbesondere das Forstpersonal sollten zur Pachtung solcher kgl. Jagden nur zugelassen werden, wenn deren größerer Theil innerhalb der Amts- oder Dienstbezirke gelegen war.

halb ihrer Ortsflur.[55]) Die Verpachtung erfolgte in der Regel auf Lebenszeit des Pächters, an Gemeinden und Stiftungen auf Lebensdauer der zur Jagdausübung Bestellten eventuell auf 15 Jahre. Den Pächtern stand es nicht zu, den Pachtvertrag unter irgend welchem Vorwande zu künden, dagegen war dem verpachtenden k. Aerare die Kündigung in einer Reihe besonders bestimmter Fälle vorbehalten.[56])

Der Jagdpachtschilling mußte für jedes Etatsjahr im Voraus entrichtet werden und wurde bei Auflösung des Pachtvertrages während des laufenden Jahres für die Zeit vom Tage des Aufhörens der Jagdbenutzung bis Jahresschluß dem Pächter oder dessen Stellvertreter zurückbezahlt. Vor Einweisung in die gepachtete Jagd hatte Pächter eine Kaution im doppelten Betrage des jährlichen Pachtzinses zu hinterlegen oder hypothekarisch aufrecht zu machen.[57])

Die wegen Tausch-, Verkaufs- oder Purifikationsverhandlungen, Grenzbereinigung, behufs Wiederhebung oder Abminderung des Wildstandes oder aus sonstigen Ursachen pachtlos gewordenen königlichen Jagden wurden zeitlich, jedoch die in der Regel nicht über die Dauer eines Jahres, in Regiebetrieb genommen.[58])

Eine besondere jagdrechtliche Stellung hatten die Wildparke, Thiergärten mit festen Mauern, Pfahl- oder Bretterzäunen, geschlossene Waldungen und Gehölze, so daß ein Entweichen des dort eingehegten Wildes nicht stattfinden konnte. Als Sondereigenthum waren dieselben vom Gebiete der Jagdberechtigung Dritter ausgenommen, die dortselbst eingeschlossenen Thiere galten als der natürlichen Freiheit beraubt bereits im Eigenthume des Parkherrn stehend und waren als solches der Ergreifung und Erlegung durch andere entzogen. Hatte jedoch ein Wild durch

---

[55]) Ebenda § 6; Döllinger a. a. O. S. 219.

[56]) § 6 ebenda (Leuteration vom 14. Juli 1834 und Z. IV. § 26 Abs. I, Döllinger a. a. O. S. 320, 234). Das Kündigungsrecht des Verpächters trat insbesondere bei Verkauf, Vertauschung, Abtretung behufs Purifikation, Arrondirung oder Einziehung als Reservejagd ein, zwecks Ausgleichung von Grenzstreitigkeiten, wegen Zuwiderhandlung des Pächters gegen die Pachtbedingungen, insbesondere bei Abschwandung oder Ueberhege des Wildstandes, bei Verlust der Eigenschaften des Pächters oder Aufhören der Verhältnisse, welche die Pachtfähigkeit begründeten. Quieszenz oder Pensionirung der Staatsdiener und Militärs, Endigung der Funktion des Bürgermeister- rc. Amtes wurden jedoch nicht als unbedingter Kündigungsgrund betrachtet, wohl aber eine die persönliche Jagdausübung ausschließende Versetzung. Reskr. vom 3. Mai 1829 sowie vom 27. November 1822, Döllinger a. a. O. S. 235, 236, 213.

[57]) Reskript vom 3. Mai 1829 Beil. §§ 25, 27, 28; Döllinger a. a. O. S. 233, 237, 239.

[58]) Ebenda § 2b, Döllinger a. a. O. S. 216.

Entweichen aus dem Parke die natürliche Freiheit der Bewegung wieder erlangt, so fiel es als herrenlos der Jagd der außerhalb des Parkes Jagdberechtigten anheim, soweit nicht besondere jagdpolizeiliche Verbote auch dann den Fang und die Erlegung solcher Thiere untersagten.[59])

Als ein Ueberrest des alten deutschen freien Jagdrechtes hatte sich in einzelnen Gegenden, in Bayern insbesondere um Memmingen und im Ries die sogen. „freie Pürsch" erhalten, welche im Pürschbezirke nicht nur die Herrschaften und Obrigkeiten, sondern auch die Bürger und Unterthanen — Bauern, woferne sie landesansässig und unbescholtene Leute waren, zur vollen Jagdausübung berechtigte. Der Uebergang zum 19. Jahrhundert räumte auch mit diesem alten aus dem Mittelalter herstammenden Rechte gänzlich auf.[60])

Die umgestaltenden Verhältnisse des Jahres 1848 bahnten endlich die Rückkehr zu dem altdeutschen Grundsatze an, daß die Jagd mit dem Grundeigenthum in Verbindung stehe, das Jagdrecht diesem letzteren entfließe. Nachdem die verfassunggebende deutsche Nationalversammlung zu Frankfurt a. M. in den deutschen Grundrechten ausgesprochen hatte, daß die Jagd auf fremdem Grund und Boden aufgehoben sein, die Berechtigung zur Jagd auf eigenem Grund und Boden aber im Grundeigenthume liegen solle,[61]) brachen auch die Landesgesetzgebungen mit dem lange behaupteten Regalitätsprinzipe und erhoben die Forderung der Grundrechte zur gesetzlichen Regel.

---

[59]) Ickstatt a. a. O. Th. I §§ 91 Note Abs. II, 92, 93 S. 50—53, Pruckmann a. a. O. c. I, 18; ein kurfürstliches Mandat vom 13. März 1723 erwähnt den zu kurfürstlicher Lust angelegten Forstenrieder parque, welcher durchgängig mit Brettern eingefangen, jedoch von verschiedenen Ortsverbindungswegen durchzogen war, deren Thürgatter (Falter) nach jeder Durchfahrt und nach dem Durchtriebe von Vieh bei Strafe wieder geschlossen werden mußten. Aehnliche Parke waren die Hirschgärten bei Schleißheim (aufgelassen 1799) und bei Nymphenburg sowie die Fasanengärten (Fasanerien). - Kurfürstl. Mandat vom 13. März 1723. — Jagdordnung für Ober- und Niederbayern vom 21. März 1799 und Dekret vom 11. Juni 1799, Mayers Gen. S. v. 1800 S. 344, Dekrete vom 29. März und 11. Juni 1799, Mayers Gen. S. v. 1800 S. 35 und 344.

[60]) Kraut a. a. O. § 121, 10; Schwappach a. a. O. S. 215; Höcht a. a. O. S. 5. – Die um Memmingen bestandene freie Pürsche wurde durch Verordnung vom 19. Januar 1807, RBl. 1807 S. 231, aufgehoben.

[61]) Art. 8 § 37 der deutschen Grundrechte bestimmte: „Im Grundeigenthume liegt die Berechtigung zur Jagd auf eigenem Grund und Boden. Die Jagdgerechtigkeit auf fremdem Grund und Boden, Jagddienste, Jagdfrohnden und andere Leistungen für Jagdzwecke sind ohne Entschädigung aufgehoben. — Die Ausübung des Jagdrechtes aus Gründen der öffentlichen Sicherheit und des gemeinen Wohles zu ordnen, bleibt der Landesgesetzgebung vorbehalten. Die Jagdgerechtigkeit auf fremdem Grund und Boden darf in Zukunft nicht wieder als Grundgerechtigkeit bestellt werden." Verhandl. der deutschen verfassungsgebenden Nationalversammlung 1849, insbesondere Bd. IV.

Im rechtsrheinischen Bayern wurde schon durch Gesetz vom 4. Juni 1848 das Jagdrecht auf fremdem Grund und Boden und zwar ohne Entschädigung der bisher Jagdberechtigten aufgehoben und ausgesprochen, daß das Jagdrecht an die Grundeigenthümer übergehe. Die Ausübung der Jagd durch den Grundeigenthümer ward jedoch im Interesse der öffentlichen Ordnung und Sicherheit wie aus wirthschaftlichen Rücksichten von der Erfüllung gewisser dinglicher Erfordernisse abhängig gemacht. Soweit letztere bei einem Grundeigenthümer nicht gegeben waren, sollte die Gemeinde — in der Regel — Namens der Grundeigenthümer innerhalb ihres Bezirks das Jagdrecht durch Verpachtung ausüben, der in die Gemeindekasse fließende Pachtschilling aber den betheiligten Grundbesitzern, gewissermaßen als Rekognition des ihrem Jagdrechte entsprechenden Anspruches auf die Jagdrente, verrechnet bezw. zu den sie treffenden Gemeindeausgaben verwendet werden. Die bestehenden Jagdpachtverträge lösten sich kraft Gesetzes zum gesetzlichen bestimmten Termine (1. Februar 1849, dem Tage des Ueberganges des Jagdrechts an die Grundeigenthümer) ohne gegenseitige Entschädigung der Jagdbesitzer und Jagdpächter auf.[62]) Ausgenommen von der Anwendung dieser Bestimmungen wurden: die Niederjagd in der Umgebung der k. Residenzschlösser innerhalb eines Umkreises von 3 Stunden, dann die Hoch- u. Niederjagd in den kgl. Leib- und Reserve-Gehegen Hohenschwangau, Tegernsee und Berchtesgaden. Die betreffenden Grundbesitzer und Gemeinden sollten hiefür, wo nicht freiwilliges Uebereinkommen erzielt werden konnte, nach dem Maßstabe der Pachtschillinge der umliegenden Jagden entschädigt werden.[63]) Die bald zu Tage tretenden Mängel dieses Gesetzes,

[62]) Art. 1, 2, 3, 4—7 dieses Gesetzes.

[63]) Art. 8 ebenda. — Durch Generale vom 20. Februar 1800, Mayers Gen. S. 1800 S. 37, war der Bestand des Leibgeheges auf die hohe und niedere Jagd in den Forsten und Feldmarkungen von Grünwald, Germering, Forstenried nebst Park daselbst, Sendling, Nymphenburg, Schleißheim, Gern und der Hirschau festgesetzt. Nach der Hofjagdintendanz-Instruktion vom 30. August 1806, Döllingers Repert. Bd. XVI S. 58, theilten die Leibgehege sich in Fasanerien, Parke und freie Jagddistrikte. Der Forstenrieder Park wurde bis zur Würm vorgerückt, um dem Wassermangel abzuhelfen, dagegen die Antheile der Sendlinger und Neurieder Reviere, dann sämmtliche Feld- und Orsschafts-Forsten, Fürstenried, Neuenried, Solln und Starnberg vom Parke ausgeschlossen. Fasanerien waren in Nymphenburg, Hartmannshofen, Moosach, Schleißheim. Zu den freien Distrikten gehörten die Reviere Deisenhofen, Grünwald, Perlach, Rammersdorf, Grasbrunn, Aschheim, Ismanning, Hirschau, Schleißheim, Olching, Allach, Germering, Sendling, Neuenried, Unterbrunn. Reservejagden waren die Reviere Weihenstephan, Indersdorf, Utting, Wessobrunn, Diessen, Andechs, Anzing rc. Durch Dekret vom 7. September 1815 wurde der Salinenforstbezirk Berchtesgaden, vom 26. März 1824 der von Tegernsee als Leibgehegsbestand erklärt, Reservejagden in den Forstämtern München, Freising, Haag, Engelhardting, Benediktbeuren, Partenkirchen, Rothenbuch, Pflugdorf und Starnberg, dann in den Salinenforst-

insbesondere das Fehlen von Bestimmungen, welche die Ausübung der Jagd regelten,[64]) gaben der Staatsregierung Anlaß, noch im ersten Geltungsjahre desselben den Kammern des Landtags einen neuen Gesetzesentwurf vorzulegen, welcher jene Lücken ausfüllen und namentlich auch dem in bedenklicher Weise zunehmenden Jagdunfuge steuern sollte. Welchen Umfang dieser Unfug erreicht hatte und wie dringend Abhilfe hiegegen im Interesse der öffentlichen Ruhe und Sicherheit nicht minder als in jenem der persönlichen Sicherheit des Einzelnen geboten war, bestätigte in Anerkennung der Ausführungen der Entwurfsbegründung[65]) späterhin bei Berathung des Gesetzentwurfes die Aeußerung eines Abgeordneten: „Durch die Jagdfreiheit, welche das Gesetz vom 4. Juni 1848 den Gemeinden zutheilte, ohne daß es Bestimmungen gegen den Mißbrauch der Jagd festgestellt hatte, trat eine förmliche Jagdanarchie, ein Zustand der Verwilderung auf dem Lande ein. Das Gesetz hatte die Jäger glücklich beseitigt, die Wilderer aber schossen wie Pilze aus dem Boden hervor. Nun waren die Jäger die Ausnahme, die Wilderer die Regel.“ [66]) Es schienen sich all' die Gründe bewahrheiten zu sollen, welche einst für Einschränkung der Jagdausübung nach unten geltend gemacht wurden, und das Citat des alten bayerischen Jagdrechtslehrers Weizenegger zur Wirklichkeit zu werden, daß „die Wildprettschützen gemeinklich wercklos Faullentzer, Verthuener, Verderber von Weib und Kinder seyn“.[67]) Der Gesetzentwurf von 1849 gelangte erst im folgenden Jahre zur Berathung des Landtags, aus welcher er als das gegenwärtig noch geltende Gesetz „über die Ausübung der Jagd“ vom 30. März 1850 hervorging. Durch den Verzicht der Krone auf das ihr in Artikel 8 des Gesetzes vom 4. Juni 1848 vorbehaltene Vorrecht der Niederjagd in der Umgebung der k. Residenzschlösser wurde der letzte Ueberrest von Jagdgerechtigkeit auf fremdem Grund und Boden beseitigt, die Unterscheidung zwischen Hoch- und Niederjagd gänzlich aufgegeben.[68]) Die grundlegenden Züge der Jagdgesetzgebung blieben

---

bezirken Tegernsee, Rosenheim, Berchtesgaden, vorbehalten. Döllinger S. d. Jagd-VO. S. 258—60.

[64]) Verh. d. b. K. d. Abg. 1849/50 Beil. Bd. I S. 60; Höcht a. a. O. S 8.

[65]) Begründung des Jagdgesetzentwurfes, Verh. d. b. K. d. Abg. 1849/50 Beil. Bd. I S. 60.

[66]) Verh. d. b. K. d. Abg. 1849/50 sten. Ber. Bd. II S. 17. Ein anderer Abgeordneter bemerkte: „daß seit Freigebung der Jagd die Jagdunfuge auf eine sehr bedenkliche Weise zugenommen haben, geht am hellsten daraus hervor, daß nach öffentlichen Berichten 22 Menschen erschossen und über 40 schwer verwundet wurden, nicht zu gedenken derjenigen, welche mit leichten Verletzungen davongekommen sind. (a. a. O. S. 66).

[67]) Weizenegger a. a. O. c. III, 4, 5, 7; Pruckmann a. a. O. c. VI, 17, 20, 25; Ickstatt a. a. O. T. II §§ 3, 5, 6, 7 S. 228, 231; s. a. Höcht a. a. O. S. 8.

[68] Verh. d. b. Abg.-K. 1849/50, Entwurfsbegründung, Beil. Bd. I S. 60.

auch in dem neuen Jagdgesetze aufrecht erhalten: Aufhebung des Jagdrechtes auf fremdem Grund und Boden, Anerkennung desselben als Ausfluß des Grundeigenthums, Ausschluß einer Trennung des Jagdrechtes von Grund und Boden als dingliches Recht.

Die Jagd-(Wild-)Folge war durch die Bestimmung in Art. 2 Ziff. 2 des Jagdfrevelgesetzes vom 25. Juli 1850 ausdrücklich aufgehoben worden.[69])

II.

Die Jagdausübung unterlag, wie schon oben bei Betrachtung des Entwickelungsganges des Jagdrechtes mehrfach berührt worden, nach ihrer persönlichen Seite hin mannigfaltigen und oft sehr tiefgreifenden Beschränkungen.

Den weitestgehenden Einschränkungen war selbstverständlich die dem gemeinen Volke und sonderlich der Bauernschaft bei grundsätzlicher Ausschließung von der Jagdberechtigung nur als sogen. „Nothjagd" zur Rettung des eigenen Lebens oder des Viehstandes verstattete Jagdausübung auf schädliche Thiere, wie Wölfe, Bären, Luchse, Otter, Iltis und Wildkatzen 2c. unterworfen.[70]) Abgesehen von Fällen unmittelbarer, nicht anders abwendbarer Gefahr für Leib, Leben und Eigenthum sollte auch diese Nothjagd von dem gemeinen Volke, wozu die nicht patrizische Bürgerschaft, Kaufleute und andere nicht für adelig anerkannte zählten und dem auch die Gerichtsschreiber, Pfarrer und anderen Priester gleichgestellt waren, in der Regel nur mit Vorwissen des Jagdberechtigten ausgeübt, jedenfalls mußte aber das Fell eines bei der Nothjagd erlegten schädlichen Thieres dem Jagdherrn eingeliefert werden. Den Bauersleuten war noch erlaubt, bei ihren Häusern Marder und Iltis zu fangen, so gut sie könnten, der Gebrauch von Büchse und Gewehr zu Jagdzwecken, also wohl auch bei der Nothjagd, den Bauers- und anderen gemeinen Leuten verboten.[71])

---

[69]) Art 2. „Des im Art. 1 Ziffer 1 erwähnten Jagdfrevels macht sich gleichfalls schuldig . . . . 2. wer ein von ihm angeschossenes Wild ohne Einwilligung des Berechtigten in einen fremden Jagdbezirk verfolgt."

[70]) Gejaidtsordnung von 1616 Kap. 16.

[71]) Gejaidtsordnung Cap. 11; Kurfürstl. Mandat vom 19. Juni 1673; außer den Genannten werden noch dem gemeinen Volk besonders zugezählt die Schergen, Vieh- und Feldhüter, Schäfer, Gejaidtsordnung a. a. O., Mandat vom 22. November 1677; Khraisser a. a. O. c. XI und VXI, 5–7. — vgl. a. Landesfreiheitserklärung von 1553 Art. 16. Bei drohender, aber noch nicht eingetretener Gefahr soll die Verfolgung der schädlichen Thiere nur mit Zustimmung des Jagdberechtigten stattfinden, Weizenegger a. a. O. c. III, 28. Gejaidtsordnung, Kap. 17 und Kurfürstl. Mandat vom 17. August 1650.

Dem mit der Niederjagd begnadigten gefreiten Adel war die Ausübung der Jagd auf den landgerichtlichen Gründen außerhalb des eigenen Hofmarkbezirkes lediglich für die eigene Person und nicht den ganzen Tag oder solange der Himmel blau sondern nur vom Morgen bis Mittags oder von Abend bis Sonnenuntergang zugestanden. Nur den Wittwen (Erbjagdbegnadeter) und dem in kurfürstlichem Dienste stehenden Adel (Kavaliers, Räten und Beamten), welche die Jagd nicht in eigener Person ausüben konnten, war gestattet, die Jagd auch auf den Landgerichtsgründen durch einen gebrödeten Jäger ausüben zu lassen. Diese Vergünstigung wurde auch auf jene Stände ausgedehnt, deren Hofmarkbesitz die Haltung eines angemessen besoldeten, gelernten Jägers austrug, während bei gar kleinen Hofmarken und Edelsitzen die Aufstellung solcher Jäger zur Verhütung nachtheiligen Jagdbetriebes hintangehalten werden sollte.[72]) Unbedingt verboten war den Landsassen und Ständen die Verwendung ihrer Schergen als Jäger und durften diese auch nicht in die herkömmliche grüne Jägertracht (Rock, Hosen und Hut) gekleidet noch mit Pürschbüchsen ausgerüstet werden.[73]) Den gebrödeten Jägern sollte die Pürsche außerhalb des Hofmarkbezirkes immer nur auf Halbtagsdauer (von Morgen bis Mittag oder vom Mittag bis zur Nacht) erlaubt sein und auch die Schweinehatz vom Stricke nur solange ausgedehnt werden, daß der Jäger des Nachts wieder zu Hause — in seiner Wohnung — sein konnte, ausgenommen den Fall, daß sie den Jagdberechtigten selbst bei der Jagdausübung begleiteten.[74])

Dem kurfürstlichen Jagdpersonale (Jagdbedienten, Ueberreitern und Förstern) wurde in den landesherrlichen Wildfuhren und Jagdbögen nach besonderer Anweisung des Oberjägermeisters und der Forstämter und nur an Orten, wo vielfältiges Schießen weniger Schaden brachte, die kleine Pürsche auf Hasen, Füchse, Dachse, Marder, dann der Fang von Hühnern und anderen vornehmen Wildprets bewilligt. Doch mußten sie bei strengster Ahndung das erlegte Wild gegen das übliche Jäger-(Schuß-)Geld zur Hofküche einliefern.

---

[72]) Kurfürstl. Mandat vom 27. August 1669 und 19. Juni 1673, dann v. 28. Mai 1717, 20. Februar 1766 u. 30. April 1784, Döllinger, Repert. Bd. XVI S. 283 ff.; Chlingensperg a. a. O. c. XLI, 13 S. 244. Die Gejaidtsordnung von 1616 Kap. 2 Abs. III; Mandat vom 19. Juni 1673, Mandate vom 18. Dezember 1654, 27. August 1669, die Jagdausübung sollte nicht übertragen werden insbesondere Wirthen, Badern, Wagnern, Meßmern, Schörgen und Schindern sowie Bauern.

[73]) Gejaidtsordnung v. 1616 Cap. 2; Khraisser a. a. O. c. II, 16.

[74]) Kurfürstl. Mandate vom 19. Juni 1673, 6. Februar 1697, 29. Juli 1705; Chlingensperg a. a. O. c. XLII, 6 S. 248. Kurfürstl. Mandate vom 4. April 1670, 19. Juni 1673, 3. Juni 1695 und 29. Juli 1705.

In sachlicher Richtung war allgemeinhin den Jagdberechtigten ein waidmännischer Jagdbetrieb zur Auflage gemacht und die Jagdausübung im (wirthschaftlichen) Interesse der Erhaltung eines guten Wildstandes, welcher als besondere Zier und als besonderer Nutzen des Landes galt, mannigfachen Beschränkungen nach Zeit, Art und Mitteln der Jagd sowie nach Gattung, Alter und Geschlecht des Wildes unterworfen.[76])

Die Schonzeiten waren festgesetzt für den Hirsch und das übrige Hirschwildpret[77]) und für das Rehwild. Gaisen waren nicht jagdbar.[78]) Die Hasen durften mit Netz und Garn nur in der Zeit vom 25. Juli bis 25. Februar und ausnahmsweise zu Ostern, jedoch da nicht mehr als drei Stücke gefangen werden.[79]) Die Fuchsjagd mit ordentlichem Jagen, Hetzen, Gruben, Selbstgeschossen und Schießen[80]), ferner die Jagd auf Dachse, Marder und Biber war zeitlich beschränkt.[81]) Für das Federwildpret, Haselhühner, Auer- und Spielhähne bestanden eingehende Schonvorschriften. Auch der Vogelfang unterlag besonderen Beschränkungen.[82]) Wenn von Rebhühnern, deren Fang nur mittels Beize (Falk und Reiher), Hühnerbären, Deckschnee und hohen Netzen erlaubt war, eine Kitt zu mehr als sechs Stücken gefangen worden, mußten sogleich ein Hahn zwei Hennen, bei Kitten von 12 Stücken aber zwei Hennen losgelassen werden. Fasanen durfte nur derjenige Jagdberechtigte fangen oder schießen, welcher sich darüber auszuweisen vermochte, daß er 15 Hennen und 2 Hähne ausgesetzt habe.[83]) Die Jagd auf Schnepfen und vierbeiniges und gefiedertes Raubzeug mit Ausnahme der Falken und

---

[76]) b. Gejaidtsordnung von 1616 Kap. 2 u. 3; kurfürstl. Mandate vom 25. Januar 1665, 4. April 1670, 3. Juni 1695 und 28. Mai 1717, dann vom 30. April 1785; b. Oberförster-Instruktion von 1812 § 17 Abs. II lit. I., Reskript vom 3. Mai 1829 über die Jagdverpachtungen, Beil. § 22 Abs. II. Döllinger S. von Jagd-V.-O. S. 210, 211.

[77]) b. Gejaidtsordnung Kap. 3. Nach der Oberförster-Instruktion v. 1812 § 17 Abs. II lit l. war die Pürschzeit für Hirsche auf 1. Juni bis Ende Oktober, für die Thiere vom 1. Oktober bis letzten Dezember festgesetzt.

[78]) Gejaidtsordnung ebenda.

[79]) Gejaidtsordnung Kap. 12. Bei tiefem Schnee war der Hasenfang jedermann verboten. Gejaidtsordnung Kap. 13. Die Oberförster-Instruktion von 1812 setzte die Zeit der Hasenpürsche von Ende August bis letzten Januar fest.

[80]) Gejaidtsordnung Kap. 12. Zu Zeiten, da die Feldmäuse sehr überhand nahmen und in den Getreidefeldern Schaden thaten, mußte die Fuchsjagd bei Meidung des Einzugs 3 Jahre lang eingestellt werden, Mandat vom 23. November 1648.

[81]) Gejaidtsordnung Kap. 13. Die Marder und Biber mußten zur Hofküche eingeliefert werden, Gejaidtsordnung Kap. 13; Khraisser a. a. O. c. XIII, 4.

[82]) Gejaidtsordnung Kap. 21, 22.

[83]) Kurfürstl. Mandat vom 12. Juni 1766, Mayers Gen. S. v. 1784 S. 801.

Blaufüße, die wegen ihrer Verwendung für die fürstliche Beize von niemanden gefangen werden durften, und der Reiher, schwarzen und rothen Milanen, welche ausschließend der fürstlichen Jagdlust vorbehalten blieben, war das ganze Jahr freigegeben.[84]) Auch das Schießen von Schwänen war strengstens verboten.[85])

An den Landesgrenzen gegen das Ausland hin mußten die Jagd- und Schonzeiten nicht eingehalten, im Hochgebirge, wo die Jagd erst etwas später begonnen werden konnte, durfte die Jagdzeit um die entsprechende Zahl von Tagen verlängert und hienach der Beginn der Schonzeit später gelegt werden.[86])

Im Jahre 1715 war, um die im Lande völlig ruinirte Jagdbarkeit wieder in besseren Stand zu bringen, ein allgemeines Schongebot und zwar die Einstellung der Jagd auf Rothwild für drei, auf Schwarzwild für zwei Jahre verfügt, dagegen auch in einzelnen Theuerungsjahren, um dem Nahrungs-(Brod-!)mangel abzuhelfen, der Abschuß zahlreicheren Wildprets angeordnet worden.[87])

Unter den jagdpolizeilichen Beschränkungen der Jagd nach Art und Mitteln der Ausübung sind außer den bereits angedeuteten noch folgende besonders hervorzuheben:

Die nur vermöge persönlichen Rechts kraft der Edelmannsfreiheit Jagdberechtigten sollten das kleine Waidwerk nicht mit — freien — Hunden, Treibern oder Klopfern ausüben, außer die Feld- und Hühnerjagd auf ihren Gütern, wozu die Führung eines Hühnerhundes gestattet war. Die Jäger der Jagdberechtigten durften nur mit dem Hunde an der Schnur jagen und späterhin mußten auch die der Edelmannsfreiheit Fähigen selbst bei Besuch der landgerichtlichen Jagdgründe den Hühnerhund an der Schnur führen, die Jagd nur mit den eigenen Hunden ausüben. Der Gebrauch der sogen. chassets-chiens courants und Bill-Botenhunde zur Jagd war verboten.[88]) Das Fuchs- und Dachsgraben bei Hauptliegern (Lagern), Ausräuchern und Fallenvorschlagen bei Fuchs- und Dachsbauen war verboten, das Abschrecken (Lauschen ꝛc.) der Hasen mittels Schnüren, Fallen und

---

[84]) Gejaidtsordnung Kap. 22. Zum vierbeinigen Raubzeuge, welches das ganze Jahr erlegt werden durfte, zählten Wölfe, Bären, Luchse, Otter, Iltis und Wildkatzen, Gejaidtsordnung Kap. 16. Auch die Raubvögel — mit Ausnahme der Falken, Blaufüße und Reiher, durften das ganze Jahr hindurch gejagt werden. Gejaidtsordnung Kap. 23, 24; s. a. Khraisser a. a. O. c. XVI, XXIII, XXIV.

[85]) Kurfürstl. Mandat vom 16. Mai 1733.

[86]) Gejaidtsordnung Kap. 3.

[87]) Kurfürstl. Mandat vom 9. November 1715 und vom 22. Mai 1771 zu vgl. mit Mandat vom 1. Januar 1778.

[88]) Mandate vom 20. Februar 1766, vom 30. April 1783, vom 21. Juni 1786, vom 16. April 1787; Gejaidtsordnung von 1616 Kap. 19; Mandat vom 28. Mai 1717.

dergleichen Vorrichtungen als unwaidmännisch strenge untersagt.[89]) Sehr strenge waren die auf den Jagdschutz abzielenden polizeilichen Vorschriften gegenüber den Nichtjagdberechtigten. Die Hundehaltung der Bauern war nach Umfang der Güter beschränkt, die Hunde mußten bei Tag an die Kette gelegt oder mit einem gerichtlich markirten Prügel behangen (geprügelt) werden, auch die Nachts zur Bewachung des Hauses losgelassenen mit Prügel versehen sein.[90]) Solche geprügelte Hunde durften aber auch, wenn sie etwa beim Abtreiben das Wild eine Strecke weit in den anliegenden Wald hinein verfolgten, von Jagdberechtigten und Jagdpersonal nicht niedergeschossen werden, wohl aber ungeprügelt in Hölzern, auf Feldern und Wiesen oder gar im Walde allein jagend betroffene Hunde.[91]) Die Jäger scheinen hierin häufig zu weit gegangen zu sein, da durch wiederholte Erlasse das Schießen von Hunden in Dörfern, bei Häusern, sogar in Stallungen — unter dem Vorgeben des Wuthverdachtes verboten und schließlich das Schußgeld für solche Hunde um $^4/_5$ herabgesetzt werden mußte.[92]) Die Hauskatzen sollten nicht in den Feldern geduldet, sondern mußten daraus soviel wie möglich vertrieben (also wohl nicht geschossen) werden.[93]) Die Sorge für den Jagdschutz ging soweit, daß, abgesehen von dem Verbote des Schießens und Platzens in Waldungen und Revieren, des Betretens der letzteren in Ausrüstung mit Schießgewehr für Nichtberechtigte, sogar ganzen Bevölkerungsklassen die Beilegung von Gewehren (ausgenommen Pistolen) überhaupt verboten war. Bauers- und anderen gemeinen Leuten wurden Büchsen und Gewehre nur zur Hausnothdurft, der Vertheidigung ihrer in Waldungen, Einöden und isolirten Orten gelegenen Anwesen, und zum Scheibenschießen gestattet; beim Gange von und zu solchen Schießen mußten aber die Schlösser abgeschraubt werden.[94]) Legbüchsen, früher noch erlaubt, durften späterhin nicht mehr auf-

[89]) Gejaidtsordnung Kap. 12, 13, 17. Unter Abschrecken war zu verstehen, daß die Hasen vor Tagesanbruch, wo sie ins Gehölz zurückwechseln wollten, mit ausgelegten Netzen &c. abgefangen wurden. Meurer, Jagd- und Forstrecht T. IV S. 70; b. Gejaidtsordnung von 1616 Kap. 13.

[90]) Gejaidtsordnung Kap. 18. Mandate vom 22. Januar 1757, 14. Oktober 1762, 4. Juli 1769, 2. November 1771 u. 1. August 1778.

[91]) Mandate von 1757, 1761 und 1783. Durch Generale vom 21. Aug. 1801, Mayers Gen. S. 1802 S. 214, wurde die Befugniß der Jagdberechtigten und Jäger zum Erschießen ungeprügelt in Jagdrevieren betroffener Hunde aufrecht erhalten.

[92]) Mandate vom 1. Juli 1674, 2. November 1771, 3. März 1778 und 4. Juli 1769.

[93]) Gejaidtsordnung von 1616 Kap. 22: „Haimische Katzen".

[94]) Mandat vom 17. August 1670, 19. Juni 1673, b. V.-O. vom 1. August 1778, Mayers Gen. S. 1784 S. 110. Aehnlich b. Krim. Cod. v. 1751 T. 17 Abs. II, Döllinger Sammlung v. Jagd-V.-O. S. 101 und Mandat v. 1. Juli 1761.

gestellt oder versteckt werden. Für Beschädigungen von Mensch und Vieh durch solche Selbstgeschosse war der Ausleger neben der Bestrafung ersatzpflichtig.[95])

Der Landwirthschaft wurde zwar einerseits ein gewisses Maß von Schutz gegen Uebereifer der Jagdberechtigten und gegen Wildschaden zugestanden, damit „der arme Mann fürohin keine Ursach zu klagen hab“[96]), anderseits aber waren im Interesse des Jagdschutzes auch wieder Sondervorschriften für die bäuerliche Bevölkerung erlassen, welche theilweise die ganze Strenge des älteren Jagdrechtes gegenüber der Bauernschaft bekundeten. Die vorhandenen Wildgassen (Landrücken), welche zwischen den eingefriedigten Feldern hinführend das Wechseln des Wildes von Standplatz zu Standplatz und Gehölz ermöglichten, sollten nicht geschlossen oder verlegt, noch in die umfriedigten Felder und Weiden eingezogen werden.[97]) Das Abtreiben des Wildes von den Feldern war nur durch Geschrei und mittels gewöhnlicher Hunde zulässig, nicht aber durch Blind- und Schreckschießen und Plänkeln.[98])

Am schwersten war jedoch die bäuerliche Unterthanschaft von den Jagdfrohnen (Jagdscharwerkdiensten) bedrückt, wenn auch die Jagdordnung von 1616 die Jagdherren mahnte, diese Leistungen mit Bescheidenheit und unter Rücksichtnahme auf die Berufsarbeit der Unterthanen zu beanspruchen. Diese Dienstleistungen bestanden in der Umstellung der Hölzer, Beischaffung und Aufrichtung der Netze, Garne, Tücher, Lappen ꝛc., Aufstellung von Wildgehegen und Zäunen, im Eintreiben des Wildes und Führung der Hunde, dann im Transporte des erlegten oder gefangenen Wildprets.[99]) Außerdem konnte den Landleuten auf Grund alten Herkommens oder Ausgedings bei Verstiftung der Güter die Haltung von Jagdhunden zugemutet, „den Unterthanen Rüden eingeschlagen“ werden, welche sie füttern und für die sie bei Verwundungen sogar mäßige Kurkosten tragen mußten, aber nur

---

[95]) b. Generale vom 30. August 1780, Mayers Gen. S. 1788 S. 16.

[96]) Gejaidtsordnung von 1616 Kap. 20; schon anno 1499 erhob die bayer. Ritterschaft bei Herzog Georg von Landshut bittere Beschwerde, wie sehr die dürftigen Ackerbauer wegen der Jagd bedrückt würden. Sie wagten nicht das Wild abzutreiben, ihre Zäune würden umgerissen, ihre Dorfhunde gewaltsam beseitigt, sie könnten und dürften ihre Saaten nicht schützen u. s. w., biblioth. hist. Götting. t. I. p. 287; s. a. Schwappach a. a. O. S. 202, 203.

[97]) Gejaidtsordnung v. 1616 Kap. 20; Khraisser a. a. O c. XX, Weizenegger a. a. O. c. III, 30.

[98]) Gejaidtsordnung Kap. 20; Mandate vom 7. April 1679, 28. Mai 1717, 23. Januar 1751, 22. Januar 1757, 1. August 1778 und 13. September 1799.

[99]) Gejaidtsordnung von 1616 Kap. 7; Weizenegger a. a. O. c. VII, 31; Khraisser a. a. O. c. VII; Ickstatt a. a. O. T. II § 85 S. 224.

dem zuständigen Jagdherrn zum Gebrauche stellen durften.[100]) Im Jahre 1820 wurde angeordnet, daß bei Verpachtung der königlichen Jagden die Jagdfrohne abgelöst, nur bei Nichtzustandekommen der Ablösung mit in Verpachtung gegeben, jedenfalls aber in gemessene umgewandelt werden solle.[101]) Die Gesetzgebung des Jahres 1848 beseitigte auch diese Frohndienstleistungen.[102])

Am schlimmsten war es lange mit der Vergütung von Wildschäden bestellt. Allerdings sah schon die Gejaidtsordnung von 1616 Beschwerdeführung der Unterthanen bei der Obrigkeit vor und machte den Behörden zur Pflicht, solche Beschwerden gewissenhaft zu prüfen und, wenn die Menge des Wildprets zu groß befunden, entsprechenden Antrag zu stellen, allein noch unter der Herrschaft des neuen bayerischen Landrechts von 1756 schien dieser Gegenstand vieler Schwierigkeit zu begegnen. Die Anmerkungen zu diesem Landrechte knüpfen die Verwirklichung der Ersatzpflicht an so vorsichtig umschriebene Bedingungen, daß wohl Ersatzansprüche nicht allzuhäufig durchdringen mochten.[103]) Die Rentmeister-Instruktion vom Jahre 1669 besserte hierin, da die Rentmeister verpflichtet wurden, bei ihren Umritten (Amtsbesichtigungen) über etwaige Schäden Erhebung zu pflegen und Abhilfe einzuleiten. Durch Verordnung vom 16. März 1793 wurde ausgesprochen, daß den Unterthanen zu Beschwerden wegen Wildschäden keine Veranlassung mehr gegeben werden solle, durch eine solche vom 5. September 1786 (zunächst für Sulzbacher Gebiet) Abschätzung und Vergütung der von den Unterthanen angemeldeten Wildschäden angeordnet. Eine Verordnung vom 9. August 1806 sprach endlich den Grundsatz aus, daß die Eigenthümer liegender Gründe sich in Zukunft rücksichtlich des durch Wild zugefügten Schadens derselben Rechte zu erfreuen haben sollten, welche wegen anderer Arten von Beschädigungen fremden Eigenthums in den Gesetzen begründet seien. Bei den Jagdpachten wurde die Uebernahme des Wildschadensersatzes ausdrücklich zur Bedingung gesetzt. Seit 1826 wurde dem Verfahren für Erhebung, Feststellung und Vergütung der Wildschäden eine zunächst für den Isarkreis ergangene Instruktion zu Grunde ge-

---

[100]) b. Landrecht v. 1616 T. 22 Kap. 6; Gejaidtsordnung v. 1616 Kap. 19; Weizenegger a. a. O. c. IV, 14; Khraisser a. a. O. c. XIX.

[101]) Reskript v. 19. Januar 1820, Gerets Samml. Bd. 10 S. 912.

[102]) Ablösungsgesetz vom 4. Juni 1848.

[103]) Anm. zu T. II. Die ältere Rechtslehre sprach sich für Ersatzpflicht bei Wildschaden aus, Haydenpucher a. a. O. thes. XLVI. — Für den durch die Jagdausübung angerichteten Schaden mußte der Jagdherr unbedingt eintreten. Anm. z. b. Land.-R. v. 1756 a. a. O., vgl. a. Weizenegger a. a. O. c. III, 30.

legt, bis das Wildschadensgesetz vom 15. Juni 1850 in Wirksamkeit trat.[104])

Der strafgesetzliche Schutz des Jagdrechtes und der Jagdausübung war bis Mitte dieses Jahrhunderts ein sehr strenger. Die Landfrieden von 1244, 1256 und 1281 erklärten denjenigen friedlos, der mit Drauhen, Netzen oder Stricken bei Tag oder Nacht Wild fing oder Habicht- und Sperbernester erstieg. Das Jagdfrevelmandat vom 14. September 1615 hieß die Wildschützen mit aller Strenge an Leib und Leben bestrafen. Die späteren Wildschützmandate und der Kriminalkodex von 1751 waren nicht minder scharf: in den leichtesten Fällen Ahndung mit Geld oder Freiheitsentziehung (oder Landesverweisung bei Rückfall), gegen nicht gewerbsmäßigen noch bedrohlichen Frevler (aus Armuth) entweder Landesverweisung oder Schanzarbeit, bei Rückfall Abhauung der rechten Hand, bei wiederholtem Rückfall Tod durch den Strang.[105]) Den zwar gewerbsmäßigen, aber gegen Leib und Leben nicht bedrohlich gewesenen Wildschützen war als erste Strafe das Abhauen der rechten Hand, als Rückfallstrafe der Strang gesetzt, den nichtgewerbsmäßigen, aber mit ernster Bedrohung für Leib und Leben Vorgegangenen Hinrichtung mit dem Schwerte, den gewerbsmäßigen und gefährlichen Frevlern endlich bei Ueberführung oder Geständniß (eventuell unter Tortur!) ohne weiteren Prozeß das Aufhängen auf offener Straße angedroht. Theilnahme durch Beihilfe, Vorschubleistung und Hehlerei war mit Landesverweisung und selbst Leibesstrafe bedroht, sogar Gewährung von Unterschlupf und Nahrung an Verdächtige unter Strafe gestellt. Den Jagdberechtigten war für unwaidmännisches, jagdordnungswidriges wie örtlich unbefugtes Jagen Einstellung des Jagdrechtes auf bestimmte Zeit (bis zu 3 Jahren) oder gänzliche Einziehung der Jagdgerechtigkeit angedroht.[106]) Auf den widerstandleistenden Wildschützen durfte

---

[104]) Mayers Gen.-Sammlung v. J. 1774, ebenda v. 1797 S. 267 und von 1788 S. 366. Rggsbl. 1806 S. 293; Reskript vom 7. April 1808; Reskript vom 3. Mai 1829 §§ 23, 24; Intell. Bl. f. d. Isarkreis 1826 S. 690, dann Reskript v. 29. April 1829 Döllinger S. v. Jagd-V.-O. S. 325.

[105]) Rockinger Denkmäler des bayer. Landrechts Bd. II S. 44, 82 — Art. 23, 16 und 44 der betr. Landfriedens. Döllinger, Repertor. Bd. XVI S. vgl. hiezu Gejaidtsordnung Kap. 25, wonach der Wildfrevel „malefitzisch", also als peinlicher Straffall behandelt werden soll. Wildschützenmandate vom 25. Januar 1657, 28. März 1663, 29. Juni 1705, 17. April 1717, 25. Februar 1735 ꝛc.

[106]) b. Gejaidtsordnung Kap. 6; es wurde ihnen „das Waidtmesser geschlagen" Chlingensperg a. a. O. c. XLII, 2; Mandate vom 19. Juni 1673, 14. Mai 1692, 29. Juli 1705 Bei den späterhin erfolgenden Verpachtungen der k. Jagden wurde waidmännischer Betrieb zur Bedingung und Verletzung desselben als Kündigungsgrund gesetzt. Oberförster-Instruktion von 1812 § 17 lit. k., Reskript vom 3. Mai 1829 § 12, 22, 26 lit. c. Döllinger S. v. Jagd-V.-O. S. 209, 235.

Feuer gegeben werden, außerdem Pfändung des von dem Jagdfrevler geführten Gewehres, sonstigen Jagdzeuges sammt Hunden eintreten.[107]) Noch das Wilddiebstahlsmandat vom 9. August 1806 war von außerordentlicher Härte; der erste mit Schießgewehr vollbrachte, gefährliche Wilddiebstahl, gleichviel ob in gewinnsüchtiger Absicht verübt oder nicht, wurde mit 1—2 Jahren Zuchthaus, gewerbsmäßige Wilddieberei, insbesondere bei Vermummung oder gemeinsamer Ausübung mit 3—5, bei erschwerenden Umständen mit 5—7jährigem Zuchthause bestraft. Gewaltsamer oder für Leib und Leben bedrohlicher Widerstand zog 12—16, Mißhandlung oder Verwundung des Jagdaufsichtspersonales 16—20jähriges Zuchthaus, Tötung eines Aufsichtsorganes Todesstrafe nach sich. Die mildeste Strafe für Jagdausübung ohne Schießgewehr war Ersatz des Werthes der Jagdbeute, bei Anwendung von Schußwaffen Einziehung dieser und Ersatz des doppelten Wildwerthes, für angesessene oder staatlich angestellte Jagdbesitzer neben dem Ersatze Geldstrafe von 10—100 Gulden.[108]) An Stelle dieser überstrengen Vorschriften trat dann das bis 1872 wirksam gebliebene Jagdfrevelgesetz vom 25. Juli 1850.[109])

---

[107]) Zunächst sollte nach Lähmung der Füße getrachtet werden (Strafkodex von 1751); wurde ein Wilderer von einem Jagdaufsichtsorgan erschossen, so wurde des letzteren eidlicher Versicherung der Nothwehr bis zum Gegenbeweise geglaubt. Ueber die Pfändung s. Gejaidtsordnung von 1616 Kap. 15, **Khraisser** a. a. O. c. XV. Außerdem ist dieselbe in zahlreichen landesherrlichen Mandaten zulässig erklärt worden.

[108]) Rggsbl. 1806 S. 346.

[109]) b. G.-Bl. 1850 S. 462 u. Einf.-G. z. R.-St.-G.-B. vom 26. Dezember 1871 Art. 2 Ziff. 10.

Das Gesetz, die Ausübung der Jagd betr. vom 30. März 1850.

Kapitel I.

Jagd, Jagdrecht, Jagdausübung, deren Begriff und rechtliche Natur.

Unter „Jagd, Jagen" ist die Vornahme aller derjenigen Handlungen und Veranstaltungen zu verstehen, durch welche das Inbesitznehmen (die Okkupation) der zur Gattung des Wildes gehörenden Thiere bezweckt wird. Der Begriff „Jagd, Jagen" umfaßt daher allgemeinhin und nach gewöhnlichem Sprachgebrauche nicht nur den unmittelbaren Vorgang der Inbesitznahme des Wildes, sondern auch jene Thätigkeiten und Handlungen, welche die Habhaftwerdung der zum Wilde zu zählenden Thiere vorbereiten, also nicht bloß das Erlegen, Einfangen oder sonst welche Bemächtigung des Wildes, sondern auch das auf die Erlangung desselben gerichtete Aufsuchen, Nachstellen und Verfolgen desselben, und zwar gleichviel, ob diese Handlungen nach waidmännischem Brauche oder unwaidmännisch bethätigt werden.[1])

---

[1]) Bis zur Einführung des Reichsstrafgesetzbuches (1. Januar 1872) wurde in Bayern unter „Jagd, Jagen" nur „das Erlegen und Einfangen — sowie das Verfolgen (Bl. f. a. Pr. Bd. V S. 241) — des Wildes nach waidmännischem Gebrauche" verstanden. Diese eingeschränkte Begriffsbestimmung stützte sich auf die Gesetzgebungsverhandlungen über das Jagdgesetz in Verbindung mit Art. 1 Abs. II des Jagdfrevelgesetzes vom 25. Juli 1850. Der Begriff umfaßte übrigens nicht bloß die Tötung des Wildes, sondern auch alle dieselben unmittelbar vorbereitenden Handlungen, „das Schießen nach dem Wilde, das Treiben oder Anstehen auf dasselbe, ohne daß sich ein Wild zeigt oder auf Schußweite nähert." (Verh. d. Abg.-K. 1849/50 Beil. Bd. V, Mot. z. Jagdfrevel-G. S. 71, 72.) Als jagdgerechter, waidmännischer Jagdbetrieb galt das „Erlegen oder Einfangen des Wildes durch Anwendung eines Schießgewehres oder auch in sonst zulässiger Weise, mittels Anwendung von Garnen oder Schlingen, wie es beim Federwilde öfters vorkommt" (Verh. d. Abg.-K. 1849/50 sten. Ber. Bd. II S. 83 Erklärung des Regierungskommissärs und S. 84 unwidersprochene Aeußerung des Abg. Kirchgeßner); als nicht waidmännische Art der Verfolgung und Tötung von Wild wurde das „Schlagen, Werfen, Legen von Hasenschlingen u. dgl." erachtet. Brater, Komm. z. bayrh. J.-G. S. 89 und z. Jagdfrevel-G. S. 72; Bl. f. a. Pr. Bd. III S. 10; vgl. a. Verh. d. Abg.-K. 1849/50 sten. Ber. Bd. II S. 80, woselbst als unwaidmännischer Jagdbetrieb das „Todtschlagen der Hasen mit Knitteln auf den Feldern" erwähnt wird. Eine praktische Bedeutung kam indessen, abgesehen von Art. 14 J.-G., welcher zum waidmännischen Betriebe den Besitz einer Jagdkarte erfordert, dieser Unterscheidung nicht zu. Dem Jagdberechtigten blieb auch der unwaidmännische Betrieb, soweit nicht für einzelne Arten desselben ein ausdrückliches Verbot entgegenstand, unverwehrt (Verh. d. Abg.-K. 1849/50 sten. Ber. Bd. II S. 80), während die Wild-Verfolgung und Aneignung durch Nichtberechtigte auch bei unwaidmännischem

Das Recht, diese Handlungen vorzunehmen wird, mit dem Ausdrucke „Jagdrecht" bezeichnet.[2])

Durch Art. 1 rechtsrh. J.-G. ist die Berechtigung zur Jagd als ein Ausfluß des Grundeigenthums erklärt[3]), das Jagdrecht (in objektiver Bedeutung) — die Jagdberechtigung, Jagdgerechtigkeit — demnach als das ausschließende Recht des Grundeigenthümers zur Inbesitznahme (Okkupation) des auf einem bestimmten, räumlich abgegrenzten Gebiete — dem eigenen Grund und Boden jeweils in natürlicher Freiheit befindlichen Wildes zu betrachten.[4])

Das Jagdrecht gewährt zudem die Befugniß, innerhalb des Gebietes der Jagdberechtigung einen Wildstand zu schaffen und zu erhalten, berechtigt daher auch zu allen Maßregeln und Veranstaltungen, welche eine — zulässige Erhaltung und Mehrung,

---

Betriebe der Strafe des Jagdfrevels unterlag; Art. 1 Abs. II Ziff. 2—4 Jagdfrevel-G., Brater, Komm. z. J.-G. S. 90. Mit der Einführung des Reichsstrafgesetzbuches in Bayern ist an Stelle jener eingeschränkten Begriffsbestimmung diejenige Bedeutung der Ausdrücke „Jagd, Jagen" als allein maßgebend getreten, welche dem § 292 R.-St.-G.-B. zu Grunde liegt; Entsch. d. O.-L.-G. München vom 12. Juli 1890 S. VI S. 196. Den nunmehr geltenden Begriff „der Jagd, des Jagens" erörtern insbesondere folgende Rechtssprüche: Urth. d. b. O.-G.-H. i. Str.-S. vom 25. Juli 1873 S. III S. 235, vom 27. April 1878 S. VIII S. 212 (D. Jäger Bd. II S. 7), vom 7. Juni 1878 S. VIII S. 313; Entsch. d. O.-L.-G. München in Str.-S. vom 7. Dez. 1880 S. I S. 228 (R. I S. 299), vom 10. Mai und 12. Juli 1890 S. VI S. 97 und 196; Entsch. d. R.-G. i. Str.-S. v. 6. Dezember 1879, Bl. f. R.-A. Bd. XLV S. 390, vom 21. Dezember 1881 E. V S. 277, vom 10. Juni 1882 E. VI S. 375, vom 9. Oktober 1884 E. XI S. 249, vom 19. November 1885 E. XIII S. 84, vom 23. September 1886 E. XIV S. 419, vom 24. Oktober 1889 E. XX S. 5, vom 10. Mai 1890 Bl. f. R.-A. Bd. LV S. 317 und 4. Dezember 1890 J.-W.-Schr. 1891 S. 51 Nr. 32, vom 2. Juni 1891 E. XXII S. 115; vgl. ferner Goltdammer, Arch. Bd. XXXVIII S. 362, Note und Liszt Zeitschr. f. d. ges. Str.-R. Bd. XII S. 277 ff. — Auch die Parforcejagd (Berittener mit Benutzung einer Meute) enthält alle Merkmale der Jagdausübung; Entsch. d. R.-G. i. Str.-S. vom 20. November 1894 E. XXVI S. 216.

[2]) Conrad, Handwörterbuch der Staatswissenschaft, Artikel „Jagd, Jagdrecht".

[3]) Verh. d. Abg.-K. 1849/50 Mot. z. J.-G.-Entw. Beil. Bd. I S. 58, sten. Ber. Bd. II S. 78, 87, 94, 135, Bd. III S. 80, 84, 86; V. V.-O. z. J.-G. v. 3. Februar 1857 Abschn. I § 1 (zu Art. 1 J.-G.); Entsch. d. b. O.-G.-H. i. Civ.-S. v. 18. Oktober 1880 S. VIII S. 568; Entsch. d. b. V.-G.-H. v. 2. u. 9. März, 20. April 1880 S. I S. 161, 173, 250, v. 13. Juli 1891 S. XIII S. 187, Entsch. d. O.-L.-G. München i. Str.-S. v. 1. Juli 1885 S. III S. 463 u. vgl. a. d. Entsch. d. R.-G. i. Str.-S. v. 8. Dezember 1881 E. V S. 230 und v. 15. März und 26. November 1888 E. XVII S. 239, E. XVIII S. 265; Entsch. d. R.-G. v. 26. April 1898, Zeitschr. f. franz. Civ.-R.

[4]) v. Rüdt, vom Jagdrechte und dessen Beeinträchtigung, dem sog. Wilddiebstahle S. 26, 28 u. ff.; Conrad, Handwörterbuch a. a. O.; Höcht, system. Darstellung d. rechtsrh. J.-R. S. 14; vgl. hiezu die Entsch. d. R.-G. i. Str.-S. v. 21. Dezember 1881 E. V S. 277, v. 10. Juni 1882 E. VI S. 375, v. 19. November 1885 E. XIII S. 84, v. 14. Februar 1887 E. XV S. 286, v. 20./25. April 1892 E. XXIII S. 89.

die „jagdwirthschaftliche Hege" des Wildes im Jagdbezirke bezielen.[5])

Diese Jagdberechtigung stellt sich zwar nicht als ein Eigenthumsrecht dar[6]), da das in natürlicher Freiheit sich bewegend Wild herrenlos ist und erst durch Besitzergreifung zum Eigenthum werden kann[7]), wohl aber als eine Zugehörung des Grundeigen-

---

[5]) Schon in der Oberförster-Instruktion vom Jahre 1812 (Geret S Bd. X S. 912, Döllinger S. v. J.-V.-O. S. 210) § 17 lit. k Ziff. 1 Abs. II wurde „von den Pächtern . . . gefordert, die gepachteten Jagdreviere . . . in guten Stand zu setzen und zu erhalten." Die wirthschaftliche Seite der Jagdberechtigung erhellt auch aus § 1 d. J.-P.-V.-O. v. 5. Oktober 1863 (vorher V.-O. v. 6. Dezember 1857 Ziff. I), welchen pflegliche Behandlung und die Fernhaltung von Gefährdungen einer nachhaltigen Benützung der Jagden vorschreibt und aus den besonderen Hegevorschriften in §§ 2—7, 9—11 dieser V.-O., namentlich über Schonung der weiblichen Thiere und des Jungwildes S. a. Entsch. d. R.-G. i. Civ.-S. vom 10. Januar 1890 E. XXV S. 351 (Bolze Praxis IX Nr. 339) und in Str.-S. v. 13./20. März 1890 R. E.-Bd. I S. 137, ferner die Ausführungen über Manöverschäden im D. Jäger Jhrgg XIII S. 129 u. ff. und Conrad, Handwörterbuch a. a. O., Männer Jagd-R. der Pfalz, Einl. S. 1, dann S. 121. Zur Anlage von Salzlecken Futterstädeln sowie zur Anlage auch von Pirschwegen bedarf der Jagdpächter jedoch der Zustimmung des Grundeigenthümers. Deutsch. Jäger Bd. XVII S. 218.

[6]) Brater, Komm. z. dsrh. J.-G. S. 88 betrachtet das Jagdrecht als „Eigenthumsrecht" angewendet auf eine bestimmte Kategorie von Handlungen des Eigenthümers; s. a. Zwinger und Feld X S. 394.

[7]) Die ältere Rechtslehre schloß sich überwiegend den Bestimmungen des römischen Rechtes an, wonach die wilden Thiere zu den herrenlosen Sachen zählten und jedermann befugt war, an denselben auch auf fremdem Grund und Boden und ungeachtet eines von dem Eigenthümer des letzteren erlassenen Betretungsverbotes durch Okkupation Eigenthum zu erwerben. § 12 J. de rerum divis. et aquir. cer. dom. 2, 1; l. 1 § 1, l. 3 §§ 1, 2, l. 4, 5 pr., 6 D. de aquir. dom. 41, 1. Mit der Ausbildung besonderer Jagdrechte in Deutschland fanden sich allerdings Stimmen, welche das im Jagdgebiete verweilende Wild, auch solange es in natürlicher Freiheit sich befand, als Eigenthum des Jagdherrn erklären wollten, es fand aber auch in der älteren Theorie der Satz theilweise schon Anerkennung, daß das in einem Jagdgebiete in natürlicher Freiheit sich aufhaltende Wild ungeachtet der einem Einzelnen zustehenden Jagdgerechtigkeit bis zum Augenblicke der Ergreifung als herrenlos zu betrachten sei, so bei Fr. Bruckmann, Traktat von der Jagd, C. II Nr. 17. Die Lehre, daß das innerhalb eines Jagdgebietes in natürlicher Freiheit sich bewegende Wild herrenlos sei, war schon bisher als herrschende anzusehen. Vgl. a. früherer Zeit v. Rüdt a. a. O. S. 22 ff., zur neueren Doktrin Windscheid, Pandekten, 7. Aufl. Bd. I § 184 S. 553; Dernburg, Pand. Bd. I § 203 S. 467; Berger, Diebstahl oder Wilddiebstahl? in Zwinger u. Feld Jhrg. II S. 259 ff.; Stenglein Ztschr. Bd. XII S. 124; Entsch. d. b. O.-G.-H. i. Str.-S. v. 7. Mai 1877 S. VII S. 179; Entsch. d. R.-G. i. Str.-S. v. 21. Dezember 1881 E. V S. 277 „der Jagdberechtigte, gleichviel ob Grundeigenthümer oder nicht, kann weder Eigenthum noch Besitz an dem von ihm erst zu okkupirenden Wilde haben" und vom 10. Juni 1882 E. VI S. 375 „das Wild gehört zu den herrenlosen Sachen. Der, auf dessen Jagdgebiet es sich befindet, hat daran keinen Besitz, kein Eigenthum." S. jetzt § 960 B. G.B. „wilde Thiere sind herrenlos, so lange sie sich in (der natürlichen) Freiheit befinden."

thums, als ein mit diesem verbundenes besonderes ausschließliches Recht, dem dieselben Wirkungen beiwohnen wie einem dinglichen Rechte.[8]) Als solches ist die Jagdgerechtigkeit jenen privilegirten Besitzergreifungs- (Okkupations-) Rechten gleichzustellen, welche die Möglichkeit ausschließen, daß unbefugte Dritte durch Besitznahme an der dem Zueignungsrechte einzelner Berechtigter (hier des Jagdberechtigten) vorbehaltenen herrenlosen Sache (hier an dem innerhalb des Jagdgebietes in natürlicher Freiheit sich jeweils aufhaltenden Wilde) Eigenthum zu erwerben.[9]) Die Jagdberechtigung hat demnach zu ihrem realen und rechtlichen Inhalte eine im Grundeigenthume wurzelnde Nutzungsbefugniß,[10]) welche in der Jagdausübung, d. h. in der Vornahme der auf Besitzergreifung

---

[8]) Verh. d. Abg.-K. 1849/50 sten. Ber. Bd II S. 79 (Min. Komm. Epplen); Brünneck, das heut. deutsch. J.-R., Arch. f. civ. Pr. Bd. XLVIII S. 105 ff., Höcht a. a. O. S. 16, 17, 25; Conrad, Handwörterbuch a. a. O.

[9]) Eine Zusammenstellung der verschiedenen Lehrmeinungen über die rechtliche Natur der Jagdberechtigung s. bei **Höcht** a. a. O. § 7 S. 25 u. ff. Die oben gegebene Auffassung findet sich schon in Ickstatts gründlichen Abhandlungen von den Jagdrechten Theil I § 68 S. 42 (vgl. a. §§ 69 und 78 daselbst) vertreten: „. . . es gehet gar wohl an, daß ein oder einige Personen, das Recht haben können, sich gewisser Dinge, welche des Eigenthums fähig sind, innerhalb eines bestimmten Bezirks mit Ausschließung anderer anzumaßen. Da das Recht, sich solche Dinge, welche des Eigenthums fähig sind, zuzueignen, den Titel ausmachet, ... so folget, daß es gar nichts widersprechendes sey, daß der Titel, sich gewisser Dinge, welche des Eigenthums fähig sind, in einem gewissen Bezirke mit Ausschließung anderer zukomme, einem einzigen oder etlichen wenigen zukomme.“ In gleichem Sinne sagt v. Rüdt a. a. O. S. 26 „dem Jagdberechtigten wurde nicht mehr zugestanden, derselbe konnte nicht mehr erwerben, als ein ausschließliches Recht, das vorzunehmen, wodurch er den Besitz des Wildes erlangen kann, d. h. ein Recht zu jagen . . . das Recht der Apprehension des herrenloses Wildes.“ Windscheid, Pand. a. a. O. S. 553; Dernburg, Pand. Bd. I § 203 S. 467; Höcht a. a. O. S. 30; Conrad, Handwörterbuch a. a. O. Vgl. a. Stenglein, Zeitschr. Bd. XII S. 124 „das deutsche Recht hat die durch das Betretungsverbot des röm. Rechtes dem Grundeigenthümer regelmäßig gegebene faktische Ausschließlichkeit der Okkupationsmöglichkeit zu einer rechtlichen gesteigert, so daß das Jagdrecht in Deutschland gegenwärtig als integrirender Bestandtheil des Grundeigenthums besteht, welcher sich in dem ausschließlichen Rechte der Okkupation der auf demselben betroffenen jagdbaren Thiere kundgiebt“; ferner Entsch. d. b. O.-G.-H. in Str.-S v. 7. Mai 1877 S. VII S. 179, Beschl. d. O.-L.-G. München i. Str.-S. v. 25. April und 15. Juni 1889 S. V S. 89 und 349; Entsch. d. R.-G. i. Str.-S. v. 21. Dezember 1881 E. V S. 277 „dem Jagdberechtigten steht nur ein ausschließliches Okkupationsrecht an allen jagdbaren Thieren innerhalb seines Jagdgebietes zu,“ und vom 10. Juni 1882 E. VI S. 375 „. . . es steht ihm nur das ausschließliche Recht zu, sich desselben (des Wildes), so lange es in seinem Jagdbezirke verweilt, zu bemächtigen,“ dann vom 25. April 1892 E. XI S. 249 ; Goltdammers Archiv Bd. 42 S. 260 Note; Entsch. d. R.-G. i. Civ.- S. v. 16. Oktober 1891 J.-W.-Schr. 1891 S. 534 Nr. 27. S. hieher § 958 Abs. II B. G.B.

[10]) Entsch. d. b. O.-G.-H. i. Civ.-S. v. 18. Oktober 1880 S. VIII S. 568; Entsch. d. b. V.-G.-H. v. 2. März 1880 S. I S. 161; Brater, Komm. z. J.-G. S. 90.

an dem innerhalb des Jagdgebietes verweilenden Wild gerichteten Handlungen (Jagd, Jagen) verwirklicht und durch welche der Jagdberechtigte in den Genuß der Früchte der Jagd, des aus der Wilderbeutung zu erzielenden Nutzens oder Gewinnes gesetzt wird.[11])

Das rechtsrh. J.-G. hat nun in Ausführung des aus den deutschen Grundrechten übernommenen Grundsatzes, daß die Jagdberechtigung im Grundeigenthume liegen und mit diesem verbunden bleiben soll,[12]) in Art. 1 Abs. II unter Aufhebung der früheren Jagdgerechtigkeiten auf fremdem Grund und Boden[13]) die fernere Bestellung einer solchen als Realrecht verboten.[14]) Da aber die Ausübung der in der Jagdgerechtigkeit enthaltenen Nutzungsbefugniß von verschiedenen im Interesse der öffentlichen Ordnung wie aus wirthschaftlichen Rücksichten gebotenen Voraussetzungen

---

[11]) Gengler, d. Pr. Recht, 4. Aufl. § 96; v. Rüdt a. a. O. S. 26; Brünneck a. a O., Arch. f. civ. Pr. Bd. XLVIII S. 80 ff.; Höcht a. a. O. S. 16. — Der Jagdertrag ist als Frucht des den Jagdbezirk bildenden Grundeigenthums anzusehen, l. 26 D. de usur. 22, 1 und l. 12 D. de fundo instr. 33, 7, wenn er einen regelmäßigen wirthschaftlichen Ertrag der betreffenden Grundstücke abgiebt. Dernburg, Pand. Bd. I § 203 Note 12 S. 487 und § 78 Note 6, 7 S. 181; Windscheid, Pand. § 144 S. 203; Roth, b. Civ.-R. § 57 und § 158 betrachtet gleichfalls die Ergebnisse der Jagd, soweit sie dem Eigenthümer zustehen, als Früchte der Sache; vgl. Anm. 8c z. B. L.-R. Th. II Kap. 3 § 3 und 2c zu Th. II Kap. 9 § 4; Entsch. d. b. O.-A.-G. als Kassat.-H. v. 18. Mai 1845 (Kr. Int.-Bl. d. Pfalz 1845 S. 213); s. ferner die Artikel über Manöverschäden im D. Jäger Bd. XIV S. 129 u. 250 ff.

[12]) S. oben zur Geschichte des Jagdrechts S. 14 und Note 61; Verh. d. Abg.-K. 1849/50 Mot. z. J.-G. Entw. Beil. Bd. I S. 58, sten. Ber. Bd. II S. 73, 94, 135, Bd. III S. 77.

[13]) Die Aufhebung des Jagdrechtes auf fremdem Grund und Boden und der Uebergang dieses Rechtes an die Grundeigenthümer war übrigens schon durch das J.-G. v. 4. Juni 1848 Art. 1 (s. oben zur Geschichte des Jagdrechts S. 31) ausgesprochen worden und zwar ohne Entschädigung der bisher Jagdberechtigten. Letztere konnten daher auch demjenigen — Staat oder Privaten — gegenüber, von welchem sie das Jagdrecht unter onerosem Titel bzw. käuflich erworben, nicht auf Entschädigung klagen. Die Aufhebung des Jagdrechts auf fremdem Grund und Boden ist durch einen Akt des öffentlichen Rechts erfolgt, nicht dem zwischen Käufer und Verkäufer bestandenen Privatrechtsverhältnisse entsprungen. Einem im Interesse des Gesammtwohles erlassenen Gesetze muß das Privatinteresse sich unterordnen und zwar, soweit das Gesetz eine Entwährung gegen Entschädigung nicht vorsieht, ohne Anspruch auf letztere. Entsch. d. b. O.-A.-G. v. 21. Februar 1853 Bl. f. R.-A. Bd. XVIII S. 57. In gleichem Sinne wurde auch für das Gebiet des preuß. allg. L.-R. entschieden, daß der Inhaber eines kraft Gesetzes ohne Entschädigung erloschenen Jagdrechts auf fremdem Grund und Boden weder den Urheber dieses seines bisherigen Rechtes noch sonst irgendwen für den Verlust verantwortlich machen könne, und dieses Urtheil insbesondere auf Th. I Tit. 5 §§ 321, 322 allg. L.-R. gestützt, Erk. d. b. O.-A.-G. v. 11. Dez. 1857 Bl. f. R.-A. Bd. XXIII S. 94.

[14]) Verh. d. Abg.-K. 1849/50 sten. Ber. Bd. II S. 83, 84, 85, 114, 135; Brater, Komm. z. J.-G. S. 90; Roth, b. Civ.-R. Bd. III S. 124 ff.; Conrad, Handwörterbuch a. a. O.

abhängig gemacht werden mußte,[15]) welche mit dem Jagdrechte des Grundeigenthümers zwar zusammenfallen können, aber nicht unter allen Umständen zusammentreffen müssen,[16]) war es nothwendig, das Jagdausübungsrecht (Jagdbefugniß,[17]) Jagdrecht im engeren Sinne) von der Jagdgerechtigkeit als solcher begrifflich und rechtlich zu trennen.[18]) Da nun infolge dieser durch das öffentliche Interesse gebotenen Trennung des Jagdausübungsrechtes von der Jagdgerechtigkeit ersteres unter Umständen kraft gesetzlicher Vorschrift auf Nichteigenthümer übergeht, anderseits aber durch das Gesetz eine Jagdbefugniß auf fremdem Grund und Boden als dingliches Recht ausgeschlossen ist, mußte weiters das Jagdausübungsrecht für sich als ein persönliches Recht betrachtet und erklärt werden.[19]) Damit ist zugleich ermöglicht, daß der Grundeigenthümer, welcher bezüglich der in der Jagdgerechtigkeit enthaltenen Nutzung seines Grundeigenthums ebenso verfügungsberechtigt bleiben sollte, wie hinsichtlich der übrigen aus seinem Grundeigenthume zu gewinnenden Nutzungen, diese Verfügung thatsächlich ohne Verletzung des gesetzlichen Grundsatzes, daß kein Jagdrecht auf fremdem Grund und Boden als dingliches Recht bestellt werden dürfe, zu treffen, indem er lediglich das persönliche Recht der Jagdausübung an dritte Nichteigenthümer überträgt.[20])

Das Jagdrecht kann hienach ein volles unbeschränktes sein, in welchem Jagdgerechtigkeit und Jagdausübungsrecht zusammentreffen, oder ein beschränktes, wobei zwar die Jagdgerechtigkeit

---

[15]) Schwappach, Handbuch der Forst- u. Jagdgeschichte S. 864; derselbe, Forst-, Jagd- u Fischereipolitik S. 309; Conrad, Handwörterbuch a. a. O.; Stenglein, Zeitschr. Bd. XII S. 124; Entsch. d b. O.-G.-H. i. Civ.-S v. 18. Oktober 1880 S. VIII S 568; Entsch. d. b. V.-G.-H. vom 2. März 1880 S. I S. 161; Verw.-Archiv VII S. 171 u. ff. „Das Jagdrecht v. Selling".

[16]) Conrad, Handwörterbuch a. a. O.; Entsch. d. b. O.-G.-H. vom 18. Oktober 1879 Bl. f. R. A. Bd. XLVI S. 27.

[17]) Verh. d. Abg.-K. 1849/50 sten. Ber. Bd. II S. 85; Art. 3 mit 2 Abs. I J.-G.; Bl. f. a. Pr. Bd. V S. 267.

[18]) Schwappach, Forst-, Jagd- u. Fischereipolitik S. 309; Brünneck a. a. O.; Höcht a. a. O. S. 16; Pollwein, b. Jagd-G. Note I z. Art. 2 Abs. I S. 9. Wenn auch grundsätzlich angenommen, wurde doch diese Begriffsscheidung in den Gesetzgebungsverhandlungen nicht immer strenge auseinandergehalten — vgl. Verh. d. Abg.-K. 1849/50 Beil. Bd. 1 S. 58—61, 67—71, sten. Ber. Bd. II S. 39—192, IV S. 635—650 rc. — und sind daher die einzelnen Belegstellen dieser Verhandlungen an Hand des scheidenden Grundgedanken auf ihren Sinn im einzelnen Falle zurückzuführen.

[19]) Brünneck a. a. O. S. 105; Höcht a. a. O. S. 16; Entsch. d. b. O.-G.-H. i. Civ.-S. v. 18. Okt. 1880 S. VIII S. 568 und Entsch. d. b. V.-G.-H v. 13. Juni 1882 S. IV S. 84.

[20]) Verh. d. Abg.-K. 1849/50 sten. Ber. Bd. II S. 83—85, Bd. III S. 76—77; Brater, Komm. z. Jagd-G. S. 90; Entsch. d. b. V.-G.-H. vom 9. März 1880 S. I S. 173.

als ein vom Grund und Boden untrennbares Recht dem Grundeigenthümer verbleibt, dagegen die Berechtigung zur Ausübung der Jagd demselben entzogen ist.[21] Die Beschränkung des Jagdrechtes tritt von gesetzeswegen ein, wenn einem Grundbesitze diejenigen dinglichen Erfordernisse mangeln, welche das Gesetz als Voraussetzung der Berechtigung zur Jagdausübung bezeichnet hat.[22] Bei der gesetzlichen Beschränkung des Jagdrechtes geht auf die Dauer des Bestandes der dinglichen Mängel des Grundbesitzes nicht bloß das persönliche Jagdausübungsrecht des Grundeigenthümers unter, sondern derselbe verliert auch insolange jedes Verfügungsrecht über diese Berechtigung.[23] Mangeln einem Grundbesitzer, dessen Grundbesitz den dinglichen Voraussetzungen des Jagdausübungsrechtes genügt, die persönlichen Erfordernisse für die Befugniß zur Jagdausübung, so erstreckt sich die gesetzliche Beschränkung seines Jagdrechtes nur auf die Jagdbefugniß, welche ihm auf die Dauer des Vorhandenseins dieser Mängel persönlich entzogen wird, während ihm das Verfügungsrecht über die Jagdausübung als Nutzung seines Grundeigenthums — mit Ausschluß des Betriebes durch Dritte für seine eigene Rechnung — ungeschmälert verbleibt.[24] Das Jagdrecht kann ferner zu einem beschränkten werden durch Rechtsgeschäft, indem der Inhaber eines vollen unbeschränkten Jagdrechtes das Jagdausübungsrecht auf seinem Grund und Boden aus freier eigener Willens-

---

[21]) Verh. d. K. d. Abg. 1849/50 sten. Ber. Bd. II S. 67, 92; Entsch. d. b. O.-G.-H. v. 7. Okt. 1876 Bl. f. R.-A. Bd. XLII S. 360 und v. 18. Okt. 1879 Bl. f. R.-A. Bd. XLVI S. 27; Entsch. d. b. V.-G.-H. v. 9. Juni 1882 S. VI S. 122; Brater, Komm. z. J.-G. S. 88, 94.

[22]) S. Art. 2 Ziff. 1—4, 3 und 4 dsrh. J.-G.

[23]) S. Art. 3 u. 4 dsrh. J.-G.; Brater a. a. O. S. 88, 90, 94; Höcht a. a. O. S. 19, 20, 21; Schwappach, Forst-, Jagd- und Fischereipolitik S. 309, 310.

[24]) Die persönlichen Erfordernisse für Ausübung der Jagd (s. Art. 14, 18, 19 dsrh. J.-G.) hängen nicht mit dem Jagdrechte als Ausfluß des Grundeigenthums zusammen, sondern werden allgemeinhin vom Grundeigenthümer sowohl als vom Nichteigenthümer verlangt, sie können daher wohl die persönliche Ausübung der Jagd, nicht aber die vermögensrechtliche Verfügung über das Jagdausübungsrecht, als einer mit dem Grundeigenthume verbundenen Nutzung verhindern. Aus Art. 10 Abs. II und III dsrh. J.-G., welcher nur den zur Ausübung der Jagd berechtigten Grundeigenthümern die Aufstellung gelernter Jäger und die Gestattung des Jagdbesuches durch Jagdgäste gestattet, ist zu schließen, daß das Gesetz dem zur Selbstausübung der Jagd nicht befähigten Grundeigenthümer weder den persönlichen noch den Betrieb für eigene Rechnung durch Dritte einräumen wollte, nicht aber die Uebertragung der Jagdnutzung an Dritte zu selbständigem Betriebe z. B. im Wege der Verpachtung zu verhindern beabsichtigt; vgl. Brater, Komm. z. J.-G. S. 90, 91 u. Höcht a. a. O. S. 21. Dasselbe wird auch in Fällen des Art. 3 für den Eigenthümer des umschließenden Grundbesitzes zu gelten haben, vgl. Brater a. a. O. S. 94.

entschließung einem dritten Nichteigenthümer überläßt bezw. überträgt.[25])

Kapitel II.

Die Voraussetzungen des Jagdausübungsrechts.

Das rechtsrh. J.-G. stellt in Art. 1 den grundlegenden Satz auf, daß die Berechtigung zur Jagd ausschließend und allein im Grundeigenthum liege, und diese Berechtigung schließt an sich schon als natürliche rechtliche Folge das Recht des Grundeigenthümers zur praktischen Bethätigung dieser seiner Berechtigung, zur Jagdausübung in sich.[1]) Die gleichzeitige Erkenntniß aber, daß eine Durchführung des im Art. 1 enthaltenen grundlegenden Satzes in dieser seiner Allgemeinheit nicht unbedenkliche Gefährdungen der Gesammtheit zur Folge haben würde und müßte, führte dazu, die Ausübung der Jagd aus volkswirthschaftlichen und sicherheitspolizeilichen Gründen gewissen Beschränkungen zu unterwerfen.[2]) Davon ausgehend, daß die Gesammtheit ein Recht darauf habe, daß der Einzelne den Einzelnen nicht gefährde, daß aber eine Vergrößerung der Zahl der Jagdbezirke und Jagdberechtigten in's Ungemessene eine solche Gefährdung der Gesammtheit mit sich bringen müßte,[3]) wurden im Gesetze gewisse dingliche und persönliche Voraussetzungen aufgestellt, von deren Vorhandensein die Berechtigung der Ausübung der Jagd abhängen soll.[4]) Die persönliche Voraussetzung — Jagdkartenfähigkeit und Jagdkartenbesitz, wovon unten Eingehenderes folgen wird — wird allgemeinhin von jedem gefordert, der die Jagd in eigenem oder fremdem Namen ausüben will, von dem sachlich zur Eigenjagdausübung befähigten Grundeigenthümer wie von dem, welchem nur ein abgeleitetes persönliches Jagdausübungsrecht übertragen werden soll.[5]) Die Aufstellung der dinglichen Voraussetzungen,

[25]) Verh. d. Abg.-K. 1849/50 sten. Ber. Bd. II S. 84, 85, Bd. III S. 77; Art. 1 Ziff. 1 Wildschadens-G. v. 15. Juni 1850; Bl. f. a. Pr. Bd. V S. 267; Brater a. a. O. S. 88, 91, 97 und Höcht a. a. O. S. 20.

[1]) Entsch. d. b. O.-G.-H. in Civ.-S. v. 18. Oktober 1880 S. VIII S. 568; Verh. d. Abg.-K. 1849/50 sten. Ber. Bd. III S. 80, 84.

[2]) S. d. in vor. Note angef. Entsch. d. O.-G.-H. i. Civ.-S., dann Entsch. d. b. V.-G.-H. v 2. März 1880 S. I S. 161.

[3]) Verh. d. Abg.-K. 1849,50 sten. Ber. Bd. II S. 127 (Min.-Komm. Epplen); s. a. die in Note 1 angef. Entsch.

[4]) S. d. in Note 1 und 2 angef. Entsch.; Brünneck a. a. O. Arch. f. civ. Pr. Bd. XLVIII S. 83; Schwappach, Forst-, Jagd- und Fischereipolitik S. 309, 310, 312; Schwappach, Forst- und Jagdgeschichte S. 864; Höcht a. a. O. § 6 S. 20 u. ff.; vgl. ferner Conrad, Handwörterbuch a. a. O. und Staatslexikon der Görresgesellschaft Artikel „Jagd- und Fischereirecht".

[5]) Vgl. Art. 14 u. ff. mit Art. 4, 10 u. 11 dießrh. J.-G.; Pollwein a. a. O. S. 49 Note 3 z. Art. 14.

Erforderniß bestimmter Eigenschaften des Grundeigenthums zur Begründung des Selbstausübungsrechtes der Jagd auf eigenem Grund und Boden, hat übrigens, wenn auch gestrebt wurde, das Recht des Einzelnen mit jenem der Gesammtheit zu vereinbaren,[6]) thatsächlich zu einer Umkehrung des im Art. 1 aufgestellten Grundsatzes in seiner rechtlichen Folge und praktischen Bethätigung geführt: die Selbstausübung der Jagd durch den Grundeigenthümer (Eigenjagd) erscheint als Ausnahme, das Jagdausübungsrecht (abgeleitete Jagdrecht im engeren Sinne) des Nichteigenthümers die Regel.[7])

§ 1. Die dinglichen Erfordernisse des Grundeigenthums als Voraussetzung des Jagdausübungsrechtes.

I. Eigenjagd.

Gemäß Art. 2 rechtsrh. J.-G. ist die Ausübung des Jagdrechtes durch den Grundeigenthümer selbst nur zulässig:

1. auf allen unmittelbar an die Behausung stoßenden Hofräumen und Hausgärten, sobald sie durch irgend eine Umfriedung begrenzt oder sonst völlig abgeschlossen sind;
2. auf allen und jeden Grundstücken, welche mit einer Mauer, einer zusammenhängenden Hecke oder mit einer dichten Einzäunung und mit verschließbaren Thüren versehen sind — worunter die gewöhnlichen zunächst nur die Abwehr oder den Einschluß des Weideviehes bezweckenden Feldzäune nicht begriffen sind;
3. auf einem zusammenhängenden Grundbesitze von mindestens 240 bayer. Tagwerken (nun 81,77 ha) im Flachlande und 400 Tagwerken (136,29 ha) im Hochgebirge;
4. auf Seen und Fischteichen von mindestens 50 Tagwerken (17,03 ha).

Die Belassung des Jagdausübungsrechtes auf den unmittelbar an die Behausung stoßenden Hofräumen und Hausgärten bildet eine besondere Begünstigung des Grundeigenthümers, deren wesentliche Absicht auf die Heilighaltung des Hausfriedens gerichtet ist, der nicht durch den Jagdbetrieb dritter, der befriedeten Hausgemeinschaft fremder Personen gestört werden soll.[8]) Außer-

---

[6]) Verh. d. Abg.-K. 1849/50 sten. Ber. Bd. II S. 127 (Min.-Komm. Epplen).

[7]) Höcht a. a. O. S. 17; Schwappach, Forst-, Jagd- u. Fischereipolitik S. 309, 310; Verh. d. Abg.-K. a. a. O. Bd. II S. 92.

[8]) Verh. d. Abg.-K. 1849/50 Beil. Bd. I S. 254, sten. Ber. Bd. II S. 86, 90 „es soll die Achtung vor dem Hause und dessen nächsten Räumen gewahrt bleiben, das Hausrecht und die Ruhe des Hauses durch Jagen nicht gestört werden“.

dem wollte mit dieser Begünstigung auch dem Umstande Berücksichtigung zugewendet werden, daß die Befugniß des Grundeigenthümers wenigstens in seinen Gebäuden, Hofräumen und den daranstoßenden Hausgärten das Wild zu erlegen, im Interesse des Schutzes des häuslichen Eigenthums und der Hauswirthschaft gegen Beschädigung von höchster Wichtigkeit sei.[9]) Das Gesetz hat sich deshalb auch mit der Anforderung begnügt, daß die Vorbehaltung solcher Räume für häusliche und hauswirthschaftliche, unter dem Frieden der Hausflur stehende Zwecke durch ein äußeres Merkmal einigermaßen kennbar gemacht sei, und als solches die Abgrenzung durch eine Umfriedung für hinreichend erklärt, soweit nicht das häusliche Besitzthum schon in sonstiger Weise vollständig abgeschlossen ist.[10]) Dieser Abschluß kann in Mauern, zusammenhängenden Zäunen oder dichten Hecken mit verschließbaren Thüren, in Gebäulichkeiten, Wasser- oder trockenen Gräben, wie solche häufig Schloßgüter umgeben, oder in natürlichen Zutrittshindernissen, wie unbesteigbaren Steilhängen, Felswänden, Schluchten bestehen,[11]) ferner, da zufolge den Gesetzgebungsverhandlungen die für anderes Jagdgebiet geltende Bestimmung, daß der Zusammenhang des Jagdbezirkes durch Straßen, Wege, Flüsse und Bäche nicht unterbrochen werde, hier keine Anwendung findet, je nach den örtlichen Verhältnissen auch durch Straßen oder Wege und jedenfalls durch Wasserläufe als gegeben erachtet werden.[12]) Wo ein solcher Abschluß nicht vorhanden, erscheint die Umfriedung des häuslichen Anwesens erforderlich, um demselben die Begünstigung des Art. 2 Ziff. 1 zuzuwenden. Die Umfriedung muß jedoch nach Ziff. 1 keine dichte, ein Zutrittshinderniß bildende sein, es genügt, wenn dieselbe nur einigermaßen die Grenze bezeichnet, sie kann daher ebensogut aus einem einfachen Feld- (Stangen- oder Riegel-) Zaun, einer Anpflanzung von sogen. Spalier-Bäumen oder Sträuchern wie in einer überschreitbaren Umwallung bestehen, muß aber gleich den obenerwähnten Umschließungen im ganzen eine unbewegliche d. h. mit dem Boden fest verbunden sein.[13]) Der Begriff der Umfriedung

[9]) Verh. d. Abg.-K. 1849/50 sten. Ber. Bd. II S. 86, 89; Entsch. d. R.-G. in Str.-S. v. 8. Dezember 1881 E. V S. 230 und v. 15. März 1888 E. VIII S. 87.

[10]) Verh. d. Abg.-K. 1849/50 Beil. Bd. I S. 254, 263; Bl. f. R.-A. Bd. XLIV S. 1 u. ff.; Entsch. d. b. O.-G.-H. vom 6. November 1873 und 10. Mai 1875, Stenglein Zeitschrift Bd. XIII S. 198 und XV S. 81, vom 7. Oktober 1876 Bl. f. R.-A. Bd. XLII S. 360; Entsch. d. R.-G. i. Str.-S. v. 8. Dezember 1881 E. V S. 230 und v. 15. März 1888 E. VIII S. 87.

[11]) S. Stengleins Zeitschr. Bd. XIII S. 198.

[12]) Verh. d. Abg.-K. 1849/50 Beil. Bd. I S. 254 Beil. Bd. II S. 17, sten. Ber. Bd. II S. 86, 90, 91; Entsch. d. b. A.-G. v. Mittelfranken v. 5. Oktober 1867, Stenglein Zeitschr. Bd. VII S. 94.

[13]) Daß die Einfriedung durchgängig mit dem Boden fest verbunden

wird auch dadurch nicht aufgehoben, daß etwa die Einzäunung eine lückenhafte ist, selbst wenn solche Lücken vom Eigenthümer in der Absicht, dem Wilde Eingang zu verschaffen, hergestellt oder offengelassen worden sind.[14])

Notwendige Voraussetzung der für Hofräume und Hausgärten eingeräumten Vergünstigung der Eigenjagdbefugniß ist, daß diese Räumlichkeiten sich als Bestandtheile eines häuslichen Wohnanwesens darstellen. Für die umfriedete Umgebung eines außer unmittelbarem räumlichen Zusammenhange mit dem häuslichen Anwesen, Wohnzwecken nicht dienenden Wirthschaftsgebäudes, z. B. eines Feldstadels, trifft die Begünstigung der Ziff. 1 so wenig zu als bei einem gesondert liegenden umfriedeten Baum-, Obst-, Gras- oder Krautgarten, welcher eine Unterstandshütte oder ein Gartenhäuschen umschließt, die zwar einen Unterkunfts-, nicht aber einen eigentlichen Wohn- und Wirthschaftsraum für Menschen bilden, und ebensowenig für den umfriedeten Hof- und Gartenraum eines vom Wohnanwesen, als Mittelpunkt der Hauswirthschaft, räumlich getrennt liegenden Lagerkellers, der nur zeitweilig als Unterkunft für Gäste und Arbeiter dient.[15])

Die betreffenden Räumlichkeiten, Hofraum, Hausgarten

sei, wie dies allerdings bei den natürlichen Zutrittshindernissen, dann bei fundirtem Mauerwerk und gewachsenen Hecken stets der Fall, ist jedoch nicht erforderlich. Es genügt, wenn die Tragsäulen, Pfosten ꝛc. in den Boden fest eingelassen sind und hiedurch die Verbindung der übrigen Bestandtheile der Einfriedungsvorrichtung mit dem Boden hergestellt erscheint. Da in Art. 2 Ziff. 1 J.-G. nicht gefordert ist, daß die Umschließung der Grundstücke ein Zutrittshinderniß bilde, so wird der Begriff der Einfriedung hier nicht dadurch aufgehoben, daß an derselben zur Erleichterung des Uebersteigens — wie dies im Gebirge häufig — sogen. Stiegeln, treppenartige Uebergänge angebracht sind, vgl. Bl. f. R.-A. Bd. XLIV S. 1 u. ff. und s. im übrigen die unter Note 10 angeführten Belegstellen, ferner Note 26 unten.

[14]) Entsch. d. b. O.-G.-H. vom 7. Oktober 1886 S. VI S. 196: Da inhaltlich der Gesetzgebungsverhandlungen (Verh. d. Abg.-K. 1849/50 sten. Ber. Bd. II S. 90) Lücken, welche sich in der Umfriedung der an die Behausung unmittelbar anstoßenden Hofräume und Hausgärten die Berechtigung des Grundeigenthümers zur Jagdausübung überhaupt nicht ausschließen, kommt auch nichts darauf an, wie sie entstanden sind, ob zufällig oder mit Absicht hervorgebracht.

[15]) Selbstverständlich kömmt die Begünstigung des Art. 2 Ziff. 1 J.-G. nicht bloß dem umfriedeten oder sonst völlig abgeschlossenen Hauptanwesen eines Grundeigenthümers zu, sondern jedem Besitzthume desselben, welches sich um eine Behausung gruppirt und die geforderten Eigenschaften aufzeigt, also nicht bloß z. B. dem abgegrenzten oder sonstwie abgeschlossenen Schloßgute, welches den Mittelpunkt des wirthschaftlichen Betriebes bildet, sondern auch den zerstreut und getrennt liegenden Vorwerken, Vor- und Pachthöfen des Gutsbesitzes, welche aus einer Behausung mit Hofraum, Hausgarten ꝛc. bestehen und ein durch Umfriedung oder sonstigen Abschluß als selbständiges Wohnanwesen für sich gekennzeichnetes Ganzes darstellen. So kann auch der isolirte Lagerkeller, wenn mit demselben eine ständige Behausung verbunden ist, unter Art. 2 Ziff. 1 J.-G. fallen.

müssen sich dem Wohnanwesen unmittelbar anschließen. Die Hofräume werden wohl zumeist an die Behausung unmittelbar anstoßen, bei Hausgärten wird dies öfters insoferne nicht der Fall sein, als zwischen denselben und der Behausung mehr oder minder ausgedehnte Hofräume gelegen sind. Es muß jedoch als der Ziff. 1 genügend erachtet werden, wenn diese Räumlichkeiten in nächster Nähe des Wohnhauses so gelegen sind, daß sie zusammenhängende Bestandtheile des befriedeten häuslichen Besitzthums bilden, welches als Ganzes genommen mit einem Theile seiner Grenze unmittelbar an die Behausung anstößt.[16])

Zum Begriffe des Hausgartens wird endlich nicht bloß erfordert, daß er an die Behausung, das häusliche Anwesen oder dessen Hofraum, mindestens auf die eben beschriebene Weise, unmittelbar angrenzt, sondern auch daß er zunächst jenen besonderen häuslichen Zwecken gewidmet ist, welchen ein Garten zu dienen hat. Der Begriff wird also, namentlich auf dem Lande, wo die Grenzen zwischen Feld- und Gartenbau sowohl nach Art der Bestellung und Gegenstand der Produktion mehr oder minder in einander fließen, nicht gerade auf Gärten für Blumenzucht, Obst- oder Gemüsebau (Baum- und Krautgärten) einzuschränken sein, wohl aber Grundstücken, welche lediglich dem allgemeinen Zwecke des Landwirthschaftsbetriebes dienen, wie Kornäcker, Weidegründe namentlich bei größeren Flächenausmaßen, wenn auch in die Umfriedung des häuslichen Anwesens einbezogen, in der Regel die Eigenschaft eines Hausgartens im Sinne des J.-G. nicht zuerkannt werden können. Im Zweifel ist unter sorgfältiger Abwägung der thatsächlichen Verhältnisse festzustellen, ob ein in der Umfriedung des Wohnanwesens gelegenes Grundstück nach seiner Zweckbestimmung unter den Begriff des Hausgartens eingereiht werden kann oder als ein Feldgrundstück zu behandeln sei.[17]) So wird es z. B. wohl angehen, einen Grasgarten nächst dem Hause oder Hofraum, wenn auch sein Ertrag zunächst als Viehfutter, somit für einen allgemeinen Zweck landwirthschaftlichen Betriebes Verwendung findet, unter den Begriff des Hausgartens zu stellen, wenn dieser Garten zugleich als Trockenplatz, Bleiche, als Tummelplatz für die Kinder und Aufenthalt der Hausgenossen dient.[18])

---

16) Entsch. d. R.-G. i. Str.-S. v. 8. Dezember 1881 E. V S. 230; Bl. f. R.-A. Bd. XLIV S. 1 u. ff.

17) Entsch. d. R.-G. i. Str.-S. v. 15. März 1888 E. VIII S. 87.

18) S. Entsch. d. R.-G. i. Str.-S. v. 8 Dezember 1881 E. V S. 230, dann die Entsch. d. b. O.-G.-H. v. 10. Mai 1875 Stengleins Zeitschr. Bd. XIII S. 198, woselbst ausdrücklich Grasgärten erwähnt sind. Daß bei solchen an die Behausung unmittelbar angrenzenden Räumlichkeiten nicht bloß auf die Bestimmung ihrer Produkte, sondern auch auf ihre sonstige Benützung für häusliche und hauswirthschaftliche Zwecke Rücksicht zu nehmen ist, wird wohl aus der Einbeziehung des Hofraums unter diese Räume gefolgert werden dürfen.

Aus praktischen Fällen. Das häusliche Anwesen des N. aus einem unmittelbar an die Behausung angrenzenden Hofraume, Gemüsegarten, Baumpflanzung und einem kleinen Theile Ackerland bestehend, ist als Ganzes einschließlich des Wohnhauses ringsum theils mit Zäunen umfriedet, theils durch hohe steil abfallende Felsen vollständig eingeschlossen, so daß wo kein Zaun vorhanden, die Felsen den Zutritt von außen absperren. An einer Stelle ist die als Umzäunung dienende Weißdornhecke behufs dichteren Verwachsens bis auf 1 Fuß Höhe über Boden gestutzt worden, so daß hier eine offene Lücke der Umfangung bestand. Die Voraussetzungen des Art. 2 Ziff. 1 J.-G. wurden jedoch als gegeben erachtet.[19]) — Der an das Wohnanwesen des B anstoßende, mit diesem zusammenhängende Gartentheil ist theils von dem Zennflusse, theils von einer lebenden Hecke begrenzt, letztere enthält mehrfache Lücken, namentlich auf der Seite nach dem angrenzenden Wege hin eine solche von etwa 18 Fuß Länge. Gleichwohl wurde in dieser Hecke ein ausreichendes äußeres Merkmal der Abgrenzung und folgedessen der Gartentheil als Hausgarten anerkannt.[20]) — Der hinter dem Wohnhause des A befindliche, an die Behausung anstoßende Baumgarten ist ringsum bis zum Wohnhause mit einem so lückenhaften Zaune umgeben, daß Schweine und Gänse — sowie auch Hasen — durchschlüpfen können. Da auch in diesem nicht lückenfreien Zaune eine die Grenze bezeichnende Umfriedigung zu erblicken ist, wurde fraglicher Baumgarten als Hausgarten anerkannt.[21]) — Im Anwesen des C stößt der als Gras-, Baum- und Krautgarten dienende Garten unmittelbar an den Hofraum (von ziemlicher Ausdehnung) an, welcher die Rückseite des Wohnhauses, und den unter einem Dache mit diesem befindlichen Stall und Stadel umgiebt. Der Garten ist nach allen Richtungen gegen Wohnhaus, Hofraum und die angrenzenden Felder theils durch einen Stangen-, theils einen Bretterzaun abgeschlossen und kann vom Wohnhause her über den Hofraum durch ein verschließbares Gatterthürchen, von den anliegenden Feldern aus an den mit beweglichen zurückschiebbaren Querstangen abgesperrten Zufahrtstellen betreten werden. Es wurde das Anwesen in dieser Gestalt als ein ringsum befriedetes anerkannt und der unmittelbare Zusammenhang des Gartens mit der Behausung als durch sein Anliegen an den unmittelbar an das Wohnhaus anstoßenden, wenn auch etwas ausgedehnten Hofraum hergestellt erachtet, da anzunehmen, daß das Gesetz nicht vom Hofraum und Garten fordern wollte, daß je beide unmittelbar an die Behausung anstoßen müssen, vielmehr beiden den gleichen Schutz gewähren wollte, wenn sie nur zusammenhängende nebeneinander liegende Räume bilden und das aus ihnen gestaltete Besitzthum als Ganzes mit einem Theile seiner Grenze unmittelbar an die Behausung anstößt.[22]) — Der einer Anstalt gehörige Oekonomiehof J liegt innerhalb eines Jagdbezirkes von Wies und Wald umgeben. Der an die Behausung anstoßende Hofraum ist auf drei Seiten durch die Gebäulichkeiten des Anwesens, auf der vierten von einer nach innen 3 m hohen Mauer begrenzt, die sich nach außen an eine Böschung anlehnt, so daß hier nach innen zu eine Absturzstelle besteht. Das Anwesen ist als ein vollständig geschlossenes im Sinne des Art. 2 Ziff. 1 J.-G. zu erachten.[23])

---

[19]) Stenglein, Zeitschr. Bd. XIII S. 198.
[20]) Ebenda Bd. VII S. 94.
[21]) S. Note 17.
[22]) Entsch. d. R.-G. i. Str.-S. E. V S. 230.
[23]) Deutsch. Jäger Jahrgg. XIII S. 185.

Bei allen anderen Grundstücken, welche nicht unmittelbar mit einem umfriedeten Wohnanwesen zusammenhängen und als Bestandtheile desselben den Schutz des Friedens der Hausflur genießen, genügt es zur Wahrung der Eigenjagd durch den Grundeigenthümer nicht, wenn durch die Umfangung die Grenze des Befriedigungsbereiches nur kennbar gemacht ist. Da nach der Absicht des J.-G. der zur Ausübung der Jagd innerhalb eines bestimmten Bezirkes Berechtigte auf diesem Gebiete, gleichviel ob es ein fremdes Eigenthum ist, aber selbstverständlich mit Achtung des für Behausungen und ihre unmittelbaren umfriedeten Zugehörungen in Ziff. 1 gewährleisteten Hausfriedens, in der Regel dahin zu gehen berechtigt sein soll, wohin er ohne zu steigen oder zu beschädigen, gehen kann,[24]) so muß hier die Umschließung des Grundstückes in ihrer Beschaffenheit zu erkennen geben, daß der Eigenthümer nicht gewillt sei, das Betreten dieses seines Besitzthums durch andere, hiezu nicht berechtigte Personen zu dulden.[25]) Diese Voraussetzung trifft bei einem mittels Mauer,[26]) zusammenhängender Hecke, dichter Einzäunung[27]) und verschließbaren Thüren umfangenen Raume schon dann zu, wenn die Einfriedigung geeignet erscheint, Menschen den freien Eintritt in das Grundstück zu verwehren.[28]) Es ist daher keineswegs erforderlich, daß die Einfriedigung von unbedingter Dichtigkeit und solcher Höhe sei, welche ein unüberwindbares Zutrittshinderniß darbietet, sondern es genügt zum Begriffe der „zusammenhängenden Hecke" und „dichten Einzäunung" im Sinne des Gesetzes ebenso wie bezüglich der abschließenden Mauern, wenn sie so beschaffen und gestaltet sind, daß durch dieselben Menschen von einem einfachen bequemen,

---

[24]) Verh. d. K. d. Abg. 1848 Prot. Bd. V S. 544; Entsch. d. O.-L.-G. München v. 7. Juni 1880 S. I S. 20; Entsch. d. b. V.-G.-H v. 15. September 1885 S. VI S. 196.

[25]) Bl. f. R.-A. Bd. XLIV S. 1 u. ff.

[26]) Auch eine aus lose auf einander gelegten Steinen gefügte Mauer, Bruchsteinmauern können, wenn sie nur ein Hinderniß des freien Ueberschreitens und Eintrittes zu bilden geeignet sind, als genügende Einfriedigung anerkannt werden; s. Entsch. d. b. V.-G.-H. v. 15. September 1885 a. a O.; Deutsch. Jäger Jhrgg. XIII S. 185.

[27]) Lebende Zäune fallen unter den Begriff der Hecke, Verh. d. Abg.-K. 1849/50 sten. Ber. Bd. II S. 86; die Einzäunung kann auch aus Drahtgeflecht, aus enggezogenen Stacheldrähten bestehen, vgl. Entsch. d. b. O.-G.-H. v. 7. Juni 1880 a. a. O. Bezüglich der Stacheldrahtzäune ist übrigens zu beachten, daß ihre Anbringung an Orten öffentlichen Verkehrs aus Sicherheitsrücksichten durch polizeiliche Anordnung verhindert werden kann (§ 366 Nr. 10 Str.-G.-B. und Art. 2 Ziff. 6 P.-Str.-G.-B.) und dem Eigenthümer jedenfalls civilrechtliche Haftung für etwaige durch den Zaun verursachte Beschädigungen erwachsen kann.

[28]) Entsch. d. b. O.-G.-H. v. 3. Juni 1872, 10. Mai 1875, 7. Okt. 1876, Stengleins Zeitschr. Bd. XI S. 138, XV S. 81, XVII S. 7; dann v. 7. Juni 1880 a. a. O. (s. a. Bl. f. R.-A. Bd. XLV S. 548); Entsch. d. b. V.-G.-H. v. 15. September 1885 a. a. O. und Bl. f. R.-A. Bd. XLIV S. 1 u. ff.

weder besonderen Kraftaufwandes noch einer Gewaltanwendung bedürfenden Ueberschreiten abgehalten werden.[29]) Lücken der Einfriedigung, welche als Zutrittsstellen für Menschen (einschließlich der Zufahrten) dienen, müssen mit verschließbaren Thüren versehen sein. Unter verschließbaren Thüren sind indeß nicht bloß die mit kunstgerechten eisernen Schlössern und Riegeln ausgestatteten gemeint, sondern jede Art von Thüren und Thoren, welche überhaupt zugemacht werden können, also auch solche, welche nur mit einfachem Sperrhacken, hölzernem Schubriegel oder mit Einfallklammern versehen sind, sowie auch Thüren, die nach ihrer Einrichtung von selbst zuschlagen (Fallgatter) — wenn sie nur den Eingang in einer Weise absperren, die zu erkennen giebt, daß der Eigenthümer keinen freien Eintritt oder Durchgang zu gestatten gewillt sei.[30]) Drehkreuze können daher als genügender Abschluß solcher Zugangsstellen nicht erachtet werden, da sie nicht den Eintritt an sich, sondern nur gewisse Arten des Zutritts zu verhindern bezwecken. Uebergänge über die Einfriedigung, wie die sogen. Stiegeln, müssen, um Mauer, Zaun oder Hecke noch als zusammenhängende, dichte Umschließung erscheinen zu lassen, jedenfalls mit einer besonderen, dem Begriffe der verschließbaren Thüre entsprechenden, Abschlußvorrichtung versehen sein.[31]) Da die Absperrung des Grundstückes nach der Absicht des Gesetzes nur gegen den freien Zutritt von Menschen gerichtet sein soll,[32]) thut es der Annahme einer zusammenhängenden oder dichten Einfriedigung im Sinne der Ziff. 2 Art. 2 keinen Eintrag, wenn in der Umzäunung oder Hecke Lücken vorhanden sind, welche

---

[29]) S. von den in vor. Note angeführten Belegstellen insbesondere Entsch. d. b. O.-H.-G. v. 7. Juni 1880 u d. b. V.-G.-H. v. 15. September 1885. — Die Möglichkeit eines Eindringens mittels Durchkriechens, Durchschlüpfens, Durchzwängens, Ueber- oder Einsteigens hebt den Begriff der Umschlossenheit eines Raumes nicht auf. (Bl. f. R.-A. Bd. XLIV S. 1 u. ff.); eine diese Möglichkeit unbedingt ausschließende Beschaffenheit der Einfriedigung erscheint auch nicht nothwendig, da gegen widerrechtliches Eindringen in befriedetes Besitzthum strafrechtlicher Schutz gewährt ist (s. §§ 123, 368 Nr. 9 Str.-G.-B. und Art. 121 P.-Str.-G.-B., welcher den Erlaß ortspolizeilicher Vorschriften mit dem Verbote des Uebersteigens von Garten- und Feldeinfriedigungen ermöglicht).

[30]) Verh. d. R.-R.-K. 1848 Prot. Bd. V S. 150, 152, Verh. d. Abg.-K. 1849/50 sten. Ber. Bd. II S. 90, Bd. III S. 88; Entsch. d. O.-L.-G. München v. 7. Juni 1880 S. I S. 20. Daß das Erforderniß verschließbarer Thüren sich nur auf Umzäunungen beziehen soll, wie Pollwein a. a. O. S. 12 Note z. Art. 2 Ziff. 2 J.-G. annimmt, erscheint nicht zutreffend, wie aus der ursprünglichen Fassung „und in allen Fällen mit verschließbaren Thüren“ und der Bemerkung des Abg.-Aussch.-Ber. — Verh. 1849/50 sten. Ber. Bd. III S. 18 — hervorgeht, „daß der Beisatz in „allen Fällen“ im Hinblicke auf die voraufgeführten verschiedenen Arten von Umfriedigungen gemacht sei.“ S. a. Verh. d. Abg.-K. 1849/50 sten Ber. Bd. II S. 89.

[31]) S. oben Note 13.

[32]) S. die in Note 24, 25 oben angeführten Belegstellen.

es einem Wilde, z. B. Hasen, ermöglicht, auf das umschlossene Grundstück zu gelangen, und ist es auch, da nach den Gesetzgebungsverhandlungen der Ein- und Austritt von Wild auf den hier fraglichen Grundstücken überhaupt nicht verhindert werden will,[33]) nicht erforderlich, daß etwa die Einfriedigung eine solche Beschaffenheit hat, welche den betreffenden Raum für Wild unzugänglich macht, also etwa eine Höhe, die z. B. dem Hochwilde ein Ueberspringen unmöglich macht.[34]) Gewöhnliche, zunächst nur die Abwehr oder den Einschluß des Weideviehes bezweckende Feldzäune sind vom Gesetze ausdrücklich als eine den Voraussetzungen des Art. 2 Ziff. 2 nicht genügende Einfriedigung bezeichnet und vermögen darum eine solche auch dann nicht zu bilden, wenn die Zutritts- oder Zutriebsöffnungen mit Thüren — in der Regel Fallgattern — geschlossen sind.[35])

Aus praktischen Fällen. Die Einfriedigung des R'schen Grundstückes aus lose aufeinander gelegten Steinen, ist aber an einer Seite streckenweise nur 0,5—0,6 m hoch und überdies an dieser Stelle schadhaft und oben spitz zulaufend, weßhalb mit Fug anzunehmen war, daß an diesen Stellen ein Mann die Einfriedigung, ohne zu steigen oder zu beschädigen, bequem überschreiten und unbehindert zu dem Grundstücke gelangen könne. Die Einfriedigung wurde daher als eine den Anforderungen des Art. 2 Ziff. 2 J.-G. entsprechende nicht anerkannt. —[36]) Der im Eigenthum des S. stehende, an eine Behausung nicht anstoßende Garten ist auf der Straßenseite mit einer lebendigen Weißdornhecke von durchschnittlich 1,5 m Höhe umgeben, auf den anderen drei Seiten mit einem aus Eisendraht geflochtenen Gitter eingeschlossen, dessen einzelne Felder an in den Boden getriebenen Pfosten befestigt sind und welches eine Höhe von 1,2—1,4 m hat. Der Eingang des Gartens ist mit einem aus zwei Flügeln bestehenden, an zwei starken Holzsäulen befestigten, verschließbaren Lattenthore abgesperrt. An einer Stelle der Hecke befinden sich Oeffnungen, durch welche ein Hase eindringen kann und an der Umgitterung ist stellenweise genügend Raum vorhanden, daß Wild von der Größe eines Hasen in den Garten und aus demselben zu schlüpfen vermag. Da aber ein Mensch bei verschlossenem Lattenthore ohne Gewaltanwendung in den Garten nicht gelangen kann, wurde die Umschließung des letzteren als eine den Voraussetzungen des Art. 2 Ziff. 2 J.-G. vollkommen entsprechende erachtet.[37])

Unter Ziff. 2 Art. 2 rechtsrh. J.-G. fallen auch die umzäunten Gehege und Wildparke (Thier-, Wild-, Fasanengärten).[38]) Bildet die Umfriedung derselben nicht bloß eine Veranstaltung, durch welche Menschen am freien Eintritte (bequemem Ueberschreiten

---

[33]) Verh. d. Abg.-K. 1849/50 sten. Ber. Bd. III S. 78; Entsch. d. O.-L.-G. München v. 7. Juni 1880 S. I. S. 20.

[34]) Bl. f. R.-A. Bd. XLIV S. 1 ff.

[35]) S. hierüber auch Bl. f. R.-A. a. a. O.

[36]) Entsch. d. b. V.-G.-H. v. 15. September 1885 S. VI S. 196.

[37]) Entsch. d. O.-L.-G. München S. I S. 20 u. vgl. auch die in Note oben angeführten Belegstellen.

[38]) Bl. f. R.-A. Bd. XLIV S. 1 u. ff.

ohne Steigen oder Gewaltanwendung) gehindert werden, sondern gleichzeitig auch eine Vorrichtung, wodurch das Wild verhindert wird, aus dem umschlossenen Raume auszutreten und in andere Jagdbezirke hinüberzuwechseln, so ist dem Gehege oder Parke eine rechtliche Sonderstellung insoferne eingeräumt, als das eingehegte, am Entweichen verhinderte Wild als vom Parkbesitzer bereits okkupirt und daher als Eigenthum des letzteren angesehen wird, demzufolge derselbe an die Einhaltung der jagdpolizeilichen Hegevorschriften nicht gebunden erscheint und nicht bloß in dem ausschließlichen Okkupationsrechte wie sonstige Jagdberechtigte, sondern vielmehr in einem förmlichen Eigenthumsrechte an dem eingehegten Wilde rechtlich geschützt wird.[39]) Die Einfriedigung der Gehege und Wildparke muß demgemäß nach Dichtigkeit und Höhe so beschaffen sein, daß sie dem eingeschlossenen Wilde, soweit dies überhaupt möglich, den freien Ausbruch verwehrt, also jedenfalls von einer Höhe, die z. B. dem Hochwilde das Ueberspringen unter gewöhnlichen Verhältnissen unmöglich macht.[40]) Trifft die Voraussetzung nicht zu, so fällt zwar das Gehege (der Wildpark) unter Art. 2 Ziff. 2 J.-G., der Eigenthümer bleibt aber den jagdpolizeilichen Hegevorschriften unter-

[39]) Nach römischem und gemeinem Rechte sind die in einem umschlossenen Parke oder Thiergarten befindlichen, am Entweichen verhinderten und damit ihrer natürlichen Freiheit beraubten wilden Thiere als Eigenthum des Parkbesitzers zu betrachten, solange dieser Zustand der Freiheitsentziehung besteht, l. 3 §§ 14—16 D. de aqu. poss. 41, 2. — Ickstatt a. a. O. Th. I § 91 S. 50 ff.; Windscheid, Pand. 7. Aufl. Bd. I § 184 Note 5 b S. 553; s. a. Brünneck a. a. O. Arch. f. civ. Pr. Bd. XLVIII Note 15 S. 85: Anm. z. d. L.-R. Th. II Kap. III § 3; — Höcht a. a. O. S. 25. — Die Erlegung des in einem derart umschlossenen Thiergarten der Verfügungsgewalt des Eigenthümers bereits unterworfenen, an der Ortsveränderung gehinderten Wildes (s. Windscheid a. a. O.) ist strafrechtlich nicht als unbefugte Jagdausübung (§§ 292 ff. St.-G.-B.), sondern als Diebstahl aus § 242 St.-G.-B. zu verfolgen. Bildet die Umzäunung des Thiergartens nicht bloß ein Hinderniß für die Ortsveränderung des Wildes, sondern zugleich auch ein gegen das willkürliche Eindringen Unberechtigter schützendes Hinderniß, so tritt der verschärfte strafrechtliche Eigenthumsschutz aus § 243 St.-G.-B. ein. E. d. R.-G. in Str.-S. v. 16. April 1883 E. VIII S. 273. — Vgl. hieher § 960 B.G.B. „Wilde Thiere in Thiergärten . . . . sind nicht herrenlos." Die Motive bemerken hiezu, daß von den Thiergärten die eingehegten Reviere (also wohl Räume, die zwar umfriedigt, aber nicht zur völligen Verhinderung eines Entweichens des dort verweilenden Wildes geeignet sind) zu unterscheiden seien, das in solchen gehaltene jagdbare Wild wenigstens in großen Theilen Deutschlands als herrenlos gelte und die rechtswidrige Zueignung desselben als Jagdvergehen, nicht als Diebstahl behandelt werde.

[40]) Für Gehege von Federwild, Fasanengärten, erscheint ein den Austritt dieses Wildes unbedingt verhindernder Abschluß nicht möglich, da dasselbe durch Ueberfliegen der Umzäunung stets wird entweichen können. Im älteren Jagdrecht war diesem Umstande dadurch Rechnung getragen, daß ein Verbot des Schießens ausgeflogener Fasanen für jeden bestand, der nicht die Aussetzung einer bestimmten Zahl von Fasanenstämmen nachweisen konnte.

worfen und genießt nur den Rechtsschutz gegen Verletzungen des ausschließlichen Okkupationsrechtes an dem im umschlossenen Raume befindlichen Wilde. Auch das Vorhandensein einer Behausung, z. B. eines Forsthauses, einer Hegerwohnung in dem Gehege oder Parke entbindet, wenn für denselben die oben besagte sonderrechtliche Stellung Platz greifen soll, nicht von den erwähnten strengeren Anforderungen an die Beschaffenheit der Umschließung, da es sich in Hinsicht auf das Wild unbedingt um ein mechanisches Austrittshinderniß und nicht bloß wie gegenüber Menschen um eine die Abwehr unbefugten Zutrittes kennzeichnende Abgrenzung handeln kann.[41]) Entspricht die Umschließung eines Behausungen umfangenden Geheges oder Parkes diesen Anforderungen nicht, so wird derselbe einfach nach den Grundsätzen des Art. 2 Ziff. 1 J.-G. zu behandeln sein.

Während in den Fällen der Ziff. 1 und 2 J.-G. die räumliche Ausdehnung der betreffenden Grundstücke als dingliche Voraussetzung des Rechtes auf Jagdausübung durch den Grundeigenthümer nicht in Betracht kommt, erschien es bei anderen, weder dem Hausfrieden unterstellten noch durch Einfriedigung dem Zugange dritter Unbefugter verschlossenen Grundstücken aus Sicherheits- und wirthschaftlichen Rücksichten nicht angängig, dem Grundeigenthümer die Selbstausübung der Jagd auch auf den kleinsten Parzellen einzuräumen[42]) und wird deshalb in Ziff. 3 als Voraussetzung der Eigenjagd auf nicht umfriedeten Grundstücken ein zusammenhängender Grundbesitz von mindestens 240 Tagwerken (81,77 ha) im Flachlande und 400 Tagwerken (136,29 ha) im Hochgebirge gefordert.[43]) Wie schon der Ausdruck „mindestens" zu erkennen giebt, wollte nur eine Minimalgrenze der zur Eigenjagd auf nicht umfriedeten, aber zusammenhängenden Grundbesitze berechtigenden Flächenausmaße desselben festgesetzt werden; eine Maximalgrenze für die Ausdehnung der Eigenjagdbezirke enthält das Gesetz nicht. Der Umfang des zur Eigenjagd berechtigenden Grundbesitzes kann daher wohl größer, er darf aber

---

[41]) Es ist übrigens darauf hinzuweisen, daß auch die kennzeichnende Abgrenzung wie der den Zutritt verwehrende Abschluß körperlich, sei es in natürlichen Bildungen, sei es als künstliche, von Menschenhand hergestellte Vorrichtung zur Erscheinung kommen müssen (Bl. f. R.-A. Bd. XLIV. a. a. O.), daher polizeiliche oder vom Eigenthümer ausgehende Zutrittsverbote einen solchen Abschluß nicht zu ersetzen vermögen.

[42]) Vgl. Entsch. d. b. O.-G.-H. in Civ.-S. v. 18. Oktober 1880 S. VIII S. 568.

[43]) Das J.-G. v. 4. Juni 1848 hatte ein Flächenmaß von mindestens 300 bayer. Tagwerken in der Ebene und von 600 im Hochgebirge gefordert. Durch die Beschlüsse des Landtags wurden diese Mindestgrößen auf die jetzigen Ziffern abgemindert bezw. auf den Entwurf des J.-G. v. 1848 zurückgegriffen, welcher gleichfalls die Minimalgrenze von 240 b. Tagw. festgesetzt hatte. Verh. d. Abg.-K. 1849/50 sten. Ber. Bd. II S. 87, 90 und 91.

unter keinen Umständen kleiner sein als 240 bezw. 400 Tagwerke.[44])

Unter „Hochgebirge" sind, dem Sprachgebrauche folgend, der in Bayern unter Hochgebirge gemeinhin die Alpen begreift, nur die südbayerischen Alpengebirgszüge zu verstehen, welche sich von Berchtesgaden bis Lindau hin erstrecken, alles übrige dießrheinisch-bayerische Gebiet fällt ohne Rücksicht auf die Höhe seiner Bodenerhebungen unter den Begriff des Flachlandes, für welches die Minimalgrenze von 240 Tagwerken besteht.[45]) Der Begriff „Grundbesitz" ist nach Absicht und Entstehung der vorliegenden Gesetzesbestimmung nicht bloß in der Beschränkung auf Besitzthum an festem Lande (Aecker, Wiesen, Weiden, Oedungen, Wald 2c.) zu verstehen, vielmehr auch eine theils aus Land-, theils aus Wasserbesitz sich zusammensetzende Gesammtfläche als ein „Grundbesitz" zu erachten, welcher unter der Voraussetzung, daß die einzelnen Bestandtheile zusammenhängen und deren Ausmaße zusammengerechnet für die aus ihnen gebildete Gesammtfläche die gesetzliche Minimalgröße ergeben, gemäß Ziff. 3 zur Ausübung der Eigenjagd berechtigt. Unter Wasserbesitz sind hier sowohl stehende als fließende Gewässer zu begreifen. Zur Vollmachung des Minimalumfangs einer Eigenjagd (240 bezw. 400 Tgwk.) können Seen, Teiche und Weiher von der in Ziff. 4 bezeichneten oder einem größeren oder kleineren Flächenausmaße, aber auch die gemäß Art. 39 Abs. I und III W.-B.-G. als Uferzugehörung zu behandelnden Wasserflächen von Privat-Flüssen und Bächen bis zur Mitte des Wasserlaufs dem am letzteren angrenzenden Grundbesitz zugerechnet werden.[46]) Ebensowenig ist vom Gesetze

---

[44]) Verh. der Abg.-K. 1849/50 sten. Ber. Bd. II S. 91.

[45]) Verh. der Abg.-K. 1849/50 sten. Ber. Bd. II S. 88—91. Die oben gegebene Begriffsbestimmung deckt sich wörtlich mit der Erklärung des Min.-Kommissärs, welche unwidersprochen blieb (a. a. O. S. 90). Der maßgebende Grund für die Unterscheidung zwischen Flachland und Hochgebirge war die Rücksicht, daß innerhalb der letzteren Bezirke von 400 Tagwerken bei den Alpenweiden, unzugänglichen Felspartien 2c., welche sie in sich schließen, der Jagd thatsächlich keinen größeren Spielraum gewähren als Flachlandbezirke von 240 Tagw. Da das Gesetz nur den Gegensatz zwischen Hochgebirge und Flachland hervorhebt, müssen Mittelgebirge dem letzteren gleichgestellt werden. Wo im Bereiche der südbayerischen Alpengebirgszüge Zweifel auftreten, ob ein Jagdgelände dem Hochgebirge oder Mittelgebirge bezw. der Ebene zuzurechnen sei, wird diese Frage nach der oben angeführten für Unterscheidung zwischen Hochgebirge und Flachland maßgebenden Absicht des Gesetzes zu entscheiden sein. Brater, Komm. z. J.-G. S. 93 Note zu Art. 2 Ziff. 3 und Pollwein a. a. O. S. 13 Note zu Ziff. 3 Art. 2 J.-G. Die Mittelgebirge des übrigen rechtsrheinischen Gebietes können unter allen Umständen nur als Flachland behandelt werden, also auch das Fichtelgebirge und der bayerische Wald; Verh. der Abg.-K. 1849/50 sten. Ber. Bd. II S. 88 (Ref. Hirschberger.)

[46]) Entsch. d. b. V.-G.-H. vom 11. März 1884 S. V S. 164. Die Entsch. hebt hervor, daß nach dem Entw. d. J.-G. — Verh. d. Abg.-K. 1849/50

der Begriff eines „zusammenhängenden Grundbesitzes“ bloß auf geschlossene, arrondirte Gesammtflächen der angeführten Mindestgrößen eingeschränkt, sondern der erforderliche Zusammenhang des Grundbesitzes im Sinne der Ziff. 3 dann schon als gegeben zu erachten, wenn die gegenseitige Verbindung der einzelnen Grundstücke, aus welchen die Gesammtfläche gebildet wird, durch Berührung ihrer Grenzen nur je an einem Punkte so vermittelt wird, daß der Uebergang von einem zum anderen Grundstücke ohne Betretung fremden Eigenthums möglich ist.[47]) Es müssen daher die Grenzlinien an einem Punkte gleichlaufend — aber nicht nothwendig in einer „Geraden“ — in solcher Länge oder Breite zusammenfallen, daß die Berührungsstelle mindest einem Fußgänger genügenden Raum bietet, ohne Abweichung auf fremden Grund und Boden zu gehen. Beim Zusammentreffen von Land- und Wasserbesitz werden dessen Grenzlinien, um den Zusammenhang herzustellen, sich mindestens an einem Punkte so decken müssen, daß es möglich ist, ohne Berührung fremden Grundes an und auf das Wasser zu gelangen.[48]) Eine Gesammtfläche von der in Ziff. 3 geforderten Mindestgröße kann auch durch Einbeziehung und Zurechnung unter dem Hausfrieden stehender Hofräume und Hausgärten sowie umzäunter oder sonst umfriedigter Grundstücke von der in Ziff. 1 bezw. 2 bezeichneten Beschaffenheit gebildet werden, da die Ausnahmebestimmungen in Art. 2 Ziff. 1 und 2 nur besondere Begünstigungen des Grundeigenthümers enthalten und als solche einen selbstständigen Titel der Eigenjagdberechtigung neben jenen der Ziff. 3 gewähren, ebensowohl aber auch mit letzterem zusammentreffen und in demselben

---

Beil. Bd. I S. 58 — nach keiner Richtung eine Unterscheidung zwischen Land- und Wasserflächen gemacht, vielmehr unter dem in Ziff. 3 gebrauchten Worte „Grundbesitz“ unbestreitbar beide Arten von Besitzthum zu verstehen waren, und daß durch die auf Antrag Hirschberger beigefügte Ziff. 4. — Verh. d. Abg.-K. 1849/50 sten. Ber. Bd. II S. 87 — eine grundsätzliche Aenderung der Bedeutung des unveränderten Wortlautes der Ziff. 3 nicht herbeigeführt werden konnte, da dieser Antrag lediglich eine spezielle Begünstigung einer besonderen Art des Grundbesitzes im Auge hatte und jeder Andeutung entbehrt, daß der Antragsteller beabsichtigt hätte, seinem Antrage eine Rückwirkung auf den Sinn der Ziff. 3 beizumessen und eine Aenderung des letzteren herbeizuführen, wie auch weder regierungsseitig noch seitens des Abgeordnetenhauses eine Aeußerung gefallen sei, welche zu einer gegentheiligen Schußfolgerung berechtigen oder zwingen würde. — Verh. d. Abg.-K. sten. Ber. Bd. II S. 90, 91. — Bl. f. a. Pr. Bd. XXX S. 313. — Männer pf. J.-R. S. 59.

[47]) V.-V.-O. z. rechtsrh. J.-G. vom 3. Februar 1857 I § 2 Ab. III lit. d; Entsch. d. b. V.-G.-H. v. 22. Juni 1887 S. VIII S. 272 und v. 8. November 1899 S. XXI S. 37.

[48]) Soweit Wasserläufe im Sinne des Art. 39 W.-B.-G. in Frage kommen, wird indessen die Uferlänge als Land- und Wassergrenze selbstverständlich eine größere Ausdehnung haben.

aufgehen können.[49]) Ohne Belang erscheint hiebei das Größenverhältniß der einzelnen Bestandtheile eines so gebildeten Grundbesitzes, ob die offenen Grundstücke der Gesammtfläche die größere Ausdehnung haben und durch das Ausmaß der umfriedeten oder umschlossenen Theile auf die gesetzliche Minimalgröße ergänzt werden oder umgekehrt, wie dies namentlich bei ausgedehnten ein Schloßgut umgebenden Parkanlagen (als Hausgarten betrachtet) oder bei Wildparken großen Umfangs der Fall ist, wo die umfriedeten bezw. umschlossenen Grundstücke den größeren Theil des zusammenhängenden Gesammtbesitzes ausmachen und das gesetzliche Mindestmaß durch Zurechnung der anstoßenden offenen Grundstücke erreicht wird, wenn nur überhaupt die Flächenausmaße der einzelnen Bestandtheile des zusammenhängenden Gesammtbesitzes zusammengerechnet zumindest die in Ziff. 3 geforderte Tagwerkzahl ergeben. Der Zusammenhang des Grundbesitzes bei derart zusammengesetzten Gesammtflächen wird durch die Umfriegung oder Umschließung einzelner Bestandtheile derselben nicht gestört noch aufgehoben, soferne nur deren Verbindung durch die oben beschriebene Berührung einzelner Grenzpunkte hergestellt ist. Die Umfriedung und Umschließung im Sinne der Ziff. 1 und 2 hat die Abwehr des Zutrittes Dritter und der Jagdausübung derselben in den abgegrenzten oder abgesperrten Räumen zum Zwecke; innerhalb eines Grundbesitzes, auf welchem die Jagdausübungsbefugniß Dritter schon durch eine andere gesetzliche Vorschrift (Ziff. 3) ausgeschlossen ist, erscheint eine solche Abschließung nicht erforderlich und vermag darum auch eine Trennung der im Uebrigen räumlich verbundenen Bestandtheile der Gesammtfläche nicht zu bewirken, umsoweniger als dem Grundeigenthümer nicht verwehrt werden kann, innerhalb seines den Anforderungen aus Ziff. 3 entsprechenden Grundbesitzes zu irgend welchem Zwecke Umfriedungen bezw. Umzäunungen zu errichten.[50])

Da das auf Grund der dinglichen Voraussetzungen nach Ziff. 3 dem Grundeigenthümer zukommende Selbstbenützungsrecht der Jagd (Eigenjagdausübung) sich als unmittelbarer Ausfluß des Eigenthums an Grund und Boden darstellt, können für die örtliche Begrenzung des Eigenjagdrechtes auch die Grenzen des Eigenthums selbst maßgebend sein. Der Zusammenhang des Grundbesitzes im Sinne der Ziff. 3 Art. 2 dßrh. J.-G. wird daher nicht dadurch unterbrochen, daß die zur Gesammtfläche verbundenen Grundstücke in verschiedenen Gemeindemarkungen gelegen sind, bezw. von Gemeindeflurgrenzen durchschnitten werden, da letztere auf das Eigenthums- und Besitzverhältniß keinen Einfluß

---

[49]) Entsch. der b. V.-G.-H. vom 12. Juni 1881 S. III S. 170.
[50]) Vgl. die in vor. Note angeführte Entsch. d. b. V.-G.-H.

üben.[51]) Dagegen wird der nach Ziff. 3 erforderliche Zusammenhang des Grundbesitzes durch eine das Besitzthum durchziehende Landesgrenze ohne Rücksicht auf Eigenthums- und Besitzverhältnisse aufgehoben, da als Bestandtheile eines nach der dießrheinischen Gesetzgebung zur Jagdausübung berechtigenden Grundbesitzes nur solche Grundstücke in Betracht kommen können, welche im Geltungsbereiche des dießrh. J.-G. gelegen und demgemäß hinsichtlich der Beurtheilung ihrer Eigenschaftung als Jagdgebiet dieser Gesetzgebung unterworfen sind.[52])

Das Selbstausübungsrecht der Jagd durch den Grundeigenthümer auf den zu seinem Grundbesitze gehörenden Seen, Teichen, Weihern, welche eine Fläche von mindestens 50 Tagwerken (17,03 ha.) einnehmen, wurde mit Rücksicht auf die besonderen Verhältnisse der sogen. Wasserjagd zugestanden, die eine selbstständige Jagdausübung auf viel geringerer Fläche als beim Festlande (sogen. Feld- und Waldjagd) bedenkenfrei zulassen und daher eine weitere Begünstigung des Grundeigenthümers auf Seen und Teichen durch Herabsetzung des Minimalmaßes des Wassereigenjagdbezirkes auf den in Ziff. 4 bezeichneten Umfange gestatteten.[53]) Zu beachten ist, daß die Bestimmung der Ziff. 4 sich nur auf „stehende Gewässer" bezieht, also, wo hier von Wasserflächen, Wasserbesitz die Rede, ausschließlich stehende Gewässer gemeint sind.[54]) Der Begriff eines „stehenden Gewässers" wird durch den Umstand nicht ausgeschlossen, daß der See, Teich oder Weiher einen Wasserlauf aufnimmt, in einen Wasserlauf ausmündet oder von einem solchen durchzogen wird, solange nur dadurch nicht die Wasserfläche als Ganzes in die stetige Bewegung eines fließenden Wasserzuges versetzt wird.[55]) Ob ein solcher See, Teich, Weiher auf natürlichem Wege entstanden oder künstlich geschaffen worden ist, erscheint für die Entstehung der Eigenjagdberechtigung auf

---

[51]) Entsch. d. b. V.-G.-H. v. 21. Juni 1881 S. III S. 118. — bayer. Gemd.-Zeitg. Jhrg. IV. S. 96.

[52]) Bl. f. a. Pr. Bd. XVI S. 376; vgl. hiezu eine in „Wild und Hund" Jhrg. 1894 Nr. 4 S. 95 mitgetheilte Entsch. d. pr. O.-V.-G., welche ausspricht, daß nicht nur die zur Eigenjagdausübung erforderliche Grundfläche, wenn sie auch in verschiedenen Gemarkungen liegen kann, doch innerhalb des Geltungsbereiches des zur Anwendung zu bringenden Gesetzes belegen sein müsse, sondern dies auch von denjenigen demselben Eigenthümer gehörigen Einzelngrundstücken zu gelten habe, durch die der Zusammenhang der Grundfläche im Ganzen hergestellt wird, weshalb eine Verbindung, die durch eine zwar demselben Grundeigenthümer, aber im Gebiete eines anderen Jagdgesetzes gelegene Fläche hergestellt ist, als „Zusammenhang" nicht angesehen werden könne.

[53]) Verh. d. Abg.-K. 1849/50 sten. Ber. Bd. II S. 87; Entsch. d. b. V.-G.-H. v. 11. März 1884 S. V S. 164.

[54]) Pollwein a. a. O. S. 14 Note z. Ziff. 4 Art. 2 J.-G.; dieß ergiebt sich schon aus der Ausnahmsvorschrift des Abs. II.

[55]) l. 12 D. de aqu. rer. dom 41, 1.

demselben gleichgültig. Die Eigenjagdberechtigung auf solchem Grunde kann aber nur dann und solange bestehen, als demselben in der gesetzlich bestimmten Minimalgröße — eine Maximalgrenze nach oben ist auch hier nicht festgesetzt — nach Gestaltung und Zweckbestimmung die Eigenschaft eines Wasserbesitzes zukömmt und diese Eigenschaft der Wasserfläche auch durch steuerliche Behandlung (Katastrirung) zur Anerkennung gelangt ist. Sobald daher eine als Wasserbesitz katastrirte und anerkannte Fläche in Folge natürlicher Ereignisse, wie Austrocknung durch unabwendbaren Abfluß des Wassers, fortschreitender eine Wiederbenutzung als Wasserbesitz dauernd ausschließender Veranstaltungen, z. B. durch Entwässerung zwecks der bleibenden Tieferlegung eines Seespiegels, der dauernden Verwendung als Kulturland u. s. w. Diese Eigenschaft verliert, erlischt auch die Voraussetzung der Selbstausübung der sog. Wasserjagd durch den Grundeigenthümer.[56]) Zeitweilige vorübergehende Veränderungen des Wasserstandes einer als Wasserbesitz katastrirten und anerkannten Fläche, wie z. B. infolge anhaltend trockener Witterung, durch Entnahme von Wasser zu Bewässerungszwecken, durch Ablassen des Wassers behufs Reinigung des Beckens, Ausfischens, ja selbst zum Zwecke eines zeitweiligen Anbaues von Feldfrüchten auf dem entwässerten Boden, um den Fischen im Interesse ihres Wachsthums wieder Nahrung zuzuführen, also den Wasserbesitz für seine Fortbenützung als Fischteich zu verbessern, bewirken demnach noch nicht die Aufhebung der Eigenschaft des betreffenden Grundbesitzes als eigenjagdberechtigender Wasserfläche, solange nur die Absicht bezw. die Möglichkeit der Wiederherstellung der letzteren nicht dauernd aufgegeben bezw. aufgehoben erscheint.[57]) In der Regel wird der gemäß Ziff. 4 eigenjagdberechtigende Wasserbesitz in geschlossenen Flächen bestehen; derselbe kann sich aber in der geforderten Mindestgröße auch aus mehreren nebeneinander liegenden Wasserflächen zusammensetzen, wenn diese unter sich unmittelbar in Zusammenhang stehen. Ein solcher Zusammenhang kann und darf aber hier nur dann angenommen werden, wenn die verbindenden Stellen, die übrigens nicht unbedingt mit Wasser bedeckt sein müssen, sich nach ihrer Zweckbestimmung und steuerlichen Behandlung als Bestandtheile des Wasserbesitzes selbst darstellen. Hienach erscheint es also zulässig, mehrere nebeneinander gelegene, nur durch zwischenliegende Dämme getrennte Fischteiche, die zwar einzeln nicht je das gesetzliche Mindestausmaß haben, zusammen aber diese Minimalgröße erreichen, als eine Gesammtfläche im Sinne der Ziff. 4 zu behandeln, wenn die zwischenliegenden Dämme

[56]) Entsch. d. b. V.-G.-H. v. 3. November 1887 B. VIII S. 313 (Bl. f. a. Pr. Bd. XXXVIII S. 32.)

[57]) Vgl. die in vor. Note angeführte Entsch. d. b. V.-G.-H.

nach ihrer wirthschaftlichen Bestimmung und Benutzung sowie nach ihrer steuerlichen Behandlung (Mangel einer eigenen Plannummer, als Zugehörungen der Teiche zu erachten sind.[58]) Ein Gleiches wird angenommen werden dürfen, wenn zwei oder mehrere nebeneinander liegende, je für sich geschlossene Wasserflächen unter 50 Tagwerke bildende Teiche oder Weiher unter sich, wie das bei Teichanlagen für Fischzucht öfters der Fall, durch Ueberläufe verbunden werden, die nicht als selbstständige Steuerflächen katastrirt sind und nur dem Zwecke der Teichwirthschaft und Fischzucht unmittelbar dienende Einrichtungen — für Wasserzufuhr, als Fischsteig oder Fischpaß — darstellen. Die Verbindung zweier oder mehrerer als geschlossene Wasserflächen räumlich getrennter, je für sich unter 50 Tagwerke messender Seen und Teiche durch andere zwischenliegende, unter sich zusammenhängende, selbstständige Steuerobjekte bildende Grundstücke des Eigenthümers der Gewässer berechtigt hingegen — soweit nicht Abs. II Art. 2 zutrifft (s. unten) — nicht zur Zusammenrechnung des Einzelnumfanges der letzteren behufs Bildung einer nach Ziff. 4 eigenjagdberechtigenden Gesammtwasserfläche. Wohl aber können, wie schon oben dargelegt, bei solchem Zusammenhange die betreffenden Gewässer als Bestandtheile eines gemäß Ziff. 3 eigenjagdbefugenden Grundbesitzes in Anrechnung kommen.[59])

Darüber, wie es mit der Jagd auf Inseln — innerhalb stehender Gewässer — gehalten werden soll, trifft das Gesetz keine ausdrückliche Bestimmung[60]) und ist daher anzunehmen, daß die allgemeinen Grundsätze des Gesetzes, wie sie für den Grundbesitz überhaupt gelten, auch auf solche Inseln Anwendung zu finden haben.

Hier sind nun folgende Fälle möglich:

Die Insel ist katastermäßig nicht als selbstständiges Besitzobjekt, sondern als Zugehörung der sie umgebenden Wasserfläche behandelt. Als solcher unausgeschiedener Theil eines Wasserbesitzes unterliegt sie selbstverständlich der jagdrechtlichen Behandlung des letzteren. Ist die Insel nach der katastermäßigen Behandlung ein selbstständiges, von der umgebenden Wasserfläche ausgesondertes Besitzobjekt, so kann sie entweder im Eigenthume des Besitzers dieser Wasserfläche oder in jenem eines anderen Grundbesitzers stehen. Ersteren Falles kann die Insel, wenn die sie umgebende

[58]) Vgl. Entsch. d. b. V.=G.=H. v. 29. November 1881 S. III S. 399.

[59]) S. die in Note 46 oben angef. Entsch. d. b. V.=G.=H. v. 11. März 1884 .S. V S. 164 und Bl. f. a. Pr. Bd. XXX S. 313.

[60]) Das preuß. Jagdpolizeigesetz vom 7. März 1850 enthält in § 2 die Bestimmung „zur eigenen Ausübung des Jagdrechts auf seinem Grund und Boden ist der Besitzer nur befugt: c. . . . auf solchen Inseln, welche ein Besitzthum bilden." Die gleiche Bestimmung ist in der Jagdverordnung für das frühere Herzogthum Nassau vom 30. März 1867 § 4 lit. c.

Wasserfläche die zur Eigenjagdberechtigung erforderliche Minimalgröße hat (Ziff. 4) oder im Zusammenhange mit weiteren Grundstücken einen nach Ziff. 3 zur Selbstbenützung der jagdberechtigenden Grundbesitz bildet, als Bestandtheil solcher Eigenjagdbezirke in Zurechnung kommen oder die umgebenden Wasser- und Landbesitzflächen auf die in Ziff. 3 geforderte Mindestgröße ergänzen. Andernfalls, wenn ihr und das Ausmaß der sie umgebenden Wasser- und bezw. anstoßenden Landflächen unter dem die Voraussetzung der Eigenjagdberechtigung bildenden Mindestumfange (Ziff. 3 und 4) bleiben, wird sie mit letzteren der Vorschrift des Art. 4 dßrh. J.-G. unterliegen, soferne sie nicht etwa eine Behausung trägt und ihre Bodenfläche sich ungetheilt als befriedete Zugehörung dieser Behausung (Ziff. 1) darstellt oder den Eigenschaften eines umfriedeten Besitzthums gemäß Ziff. 2 entspricht und hienach einen selbstständigen Eigenjagdbezirk zu bilden geeignet erscheint. Ist die Insel fremdes Eigenthum innerhalb des umgebenden Wasserbesitzes, so kann sie unter den Voraussetzungen der Ziff. 1—3 Art. 2 J.-G. einen Eigenjagdbezirk darstellen. Treffen diese Eigenschaften nicht zu, so unterliegt die Insel innerhalb eines nach Ziff. 4 bezw. 3 eigenjagdberechtigenden Wasser- bezw. Grundbesitzes der Behandlung aus Art. 3, innerhalb eines den Anforderungen der Ziff. 3 und 4 nicht entsprechenden Besitzes aus Art. 4 dßrh. J.-G.

Da die Verzweigung der Straßenzüge und Wege wie auch zahlreiche Wasserläufe die Bildung von zusammenhängenden Grundflächen einheitlichen Eigenthums von der in Art. 2 Abs. I Ziff. 2—4 dßrh. J.-G. geforderten Beschaffenheit und bezw. Ausdehnung in sehr vielen Fällen unmöglich machen würde, mußte das Gesetz ebenso im öffentlichen als im Interesse der Grundeigenthümer mittels künstlicher Rechtsannahme jagdrechtlich den Zusammenhang der von Wegen und Wasserläufen durchschnittenen Jagdbezirke erhalten, indem Art. 2 Abs. II bestimmt, daß Straßen und Wege sowie Flüsse und Bäche den Zusammenhang des Jagdbezirks nicht unterbrechen.[61]) Voraussetzung dieser nichttrennenden Wirkung der Wege und Wasserläufe ist jedoch gemäß § 2 Abs. III lit. d d. V.-V. z. J.-G., daß die durch Straßen, Wege, Flüsse oder Bäche getrennten Grundstücke mindestens auf einem Punkte rechtwinkelig sich gegenüber liegen. Es entspricht diese Voraussetzung genau der für den jagdrechtlichen Zusammenhang der aneinander grenzenden Grundstücke geforderten Lage. Letztere sollen sich wenigstens in einem Punkte unmittelbar so berühren, daß man von dem einen auf das andere ohne Betretung fremden

---

[61]) E. d. V.-G.-H. v. 6. März 1883 S. IV S. 349; v. 13. Dezember 1887 S. VIII S. 321, s. a. S. XX S. 13; vgl. hieher auch bezüglich der Wege Deutsch. Jäger Bd. XIV S. 270, 426 und XVI S. 161.

Eigenthums gelangen kann. Die von Wegen oder Wasserläufen getrennten Grundstücke sollen beiderseits so liegen, daß man, vermöge der Rechtsannahme den trennenden Weg oder Wasserlauf als nicht vorhanden hinweggedacht, mindestens auf einem Punkte vom einen zum anderen ohne Berührung fremden Eigenthums übertreten könnte.[62]) Diese Voraussetzung trifft nur dann zu, wenn die getrennten Grundstücke zu beiden Seiten des durchziehenden Weges oder Wasserlaufes derart gegenüberliegen, daß eine vom einen Grundstücke im rechten Winkel durch den Weg oder Wasserlauf zum jenseitigen Gelände gezogene Linie auf dasjenige Grundstück trifft, mit welchem der Zusammenhang bestehen soll.[63])

Aus praktischen Fällen. Der Grundbesitz des S. ist zu beiden Seiten der Donau gelegen. Der Endpunkt des an das linke Donau-Ufer angrenzenden Grundstückes liegt von dem stromabwärts gelegenen Anfangspunkte des rechtsseitigen S.'schen Ufergrundstückes so weit auseinander, daß auch nicht die entfernte Möglichkeit besteht, dieses Grundstück auch nur an einem Punkte mittels einer rechtwinklig durch den Strom gezogenen Linie mit dem zu Berg liegenden Ufergrundstücke in Verbindung zu bringen.

Eine nicht der Breite der Straße oder des Wasserlaufs entsprechend sondern in deren Längsrichtung gezogene Verbindungslinie ist daher so wenig einen jagdrechtlichen Zusammenhang von Grundstücken herzustellen geeignet, als die Verbindung räumlich auseinander liegender, durch dazwischen gelegene fremde Grundstücke geschiedener Grundkomplexe durch einen öffentlichen Weg, wenn auch letzterer im Eigenthume des Besitzers der fraglichen Grundkomplexe steht,[64]) weil — wie ausgeführt — Wege und Wasserläufe einen jagdrechtlichen Zusammenhang der anliegenden Flächen nur dann zu vermitteln vermögen, wenn bei der auf gesetzlicher Fiktion beruhenden Annahme des Nichtvorhandenseins der trennenden Fläche ein Uebertritt von einem Grundstücke auf das andere ohne Berührung fremden Grundbesitzes denkbar erscheint. Anders würde die Sache wohl liegen, wenn jene beiden Grundkomplexe Wegflächen verbänden, die geschlossene Privatwege im Eigenthume des Besitzers jener Komplexe bilden. Wege der letzteren Art werden nämlich vermöge ihrer Geschlossenheit für den öffentlichen Gebrauch als Grundstücke anzusehen sein, welchen die Eigenschaftung zur Jagdausübung nicht abzusprechen ist und welche vermöge dieser Eigenschaft ge-

[62]) S. oben S. 81 und Note 47.

[63]) Entsch. d. V.-G.-H. v. 10. Februar 1885 S. VI S. 44; V.-V. z. J.-G. v. 3. Februar 1857 (Abschn. I § 2 Abs. III lit. d; s. a. Männer, J.-R. S. 107, 108 u. vergl. Note 61. Verh. d. Abg.-K. 1849/50 sten. Ber. Bd. II S. 87.

[64]) Entsch. d. V.-G.-H. v. 13. Dezember 1887 S. VIII S. 231.

eignet sind, den Zusammenhang im Sinne des Abs. I Ziff. 3 herzustellen.[65])

Die den Straßen und Wegen gesetzlich beigelegte Wirkung, daß durch sie der Zusammenhang eines Jagdbezirkes nicht unterbrochen, sondern erhalten werden soll, kömmt in der Regel nicht nur der Straße selbst im engsten Sinne, sondern der ganzen im Sinne des Grundsteuergesetzes als Weg zu behandelnden Fläche zu, also unter Zurechnung der beiderseitigen Graben und der etwa längs derselben sich hinziehenden, der Straße zukatastrirten Land-(Oed-)streifen zu, soferne auch letztere der Bonitirung als nutzbare Fläche entrückt sind.[66])

Auch eine den Eigenjagdbezirk durchziehende Eisenbahn unterbricht das Gebiet der Jagdberechtigung nicht.[67])

Soferne die das Gebiet eines Eigenjagdbezirks durchschneidenden Flüsse und Bäche die Eigenschaft von Privat-Flüssen (Bächen) haben, welche gemäß Art. 39 Abs. I W.B.G. Zugehörungen der angrenzenden Ufergrundstücke bilden, kömmt Art. 2 Abs. II nicht in Frage, da hier diese Gewässer als Bestandtheile des Grundbesitzes erscheinen, welche schon gemäß Art. 2 Abs. I Ziff. 3 den Zusammenhang vermitteln.[68]) Dagegen haben öffentliche Flüsse, ferner Flüsse und Bäche, dann Kanäle, welche im Eigenthume des Staates oder Dritter (mit ihrem Grundbesitz nicht angrenzender) Personen stehen, die in Abs. II vorgesehene, den Zusammenhang des Eigenjagdbezirks vermittelnde Eigenschaft unter der vorerörterten Voraussetzung, daß die getrennten Ufergrundstücke des Komplexes sich mindestens an einem Punkte rechtwinklig gegenüber liegen.[69])

---

[65]) Vgl. Entsch. d. V.-G.-H. S. VIII S. 231 und Männer, pfälz. J.-R. S. 58, 104, 107.

[66]) Entsch. d. V.-G.-H. v. 6. März 1883 S. IV S. 349; in einer Entsch. v. 26. September 1883 (ungedruckt) ist ausgesprochen, daß ein solcher Landstreifen als Furth (Triebweg) oder zur Holzabfuhr dienend, kein Weg im Sinne des Art. 2 Abs. II J.-G. sei — bayer. Gemeindezeit. II (Jhrgg. 1892) S. 88 und S. 167 — wenn er ein nutzbares, bonitirtes, mit Steuer veranlagtes Grundstück ist und nur gelegentlich zur Holzabfuhr als Weg benutzt wird. — „In der Regel," d. h. wenn die thatsächlichen Umstände mit Kataster- und Steuerkartenvortrag übereinstimmen; denn im Allgemeinen sind letztere Vorträge allein für die Anwendung des J.-G. nicht unbedingt entscheidend.

[67]) E. d. b. O.-G.-H. v. 30. April 1875 S. V S. 173.

[68]) S. a. Verh. d. Abg.-K. 1849/50 sten. Ber. Bd. II S. 87; s. a. Männer, pfälz. J.-R. S. 58; Entsch. d. V.-G.-H. v. 27. Mai 1895: der einen vollständig umschlossenen Jagdbezirk (Inklave) durchziehende Wassergraben vermag den Zusammenhang des Jagdbezirks um so weniger zu unterbrechen, als er im Eigenthume des Besitzers des umschließenden Jagdbezirkes steht. Der Graben stellt sich als ein Privatgewässer dar, auf dem gleichfalls gejagt werden kann und über das dem Eigenthümer das Verfügungsrecht zusteht. Deutsch. Jäger Bd. XVII S. 168.

[69]) S. Art. 33, 40 W.-B.-G. Entsch. d. V.-G.-H. v. 10. Februar 1885 S. VI S. 44.

Verlandungen infolge künstlicher Anlagen zur Regulirung des Flußlaufes oder zum Zwecke des Uferschutzes — im Bereiche dieser Anlagen —, welche gemäß Art. 25 W.B.G. in das Eigenthum der Unternehmer solcher Anlagen übergehen, sind aber geeignet, den Zusammenhang im Sinne des Abs. II aufzuheben und zu unterbrechen. Dagegen wird den sog. „Schutzstreifen", insoferne sie dem Flußbaukörper zuzurechnen sind, die den Zusammenhang vermittelnde Eigenschaft nicht abzusprechen sein.[70])

Solche Weg- und Wasserflächen (in fremdem Besitz) können jedoch nicht als Grundstücke im Sinne des Abs. I Ziff. 3 zur Ergänzung des Minimalumfangs eines Eigenjagdbezirks auf 240 (bezw. 400) Tagewerke in Anrechnung gebracht werden, was schon aus der Bestimmung des Abs. II hervorgeht.[71]) Und es folgt daraus, daß Wege und Wasserläufe den Zusammenhang eines Eigenjagdbezirks nicht unterbrechen, noch nicht, daß auch auf diesen zwischenliegenden Flächen, wenn sie fremdes Eigenthum sind, der Besitzer des von denselben durchzogenen Jagdbezirks die Jagd ausüben dürfe.[72]) Die einer Jagdausübung auf Straßen und Wegen entgegenstehenden Hindernisse werden unten bei den örtlichen Beschränkungen der Jagdausübung besprochen werden.

Die Wasserläufe anlangend, so sieht Art. 2 Abs. I in Ziff. 4 J.-G. die Jagdausübung durch den Grundeigenthümer selbst nur bei Seen und Fischteichen vor; bezüglich der fließenden Gewässer enthält das Gesetz keine ausdrückliche Bestimmung. Zweifellos sind auch die fließenden Gewässer — Wasserläufe — ebenso dem Grundeigenthume im Sinne des J.-G. beizuzählen, wie ausgesprochenermassen die stehenden Gewässer (s. oben S. 48). Als Grundbesitz können demnach auch fließende Gewässer für sich einen Eigenjagdbezirk bilden, wenn die im Besitze eines Eigenthümers befindliche Fläche derselben einen zusammenhängenden Komplex von 240 Tagw. ergibt. Ob diese Voraussetzung praktisch zutreffen und ob ein so lange gestreckter bandförmiger Jagdbogen für die

---

[70]) Art. 25 W.-B.-G.; Min.-Entschl. v. 5. August und 5. November 1864 (Min.-Amtsbl. d. Inn. 1878 S. 522 und 518); Verh. d. Abg.-K. 1849/50 sten. Ber. Bd. II S. 87.

[71]) Entsch. d. V.-G.-H. v. 13. Dezember 1887 S. VIII S. 321; Männer, pf. J.-R. S. 104; — s. a. E. d. pr. K.-G. v. 24. April 1882, Jochows, S. III S. 328 (preuß. R.). Vgl. hiezu § 1 Abs. II und III der Vorschr. über die Verwaltung der Staatsjagden. Aus der hier getroffenen Bestimmung, daß bei beiderseits eines ärarialischen Flusses gelegenen Grundbesitzungen die dazwischen fallende ärarialische Flußstrecke zur Completirung des Minimalumfangs eines Eigenjagdbezirks auf 240 bezw. 400 Tagwerk eingerechnet werden, kann eine den obenstehenden Satz widerlegende Folgerung nicht gezogen werden; denn hier handelt es sich um Wasserflächen, die ebenso wie der anstoßende Grundbesitz im Eigenthum ein und desselben Besitzers stehen s. hiezu Note 68.

[72]) Männer, pf. J.-R. S. 58.

Jagdausübung besonders geeignet und nutzbar sein wird, ist eine Erwägung für sich, die aber die grundsätzliche Anwendbarkeit des Art. 2 Ziff. 3 J.-G. nicht ausschließen kann. Andernfalls sind die Flächen von Wasserläufen, die nicht ausschließlich im Sondereigenthum stehen, vielmehr der Behandlung nach Art. 39 W.-B.-G. unterliegen, je bis zur Mitte dem anstoßenden Besitze eines Grundeigenthümers zuzurechnen und können dann für Bildung eines Eigenjagdbezirks mitgezählt werden. Der ersteren Annahme steht nicht entgegen, daß § 6 der Vorschriften über die Verwaltung der Staatsjagden besagt „die dem Aerar zustehende Jagd auf öffentlichen Flüssen wird von demselben auf jenen Strecken und zwar bis in die Mitte des Flußbettes ausgeübt, auf denen ärarialische Landjagden angrenzen . . . auf den übrigen Flußtheilen ist von einem Anspruche auf die Ausübung des Jagdrechts bis auf weitere Bestimmung Umgang zu nehmen." [73])

II. Die Inklave (Einschlußjagd).

Umschließt ein Eigenjagdbezirk ein oder mehrere Grundstücke, welche weder nach ihrer Lage (unmittelbares Angrenzen an Hofrieten und Hausgärten) oder Beschaffenheit (Umfriedigung) — Art. 2 Abs. I Ziff. 1 und 2 J.-G. — noch ihrem Umfange nach (Art. 2 Abs. I Ziff. 3 und 4) Eigenjagdbezirke bilden, vollständig nach allen Seiten, so steht dem Eigenthümer des umschließenden Jagdbezirks die Jagdbefugniß auf den eingeschlossenen Grundstücken (Inklaven) gegen Entschädigung der Eigenthümer der Letzteren zu. [74])

Sachliche Voraussetzung der Jagdbefugniß auf Inklaven ist in Ansehung des umschließenden Grundbesitzes, daß derselbe einen zusammenhängenden Grundkomplex von 240 bzw. 400 Tgwk. (bei

---

[73]) Anderer Meinung deutsch. Jäger Bd. V S. 107 ff., woselbst berichtet wird, daß im Bezirke des Stadtrentamtes A, die denselben auf 4 km Länge durchfließende Wasserfläche des Mains als Theil der anliegenden Gemeindejagden (wo der Fluß die Grenze der Gemeindemarkung bildet bis zur Mitte desselben) behandelt und mit der Gemeindejagd in Pacht gegeben wurde, das Rentamt jedoch plötzlich den — öffentlichen — Mainfluß für das Aerar in Anspruch nahm und als eigenen Jagdbezirk verpachtete, dieser Verpachtung jedoch von der Regierung die Genehmigung versagt worden sei. A. a. O. wird daraus, daß das J.-G. für fließende Gewässer keine Sonderbestimmung gleich Ziff. 4 enthält, geschlossen, daß aus fließenden Gewässern ein Eigenjagdbogen nicht gebildet werden könne. Der Mangel einer solchen Sonderbestimmung beweist aber nicht mehr, als daß eben Wasserläufe den Bestimmungen für Grundeigenthum überhaupt und insbesondere der Ziff. 3 Art. 2 J.-G. unterworfen bleiben sollten. — S. a. Bl. f. a. Pr. Bd XXX S. 313.

[74]) Art. 3 J.-G. — Diese Jagdbefugniß ist, wie sich schon aus der beigefügten Entschädigungspflicht ergiebt, keine volle Jagdgerechtigkeit im Sinne der Art. 1 und 2 J.-G., aber sie enthält ein Recht der Ausübung des Jagdrechts des Grundbesitzers durch einen begünstigten Dritten. E. d. R.-G. v. 26. November 1888; Bl. f. R.-A. E.-Bd. VIII S. 89.

Landjagden oder aus Land- und Wasserbesitz zusammengesetzten Jagdbezirken) bzw. von 50 Tgwk. bei Wasserjagden (Seen oder Teichen) bildet. Wenn auch bei Wasser-Eigenjagden Inklaven selten, höchstens bei innerhalb des Sees gelegenen, in dem Eigenthum eines Dritten stehenden Inseln, vorkommen werden, so muß doch die Vorschrift des Art. 3 nach ihrer Stellung im J.-G. wie nach der ihr zu Grunde liegenden Absicht ebenso auf die nach Art. 2 Abs. I Ziff. 3 als auf die nach Art. 2 Abs. I Ziff. 4 bestehenden Eigenjagdbezirke Anwendung finden.[75]) Gleichgiltig ist es, ob die umschließende Eigenjagd in einem Flurbezirke oder in den Flurbezirken mehrerer Gemeinden gelegen ist, unbedingtes Erforderniß aber, daß sie vollständig auf bayerischem Staatsgebiete liegt und dem rechtsrh. J.-G. angehört.[76])

Voraussetzung der Jagdausübung auf dem eingeschlossenen Jagdgebiete ist in Ansehung des letzteren:

daß die Inklave kein Eigenjagdbezirk sei, noch, wenn dieselbe aus den Grundstücken verschiedener Eigenthümer sich zusammensetzt, den Flächenumfang von 240 bzw. 400 Tgwk. erreicht oder überschreitet[77]) und daß dieselbe von dem anliegenden Eigenjagdbezirke im strengsten Sinne, also nach allen Seiten so umschlossen sei, daß sie an keiner Stelle auch nur mit einer Breite von wenigen Schritten über den umschließenden Grundkomplex hinausragt[78]) und an ein zu letzterem nicht gehöriges Grundstück anstößt, d. h. mit einem solchen sich derart berührt, daß der Uebergang vom Einschlußbezirke auf ein dem Eigenjagdbezirke fremdes Grundstück ohne Berührung des zum Eigenjagdbezirke gehörigen Grund und Bodens möglich wäre.[79]) Die Eigenschaft einer Inklave eines selbstständigen (Eigen-)Jagdbezirkes wird nicht dadurch aufgehoben, daß dieselbe auf einem im Eigenthume eines

---

[75]) Entsch. d. V.-G.-H. v. 29. November 1881 S. III S. 399.

[76]) Bl. f. a. Pr. Bd. XVI S. 376; der Begriff der Enklave ist ein rein geographischer, entscheidend nur die Lage; auf die Eigenthums- und Eintheilungsverhältnisse kommt es nicht an. Entsch. d. pr. O.-V.-G. v. 11. Okt. 1899, D. J.-Z. V S. 234.

[77]) Brater a. a. O. S. 94 Note 1.

[78]) Entsch. d. V.-G.-H. v. 12. Dezember 1882 S. IV. S. 259; s. a. Bl. f. a. Pr. Bd. III S. 10.

[79]) Entsch. d. V.-G.-H. v. 31. Oktober und 18. November 1899 S. XXI S. 37. — Art. 3 ist als Ausnahmsbestimmung von dem Grundsatze des Gesetzes (Art. 1) strengstens auszulegen. Es muß auf vollständiger Umschließung bestanden werden; eine Umschließung zum größten Theile genügt nicht (wie sie der Entwurf vorgesehen hatte, Verh. d. Abg.-K. 1849/50 sten. Ber. Bd. II S. 58), vielmehr muß die Umschließung eine vollständige, nach allen Seiten hin sein (Verh. d. Abg.-K. 1849/50 sten. Ber. Bd. II S. 92, 93). Es darf auch nicht der geringste Zusammenhang der Enklave mit einem nicht zu dem umschließenden Jagdbezirke gehörigen Grundstücke bestehen. E. d. R.-G. v. 26. November 1888 Bl. f. R.-A. Bd. VIII S. 89.

Anderen stehenden Wege zugänglich ist, da gemäß Art. 2 Abs. II J.-G. Wege in jagdrechtlicher Beziehung den Zusammenhang eines Jagdbezirkes nicht unterbrechen.[80]

Zur vollständigen Umschließung einer Inklave ist auch ein Weg oder Wasserlauf geeignet, der sich im Eigenthume des Besitzers der umschließenden Eigenjagd befindet und einen Bestandtheil des letzteren Bezirkes bildet.[81]

Besteht ein von einem Eigenjagdbezirk eingeschlossener Komplex in der Größe von mindestens 240 bezw. 400 Tgwk. oder mehr aus Parzellen im Eigenthum verschiedener Grundbesitzer, so ist einer von den „übrigen Fällen" im Sinne des Art. 4 J.-G. gegeben, in welchem die politische Gemeinde, deren Flur der umschlossene Komplex angehört, das Jagdrecht Namens der Besitzer der Parzellen des Komplexes auszuüben hat. Gehört ein solcher umschlossener Komplex den Flurbezirken verschiedener Gemeinden an, so geht das Jagdausübungsrecht auf dem Einschlußgebiete je nach der Flurangehörigkeit der einzelnen Theile desselben an die verschiedenen Gemeinden über,[82] sofern nicht gemäß Art. 5 J.-G. ein gemeinschaftlicher Jagdbezirk gebildet werden will.[83] Von einer Entschädigung im Sinne des Art. 3 Abs. II kann in diesen Fällen keine Rede sein, die Grundeigenthümer haben in diesem Falle lediglich den Anspruch auf Antheil am Jagdpachtschilling bezw. auf dessen Gutrechnung und ev. Auszahlung eines Ueberschusses nach Maßgabe des Art. 8 J.-G.[84]

Streitigkeiten darüber, ob dem Grundeigenthümer einer Inklave das Jagdausübungsrecht zustehe und das betreffende Grundstück eine Inklave im Sinne des Art. 3 J.-G. bilde, sind Verwaltungsrechtssachen.[85]

---

[80] Entsch. d. V.-G.-H. v. 28. April 1885 S. VI S. 141; v. 10. Oktober 1898 S. XVIII S. 180 sowie v. 27. Mai 1895, 28. Oktober 1895, 24. Mai 1897, 15. November 1897 und S. XX S. 13; s. a. Deutsch. Jäger Bd. XVII S. 168 — Note 71 oben.

[81] D. Jäger Bd XXI (Jahrgg. 1899) S. 268; Entsch. d. V.-G.-H. v. 15. Februar 1897 S. XVIII S. 180 und S. XX S. 13.

[82] Brater a. a. O. S. 94 Note 1.

[83] Nach dem Wortlaute des § 4 d. V.-V. z. J.-G. würde übrigens die Vereinigung solcher Theile verschiedener Gemeindeangehörigkeit die Zusammenlegung der ganzen Gemeindejagdbezirke voraussetzen, da dort nur von Vereinigung mehrerer Gemeindemarkungen zu einem gemeinschaftlichen Jagdbezirke die Rede ist; s. a. Deutsch. Jäger Bd. XIV S. 394.

[84] S. a. Bl. f. a. Pr. Bd. XVI S. 380 mit Bd. XV S. 76 und die in Note 79 angef. E. d. R.-G. Bl. f. R.-A. E.-Bd. VIII S. 89.

[85] Art. 8 Ziff. 17 V.-G.-H.-G., Kahr, Komm. S. 106 Note 1: die Fassung „Jagdrecht der Grundeigenthümer" umfaßt sowohl die Fälle des Art. 2 als jene des Art. 3 J.-G.; E. d. b. V.G.H. S. VI S. 141, XVIII S. 180, XX S. 13. s. a. E. d. pr. O.-V.-G. v. 5. Januar 1901 D. J.-Z. Bd. VI S. 262 (erklärt solche Differenzen als Privatrechtssachen).

Ausmärkische Bezirke.

Ausmärkische Bezirke sind jene größeren Waldungen, Freigebirge und Seen, welche (im rechtsrh. Bayern) wie bisher so auch künftig eigene von dem Gemeindeverbande ausgeschlossene Markungen bilden, innerhalb deren die Ortspolizei den Distriktspolizeibehörden zusteht.[86]

Ueber die Ausübung des Jagdrechtes in ausmärkischen Waldungen bestehen verschiedene Anschauungen.[87] Trunk nimmt an, weil das Gesetz die Befugniß zur Jagdausübung nicht ausdrücklich regelt, könne in solchen Fällen das Jagdrecht des Grundeigenthümers überhaupt nicht ausgeübt werden. Eine zweite Meinung neigt der Ansicht zu, daß die „Analogie nach Art. 4 des Jagdgesetzes" für die Behandlung des ganzen ausmärkischen Bezirks als eines einheitlichen Jagdgebietes spreche, in welchem die Jagdbefugniß dem mit dem überwiegenden Grundbesitz betheiligten Eigenthümer zustehe.

Seydel hält dafür, daß in solchen Fällen, da für ausmärkische anderweitige Vorschriften nicht bestehen, dem Eigenthümer die Jagdausübung zukömmt.

Die erste Auffassung hat zwar den Wortlaut des Gesetzes für sich, scheint aber der Absicht des Gesetzes zu widerstreiten, das in Art. 2, 3 und 4 wohl die Ausübung des Jagdrechts genauer zu regeln, nicht aber, wenn auch nur zum Theile, beseitigen wollte.

Trunk behandelt die Lösung der Frage vorwiegend de lege ferenda,[88] hat auf die Anwendung des Rechtes starken Einfluß

---

[86]) Art. 3 d. rechtsrh. Gmde.-Ordg.

[87]) S. zu Obigem Bl. f. a. Pr. Bd. XLVI S. 314; Trunk a. a. O. S. 14 und 163, 164 (Note 7) hebt insbesondere hervor, daß mangels einer gesetzlichen Ordnung der Jagdausübung auf solchen Ausmarkungen Niemand vorhanden wäre, der zur Tragung des Wildschadens herangezogen werden könne, ein Zustand, der den betheiligten Grundeigenthümern zu unbilliger Beschwerde gereichen und nicht selten zu Streitigkeiten und Differenzen führen müßte, die das J.-G. eben vermeiden wolle (Verh. d. K. d. Abg. 1849/50 sten. Ber. Bd. II S. 78, 79, 97, Bd. III S. 19–81). Seydel bayer. St.-R. Bd. V S. 626.

[88]) Trunk a. a. O. schlägt für Art. 3 dßrh. J.-G. folgende Fassung vor, welche über diese Schwierigkeiten hinweghelfen soll:

> „Sind von einem solchen Gutskomplexe ein oder mehrere Grundstücke, welche nicht unter die Bestimmungen des Art. 2 fallen, vollständig umschlossen oder innerhalb eines ausmärkischen Besitzes gelegen, so steht dem Eigenthümer des Komplexes oder Bezirkes auch die Jagdbefugniß auf diesen Grundstücken gegen Entschädigung der Eigenthümer zu.
>
> Die Größe der Entschädigung wird in Ermangelung eines Uebereinkommens der Betheiligten nach den jeweiligen Pachtschillingen in der Gemeindemarkung, in welcher diese Grundstücke liegen, und wenn und solange solche nicht bestehen oder der Gutskomplex einen ausmärkischen Bezirk bildet, nach jenen in der nächstgelegenen Ge-

ausgeübt und übt diesen zur Zeit noch aus. Die vom Gemeindeverband ausgeschlossenen Markungen werden zwar manchen ursprünglich für die politischen Gemeinden erlassenen Bestimmungen unterworfen. Die Eigenthümer der zu diesen Markungen gehörigen Grundstücke haben aber allgemein nur die im öffentlichen Interesse begründeten gesetzlichen Verpflichtungen der Gemeinden zu erfüllen, nicht jedoch ohne weiteres auch die Rechte der Gemeinden auszuüben. Durch Art. 3 Abs. III der Gemeindeordnung scheint auch keine Vereinigung der verschiedenen Eigenthümern gehörigen Grundstücke einer vom Gemeindeverbande ausgeschlossenen Markung zu einem einheitlichen Verwaltungsbezirke herbeigeführt worden zu sein. Jeder Eigenthümer hat innerhalb seines Eigenthums die öffentlichrechtlichen Verpflichtungen der Gemeinden zu erfüllen.

Wenn ausmärkische Grundstücke, die verschiedenen Eigenthümern zugehören, für die Zwecke der Katasteraufnahme auch zu einem „Forstbezirk" vereinigt werden, ist dies für die Frage der Jagdausübung ohne Bedeutung. Insbesondere kann die Forstbehörde aus der Zugehörigkeit eines Grundstückes zu einem Forstbezirke kein weiteres Recht ableiten, als ihr nach Art. 2 und 3

---

meindemarkung nach Verhältniß des Flächeninhaltes berechnet und festgestellt."

Vom rein praktischen und insbesondere dem Standpunkte jagdlicher Interessen erscheint dieser Vorschlag zweifellos geeignet, die dermaligen Schwierigkeiten zu überwinden. Immerhin steht aber demselben das Bedenken entgegen, daß er zwei leitende Grundsätze des Gesetzes zu Gunsten ausmärkischer Grundeigenthümer umstößt. Einmal den, daß der eingeschlossene, als Inklave zu behandelnde Jagdgrund geringeren Flächenumfanges sein soll als der umschließende (Verh. d. Abg.-K. 1849/50 sten. Ber. Bd. II S. 94 Min.-Komm.), dann jenen, daß nur durch vollständige Umschließung eines Jagdgrundes eine Inklave gebildet werden. Der Jagdberechtigte in einem Bezirke, welcher die im Staatseigenthum und im Eigenthume Dritter stehende Theile der Ausmarkung umgiebt, würde demnach nicht bloß die Begünstigung des Art. 3 J.-G., wonach er auf fremdem unter 240 (400) Tgw. messendem, von seinem Eigenthume vollständig umschlossenen Grundbesitze die Jagdbefugniß ansprechen kann, sondern auch den weiteren, dem Gesetze fremden Vorzug erlangen, daß er auch auf nicht völlig umschlossenen Drittbesitze sowie auf Flächen getheilten Eigenthums von gleicher oder größerer Ausdehnung als sein umschließendes Besitzthum das Jagdausübungsrecht in Anspruch nehmen könnte. Ob eine solche den bisherigen Rahmen des Gesetzes überschreitende Bevorzugung der Ausmarkungsbesitzer vom Standpunkte der Gesetzgebungspolitik heute rathsam und erreichbar sein möchte, muß dahin gestellt bleiben und wird eher zu verneinen als zu bejahen sein. Vielleicht würde es den heutigen Strömungen mehr entsprechen, durch Gesetzgebungsakt zu bestimmen, daß ausmärkische Bestandtheile der mehrbesprochenen dinglichen Beschaffenheit und Lage nach Analogie des Art. 3 Abs. IV dsrh. Gmde.-Ordg. wenigstens in jagdpolizeilicher Hinsicht der oder den nächstgelegenen Gemeinden zugewiesen und deren Jagdbezirken einverleibt oder doch die betreffenden Eigenthümer berechtigt erklärt würden, diese ihre Grundstücke im Vertragswege der nächsten Gemeindejagd zur Mitverpachtung anzuschließen.

des Gesetzes vom 30. März 1850 ohnedies zusteht. Auch im Forstbezirke gründet sich die Befugniß der Forstbehörde zur Jagdausübung nur auf das Eigenthumsrecht des k. Aerars. Dies gilt auch dann, wenn ein Grundstück aus diesem Eigenthum auf einen anderen Besitzer übergegangen ist. Mit dem Eigenthumsübergange ist die Jagdbefugniß der Forstbehörde erloschen, wenn nicht anders die Voraussetzungen des Art. 3 des Gesetzes vom 30. März 1850 gegeben sind. Der Vorbehalt der Jagdberechtigung als Grundgerechtigkeit wäre übrigens nach Art. 1 Abs. II a. a. O. unzulässig.

Seydel's Anschauung hat danach gegenüber den beiden eben erörterten den Vorzug. Bei der Regelung der Jagdausübung ging der Gesetzgeber wohl von der Anschauung aus, daß nur größere Waldungen u. s. w. keiner Gemeindemarkung zugetheilt seien und daß sich solche Grundstücke wohl stets im ungetheilten Eigenthum eines Besitzers oder mehrerer befänden,[89]) glaubte darum zu einer Beschränkung des Eigenthümers wohl nur in den Fällen der Art. 3 und 4 veranlaßt zu sein und hat jedenfalls für die Eigenthümer ausmärkischer Grundstücke außer dem Falle des Art. 3 eine solche Beschränkung nicht festgelegt. Offenbar herrschte zugleich die Meinung vor, daß die Jagdausübung in einer Weise geregelt werden soll, die alle möglichen Fälle umfasse; Art. 4 spricht ja von allen übrigen Fällen. Wenn nun die Bestimmung des Art. 2 über die Ausübung des Jagdrechts durch den Grundeigenthümer überhaupt als eine Ausnahmsbestimmung[90]) angesehen und deshalb strengstens ausgelegt werden soll, so kann dies doch nur gegenüber der Regel des Art. 4, also nur für die einer Gemeindemarkung angehörigen Grundstücke gelten. Für die von dem Gemeindeverbande ausgeschlossenen Markungen ist eine allgemeine Regel über die Ausübung des Jagdrechtes nicht vorhanden; für sie ist die Jagdbefugniß des Grundeigenthümers deshalb auch keine Ausnahme, sondern die natürliche, durch keine nachträgliche Bestimmung eingeschränkte Folge des Grundsatzes, daß die Berechtigung zur Jagd im Grundeigenthum liege.[91]) Wollte die uneingeschränkte Anwendung dieses Grundsatzes auch für die

---

[89]) Hinsichtlich der Größe ist allerdings keine Maßbestimmung in Art. 3 d. Gmde.-Ordg. gegeben, es solle der status quo entscheiden, dagegen stellt die Fin.-M.-E. v. 12. August 1825 (Döll. V.-O.-S. Bd. XI S. 225) geographischen Zusammenhang und Geschlossenheit als Erforderniß auf.

[90]) So Bl. f. a. Pr. Bd. XLVI S. 314 ff. vgl. dagegen E. d. R.-G. v. 26. November 1888 Bl. f. R.-A. E.-Bd. VIII S. 89, welches umgekehrt und mit Grund als Prinzip des J.-G. das Jagdrecht des Grundeigenthümers bezeichnet. — Faktisch bildet allerdings die Ausübung des Jagdrechts durch letzteren selbst die Ausnahme, da der Grundbesitz, welcher Eigenjagdberechtigung zu verleihen geeignet ist, nach Umfang der geringere bleibt.

[91]) Verh. d. Abg.-K. a. a. O. sten. Ber. Bd. II S. 94.

vom Gemeindeverband ausgeschlossenen Grundstücke weiter beschränkt werden, so wäre dies wohl ausdrücklich geschehen. Gegen Unzuträglichkeiten, wie sie bei Ausübung des Jagdrechtes auf ausmärkischen Grundstücken von geringer Ausdehnung, z. B. bei Arrondirungstauschen häufig, könnte dadurch Abhilfe geschaffen werden, daß die Grundstücke nach Art. 4 der Gmd.=Ordg einer Gemeinde zugetheilt werden.

Praktische Beispiele (aus den Landtagsverhandlungen). Ein Wiesgründchen mündet, wie es so oft vorkommt, in einen Wald ein. Daßelbe ist auf drei Seiten so umschlossen, daß vielleicht nur ein kleiner Raum von 20 oder 30 Schritten übrig bleibt, welchen der Wald nicht berührt, zieht sich aber weit in den Wald hinein. Die Jagd auf dem Wiesgründchen bleibt dem Eigenthümer oder der politischen Gemeinde, mit der (d. h. mit deren Jagdbezirk) es zusammenhängt, da dieser Jagdgrund zwar „größtentheils", nicht aber (wie es die gegenwärtige Fassung des Gesetzes erfordert) „völlig umschlossen ist". Der Umstand, daß das Wild aus dem Walde auf den Wiesgrund zieht, um sich dort zu äsen, und daselbst vom Pächter der Gemeindejagd (oder von dem Eigenjagdberechtigten) auf dem Pürschgange sehr leicht erlegt werden kann, vermag hieran im Hinblick auf Absicht, Zweck und Fassung des Gesetzes nichts zu ändern. Eine Gemeindeflur reicht mit einem sehr bedeutenden Theile ihre Areales in einen gutsherrlichen oder sonstigen geschlossenen Jagdbezirk hinein. Dieser hineinragende (auslaufende) Theil der Gemeindemarkung ist auf drei Seiten von dem umschließenden Komplexe umgeben, auf der vierten Seite hängt er mit der Gemeindemarkung zusammen.[92]) Ein Jagdgrund von oblonger Gestalt zieht sich in einem schmalen Streifen durch einen im Eigenthume eines Dritten stehenden Wald, an beiden Enden durch diesen nicht begrenzt.[93]) Wie im ersterwähnten Falle kann auch dieser Ausläufer und Gemeindemarkung und bezw. der schmale Streifen nicht als Inklave behandelt werden, da als solche nur gilt, was vollständig eingeschlossen ist, nicht aber Gelände, welches der umgebende Grundkomplex nur theilweise (wenn auch größtentheils) umschließt.[94]) — Eine von einem größeren (240 bzw. 400 oder mehr Tagwerke umfassenden) Komplexe eines Eigenthümers — z. B. der Waldung eines Privaten, des Staats oder einer Korporation — auf allen Seiten umschlossene Fläche mit einem Umfange von 240 (400) oder mehr Tagwerken besteht im einen Falle aus zusammenhängenden Grundstücken eines Alleineigenthümers, im anderen Falle aus zusammenhängenden Grundstücken im Besitze von zehn, zwölf oder mehr verschiedenen Eigenthümern. In beiden Fällen kann die umschlossene Fläche nicht als Inklave jenem zugeschieden werden, welcher — als Besitzer des umschließenden Komplexes nur ausnahmsweise die Uebung der Jagd auf dem eingeschlossenen fremden Besitze hat, da letzterer nicht gleich groß oder größer sein darf als der umgebende Komplex. Die eingeschlossene Fläche ist daher im ersten Falle als Eigenjagdbezirk anzuerkennen, im zweiten der oder den Gemeinden, denen die Einzelngrundstücke angehören, nach Art. 4 J.=G. als Bestandtheil ihres Gemeindejagdbezirkes zuzusprechen.[95]) — In Vorgebirgsgegenden trifft es häufig zu, daß ein Thal, in welchem ein Dorf liegt, von einem

---

[92]) Ebenda S. 93.
[93]) Ebenda S. 97.
[94]) Ebenda S. 94, 96.
[95]) Ebenda S. 94.

Berge eingeschlossen wird, dessen ganzer Rücken von einem im Eigenthume einer Stiftung, des Staates oder eines Privaten stehenden Walde bedeckt ist,[96]) und es kommt vor, daß eine Gemeinde mit ihrer ganzen Flur von der 240 (400) oder mehr Tagwerke enthaltenden Waldung eines einzigen Eigenthümers, des Staates, einer Korporation oder eines Privaten vollständig umschlossen ist.[97]) Diese eingeschlossenen Gemeindefluren unterliegen der Behandlung als Inklaven auch dann nicht, wenn sie — was wohl nur ausnahmsweise zutreffen wird — weniger als 240 (400) Tagwerke Fläche einnehmen, da die Gesammtflur einer Gemeinde gemäß Art. 5 J.-G. einen selbstständigen Jagdbezirk bildet (hievon unten das weitere), gleichviel welchen Umfang sie hat.[98])

Aus praktischen Fällen. Die Grundstücke eines Gutsbesitzes, welcher einen zusammenhängenden Komplex von beinahe 400 Tagwerken bildet, ziehen sich wie ein Polypenarm durch die ganze Gemeindeflur bis an die Grenze, so daß der übrige Theil der Flur, d. h. das Eigenthum der Gemeindeglieder aus fünf durch die Grundstücke des Gutsbesitzes vollständig von einander getrennten Komplexen besteht, deren keiner einen Flächeninhalt von 240 Tagwerken hat. Dem fraglichen Gemeindeflurtheile, auf welchem der Besitzer des umgebenden Gutskomplexes das Jagdausübungsrecht nach Art. 3 J.-G. beanspruchte, wurde jedoch die Eigenschaft einer Inklave nicht zuerkannt, da derselbe von den Grundstücken des Gutskomplexes nicht vollständig sondern nur auf drei Seiten umschlossen wird, auf der vierten Seite aber — nämlich auf jener der Flurgrenze an einen anderen Jagdbezirk anstößt.[99]) — Ein Jungholz gehört zu einem aus mehreren Grundstücken bestehendem Komplexe in der Größe von 40 Tagwerken, welcher in der Gemeindeflur N gelegen, auf drei Seiten zwar vom Gutskomplexe des A umgeben ist, auf der vierten aber nicht an diesen, sondern an die Markung der Gemeinde Z angrenzt. Hiermit ist nach dem Wortlaute des Gesetzes das „vollständig Umschlossensein" ausgeschlossen, da dieses eine Einschließung nicht bloß zum „größten Theile", sondern „nach allen Seiten" voraussetzt.[100]) — Ein Theil des Gemeindejagdbezirkes L, 57 Tagwerke enthaltend und von letzterem vollständig getrennt, ist in der aus zusammenhängenden 254 Tagwerken bestehenden Spitalwaldung der Stadt N gelegen, von dieser aber nicht nach allen Seiten umschlossen. Das Gesuch, daß der

---

[95]) Ebenda S. 94.

[96]) Ebenda S. 95.

[97]) Ebenda S. 93.

[98]) Ebenda S. 93—96, dann S. 126, 129. Es handelt sich hier um zusammenhängende geschlossene Gemeindefluren, welche jedoch in ihrer Gestaltung keineswegs abgerundet oder geradelinig abgegrenzt sein müssen, sondern in verschiedenen Armen und Streifen, z. B. in einem etwa 30 Fuß breiten, stundenweit in die Waldung eines anderen Eigenthümers sich erstreckenden Wiesgrunde, auslaufen können. Nicht völlig von einem selbstständigen Jagdbezirke umschlossene Bestandtheile einer Gemeindeflur können überhaupt nicht Inklaven bilden, sondern fallen, soweit sie nicht als selbstständige Jagdbezirke geeigenschaftet sind, dem Jagdbezirke der Gemeinde zu, deren Markung sie angehören (vgl. Verh. d. Abg.-K. sten. Ber. Bd. II S. 96), mögen sie auch von letzterer räumlich getrennt sein. Ortsgemeindefluren und Grundbesitz der Gemeinde als Korporation sind jedoch für sich allein nicht als „Gemeindeflur" zu behandeln.

[99]) Bl. f. a. Pr. Bd. XV S. 76.

[100]) E. d. R.-G. i. Str.-S. v. 26. November 1888 E. XVIII S. 265 (Bl. f. R.-A. E.-B. d. VIII S. 89).

Pächter der Spitalwaldungsjagd auch fraglichen Theil der L.er Gemeindejagd gemäß Art. 3 bejagen dürfe, wurde abgewiesen, da der Begriff „Enklave“ nach dem klaren Wortlaute des Art. 3 J.-G. nur dann erfüllt ist, wenn das Grundstück, welches die Enklave bilden soll, von dem zusammenhängenden Grundkomplexe von mindestens 240 (400) Tgw. nicht bloß theilweise bezw. größtentheils, sondern vollständig umschlossen wird.[101]) — Ein Gemeindebezirk, welcher weniger als 240 Tagwerke Umfang hat, meist aus umzäuntem Gebiete besteht und nur 25 Tgw. freies jagdbares Feld enthält, ist von dem etwa 3000 Tgw. großen Jagdbezirke einer anderen Gemeinde umschlossen. Ersterer Bezirk bildet gleichwohl einen selbstständigen (Gemeinde-) Jagdbezirk, auf welchem die Gemeinde die Jagd mittels Verpachtung auszuüben hat; Art. 5 mit 4. J.-G., und die vollständige Umschließung durch einen anderen größeren Gemeindejagdbezirk vermag hieran nichts zu ändern, da Art. 3 sich nicht auf die Gemeindejagden bezieht, sondern nur selbständigen Privat- (Eigen-) Jagdbezirken die Beherrschung des umschlossenen Geländes beilegt.[102]) — Eine magistratisch verwaltete Stiftung der Stadt N besitzt einen theils auf bayerischem theils auf württembergischem Staatsgebiete belegenen zusammenhängenden Waldkomplex, der auf jedem Gebietstheile mehr als 240 Tgw. umfaßt. Zwischen den einzelnen Bestandtheilen dieses Waldkomplexes liegen zwei Waldparzellen A und B des Gutsbesitzers W, zwar noch auf bayerischem Gebiete, aber an der Grenze. Auf bayer. Boden sind beide Parzellen von dem fraglichen Stiftungswalde begrenzt, auf württembergischem Gebiete stößt die 60 Tgw. haltende Parzelle A an württemb. Gemeinde- und Stiftungswaldungen, die Parzelle B zu 60 Tgw. an den Stiftungswald der Stadt N. Der Antrag, diese Parzellen als Inklaven des Letzteren anzuerkennen, wurde abgewiesen, weil die Umschließung eine vollständige sein, daher auch der umschließende Komplex vollständig d. h. an jedem Punkte der Berührung zu demselben Jagdgebiete gehören muß, ein solches Jagdgebiet aber nur aus bayer. Grund und Boden bestehen kann, da das bayer. J.-G. über die Landesgrenze hinaus keine Wirksamkeit hat — und hier die streitigen Parzellen nur auf bayer. Seite von einem nach bayer. J.-G. zu beurtheilenden Jagdkomplexe, also nur theilweise umgeben sind.[103]) — Der Walddistrikt S der Gemeinde R mit einer Fläche von 103,871 Tgw. ist nebst einer größeren Anzahl von Privatgrundstücken mit einem Flächeninhalte von zusammen 141,430 Tgw. von den Staatswaldungen der je einen ausmärkischen Forstbezirk bildenden Reviere N und G vollständig umschlossen. Laut Grundsteuer-Kataster, Katasterplan und rentamtlicher Erklärung gehören diese Gemeinde- und Privatgrundstücke seit unvordenklicher Zeit zum Forstbezirke N; eine bleibende Niederlassung mit der Folge polizeilicher Zutheilung nach Art. 3 Abth. IV rechtsrh. Gmdeordg ist auf keinem der betr. Grundstücke jemals begründet worden. Durch einen bezirksamtlichen Beschluß wurde das Jagdausübungsrecht auf fraglichem Komplexe der Gemeinde R zugesprochen, ein Ausspruch, der sich nur dann rechtfertigen ließe, wenn sich von diesem Gebiete eine zusammenhängende Fläche von mindestens 240 Tgw. im Alleinbesitze der Gemeinde als juristischer Person befände.[104])

---

[101]) Deutsch. Jäger Jhrg. III S. 65.

[102]) Deutsch. Jäger Jhrg. XIV S. 394.

[103]) Bl. f. adm Pr. Bd. XVI S. 376.

[104]) Bl. f. a. Pr. Bd. XXX S. 81. — In dem hier angeführten praktischen Falle erklärte die bezirksamtliche Beschlußfassung den fraglichen Gemeindewald nebst den anliegenden Privatgrundstücken als Theile der Gemeindemarkung R, und sprach daraufhin das Jagdausübungsrecht auf diesem Aus-

III. Gemeindejagd.

1. Gemeindejagdbezirk.

In „allen übrigen Fällen" d. h. in allen Fällen, in welchen einem Grundstücke weder die dinglichen Voraussetzungen der Eigenjagdausübung noch jene der Befugniß zur Bejagung als Inklave (Art. 2 und 3 dßrh. J.-G.) beiwohnen, noch ausmärkisches einem Gemeindebezirke nicht zugetheiltes Gebiet in Frage steht, fällt die Ausübung des Jagdrechtes der politischen Gemeinde Namens der Grundeigenthümer innerhalb ihres Bezirkes anheim — Art. 4 rechtsrh. J.-G.

Die Gemeindeflur bildet einen selbstständigen (Gemeinde-) Jagdbezirk, der sich räumlich aus allen jenen Grundstücken der Gemeindemarkung zusammensetzt, auf welchen nicht dem Grundeigenthümer das volle die Jagdbefugniß in sich schließende Jagdrecht (Art. 2) oder einzelnen Nichteigenthümern Kraft Gesetzes ein Jagdausübungsrecht (Art. 3) zusteht, gleichviel ob diese Grundstücke unter sich zusammenhängen und größere Flächen bilden, oder vereinzelt und zerstreut liegen, wie dies insbesondere bei unvollständigen (nicht nach allen Seiten umschlossenen) Inklaven sowie bei den aus Parzellen getheilten Eigenthums zusammengesetzten, zwar völlig umschlossenen aber vermöge ihrer Größe (von 240 bezw. 400 oder mehr Tagwerken) als Inklaven nicht geeigenschafteten Komplexen der Fall.[105]) Da das Gesetz (Art. 5) die Gesammtflur der politischen Gemeinde (nicht die Ortsflur-Ortsgemeindemarkung s. unten: Vereinigung verschiedener selbstständiger Gemeindejagdbezirke und Unterabtheilung von Gemeindejagdbezirken. schlechthin als selbstständigen Jagdbezirk erklärt, erscheint für den Umfang des letzteren ausschließlich das Gemeindegebiet, die Gemeindemarkung entscheidend. Es kömmt daher einerseits nicht darauf an, welche räumliche Ausdehnung die Gemeindeflur hat; dieselbe bildet auch dann einen selbstständigen

---

markungsinklave, weil dieselbe 245 Tgw. (getheilten Eigenthums) umfasse, der Gemeinde R zu, bei welchem Bescheide die Forstbehörde sich beruhigte und längere Jahre auch gegen die Verpachtung des Inklave durch die Gemeinde R nichts einwendete. — Die Entscheidung des Falles hängt offenbar nur davon ab, ob thatsächlich die umschlossene Fläche als Bestandtheil der Ausmarkung anzuerkennen war, oder die Gemeindezugehörigkeit derselben vor 1818 nachgewiesen erschien. Nach der Geschichtserzählung (insbesondere den Katasterbelägen und rentamtlichen Erklärungen) wäre letzteres zu bezweifeln und daher die bezirksamtliche Bescheidung nicht als haltbar zu erachten, da nach dem sog. historischen Prinzipe — abgesehen von dem Falle der Zuweisung an eine Gemeinde gemäß Art. 3 Abs. IV dßrh. Gmde.-Ordg. in der Regel (abgesehen von abrundendem oder ausgleichendem Grundaustausche, s. Kahr a. a. O. S. 81 Note aa) eine Einverleibung von ausmärkischem Besitze in einen Gemeindeverband nicht stattfindet.

[105]) Verh. d. Abg.-K. 1849/50 sten. Ber. Bd. II S. 103, 105, 121, 123, 124, ferner ebenda S. 95; vgl. ferner Bl. f. a. Pr. Bd. XV S. 75, 76.

(Gemeinde-) Jagdbezirk, wenn die zur Gemeindemarkung gehörigen Grundstücke, auf welchen den Grundeigenthümern das Recht der Jagdausübung gesetzlich nicht zusteht, zusammengerechnet einen Flächeninhalt von weniger als 240 bzw. 400 bayer. Tagwerken (81,77 bzw. 136,29 ha) ergeben.[106]) Und es ist anderseits für die örtliche Begrenzung des Gemeinde-Jagdbezirkes in der Regel (über den Ausnahmsfall einer weiteren Erstreckung des Gemeindejagdbezirkes s. unten: Anschluß von Eigenjagdgründen an Gemeindejagdbezirke) ausschließlich die Gemeindeflurgrenze ohne Rücksicht auf die Eigenthumsgrenzen der einzelnen Bestandtheile der Gemeindemarkung maßgebend.[107]) Es kann daher zutreffen, daß Grundflächen ein und desselben Besitzers, welche von den Grenzen der politischen Gemeinde durchschnitten werden, ungeachtet der Einheit des Eigenthumsverhältnisses zwei oder mehreren verschiedenen Gemeindejagdbezirken zufallen.[108]) Endlich ergiebt sich aus der Vorschrift des Art. 5 dsrh. J.-G., daß für den räumlichen und örtlichen Umfang des Gemeindejagdbezirkes das Gebiet der Gemeinde bestimmend ist, die selbstverständliche Folge, daß nicht die persönliche Gemeindezuständigkeit der Besitzer der Grundstücke, sondern nur die sachliche Gemeindeangehörigkeit der letzteren in Betracht kommt, sonach auch die im Gemeindebanne gelegenen Grundstücke auswärtiger, dritten Gemeinden angehöriger Besitzer, der sogen. Forensen, dem Gemeindejagdbezirke einverleibt bleiben müssen.[109]) Dagegen kann ausmärkischer Grundbesitz, wie schon oben erörtert, in einem Gemeinde-

---

[106]) Verh. d. Abg.-K. a. a. O. S. 126, 129. Hiebei wurde insbesondere darauf hingewiesen (a. a. O. S. 124), daß die Nothwendigkeit, die städtischen Burgfrieden auch bei geringerer Tagwerksanzahl für selbstständige Jagdbezirke (als sogen. Burgfriedensjagden) zu halten, schon früher anerkannt war, daher bei den Gemeindejagdbezirken überhaupt die Anzahl von Tagwerken nicht entscheidend sein solle vgl. hieher Goltdammers Arch. XXXVII S. 214 (preuß. Recht).

[107]) Entsch. d. b. V.-G.-H. vom 21. Juni 1881 S. III S. 117 und 12. Juli 1881 S. III S. 170.

[108]) Der Gegensatz in der örtlichen Begrenzung des Eigen- und des Gemeindejagdbezirkes, dort durch die Eigenthums- hier durch die Gemeindeflurgrenze, tritt besonders auffällig bei Komplexen hervor, die zwar von einheitlichem Besitze vollständig umschlossen aber in Folge ihres Flächenumfanges nicht als Inklaven geeigenschaftet sind. Der umschließende einheitliche Eigenjagdbezirk wird hier durch eine durchziehende Gemeindeflurgrenze nicht unterbrochen, wohl aber das eingeschlossene, aus Parzellen verschiedener Eigenthümer zusammengesetzte Gelände.

[109]) Verh. d. Abg.-K. 1849/50 sten. Ber. Bd. II S. 94. — Die Bemerkung eines Abgeordneten (Steinsdorf) „wenn eine Inklave mehreren Besitzern zugehört, diese aber einer und derselben Gemeinde, so bildet erstere einen Jagdbezirk, welchen die Gemeinde Namens der Grundeigenthümer verpachten kann" darf nicht auf die persönliche Gemeindeangehörigkeit der Besitzer, sondern nur auf die sachliche örtliche des Besitzthums bezogen werden, wie aus vorhergehenden und späteren Aeußerungen (a. a. O. S. 94 u. 96) erhellt, welche ausdrücklich besagen, daß nur diejenige Gemeinde, welcher diese Grundstücke angehören, zur Verpachtung befugt sei.

jagdbezirk nur insoweit einbezogen werden, als Grundstücke der Ausmarkung mit den darauf begründeten Niederlassungen bzw. als Zugehörungen der letzteren einer Gemeinde zugetheilt sind.

Mit einer Veränderung im Bestande politischer Gemeinden als solcher oder einer Aenderung des räumlichen Umfanges und der Grenzen bestehender politischer Gemeinden tritt als selbstverständliche Folge auch die Aenderung bzw. Umgestaltung ihrer Gemeindejagdbezirke ein. Diese Veränderungen können zur Erscheinung kommen in der Zusammenlegung mehrerer bisher selbstständiger Gemeindejagdbezirke zu einem neuen selbstständigen Gemeindejagdbezirk — bei der Vereinigung mehrerer bestehenden politischen Gemeinden zu einer neuen. In der Zusammenlegung von Bestandtheilen selbstständiger Gemeindejagdbezirke zu einem neuen selbstständigen Gemeindejagdbezirk, bei der Errichtung einer neuen politischen Gemeinde aus Theilen bestehenbleibender Gemeinden, ferner in der Entstehung mehrerer neuer selbstständiger Gemeindejagdbezirke aus einem bisher bestandenen Gemeindejagdbezirke — in Folge der Zerlegung einer bestehenden Gemeinde in mehrere neue. Endlich in dem Untergange eines selbstständigen Gemeindejagdbezirkes als solchen und der Eingliederung seiner Bestandtheile in die Gemeindejagdbezirke anderer Gemeinden, bei der gänzlichen Auflösung einer Gemeinde und der Einverleibung der Bestandtheile ihrer Markung in andere Gemeinden. Bei sonstigen Veränderungen von Gemeindebezirken in Folge von Um- und Eingemeindungen von Ortschaften, häuslichen Anwesen oder Einzelngrundstücken, wodurch lediglich eine Verrückung der Grenzen und des räumlichen Umfanges bestehen bleibender Gemeinden und bzw. ihrer Markungen herbeigeführt wird, entspricht der räumlichen Verkleinerung des Jagdbezirkes der einen Gemeinde um die abgetrennten (ausgemeindeten) Grundstücke die Vergrößerung eines oder mehrerer Jagdbezirke der anderen Gemeinde durch Zuwachs der eingemeindeten Grundflächen, abgesehen von der Einverleibung abgesonderter Markungen in eine Gemeinde, welche nur diese letztere — durch Zuwachs, also Vergrößerung des Gemeindejagdbezirkes berührt.[110])

Die durch Aenderungen im Bestande der Gemeinden als solcher und bzw. im Umfange und in der Begrenzung von Gemeindemarkungen bedingten Veränderungen der Gemeindejagdbezirke treten mit dem Augenblicke in Kraft, in welchem die Gemeindeumbildung bzw. Um- und Eingemeindung vollzogen bzw. als vollzogen erklärt worden ist.[111])

---

[110]) Art. 4 dßrh. Gmde-Ordg., siehe hiezu Kahr a. a. O. S. 90 u. ff.
[111]) Bl. f. a. Pr. Bd. XVII S. 215 u. ff.

2. Anschluß von Eigenjagdbezirken an Gemeindejagden.

Der gesetzlich auf das Gebiet der Gesammtflur der politischen Gemeinde eingeschränkte Umfang eines Gemeindejagdbezirkes kann ausnahmsweise eine räumliche Erweiterung über die örtliche Begrenzung des Gemeindebannes hinaus erfahren. Art. 6 rechtsrh. J.-G. behält nämlich den eigenjagdberechtigten Grundeigenthümern in Wahrung des Verfügungsrechtes über ihr Eigenthum die Befugniß vor,[112]) die ihnen zustehende Selbstbenützung der Jagd auf ihrem in oder an dem betreffenden Gemeindejagdbezirke liegenden Besitzthume der Gemeinde zur Ausübung (durch Verpachtung und — gegebenen Falles wohl auch durch Selbstbetrieb[113]) zu überlassen. Da nun für die örtliche Bezrenzung eines Eigenjagdbezirkes, welcher der Gemeinde nur als ungetheiltes Ganzes überlassen werden kann, ausschließend die Eigenthumsgrenze ohne Rücksicht auf die Gemeindeflurgrenzen entscheidend ist, ergiebt sich, daß die Einverleibung eines Eigenjagdbezirkes in die Gemeindejagd auch dann stattfinden darf, wenn das der Gemeinde zur Jagdausübung überlassene Besitzthum sich zusammenhängend in eine andere Gemeindemarkung fortsetzt, und hiemit die Möglichkeit einer Ausdehnung der Gemeindejagd über die Markungsgrenzen hinaus.[114])

Dingliche Voraussetzung der Zulässigkeit einer Ueberlassung des Eigenjagdbetriebes an die Gemeinde ist nach dem Wortlaute des Art. 6 J.-G., daß der betreffende Eigenjagdbezirk in oder an dem Gemeindejagdbezirke gelegen sei. Dementsprechend muß daher der Eigenjagdbezirk entweder von dem Gemeindejagdbezirke mehrseitig begrenzt sein — wobei jedoch die für Inklaven gebotene vollständige Umschließung nicht zu fordern sein wird — oder doch im Verlaufe seiner Außengrenzen mindestens auf einem

[112]) Vgl. Entsch. d. O.-G.-H. i. Civ.-S. vom 18. Oktober 1880 S. VIII S. 568 ff. — Entsch. d. b. V.-G.-H. v. 12. Juli 1881 S. III S. 170.

[113]) Art. 6 J.-G. spricht allerdings nur von der Ausübung der überlassenen Jagd durch die Gemeinde im Wege der Verpachtung, aber offenbar nur dem Redaktionsmangel des Art. 4 folgend, welcher des durch Art. 11 ausnahmsweise zugelassenen gemeindlichen Selbstbetriebes als weiterer Form der Jagdausübung der Gemeinde gleichfalls keine Erwähnung thut. Mit Ueberlassung der Eigenjagd an die Gemeinde entäußert der Grundbesitzer sich des Verfügungsrechtes über die Selbstbenützung der Jagd auf seinem Grund und Boden zu Gunsten der Gemeinde und muß sich in Folge dieser vertragsmäßigen Entäußerung seines Verfügungsrechtes auch der für den Fall der Unmöglichkeit einer Jagdverpachtung gesetzlich vorgesehenen Maßnahme des gemeindlichen Regiebetriebes unterwerfen. — Vgl. hieher Brater a. a. O. S. 95 zu Art. 4 J.-G.

[114]) Vollz.-V. z. J.-G. § 5: „der Vereinigung ist auch der Umstand nicht hinderlich, daß das mit in die Verpachtung zu gebende Besitzthum sich in eine andere Gemeindemarkung zusammenhängend fortsetzt.“

Punkte (in der den Zusammenhang von Jagdgründen vermittelnden Ausdehnung)[115]) mit der Grenze eines Grundstückes zusammentreffen, welches gemäß Art. 4 J.-G. einen Bestandtheil des Gemeindejagdbezirkes bildet oder Letzterem auf Grund des Art. 6 angeschlossen ist. Setzt sich ein Eigenjagdbezirk aus Grundstücken zusammen, welche verschiedenen Gemeindemarkungen angehören, oder treffen dessen Grenzen mit jenen verschiedener Gemeindejagdbezirke zusammen, so steht es der freien Wahl des Eigenthümers anheim, an welche der bezüglichen Gemeinden er die Ausübung seines Eigenjagdausübungsrechtes überlassen will.

Mit der Ueberlassung der Jagdausübung auf einem zur Selbstbenützung der Jagd berechtigenden Besitzthume geht auch die Jagdbefugniß auf Inklaven des Letzteren an die Gemeinde über und werden solche Inklaven ohne Rücksicht auf die Grenzen der Gemeindemarkung dem Jagdbezirke der Gemeinde einverleibt, welcher die Eigenjagdausübung übergeben worden ist.[116])

Keinem Bedenken wird es ferner unterliegen, daß der Eigenthümer eines ausmärkischen Eigenjagdbezirkes, welcher an einen oder mehrere Gemeindejagdbezirke anstößt, einer dieser Gemeinden die Jagdausübung auf seinem Besitzthum und bezw. die Jagdbefugniß auf Inklaven des letzteren — zu Verpachtung und event. Regiebetrieb überläßt.[117])

Die im Gemeindebezirke gelegenen Eigenjagdbezirke und deren Inklaven (im Sinne des Art. 3 J.-G.) werden auf die Dauer ihrer Eigenschaftung als solche durch die angeführten Aenderungen im Bestande der Gemeinden und bzw. ihrer Markungsgrenzen nicht berührt, weil für den räumlichen und örtlichen Umfang der Eigenjagdbezirke ausschließend die Eigenthumsgrenze bestimmend erscheint. Dagegen kann eine solche Veränderung in den Fällen des Art. 6 — Ueberlassung von Eigenjagdbezirken an Gemeinden — Einfluß üben, insoferne hierdurch eine Verrückung der Lage des Eigenjagdbezirkes eintritt. Der an einem Gemeindejagdbezirke gelegene, in einem anderen sich fortsetzende Eigenjagdgrund kann in Folge der Markungsumgestaltung seine Lage in einem Gemeindejagdbezirke erhalten, umgekehrt ein in einem Gemeindejagdbezirke gelegener Eigenjagdbezirk an einen oder mehrere Gemeindejagdbezirke zu liegen kommen. Ersten Falles tritt, wenn

[115]) S. oben S. 50.

[116]) Pollwein a. a. O. S. 29 Note 1 zu Art. 6.

[117]) Die Ueberlassung einer Eigenjagd an die Gemeinde stellt sich, wie schon oben bemerkt, als ein Ausfluß des Verfügungsrechtes des Eigenthümers über die Nutzung an seinem Besitzthume dar; die ausmärkische Eigenschaft eines Besitzthumes berührt aber die Eigenthumsrechte an Letzterem nicht und schließt daher auch die hier erwähnte eigenthumsrechtliche Verfügung nicht aus; vergl. Kahr a. a. O. Note 1 bb und 4 b zu Art. 3 Gmde.-Ordg. S. 82 und 87.

der Eigenjagdgrund von einem Gemeindejagdbezirke nach allen Seiten hin umgeben wird, eine Beschränkung in der Vergebung der Eigenjagdausübung dahin ein, daß diese Befugniß nur mehr an die Gemeinde des umliegenden (umgebenden) Gemeindejagdbezirkes überlassen werden darf, während im anderen Falle, wenn das bisher von einem Gemeindejagdbezirke völlig umgebene Eigenjagdgebiet in oder an mehrere Gemeindejagdbezirke zu liegen kömmt, diese Beschränkung fort- und dem Eigenthümer die freie Wahl anheimfallen wird, an welche der mit ihrem Jagdbezirke anliegenden Gemeinden er die Ausübung der Jagd auf seinem Grund und Boden überlassen will.

3. Vereinigung verschiedener selbstständiger Gemeindejagdbezirke und Unterabtheilung von Gemeindejagdbezirken.

1. Art. 5 dßrh. J.-G. stellt es dem Ermessen der Gemeinden anheim, ihren Jagdbezirk mit denjenigen anderer politischen Gemeinden zu einem gemeinschaftlichen Jagdbezirke zusammenzulegen und zwar gleichviel, ob die einzelnen Gemeindejagdbezirke einen Grundbesitz von weniger als 240 Tagwerken oder von einem größeren Flächeninhalte umfassen. In der Regel wird die Vereinigung eines Gemeindejagdbezirkes mit dem einer oder mehrerer anderer Gemeinden wohl nur dann beliebt werden, wenn derselbe einen so geringen Umfang hat, daß die Erzielung eines wirthschaftlich annehmbaren Ergebnisses der Jagdausübung im Wege der Verpachtung zweifelhaft oder unwahrscheinlich erscheint, da eine ergiebigere Jagdrente zumeist doch nur von dem Jagdbetriebe auf größeren Grundbesitzflächen zu erwarten ist.[118]) Es können aber für die Bildung gemeinschaftlicher, zwei oder mehrere Gemeindefluren umfassender Gemeindejagdbezirke ebensowohl andere Rücksichten, z. B. auf die Lage der Jagdgründe, den Wildwechsel u. s. w. bestimmend werden.

---

[118]) Der Entwurf des J.-G. enthielt in Art. 5 Abs. I die Bestimmung: „Gemeindebezirke mit geringerem Flächeninhalte (als 300 bzw. 240 Tgwk.) müssen mit einem angrenzenden Jagdbezirke vereinigt werden"; Art. 6 d. J.-G. v. 4. Juni 1848 odnete in Abs. I an: „durch Vereinigung mehrerer kleinerer Gemeindebezirke sollen entsprechende Jagdpachtbezirke gebildet . . . werden." Bei Berathung des Gesetzes kam jedoch die Abg.-K. nach Annahme des Grundsatzes, daß jeder Bezirk einer politischen Gemeinde, wenn er auch unter 240 Tgwk. beträgt, als eigener — selbstständiger Jagdbezirk zu betrachten sei, zu dem Beschlusse, daß es der politischen Gemeinde unbenommen bleibe, ob sie für sich selbst oder in Gemeinschaft mit einer oder mehreren politischen Gemeinden einen Jagdbezirk bilden wolle, und das Sache ihres freien Uebereinkommens sein solle — Verh. d. Abg.-K. 1849/50 sten. Ber. Bd. II S. 122 ff., 126, 127; ferner bezüglich der Rücksicht auf die Jagdrente ebenda S. 125 (Min.-Kommissär).

Dingliche Voraussetzung für die Zulässigkeit der Bildung eines gemeinschaftlichen Jagdbezirkes durch Zusammenlegung von Gemeindejagdbezirken ist jedenfalls, daß die betreffenden Gemeindefluren aneinander angrenzen,[119]) wobei es im übrigen gleichgiltig erscheint, ob die einzelnen Gemeindejagdbezirke innerhalb der Begrenzung durch die Gemeindeflur aus zusammenhängendem Grundbesitze getheilten Eigenthums oder aus zerstreut liegenden, zur Selbstausübung der Jagd nicht berechtigenden Grundstücken bestehen. Ferner ist nur die Zusammenlegung der aus der Gesammtflur einer Gemeinde gebildeten Gemeindejagdbezirke im Ganzen, nicht aber die Vereinigung einzelner Theile gemeindlicher Jagdbezirke zu einem gemeinschaftlichen Gemeindejagdbezirke als statthaft zu erachten.[120]) Da der Anschluß von Eigenjagdbezirken (sammt Inklaven) an einen gemeinschaftlichen Gemeindejagdbezirk zulässig erscheint,[121]) kann auch letzterer räumlich und örtlich sich über die Grenzen des Gemeindebannes der im gemeinsamen Jagdbezirke vereinigten verschiedenen Gesammtfluren hinaus erstrecken. Die dinglichen Voraussetzungen des Anschlusses von Eigenjagdbezirken bleiben hier selbstredend dieselben, wie sie für die Einverleibung von Eigenjagdgebieten in einzelne selbstständige Gemeindejagdbezirke gelten. Aenderungen im Bestande der zum gemeinschaftlichen Jagdbezirke vereinigten Gemeinden als solcher haben die Auflösung des zusammengeworfenen Jagdbezirkes zur Folge, ausgenommen den Fall der Errichtung einer neuen Gemeinde aus Markungstheilen bestehenbleibender Gemeinden, in welchem die vereinigten Jagdbezirke letzterer nicht als solche, sondern ebenso wie bei Aenderungen der Gemeindebezirke durch Umgemeindung nur eine Veränderung der Grenzen und des räumlichen Umfanges erfahren.

2. Der Gemeindejagdbezirk kann als ein ganzes ungetheiltes Jagdgebiet — ohne Rücksicht auf seinen räumlichen Umfang — vergeben bzw. von der Gemeinde in Selbstbenützung genommen werden; unter der Voraussetzung, daß die Gesammtflur einer Gemeinde 480 b. Tagwerke (163,54 ha) oder mehr umfaßt, ist es aber auch dem Ermessen der Gemeinde überlassen, den Gemeindejagdbezirk in Unterbezirke[122]) zu theilen, deren Zahl in einer

---

[119]) S. Art. 4 d. G.-Entw. „Gemeindebezirke mit geringerem Flächeninhalte müssen mit einem angrenzenden Jagdbezirke vereinigt werden". Verh. d. Abg.-K. 1849/50 Beil. Bd. I S. 59 ff. u. sten. Ber. Bd. II S. 121.

[120]) Verh. d. Abg.-K. 1849/50 sten. Ber. Bd. II S. 122, 123 — „Gemeindebezirke mit anderen Gemeindefluren . . ."

[121]) Pohl a. a. O. S. 29 Note 3 zu Art. 6 J.-G.

[122]) In den Kammerverhandlungen wurde einigemale für diese Unterbezirke die Bezeichnung „Jagdbogen" gebraucht, dem aber ausdrücklich entgegengehalten, daß diese Jagdpacht- (Unter-) Bezirke nicht mit den Jagdbögen verwechselt werden dürften, welche bekanntlich bei Abhaltung der Jagd in

Gesammtflur jedoch **sechs** nicht überschreiten und deren keiner weniger als je 240 Tagwerke (81,77 ha) Fläche enthalten darf. Gleichwie in Art. 2 Abs. I Ziff. 3 sind auch hier durch die Tagwerksziffern nur die Mindestgrößen des Umfanges einer Gesammtflur, mit dem die Zerlegung derselben in Unterbezirke zulässig wird und unter welchem deren Theilung unstatthaft ist, dann der Unterabtheilungen eines Gemeindejagdbezirkes gesetzlich festgelegt, Grenzen nach oben, für einen Größtumfang aber nicht gezogen.[123]) Die Bestimmung der Mindestausdehnung einer Gemeindeflur zu 480 und bzw. eines Unterbezirkes zu 240 Tagwerk hat auch für die Gemeinden und für die Abtheilung der Gemeindejagdbezirke im Hochgebirge Geltung.[124])

Die gesetzliche bestimmte Zahl der Unterbezirke ist dagegen ohne Rücksicht auf den Flächeninhalt der Gesammtflur eine unbedingt unüberschreitbare. Es kann daher der eine Gesammtflur mit über 1440 (d. i. 6 × 240) Tagwerke umfassende Gemeindejagdbezirk, mag er auch noch so viel Mal je 240 Tgw. mehr an Fläche enthalten, doch nie in mehr denn sechs Unterbezirke getheilt werden.[125]) Der Umfang der einzelnen Unterbezirke einer Gemeindejagd muß, abgesehen von dem Falle, daß die Tagwerkszahl der Gesammtflur bei einer Theilung in mehrere Jagdbezirke für jeden derselben gerade nur die Mindestfläche von 240 Tgw. ergeben würde, nicht nothwendig ein gleichheitlicher sein. Es kann also ein bei der Theilung der Gesammtflur unter Wahrung des Mindestumfanges jedes einzelnen Unterbezirkes sich etwa ergebender Ueberschuß von Tagwerken oder Tagwerksbruchtheilen nach Umständen dem einen oder dem anderen Unterbezirke zugeschlagen und dieser größer als die übrigen gestaltet werden, wenn nicht andere Rücksichten eine gleichheitliche Vertheilung des Flächenüberschusses unter sämmtliche Unterbezirke empfehlen. Auch bei vereinigten, aus den Gesammtfluren zweier oder mehrerer Gemeinden zusammengeworfenen Gemeindejagdbezirken erscheint, soferne dieselben zusammen eine Gesammtfläche von mindestens

ein und demselben Jagdbezirke gemacht werden — Verh. d. Abg.-K. a. a. O. S. 125.

[123]) Verh. d. Abg.-K. 1849/50 sten. Ber. S. 123, 125, 126.

[124]) Verh. d. Abg.-K. 1849/50 a. a. O. S. 130. Von einem Redaktionsversehen (**Trunk** a. a. O. Anm. 2 zu Art. 5 J.-G. S. 17) kann nicht wohl die Rede sein, da ein förmlicher Antrag vorlag, der Bestimmung des Umfangs eines Unterbezirks zu 240 noch ergänzend 400 Tagwerk und dementsprechend auch der Tagwerksziffer der Gesammtflur zu 480 noch die verdoppelte Zahl (960) beizusetzen und dieser Antrag unter der Bemerkung, daß diese Modifikation mit dem Geiste des Art. 5 Abs. II nicht vereinbar wäre, bei der Abstimmung abgelehnt wurde; vgl. a. **Brater** a. a. O. Note 2 zu Art. 5 S. 96.

[125]) Verh. d. Abg.-K. 1849/50 sten. Ber. Bd. III S. 81.

480 oder von mehr Tagwerken bilden, die Abtheilung in Unterbezirke zulässig und wird bei der Theilung, um das Mindestausmaß der einzelnen Unterbezirke zu wahren, auf die Markungsgrenzen der vereinigten Fluren eine Rücksicht nicht zu nehmen sein.

Bei Berechnung der nach Art. 5 Abs. II J.-G. erforderlichen Tagwerkszahl einer Gesammtflur und bzw. der Unterbezirke einer Gemeindejagd sind nur jene Grundstücke in Betracht zu ziehen, welche zur Selbstausübung der Jagd durch die Eigenthümer dinglich nicht geeigenschaftet erscheinen und daher gemäß Art. 4 dem Gemeindejagdbezirke zufallen.[126]) Eigenjagdgründe, welche auf Grund des Art. 6 J.-G. der Gemeinde zur Jagdausübung überlassen sind, werden, da sie mit der Ueberlassung an die Gemeinde deren Jagdbezirk „einverleibt" werden, also in diesem aufgehen, bei Bemessung der Abtheilung des Gemeindejagdbezirkes in Unterbezirke mitanzurechnen sein. Soferne dieselben Flächen von 240 oder mehr Tagwerken enthalten, können sie — einschließlich der etwaigen Inklaven — in unveränderter Gestalt als zusammenhängender Eigenthumskomplex innerhalb der für einen Gemeindejagdbezirk zulässigen Zahl von Unterbezirken als ein solcher belassen, ebensowohl aber auch als — einverleibter — Bestandtheil der Gemeindejagd parzellirt an die verschiedenen Unterbezirke der letzteren zugetheilt werden, weil für die Jagdausübung durch die Gemeinde der Bestand eines zusammenhängenden Grundbesitzes kein dingliches Erforderniß bildet.[127])

Da das Gesetz die Ausübung der Jagd Namens der Grundeigenthümer einer Gemeindemarkung ausdrücklich nur in die Hände der politischen Gemeinde gelegt und dementsprechend für die Bildung des Gemeindejagdbezirkes nach Raum und Begrenzung ausschließlich die Gesammtflur der politischen Gemeinde als maßgebend erklärt hat, erscheint die Markung der Ortsgemeinde — Ortsflur — wie für die Bildung des Gemeindejagdbezirkes als Ganzes, so auch für dessen Abtheilung in Unterbezirke gesetzlich ohne Bedeutung und Einfluß.[128]) Es ist daher ebensowenig geboten, bei der Theilung eines Gemeindejagdbezirkes in Unterbezirke auf die innerhalb der Gesammtflur der politischen Gemeinde bestehenden Ortsmarkungen Rücksicht zu nehmen und die Unterbezirke mit der Abgrenzung der Ortsfluren in Uebereinstimmung zu bringen, mag auch der Flächeninhalt letzterer die gesetzliche Mindestgröße eines Unterbezirkes erreichen oder übersteigen, als es umgekehrt verboten wäre, bei der Unterabtheilung einer Gemeindejagd Ortsfluren von mindestens 240 oder von

---

[126]) Verh. d. Abg.-K. 1849/50 sten. Ber. Bd. II S. 121.

[127]) Vgl. Bl. f. a. Pr. Bd. XV S. 161 u. ff.

[128]) Verh. d. Abg.-K. 1849/50 sten. Ber. Bd. II S. 121—123; Bl. f. a. Pr. Bd. XVI S. 368.

mehr Tagwerken Umfang als Unterbezirk festzusetzen.[129]) Einen gesetzlichen Anspruch auf Berücksichtigung der Ortsflur bei Abgrenzung der Unterbezirke hat aber die Ortsgemeinde als solche nicht.[130])

Veränderungen im Bestande politischer Gemeinden als solcher oder im Umfange und der Begrenzung von Markungen politischer Gemeinden und die hiedurch bedingten Aenderungen der Gemeindejagdbezirke üben selbstredend auch ihren Einfluß auf die Unterabtheilung der letzteren.[131]) Da die Theilung des Gemeindejagdbezirkes und die Abgrenzung seiner Unterbezirke innerhalb der gesetzlichen Schranken (Höchstzahl und Mindestgröße der Unterbezirke) Sache des freien Ermessens der Gemeinde ist,[132]) erscheint die Vertretung neugebildeter oder vergrößerter bestehender Gemeinden an die bisherige Eintheilung und Abgrenzung der in ihre Markung übergehenden Jagdgründe nicht gebunden, kann vielmehr eine Neuregelung der Abtheilung des neugebildeten bzw. vergrößerten Gemeindejagdbezirkes und seiner Unterbezirke in den gesetzlichen Schranken nach Gutdünken beschließen. Bei Neu- und Umbildungen der Gemeindejagdbezirke kann die bisherige Eintheilung und die Abgrenzung der in der Gemeindeflur aufgehenden neuen Bestandtheile in Unterbezirke aus Zweckmäßigkeitsgründen beibehalten werden, soferne die Höchstzahl der Unterbezirke und die Mindestgröße der letzteren gewahrt bleibt. Ebenso kann bei Gebietsabgängen bestehender Gemeinden die bisherige Abtheilung der Gemeindejagd belassen werden, soferne durch die Gebietsabgabe kein Unterbezirk unter die Mindestgröße verringert wird; wogegen in allen Fällen einer Aenderung des Gemeindejagdbezirkes, welche bei Belassung der bisherigen Unterabtheilung zu einer Ueberschreitung der Höchstzahl der Unterbezirke oder einer Verringerung ihres Mindesmaßes führen würde, eine Neuabtheilung eintreten muß.[133])

---

[129]) Entsch. d. b. V.-G.-H. vom 18. März 1880 S. I S. 195.
[130]) Bl. f. a. Pr. Bd. XVI S. 368.
[131]) S. oben die Ausführungen S. 41.
[132]) Verh. d. Abg.-K. 1849/50 sten. Ber. Bd. II S. 125, Bd. III S. 81, 82; Bl. f. a. Pr. Bd. XVI a. a. O.
[133]) Es sind hier folgende Fälle möglich:

a) Es werden mehrere bestehende Gemeinden zu einer – neuen Gemeinde vereinigt. Die zusammengelegten Fluren, welche den Gemeindejagdbezirk der neuen Gemeinde bilden, umfaßten in ihrer bisherigen Abgrenzung je mehr als 480 Tgwk. und waren dementsprechend in Unterbezirke von mindestens 240 oder mehr Tgw. abgetheilt z. B. Gemeindeflur A 600 Tgwk. mit zwei Unterbezirken, B mit 720 Tgwk. und 3 Unterbezirken. Hier kann die bisherige Unterabtheilung auch für den neuen Gemeindejagdbezirk belassen werden. Anders, wenn die bisherige Gesammtflur A 1440 Tgwk. mit 6 Unterbezirken, die bisherige Gemeindeflur B

4. Private Abtheilung der Eigenjagden und ihrer Inklaven sowie der Gemeindejagdbezirke.

1. Eigenjagdbezirke und die von denselben völlig umschlossenen, nach Art. 3 J.-G. als Inklaven geeigenschafteten Jagdgründe können von dem jagdberechtigten bzw. zur Jagdausübung befugten Grundeigenthümer bei Selbstbenützung der Jagd durch mehrere Mitbesitzer (ungetheilten oder nur ideell getheilten Eigenthums) wie bei der Uebertragung dieses Jagdausübungsrechtes an dritte Nichteigenthümer gleichfalls in Unterbezirke abgetheilt werden.[134]) Eine Beschränkung in Bezug auf das räumliche Ausmaß der letzteren besteht für die Abtheilung von Eigenjagdbezirken nicht, wohl aber eine Schranke für die Zahl der Unterbezirke derselben in der gesetzlichen Bestimmung, daß für einen Jagdbezirk — und der Eigenjagdbezirk bezw. dessen Inklave können nur als je ein Jagdbezirk gelten — nie mehr als drei Pächter zugelassen werden dürfen (Art. 10 Abs. I dßrh. J.-G.).[135])

Auch die politische Gemeinde erscheint als Grundeigenthümerin nicht gebunden, einen in ihrem Besitze stehenden, von

---

mit 200 Tgwk. nur einen Jagdbezirk enthielt. Hier muß die neue Gemeindeflur von 1640 Tgwk. einer Neuabtheilung in Unterbezirke behufs Wahrung einerseits der zulässigen Höchstzahl der Unterbezirke, anderseits des Mindestmaßes der letzteren unterworfen und könnte keinesfalls der bisherige Jagdbezirk B als Unterbezirk (ohne Aufrundung aus dem Flurgebiete A auf 240 Tgwk.) belassen werden.

b) Aus Theilen bestehender Gemeindemarkungen werden neue Gemeinden errichtet. Hier handelt es sich um Abtrennung von Markungstheilen (auch Ortsfluren) von einer Gemeinde, die als solche fortbestehen bleibt, und die Entstehung neuer Gemeinden aus den getrennten Markungstheilen. Die Verringerung des Flurumfanges der bestehen bleibenden Gemeinde kann zu einer Neuabtheilung des Gemeindejagdbezirkes in Unterbezirke, und wenn das Flächenmaß unter 480 Tgwk. gesunken ist, zur Umbildung als ungetheilter Jagdbezirk nötigen. Der Jagdbezirk der neugebildeten Gemeinden ist in gleicher Weise zu behandeln, je nachdem die neue Gemeindeflur über oder unter 480 Tgwk. umfaßt.

c) Eine Gemeinde wird gänzlich aufgelöst. Hier tritt, da gemäß Art. 3 d. Gmde.-Ordg. jedes Grundstück einem Gemeindebezirke angehören muß, bezüglich der Grundfläche des bisherigen Gemeindejagdbezirks entweder die Regel des Art. 4 J.-G. ein, indem die bisherige Markung der Flur einer oder mehrerer anderer Gemeindefluren zuwächst (vgl. lit. a oben) oder die Flur kann bei einem dem Art. 7 Abs. I Ziff. 3 d. J.-G. entsprechenden Umfang und bei Uebergang an einen Eigenthümer einen Eigenjagdbezirk abgeben.

[134]) Verh. d. Abg.-K. 1849/50 sten. Ber. Bd. II S. 129 (Min.-Komm.); vgl. a. Entsch. d. b. V.-G.-H. vom 9. März und 20. April 1880 S. I S. 173, 250.

[135]) Ueber die Wechselbeziehung zwischen der zulässigen Pächterzahl und der Bildung von Jagd- (Unter-) Bezirken s. insbesondere Aeußerung des A.-Referenten in den Verh. d. Abg.-K. a. a. O. S. 128.

dem Gemeindejagdbezirke (im Sinne der Art. 4 und 5 J.-G.) gesonderten Eigenjagdbezirk beim Selbst- (Regie-) Betriebe der Jagd in demselben nach den für die Abgrenzung der Unterbezirke einer Gemeindejagd maßgebenden Vorschriften abzutheilen, sondern kann wie jeder andere jagdberechtigte (bzw. auf Inklaven jagdbefugte) Grundbesitzer ihre Eigenjagd in beliebig große, aber niemals in mehr als drei Unterbezirke zerlegen (s. jedoch unten 5.). Ein Gleiches gilt für den im Eigenthume einer Ortsgemeinde als solcher stehenden, nach Art. 2 J.-G. zur Selbstausübung der Jagd befugenden Grundbesitz und dessen etwaige Inklaven.[136])

2. Wird ein Eigenjagdbezirk (bezw. dessen etwaige Inklave) von dem Jagdberechtigten (bzw. Jagdbefugten) als ungetheiltes Jagdgebiet mehreren, d. h. zwei oder drei Nichteigenthümern zur Jagdausübung überlassen, so steht es letzteren anheim, den Jagdbezirk unter sich nach gegenseitiger Vereinbarung in beliebig große Unterbezirke zu theilen.[137])

4. Die mehreren Pächter eines Gemeindejagdbezirkes (der ganzen Gemeindejagd oder eines Unterbezirks) können diesen (bzw. den Unterbezirk) für die Ausübung der Jagd durch privates Uebereinkommen unter sich weiter in der Art theilen, daß jedem Einzelnen der Pächter ein abgegrenzter Theil des gemeinsam erpachteten Bezirks zur ausschließlichen Bejagung zugewiesen wird und dieser Theil sohin für den oder die anderen Mitpächter fremdes Jagdgebiet bildet. Hinsichtlich der räumlichen Ausmessung solcher privater Abtheilungen erscheinen die Vorschriften d. Art. 5 J.-G. nicht bindend.[138])

5. Anders liegt die Sache beim Regiebetriebe gemeindlicher Eigenjagden sowie von Gemeindejagden im Sinne der Art. 4 und 5 J.-G. Die von der Gemeinde zur Ausübung des Regiejagdbetriebes auserseheuen (höchstens drei) Gemeindeglieder — Vertrauensmänner — erscheinen nicht befugt, ihrerseits eine private räumliche Unterabtheilung des ihnen zum Betriebe zugewiesenen Jagdbezirkes vorzunehmen, da sie nicht wie der Pächter ein persönlich erworbenes Recht (der Jagdbefugniß) inne haben, sondern die Jagd nur im Auftrage der Gemeinde ausüben (s. oben Seite 63.).[139])

[136]) Verh. d. Abg.-K. 1849/50 a. a. O. S. 129.

[137]) S. Verh. d. Abg.-K. 1849/50 sten. Ber. Bd. II S. 129.

[138]) E. d. O.-L.-G. München v. 1. Juli 1885 S. i. Str.-S. III S. 463, s. a. Bl. f. R.-A. E.-Bd. V S. 186; E. d. R.-G. i. Str.-S. E. XXIV S. 122; vgl. hiezu Note 180.

[139]) Vgl. V.-V. z. J.-G. § 9 Abs. III Ziff. 2 betr. den Beisatz auf der Jagdkarte „zur Jagdausübung für die selbstverwaltende Gemeinde . . legitimirt."

§ 2. Persönliche Erfordernisse als Voraussetzungen des Jagdausübungsrechts.

Persönliche Voraussetzung des Jagdausübungsrechtes (Jagdbefugniß) ist der Besitz einer Jagdkarte (Art. 14 rechtsrh. J.=G.).[140] Dieses Erforderniß wurde jedoch bis in die neueste Zeit bei der Auslegung des J.=G. und von der bayer. Rechtsprechung nur für eine bestimmte Art der Jagdausübung, nämlich für das Jagen (Verfolgen und Erlegen des Wildes) mittels Schießgewehres als geboten erachtet. Die Auslegung und Rechtsprechung stützte diese Annahme darauf, daß zufolge den Gesetzgebungsverhandlungen die Einrichtung der Jagdkarte nur deshalb eingeführt worden sei, um der großen Gefährdung, welche seit der Freigabe der Jagd durch das Gesetz vom 4. Juni 1848 eingetreten war und sich hauptsächlich in Unglücksfällen und Störungen der öffentlichen Sicherheit und Ruhe durch den Gebrauch der Schießgewehre äußerte, wirksam zu begegnen, und daß insbesondere in der Begründung des J.=G.=Entwurfs die Vorschrift des Art. 14 als eine Nachbildung der für die Pfalz bestehenden Bestimmungen (Dekrete vom 11. Juli 1810, 23. Juli 1814, Jagd=V. O. vom 21. Sept. 1815, Dekret vom 22. August 1816, in dem die Lösung von Jagderlaubnißscheinen für das Tragen von „Jagdflinten" vorgeschrieben wurde) bezeichnet worden ist. Zur Ausübung der Jagd mit anderen Mitteln „waidmännischen Gebrauchs" z. B. zur Hetz= (Parforce=) Jagd, zur Anwendung von Schlag= und Tellereisen, von Garnen und Schlingen für gewisse Gattungen von Federwild, zum Ausräuchern von Füchsen, zur Benützung von Saufedern, Hirschfängern u. dgl. ohne Verwendung von Schießgewehr bedürfte es daher nach dieser Auslegung einer Jagdkarte nicht und wären diese Arten der Jagdausübung nicht von Erfüllung der persönlichen Voraussetzungen, die ihren Ausdruck im Jagdkartenbesitz finden, bedingt.[141])

Seit 1890 hat sich die bayer. Rechtsprechung jener des Reichsgerichtes und der übrigen deutschen Spruchpraxis angeschlossen und ist zu der Anschauung übergegangen, daß den im bayer. J.=G. enthaltenen Ausdrücken „Jagdausübung" und „Jagen" dieselbe Bedeutung beizulegen sei, wie jenen des § 292 R.=Str.=G.=B., demnach die Lösung und der Besitz einer Jagdkarte für Jeden, der in waidmännischer Art, gleichviel ob mit oder ohne Schießgewehr, oder auf nicht waidmännische Weise jagdbare Thiere

---

[140]) Höcht a. a. O. S. 21.

[141]) E. d. O.=G.=H. v. 26. April 1867 S. I S. 177; v. 5. Mai 1871 S. 75 und v. 8. Februar 1879 S. IX S. 76.

erlegt oder der Besitzergreifung wegen verfolgt, als Erforderniß der Jagdausübung erscheint.[142])

Die Erfüllung des persönlichen Erfordernisses für die Jagdausübung ist ausnahmslos geboten sowohl für denjenigen, der vermöge der dinglichen Eigenschaftung seines Grundeigenthums (s. o. § 1 I S. 65 u. ff.) zur Selbstausübung der Jagd auf seinem Grund und Boden gesetzlich befugt erscheint, als auch für denjenigen, welcher als Nichteigenthümer ein abgeleitetes Jagdrecht (Jagdausübungsbefugniß) innehat oder als gemeindlicher Vertrauensmann, vermöge eines öffentlichen oder privaten Dienstverhältnisses (Forstbeamte, Jäger) oder als Jagdgast die Jagd auszuüben befugt ist.[143])

Da der rechtliche Anspruch auf Ertheilung (und bzw. Innehabung) einer Jagdkarte gesetzlich von dem Besitze gewisser persönlicher Eigenschaften abhängig gemacht ist — Jagdkartenfähigkeit (Art. 18—20 J.-G.) — sind die die Jagdkartenfähigkeit begründenden persönlichen Eigenschaften auch als persönliche Erfordernisse des durch die Jagdkartenfähigkeit bedingten Jagdausübungsrechtes selbst zu betrachten.

Zu beachten ist, daß nur der mit der Absicht der Besitzergreifung an Wild Jagende oder einer auf Besitzergreifung gerichtete Handlung Vornehmende einer Jagdkarte bedarf, nicht aber die zur Jagd verwendeten Treiber und Träger, soferne sie nur Gehilfen bei der Jagdausübung sind und als solche die Besitzergreifung von Wild nicht beabsichtigen, noch ihre Handlungen ihrerseits auf eine solche richten. Anders verhält es sich selbstverständlich, wenn Jäger während und neben der persönlichen Jagdausübung einander gegenseitig als Treiber dienen wie z. B. bei Klopf- und Riegeljagden.[144])

Ein besonderes persönliches Erforderniß für die Jagdausübung bildet neben der Jagdkarte für den Jagdgast, welcher in einem

---

[142]) E. d. O.-L.-G. München v. 12. Juli 1890 S. VI S. 196 und v. 10. Mai 1890 a. a. O. S. 97; s. a. Bl. f. R.-A. Bd. LV S. 317. Vgl. hiezu E. d. O.-L.-G. München v. 6. Dezember 1879 Bl. f. R.-A. Bd. XLV S. 390 und Bd. LXI S. 177 ff.

[143]) Auch Derjenige, welcher einen in sein Wohnhaus oder den unmittelbar anstoßenden Hofraum gelangenden Hasen todtschlägt oder zum Zwecke der Besitzergreifung einfängt, bedarf einer Jagdkarte, vgl. Bl. f. R.-A. Bd. LXI S. 186. — Uebrigens hat sich schon eine Entschl. d. Regierung von Oberbayern v. 10. Mai 1850 (Nr. 1) obb. Kr.-Int.-Bl. S. 906 ff. — und von Oberfranken v. 5. Dezember 1851 (Nr. 154) Oberfränk. Kr.-Int.-Bl. S. 1524 — auf den Standpunkt gestellt, daß es auch zur Jagdausübung in umfriedeten Räumen (Hofräumen, umschlossenen Gärten 2c.) sowie dann, wenn die Jagd nicht mit Gewehr, sondern nur mit Schlingen oder Fallen etwa ausgeübt werden will, einer Jagdkarte bedürfe.

[144]) S. hiezu Stenglein, Zeitschr. XVI S. 369 und Bl. f. R.-A. LXI S. 187, ferner S. wicht. Entsch. Bd. I S. 75; s. a. unten bei „Ausübung der Jagd“.

fremden Jagdbezirke mit Genehmigung des Jagd-(ausübungs-) Berechtigten jagt, die Begleitung oder der Besitz und die Führung einer schriftlichen Erlaubniß des Letzteren (Art. 23 Ziff. 6 J.-G.) und zwar gleichviel, ob der Jagdgast die Jagd mittels Schießgewehres oder auf andere „waidmännische" Art ausübt.

Eine eigene Unterart der Jagdkarte bildet der Schutzgewehrschein, welcher nur den zum Jagd- und Forstschutze Angestellten oder Verpflichteten des Staates, der Gemeinden, Stiftungen sowie des kgl. Hofes und der Privaten ausgestellt wird. Als ein persönliches Erforderniß der Jagdausübung kommt der Schutzgewehrschein nur für die gleichzeitig mit dem Jagd- und Forstschutze Betrauten in Betracht, insoferne er diesen innerhalb des zugewiesenen Schutzbezirkes die Befugniß zu einer dem Gegenstande nach beschränkten Jagdausübung — nämlich zu der, im Interesse des Jagdschutzes liegenden Erlegung von Raubzeug mittels Schießgewehres gewährt.[145]) Sobald demnach eine für den Jagd- und Forstschutz bestellte oder verpflichtete Persönlichkeit die Jagd allgemein hin d. h. auf jeder Gattung jagdbarer Tiere und nicht blos auf Raubzeug ausüben will oder soll, muß sie die allgemeine persönliche Voraussetzung der Jagdbefugniß erfüllen, nämlich im Besitze einer Jagdkarte sein. Der lediglich zum Forstschutze allein Angestellte oder Verpflichtete erhält durch den Besitz des Schutzgewehrscheins keinerlei Befugniß zur Ausübung der Jagd, also auch nicht zum Erlegen von Raubzeug, da dessen Vertilgung nur für die Jagd, nicht aber für den Forst einen Theil der Schutzübung bildet.[146])

Auf den Schutzgewehrschein hat übrigens auch der private Waldbesitzer selbst, welcher den Forstschutz in seinem Walde persönlich auszuüben beabsichtigt, Anspruch. Selbstverständlich erwirbt er in diesem Falle durch den Besitz des Schutzgewehrscheines keinerlei Jagdausübungsbefugniß — auch nicht zur Erlegung von Raubzeug.[147]) Abgesehen von der Beschränkung der

---

[145]) Der Deutsche Jäger Bd. XVII S. 44 berichtet von einem Urtheile des k. Landgerichts München I, welches im Hinblicke auf Art. 15 Abs. II J.-G. ausspricht, daß der Schutzgewehrschein zur Erlegung von Raubzeug nicht berechtige. Dieser Auffassung steht § 12 A Ziff. 6 d. V.-V. z. J.-G. entgegen, welche ausdrücklich besagt „zur Erlegung des Raubzeugs ist, den Fall der Nothwehr ausgenommen, nur das zum Jagdschutz bestellte Personal mittels des Schutzgewehrscheins berechtigt". Da in dem vorangeführten Falle von einem Fluraufseher die Rede ist, dürfte wohl der Urtheilssatz sich nur auf diejenigen Personen beziehen, welche ausschließlich zu Zwecken des Forstschutzes allein einen Schutzgewehrschein führen. Ziff. 6 lit. d a. a. O. steht dem nicht entgegen; denn in dieser Bestimmung handelt es sich offenbar nur um den Schutz des Jagdrechts gegen unberechtigte Eingriffe von Personen.

[146]) S. V.-V. z. J.-G. § 12 Nr. 6 und Brater a. a. O. Note 2 z. Art. 15; s. a. Verh. d. Abg.-K. 1849/50 Sten. Ber. Bd. II S. 182.

[147]) Brater a. a. O.

Jagdbefugniß nach dem Gegenstande (für Zwecke des Jagdschutzes) unterscheidet der Schutzgewehrschein sich von der Jagdkarte im Punkte der örtlichen Giltigkeit. Während die von einer dieß-rheinischen Distriktsverwaltungsbehörde ausgestellte Jagdkarte im ganzen Königreich Bayern Geltung hat,[148] ist die Geltung des Schutzgewehrscheins auf den Aufsichtsbezirk beschränkt. Diese örtliche Beschränkung hat auch in zeitlicher Hinsicht Einfluß. Der Schutzgewehrschein, zwar gleich der Jagdkarte für die Dauer eines Kalenderjahres ausgestellt, verliert doch für den Inhaber auch vor dem Ablaufe des Kalenderjahres die Wirksamkeit mit dem Augenblicke, in welchem dem Inhaber der für einen bestimmten Bezirk übertragene Jagd- oder Forstschutz abgenommen wird.[149]

I. Jagdkartenfähigkeit.

Die Jagdkartenfähigkeit ergibt sich aus den Bestimmungen des J.-G., welches ausdrücklich vorschreibt, welchen Personen bzw. wegen welcher persönlichen Eigenschaften die Jagdkarte verweigert werden muß — unbedingte Jagdkartenunfähigkeit — und wegen welcher persönlichen Eigenschaften dieselbe verweigert werden kann — bedingte Jagdkartenfähigkeit.

Das Geschlecht übt keinen Einfluß auf die Jagdkartenfähigkeit, auch Frauen sind jagdkartenfähig, soferne ihnen nicht die unbedingten oder fakultativen Versagungsgründe der Art. 18 bzw. 19 J.-G. entgegenstehen. Da das Jagdgesetz einen Unterschied zwischen In- und Ausländern in Bezug auf die Jagdgerechtigkeit sowie auf die Jagdausübungsbefugniß nicht macht, erscheint der Besitz der bayerischen Staatsangehörigkeit nicht als eine Bedingung der Jagdkartenfähigkeit noch folgemäßig als eine persönliche Voraussetzung des Jagdausübungsrechtes. Angehörige eines anderen deutschen Bundesstaates stehen in Beziehung auf Jagdberechtigung und Zulassung zur Jagdausübung vermöge der Bestimmungen des Art. 3 der Verfassung des deutschen Reiches dem bayerischen Staatsangehörigen gleich. Ausländer haben, da ihnen verfassungsmäßig im Königreiche Bayern die Ausübung derjenigen bürgerlichen Privatrechte zugestanden ist, die der Staat, zu welchem ein solcher Fremder gehört, dem bayerischen Unterbeamten zugesteht, vorbehaltlich dieses Gegenseitigkeitsverhältnisses

[148]) Also auch für die Rheinpfalz. — Fin.-Min.-Entschl. v. 3. Juni 1857. — Die in der Pfalz ausgestellten Jagdwaffenscheine (Jagdkarten) haben nunmehr auch für die Landestheile rechts des Rheins Geltung. S. Art. 26 d. G. vom 8. Nov. 1875 Abänderungen der Tax- und Stempelgesetze betr. (G. u. V.-Bl. S. 663) und Ausschr. d. pfälz. Regg. v. 4. Dez. 1880 (Amtsbl. S. 845). Männer, Jagdrecht der Pfalz S. 145 ff.; Krais, Handbuch § 132 Nr. 5 S. 279.

[149]) V.-V. z. J.-G. § 12 B Ziff. 11.

und bei Besitz der persönlichen Voraussetzungen des Jagdausübungsrechtes gleichen Anspruch auf Zulassung zur Jagdausübung und gleiche Jagdkartenfähigkeit wie die bayerischen Staatsangehörigen. Werden in einem auswärtigen Staate durch Gesetz oder besondere Verfügung entweder Fremde im Allgemeinen oder bayer. Unterthanen insbesondere von den Vortheilen gewisser Privatrechte ausgeschlossen, welche nach den allda geltenden Gesetzen den Einheimischen zustehen, so ist gegen die Unterthanen eines solchen Staates derselbe Grundsatz anzuwenden. Die Ausübung einer solchen Wiedervergeltung kann nur durch den König verfügt werden. Ausländer, welche sich mit königlicher Erlaubniß im Königreiche aufhalten, genießen, so lange jene Erlaubniß nicht zurückgenommen ist, alle bürgerlichen Privatrechte gleich den bayerischen Staatsangehörigen.[149a])

Die Jagdkartenfähigkeit der Angehörigen eines anderen deutschen Bundesstaates sowie der Ausländer ist nach den Bestimmungen des b. J.-G. (Art. 18, 19) zu beurtheilen.[150])

Unbedingt jagdkartenunfähig sind (Art. 18 J.-G.):

1. Die wegen Geisteskrankheit oder Geistesschwäche Entmündigten und die notorisch Geisteskranken.

Nach der allgemeinen Fassung dieser Bestimmung ist die Jagdkarte nicht blos denjenigen Geisteskranken zu verweigern, von welchen Gefahr für Personen, Eigenthum oder für die öffentliche Sittlichkeit voraussichtlich zu befürchten ist, sondern überhaupt als geisteskrank amtsbekannten Personen, wenn auch deren Krankheitserscheinungen eine erkennbare Gefahr in den bezeichneten Richtungen nicht bieten (sogen. ungefährliche Irre).[151])

2. Die unter Polizeiaufsicht gestellten Personen.

Die Zulässigkeit der Stellung unter Polizeiaufsicht kann neben einer Freiheitsstrafe in den gesetzlich vorgesehenen Fällen vom Strafgerichte ausgesprochen, die Stellung unter Polizeiaufsicht auf Grund dieses Ausspruches von der Distriktsverwaltungsbehörde (Bezirksamt, Magistrat unmittelbarer Städte, Polizeidirektion München) in der Zeitdauer von höchstens fünf Jahren (von dem Tage an gerechnet, an welchem die Freiheitsstrafe verbüßt, verjährt oder erlassen ist) angeordnet werden.

Das Gesetz sieht die Polizeiaufsicht als zulässig vor für den strafbaren Versuch eines mit dem Tode oder lebenslänglichem

---

[149a]) Vergl. E. d. Min. d. Inn. v. 12. Februar 1854 Ziff. 1 — obb. Kr.-Int.-Bl. S. 261 ff.

[150]) S. Ziff. 3 der in vor. Note angef. Min.-Entschl.

[151]) Vgl. Begründung z. Entw. d. A. G. z. B. G.-B. Verh. d. Abg.-K. 1898 Beil. Bd. XX Abth. 1 S. 94. § 6 Nr. 1 B. G.-B. sagt: Entmündigt kann werden, wer in Folge von Geisteskrankheit oder von Geistesschwäche seine Angelegenheiten nicht zu besorgen vermag.

Zuchthaus bedrohten Verbrechens oder Vergehens, bei dessen Vollendung neben der Strafe auf Zulässigkeit der Polizeiaufsicht erkannt werden kann (§ 45 St.-G.-B.), dann wegen Aufforderung zur Begehung eines Verbrechens oder zur Theilnahme an einem solchen oder wegen Erbietens zu solchen Handlungen oder Annahme eines derartigen Erbietens (§ 49a St.-G.-B.) — im Einzelnen wegen Aufruhrs, Meuterei, Landfriedensbruch (§§ 115, 116, 122, 125 St.-G.-B.). Münzverbrechens (§§ 146, 147), Kuppelei (§§ 180, 181 St.-G.-B.), Diebstahls, Unterschlagung, Raub, Erpressung, Hehlerei (§§ 248, 256, 262 St.-G.-B.), gewerbsmäßigen Jagdfrevels (§ 294), Brandstiftung und gemeingefährlicher Verbrechen (§ 325 St.-G.-B.), dann wegen Herstellung von Nahrungs- oder Genußmitteln sowie von Gebrauchsgegenständen in einer Art, daß der Genuß bezw. Gebrauch derselben die menschliche Gesundheit zu beschädigen geeignet ist, oder wegen wissentlichen Verkaufs, Feilhaltens oder sonstigen Inverkehrbringens solcher Sachen, wenn dem Thäter die Eigenschaft fraglicher Gegenstände, die menschliche Gesundheit zu zerstören, bekannt war oder durch die Handlung der Tod eines Menschen herbeigeführt worden ist (§ 13 Nahrungsmittel-G.), ferner wegen Zuwiderhandlungen gegen das R.-G. über den verbrecherischen und gemeingefährlichen Gebrauch von Sprengstoffen (§§ 5, 6, 7, 8, 10 mit 11).

3. Diejenigen, welche ihren Lebensunterhalt Armuths halber aus öffentlichen Gemeinde- oder Stiftungskassen und Anstalten erhalten — d. i. Personen, welche öffentliche Armenunterstützung genießen. Nur die Unterstützung (Gewährung der zur Lebenserhaltung unentbehrlichen Nahrung, Kleidung, Wohnung, Heizung, Pflege 2c.) aus öffentlichen Armenmitteln — der gemeindlichen Armenkasse, örtlicher Wohlthätigkeitsstiftungen, gemeindlicher, distriktiver und Kreisarmenanstalten (z. B. Armenhäuser, Armenkolonien) und Wohlthätigkeitsfonds (Art. 18, 39, 41 Armengesetzes) — bildet einen Grund unbedingter Versagung der Jagdkarte und zwar auf die Dauer solcher Unterstützung, nicht aber Beihilfen aus Mitteln kirchlicher Armenpflege, privater Wohlthätigkeit, aus Familien- oder Standesstiftungen, auch wenn dieselben von öffentlichen Behörden verwaltet werden, noch Bezüge aus Vereins-, Genossenschafts- und dgl. Kassen. Auch Krankengeld, Unfall-, Invaliditäts- nnd Altersrenten, Sustentationsbeiträge, Invalidenunterstützungen aus dem kaiserl. Dispositionsfond können als öffentliche Armenunterstützung im Sinne der gegenwärtigen Bestimmung nicht gelten.[152])

[152]) S. Art. 6 Abs. I des Armengesetzes v. 29. April 1869.

4. Diejenigen, welche nicht im Besitze der bürgerlichen Ehrenrechte sind.[152a])

Neben Todes- und Zuchthausstrafe kann auf Verlust der bürgerlichen Ehrenrechte erkannt werden, neben Gefängnißstrafe nur, wenn die Dauer der erkannten Strafe drei Monate erreicht und entweder das Gesetz die Aberkennung der bürgerlichen Ehrenrechte ausdrücklich zuläßt oder die Gefängnißstrafe wegen Annahme mildernder Umstände an Stelle von Zuchthausstrafe ausgesprochen wird (§ 32 St.-G.-B.). Außerdem ist die Aberkennung der Ehrenrechte in einigen Spezialgesetzen vorgesehen.

Die Aberkennung der bürgerlichen Ehrenrechte kann u. A. eintreten wegen Wahlfälschung und Wahlbestechung §§ 108, 109 St.-G.-B., Selbstverstümmelung und Anwendung von Täuschungsmitteln behufs Entziehung von der Wehrpflicht §§ 142, 143, falschen Handgelübdes und Falscheids, dann wegen Verleitung zu Meineid (und falschem Handgelübde) §§ 156—161, falscher Anschuldigung § 164, Sittlichkeits-Verbrechen und -Vergehen §§ 173, 175, 180, 183, Diebstahl, Unterschlagung § 248, Erpressung § 256, Hehlerei § 262, Betrug § 263, Untreue in Vertrauensstellungen § 266, Urkundenfälschung § 280, gewerbsmäßigen Glücksspiels, rechtswidriger Wegnahme verstrickter Sachen und gewerbsmäßigen unbefugten Jagens, Wuchers §§ 284, 289, 294, 302, 302a—c, schwerer Sachbeschädigung § 304, Verletzung von Lieferungsverträgen für Kriegs- oder Nothstandsbedarf § 329, Bestechung § 333.

Auf Verlust der bürgerlichen Ehrenrechte muß erkannt werden wegen Meineids (ausgenommen die Fälle der §§ 157, 158) § 161, erschwerter Kuppelei § 181, gewerbs- oder gewohnheitsmäßigen Wuchers oder solcher Ausbeutung von Nothlage, Leichtsinn oder Unerfahrenheit §§ 302d und e.

Die Aberkennung der bürgerlichen Ehrenrechte kann bei zeitlicher Zuchthausstrafe auf die Dauer von mindestens 2 bis höchstens 10, bei Gefängnißstrafe von mindestens 1 bis höchstens 5 Jahren ausgesprochen werden.

Da Ziff. 4 Art. 18 J.-G. nur wegen Verlust der bürgerlichen Ehrenrechte die Verweigerung der Jagdkarte vorsieht, kann diese Maßregel wegen der Verhängung des Verlustes bekleideter öffentlicher Aemter und der aus öffentlichen Wahlen hervorgegangenen Rechte sowie des Verlustes der Fähigkeit zur Bekleidung öffentlicher Aemter allein (s. z. B. §§ 81, 128, 358 ꝛc. St.-G.-B.) nicht eintreten.

[152a]) Neue Fassung in Art. 10 Abs. II A.-G. z. St.-Pr.-O.

Bedingt jagdkartenfähig sind, insoferne gemäß Art. 19 J.-G. die Jagdkarte nach Ermessen der Distriktspolizeibehörde verweigert werden kann (Art. 19 J.-G.):

1. Minderjährige, wegen Verschwendung oder Trunksucht Entmündigte und die unter vorläufige Vormundschaft gestellten Personen.

Die Minderjährigkeit endet mit der Vollendung des 21. Lebensjahres (§ 2 B. G.-B.); ein Minderjähriger, der das 18. Lebensjahr vollendet hat, kann durch das Justizministerium für volljährig erklärt werden und erlangt damit die rechtliche Stellung eines Volljährigen, als welchem ihm blos des Lebensalters wegen und soweit nicht andere unbedingte oder fakultative Versagungsgründe vorliegen, die Jagdkarte nicht verweigert werden kann.[153])

Bei den Mitgliedern des bayerischen Königshauses beider Linien sowie bei den meisten souveränen deutschen Fürstenhäusern und den zum Erlasse eigener Hausverfassungen (Hausgesetze, Familienstatute) berechtigten mediatisirten Häusern tritt die Volljährigkeit mit dem zurückgelegten 18. Lebensjahre Kraft Gesetzes ein und bedarf es hier keines besonderen Aktes.

Bei Prüfung der Frage, ob einem Minderjährigen die Jagdkarte zu ertheilen sei oder nicht, wird zunächst dessen strafrechtliche Unterscheidungsfähigkeit in Betracht zu ziehen sein; gemäß § 56 St.-G.-B. beginnt die strafrechtliche Verantwortlichkeit erst mit dem vollendeten zwölften Lebensjahre unter der weiteren Voraussetzung, daß der Thäter bei Begehung einer strafbaren Handlung die zur Erkenntniß ihrer Strafbarkeit erforderliche Einsicht besaß.

Ferner wird in Erwägung zu nehmen sein, ob von dem Minderjährigen diejenige Besonnenheit und Vorsicht in Behandlung und Gebrauch eines Schießgewehres als vorhanden und gesichert angenommen werden kann, welche im Interesse der Sicherheit von Leben, Gesundheit und Eigenthum allgemeinhin gefordert werden muß, da ja das persönliche Erforderniß des Jagdkartenbesitzes wesentlich zur Wahrung der ebenerwähnten Interessen angeordnet ist.

Auch die Würdigung, inwieweit die Jagdausübung mit der Volks-, Sonntags- (oder Fortbildungs-) Schulpflicht sowie mit den Disziplinarsatzungen mittlerer und höherer Lehr- und Bildungsanstalten vereinbarlich sei, wird hiebei eintreten können und nach Umständen für Versagung der Jagdkarte maßgebend sein.

---

[153]) Art. 2 und 143 A.-G. z. B. G.-B. — Verh. d. Abg.-K. 1898 Beil. Bd. XX Abth. 1 S. 94. — S. ferner §§ 2, 3—6 B. G.-B., §§ 621 (neu 680) ff. Civ.-Pr.-O.).

Bei den Verschwendern setzt Art. 19 Ziff. 1 J.-G. die Beschränkung der Geschäftsfähigkeit durch gerichtliche Anordnung voraus, die durch Entmündigung erfolgt (§ 6 Abs. I Nr. 2 B. G.-B.). Die wegen Trunksucht Entmündigten sind den wegen Verschwendung Entmündigten gleichgestellt.

Den unter vorläufige Vormundschaft gestellten Personen (§ 1906 B. G.-B.) kann die Jagdkarte gleichfalls verweigert werden, weil die Anordnung der vorläufigen Vormundschaft voraussetzt, daß die Entmündigung beantragt ist, und die Beschränkung der Geschäftsfähigkeit zur Folge hat (§ 114 B. G.-B.).

2. Jeder, welcher wegen eines Verbrechens oder wegen Vergehens des Diebstahls, des Betrugs, der Unterschlagung, der Hehlerei oder der Fälschung, wegen Jagdvergehens, wegen Bettels oder wegen rachsüchtiger oder muthwilliger Beschädigung von Bäumen, Früchten auf dem Halme oder Pflanzungen bestraft worden ist.

Auch die Bestrafung wegen strafbaren Versuchs eines Verbrechens gewährt die fakultative Befugniß der Verweigerung der Jagdkarte, ebenso die Bestrafung wegen strafbaren Versuchs eines Vergehens des Diebstahls (§ 242 Abs. II St.-G.-B.), der Unterschlagung (§ 246 Abs. III), des Betrugs (§ 263 Abs. III).

Der Begriff der „Fälschung" im Sinne vorstehender Ziff. 2 umfaßt jede als Vergehen strafbare Art der Fälschung, also ebensowohl die Fälschung des Ergebnisses einer öffentlichen Wahl (§ 108 St.-G.-B.), als Urkundenfälschung (§§ 267 ff.) und Verfälschung von Nahrungs- oder Genußmitteln (§ 10 Nr. 1 Nahrungsmittelgesetzes), da von Personen, welche wegen Fälschung verurtheilt sind, zu befürchten ist, daß sie das Jagdrecht mißbrauchen.[154])

Als Jagdvergehen kommen in Betracht: unberechtigte einfache und qualifizirte Jagdausübung sowie deren gewerbsmäßiger Betrieb (§§ 292—294 St.-G.-B.). Sind durch den Thatbestand einer vor der Einführung des Reichsstrafgesetzbuches in Bayern ergangenen Verurtheilung wegen Jagdfrevels die Voraussetzungen der angeführten §§ 292—294 des genannten St.-G.-B. erfüllt, so muß dieselbe als eine Verurtheilung im Sinne obiger Ziff. 2 erachtet werden und selbst dann, wenn der abgeurtheilte Jagdfrevel sich nach dem früher geltenden Jagdfrevelgesetze vom 25. Juli 1850 nur als eine Uebertretung darstellt.[155])

---

[154]) Verh. d. Abg.-K. 1849/50. Sten. Ber. Bd. II S. 186.

[155]) E. d. B.-G.-H. v. 18. Jan. 1881 S. II S. 481. — Art. 19 Ziff. 2 J.-G. hat zur Grundlage die Vorschrift des Jagdfrevelgesetzes vom 25. Juli

Rachsüchtige oder muthwillige Beschädigung von Bäumen, Früchten auf dem Halme oder Pflanzungen außerhalb Forsten wird, gleichviel ob damit eine Entwendung verbunden ist oder nicht, als Sachbeschädigung bestraft und zwar als erschwerte Sachbeschädigung, wenn die beschädigten Bäume ꝛc. zur Verschönerung öffentlicher Wege, Plätze oder Anlagen dienen. Auch die forstgesetzlich vorgesehene Bestrafung wegen Beschädigungen junger Holzpflanzen (in natürlichen Besamungen, künstlichen Ansaaten oder Pflanzungen unter zehn Jahren) oder anderen stehenden grünen Holzes aus Muthwillen oder Bosheit, um dieses für seine Bestimmung ganz oder theilweise untauglich zu machen, befugt nach dem Wortlaute der Ziff. 2 zur Verweigerung der Jagdkarte.[156])

3. Jeder, welcher wegen einer fahrlässigen, durch eine Schußwaffe begangenen Tötung oder Verwundung oder wegen des auf gleiche Weise begangenen Vergehens vorsätzlicher Körperverletzung bestraft worden ist.

Die Verurtheilung wegen einer nicht mittels Schußwaffe begangenen fahrlässigen Tödtung oder einer ohne Anwendung von Schußwaffen verübten fahrlässigen oder vorsätzlichen Körperverletzung berechtigt zur fakultativen Verweigerung der Jagdkarte auch dann nicht, wenn die betreffende Handlung mit einem anderen, nicht zu den Schußwaffen zu rechnenden, gefährlichen Werk-

---

1850, welches in Art. 1 und 2 die Begriffsbestimmung des Jagdfrevels gibt und in Art. 3—5 je nach der größeren oder geringeren Gefährlichkeit der Handlung Bestimmung trifft, ob der Jagdfrevel als Vergehen oder Uebertretung bestraft wird. Das J.-G. umfaßt demnach alle durch das Jagdfrevelgesetz verpönten Fälle widerrechtlicher Jagdausübung, gänzlich unabhängig von der strafrechtlichen Qualifikation als Uebertretung, Vergehen oder Verbrechen. Also war durch Jagdfrevel überhaupt, gleichviel welchen strafbaren Grades, in der Person des hiewegen Bestraften die in Art. 19 Ziff. 2 vorgesehene Eigenschaft gegeben, bei deren Vorhandensein die Polizeibehörde die Jagdkarte verweigern konnte. Durch Art. 2 Ziff. 10 d. E.-G. z. R.-St.-G.-B. v. 26. Dezember 1871 wurde das Jagdfrevelgesetz außer Kraft gesetzt, damit dem in Art. 19 Ziff. 2 J.-G. enthaltenen Begriffe des Jagdfrevels die strafrechtliche Unterlage entzogen und können für die Zeit nach dem 1. Januar 1872 nur mehr Bestrafungen aus §§ 292—294 St.-G.-B. als Voraussetzung der Anwendbarkeit des Art. 19 Ziff. 2 J.-G. in Betracht kommen. Bestrafungen wegen des Thatbestandes des § 368 Nr. 10 und 11 St.-G.-B. (welcher sich mit Art. 2 Ziff. 1 und Art. 1 Ziff. 4 Jagdfrevelgesetzes deckt, s. Staudinger, St.-G.-B. f. d. deutsche Reich 1872 S. 34 Note 1) aus der Zeit bis zum 31. Dezember 1871 rechtfertigen daher die fakultative Anwendung der Ziff. 2 Art. 19 J.-G., dagegen ist vom 1. Januar 1872 ab selbstverständlich eine Verweigerung der Jagdkarte wegen Vorbestrafung aus § 368 Nr. 10 und 11 St.-G.-B. nicht mehr zulässig. E. d. V.-G.-H. v. 4. März 1883 S. V S. 163.

[156]) Art. 95 letzt. Abs. Forstgesetzes, § 36 letzt. Abs. d. revid. V.-V. z. Forst-G. v. 10. Oktober 1879.

zeuge begangen worden. Als Schußwaffe kommen nicht blos die Gewehre (Flinten, Büchsen), sondern jede Gattung von Waffen, welche zum Schießen dienen, also Revolver, Pistolen und Terzerole in Betracht. Auch muß das Schießwerkzeug nicht nothwendig ein Feuergewehr sein (welchen Teschins, Floberts und ähnliche, unter der Bezeichnung „Zimmer-Stutzen und Pistolen“ begriffene Schießwaffen beizuzählen sind), sondern Windbüchsen, Luftpistolen, auf Kugel- oder Schrotschuß eingerichtete Blasrohre rc. werden hier gleichmäßig als Schußwaffe in Betracht kommen.[157])

4. Jedem, welcher wegen Verletzung der persönlichen Sicherheit durch Selbsthilfe oder Störung des häuslichen Friedens verurtheilt worden ist. Ein Delikt, unter der Bezeichnung „Verletzung der persönlichen Sicherheit durch Selbsthilfe“ (Art. 421 des Strafgesetzbuches von 1813) ist dem Reichsstrafgesetzbuche unbekannt. Nach dem Stande der damaligen Gesetzgebung vertritt der § 241 des St.-G.-B., welcher lautet: „Wer einen andern mit der Begehung eines Verbrechens bedroht, wird mit Gefängniß bis zu 6 Monaten oder mit Geldstrafe bis 300 ℳ bestraft“, die Stelle des Art. 421 des Strafgesetzbuches von 1813. Es kann jedoch Art. 19 Ziff. 4 des Jagdgesetzes nicht in allen Fällen einer Verurtheilung nach § 241 des Reichsstrafgesetzbuches, sondern nur dann angewendet werden, wenn der der Verurtheilung zu Grunde liegende Thatbestand zugleich auch die Thatbestandsmerkmale des Art. 421 des bayerischen Strafgesetzbuches von 1813 in sich schließt. Bei einer Verurtheilung aus § 223a des R.-St.-G.-B. wegen gefährlicher Körperverletzung könnte daher von Anwendung des Art. 19 Ziff. 4 des Jagdgesetzes nicht ohne weiteres die Rede sein.[158])

Endlich kann die Jagdkarte verweigert werden:

5. allen Handwerksgesellen, Dienstboten und in solcher Kategorie stehenden Personen. Hierher zählen alle jene Personen, welche berufsmäßig die Arbeiten von Handwerksgesellen oder Dienstboten verrichten und auf diese Art ihre Lebsucht verdienen ohne Rücksicht auf ihre sonstigen persönlichen Verhältnisse und ihre etwaigen Familienbeziehungen zum Arbeit- oder Dienstgeber.[159])

Es sind aber als in gleicher Kategorie mit den Handwerksgesellen und Dienstboten stehende Personen nicht ohne Weiteres alle

---

[157]) Vgl. Art. 4 Ziff. 1 lit. b Jagdfrevelgesetzes mit Art. 39 P.-St.-G.-B., § 367 Nr. 10 St.-G.-B. und k. V.-O. v. 19. November 1887 (G.-V.-Bl. S. 665) I § 1 Nr. 3, 4, II § 3 Abs. I.

[158]) E. d. V.-G.-H. v. 22. Juni 1886 S. VII S. 255; s. a. §§ 226 u. ff. B. G.-B.

[159]) Für diese Gesetzesvorschrift war neben sicherheitspolizeilichen Erwägungen auch die Rücksicht auf die im Verhältniß zu anderen Klassen

gewerblichen Arbeiter zu verstehen. Schon in den Kammerverhandlungen wurde der gewerblichen Arbeiter mit der Einschränkung gedacht, daß dieselben nicht überhaupt ihrer beruflichen Stellung nach auf gleiche Stufe mit Handwerksgesellen und Dienstboten zu stellen seien, dies vielmehr für jeden Fall nach den jeweiligen besonderen Verhältnissen zu beurtheilen sei. Hiebei wird vor allem auf eine gewiß selbständigere Stellung gegenüber dem Arbeitgeber in Folge größeren Verdienstes, selbstständiger Haushaltführung, gewisser Freiheit in Eintheilung und Ausnützung der Arbeitszeit u. s. w. Gewicht zu legen sein.[160]) Den Handwerksgesellen und Dienstboten sind unter der oben gedachten Voraussetzung auch Haussöhne beizuzählen, sei es daß sie im Handwerksbetriebe oder in der Landwirthschaft des Familienoberhauptes gleich einem Handwerksgesellen oder Dienstboten und an Stelle von solchen beschäftigt sind.[161])

Das in diesen Fällen der Distriktspolizeibehörde offen gehaltene Ermessen, ob sie die Jagdkarte verweigern will, ist jedoch kein willkürliches, vielmehr durch die wohlerwogenste Beurtheilung der inneren Gründe des einzelnen Falles bedingt. Bei der Würdigung ist stets die Bedeutung im Auge zu behalten, die der Vollzug des Art. 19 J.-G. für das allgemeine Beste und die öffentliche Ordnung überhaupt hat. Daher wird bei Vorliegen der Voraussetzungen des Art. 19 die Ausstellung einer Jagdkarte nur ausnahmsweise gerechtfertigt erscheinen.[162])

Ueber die Verweigerung der Jagdkarte aus disziplinären Rücksichten s. folgenden Fall:

Das Gesuch des Schulverwesers B. in J. um Ausstellung einer Jagdkarte wurde vom Bezirksamt und Regierung abschlägig verbeschieden und zwar auf Grund Gutachtens der Distriktsschulbehörden, wonach schuldienstliche Rücksichten für die Verweigerung der Erlaubnis zur Jagdausübung sprächen.

Der V.-G.-H. erklärte sich mit Entscheidung vom 21. Febr. 1900 zur Verbescheidung der eingelegten Beschwerde für nicht zu-

---

der Bevölkerung immerhin größere soziale Abhängigkeit der Dienstboten und Handwerksgesellen von ihren Dienstherrschaften und Arbeitgebern sowie auf die mindergünstigen pekuniären Verhältnisse dieser Personen bestimmend. E. d. V.-G.-H. v. 10. Januar 1888 S. IX S. 312.

[160]) Z. B. Glasmacher in Glashütten. E. d. V.-G.-H. v. 21. Juni 1899 S. XX S. 162.

[161]) Dies trifft insbesondere zu, wenn der Sohn im elterlichen Hause die Arbeiten eines Dienstboten oder Gehilfen verrichtet und Kost, Wohnung &c. und nebenher nur Taschen- oder Biergeld erhält. Nebeneinkünfte (z. B. als Jagdaufseher), die unter dem Anschlage der Kost &c. stehen, können hiebei nicht zu Gunsten selbstständiger Stellung in's Gewicht fallen. Vgl. E. d. V.-G.-H. v. 18. Oktober 1899 S. XXI S. 19 mit S. IX S. 312.

[162]) V.-B. z. J.-G. § 12 A Ziff. 9 Abs. III lit d.

ständig, da keine verwaltungsrechtliche Angelegenheit im Sinne der Art. 18 und 19 des Jagdausübungsgesetzes in Frage stehe, sondern lediglich eine Ermessensfrage und eine oberaufsichtliche, im Interesse des Schuldienstes von den zuständigen Verwaltungsbeamten erlassene Verfügung, worüber dem Gerichtshof gemäß Art. 13 des Gesetzes vom 8. August 1878 die Zuständigkeit entzogen sei. Die Frage, ob Jemand zu den in Art. 18 und 19 aufgeführten Personen gehört, welchen die Jagdkarte verweigert werden kann, sei eine Rechtsfrage, welche in letzter Instanz vom Verwaltungsgerichtshof zu entscheiden ist. Nun ist aber von den Vorinstanzen gar nicht darüber entschieden worden, ob Beschwerdeführer zur Kategorie der in Art. 18 und 19 aufgeführten Personen gehört, denen die Jagdkarte zu verweigern sei, sondern lediglich in Folge übereinstimmender Gutachten der dem Gesuchsteller vorgesetzten Schulbehörden aus schuldienstlichen Gründen die nachgesuchte Ausstellung einer Jagdkarte versagt worden. Diese Verfügungen des Bezirksamtes wie der Kreisregierung entbehren aber nach Form wie Inhalt des verwaltungsrechtlichen Charakters. Der Gerichtshof ist daher auch nicht in der Lage, materiell zu entscheiden, ob die schulaufsichtliche Verfügung der Vorinstanz als gerechtfertigt zu erachten sei und war demnach die Zuständigkeitsfrage zu verneinen.[162a])

II. Erwerb und Verlust der Jagdkarte und des Schutzgewehrscheines.

1. Um die Jagdkarte, welche auf die Dauer je eines Kalenderjahres ausgestellt wird und ihre Giltigkeit mit Ablauf des 31. Dezember von selbst verliert, ist bei der Distriktspolizeibehörde — und zwar des Wohnortes des Nachsuchenden und, wenn Letzterer einen solchen in Bayern nicht hat, bei der Distriktspolizeibehörde seines vorübergehenden Aufenthaltsortes in Bayern — nachzusuchen. Hat ein bayerischer Staatsangehöriger, welcher um eine Jagdkarte nachsucht, seinen Aufenthaltsort außerhalb Bayerns, so ist das Gesuch an die Distriktspolizeibehörde seiner Heimath in Bayern zu richten.[163]) Die Giltigkeit der Jagdkarte wird

---

[162a]) Der Wortlaut der Art. 18, 19 J.-G., welcher unzweifelhaft eine erschöpfende Aufzählung der Versagungsgründe gibt, sieht eine Verweigerung der Jagdkarte aus disziplinären Gründen nicht vor. Aus disziplinären Rücksichten kann die Ausübung der Jagd, die Pachtung einer solchen (V.-V. z. J.-G. § 6 Ziff. 7 Abs. II) und der Gebrauch der ausgestellten Jagdkarte, nicht aber die Lösung bzw. Ertheilung einer Jagdkarte selbst verhindert werden, vergl. a. Deutsch. Jäger Bd. XXIII S. 117.

[163]) Entschl. d. St.-M. d. Inn. v. 12. Februar 1854 Ziff. 2 (abgedr i. d. Kr.-Intell.-Blättern, s. a. Brater, Sammlung prinz. Erlasse Bd. IV S. 37) mit § 12 A Ziff. 3 d. V.-V. z. J.-G.

indessen dadurch nicht ohne Weiteres ausgeschlossen, daß sie dem Inhaber durch eine andere Distriktspolizeibehörde als jene des Wohn- oder Aufenthaltsortes ausgestellt worden ist in der irrthümlichen Annahme, daß der Nachsuchende im Bezirke der ausstellenden Behörde wohne oder sich aufhalte. Anders allerdings, wenn die Jagdkarte durch unrichtige Angaben erschlichen worden wäre. Diesesfalls wäre die Polizeibehörde berechtigt, die ausgefertigte Jagdkarte zurückzuziehen.[164])

Das Gesuch kann mündlich oder schriftlich angebracht werden.[165]) Mit der Gesuchsanmeldung ist die rentamtliche Quittung über Einzahlung der Jagdkartengebühr (zu 15 ℳ) vorzuzeigen bezw. vorzulegen, worauf die Distriktspolizeibehörde bei Vorhandensein der persönlichen Voraussetzungen der Jagdausübungsbefugniß (Jagdkartenfähigkeit) die Jagdkarte ausstellt und ausfolgt.[166]) Die Gesuche sind der strengsten Prüfung zu unterziehen und haben die Distriktspolizeibehörden, insoferne dies im gegebenen einzelnen Falle nothwendig erscheint und der Behörde über die Jagdkartenunfähigkeit des Nachsuchenden nicht ohnehin schon geeignete Nachweise vorliegen, sich jederzeit unverzüglich mit den Gerichten in's Benehmen zu setzen.[167]) Die Verweigerung der Jagdkarte ist mittels Beschlusses auszusprechen und zu begründen. Zu beschließen hat in erster Instanz die Distriktspolizeibehörde. Gegen den Beschluß der Letzteren steht dem Nachsuchenden innerhalb 14 Tagen unerstrecklicher Frist vom Tage der Eröffnung des Beschlusses (bezw. der Zustellung des Bescheides) an die Beschwerde zur k. Regierung, Kammer des Innern offen. Diese Beschwerde ist schriftlich oder mündlich (zu Protokoll) bei der Distriktspolizeibehörde anzubringen; eine Ausführung derselben ist nicht erforderlich, der Beschwerdeführer kann sich darauf beschränken, Entscheidung nach Lage der Sache zu beantragen.

---

[164]) E. d. V.-G.-H. v. 4. Juli 1900 S. XXI S. 192.

[165]) Zur Vermeidung von Zeitverlust und Auslagen gestattet eine Min.-Entschl. v. 9. September 1850, daß behufs Erneuerung der Jagdkarten für das k. Forst- und Jagdpersonal das zuständige Forstamt ein Verzeichniß mit Personalbeschreibung der betr. Beamten und Bediensteten an die Distriktspolizeibehörde einsende, welche hienach die Jagdkarten auszufertigen und dem Forstamte behufs Aushändigung an die Inhaber zu übermitteln hat.

[166]) Gebührengesetz Art. 215, 206, 226 neuer Fassung. Die Gebühr von 15 ℳ kömmt auch von jenen Jagdkarten, welche erst im späteren Verlaufe des Kalenderjahres, für das die Karte Geltung hat, ausgefertigt werden, im vollen Betrage zur Erhebung.

[167]) Da jetzt die Amtsanwaltschaften mit der Führung der Strafregister betraut sind, müssen Aufschlüsse über Vorstrafen von der Amtsanwaltschaft des Geburtsortes des Nachsuchenden erholt werden. Die Adhibirung gerichtlicher Strafakten ist hiedurch selbstverständlich nicht ausgeschlossen. Die Feststellungen eines richterlichen Strafurtheils unterliegen indessen keiner Nachprüfung durch die Polizeibehörde, sind vielmehr für dieselben unbedingt maßgebend. Bl. f. a. Pr. Bd. XXXIV S. 410.

Die Regierungskammer des Innern entscheidet endgiltig, soferne es sich nicht um die Frage handelt, ob die Voraussetzungen gegeben sind, unter welchen gemäß Art. 18 und 19 J.-G. die Jagdkarte verweigert werden mußte bzw. durfte. Zur endgiltigen Entscheidung dieser Frage erscheint der Verwaltungsgerichtshof zuständig, an welchen demnach gegen einen abweisenden Regierungsbescheid dann Beschwerde erhoben werden kann, wenn letztere sich darauf stützt, daß die Jagdkarte versagt wurde, obgleich weder die Voraussetzungen des Art. 18 noch jene des Art. 19 J.-G. gegeben sind. Auch diese Beschwerden sind binnen 14tägiger Ausschlußfrist (vom Tage der Zustellung des schriftlichen Regierungsbescheides an) bei der Distriktspolizeibehörde schriftlich einzureichen oder zu Protokoll zu geben.[168]) Ob die Distriktspolizeibehörde in den Fällen des Art. 19 J.-G. von der dort gegebenen Ermächtigung, die Jagdkarte zu versagen, Gebrauch machen will, und ob die vorliegenden Thatsachen und persönlichen Verhältnisse im Sinne des Art. 19 einen genügenden Grund abgeben, von der besagten Ermächtigung Gebrauch zu machen, ist eine Ermessensfrage, in welcher der Betheiligte im Beschwerdewege die (letztinstanzielle) Entscheidung der Regierungskammer des Innern anrufen und zur Begründung dieser Beschwerde geltend machen kann, daß, wenn auch die gesetzlichen Voraussetzungen, unter denen die Jagdkartenausstellung verweigert werden darf, thatsächlich vorliegen, nach den bestehenden Verhältnissen doch die Ertheilung der Jagdkarte ohne Gefährdung der öffentlichen Sicherheit oder sonstige Nachtheile erfolgen könne. In diesen Fällen ist Beschwerde an den Verwaltungsgerichtshof unzulässig.[169]) Wird die Jagdkarte endgiltig verweigert, so hat der Nachsuchende Anspruch auf Zurückerstattung der erlegten Gebühr von 15 ℳ an das betreffende Rentamt, bei welchem die Gebühr einbezahlt wurde und hat diesen Anspruch durch Vorzeigung der mit distriktspolizeilicher Bestätigung der Verweigerung versehenen Quittung zu bescheinigen.[170]) Beschwerde wegen Verweigerung der Jagdkarte steht nur dem Betheiligten zu, d. h. demjenigen, dessen persönliches (individuelles) Recht durch die Versagung ver-

---

[168]) Die bestrittenen Rechtsansprüche betr. die Verweigerung oder Einziehung von Jagdkarten sind Verwaltungsrechtssachen s. Art. 8 Ziff. 18 V.-G.-H.-G. — Die Frage, ob Jemand zu den in Art. 18 und 19 angeführten Personen gehört, ist eine Rechtsfrage, die in letzter Instanz vom V.-G.-H. zu entscheiden ist, s. S. II S. 482 und XXI S. 19.

[169]) Die Frage, ob im einzelnen Falle genügende Gründe bestehen, von der Befugniß der Verweigerung der Jagdkarte gegenüber einer Person Gebrauch zu machen, ist dagegen eine Ermessensfrage, zu deren Entscheidung der Verwaltungsgerichtshof unzuständig ist. S. die in Note 168 angeführten Entscheidungen.

[170]) Min.-Bek. v. 21. September 1879 — M.-Bl. d. Inn. S. 510, F.-M.-Bl. S. 539.

letzt ist. Eine Beschwerde Dritter gegen die Ertheilung der Jagdkarte an eine Person, welcher die Karte nach Art. 18 oder 19 J.-G. verweigert werden mußte oder konnte, ist nicht zulässig, da die Ertheilung der Jagdkarte eine Rechtsverletzung des Dritten nicht in sich schließt, weil ihm ein Rechtsanspruch in dieser Richtung nicht zur Seite steht. Dagegen ist es Dritten, deren Interessen durch die Ausfertigung einer Jagdkarte an einen unbedingt oder fakultativ Jagdkartenunfähigen betheiligt erscheinen, z. B. einem dadurch in seinen Interessen gefährdeten Jagdnachbarn, unverwehrt, die oberaufsichtliche Einschreitung der vorgesetzten Verwaltungsstellen anzurufen.[171])

2. Zur Ausfertigung der Jagdkarten dürfen nur die alljährlich vom Staatsministerium des Innern versendeten, den Distriktspolizeibehörden durch die Kreisregierungen, Kammern des Innern, hinausgegebenen Formulare verwendet und nur bei augenblicklichem Mangel an Formularien Interimsbescheinigungen ausgestellt werden, welche gegen die alsbald zu erholenden vorschriftsmäßigen Formularien wieder einzuwechseln sind.[172])

Auf jeder Jagdkarte (oder Interimsbescheinigung) ist von der ausstellenden Distriktspolizeibehörde der Name, Stand und Wohnort sowie die Personalbeschreibung (Alter, Statur, Haare, besondere Kennzeichen) des Inhabers mit besonderer Genauigkeit einzutragen. Ist der Inhaber der Jagdkarte zugleich Jagdpächter, so kann er die Eintragung dieser Eigenschaft auf der Jagdkarte unter Vorzeigung eines genügenden Ausweises hierüber bei der ausstellenden Distriktspolizeibehörde verlangen, welche sodann dem Namen und Stande des Inhabers die entsprechende Bemerkung: „Jagdpächter auf der Gemeindemarkung ꝛc. N. N." beifügt. Auch der Pächter eines Eigenjagdbezirkes wird die Eintragung dieser seiner Eigenschaft in die Jagdkarte verlangen können. Auf der Jagdkarte der mit dem Regiebetriebe einer Gemeindejagd beauftragten Vertrauensmänner ist unten die Bemerkung beizufügen: „zur Jagdausübung für die selbstverwaltende Gemeinde N. legitimiert."[173])

Jeder Jagdkarte ist das Datum der geschehenen Ausstellung und die amtliche Fertigung (Angabe der Ausstellungsbehörde mit Unterschrift des vollziehenden Beamten und Beidruck des amtlichen Farbdrucksiegels) beizusetzen. Soferne der die Jagdkarte Lösende persönlich bei Amt erschienen ist, hat derselbe die für ihn

---

[171]) Vergl. Kahr, B.-G.-H.-G. Bemerkungen zu Art. 8 Einleitung Note 3 drittletzt. Abs. und zu Art 8 Ziff. 18 Note 1a Abs. 3 und E. d. V.-G.-H. v. 6. Juni 1882 S. IV S. 69.

[172]) V.-B. z. J.-G. § 12 B Ziff. 2.

[173]) V.-B. z. J.-G. § 12 B Ziff. 3 Abs. III.

zur Ausstellung kommende Jagdkarte — bei der Behörde — mit seiner Namensunterschrift oder seinem Handzeichen zu versehen.[174]) Außerdem muß auf der linken Seite der Jagdkarte die fortlaufende Nummer des Verzeichnisses vorgemerkt werden, welches von der Distriktspolizeibehörde über die von ihr im Laufe des Kalenderjahres ausgestellten Jagdkarten zu führen ist und den Aufsichts- und Vollzugsorganen (insbesondere der Gendarmerie) des Bezirks behufs Ueberwachung der Jagdausübung mitgetheilt wird.[175])

3. Die Einziehung der ausgestellten Jagdkarte zu beschließen, ist die (Ausstellungs-) Distriktspolizeibehörde verpflichtet, wenn nach der Ausstellung in der Person des Inhabers einer der in Art. 18 J.-G. bezeichneten Gründe — Geisteskrankheit, Stellung unter Polizeiaufsicht, öffentliche Armenunterstützung, Verlust der bürgerlichen Ehrenrechte — eintritt oder der Behörde erst nach Ausstellung der Jagdkarte bekannt wird. Zur Einziehung der ausgefertigten Jagdkarte berechtigt ist die Behörde, wenn erst nach Ausstellung der Karte bezüglich der Person des Inhabers eine der in Art. 19 J.-G. angeführten Thatsachen bzw. eines der dort aufgezählten Verhältnisse eintritt oder bekannt wird (Art. 20 J.-G.). Bezüglich der Einziehung von Jagdkarten gilt für das Verfahren und die Anfechtung der distriktspolizeilichen Beschlüsse, welche die Entziehung einer Jagdkarte verfügen, was oben bezüglich der Versagung von Jagdkarten dargelegt worden ist. Wird die Beschwerde darauf gestützt, daß die Jagdkarte eingezogen worden sei, obgleich weder die Voraussetzungen des Art. 18 noch jene des Art. 19 J.-G. vorliegen, so ist der Verwaltungsgerichtshof zur endgiltigen Entscheidung dieser Frage zuständig und kann gegen den zweitinstanziellen Bescheid der Kreisregierung, Kammer des Innern, Beschwerde zum Verwaltungsgerichtshofe eingelegt werden, während in der Ermessensfrage, ob von der Einziehungsbefugniß gemäß Art. 19 Gebrauch gemacht werden will oder nicht, eine Zuständigkeit des Verwaltungsgerichtshofes nicht gegeben ist und die Kreisregierung in letzter Instanz endgiltig entscheidet. In letzterer Beziehung vgl. die Ausführungen unter 1. oben (S. 87).[176])

---

[174]) Von der in § 12 B Ziff. 3 Abs. I enthaltenen Vorschrift persönlicher Unterzeichnung des Inhabers vor Amt kann gemäß Min.-Entschl. d. Inn. v. 15. Mai 1876 — M.-Abl. d. Inn. S. 233 — Umgang genommen werden.

[175]) V.-V. z. J.-G. § 12 B Ziff. 4.

[176]) Eine Prüfung der Jagdkartenfähigkeit hat nicht bloß gelegentlich der Gesuche um Ausstellung der Jagdkarten, sondern auch so oft einzutreten, als im Laufe des Jahres Thatsachen vorkommen oder erst bekannt werden, welche der Distriktspolizeibehörde von Amtswegen Anlaß geben, die Einziehung der Jagdkarte in Erwägung zu nehmen S. V.-V. z. J.-G. § 12 A Ziff. 9 Abs. 3 lit. e; s. a. Note 167 oben.

Der Umstand, daß eine Verwaltungsbehörde von der ihr durch Art. 19 J.-G. fakultativ eingeräumten Befugniß aus einem der in Ziff. 1—5 aufgeführten Gründe die Ausstellung einer Jagdkarte zu verweigern, in einem Jahre keinen Gebrauch gemacht hat, benimmt derselben nicht das Recht, die Jagdkarte für ein späteres Jahr zu versagen, mag auch die Sachlage, auf Grund deren im Vorjahre die Jagdkarte bewilligt wurde, inzwischen eine Veränderung zu Ungunsten des Nachsuchenden nicht erlitten haben.[177]) Wie es anderseits dem Ermessen der Distriktspolizeibehörde auch anheim gegeben bleibt, eine mit rechtskräftigem Beschlusse auf Grund des Art. 19 J.-G. eingezogene Jagdkarte späterhin wieder auszustellen, wenn die Behörde nach den Umständen einen Mißbrauch, welcher durch die Bestimmungen des Art. 19 verhütet werden soll, fernerhin für ausgeschlossen erachtet. Da dies eine Ermessensfrage bildet, kann gegen Abweisung eines desfallsigen Gesuchs nur an die Regierung Beschwerde erhoben werden.[178])

Die Jagdkarte, deren Einziehung von der Distriktspolizeibehörde beschlossen worden ist, verliert ihre Giltigkeit für den Inhaber erst mit dem Augenblicke der Rechtskraft dieser Verfügung bezw. der letzinstanziellen Entscheidung der Regierung und bzw. des Verwaltungsgerichtshofes und zwar ohne Rücksicht auf den Lauf des Kalenderjahres. Ist diese Entscheidung mit Beginn des folgenden Kalenderjahres noch nicht rechtskräftig ergangen, so muß das Gesuch um Ausfertigung einer neuen Jagdkarte vorläufig von der Ausstellungsbehörde abgewiesen werden.

4. Für die Ertheilung bezw. Versagung und Einziehung der Schutzgewehrscheine sind im Allgemeinen dieselben Bestimmungen und das gleiche Verfahren maßgebend wie für die Jagdkarten.[179]) Dieselben werden jedoch unentgeltlich ausgefertigt und zwar von derjenigen Distriktspolizeibehörde, in deren Bezirk der Aufsichtssprengel ganz oder zum größten Theile gelegen ist.[180]) Die Schutzgewehrscheine gelten nicht für das ganze Land, sondern nur für den Aufsichtsbezirk der für den Jagdschutz und Forstschutz Angestellten oder Verpflichteten.[181]) Die Form der Ausfertigung ist analog jener der Jagdkarten. Insbesondere ist auf dem Schutzgewehrscheine der Bezirk, für welchen der Inhaber der Karte zum Jagd- und Forstschutze angestellt oder verpflichtet ist, genau

---

[177]) E. d. V.-G.-H. v. 4. März 1884 S. V S. 163.

[178]) S. b. Gemeindezeitung Jhrgg. 8 (1898) S. 245.

[179]) Vgl. den Wortlaut des Art. 15 Abs. II J.-G.

[180]) V.-B. z. J.-G. § 12 B Ziff. 8.

[181]) V.-B. z. J.-G. a. a. O. Ziff. 11 Abs. II, dessen Fassung der Annahme, daß die Schutzgewehrscheine für das „ganze Land" gelten, widerspricht. Vgl. a. Trunk a. a. O. Note 1 zu Art. 16 J.-G.

anzugeben und einzutragen, ebenso die Nummer des von der Ausstellungsbehörde über die im Laufe eines Kalenderjahres ausgefertigten Schutzgewehrscheine zu führenden Verzeichnisses, welch' Letzteres gleichfalls den Aufsichts- und Vollzugsorganen mitgetheilt wird. Wenn dem Inhaber eines Schutzgewehrscheines der für einen bestimmten Bezirk übertragene Jagd- oder Forstschutz abgenommen wird, hat derselbe den ausgestellten Schein an die Distriktspolizeibehörde einzuliefern.[182]). Umschreibungen eines Schutzgewehrscheins von einem Inhaber auf einen anderen erscheinen selbst im Falle eines Dienstwechsels unstatthaft.

Die Versagung und Einziehung von Schutzgewehrscheinen ist lediglich Sache aktiver Verwaltung und erscheint für Beschwerden hiegegen nur die Kreisregierung, Kammer des Innern, in zweiter und letzter Instanz, nicht aber der Verwaltungsgerichtshof zuständig.[183])

Duplikate für zu Verlust gegangene Jagdkarten werden gegen eine Gebühr von 50 ₰ ausgefertigt. Bei der Bedeutung der Jagdkarte als Legitimation zur Ausübung des Jagdrechts wird übrigens die Distriktspolizeibehörde Veranlassung haben, von dem um ein Duplikat Nachsuchenden eine glaubhafte Darlegung der Art und der Umstände des Verlustes des Originals zu verlangen.[184])

Die Verhandlungen über die Ausstellung von Jagdkarten — und Schutzgewehrscheinen — sind in allen Instanzen gebührenfrei. Dies gilt auch für Verhandlungen, welche die Verweigerung oder Einziehung von Jagdkarten zum Gegenstand haben.[185])

---

[182]) S. V.-B. z. J.-G. am letztangef. O.

[183]) Art. 21 J.-G. mit Art. 8 Ziff. 18 V.-G.-H.-G.

[184]) S. Art. 206 mit 215 Gebührengesetzes. Die Duplikatgebühr fließt in die Staatskassa ausnahmlich der von den Magistraten der unmittelbaren Städte als Distriktspolizeibehörde ausgestellten Duplikate, für welche die Duplikatgebühr der Gemeindekassa zufällt. Bl. f. a. Pr. Bd. XXXII S. 383.

[185]) E. d. V.-G.-H. v. 18. Jan. 1881 S. II S. 481—489, vom 18. Okt. 1899 S. XXI S. 19 und 4. Juli 1900 S. XXI S. 192; vgl. a. Verh. d. R.-R.-K. 1849/50 Pr.-Bd. II S. 577, 578. — Diese Gebührenfreiheit ist auch auf Verhandlungen über die Ausstellung, Versagung und bzw. Einziehung von Schutzgewehrscheinen zu erstrecken. Vgl. Brater a. a. O. Note 1 zu Art. 17 J.-G.

Kapitel III.

Erwerb und Verlust des Jagdrechts.

§ 1. Jagdgerechtigkeit.

Das Jagdrecht (die Jagdgerechtigkeit) wird erworben mit dem Erwerbe von Grund und Boden, und zwar das unbeschränkte (mit dem Jagdausübungsrechte) durch den Erwerb von Grund und Boden, welcher vermöge seiner dinglichen Eigenschaften zur Eigenjagd berechtigt, das beschränkte (von welchem die Jagdausübung getrennt ist und welches nur den Anspruch auf Entschädigung für die Jagdausübung durch Nichteigenthümer gewährt) durch den Erwerb von Grundstücken, welche nach Beschaffenheit und Umfang zur Selbstausübung der Jagd durch den Eigenthümer nicht berechtigen (offene Bodenflächen unter 240 bzw. 400 Tgwk., Teiche und Seen unter 50 Tgwk. Umfang, sowie als Inklaven geeigenschaftete Grundstücke).[1])

Der Erwerb vollzieht sich demnach durch jede Art von Rechtsverhältniß bezw. Rechtsgeschäft, vermöge dessen Grundeigenthum als Unterlage der Jagdgerechtigkeit erworben wird, durch Erbschaft, Vermächtniß, durch Kauf, Tausch, Schenkung, und zwar bezüglich der vollen Jagdgerechtigkeit durch Erwerb von Grundeigenthum, welches an sich schon die dinglichen Voraussetzungen der Eigenjagd besitzt, oder in der Weise, daß Grunderwerbungen als Zuwachs dem vorhandenen Grundeigenthume die erwähnten Eigenschaften verleihen.[2])

Praktische Beispiele. N. erwirbt durch Rechtsgeschäft einen zusammenhängenden Grundbesitz von 240 (400) oder mehr Tagwerken oder einen See oder Teich von mehr als 50 Tgwk. Umfang, oder derselbe bringt durch Rechtsgeschäft ein Anwesen eigenthümlich an sich, dessen unmittelbar an die Behausung stoßender Hofraum und Hausgarten durch eine Umfriedigung begrenzt oder sonst vollständig abgegrenzt sind (s. oben Seite 66—72) oder eine zwar nicht 240 (400) Tgwk messende, aber mit einer, Mauer zusammenhängenden Hecke oder mit dichter Einzäunung und verschließbaren Thüren umgebene Grundparzelle an sich. — K. hat einen Grundbesitz von 233 Tgwk. zusammenhängender Fläche und erwirbt hiezu weitere 7 Tgwk., welche so gelegen sind, daß sie mindestens an je einem Punkte mit ihren Grenzen diejenigen des vorhandenen Besitzes von 233 Tgwk. berühren. — F. hat an Grundeigenthum einen Gesammtbesitz von 220 Tgwk., welcher jedoch in der Flurmarkung in Gruppen von je 40—50 Tgwk. zerstreut

---

[1]) Höcht a. a. O. § 5 S. 19.
[2]) S. ebenda und Brater a. a. O. zu Art. 1 J.-G. S. 90.

liegt, die unter sich nicht in Zusammenhang stehen. Im Wege der Flurbereinigung wird dieser Besitz zu einem unter sich zusammenhängenden Komplexe von 220 Tgwk. gestaltet, wozu F. noch weitere 20 Tgwk. Grundstücke erwirbt, deren Grenzen mit jenen der arrondirten Fläche zusammenstoßen. — Zu dem Schloßgute L, welches mit Gebäulichkeiten und dem umliegenden Parke, der durch eine Mauer mit verschließbaren Thüren eingefriedigt ist, ein Areal von 19 Tgwk. einnimmt, werden die an die Mauer angrenzenden Aecker und Wiesen sowie weitere mit Letzteren zusammenhängende Grundstücke mit 216 Tgwk. und ein in deren Mitte liegendes Oekonomieanwesen sammt Hofraum, Haus- und Obstgarten zu 5 Tgwk. Areal zugekauft.

Außerdem kann ein unbeschränktes Jagdrecht dadurch erworben werden bzw. entstehen, daß ein Grundeigenthümer an seinen Grundstücken, welche nach Beschaffenheit und Umfang zur Eigenjagd nicht befugen, solche Einrichtungen trifft, welche vom J.-G. (Art. 2 Abs. I Ziff. 2) als dingliche Voraussetzung der Selbstausübung der Jagd durch den Grundeigenthümer gefordert werden. Selbstverständliche Voraussetzung ist hiebei, daß solche Einrichtungen nicht blos vorübergehend getroffen, sondern für dauernden Bestand hergestellt werden.[3])

Praktische Beispiele. Der Grundbesitzer D. erbaut auf einem ihm eigenthümlichen Areale von 2,5 Tgwk. ein Wohnhaus mit Stall und Wirthschaftsstadel und legt unmittelbar an das Wohnhaus anstoßend einen Wurz- und Baumgarten an, welchen er sowie den zwischen Wohnhaus und Oekonomiegebäuden liegenden Hofraum mittels eines Stangenzauns einfriedigt. — Der Anwesensbesitzer P. versieht den bisher offenen Hofraum und Hausgarten seines Anwesens mit einer Einfriedung. — E. stellt um seinen in der Flurmarkung gelegenen, offenen Wiesplan von 3 Tgwk. eine zusammenhängende Hecke mit verschließbaren Thüren her. — K. legt auf einer in seinem Eigenthum stehenden Waldblöße von 2 Tgwk. Grundfläche, welche von der 265 Tgwk. messenden Waldung des N. vollständig umschlossen ist, einen Saatkamp an und umgibt denselben mit einem Stacketenzaune von Mannshöhe, welcher nur durch eine verschließbare Thüre betreten werden kann. — R. legt auf einer ihm gehörigen, in der Flurmarkung befindlichen offenen Oedung von 50 Tgwk. einen Fischweiher zu dauerndem Fischzuchtbetriebe an.

Ueber die rechtlichen Wirkungen der Entstehung einer unbeschränkten Jagdberechtigung mit der Befugniß der Jagdausübung durch den Grundeigenthümer selbst und den zeitlichen Eintritt dieser Wirkungen gegenüber dem abgeleiteten Jagdausübungsrechte Dritter s. unten.

Die volle Jagdgerechtigkeit geht unter mit dem Wegfalle jener dinglichen Erfordernisse des Grundbesitzes, welche die Voraussetzung eines unbedingten Jagdrechtes bilden, nicht aber geht dieses Recht dadurch verloren, daß der Eigenthümer seinen zur Eigenjagdausübung geeigenschafteten Grundbesitz mit in die Ver-

[3]) Vgl. R.-G.-E. v. 2. Juni 1891 E. i. Str.-S. XXII S. 115.

pachtung der Gemeindejagd gibt, mag dies Verhältniß auch von noch so langer Dauer sein.[4])

Praktische Beispiele. A. bricht das auf seiner Hofrieth stehende Wohngebäude ab und läßt den Baumgarten, welcher wie der an die bisherige Behausung unmittelbar anstoßende Hofraum mit einfachem Stangenzaun umfriedigt ist, mit dieser Umzäunung stehen. Das Areal entspricht nun weder Ziff. 1 noch 2 des Art. 2 J.-G. — E. beseitigt die an seinem in der freien Feldmarkung liegenden Gemüsegarten bestehende dichte zusammenhängende Hecke sammt der Eingangsthüre. Der Garten hat nur 1 ha Flächeninhalt. Die Voraussetzungen des Art. 2 Ziff. 2 J.-G. sind nicht mehr gegeben. — M. verkauft aus seinem 245 b. Tgwk. haltenden zusammenhängenden Grundbesitze einen Acker von 2 Tgwk. Flächeninhalt, so daß der Gesammtkomplex durch Wegfall des die Berührung der Grenzen vermittelnden Ackers in zwei von einem nunmehr fremden Grundstücke vollständig getrennte Teile zu 200 und bzw. zu 43 Tgwk. zerlegt wird. Da der Gesammtbesitz von 243 Tgwk. nicht mehr den gesetzlich erforderten Zusammenhang aufweist, hat derselbe die Eigenschaftung aus Art. 2 Ziff. 3 J.-G. verloren. — P. legt seinen in der Flurmarkung befindlichen Teichbesitz von 51 Tgwk. Flächeninhalt behufs dauernder Verwandlung in Ackerland trocken. Damit verliert diese Fläche die zur Eigenjagd befugende Voraussetzung des Art. 2 Ziff. 4 J.-G.

§ 2. Das abgeleitete Jagdrecht.

Das abgeleitete Jagdrecht (Jagdausübungsrecht des Nichteigenthümers auf fremdem Grund und Boden) wird zunächst erworben Kraft gesetzlicher Vorschrift, indem dasselbe auf allen Grundstücken einer Gemeindemarkung, welche die dinglichen Voraussetzungen der Eigenjagdausübung nicht erfüllen oder dieselben verloren haben, an die betreffende — politische — Gemeinde übergeht, gleichviel ob die Eigenthümer solchen Grundbesitzes Angehörige dieser Gemeinde sind oder nicht (Art. 4 J.-G.).[5]) Eine weitere Vorschrift über den Erwerb des Jagdausübungsrechtes Kraft Gesetzes enthält die Bestimmung des Art. 3, wonach auf Inklaven, d. h. auf zur Selbstausübung der Jagd dinglich nicht geeigenschafteten, von einem Eigenjagdbezirke vollständig umschlossenen Grundstücken (s. oben S. 54) das Jagdausübungsrecht dem Eigenthümer des umschließenden Eigenjagdbezirkes zusteht.

Außerdem kann der Erwerb des Jagdausübungsrechtes für Nichteigenthümer durch Rechtsgeschäft und zwar die Uebertragung der Jagdausübungsbefugniß auf diesem Wege sowohl durch den Eigenjagdberechtigten als durch den zur Jagdausübung berech-

---

[4]) E. d. V.-G.-H. v. 12. Juli 1881 S. III S. 170; Höcht a. a. O. § 5 S. 19.

[5]) Da die Gemeindeangehörigkeit des Grundbesitzes und nicht des Besitzers entscheidend ist, gehören auch die Grundstücke im Eigenthum sogen. Forensen zum Gemeindejagdbezirk.

tigten Nichteigenthümer erfolgen. Die Uebertragung der Jagdausübungsbefugniß durch Rechtsgeschäft vollzieht sich in der Form der Verpachtung, des Mandats, der Dienstmiethe oder der Vergünstigung (Prekarium).[6])

Die private Verpachtung von Eigenjagdbezirken durch den jagdberechtigten Grundeigenthümer bemißt sich vorbehaltlich der allgemein verbindlichen Bestimmungen des öffentlichen (Jagdpolizei-)Rechts nach den Vorschriften des Civilrechts über Sachmiethe bzw. Pacht. Zu beachten ist aber, daß mit der Verpachtung der Grundstücke, auf welchen das Jagdrecht ruht, nicht ohne weiteres auch die Jagdgerechtigkeit und Jagdausübungsbefugniß auf den Grundstückpächter übergeht, vielmehr die Jagdausübung als ein spezielles Recht des Grundeigenthümers auch auf den verpachteten eigenjagdfähigen Grundstücken demselben insolange verbleibt, als er es nicht mittels besonderer Verpachtung oder mittels sonstigen Rechtsgeschäfts einem Dritten überträgt. Oeffentlich-rechtliche Beschränkungen bilden die Vorschriften über die höchstzulässige Zahl der Pächter für einen Jagdbezirk (Art. 10 Abs. I J.-G.), über Jagdpachtungsfähigkeit gewisser Klassen von Beamten und Bediensteten (s. oben S. 86), ferner die feld-, forst-, jagd- und sicherheitspolizeilichen Vorschriften, welche bei Ausübung der Jagd eingehalten werden müssen (Art. 13 J.-G.) und denen die Bestimmungen des Jagdpachtvertrages nicht entgegenstehen dürfen. Die private Verpachtung der Jagdausübung (in Eigenjagdbezirken) bedarf keiner polizeilichen Genehmigung, wohl aber erscheint die Distriktspolizeibehörde befugt, von privaten Verpachtungen Kenntniß und Einsicht zu nehmen und dieselben zu beanstanden, insoweit der betreffende Pachtvertrag und dessen einzelne Bestimmungen den öffentlich-rechtlichen Vorschriften zuwiderlaufen. Zur Beschwerde gegen solche Beanstandungen ist sowohl der eigenjagdberechtigte Verpächter als der Pächter berechtigt. Eine Beanstandung von privaten Jagdverpachtungen wegen zu kurz bemessener Dauer der Pachtperiode erscheint unzulässig.[7])

Ist ein Eigenjagdbezirk im Sinne des Art. 2 Ziff. 2 bis 4 J.-G. Grundeigenthum der Gemeinde als solcher, so steht es der Letzteren frei, die Jagdausübung auf diesem ihrem Grundeigenthum gleichwie ein Privater nach ihrem Ermessen durch Rechtsgeschäft Dritten zu überlassen bzw. zu übertragen. In einem solchen Fall ist es dem freien Ermessen des Magistrats bezw.

---

[6]) S. Höcht a. a. O. S. 19, 20 und Brater a. a. O. S. 90.

[7]) Min.-Entschl. v. 4. April 1863. — E. d. V.-G.-H. v. 9. März 1880 S. I S. 173 und v. 18. Dezbr. 1880 S. II S. 340; ferner E. d. b. O.-G.-H. v. 18. Oktober 1880 S. i. C.-P. VIII S. 568. — S. a. Brater a. a. O. S. 91.

des Gemeindeausschusses anheimgegeben, ob die Jagdausübung auf dem gemeindlichen Eigenjagdbezirke im Wege der Versteigerung oder des Vertragsabschlusses verpachtet oder aber in Selbstregie betrieben werden will."

Der Magistrat bzw. die Gemeindeverwaltung hat hier in alleiniger Zuständigkeit nicht blos die Pachtbedingungen festzusetzen, sondern auch die Verpachtung endgiltig abzuschließen, ohne daß es — abgesehen von dem Falle des Art. 112 Abs. I (Art. 147 Abs. I) d. Gmde.-Ordng. einer genehmigenden Beschlußfassung der Gemeindeversammlung (des Kollegiums der Gemeindebevollmächtigten) bedarf. Selbstverständlich fällt hier die in § 6 Ziff. 13 d. V.-V. zum J.-G. gebotene Vorlage der Pachtverhandlungen an die Distriktspolizeibehörde hinweg. Immerhin steht es aber der Letzteren, wie schon oben bemerkt, offen, gleichwie bei anderen privaten Eigenjagdverpachtungen von den Verhandlungen Kenntniß zu nehmen und wegen etwaiger Gesetzwidrigkeiten Beanstandung zu erheben.[8])

Ein Gleiches gilt für Ortsgemeinden, welche als solche einen zum Ortsgemeindevermögen (also nicht den einzelnen Grundbesitzern) gehörigen zusammenhängenden Grundbesitz von mindestens 240 Tagwerk haben. Die Ortsgemeinde kann einen solchen Grundbesitz, wenn sie nicht denselben der politischen Gemeinde gemäß Art. 6 J.-G. zur Verpachtung überläßt, selbstständig verpachten. Die Verpachtung hat, soferne nicht gemäß Art. 153 Abs. III die Verwaltung des Ortsgemeindevermögens dem Ausschusse der politischen Gemeinde übertragen ist, der Ortsausschuß (Art. 153 Abs. IV und V d. rechtsrh. Gemd.-Ordg.) zu vollziehen.[9])

Körperschaften können ihren Eigenjagdbesitz, wenn sie ihn nicht mit der Gemeindejagd verpachten lassen, selbstständig durch ihre Verwaltung und soferne es sich um Körperschaftswaldungen im Sinne des Art. 18 Forst-G. handelt, durch ihren Vertretungsausschuß verpachten.[10])

Auch sogen. Alpengenossenschaften können einen in ihrem Vermögen stehenden Eigenjagdbezirk durch ihren Ausschuß zur Verpachtung bringen.[11]) In wieweit hiezu eine Beschlußfassung der Genossen erforderlich ist, entscheidet das Statut der einzelnen Alpengenossenschaften.[12])

---

[8]) Verh. d. Abg.-K. 1849/50. Sten. Ber. II S. 99.

[9]) B. Gemeindezeitung IV (Jhrgg. 1894) S. 39.

[10]) B. Gemeindezeitung V (Jhrgg. 1895) S. 322 ff.

[11]) E. d. V.-G.-H. v. 13. Juli 1891 S. XIII S. 187 und in gleicher Sache ergangene Entsch. d. O.-L.-G. Augsburg, Deutsch. Jäger Bd. XVIII S. 18.

[12]) B. Gemeindezeitung IV (Jhrgg. 1894) S. 180.

I. Jagdausübung durch die Gemeinde.

Die politische — nicht die Orts- — Gemeinde, und zwar die Gemeinde als Körperschaft und nicht die Gemeindeverwaltung übt auf allen zur Eigenjagd dinglich nicht geeigenschafteten Grundstücken der Gemeindemarkung das Jagdrecht Namens der Grundeigenthümer — sohin als deren Stellvertreterin aus.[13]) Die Gemeinde tritt als disponierende Persönlichkeit an die Stelle der Grundeigenthümer und ihr gesetzlich begründetes Verfügungsrecht befugt sie nicht bloß zur Bestimmung über die Art der Jagdausübung im Gemeindejagdbezirke — ob im Wege der Verpachtung an Dritte oder des Regiebetriebes — sondern auch zur Bildung und Eintheilung der Jagdbezirke sowie zur finanziellen Behandlung des Jagderträgnisses. Die Gemeinde ist durch das Gesetz nicht nur befugt, sondern auch verpflichtet, die Jagd als Stellvertreterin der Grundeigenthümer (vorbehaltlich des Art. 11 J.-G.) durch Verpachtung zur Ausübung zu bringen und kann zur Erfüllung dieser Pflicht staatsaufsichtlich angehalten werden. Das Verfügungsrecht der Gemeinde ist räumlich begrenzt durch die Gemeindemarkung.[14]) Ueber Letztere hinaus erstreckt sich die gemeindliche Dispositionsbefugniß nur in dem einen Falle, wenn der Besitzer eines in andere Gemeindemarkungen sich ausdehnenden Eigenjagdbezirks diesen Letzteren mit in die Verpachtung der Gemeindejagd gibt.[15])

Das Rechtsverhältniß der Gemeinde zu den Grundeigenthümern, welche unter sich eine thatsächliche Rechtsgemeinschaft bilden, ist nach den Grundsätzen des Mandats (Auftrags) zu beurtheilen. Da die politische Gemeinde hier in gesetzlich angeordneter Stellvertretung der Grundeigenthümer handelt, sind ihre nach Maßgabe des J.-G. getroffenen Dispositionen über die Jagdausübung für die Grundeigenthümer ebenso bindend, als wenn sie hiezu von letzteren speziell beauftragt gewesen wäre, da in allen Fällen einer gesetzlichen Vertretung die Analogie der Vormundschaft eintritt, und bezüglich deren nach bayer. L.-R. der Satz maßgebend war „was der Vormund in Vormundschaftssachen thut oder handelt, das wird auch (1.) sammt allen daraus fließenden Rechten und Verbindlichkeiten für des Pupillen eigene Sache geachtet." Das b. L.-R. wie das gem. R. hatte bei Stellvertretung eines anderen mittels Mandats überhaupt den Grundsatz aufgestellt: „was der Mandatar von Kommissionswegen mit

[13]) O.-A.-G.-E. v. 3. Februar 1869 Bl. f. R.-A. Bd. XXXIV S. 221; B. Gemeindezeitung VII (Jhrgg. 1897) S. 38.

[14]) E. d. B.-G.-H. v. 21. Juni und v. 12. Juli 1881 S. III S. 117, 170; Bl. f. a. Pr. Bd. XV S. 73, 76; s. a. V.-V. z. J.-G. § 3 Abs. II.

[15]) Art. 6 J.-G.; V.-V. z. J.-G. § 5.

einem Dritten handelt und schließt, ist ebenso, als hätte solches der Prinzipal selbst gethan," welchem jetzt § 164 B. G.-B. entspricht. Das Mandat der Gemeinde unterliegt keinen weiteren Beschränkungen als den durch das Gesetz selbst ihr auferlegten. Sie verfügt demgemäß durch ihre Organe — die Gemeindevertretung — nach deren Ermessen, haftet jedoch gleich jedem Mandatar für Verschulden (dolus und culpa). Ihre Handlungen bedürfen der Genehmigung durch die Grundeigenthümer nicht. Eine unmittelbare Einwirkung auf die gemeindlichen Verfügungen hinsichtlich der Ausübung des Jagdrechts steht den Grundeigenthümern nicht zu, wohl aber das Recht der Anfechtung im Verwaltungs- und bzw. Rechtswege.[16])

1. Verpachtung der Gemeindejagd.

In der Regel soll die Jagd in Gemeindejagdbezirken nur durch Verpachtung ausgeübt werden (Art. 4 J.-G.), die Verpachtung in der Regel auf dem Wege der öffentlichen Versteigerung an den Meistbietenden, ausnahmsweise ohne Versteigerung durch Vertragsabschluß stattfinden.[17])

Die Verpachtung der Gemeindejagd ist der Gemeindeverwaltung, d. i. in Landgemeinden dem Gemeindeausschusse (Art. 123 Gmde.-Ordng.), in Gemeinden mit städtischer Verfassung dem Magistrate übertragen. Dem Gemeindeausschusse bzw. Magistrate obliegt daher, alle auf die Jagdverpachtung bezüglichen Verhandlungen zu pflegen, die Pachtbedingungen festzusetzen, den Aufwurfspreis zu bestimmen, die Versteigerung vorzunehmen und die Verträge abzuschließen, also auch den für den Vertragsabschluß Ausschlag gebenden Zuschlag an den Meistbietenden zu ertheilen.

Die Zuständigkeit des Gemeindeausschusses bzw. Magistrates ist hiebei nur insoweit einer Beschränkung unterworfen, als nach Art. 7 Abs. II J.-G. das Ergebniß der von der Gemeindeverwaltung (Magistrat) vorgenommenen Jagdpachtverhandlungen der Genehmigung der Gesammtgemeinde — Gemeindeversammlung — bzw. in Gemeinden städtischer Verfassung des Magistrats- und des Kollegiums der Gemeindebevollmächtigten bedarf. Gleiche Genehmigung ist zu erholen, wenn die Gemeindeverwaltung (Gemeindeausschuß, Magistrat) die Jagd anstatt im Wege der öffentlichen Versteigerung durch Vertragsabschluß verpachten will (Art. 7 Abs. III J.-G.).[18])

---

[16]) E. d. V.-G.-H. v. 21. Juni 1881 S. III S. 117.

[17]) V.-V. z. J.-G. § 6 Ziff. 3.

[18]) V.-V. z. J.-G. § 6 Ziff. 2 mit Art. 206 Abs. II Ziff. 1 d. Gmde.-Ordng.

In Ansehung der formellen Giltigkeit der Beschlüsse des Gemeindeausschusses sind folgende Bestimmungen besonders zu beachten:

1. Ueber die Beschlüsse des Gemeindeausschusses ist ein (fortlaufendes — in das Beschlußbuch des Gemeindeausschusses einzutragendes) Protokoll zu errichten, welches ersehen lassen muß, ob alle im Gemeindebezirke anwesenden Mitglieder des Gemeindeausschusses gehörig geladen worden sind und ob mehr als die Hälfte der gesetzlichen Mitgliederzahl an der Berathung und Abstimmung Theil genommen hat, ferner welches das Ergebniß der Abstimmung gewesen ist. Die Protokolle sind von den anwesenden Ausschußmitgliedern zu unterzeichnen. Die Aufnahme der Protokolle auf fliegenden Blättern ist unzulässig, ebenso wie die Beschlußfassung im Wege des Zirkulars.[19])

2. Die Beschlüsse werden durch absolute Stimmenmehrheit gefaßt, bei Stimmengleichheit entscheidet die Stimme des Vorsitzenden. Kein stimmberechtigtes Mitglied darf sich der Abstimmung enthalten. Die bei einer Angelegenheit aus einem Privatinteresse persönlich unmittelbar Betheiligten dürfen jedoch an der Berathung und Beschlußfassung hierüber nicht Theil nehmen. Ausschußmitglieder, welche Jagdpächter sind, können hienach zwar an der Berathung der allgemeinen Frage, ob die Jagd im Aufstriche verpachtet werden soll, Theil nehmen und hierüber auch abstimmen, erscheinen aber von der Berathung und Abstimmung ausgeschlossen, wenn es sich um Entscheidung der Frage handelt, ob die Jagd im Vertragswege vergeben oder ihnen selbst auf diesem Wege übertragen werden soll. Ebenso sind Ausschußmitglieder von der Berathung und Beschlußfassung ausgeschlossen, wenn sie als Steigerer bei der Verpachtung aufgetreten sind und über den Zuschlag an sie als Meistbietende zu beschließen ist. Haben solche Betheiligte gleichwohl an der Berathung und Abstimmung mitgewirkt, so erscheint eine die Nichtigkeit der Verhandlungen begründende Verletzung des Art. 145 Abs. IV und V d. Gmde.-Ordg. nicht gegeben, wenn die Zahl der übrigen unbetheiligten Theilnehmer an der Berathung und Abstimmung zur Beschlußfähigkeit ausreichte.[20])

---

[19]) Art. 145 d. Gmde.-Ordg. — Entschl. d. St.-Min. d. Inn. v. 26. März 1887 und 10. Juli 1893 (M.-Abl. d. Inn. S. 119 bzw. 172). Die Einhaltung dieser Förmlichkeiten kann disziplinär erzwungen werden. Da aber gesetzlich für Gemeindeausschußbeschlüsse eine besondere Form des Eintrags (s. bezüglich der Gemeindebeschlüsse dagegen Art. 149 Abs. II d Gmde.-Ordg.) nicht vorgeschrieben ist, erscheint ein — unter Beachtung d. Art. 145 Abs. II und III — gefaßter Gemeindeausschußbeschluß auch dann giltig, wenn die Beurkundung mangelhaft oder auch wenn sie überhaupt nicht erfolgt ist s. E. d. V.-G.-H. S. VII S. 295, X S. 91.

[20]) Art. 145 Abs. IV d. Gmde.-Ordg.; vgl. E. d. V.-G.-H. S. V S. 272

Die Zuständigkeit der Gemeindeversammlung (des Kollegiums der Gemeindebevollmächtigten) erstreckt sich lediglich darauf, die vom Gemeindeausschusse gepflogenen und ihr vorgelegten Jagdpachtverhandlungen zu prüfen und auf Grund dieser Prüfung die Genehmigung zu ertheilen oder zu versagen. Letzteren Falles hat die Gemeindeverwaltung die Verhandlungen über Verpachtung der Jagd neuerdings aufzunehmen. Der Gemeindeversammlung (dem Kollegium der Gemeindebevollmächtigten) kömmt es aber nicht zu, an Stelle des allein zuständigen Gemeindeausschusses (Magistrats) und im Widerspruche mit demselben selbstständig die Jagd zu verpachten und die von der Gemeindeverwaltung festgesetzten Pachtbedingungen abzuändern.[21])

Versagt die Gemeindeversammlung den von der Gemeindeverwaltung neuerlich gepflogenen Jagdverpachtungsverhandlungen wiederholt die Genehmigung und besteht keine Aussicht auf eine Verständigung zwischen Gemeindeausschuß und Gemeindeversammlung, so sind die Jagdpachtverhandlungen als gescheitert und demgemäß die Voraussetzungen zur Selbstverwaltung der Jagd durch Vertrauensmänner der Gemeinde nach Art. 11 J.-G. als gegeben zu erachten.[22])

Bei der Gemeindeversammlung sind ebenfalls die in Art. 149 Abs. II d. Gmde.-Ordg. vorgeschriebenen Förmlichkeiten genau zu beobachten:[23]) Errichtung eines Protokolls (im Beschlußbuche der Gemeindeversammlung, nicht auf fliegenden Blättern), welches die Zahl der Stimmberechtigten, die Zahl der Anwesenden und das Ergebniß der Abstimmung (mit Angabe der Stimmenzahl für und gegen die Vorlage des Ausschusses) enthalten muß. Ein giltiger Beschluß kann durch absolute Stimmenmehrheit der Anwesenden gefaßt werden, wenn mehr als die Hälfte der Stimmberechtigten (Gemeindebürger) erschienen ist. Zur Gemeindeversammlung sind übrigens nur die Gemeindebürger, diese aber alle, gleichviel ob sie Grundbesitzer sind oder nicht, zu laden.[24])

Die Abstimmung kann mündlich oder schriftlich erfolgen. Ersteren Falls ist die Zahl der je für oder gegen den Antrag Stimmenden im Protokolle zu vermerken, bei schriftlicher Abstimmung außerdem die Stimmen für und gegen getrennt durch Unterschrift der einzelnen Gemeindebürger in das Protokoll aufzunehmen. Die Abstimmung auf eigens aufgelegten vom Proto

---

und S. X S. 190; s. a. bayer. Gemeindezeitung II (Jhrgg. 1892) S. 112, (1896) S. 71 und VII (Jhrgg. 1897) S. 336.

[21]) S. bayer. Gemeindezeitung VI (Jhrgg. 1896) S. 452; s. a. E. d. V.-G.-H. S. XIII S. 43.

[22]) V.-V. z. J.-G. § 6 Ziff. 10 und 12.

[23]) S. d. in Note 2 angeführten Min.-Entschl.

[24]) Bayer. Gemeindezeitung IV (Jhrgg. 1894) S. 179, 180.

kolle vollständig getrennten losen Blättern ist ebenso unzulässig wie etwa die Nachholung oder Sammlung von Unterschriften der in der Versammlung nicht anwesend gewesenen Stimmberechtigten. Das Protokoll ist bei mündlicher wie schriftlicher Abstimmung vom Bürgermeister, Protokollführer und zwei Gemeindebürgern zu unterfertigen.

Die Nichtbeachtung auch nur einer dieser Vorschriften des Art. 149 d. Gmde.-Ordg. hat unbedingte Ungiltigkeit des Beschlusses zur Folge. In Gemeinden mit städtischer Verfassung sind die Art. 70 ff., 102, 113, 117 über die Behandlung der Jagdverpachtungen und die bezüglichen Beschlußfassungen maßgebend. Bei Versagung der Zustimmung seitens der Gemeindebevollmächtigten wird der Magistrat zu erwägen haben, ob er sofort zu neuerlichen Verpachtungsverhandlungen schreiten oder zunächst gemäß Art. 114 Gmde.-Ordg. in einer Kumulativsitzung den Versuch der Beseitigung einer Meinungsdifferenz machen will. Wird eine Einigung nicht erzielt, so greift wiederum Art. 11 J.-G. Platz.

Pachtbewerber erscheinen gemäß Art. 103 und 118 Gmde.-Ordg. von der Berathung und Beschlußfassung über die Jagdverpachtung ausgeschlossen (s. a. oben S. 101 und Note 20).

2. Die Verpachtungsverhandlungen des Gemeindeausschusses (Magistrats).

Vor Allem muß sich der Gemeindeausschuß schlüssig machen, ob die Verpachtung im Wege der öffentlichen Versteigerung an den Meistbietenden oder mittels Vertragsabschlusses ohne Versteigerung erfolgen soll. § 6 d. V.-V. z. J.-G. besagt zwar, daß die öffentliche Versteigerung als der gesetzlich erklärte regelmäßige Modus der Verpachtung in so lange fest zu halten sei, als nicht die Gemeinde aus Gründen, welche eine Ausnahme von der Regel thatsächlich zu rechtfertigen geeignet sind, die vertragsmäßige Vergebung der Jagd ohne Versteigerung in vorschriftsmäßiger Weise beschlossen habe und der Beschluß eine genaue Feststellung der das ausnahmsweise Vorgehen in der Jagdvergebung begründenden Thatsachen und Erwägungen enthalten müsse.[25] Eine M.-E. vom 6. April 1864 besagt, die Verpachtung

---

[25] V.-V. z. J.-G. § 6 Ziff 3. — Die V.-V. vom 2. April 1850 (s. d. Kr.-Intell.-Bl.) besagte in Ziff. III Nr. 2 „der Vollzug des G. erheischt, daß . . die Verpachtung . . . . und zwar in der Regel auf dem Wege der öffentlichen Versteigerung an den Meistbietenden oder ausnahmsweise durch Kontraktschluß geschehen sei“ und in Ziff. IV Nr. 1 „wird die Verpachtung durch Kontraktsabschluß zwar in Vorschlag gebracht, in Städten und Märkten mit magistr. Verfassung aber vom Magistrate und den Gemeindebevollmächtigten

der Gemeindejagd durch Vertragsabschluß könne nicht gehindert werden, wenn die Gemeinde hiefür besondere Gründe anzuführen vermöge. Der k. Verwaltungsgerichtshof hat indessen ausgesprochen, daß nach der Fassung des Art. 7 des J.-G. ebensowohl die Verpachtung der Gemeindejagd im Wege der öffentlichen Versteigerung als die Verpachtung im Wege des Privatvertrages als zulässig zu erachten ist und begründet diese Auffassung unter Bezugnahme auf die Entstehungsgeschichte des J.-G., wonach die Worte „in der Regel" in Art. 7 Abs. I d. J.-G. keine imperative Bedeutung haben, und dieselben nach der Absicht des Gesetzgebers der „Ausnahme" lediglich als das wahrscheinliche Ergebnis gegenüber gestellt werden wollten, wie es sich beim Vollzuge der gemeindlichen Jagdverpachtungen bei völlig freier Autonomie der Gemeinden in diesem Betracht ganz von selbst darstellen werde.

Will der Gemeindeausschuß die Jagd anstatt im Wege der öffentlichen Versteigerung durch Vertragsabschluß verpachten, so muß er hiezu im Hinblick auf Art. 7 Abs. III d. J.-G. die Genehmigung der Gemeindeversammlung einholen.[26])

Wird vom Gemeindeausschuß die öffentliche Versteigerung beschlossen, so steht es der Gemeinde nicht frei, beschränkende Bestimmungen über Zulassung oder Nichtzulassung von Steigerungslustigen zu treffen, indem z. B. der Zuschlag auf Gemeindebürger oder Gemeindeangehörige beschränkt wird, oder nur die bisherigen Pächter und Mitpächter zugelassen bzw. fremde oder bisherige Pächter von der Versteigerung ausgeschlossen werden wollen.[27])

Hierauf ist unter Beachtung der oben gegebenen Ausführungen (s. oben S. 44 u. ff.) die Eintheilung des Gemeindejagdbezirks in Jagdbogen (Unterbezirke) vorzunehmen und sind alsdann die Pachtbedingungen festzusetzen. Die Festsetzung dieser Pachtbedingungen steht dem freien Ermessen des Gemeindeausschusses zu, welches jedoch dahin beschränkt erscheint, daß diese Bedingungen weder mit den Vorschriften d. J.-G. noch mit anderen gesetzlichen Bestimmungen in Widerspruch stehen dürfen. Derartige widersprechende Bestimmungen sind von selbst nichtig und

---

oder in Landgemeinden von der Gesammtgemeinde nicht genehmigt, so ist nach der gesetzlichen Regel die Verpachtung auf dem Wege der öffentlichen Versteigerung an den Meistbietenden vorzunehmen."

[26]) In Gemeinden mit städtischer Verfassung müssen sich die beiden gemeindlichen Kollegien hierüber geeinigt haben, s. V.-V. z. J.-G. § 6 Ziff. 3.

[27]) Min.-Entschl. v. 31. Januar 1863 und 14. Oktober 1865. — Will die Gemeinde Beschränkungen des Kreises von Pachtlustigen erreichen, so hat sie zu diesem Ende den Weg der Vergebung der Jagd durch Vertragsabschluß einzuschlagen.

können auch durch Einwilligung der Pachtnehmer keine Giltigkeit erlangen.[28])

Zunächst ist die Dauer der Verpachtung zu bestimmen. Da grundsätzlich die Jagden pfleglich behandelt und Gefährdungen ihrer nachhaltigen Benützung beim Jagdbetriebe ferne gehalten werden sollen, ist auf diesen Grundsatz auch bei Aufstellung der Pachtbedingungen entsprechend Rücksicht zu nehmen und hienach die Dauer der Jagdpachte zu bemessen, insoferne durch deren zu enge Zeitbegrenzung die Möglichkeit einer die Erhaltung der Jagd sichernden Ausübung ausgeschlossen wird. Die Pachtdauer soll in der Regel nicht unter 6 Jahren festgesetzt werden. Abgesehen davon, daß eine kürzere Pachtperiode mit den Absichten des J.-G. und der Jagdpolizeiverordnung im Widerspruche steht, liegt eine längere Bemessung der Pachtzeit auch im Interesse der durch die Gemeinde vertretenen Grundeigenthümer selbst; denn wenn auch bei kürzerer Pachtdauer häufig ein höherer Pachtschilling erzielt wird, so wird dieser augenblickliche Gewinn durch die erfahrungsgemäße Thatsache beeinträchtigt, daß bei hohem Pachtschilling und kurzem Jagdbetrieb der Pächter die Jagd viel stärker und mit weniger Schonung ausnützen wird, um innerhalb der kurzen Pachtperiode auf seine Kosten zu kommen. Hiedurch wird aber der Jagdstand in einer Weise abgewürdigt, die für künftige Verpachtungen auf längere Zeit hinaus die Erzielung eines angemessenen Pachtschillings unsicher macht und zumeist ganz ausschließt, während umgekehrt bei längerer Pachtdauer die Jagd von dem Pächter ohne Einbuße so schonlich betrieben werden kann, daß nachhaltig auf ergiebige Pachtverträge gerechnet werden darf.[29])

Wird der Pachtvertrag auf unbestimmte Zeitdauer abgeschlossen, so empfiehlt es sich, in den Pachtbedingungen auch die Kündigungsfristen festzusetzen. Um ferner späteren Differenzen und eventuell Rechtsstreiten vorzubeugen, erscheint es auch zweck-

---

[28]) Zufolge § 4 Abs. II d. V.-V. z. J.-G. ist zur Unterabtheilung des Gemeindejagdbezirks in mehrere Unterabtheilungen die Fassung eines Gemeindebeschlusses nothwendig.

[29]) V.-V. z. J.-G. § 6 a. Schl. — vgl. § 28 Abs. I d. Fin.-Min.-Entschl. v. 6. Mai 1850 über die Verpachtung der Staatsjagden (Gerets V.-O. S. Bd. XXVI S. 25 ff.), woselbst die Dauer des Jagdpachtes in der Regel auf 15 Jahre festgesetzt wird. Bei Gemeindejagdbezirken bildet die Regel eine Pachtdauer von 6 Jahren. Der in § 1 d. Jagd-Pol.-V.-O. vom 5. Oktober 1863 vorangestellte Grundsatz pfleglicher Behandlung der Jagden schließt eine zu enge Zeitbegrenzung der Jagdpachte aus und erscheint von diesem Standpunkte aus eine Pachtdauer von 6 Jahren als die rathsame Mindestgrenze nach unten. Vgl. a. die Ausführungen im Deutsch. Jäger X S. 1 u. ff. Eine kurzbemessene Pachtdauer bildet jedoch keinen Grund staatsaufsichtlicher Beanstandung, sondern wird nur im Wege der Belehrung behoben werden können.

mäßig, Bestimmung darüber zu treffen, wie es gehalten werden soll, wenn aus dem erpachteten Jagdbezirke auf Grund des Art. 2 J.-G. einzelne Bestandtheile als Eigenjagdbezirke ausscheiden. Dieses Falls empfiehlt sich die Vertragsbestimmung, daß der Pächter sich Verringerungen des Jagdgebietes gegen entsprechende Reduktion des Pachtschillings, jedoch ohne weiteren Entschädigungsanspruch, gefallen zu lassen habe und daß bei Nichterzielung eines billigen Abkommens hierüber der Pachtvertrag erlöschen soll. Auch kann bestimmt werden, daß der Pachtvertrag in Folge Ablebens des Pächters ohne Kündigung sofort erlöschen soll.

Ebenso würden einer pfleglichen Behandlung der Jagd Pachtbedingungen widerstreben, welche die Schonung des Raubzeugs auferlegen, wogegen sich allerdings im Gemeininteresse eine Bedingung als angemessen rechtfertigen würde, welche die Anwendung von Gift und vergifteten Ködern zur Vertilgung von Raubzeug ausschließt oder nur unter bestimmten Vorsichtsmaßregeln gestattet.

Die Pachtbedingungen über Person und Zahl der Pächter sowie über Afterverpachtungen sind durch die Bestimmungen des J.-G. und der V.-V. hiezu begrenzt.

Der Pachtschilling wird vom Gemeindeausschusse festgesetzt, die Höhe desselben, sei es für den ganzen Jagdbezirk, sei es ausgeschieden für die einzelnen Jagdbogen zu bestimmen, ist dem freien Ermessen des Gemeindeausschusses anheimgegeben.[30] Selbstverständlich liegt es im Interesse pfleglicher und schonlicher Erhaltung der Jagd, den Pachtschilling im Verhältniß zum räumlichen Umfang des Jagdbezirkes und zu seinem Wildstande zu bemessen. Unentgeltliche Ueberlassung des Jagdpachtes ist gesetzlich ausgeschlossen, da dessen Ertrag die Entschädigung der Grundeigenthümer für die Ausübung ihrer Jagdgerechtigkeit durch Dritte bildet.[31] Dagegen ist es nicht ausgeschlossen, an Stelle der Baarzahlung des Pachtschillings andere Leistungen als Aequivalent treten zu lassen, soferne diese Leistungen der Gesammtheit der Grundbesitzer und jedem Einzelnen derselben zu Gute kommen. Nicht wird es aber als zulässig zu erachten sein, wie es öfter versucht wird, an Stelle des Jagdpachts die Uebernahme der gemeindlichen Zuchtstierhaltung durch den Jagdpächter zu bedingen, da die Zuchtstierhaltung eine für sämmtliche Grundbesitzer diensame und nothwendige Einrichtung, von der sie in ihrer Gesammtheit Nutzen ziehen können, nicht bildet.[32] Dagegen

---

[30]) S. E. d. V.-G.-H. vom 18. Dezember 1880 S. II S. 340 und bayer. Gemeindezeitung VI (Jhrgg. 1896) S. 477.

[31]) Bl. f. a. Pr. Bd. XV S. 93.

[32]) S. bayer. Gemeindezeitung VI (Jhrgg. 1896) S. 95.

unterliegt es keinem Bedenken, eine Pachtbedingung dahin zu treffen, daß der Jagdpächter keinen Pacht in Baar zu entrichten hat, jedoch als Aequivalent für den gesammten entstehenden Wildschaden eintreten muß und denselben selbst zu bezahlen hat.[33]) Anderseits steht es der Gemeinde auch frei, dem Pächter Freiheit von Bezahlung des Wildschadens zuzusichern, soferne alle betheiligten Grundbesitzer dem bezüglichen Gemeindebeschlusse zustimmen.[34]) Der Termin der Pachtschillingszahlungen ist unter die Pachtbedingungen aufzunehmen.[35]) Rückstand mit der Zahlung des Pachtschillings innerhalb einer zu bestimmenden Frist kann in den Pachtbedingungen als Grund der Auflösung des Pachtvertrags vorgesehen werden. Die Bedingung einer Entrichtung des Pachtschillings unmittelbar an die Grundbesitzer ist als gesetzwidrig unstatthaft. Die mehreren Pächter (3 für einen Jagdbezirk; die Zulassung einer größeren Pächterzahl für einen Jagdbezirk wäre eine gesetzwidrige Pachtbedingung) können für die Entrichtung des Pachtschillings, wie überhaupt für die Erfüllung aller Pachtbedingungen solidarisch (sammtverbindlich) erklärt werden.[36])

Hinsichtlich des Jagdbetriebes dürfen keine Pachtbedingungen gesetzt werden, welche den feld-, forst-, jagd- und sicherheitspolizeilichen Vorschriften zuwider laufen,[37]) dagegen kann dem Pächter auferlegt werden, daß er die Jagd pfleglich und schonlich zu behandeln, sich bei Zerlegung des Jagdbezirks in mehrere Jagdbogen jeder Beunruhigung der angrenzenden Bezirke zu enthalten, ferner, daß er das Raubzeug nach Möglichkeit abzuschießen oder sonst zu vertilgen habe. Das Erlegen nützlicher, für die Jagd nicht überwiegend nachtheiliger Thiere, insbesondere von Igeln, Fledermäusen ꝛc. kann untersagt werden.[38]) Ebenso kann dem Pächter als Bedingung auferlegt werden, daß er im Jagdbezirke aufsichtslos umherstreifende Hunde, sowie in den Jagdbezirk ausgelaufene Hauskatzen nicht tödten dürfe.[39]) Des Weiteren kann dem Pächter zur Bedingung gesetzt werden, daß er die an ihn verpachtete Nutzung in jeder Beziehung nur so zu betreiben habe, daß weder Feldwirthschaft noch Waldpflege darunter leiden, daß er also bei Ausübung der Jagd jede Beschädigung der Feldfrüchte und Holzbestände sorgfältig zu vermeiden und sich aller

---

[33]) S. bayer. Gemeindezeitung V (Jhrgg. 1895) S. 549, 550.

[34]) Min.-Entschl. vom 23. Mai 1863.

[35]) Mangels ausdrücklicher Vertragsbestimmung gilt gemäß § 584 B. G.-B. nach Ablauf je eines Kalenderjahres der 1. Werktag des folgenden Jahres.

[36]) S. Art. 8, 10, 12 J.-G.

[37]) S. Art. 13 J.-G.

[38]) Vergl. die Bestimmungen über Verwaltung der Staatsjagden § 31; Bauer, der Jagdpachtvertrag (Neudamm 1899) S. 13, 18.

[39]) E. d. O.-L.-G. München S. i. Str.-S. II S. 498.

Handlungen zu enthalten habe, welche die Kultur, Bewirthschaftung und ökonomische Benützung von Wald, Feld und Wiesland, Mösern, Filzen, Weihern u. s. w. hindern, irgendwie beeinträchtigen oder stören könnten. Für Beschädigungen der Grundstücke, Aecker, Felder u. s. w. können die Jagdpächter persönlich haftbar gemacht werden, gleichviel, ob der Schaden durch sie selbst, oder durch andere zur Jagdausübung zugelassene, oder verwendete Personen (Jagdgäste, Jagdaufseher, Treiber und Träger ꝛc.) verursacht worden ist.[40]) Zulässig ist ferner die Bedingung, daß der Jagdpächter ohne allen Anspruch auf Entschädigung verbunden ist, polizeiliche Anordnungen zur Schonung, Verminderung, oder Vertilgung irgend einer Thiergattung zu befolgen und hiezu mitzuwirken, soweit es durch die Ausübung der Jagd geschehen kann.[41]) Dem Pächter kann untersagt werden, die Jagdausübung an Dritte gegen Vergütung in Geld oder Wildpret bzw. gegen Vorbehalt eines Theiles des Jagdvertrages zu überlassen.[42]) Derselbe ist ferner zu verpflichten, die von ihm zur Jagdaufsicht bestellten Personen zur Anzeige zu bringen, deren Anerkennung zu erwirken und für dieselben Jagdkarte und Schutzgewehrschein zu erholen und kann demselben zur Bedingung gesetzt werden, einen solchen Jagdaufseher aufzustellen.[43])

a) Vergebung des Jagdpachts mittels Versteigerung an den Meistbietenden.

Hat der Gemeindeausschuß bzw. Magistrat die Jagdverpachtung im Wege der Versteigerung beschlossen, so ist zu beachten, daß

Die Versteigerung eine „öffentliche" sein muß. Der Begriff einer „öffentlichen Versteigerung" setzt zunächst eine angemessene öffentliche Bekanntmachung dieses Aktes und unbeschränkte Zulassung etwaiger Steigerungslustiger voraus. Es genügt hiezu nicht, daß etwa nur die der Gemeindeverwaltung und in Jagdkreisen als Pachtlustige bekannten Jagdliebhaber von der Ver-

---

[40]) Bestimm. über Verwaltung d. Staatsjagden § 36.

[41]) S. a. a. O. § 37 und § 18 d. Jagdpol. V.-O. v. 5. Oktober 1863; s. a. unten die Bemerkungen über Wildseuche.

[42]) Vgl. Bestimmungen über die Verwaltung der Staatsjagden § 31 Abs. II. — S. Berger i. Verwaltgs.-Arch. Bd. I S. 108: Es ist eine Erscheinung der neueren Zeit, daß Gastwirthe größere Jagden pachten und in denselben nach Wunsch jedem ihrer Gäste die Jagdausübung gegen Entgelt gestatten. Ein Urtheil des pr. Kamm.-Ger. vom 21. November 1887 (Jhrb. VII S. 274) erklärt: die entgeltlicher Weise erfolgende Ertheilung von Jagderlaubnißscheinen (s. hiezu Art. 23 Ziff. 6 d. J.-G. neuer Fassung) steht rechtlich einer unzulässigen Afterverpachtung gleich.

[43]) Bl. f. a. Pr. Bd. XXXVII S. 152.

steigerung und dem Versteigerungstermine Kenntniß erhalten, sondern die Theilnahme muß jedem, unbestimmt welchen und wievielen Steigerern ermöglicht sein.[44])

Die V.-V. z. J.-G. § 6 ordnen an, daß jeder Jagdversteigerung in einem Gemeindebezirke eine öffentliche Bekanntmachung in einem öffentlichen, für die betreffende Gegend gangbaren Blatte und mittels Anschlags an dem Gemeindehause mindestens 14 Tage vor dem Versteigerungstermine vorauszugehen habe. Diese Bestimmung entbehrt jedoch der gesetzlichen Unterlage.[45]) Es wird daher in Wahrung der Voraussetzung „der Oeffentlichkeit des Versteigerungsaktes" auf vorgängiger und rechtzeitiger öffentlicher Bekanntmachung zu bestehen, die Wahl der Form und des Zeitpunktes der Bekanntmachung aber dem Ermessen der Gemeindeverwaltung (des Magistrats) anheim zu stellen sein. Die Bekanntmachung kann hienach durch Einrückung in öffentlichen (Lokal- oder sonst in der Gegend mehr gelesenen) Blättern oder durch Anschlag an der Gemeindetafel erfolgen. Letztere, sowie sonst herkömmliche Bekanntmachungsarten[46]) allein werden sich schon im Interesse der Gemeinde und ihrer Grundbesitzer weniger empfehlen, das doch die Verständigung eines weiteren Interessentenkreises von Jagdliebhabern in der Regel voraussetzt. Jedenfalls muß die Bekanntmachung so zeitig erfolgen, um im Allgemeinen die Annahme zu rechtfertigen, daß etwaige Interessenten sich noch genügend von Zeit und Bedingungen des Verpachtungsaktes unterrichten konnten. Die Bekanntmachung muß das Pachtobjekt (insbesondere Lage, Umfang und Eintheilung)[47]) sowie Bestimmung der Zeit und des Orts des Versteigerungsaktes enthalten. Für die Zeitbestimmung wird sich in Anbetracht der heutigen Verkehrsverhältnisse die Angabe nach mitteleuropäischer (Normal-) Zeit empfehlen. Oertliche oder zeitliche Verlegung des Versteigerungstermins muß so rechtzeitig erfolgen, daß die Interessenten in der Lage sind, dem veränderten Termine beizuwohnen.[48])

Bei Abhaltung des Termines selbst ist der bekannt gemachte Ort und die bekannt gemachte Zeit des Beginnes der Verstei-

---

[44]) Min.-Entschl. v. 31. Januar 1863, 14. Oktober 1865 und auch Min.-Entschl. v. 21. Juli 1852 (untfrk. Kr.-J.-Bl. S. 658).

[45]) Min.-Entschl v. 15. Juni 1850 Ziff. 2 (Döll. V.-O. S. Bd. XXVI S. 19 ff.); Verh. d. Abg.-K. 1849/50 Sten. Ber. Bd. II S. 134.

[46]) Auch spezielle Kundgabe an die einzelnen Gemeindeglieder bezw. Grundeigenthümer. S. Min.-Entsch. v. 26. Juli 1852 (vgl. Note 264).

[47]) Die ausdrückliche Aufführung der Eigenjagdbezirke in Bekanntmachung und Pachtvertrag erscheint nicht geboten, s. bayer. Gemeindezeitung VI (Jhrgg. 1896) S. 12.

[48]) Vgl. einen prakt. Fall i. d. bayer. Gemeindezeitung IV (Jhrgg. 1894) S. 131.

gerung genau einzuhalten. Vorzeitiger Anfang könnte nach Umständen als eine Beschränkung in der Zulassung von Pachtliebhabern erachtet werden.

Vor Eintritt in den Versteigerungsakt ist den Steigerungslustigen eine kurze Beschreibung des Pachtobjekts nach Lage, Beschaffenheit (Feld, Wald, Wasser) und Umfang, insbesondere der Grenzen unter Hinweis auf das etwaige Vorhandensein von der Gemeindejagd ausgenommener Eigenjagdbezirke, ferner die Eintheilung in Unterbezirke (Jagdbögen) zu eröffnen und gegebenen Falles darauf aufmerksam zu machen, daß gemäß Art. 3 J.-G. vom Gemeindejagdbezirke ausgeschlossene Grundbesitzungen vorhanden sind.[49]

Hierauf sind die Pachtbedingungen mit dem besonderen Hinweise darauf bekannt zu geben, daß der Zuschlag an den Meistbietenden nur unter der Voraussetzung seiner Jagdkartenfähigkeit und unter Vorbehalt der Genehmigung der Gemeindeversammlung bzw. des Magistrats und der Gemeindebevollmächtigten ertheilt werde und daß aus der Versagung dieser Genehmigung den Meistbietern keinerlei Rechts- und Ersatzansprüche erwachsen können.[50])

Von auswärtigen nicht amtsbekannten Steigerern kann auch Nachweis über deren Zahlungsfähigkeit verlangt werden.

Die Leitung der Versteigerung obliegt in Gemeinden mit Landgemeindeverfassung dem Bürgermeister oder dessen gesetzlichen Stellvertreter (Beigeordneten ꝛc.), in Gemeinden städtischer Verfassung dem Bürgermeister bzw. dem Stellvertreter desselben oder dem von Ersterem hiezu beauftragten Magistratsmitgliede oder Gemeindebeamten.[50a])

Bei Abhaltung der Versteigerung ist darauf zu achten, daß die öffentlich bekannt gemachte Zeit (Stunde) des Beginnes eingehalten und nicht vor derselben in den Verstrich getreten, ebenso daß das bekannt gemachte Versteigerungslokal benützt oder doch bei einem unvermeidlichen sofortigen Lokalwechsel für entsprechende Verständigung der sich zur Verhandlung einfindenden Steigerungslustigen gesorgt werde, da z. B. eine Früherlegung des Verstrichs oder eine Aenderung des Lokals ohne die angedeutete Obsorge für Verständigung der Interessenten nach Umständen als unzulässige Beschränkung oder Ausschluß der Theilnahme — insbesondere auswärtiger Pachtliebhaber erachtet werden könnte. —

---

[49]) Vgl. Bestimm. über die Verwaltung der Staatsjagden § 23.

[50]) V.-V. z. J.-G. § 6 Ziff. 5. Besitzt der Meistbietende die persönlichen Erfordernisse (Jagdkartenfähigkeit) nicht, so ist der ihm im Pachtgebote zunächst Vorangehende zum Pachte zuzulassen. — S. a. bayer. Gemeindezeitung VI (Jhrgg. 1896) S. 452.

[50a]) S. a. bayer. Gemeindezeitung II (Jhrgg 1892) S. 112.

Zu beachten ist ferner, daß der Zuschlag dem Meistbietenden ertheilt werden muß (Art. 7 Abs. I J.-G.), daher für den Zuschlag — vorbehaltlich der Jagdkartenfähigkeit — nicht die Person des Bieters, sondern nur die Höhe des von ihm gelegten Verstrichsgebotes entscheidend ist. Ist der Meistbietende nicht unbedingt jagdkartenfähig, oder obwalten bezüglich seiner Zahlungsfähigkeit begründete Bedenken, so kommt das nächste Gebot zum Zuge.[51])

Bezüglich der Theilnahme an Versteigerungen von Jagdbezirken ist auf die rechtlichen Wirkungen eines Manövers hinzuweisen, welches nicht selten angewendet wird, um die unliebsame Konkurrenz Steigerungslustiger zu beseitigen.

> H. hielt bei der Versteigerung der Gemeindejagd von W. den Pachtlustigen K. von einem höheren Angebote dadurch ab, daß er ihm versprach, ihn als Mitpächter anzunehmen, oder einen Theil der Jagd abzutreten. Hinterher unterließ jedoch H. die Erfüllung dieses Versprechens.

Wenn auch die Beeinträchtigung einer öffentlichen Versteigerung dadurch, daß ein Anderer durch Zusicherung oder Gewährung eines Vortheils vom Mitbieten abgehalten wird, nicht mehr strafrechtlich verboten ist, so sind doch zur Beeinträchtigung von Versteigerungen geschlossene Uebereinkommen und Verträge, wenigstens dann als gegen die Gesetze oder Verordnungen des Staates gerichtet zu betrachten, wenn es sich um Versteigerungen handelt, deren Vornahme nach den Gesetzen zu erfolgen hat oder auf Grund der Gesetze oder gesetzmäßig erlassenen Verordnungen angeordnet ist.[52]) Mit der Anordnung der öffentlichen Versteigerung verfolgt das Gesetz nur den Zweck, durch freie Konkurrenz der (Pacht-) Liebhaber in möglichst sicherer Weise den nach Zeit und Umständen wirklich bestehenden (Pacht-) Wert zu erreichen. Diesem Gesetzeszwecke tritt ein Uebereinkommen, welches darauf berechnet ist, Steigerungslustige vom Mitbieten abzuhalten und damit die freie Konkurrenz zu schmälern, geradezu entgegen. Es gefährdet auch Vermögensrechte Dritter und stellt sohin, da es nur darauf berechnet ist, den eigenen Vortheil eines (Pacht-) Liebhabers auf eine der öffentlichen Ordnung zuwiderlaufende Weise zu fördern, sich als eine Handlung dar, welche gegen die guten Sitten verstößt. Ein solches Uebereinkommen erscheint aber rechtlich unstatthaft und daher nichtig. Hiebei ist es unerheblich, ob derjenige, welcher auf einen solchen Vertrag eingegangen ist, einen wirk-

---

[51]) V.-V. z. J.-G. § 6 Ziff. 5.

[52]) E. d. b. O.-G.-H. v. 12. Februar 1876 und 25. Mai 1877 Bl. f. R.-A. Bd. XLI S. 159 und XLII S. 253.

lichen Vortheil erreicht oder ein Dritter eine greifbare Schädigung erlitten hat oder nicht.[53]) Diese Rechtsanschauung hat auch jetzt im Hinblicke auf § 138 B. G.-B. ihre Geltung und wenn auch eine derartige Handlungsweise zunächst zur Grundlage einer staatsaufsichtlichen Beanstandung des Verpachtungsaktes nicht genommen werden sollte, was übrigens im Hinblick auf Art. 7 Abs. I J.-G. mit § 6 Abs. IV Ziff. 3 V.-V. z. J.-G. nicht ausgeschlossen erscheint, so steht jedenfalls der Gemeinde und den übrigen Mitbietern die zivilrechtliche Anfechtung eines auf solche Weise zu Stande gekommenen Verpachtungsaktes offen.

Ueber die Versteigerungsverhandlung ist ein Protokoll zu errichten, welches insbesondere die Konstatirung über Zeit und Ort des Verstrichsaktes, über die erfolgte nähere Beschreibung der Pachtobjekte, ferner die geschehene Bekanntgabe der Pachtbedingungen und des Aufwurfspreises, die Angebote der Pachtliebhaber, das Meistgebot und die Feststellung der Jagdkarten- (und bzw. Zahlungs-) Fähigkeit des Meistbietenden sowie über die Ertheilung des Zuschlags enthalten muß.[54])

Dieses Pachtergebniß nebst etwaigen Belegen ist der gemeindlichen Beschlußfassung zu unterstellen und zwar in Gemeinden mit Landgemeindeverfassung der Gemeindeversammlung, in Gemeinden mit städtischer Verfassung der Genehmigung des Magistrates und des Kollegiums der Gemeindebevollmächtigten. Da gemäß Art. 146 Abs. II der rechtsrh. Gmde.-Ordg. in Landgemeinden der Gemeindeversammlung zur Berathung und Beschlußfassung von der Gemeindeverwaltung bestimmte Anträge vorzulegen sind, muß das Pachtergebniß durch den Bürgermeister zunächst dem Gemeindeausschusse zur beschlußmäßigen Feststellung mitgetheilt werden, ob der Gemeindeversammlung Antrag auf Genehmigung oder Verwerfung des Pachtergebnisses vorzulegen sei.[55]) Die Gemeindeversammlung ist an diesen Antrag des Gemeindeausschusses nicht gebunden. Es steht ihr aber nicht zu, an Stelle des zur Vornahme der Jagdverpachtung allein zuständigen Gemeindeausschusses und im Widerspruche mit demselben selbstständig eine Verpachtung der Jagd zu bethätigen und die vom Gemeindeausschusse festgesetzten Bedingungen abzuändern.[56]) Die Gemeindeversammlung hat nur durch Mehrheitsbeschluß nach freiem Ermessen zu entscheiden, ob die Genehmigung zur Verpachtung nach Maßgabe des Verstrichsergebnisses ertheilt oder versagt werden wolle, ausgenommen die Fälle, wenn der Zuschlag einer nicht unbedingt jagdkartenfähigen Persönlichkeit ertheilt

---

[53]) S. d. Gemeindezeitung VI (Jhrgg. 1896) S 72.
[54]) A. a. O. § 6 Ziff. 13 lit. c.
[55]) Art. 146 Abs. II d. Gmde.-Ordg., V.-V. z. J.-G. § 6 Ziff. 8.
[56]) Entsch. d. V.-G.-H. v. 16. Februar 1891 S. XIII S. 43.

wurde oder die Pachtbedingungen im Widerspruche mit gesetzlichen Vorschriften (s. o.) stehen. Hier muß die Gemeindeversammlung die Genehmigung des Pachtergebnisses versagen.[57]) Die Gemeindeversammlung ist übrigens an ein bei der Versteigerung gelegtes Meistgebot nicht unbedingt gebunden, sondern kann einem an sie durch den Ausschuß vor oder während der Gemeindeversammlung gelangten höheren Nachgebote ihre Zustimmung ertheilen. In diesem Falle würde sich allerdings die Verpachtung als eine im Vertragswege geschehene darstellen und, wenn in der Versammlung nicht alle stimmberechtigten Bürger anwesend sind, im Hinblicke auf Art. 7 J.-G. und Art. 146 Abs. I Gmde.-Ordg. die Anberaumung einer weiteren Gemeindeversammlung nothwendig werden.[58]) Ebenso kann die Gemeindeversammlung ohne Rücksicht auf das ihr vorgelegte Verpachtungsergebniß einer Versteigerung nach einzelnen Jagdbogen die Verpachtung des Gemeindejagdbezirks im Ganzen und umgekehrt ohne Rücksicht auf das Ergebniß der Versteigerung des ungetheilten Gemeindejagdbezirks eine Verpachtung in Unterbezirken beschließen.[59])

In Gemeinden mit städtischer Verfassung hat zunächst der Magistrat über das Versteigerungsergebniß Plenarbeschluß zu fassen und diesen seinen Beschluß dem Kollegium der Gemeindebevollmächtigten mitzutheilen (s. o. S. 100).[60])

Da die Ertheilung der Genehmigung sowie — abgesehen von dem Falle einer Gesetzwidrigkeit in der Verpachtung — auch die Versagung dieser Genehmigung in den Bereich der gemeindlichen Selbstverwaltung fällt, kann dieselbe staatsaufsichtlich nicht erzwungen werden und erwächst einem Meistbietenden aus dem Zuschlage weder ein Rechts- noch ein Entschädigungsanspruch gegenüber der Gemeinde, noch steht ihm gegen die Versagung der Genehmigung eine Beschwerde im Verwaltungswege zu. Die Genehmigung gesetzwidriger Verpachtungen kann hingegen vom Betheiligten mittels Beschwerde wegen Verletzung einer Rechtsnorm angefochten werden.[61])

---

[57]) Muß die Genehmigung versagen bei Meidung der Beanstandung des Vertrages als eines von Rechtswegen ungiltigen und nichtigen.

[58]) Bl. f. a. Pr. Bd. XVI S. 372 und bayer. Gemeindezeitung VIII (Jhrgg. 1898) S. 531.

[59]) Auch hier würde ein Kontraktabschluß an die Stelle der Versteigerung gesetzt und zu dessen Genehmigung, wenn nicht alle stimmberechtigten Bürger anwesend sind, eine neue Gemeindeversammlung einzuberufen sein, vgl. bayer. Gemeindezeitung nach Ausführung in Note 58.

[60]) Art. 102 Abs. III, Art. 112 Abs. I d. Gmde.-Ordg.

[61]) Bl. f. a. Pr. Bd. XVI S. 103 ff.

b) Vergebung der Gemeindejagd im Vertragswege.

Wie schon oben (s. S. 102) ausgeführt, enthält Art. 7 Abs. I mit II J.-G. keineswegs eine Zwangsvorschrift. Die Versteigerung wird zwar als Regel aufgefaßt, weil auch die Gemeinde diese Verpachtungsform zumeist vorziehen wird; nimmermehr aber soll die Gemeinde an diese Form gebunden sein. Derselben steht die freie Wahl zwischen beiden Verpachtungsformen offen und wenn auch die Gemeinde die besonderen Gründe, welche sie zum Abgange von der Regel und zur Wahl der Vertragsform bestimmen, anführen soll, so unterliegen doch weder die Gründe der Wahl noch diese selbst, weil dem Selbstverwaltungsrechte der Gemeinde anheim stehend, einer staatsaufsichtlichen Würdigung und Einwirkung. Die Gemeinde kann nicht gezwungen werden, die Jagd statt der Vergebung durch Vertrag mittels Versteigerung zu verpachten.[62]

Bei Vergebung der Jagd im Vertragswege ist die Gemeinde in Ansehung der Person des oder der Pächter zwar an die Vorschrift des Art. 7 Abs. IV J.-G. gebunden, wonach die Verpachtung nur an Jagdkartenfähige stattfinden darf, nicht aber verpflichtet, ein Meistgebot zu berücksichtigen, wenn sie persönliche oder sachliche Gründe gegeben erachtet, einem Minderbietenden den Vorzug zu gewähren.

Die Verpachtung durch Kontraktabschluß muß vor Bethätigung der Verpachtungsverhandlungen von der Gemeindeversammlung (den beiden städtischen Kollegien) beschlossen werden.[63] Die Durchführung der Verpachtungsverhandlungen selbst obliegt dem Gemeindeausschusse (Magistrat). Das Verpachtungsergebniß ist der Gemeindeversammlung zur Genehmigung vorzulegen. Bezüglich der Pachtbedingungen, welche dem Vertragsabschlusse zu Grunde gelegt werden, gilt dasselbe, was oben bezüglich der Bedingungen einer Verpachtung im Versteigerungswege gesagt ist.

---

[62]) Verh. d. Abg.-K. 1849/50, Sten. Ber. Bd. II S. 134; E. d. V.-G.-H. S. IV S. 134; b. Gemeindezeitung VI (Jhrgg. 1896) S. 472, 473.

[63]) V.-V. z. J.-G. § 6 Ziff. 3; s. a. Min.-Entschl. v. 21. Juli 1852 (unterfr. Kr.-Int.-Bl. S. 658). Zweckmäßig wird sich der Gemeindeausschuß schon vor Einleitung der die Verpachtung bezielenden Vorbereitungsakte darüber vergewissern, ob die Gemeindeversammlung die Versteigerung oder Kontraktabschluß wünscht und letzteren Falles durch geeigneten Antrag sofort die entsprechende Beschlußfassung der Gemeindeversammlung herbeiführen. § 6 d. V.-V. z. J.-G. bemerkt in Ziff. 3 Abs. II lit. b, daß ein solcher Beschluß nicht erst im Versteigerungstermin oder so kurz vorher gefaßt oder eingeleitet werde, daß die bereits erfolgte öffentliche Bekanntmachung über Verpachtung der Jagd nicht mehr zurückgenommen werden kann. Die Bemerkung kann jedoch nur als Direktive für den Gang der Verpachtungsverhandlungen betrachtet, derselben daher ein Einfluß auf die rechtliche Giltigkeit des Verpachtungsaktes nicht beigemessen werden.

c. Der Pachtvertrag.

Der Pachtvertrag bedarf zu seiner Entstehung, rechtlichen Giltigkeit und Verbindlichkeit derselben Voraussetzungen, wie jeder andere Vertrag und zwar zunächst nach bisherigem Rechte, welches für die unter seiner Herrschaft (also vor dem 1. Januar 1900) abgeschlossenen Verträge bis zu deren Ablauf oder Aufhebung gilt (Art. 171 E.-G. z. B.G.B.):

1. des übereinstimmenden Vertragswillens (consensus contrahentium), der Kraft besonderer Gesetzesvorschrift (Art. 7 Abs. II und III J.-G.) erst mit der Genehmigung der Gesammtgemeinde (Gemeindeversammlung) bezw. der beiden städtischen Kollegien als vorhanden gilt;

2. der Uebereinstimmung des Vertragsinhaltes mit den gesetzlichen Bestimmungen; der Inhalt des Pachtvertrags darf nicht gegen gesetzliche Vorschriften verstoßen, kein gesetzwidriger sein. Ein Pachtvertrag gesetzwidrigen Inhalts ist von Rechts wegen (ipso jure) nichtig, auch wenn er unter Beobachtung der gesetzlichen Förmlichkeiten zu Stande gekommen ist und deshalb in formeller Hinsicht nicht beanstandet werden kann. Als solche Ungiltigkeitsgründe in Folge Gesetzwidrigkeit kommen vor Allem in Betracht: unentgeltliche Ueberlassung der Gemeindejagd an den Pächter, die Verpachtung an nicht jagdkartenfähige Personen, Zulassung von mehr als 3 Pächtern für einen Jagdbezirk (oder Jagdbogen), Bildung von Jagdbezirken unter dem gesetzlich festgesetzten Mindestumfang.[64])

Pachtbedingungen, welche zwar nicht ungesetzlich sind, aber den Pacht erschweren und darauf berechnet sind, durch ihre Strenge oder Unannehmbarkeit für Jagdfreunde Pachtlustige abzuschrecken, können nicht beanstandet werden. Das J.-G. geht hier von der Anschauung aus, daß es der Gemeinde unverwehrt sein soll, bei der Verpachtung Bedingungen in den Vertrag zu setzen, womit ein Pächter sich nicht gerne vertragen mag, und bietet keine Handhabe, solche, dem Gesetzesbuchstaben nicht zuwiderlaufende, aber den Pacht erschwerende Bedingungen zu streichen oder abzuändern.[65])

3. der Handlungsfähigkeit des Pächters. Eine Reihe handlungsfähiger Personen ist durch administrative Vorschriften von der Pachtung von Jagden ausgeschlossen oder in derselben beschränkt. Die Betheiligung der Bezirksbeamten an Jagdpachtungen innerhalb ihres Amtsbezirkes ist nur mit jederzeit widerruflicher Genehmigung der vorgesetzten Kreisregier-

[64]) V.-V. z. J.-G. § 6 Ziff. 6 mit Art. 5, 7, 8, 10, 12, 13 J.-G.

[65]) Vgl. Trunk a. a. O. Note 18 z. Art. 7 J.-G. mit Brater a. a. O. S. 35.

ung gestattet.[66]) Die subalternen Finanzbeamten bedürfen zur Jagdpachtung des Konsenses ihrer vorgesetzten Stellen und sind in der Regel nur zur Pachtung solcher Jagden zuzulassen, die ganz oder größtentheils in ihrem Dienstbezirke liegen und einen nicht zu großen Umfang haben. Forstmeister und Förster dürfen in der Regel Gemeindejagden nur insoweit erpachten, als solche einen Schutz für den Auslauf des Wildes aus den Staatsjagden gewähren. Solche Jagden dürfen nicht von der Hauptwaldmasse ihres Dienstbezirkes soweit abliegen oder so umfangreich sein, daß deren Beschützung und Betrieb nachtheilige Rückwirkungen auf den Dienst befürchten lassen. Forstbedienstete, welche die Pachtung von Gemeinde- oder Privatjagden innerhalb ihrer speziellen Dienstbezirke oder doch in unmittelbarer Nähe derselben beabsichtigen, haben von nun an bei der vorgesetzten Kreisstelle um die Erlaubniß hiezu für jeden einzelnen Jagdbezirk unter Angabe des Pachtanfanges auf bestimmte Zeitfrist nachzusuchen. Unter allen Umständen dürfen vom k. Forstpersonale Gemeinde- oder Privatjagden nur im Wege der öffentlichen Versteigerung erpachtet werden,[67]) Erpachtungen unter der Hand sind unstatthaft. Den Schullehrern ist die Pachtung von Jagden im Umfange ihres Schulsprengels unbedingt verboten, außerhalb des Schulsprengels aber nur nach eingeholter Bewilligung der vorgesetzten Distriktsschulinspektion gestattet. Die Disziplinarbehörden sollen aber unter entsprechender Ueberwachung darauf sehen, daß dadurch die Dienstespflichten nicht vernachlässigt werden und gegebenen Falles einschreiten.[68]) Der Gendarmeriemannschaft ist die Pachtung von Jagden nicht gestattet.[68a])

Der Pachtvertrag ist, wie schon oben (S. 96) ausgeführt, seiner rechtlichen Natur nach ein Miethvertrag, durch welchen die Gemeinde als gesetzliche Vertreterin der Grundeigenthümer ihres Bezirks sich verpflichtet, dem Pächter auf einem bestimmten Grund-

---

[66]) Min.-Entschl. v. 31. März 1866 (Weber VI S. 605).

[67]) Min.-Entschl. v. 6. April 1865 (F.-M.-Bl. S. 103), Fin.-Min.-Entschl. v. 20. Mai 1867 (Fin.-Min.-Bl. S. 111); Fin.-Min.-Entschl. v. 25. Mai 1885 Geschäftsanweisung für die Forstämter § 78: der Forstmeister darf ohne höhere Genehmigung keine Jagd pachten; desgl. f. Forstamtsassessoren v. 14. August 1885 § 47; für Forstamtsassistenten v. 8. Juli 1886 § 5; für die Förster v. 8. Juli 1886 § 38; für die Forstwarte, Forstgehilfen und Forstaufseher v. 19. Juli 1886 § 7 (nur dem Forstwart ist die Anpachtung einer Jagd gestattet); für die Waldwärter v. 8. Juli 1886 (denselben ist Jagdpachtung oder Mitpachtung nicht gestattet. Ausnahmen kann die Regierungsforstabtheilung genehmigen) s. Fin.-M.-Bl. 1885 S. 490, 730; 1886 S. 226, 170, 272, 236 — und Fin.-Min.-Entschl. v. 16. Dezember 1894.

[68]) Min.-Entschl. v. 30. April 1850 s. a. b. Gemeindezeitung VIII (Jhrgg. 1898) S 617.

[68a]) Dienstesvorschriften § 15.

besitze (im Gemeindebezirke), für eine bestimmte Zeit gegen einen gewissen Preis und unter gewissen Bedingungen die Jagdausübung, also sowohl die Befugniß dem Wilde nachzustellen, solches zu erlegen und in Besitz zu nehmen als den Wildstand zu hegen — zu übertragen, der Pächter aber sich verpflichtet, die Jagd nach Maßgabe der Vertragsbedingungen zu betreiben und hiefür ein Miethgeld — den Pachtschilling in der bestimmten Höhe und zu der bestimmten Zeit zu leisten.[69]

In Ermangelung besonderer Bestimmungen ist der Verpächter (die Gemeinde) verpflichtet, die ungehinderte Ausübung der Jagdberechtigung zu gestatten; für Ergiebigkeit der Jagd und einen gewissen Ertrag derselben haftet er nicht.[70]

Der Jagdpachtvertrag wird erst durch die Genehmigung der Gemeinde (Gemeindeversammlungsbeschluß, Beschluß der beiden städtischen Kollegien) perfekt. Vor Ertheilung dieser Genehmigung besteht kein Vertrag und kann daher der Pächter vor dieser Genehmigung zur Vornahme irgend welcher Jagdausübungshandlung auf dem das Pachtobjekt bildenden Grundbesitz als berechtigt nicht erkannt werden. Selbstverständlich beginnt die Jagdausübungsbefugniß des Pächters nicht mit dem Zeitpunkte der Genehmigung des Vertragsabschlusses, sondern erst mit der durch den Vertrag bestimmten Zeit des Anfangs des Pachtverhältnisses.[71]

Der Pachtvertrag erlischt

1. mit Ablauf der vertragsmäßig festgesetzten event. in Ermangelung solcher Festsetzung mit Ablauf der üblichen Pachtperiode.

2. durch außerordentliche Kündigung.[72]

---

[69]) E. d. O.-G.-H. i. Civ.-S. v. 18. Oktober 1880 S. VIII S. 568.

[70]) E. d. R.-G. v. 10. Januar 1890 E. i. C. S. XXIV S. 351; s. a. Zwinger u. Feld, Bd. X S. 283: es ist die Regel, daß die verpachtende Gemeinde für den Jagdertrag keine Gewähr leistet; aber es unterliegt auch keinem Zweifel, wie dieser Vorbehalt keine so weit gehende Auslegung erfahren darf, daß die Verpächterin, um Pachtlustige heranzulocken, wissentlich falsche Angaben zu machen befugt wäre. Von einem Pachtvertrage, zu dessen Abschluß der Pächter durch Vorspiegelung falscher oder Unterdrückung wahrer Thatsachen veranlaßt wurde, kann der Pächter gemäß § 123 B. G.-B. zurücktreten.

[71]) Trunk a. a. O. Note 21 zu Art. 7 J.-G.

[72]) Vgl. B. L.-R. Thl. IV c. 6 § 17 Nr. 3 „wenn Miether (Pächter) sich im Gebrauch der Sache ungebührlich verhält." Als einen solchen Fall erwähnt die bayer. Gemeindezeitung I (Jhrgg. 1891) S. 398 den heimlichen Verkauf aus Unvorsichtigkeit erlegter Rehgaisen Seitens des Pächters. Zu starker Wildstand in Folge Ueberhege gewährt kein außerordentliches Kündigungsrecht, da aus § 18 d. J.-Pol.-V.-O. Abhilfe geschaffen werden kann. S. bayer. Gemeindezeitung IV (Jhrgg. 1894) S. 181 und vgl. § 29 mit §§ 31, 36, 38 d. Vorschr. über die Verwaltung der Staatsjagden.

3. durch Einziehung der dem Jagdpächter ausgestellten Jagdkarte (Verlust der Jagdkartenfähigkeit s. o. S. 87) — Art. 22 Abs. I J.=G.[73])

4. durch den Tod des Pächters oder eines Mitpächters, soweit nicht der Vertrag ein Anderes bestimmt.[74])

5. mit der Bildung eines Eigenjagdbezirkes durch den Grundeigenthümer unbeschadet der Rechte eines Dritten durch Vertrag.[75])

Der Pachtvertrag nach dem B. G.B.

Auf die unter der Herrschaft des bisherigen Gesetzes entstandenen und noch fortwirkenden Rechtsverhältnisse findet das B. G.=B. Anwendung in Ansehung der Verjährung der vor dem 1. Januar 1900 entstandenen und noch nicht verjährten Ansprüche (Art. 169 E.=G. z. B. G.B.) mit dem Abmaße, daß Beginn, Hemmung und Unterbrechung der Verjährung für die Zeit vor dem 1. Januar 1900 nach den bisherigen Gesetzesvorschriften sich bestimmen, ferner auf die nach dem 1. Januar 1900 behufs Aufhebung von Verträgen geschlossenen Rechtsgeschäfte. Diese bestimmen sich, wenn nicht die Kündigung nach Inkrafttreten des B. G.B. für den ersten nach den bisherigen Gesetzen zulässigen Termin erfolgt ist, von diesem Termine ab nach den Vorschriften d. B. G.B. (Art. 171 E.=G. z. B. G.B.)

Diese Bestimmung greift Platz für auf unbestimmte Zeit abgeschlossene Pachtverträge mit vereinbarter Kündigungsfrist. Ist in einem solchen Vertrage der Kündigungstermin jährlich auf den 1. März vorgesehen, so mußte derselbe spätestens am 1. März

---

[73]) Bl. f. R.=A. Bd. XVII S. 47.

[74]) Die Frage ist eine bestrittene. Nach d. Bayer. L.=R. Thl. 4 Kap. 6 § 13 Ziff. 1 und 4 wird sich die oben geltend gemachte Anschauung rechtfertigen lassen, da das Jagdausübungsrecht, insoferne das letztere von dem persönlichen Erfordernisse der Jagdkartenfähigkeit und des Jagdkartenbesitzes abhängig ist, ein persönliches ist, das mit dem Tode des Jagdkarteninhabers erlischt. Aus diesem Gesichtspunkte läßt sich auch die analoge Anwendung der Bestimmungen des Art. 22 J.=G. auf den Fall des Ablebens des Jagdpächters begründen. Der Grund des Unterganges der persönlichen Voraussetzungen des Jagdausübungsrechts erscheint hier ohne Einfluß. — Vgl. hinsichtlich der Eigenschaftung des Jagdausübungsrechts als eines „persönlichen Rechts" E. d. O.=G.=H. i. C.=S. v. 18. Oktober 1880 S. VIII S. 568; E. d. V.=G.=H. v. 13. Juni 1882 S. IV S. 84; Deutsch. Jäger Bd. XIV S. 128 „das Recht der Jagdausübung ist ein höchstpersönliches, nach Absicht und Wortlaut des Gesetzes an die Person des Berechtigten gebundenes".

[75]) In den Fällen des Art. 2 Abs. I Ziff. 1, 2 und 4 J.=G. erlischt der Pacht sofort mit dem Eintritt der dinglichen Voraussetzungen der Berechtigung zur Selbstausübung der Jagd. Bezüglich der Verhältnisse bei Gemeindejagden s. unter II. „Einfluß des Ausscheidens eines Eigenjagdbezirkes aus dem Gemeindejagdbezirke auf die Fortdauer des Pachtvertrags".

1900 gekündigt werden, widrigenfalls das Vertragsverhältniß vom 1. März 1901 ab ausschließlich den Vorschriften d. B. G.B. unterliegt.

Zunächst sind jedoch für die durch den Vertrag begründeten Rechtsverhältnisse die Bestimmungen des Vertrags und der nach den bisherigen Rechtsregeln auszulegende Vertragswille maßgebend und treten die zur Anwendung zu bringenden Vorschriften d. B. G.-B. nur Mangels solcher Vertragsbestimmungen oder eines ersichtlichen Vertragswillens ergänzend in Kraft. Der Umfang der beiderseitigen Verpflichtungen bestimmt sich alsdann aus dem B. G.-B.; die aus dem bisherigen Rechtsverhältnisse bereits erwachsenen Ansprüche unterliegen aber diesen Vorschriften nicht und werden nicht durch dieselben berührt. Die Veräußerung von Grundstücken aus einem bereits vor dem 1. Januar 1900 verpachtet gewesenen Jagdbezirke berührt die Rechte des Jagdpächters nicht (Art. 172 Satz 2 E.-G. z. B. G.B.).

a) Entstehung des Vertrags nach dem B. G. B.

Zur Giltigkeit des Vertrags wird übereinstimmender Vertragswille hinsichtlich des Objektes, der Zeit und des Pachtschillings erfordert. Der Vertrag wird erst mit Genehmigung der Gemeinde perfekt (s. oben). Der Inhalt des Vertrags darf nicht gegen das Gesetz verstoßen, widrigenfalls er von Rechtswegen ungiltig ist (vgl. § 309 mit §§ 307 und 308 B. G.B.). Der Pächter muß geschäftsfähig sein (§§ 104—115 B. G.B.).

b) Seiner **rechtlichen Natur** nach ist der Jagdpacht ein Pachtverhältniß im Sinne des § 581 B. G.B. und nicht Miethe, da Gegenstand der letzteren nur Sachen, nicht aber Rechte sein können. Durch den Jagdpacht wird dem Pächter die wirthschaftliche Nutzung des Jagdrechts durch Jagdausübung gewährt.[76]) Da im Wesentlichen für den Pacht die Vorschriften über Miethe in Anwendung zu kommen haben (§ 581 Abs. II B. G.B.), so finden im Allgemeinen die schon oben entwickelten Grundsätze (s. S. 114) Anwendung.[77]) Insbesondere greifen aus dem B.

[76]) **Fränkel**, Mieth- und Pachtrecht S. 1 und 91 u. ff.

[77]) Archiv f. b"rgerl. Recht Bd. XV S. 271: Nach § 99 Abs. II B. G.B. gehören die jagdbaren Thiere zu der Au'beute, welche aus einem Grundstücke seiner Bestimmung gemäß genommen werden. Die entgeltliche Ueberlassung dieser **Früchte** ist **Pacht**, wie auch die Ausdrucksweise in § 835 Abs. II B. G.B. ergibt Der Jagdpächter hat demnach am Pachtlande den Besitz (§ 865 a. a. O.) Daß diese thatsächliche Gewalt sich nur auf die Erlegung von Wild erstreckt und der Verpächter das Pachtland in jeder anderen Beziehung besitzt, ist nichts besonderes. ein gleiches Verhältniß liegt vor, wenn Jemand einen Obstgarten pachtet, während der Verpächter das Gras oder Getreide in demselben für sich behält. Der Jagdpächter ist also im Sachbesitz und genießt auch nach § 865 B G.B. den Besitzschutz. — S. dazu **Reichel**,

G.B. Platz § 427, wonach mehrere Mitpächter im Zweifel (Mangels besonderer Vertragsbestimmung) für den Pachtschilling als Gesammtschuldner (solidarisch) haften; ferner §§ 705 u. ff. für Pachtkonsortien (Art. 10 Abs. I J.-G.); §§ 537 u. ff., welche die Gemeinde zur Abwehr von Störungen bei der Jagdausübung durch Dritte und zum Pachtnachlaß bei einer außergewöhnlichen, beim Vertragsabschlusse nicht voraussehbaren Veränderung der Benützungsart und hiedurch herbeigeführter dauernder Ertragsminderung verhalten.[78]) Durch Vertragsbedingung kann der Verpächter jedoch eine bezügliche Verpflichtung ausschließen.

c) Erlöschen des Vertrags.

Der Pachtvertrag erlischt

1. mit Ablauf der vertragsmäßigen Pachtzeit (§§ 564 mit 581 B. G.B.),

2. bei Eintritt des Kündigungsrechts ohne Kündigungsfrist und zwar Seitens der Gemeinde wegen gänzlichen oder theilweisen Rückstandes des Pächters mit der Zahlung des Pachtschillings für zwei aufeinanderfolgende Termine (§§ 554 mit 581 B. G.B.); seitens des Pächters, wenn ihm die Jagdausübung nicht rechtzeitig gewährt oder wieder entzogen wird (§§ 542, 581 B. G.B.);[79]) durch Ablauf der vereinbarten ev. gesetzlichen Kündigungsfrist bei unbestimmter Pachtzeit (Kündigung für den Schluß des Pachtjahres spätestens am 1. Werktag des 2. Halbjahres, mit dessen Ablauf der Pacht endigen soll — § 595 B. G.-B.).

3. im Falle Todes des Pächters durch Kündigung des Erben (ev. gemeinschaftlich mit den Miterben) nach Ablauf der vertragsmäßigen (bei unbestimmter Pachtzeit der gesetzlichen) Kündigungsfrist. Der Gemeinde steht jedoch ein solches Kündigungsrecht nicht zu (§§ 549 Abs. I, 581 und 596 B. G.B.). Der Tod eines Mitpächters gewährt dem oder den Mitpächtern kein Kündigungs-

---

„Begriff der Frucht" in Jherings Jahrb. f. Dogm. d. bürg. R. XLII S. 213 und ff.: Das erlegte Wild ist nur dann „Frucht", wenn es den Ertrag des Fundus repräsentirt; die Fruchtqualität des Jagdwildes setzt daher ein Jagdrevier voraus, der Fundus muß die Eigenschaft als Jagdgrund haben. So sei ein Hase, der dem Bauer vor den Pflug läuft, keine Frucht des Ackers. Vgl. hiezu a. a. O. XXIII S. 244: das Jagdwild an sich ist herrenlose Sache, der Okkupation unterliegend, nicht dem Fruchtbezuge, und ein solcher nur unter der Voraussetzung, daß der konkrete Fundus darauf angelegt sei, Wild als Fruchterträgniß zu liefern, z. B. ein Wildpark. — Petrazycki nennt das Jagdwild „Okkupationsfrüchte", a. a. O. S. 264.

[78]) Fränkel a. a. O. 22, 23.

[79]) Selbstverständlich kann § 542, gegenüber Art. 22 d. J.-G. nicht wirksam werden, s. Art. 69 E.-G. z. B. G.B. — Eine Versetzung des Pächters begründet kein Kündigungsrecht s. §§ 570 mit 596 Abs. III B. G.-B., vorbehaltlich einer abweichend vereinbarten Vertragsbedingung; vgl. § 29 lit. b der Vorschr. über Verwalt. d. Staatsjagden.

recht, da das Ausscheiden eines Mitpächters aus dem Pachtverhältnisse nicht die Wirkung hat, den ganzen Pachtvertrag aufzuheben, vielmehr in der Regel der Vertrag zwischen dem bleibenden Pächter und dem Verpächter seine Wirksamkeit beibehält. In Folge der Untheilbarkeit des Kündigungsrechtes kann in einem solchen Falle auch der Erbe eines Mitpächters das Vertragsverhältniß nicht durch einseitige Kündigung lösen.[80])

4. mit Eintritt einer vertragsmäßig festgesetzten auflösenden Bedingung (§ 158 Abs. II B. G.B.),[80a])

5. durch Einziehung der Jagdkarte eines Pächters (Art. 22 J.-G.),

6. in Folge der Bildung eines Eigenjagdbezirkes durch den Grundeigenthümer nach Maßgabe des Art. 2 Abs. I Ziff. 1, 2 und 4 J.-G.

Einzelne Fälle zur Erläuterung der rechtlichen Seite des Jagdpachts.

Die privatrechtliche Seite der Jagdausübung. In der Gemeindeflur S. lag eine 35 Tgwk. haltende Waldparzelle, die an einen außerhalb der Gemeindemarkung S. gelegenen Eigenjagdbezirk anstieß und vom Besitzer des letzteren angekauft wurde. Da damals die Gemeinde- und die Privatjagd an eine Person verpachtet waren, blieb es unerörtert, zu welchem der beiden Jagdbezirke die Parzelle gehöre. Als später die Eigenjagd und zwar mit der Parzelle an D., die Gemeindejagd an B. verpachtet wurde und D. das Jagdrecht auch auf der Parzelle ausübte, wurde von B. beantragt, ihn im rechtlichen Besitze der Gemeindejagd zu schützen und dem D. die Jagdausübung auf der Parzelle zu untersagen. Die 1. Instanz entschied, fragliche Parzelle sei als mit der Jagd der Gemeindeflur S. verpachtet nicht zu erachten, weil sie Eigenthum des Eigenjagdbesitzers sei.

Die 2. Instanz setzte diesen Bescheid außer Wirksamkeit, insoweit er ein Urtheil über das Recht zur Jagdausübung auf dem strittigen Grundstück enthält, weil der Polizeibehörde zu einem derartigen Ausspruche die Zuständigkeit fehle. Die Fragen, ob ein Grundstück mit einem anstoßenden Jagdbezirke des Eigenthümers vereinigt oder ob es von der Gemeinde zu dem Gemeindejagdbezirke gezogen werden dürfe, ob es in einem bestehenden Pachtvertrage mit inbegriffen sei oder nicht, seien privatrechtliche, zu deren Entscheidung die Gerichte allein zuständig erscheinen, da in Art. 1 J.-G. das Jagdrecht als Bestandtheil des Grundeigenthums erklärt und anerkannt sei. Die Einrede des B., daß

---

[80]) Bl. f. R.-A. Bd. LXII S. 381.

[80a]) S. a. oben Note 72 und Note 86 unten.

die Jagd auf der ganzen Gemeindeflur S. an ihn verpachtet sei, daß dabei jene Parzelle nicht ausgenommen worden, der Eigenthümer derselben trotz öffentlicher Ausschreibung und Versteigerung geschwiegen und die Absicht der Eigenjagdausübung nicht geäußert habe und daß an dem hieraus entstandenen Vertragsverhältniß zwischen ihm und der Gemeinde späterhin nichts mehr geändert werden könne, betrifft privatrechtliche Seiten; denn es fragt sich darum, ob der Eigenthümer eines in der Gemeindeflur liegenden Grundstücks privatrechtlichen Anspruch an dasselbe nach Art. 1 und 2 J.-G. geltend machen könne. Diese Frage kann aber ausschließlich nur vom Civilgerichte geprüft und entschieden werden.[81])

Ermäßigung des Jagdpachtschillings. Die von der Gemeinde M. beschlossene Ermäßigung des Jagdpachtschillings wurde vom Bezirksamte beanstandet. Die 2. Instanz betrachtet die Ermäßigung des Pachtschillings als die Auflösung des bestehenden und die vertragsmäßige Eingehung eines neuen Pachtvertrags auf die Dauer des früheren. Nach den Beschlüssen des Gemeinde-Ausschusses und der Gemeindeversammlung soll der Pachtschilling ermäßigt werden, weil das vor 4 Jahren durch Versteigerung erzielte Meistgebot den wahren Werth der Gemeindejagd weit überstieg und weil der jetzige Jagdpächter den Grundbesitzern wegen Schonung des Raubzeugs besonders angenehm ist. Gegen diese Gründe ist vom jagdpolizeilichen Standpunkte nichts einzuwenden. — Die Gesammtgemeinde O. hat durch Beschluß dem Pächter ihrer Gemeindejagd für die noch übrige Dauer des Pachts eine Ermäßigung des Pachtschillings zugestanden, weil die Jagd in den 6 Jahren seit Beginn des Pachtverhältnisses durch Rodungen u. dgl. bedeutend an Werth verloren habe. Die beschlossene Ermäßigung des Pachtschillings ist nach dem J.-G. als eine Auflösung des früheren Pachtverhältnisses und ferner als vertragsmäßiger Abschluß eines neuen Pachts anzusehen. Da die Gemeinde in Auflösung bestehender Pachtverträge (und in der Annahme einer Kündigung des Pächters) durch das J.-G. nicht beschränkt ist, war der Gemeindebeschluß in dieser Beziehung nicht zu beanstanden.[82])

Nachlaß des Pachtschillings. Der Pächter verlangt von der Gemeinde Ersatz bzw. Pachtnachlaß für den Schaden an seinem Jagdpachtrevier, welches dadurch verschlechtert worden ist, daß Militär dasselbe als Lagerplatz benützte und in Folge dessen das dort vorhandene Wild verscheucht, aber auch solches von den Soldaten gefangen wurde. Für diesen durch höhere

---

[81]) Bl. f. a. Pr. Bd. XV S. 88.

[82]) R.-E. v. 20. Juni 1868 Bl. f. a. Pr. Bd. XIX S. 8. — R.-E. v. 10. Juli 1868 Bl. f. a. Pr. Bd. XIX S. 10.

Gewalt verursachten Schaden habe die Verpächterin einzustehen. Die Gemeinde weigerte sich dessen. Der Kompetenz-Konfliktssenat entschied: der Pächter kann, wenn Theile der Sache durch höhere Gewalt zu Grunde gehen, nach Beschaffenheit der Umstände entweder Minderung des Pachtschillings oder Auflösung des Pachtvertrags verlangen. Nach Wesen und Natur dieses Vertrags muß diese Bestimmung auch für den Pacht unkörperlicher Sachen gelten und Platz greifen, wenn das Erträgniß der erpachteten Rechte in Folge höherer Gewalt zeitweise ganz ausbleibt oder in erheblichem Maße geschmälert wird. Hier handelt es sich um einen vom Pächter dem Verpächter gegenüber erhobenen, lediglich nach Grundsätzen des Civilrechts zu beurteilenden Anspruch, zu dessen Entscheidung die Gerichte berufen und zuständig sind.[83])

Entschädigungsforderung wegen Unmöglichkeit der Jagdausübung. Der Gemeindevorsteher von N. besaß eine von der übrigen Flurmarkung abgeschnittene Waldparzelle von 15 Tgwk. Flächeninhalt, welche von den Waldungen des A und B vollständig umschlossen ist, die jede für sich einen eigenen Jagdbezirk gemäß Art. 2 Abs. III J.-G. bilden, so daß für den Besitzer der eingeschlossenen Jagdparzelle die Jagdausübung auf derselben gesetzlich unmöglich ist. Deshalb beanspruchte dieser von den Besitzern der sein Eigenthum umschließenden Jagden Entschädigung. Der seinem Verlangen stattgebende bezirksamtliche Bescheid wurde als nichtig aufgehoben, da Art. 1 J.-G. das Jagdrecht als einen Ausfluß aus dem Eigenthumsrechte an Grund und Boden erklärt, die Klage des Gemeindevorstehers sich sohin als eine Entschädigungsforderung wegen Schmälerung von Eigenthumsrechten qualifiziere. Zu einem Ausspruche über solche Rechtsverhältnisse stehe aber den Verwaltungsbehörden eine Kompetenz nicht zu.[84])

Gewährleistungspflicht des Jagdpächters. Die Stadtgemeinde D. hat nach Abschluß des Vertrags über die Verpachtung eines Jagdbezirkes an Kl. eine Wiese, welche einen Theil dieses Jagdbezirks bildet, dem dortigen Reiter- und Rennverein zur Veranstaltung von Pferderennen, Einrichtung einer Trainirbahn, Abhaltung von Fuchsjagden und Volksspielen überlassen. Der Pächter stellte hiewegen Klage gegen die Stadtgemeinde als Verpächterin. Der Pachtzins (Schilling) wurde durch Urtheil entsprechend herabgesetzt und die Gemeinde schuldig erklärt, den betreffenden Theil des bezahlten Pachtzinses an den klagenden Pächter zurückzuzahlen. Die gegen dieses Urtheil eingelegte Re-

[83]) E. d. K. K. S. v. 18. März 1871. R.-Bl. 1871 S. 609.

[84]) Bl. f. a. Pr. Bd. XX S. 8; s. a. die im Deutsch. Jäger Bd. XXIII S. 192 und 210 mitgetheilten E. d. V.-G.-H. sowie die Ausführungen a. a. O. S. 198 über Gemeindejagd-Enklaven.

vision wurde mit der Begründung verworfen, daß für die Frage, inwieweit dem Jagdverpächter gegenüber dem Pächter eine Gewährleistung obliege, nicht die jagdgesetzlichen Vorschriften in Betracht kommen, sondern diese Frage Mangels vertragsmäßiger Bestimmungen nach den maßgebenden Grundsätzen des bürgerl. Rechts zu beurtheilen sei. Es haben daher die allgemeinen Regeln über Verträge und die Bestimmungen über Pacht und Miethe, soweit es die besondere Natur des Jagdpachtvertrags zuläßt, in analoge Anwendung zu kommen. Die Gewährleistungspflicht des Jagdpächters erstreckt sich grundsätzlich nur auf unbehinderte Ausübung der Jagd, derselbe haftet aber nicht für den Ertrag bezw. für Ergibigkeit der Jagd. Der Pächter muß sich weitere Veränderungen in der Benützung der Grundstücke des Jagdterrains, auch wenn diese auf die Art der Bejagung oder den Ertrag Einfluß hätten, gefallen lassen. Daraus ist jedoch nicht eine unbedingte Befugniß des Verpächters zu Veränderungen jeder Art zu folgern, vielmehr die Frage, ob eine solche im einzelnen Falle zulässig sei, mit Rücksicht auf die vorliegenden Umstände und namentlich auch auf die Erheblichkeit der eingetretenen Veränderungen nach den Grundsätzen der Billigkeit und des guten Glaubens, welcher die Erfüllung der Verträge gesetzlich beherrscht, zu beurtheilen. Hier liegt nun eine derart außergewöhnliche Benützung eines Theiles der Feldmark vor, daß sie beim Abschlusse des Vertrages nicht in den Bereich der Möglichkeit gezogen werden konnte. Diese Benützung hatte aber für den Jagdpachtbezirk unter dem Einflusse der örtlichen Verhältnisse die Folge, daß der hauptsächlich zur Fortpflanzung des Wildes geeignete Teil desselben hiezu nicht mehr oder nur in viel geringerem Maße dienen kann und hiedurch eine Minderung des Wildstandes eingetreten ist, welche nach zutreffend erscheinender Schätzung eine dauernde Verminderung des Jagdertrags um $^2/_5$ nach sich zieht. Für die Höhe des Pachtzinses ist aber in erster Linie der Ertrag maßgebend, welchen eine Jagd bieten kann und voraussichtlich erzielen läßt, es war daher den Grundsätzen der Billigkeit entsprechend auf Herabsetzung des Pachtzinses zu erkennen. Die Behauptung des Beklagten, daß dem Kläger ein Anspruch auf Pachtzinsminderung nicht, vielmehr nur auf Auflösung des Pachtvertrags und event. auf Schadensersatz zustehe, ist unhaltbar. Die Gemeinde ist als gesetzlicher Vertreter der Grundeigenthümer die richtige Beklagte, wenn Pächter Anspruch wegen vertragswidriger Beeinträchtigung der Jagd erhebt, und letzteren von sich abzulehnen nicht berechtigt.[85])

---

[85]) R.-G.-E. v. 10. Januar 1890; E. i. C.-S. Bd. XX S. 343 und Bolze Bd. IX S. 339. — Jur. Wochenschr. 1890 XIX S. 75 Nr. 21.

Entlassung eines Gemeindejagdpächters. Die Gesammtgemeinde N. beschloß auf Antrag des Gemeindeausschusses, dem bisherigen Pächter A ihre Gemeindejagd abzunehmen und dem Pachtliebhaber B. zu übertragen, weil A. vertragswidrig Hunde durch seinen Jäger habe schießen lassen. Das Bezirksamt beanstandete diesen Beschluß nicht und untersagte auf weiteren Antrag des Gemeindevorstehers dem Jäger Z. die fernere Begehung der Jagd, weil dem Pächter A., der ihn aufgestellt, die Jagd abgenommen worden sei. Auf Beschwerde des A. wurde diese bezirksamtliche Verfügung außer Wirksamkeit gesetzt mit der Begründung: daß der dem Jagdpächter gemachte Vorwurf der Vertragsverletzung keine jagdpolizeiliche Frage betreffe, daher nicht der Entscheidung der Verwaltungsbehörde unterstehe, sondern den Parteien, deren Austrag vor den Gerichten zu überlassen sei. Wenn aber die Verwaltungsbehörde das Recht des Pächters A als erloschen nicht ansehen könne, habe sie auch keine Befugniß, dem Jäger des Pächters die Begehung der Jagd zu verbieten, insolange nicht ein anderer Grund für ein desfallsiges Einschreiten der Polizeibehörde vorliege.[86])

Unentgeltliche Verpachtung der Gemeindejagd. Wegen des im Jahre 1848/49 so sehr zurückgegangenen Wildstands würde sich schwerlich ein Jagdliebhaber herbeigelassen haben, neben den Kosten der Jagdkarte noch einen nennenswerthen Jagdpacht zu bezahlen, und würde voraussichtlich im Wege der öffentlichen Versteigerung eine zu geringe Pachtsumme erzielt werden. Die Gemeinde beschloß deshalb, die Gemeindejagd auf die Dauer von 6 Jahren den seitherigen 3 Pächtern, welche Einwohner der Gemeinde sind, als gemeinschaftlichen Pächtern unentgeltlich zu überlassen. Der von 1. Instanz nicht beanstandete Beschluß wurde von der Regierung beanstandet und hiebei ausgeführt: Art. 4 J.-G. bestimmt ausdrücklich, daß in allen Fällen, in welchen die Grundeigenthümer das Jagdrecht nicht selbst ausüben können, die polit. Gemeinde dasselbe in ihrem Bezirke durch Verpachtung zur Ausübung zu bringen habe. Eine Verpachtung sei aber nach allgemeinen Rechtsgrundsätzen nicht denkbar, ohne bestimmten oder bestimmbaren Preis. Auf diese unbedingte Voraussetzung gründe sich auch die gesetzliche Vorschrift der Art. 8 und 9 J.-G. Die unentgeltliche Ueberlassung der Gemeindejagd an die Pächter auf eine Reihe von Jahren könne daher offenbar nicht als Verpachtung angesehen werden.[87])

Kündigung des Jagdpachtvertrags. Die Gemeindejagd der Landgemeinde N. ist vertragsmäßig auf unbestimmte Dauer jedoch mit genau festgesetzter Kündigungsfrist verpachtet.

---

[86]) Bl. f. a. Pr. Bd. XIX S. 12.
[87]) Bl. f. a. Pr. Bd. XV S. 93.

Der Gemeindeausschuß will nun diesen Vertrag kündigen, um für einen neuen bereits entworfenen Vertrag Raum zu schaffen. Die Gemeindeversammlung will zwar ebenfalls Aufkündigung des bestehenden Vertrags, aber nur um freie Hand zu bekommen, weshalb sie dem vom Gemeindeausschusse vorgelegten Vertragsentwurf die Genehmigung versagt. Dem widerstrebt der Gemeindeausschuß, der nur dann die Kündigung beschlossen haben will, wenn der von ihm beabsichtigte Vertrag die Genehmigung der Gesammtgemeinde erhält. Das Ergebniß ist, daß weder der vom Gemeindeausschuß noch der von der Gemeindeversammlung gewollte Vertrag ins Leben treten kann, sondern der alte bestehen bleibt. Der neue Vertrag könnte nur mit Genehmigung der Gesammtgemeinde perfekt werden, auf dem Entschluß des Ausschusses, den bestehenden Vertrag zu kündigen, hat die Gemeindeversammlung keinen Einfluß, da die Verpachtung des Jagdrechts zu den eigentlichen Gemeindeangelegenheiten zählt, welche von der Gemeindeverwaltung verwaltet werden (Art. 130 Gmdeordg.). Weder Art. 7 noch sonstige Bestimmungen des J.-G. räumen der Gemeindeversammlung eine Zuständigkeit zur Entscheidung über die Kündigung des Pachtvertrags ein, eine statutarische Ausdehnung der Zuständigkeit der Gemeindeversammlung kann hiefür nicht eingeführt werden (Art. 147 Abs. I mit 112 Gmdeordg.). — Eine wenn auch beschlußmäßig vom Gemeindeausschusse ausgesprochene Unterlassung der Kündigung ist kein nach Art. 7 J.-G. zu behandelnder Verpachtungsakt; denn dieser Beschluß würde nur aussprechen, daß die durch den früheren Vertrag des Pächters erworbenen Rechte des Pächters für eine bestimmte Zeitperiode nicht aufgehoben werden sollen. — Anders würde die Sache liegen, wenn der Ausschuß vor Ablauf der für Ausübung des Kündigungsrechts bestimmten Frist auf das Recht der seinerzeitigen Kündigung verzichten wollte. Ein solcher Beschluß würde eine Aenderung des Pachtvertrags, zu dessen Inhalt auch die Kündigungsklausel gehört, insoferne in sich schließen, als hiedurch die vertragsmäßige Kündigungsperiode verlängert würde. Darin müßte der Abschluß eines neuen Vertrags über einen Bestandtheil des bisherigen Vertragsverhältnisses erblickt werden. Die Giltigkeit einer solchen Neuregelung wäre auch von der Genehmigung der Gemeindeversammlung abhängig.[88])

Wirkung der Bildung eines Privatjagdbezirks gegenüber dem Gemeindejagdpächter. Die Stadtgemeinde W. hat ihre Forste durch Zukauf einer etwa $9^1/_2$ Tgwk. haltenden, in der Gemeindeflur Z. liegenden Parzelle arrondirt, die an einen zusammenhängenden Komplex von mehr als 240 Tgwk. bildenden W.'schen Stadtwaldungen in der Flur W. angrenzt,

[88]) Bl. f. a. Pr. Bd. XLII S. 236.

von Letzteren größtentheils aber nicht vollständig umschlossen ist (Art. 3 J.-G.). Die Stadt W. unterließ es bei der nächstfolgenden Gemeindejagdverpachtung, fragliche Parzelle ausdrücklich als Zugehörung der Gemeindejagd zu erklären, wozu sie befugt gewesen wäre, und verpachtete lediglich die „Jagd im Gemeindebezirk W." für 6 Jahre, so daß der Pächter der Letzteren kein Recht auf die Parzelle erwarb. Andererseits hatte die Gemeinde Z. ihre Jagd ohne besondere Erwähnung jener Parzelle verpachtet und ist auf diese Weise der Gemeindejagdpächter von Z. in den Bejagungsbesitz derselben gekommen. Später beanspruchte die Stadt W. Abtrennung der Parzelle von der Gemeindejagd Z. und Zutheilung zur Gemeindejagd W., wogegen die Gemeinde Z. und deren Jagdpächter Widerspruch erhoben. Die Kreisregierung sprach aus, daß es sich hier nicht um jagdpolizeiliche Fragen und Prüfung der Gesetzmäßigkeit der Verpachtungsverhandlungen drehe, sondern darum, ob ein Grundeigenthümer das bei Bildung der Gemeindejagdbezirke und Verpachtung der Jagd Seitens der einen wie der anderen Gemeinde nicht in Anspruch genommene Privatrecht der eigenen oder besonderen Jagdausübung gegenüber der Nachbargemeinde und deren Jagdpächter noch geltend machen oder im Gegentheile letztere, gestützt auf die aus dem Pachtvertrage entsprungenen Rechte diesem Anspruch mit Erfolg entgegentreten können. Hier handelt es sich nicht um den Anspruch, ob dieser oder jener als Pächter der einen oder anderen Gemeindejagd oder die Verpachtung selbst als rechtsbeständig anzuerkennen sei, sondern blos darum, ob und unter welchen Bedingungen die in Art. 1 Abs. I und Art. 2 Abs. III J.-G. anerkannte Eigenthumsbefugniß gegenüber einem Jagdpachtvertrage und dem auf diesen Vertrag sich berufenden Pächter und Verpächter rechtlich ausgeübt werden könne. Diese Entscheidung ist aber der Zuständigkeit der Polizei- und Verwaltungsbehörde entrückt.[89])

Wirkung einer Aenderung des Gemeindeverbands gegenüber dem Jagdpachtvertrag. Die Ortschaft F. wurde sammt der Ortsflur durch Ministerialentschließung von der politischen Gemeinde B. abgetrennt und der politischen Gemeinde A. einverleibt. Bei Erörterung der Jagdrechtsverhältnisse beanspruchte die Gemeinde A. im Einverständnisse mit den Ortsbewohnern von F. die sofortige Vereinigung der Ortsflur F. mit dem Gemeindejagdbezirk A., während die Gemeinde B. und deren Jagdpächter für die Dauer des abgeschlossenen Pachtvertrages, in dem mit Zustimmung der Bewohner von F. auch die letztere Ortsflur eingeschlossen wurde, Schutz im ungestörten Besitze des Gemeindejagdbezirks B. im vertragsmäßigen Umfange forderten. Die Distriktspolizeibehörde sprach aus, der Jagdpachtvertrag der

[89]) Bl. f. a. Pr. Bd. XVI, 369.

Gemeinde B. sei mit Umfluß des ablaufenden Pachtjahrs als aufgelöst zu betrachten und zur Neuverpachtung zu schreiten, in gleicher Weise habe die Gemeinde A. für Verpachtung der zugewachsenen Ortsflur F. Sorge zu tragen. Der Anspruch des Gemeindejagdpächters von B., für den Fall der Abtrennung der Flur F. eine Entschädigung gewährt zu erhalten, weil er die Jagd zum Zwecke ihrer Nachhaltigkeit bisher in ungewöhnlichem Maße geschont habe, wurde als gesetzlich unbegründet bezeichnet, gehöre aber, weil auf Privatrechtstitel gestützt, zum richterlichen Austrage. Die Berufungsinstanz entschied: Der Pächter der Gemeindejagd B. bleibt, solange die vertragsmäßig bestimmte Dauer des Vertrags währt, Pächter der Jagd auf der Gesammtflur der politischen Gemeinde B. nur daß jetzt die Ortsflur F. aufgehört hat, Bestandtheil der Gesammtflur folglich auch des Jagdbezirks B. zu sein. Wenn somit auch einerseits das Pachtverhältnis als solches gesetzlich fortbesteht, so hat doch der Gegenstand mit Rücksicht auf seinen Umfang und Werth eine solche Verminderung erlitten, daß nach allgemeinen Rechtsgrundsätzen der Pächter berechtigt erscheint, eine Herabsetzung des Pachtpreises zu verlangen oder beim Nichtgelingen einer Verständigung hierüber den Vertrag aufzulösen. Die Polizeibehörde, welche über die Gesetzlichkeit der Gemeindejagdausübung zu wachen hat, ist ohne Parteiantrag von Amtswegen verpflichtet, in einem solchen Falle für Klarstellung des Rechtsverhältnisses zu sorgen. Sie hat den Parteien über die gesetzliche Folge der eingetretenen Gemeindeverbandänderung Eröffnung zu machen und dieselben zur Erklärung über die Fortsetzung des eingegangenen Pachtvertrags sowie zum (event.) Abschlusse eines Vergleichs über eine etwaige Abminderung des Pachtschillings aufzufordern. Kömmt ein solcher Vergleich nicht zu Stande, so besteht über die Gegenleistung für die Pachthingabe, den Pachtpreis, keine Uebereinstimmung und, da diese Uebereinstimmung ein wesentliches Erforderniß des Vertrags, kein Pachtvertrag. Folglich wäre dann die Gemeindejagd pachtlos und die Polizeibehörde müßte für gesetzmäßige Neuverpachtung sorgen. In diesem Falle hätte nicht die Behörde den Pachtvertrag aufgelöst, sondern sie hätte nur das Vorhandensein dieses That- und Rechtsbestandes ausgesprochen und die Wiederherstellung eines gesetzmäßigen Verhältnisses betrieben. Im vorliegenden Fall besteht zwar Einverständniß zwischen der Gemeinde B. und ihrem Jagdpächter, aber beide wollen etwas Ungesetzliches, Ausdehnung der Jagdausübung über die Grenzen ihrer Gemeinde hinaus in einen Theil der politischen Gemeinde A. Diesem gesetzwidrigen Verlangen muß die Polizeibehörde entgegentreten und da die Betheiligten sich unter Berufung auf den Inhalt des früheren Pachtvertrags weigern, den gesetzlichen Zustand und die im Gegenstande des Vertrags eingetretene Aenderung anzuerkennen, besteht ein auf den gegenwärtigen Umfang der Gemeinde B. sich beschränkender Jagdpachtvertrag thatsächlich nicht und muß die Auflösung des mißbräuchlich angerufenen früheren Vertrags formell ausgesprochen werden und war insoweit der bezirksamtliche Bescheid zu bestätigen. Hinsichtlich der distriktspolizeilichen Verfügung an die Gemeinde A. für Verpachtung der zugewachsenen Ortsflur F. wurde bemerkt, daß von einer selbstständigen Verpachtung dieser Flur keine Rede sein könne, solange nicht etwa die Voraussetzungen des Art. 5 Abs. II (Satz 2) gegeben sind und die Gemeinde A. von der desfallsigen Ermächtigung Gebrauch macht. Demnach hat die Gemeinde A. für Ordnung des Pachtverhältnisses bezüglich der ganzen Gemeindejagd A. einschließlich der Ortsflur F. zu sorgen.[90])

II. Einfluß des Ausscheidens eines Eigenjagdbezirks aus dem Gemeindejagdbezirke auf die Fortdauer des Pachtvertrags. Das Jagdrecht des Grundeigenthümers ist Mangels der Voraussetzungen in Art. 2 und 3 J.-G. durch Art. 4 in Bezug auf die Ausübung beschränkt; es ist aber auch unzweifelhaft ein durch Gesetz begründeter Rechtssatz, daß beschränktes Eigenthum mit dem Augenblicke in ein unbeschränktes übergeht, in welchem die Beschränkung selbst hinwegfällt. Allein dessenungeachtet ist die Klage des N., welcher behauptet, einen 240 Tgwk. umfassenden, zur Selbstausübung der Jagd berechtigenden Gutskomplex zu besitzen, gegen den Jagdpächter auf sofortige Ueberlassung der an ihn von der Gemeinde verpachteten Jagd vor Ablauf der ausdrücklich stipulirten Jagdpachtzeit nicht gerechtfertigt. Es fragt sich nur, ob der in Rede stehende Pachtvertrag zwischen der Gemeinde und ihrem Jagdpächter X. aus dem Grunde seine Wirksamkeit verloren hat, weil seit dem Abschlusse des Vertrags die Voraussetzungen, unter welchen die Gemeinde gesetzlich zur Verpachtung des Jagdgebiets befugt war, hinweggefallen sind. Diese Frage ist entschieden zu verneinen. Nach dem hier in Anwendung kommenden B. L.R. und gem. R. hat die Veränderung

---

[90]) Bl. f. adm. Pr. Bd. XVII S. 215 ff. — In Ansehung der bezirksamtlichen Verfügung, die Auflösung des Pachtvertrags der Gemeinde B. auf den Zeitpunkt des Endes des laufenden Pachtjahres zu setzen, wurde bemerkt: die augenblickliche Auflösung des Jagdpachtverhältnisses würde zur Folge haben, daß in der Zwischenzeit bis nach erfolgter Wiederverpachtung die Jagd auf der gesammten Gemeindeflur ruhen müßte, was nicht in der Absicht des Gesetzes liege und auch bezüglich des Wildschadens unzulässige Folgen haben könnte. Folglich müsse die Polizeibehörde die Befugniß haben, in solchen Fällen ein Provisorium zu treffen oder die einstweilige Fortdauer des bisherigen Zustandes als Provisorium zu gestatten. Treffe es sich nun zufällig, daß ein Pachtjahr beiläufig zu demselben Zeitpunkt abläuft, bis zu welchem voraussichtlich der neue Pachtvertrag rechtskräftig abgeschlossen sein kann, so ist es äußerst zweckmäßig, die Auflösung des alten und des neuen Vertragsverhältnisses auf den Ablauf des Pachtjahres zu setzen.

der Umstände, unter welchen eine Verbindlichkeit eingegangen wurde, die Aufhebung derselben durch Eintritt anderer Voraussetzungen dann nicht zur Folge, wenn die Veränderung durch eigene Handlungen des Schuldners bewirkt wurde.[91]) Dieser Ausnahmsfall ist hier gegeben; denn die Veränderung der Umstände, unter denen der Pachtvertrag von der Gemeinde geschlossen wurde, hat ihren Grund in der späteren Erwerbung eines zusammenhängenden Grundbesitzes von 240 Tgwk. seitens des Klägers, welcher dem beklagten Pächter gegenüber als (gemäß Art. 4 und 7 J.=G. durch die Gemeinde vertretener) Verpächter, sohin als Schuldner bezüglich der Erfüllung des Vertrags nach seinem ganzen Inhalte und in Folge dessen auch hinsichtlich der festgesetzten Zeitdauer des Pachtverhältnisses erscheint.[92]) Es läßt sich auch nicht behaupten, daß die politische Gemeinde keine Berechtigung gehabt habe, den Pachtvertrag auf eine Zeitdauer abzuschließen, in welcher der Eintritt der in Art. 2 und 3 J.=G. vorgesehenen Voraussetzungen der selbstständigen Ausübung der Jagd durch den Gutseigenthümer als möglich vorauszusehen war. In Art. 4 ist der Gemeinde die Befugniß zur Verpachtung der Jagd überhaupt, also ohne jede Beschränkung eingeräumt. Sie war daher nicht nur berechtigt, sondern sogar verpflichtet, die Verpachtung auf bestimmte Zeitdauer vorzunehmen, wenn sich Pachtliebhaber zur Uebernahme des Pachts und zwar um einen möglichst hohen Pachtschilling bereit finden, was nur dann zu erwarten ist, wenn der Pacht auf mehrere Jahre bestimmt wird.[93])

Auch die Praxis des pr. Allg. L.=R. stellt sich auf den Standpunkt, daß das Anwachsen eines zusammenhängenden Grundbesitzes zu der zur Selbstausübung der Jagd befugenden Größe in Folge Zukaufs zwar von selbst das Ausscheiden der betreffenden Flächen als Eigenjagd aus dem Gemeindejagdbezirke zur Folge habe, diese Ausscheidung jedoch erst nach Ablauf der zeitigen Pachtperiode in Wirksamkeit trete. Der Umstand, daß ein zum Gemeindejagdbezirke gezogenes Grundstück zu einem Eigenjagdbezirke geschlagen wird, genügt nicht, um auch die von dem Gemeindejagdpächter in Ansehung des Grundstücks erworbenen Rechte zu beseitigen. Die Rechte Dritter, also insbesondere jene des Gemeindejagdpächters, dürfen durch solche Eigenjagdbildungen nicht beeinträchtigt werden; die Ausscheidung solcher Eigenjagdkomplexe aus der Gemeindejagd erfolgt zwar Kraft des Gesetzes, ohne daß es seitens des Erwerbers einer hierauf gerichteten

---

[91]) B. L.=R. Thl. 4 c. 15 § 12 Nr. 3 und Instit. § 2 de inut. stip. 3, 2; l. 83 § 5 Dig. de verbor. oblig. 45, 1.

[92]) B. L.=R. Thl. 4 c. 9 § 7 Nr. 1; l. 13 § 25 D. de act. cont. et vent. 19, 1.

[93]) Bl. f. R.=A. Bd. XXXIV S. 221.

besonderen Willenserklärung bedürfte, natürlich aber unbeschadet der bereits giltig von der gemeinsamen Vertretung der nicht eigenjagdberechtigten Grundeigenthümer (also der Gemeinde) früher abgeschlossenen Verträge.[94]) Eine gegentheilige Anschauung vertrat bisher neben einzelnen gerichtlichen Urtheilen, insbesondere

[94]) v. Selling, Jagdrecht i. Verwaltungs-Archiv Bd. VII S. 171 ff., woselbst folgende Beispiele aufgestellt werden: 1. Ein Grundeigenthümer erhöht seinen aus 250 zusammenhängenden Morgen bestehenden, einen Theil der verpachteten (Gemeinde-) Feldmark bildenden Grundbesitz durch Zuerwerb von 50 Morgen derselben oder einer anderen ebenfalls verpachteten Feldmark auf eine zusammenhängende Fläche von 300 Morgen (entsprechend den 240 bzw. 400 Tgwk. d. Art. 2 b. J.-G.). 2. Ein Grundbesitzer erwirbt zu einem zusammenhängenden Grundbesitz von 250 Morgen noch 50 Morgen aus einem benachbarten Eigenjagdbezirk, den dessen Eigenthümer einem Dritten verpachtet hat. 3. Der Besitzer eines Eigenjagdbezirks vergrößert diesen noch durch Zuerwerb einer weiteren Fläche aus einer benachbarten verpachteten Feldmark. — S. a. Dernburg, pr. Priv.-Recht Bd. I § 229 Anm. 13 S. 577. — E. d. Ob.-Trib. LXXVII S. 129 und v. 25. Nov. 1869 Rspr. Bd. X S. 740, ferner vom 28. März 1876, Striethorst, Arch. Bd. XCVI S. 5 sowie E. d. pr. O.-V.-G. vom 17. April 1890, pr. Verw.-Bl. Jhrgg. XIV S. 82. Das L.-G. Hirschberg (Schlesien), E. v. 7. Novbr. 1898, verurtheilte den Beklagten G. G., daß er dem Kläger N. gegenüber nicht berechtigt sei, vor Ablauf des Pachtvertrags des letzteren mit der Gemeinde P. die Jagd auf den bisher zum Gemeindejagdbezirk gehörigen, von ihm zu seinem Eigenjagdbezirk angekauften drei angrenzenden Grundstücken die Jagd auszuüben, daß er vielmehr sich die Ausübung der Jagd auf diesen Parzellen durch den Kläger als Jagdpächter gefallen zu lassen und jeder Störung derselben bei Vermeidung einer Geldstrafe zu enthalten habe. Durch den Eigenthumserwerb des Beklagten habe das gepachtete Jagdrecht des Klägers sein Ende nicht erreicht. Wenn auch mit der Auflassung der Parzellen an den Erwerber die Vertretungsbefugniß der Gemeinde erlösche, so erlöschen damit noch nicht diejenigen Rechte, welche die Gemeinde als gesetzliche Vertreterin des Grundbesitzers und Verkäufers in rechtsgiltiger Weise bestellt habe. Die Grundbesitzer seien an die durch ihre Vertreterin, die Gemeinde, geschlossenen Verträge gebunden und können ihre Grundstücke auch nur ohne das verpachtete Jagdrecht verkaufen, da Niemand mehr Rechte, als er selber hat, an andere übertragen kann. Der Beklagte habe deshalb die Parzellen nur mit dem Pachtrechte des Klägers belastet erwerben können. Diese Entscheidung wurde durch Urtheil des Oberlandesgerichts Breslau vom 1. März 1899 bestätigt. Zwinger u. Feld Bd. VIII S. 304. In gleichem Sinne sprach sich das O.-L.-G. Hamm, E. v. 21. November 1898 aus: der Pachtvertrag sei privatrechtlicher Natur und unterliege den Vorschriften d. A. L.-R., daß in der Regel Verträge ihrem ganzen Inhalte nach erfüllt werden müssen: daher sei der Jagdpächter berechtigt zu verlangen, daß ihm die Jagdausübung auf die Dauer des Pachtvertrags gewährt werde; a. a. O. IX Nr. 51 und X S. 393. Aus der bayer. Praxis vgl. hiezu E. d. Bezirksgerichts Donauwörth v. 30. Juni 1868, in der Appellations- und Obersten Instanz bestätigt: Art. 2 J.-G. enthalte kein Wort darüber, daß in dem einen oder anderen der Fälle, in welchen der Grundeigenthümer zur selbstständigen Jagdausübung berechtigt ist, auch die sofortige Aufhebung der bestehenden Pachtverträge eintreten solle. Eine ausdrückliche Bestimmung darüber wäre um so nothwendiger, als eine solche Wirkung eine dem Wesen der Verträge widersprechende, also ganz und gar abnorme wäre. Der Rechtssatz „Kauf bricht Miethe" könne nicht zur Geltung kommen, um den Pachtvertrag sofort aufzuheben, weil Kläger nicht etwa das

das preuß. Oberverwaltungsgericht.[95]) Nun hat sich auch der bayer. Oberste Gerichtshof der Auffassung des preuß. Oberverwaltungsgerichtshofes angeschlossen,[95a]) indem er aussprach, daß ein Grundbesitzer in dem Augenblicke, in welchem er Eigenthümer eines Komplexes von dem zur Selbstjagdausübung berechtigenden Flächeninhalte (240 Tgwk. im Flachland, 400 Tgwk. im Hochgebirg, 50 Tgwk. für Wasserjagden als Mindestmaß) wird, auch das Recht erlange, den bisher Jagdausübungsberechtigten von der Ausübung der Jagd auf seinem (des Erwerbers) Grundbesitze auszuschließen. Zur Begründung dieser Entscheidung wird unter Anderem Folgendes ausgeführt: das Recht des Eigenthümers, die Jagd selbst auszuüben, hänge von einer Beschaffenheit des Grundstücks ab, die dem Wechsel unterworfen ist, die im Laufe einer Pachtzeit eintreten und aufhören kann. Daß solche Aenderungen bis zur nächsten Verpachtung unberücksichtigt bleiben sollen, erscheint schon um deswillen bedenklich, weil die Dauer der Pachtzeit nicht gesetzlich bestimmt ist, die Gemeinden also nicht gehindert sind, Pachtverträge auf lange Zeiträume zu schließen. Es gehe, wenn ein neues Haus erbaut, ein unmittelbar an die Behausung stoßender Hofraum oder Hausgarten angelegt und

---

ganze zur selbstständigen Ausübung der Jagd erforderliche Areal erst käuflich erworben, sondern nur einzelne Grundstücke gekauft habe, mit deren Erwerb selbstverständlich die rechtliche Folge des Art. 2 J.-G. nicht verbunden sein könne. Bl. f. adm. Pr. Bd. XIX S. 142.

[95]) S. Urtheile d. pr. Ob.-Trib. v. 25. September 1867, 28. Okt. 1876, Oppenhof, Rspr. VIII S. 583 und vom 25. November 1869 Rspr. X S. 740; vgl. ferner E. d. pr. O.-V.-G. — Deutscher Jäger XXIII S. 45 u. vgl. hiezu ebenda XIII S. 86 und XV S. 1—3.

[95a]) Den Standpunkt dieser oberstrichterl. Entscheidung, vom 30. Nov. 1900 — Deutsch. Jäger XXIII S 45, Bl. f. R.-A. Bd. LXVI S. 315 und S. i. C.-S. I S. 267, nahm schon 1895 eine E. d. L.-G. Regensburg ein, die ausspricht: das Jagdrecht sei Ausfluß des Grundeigenthums und „Kauf breche Miete", der Käufer der zu einem Eigenjagdbezirke hinzu erworbenen Grundstücke werde daher sofort mit dem Erwerbe auf denselben jagdausübungsberechtigt, s. Deutsch. Jäger Bd. XVII S 256. Auch aus dem Gebiete des franz. Rechts liegt ein Urtheil d. O.-L.-G Köln vom 26. Januar 1897 (Arch. f. Civ.- u. Crim-R. d. Rheinprovinz Bd. XCI) vor, welches entschied, daß ein Grundbesitzer, welcher einen Eigenjagdbezirk bildet, auch vor Ablauf des Pachtvertrags berechtigt ist, diesen Grundkomplex vom Gemeindepachtjagd auszuschließen und selbst zu bejagen; s. Zwinger und Feld IX und X S. 393, 394. Vgl. a. bayer. Gemeindezeitung III (Jhrgg. 1893) S. 40: Sobald der Besitzer einer Gemeinde anzeigt, daß er sein Jagdrecht selbst ausüben will, darf dieselbe seinen Besitz nicht weiter mehr mitverpachten, wenn er auch dadurch vorerst nur einen Theil seiner Jagd selbst ausüben kann. (?) Ob vorher geschlossene gemeindliche Jagdverpachtungen zu lösen sind, ist durch die Gerichte zu entscheiden. Zu empfehlen ist stets gütliche Vereinbarung zwischen Gemeinde, Jagdberechtigtem und Jagdpächter, wobei der Jagdpacht um den nach der Tagwerkszahl auf den Jagdgrund des Selbstberechtigten treffenden Theil zu kürzen wäre, während der Jagdberechtigte keinen Antheil am Restpachtschilling hätte.

vollständig abgeschlossen wird, oder wenn eine Baumschule während der Pachtzeit angelegt und mit einer dichten Umzäunung und verschließbaren Thüren versehen worden ist, nicht an, daß der Jagdpächter noch jahrelang in dem Hofraum, Hausgarten oder in der Baumschule die Jagd ausübe.[96]) Anderseits würde der Zweck

---

[96]) Diese Ausführungen erscheinen nicht ganz zutreffend. Der Ausschluß von Grundstücken der in Art. 2 Abs. I Ziff. 1 und 2 J.-G. bezeichneten dinglichen Eigenschaften vom Gemeindejagdbezirke erfolgt nicht aus jagdpolizeilichen Rücksichten, sondern in der Absicht eines besonderen Schutzes des Hausfriedens und der aus dem Eigenthume entspringenden Berechtigung, ein Grundstück gegen den unbefugten Verkehr Dritter in äußerlich kennbarer Weise abzuschließen und dem also abgesperrten Grundbesitze eine ähnliche Befriedung wie dem Hause und dessen Zugehörungen zu sichern (Art. 2 Abs. I Ziff. 2 J.-G. mit § 903 B. G.B. und §§ 123 und 168 Nr. 9 St.-G.-B.). Hier würde die Ausübung der Jagd gegen den Willen des Grundeigenthümers eine Verletzung des Hausfriedens und der diesem ähnlich gestellten Besitzbefriedigung bilden. Die aus den Gesetzgebungsverhandlungen hervorgehende Absicht der Ziff. 1 und 2 des Art. 2 (Verh. d. Abg.-K. 1849/50 sten. Ber. Bd. II S. 90 u. ff.) schließt ein Recht des Gemeindejagdpächters zur Jagdausübung auf so beschaffenem Grundbesitze aus; der Pächter muß sich daher der Ausübung des Jagdrechts sofort enthalten, sobald jene äußeren Merkmale gegeben sind, an welche das J.-G. den besonderen Schutz des Haus- und Besitzfriedens knüpft. Und selbstverständlich tritt mit Wegfall jener dinglichen Eigenschaften sofort wieder die im J.-G. Art. 4 vorbehaltene Beschränkung der Rechte des Eigentümers (s. § 903 Abs. I B. G.B.) in kraft, vermöge deren der Gemeindejagdpächter zur Ausübung der Jagd auf allen vom Gemeindejagdbezirke nicht ausgeschlossenen Grundstücken befugt ist (anderer Meinung Pollwein S. 19, welcher auch hier das Jagdausübungsrecht des Gemeindejagdpächters auf dem neuumfriedeten Besitzthum bis zum Ablaufe des Jagdpachtvertrags aufrecht erhalten will und die sofortige Berechtigung des Eigenthümers zur Selbstausübung der Jagd nur im Falle des Regiebetriebs der Gemeindejagd für zulässig hält). Anders liegt die Sache bei offenem, nicht umfriedetem Grundbesitze. Ein solcher wird mit der Befugniß des Eigenthümers zur Selbstausübung der Jagd vom Gemeindejagdbezirke nur unter der Voraussetzung ausgenommen, daß er einen bestimmten räumlichen Umfang und Zusammenhang hat, welcher es mit den allgemeinen jagdpolizeilichen Interessen als vereinbarlich erscheinen läßt, daß der Eigenthümer die Jagdberechtigung selbst ausübe. Die Bestimmung des Art. 2 Abs. I Ziff. 3 (und 4) J.-G. beabsichtigt keinen besonderen Eigenthums- nnd Besitzschutz, wie in den ersten beiden Ziffern, sondern geht nur von jagdpolizeilichen Rücksichten aus. Der Eigenthums, und Besitzschutz erschöpft sich hier in Bezug auf Jagd in den §§ 292, 368 Nr. 9 St.-G.-B. und Art. 13 J.-G. Im Uebrigen greifen hier die allgemeinen Rechtsgrundsätze Platz und vor Allem auch der in § 571 B. G.B. anerkannte Grundsatz, daß „Kauf nicht Miethe bricht". Es besteht keinerlei innerer Grund, die Anwendung dieses Satzes auf das Verhältniß zwischen dem Erwerber eines neugebildeten Eigenjagdbezirks und den Pächter der Gemeindejagd auszuschließen; das J.-G. bietet keine Anhaltspunkte dafür. Das J.-G. befaßt sich nur mit der öffentlich-rechtlichen, polizeilichen Seite der Jagd und überläßt die aus deren Regelung sich ergebenden privatrechtlichen Verhältnisse dem Civilrechte. Vom öffentlich-rechtlichen, jagdpolizeilichen Standpunkte aus erscheint es ohne Interesse, ob das Gebiet einer Eigenjagd von dessen Eigenthümer oder dem Gemeindejagdpächter bejagt wird. Es ist darum mangels einschlägiger Aeußerungen bei der Gesetzesschaffung auch nicht

des Art. 4 J.-G. verfehlt werden, wenn die Ausübung des Jagdrechts auf einem Grundstücke, das aufgehört hat als Hofraum oder Hausgarten zu dienen, weil die Behausung abgebrannt und nicht wieder aufgebaut worden ist, oder auf einem Grundstücke, dessen dichte Einzäunung niedergelegt worden ist, eine Reihe von Jahren ruhen müßte, bis eine neue Pachtzeit herankömmt. Ebensowenig gestatte der Zweck des Art. 4 im Falle der Theilung eines Grundbesitzes, der bisher einen Eigenjagdbezirk im Sinne des Art. 2 Ziff. 3 J.-G. gebildet hat, die Ausübung der Jagd auf dem getheilten Grundbesitze bis zum Beginn einer neuen Pachtzeit auszuschließen, wenn die einzelnen Theile nicht den in Art. 2

---

anzunehmen, daß sich das Gesetz mit der Möglichkeit des Eintrittes von Aenderungen gemäß Art. 2 Abs. I Ziff. 3 und 4 während des laufenden Gemeindejagdpachts befassen und mit Aufstellung dieser sachlichen Voraussetzungen der Eigenjagdberechtigung denselben eine vertragslösende Wirkung beilegen wollte. Das J.-G. sieht überhaupt nur einen Grund der Jagdpachtauflösung aus öffentlich-rechtlichen Rücksichten vor — im Art. 22 — den Verlust der Jagdkartenfähigkeit des Jagdpächters. Nach dem Satze „Kauf bricht nicht Miethe" wird daher an der früheren Rechtsprechung festzuhalten und den Entscheidungen des preuß. O.-V.-G. um so weniger ein Einfluß beizumessen sein, als auch die preuß. Rechtsprechung sich keineswegs an diese Auffassung ausnahmslos gebunden erachtete. Die Schlußfolgerungen des preuß. O.-V.-G. erscheinen immerhin nicht einwandfrei. Zuzugeben ist ja, daß der Wegfall der gesetzlichen Voraussetzungen, unter welchen die Gemeinde zur Jagdausübung durch Verpachtung Namens der Grundeigenthümer auszuüben befugt ist, selbstverständlich diese Befugniß aufhebt. Dies kann aber nur für den Zeitpunkt des Verpachtungsaktes gelten. Einem solchen Umstande rückwirkende Kraft für bereits und zwar zur Zeit des Abschlusses befugt vorgenommene Verpachtungen durch die Gemeinde beizulegen, steht in offenem Widerspruche mit den Grundsätzen des § 571 B. G.B. Das abgeleitete Recht der Jagdausübung muß auch dem Rechte des Eigenthümers gegenüber Mangels einer Sonderbestimmung insolange wirksam bleiben, als der Verpächter an die vertragsmäßige Verfügung über das abgeleitete Jagdausübungsrecht zivilrechtlich gebunden ist. Es ist schon oben einmal darauf hingewiesen worden, daß zwar grundsätzlich (nach Art. 1 J.-G.) die Jagdberechtigung einen Ausfluß des Grundeigenthums bilden soll, daß aber thatsächlich durch die Bestimmungen des J.-G. die Ausübung der Jagdberechtigung durch den Grundeigenthümer die Ausnahme, dagegen die Jagdausübung durch Dritte, als Inhaber eines abgeleiteten Rechts, die Regel bildet. Dieser Thatsache wird auch bei der Gesetzesauslegung entsprechende Rechnung getragen werden müssen. Vom jagdwirthschaftlichen Standpunkte aus — der ja allerdings in gerichtlicher Entscheidung nicht gewürdigt wird — hätte die Befolgung des oberstrichterlichen Urtheils vom 30. November 1900 als Spruchnorm ihre ernstesten Bedenken. Vor der Möglichkeit, jeden Augenblick eine Verkleinerung und unter Umständen für Wildstand und Wildwechsel gleich nachtheilige Veränderungen des Pachtbezirkes erfahren zu müssen, werden sich viele Jagdliebhaber besinnen, ob sie eine Gemeindejagd für einen, nach ihrer sonstigen Beschaffenheit vielleicht angemessen hohen Pachtschilling erstehen sollen. Und wenn sie trotz dieses Risikos einen höheren Pachtpreis bezahlen, so liegt immerhin die Gefahr nahe, daß unter der Unsicherheit des Pachtbestandes die pflegliche Behandlung der Jagd in den Hintergrund gedrängt werden könnte. Mit Abminderungen des Pachtschillings in solchen Fällen ist dem Jagdpächter keineswegs immer gedient.

Ziff. 3 erforderten Umfang haben und nach Art. 5 Abs. 2 auch nicht als besondere gemeindliche Jagdbezirke verpachtet werden können. Das Gesetz will den Grundeigenthümern, denen es die Ausübung ihres Jagdrechts mit Rücksicht auf die öffentliche Sicherheit und das gemeine Wohl nicht gestattet, nicht auch den wirthschaftlichen Vortheil der Jagd entziehen, sondern ihnen diesen Vortheil dadurch gewähren, daß die Ausübung der Jagd durch die Gemeinde verpachtet und den einzelnen Grundeigenthümern der auf ihren Grundbesitz treffende Theil des Jagdpachtschillings zu Gute gerechnet wird. Ein Ruhen des Jagdrechts in der Weise, daß der Grundeigenthümer es weder persönlich ausüben noch dessen Nutzung auf andere Art beziehen darf, ist dem J.=G. fremd. Wie die erörterten Fälle muß auch der Fall behandelt werden, daß während der Dauer der Pachtzeit ein Eigenjagdbezirk nach Art. 2 Ziff. 3 J.=G. entsteht. Mit dem hienach gewonnenen Ergebnisse, daß die Gemeinde die Jagd auf den Grundstücken zu verpachten hat, die jeweils ihrer Fürsorge unterstehen, steht auch der Wortlaut des Art. 2 insofern im Einklang, als er das Recht des Grundeigenthümers die Jagd selbst auszuüben von keiner weiteren Voraussetzung als den dort bezeichneten sachlichen Erfordernissen abhängig gemacht, obwohl dem Gesetzgeber die Möglichkeit des Eintritts von solchen im Laufe der von der Gemeinde mit dem Jagdpächter vereinbarten Pachtzeit nicht entgangen sein kann. Mit dieser Auffassung des Sinns, in welchem die Gemeinde die Jagd zu verpachten hat, sei nicht gesagt, daß das Rechtsverhältniß zwischen Pächter und Verpächter, mag es die Gemeinde, oder mögen es die einzelnen Grundbesitzer sein, von Aenderungen im Bestande des verpachteten Jagdbezirks durch Hinzutreten neuer oder das Ausscheiden bisher zugehöriger Grundstücke unberührt bleibe. Vielmehr müsse, da der Pachtzins im Sinne der Vertragschließenden nach den zur Zeit des Vertragsabschlusses bestehenden Verhältnissen bestimmt wird, bei einer wesentlichen Aenderung des Jagdbezirks eine angemessene Erhöhung oder Minderung des Pachtzinses zugelassen werden und werde unter Umständen auch die Kündigung des Pachtverhältnisses zu gestatten sein. Nach der Rechtsprechung der preuß. Oberverwaltungsgerichts — auf welche die Entscheidung ausdrücklich Bezug nimmt — habe der Wegfall der gesetzlichen Voraussetzungen, unter welchen die Gemeindebehörde zur Verpachtung der Jagd befugt ist, die Folge, daß das auf dieser Befugniß beruhende Pachtverhältniß sofort von selbst aufhören muß. Das aus dem Rechte der Gemeindebehörde abgeleitete Recht des Pächters sei gegenüber dem Rechte des Eigenthümers, die Jagd selbst auszuüben, unwirksam.

Staatsaufsicht.[96a])

Die Verpachtung der Jagd durch die Gemeinde ist durch Art. 4 J.=G. zu einer eigentlichen Gemeindeangelegenheit (Art. 84 und 130 d. Gmde.=Ordg.) erklärt worden[97]) und unterliegt demnach der Beaufsichtigung durch die staatlichen Aufsichtsbehörden und Stellen gemäß Art. 157 d. Gmde.=Ordg. Die Aufsichtsthätigkeit der Distriktsverwaltungsbehörde zerfällt in die Aufsicht auf die Gemeinden als juristische Persönlichkeiten (Staatsaufsicht im engeren Sinne) und in die Handhabung der Disziplin, welche sich gegen die Gemeindeorgane als natürliche Personen richtet. Die Staatsaufsicht im engeren Sinne hat sich bei der Verpachtung der Gemeindejagden auf die Prüfung der Frage zu beschränken, ob hiebei nicht ein Gesetz oder eine diesem gleichgestellte Rechtsnorm verletzt wurde. Eine Genehmigung oder Bestätigung der gemeindlichen Jagdverpachtung hat die Distriktsverwaltungsbehörde nicht zu ertheilen, sondern bloß die Anerkennung, d. h. die Nichtbeanstandung auszusprechen oder das Verpachtungsergebniß zu beanstanden.[98]) Die staatsaufsichtliche Würdigung kann demnach zum Gegenstande haben:

1. Die Frage, ob die gesetzlichen Vorschriften beachtet sind, durch welche das Ermessen der Gemeindebehörden innerhalb des Kreises ihrer Befugnisse beschränkt ist, also die Frage, ob die Jagdverpachtung von dem allein zuständigen Gemeindeausschusse vorgenommen wurde, und ob das Ergebniß der Jagdverpachtung die Genehmigung der Gemeindeversammlung erhalten hat. (Art. 7 Abs. I und II J.=G.)

Eine staatsaufsichtliche Verfügung, durch welche der Gemeindeausschuß angehalten wird, einen von der Gemeindeversammlung in einer ihrer Zuständigkeit entrückten Angelegenheit

---

[96a]) S. Bayer. Gemeindezeitung Jhrgg. VI (1896). S. 450 ff. u. 472 ff.

[97]) E. d. V.=G.=H. v. 10. Mai und 3. September 1881 S. III S. 23, 251; Bl. f. adm. Pr. Bd. XXXIII S. 88, 340 Anm.

[98]) Bl. f. adm. Pr. Bd. XVI S. 100 ff. vgl. a. Deutscher Jäger II S. 10, 11. — Der Entw. des J.=G. wollte die ausdrückliche Genehmigung Seitens der Distriktspolizeibehörde und hatte beigefügt, daß diese Genehmigung nur dann versagt werden könne, wenn dem Pächter die Ausstellung der Jagdkarte zu verweigern ist oder wenn die Pachtbedingungen ausdrücklichen Bestimmungen des gegenwärtigen Gesetzes widerstreiten. Dabei waren Verletzungen des Gesetzes durch die Form und Art der Verpachtung und ebenso Verletzungen anderer Gesetze, welche eine Beanstandung des Verfahrens und, soweit sie nicht durch nachträgliche Verhandlungen wieder gutgemacht werden können, gänzlich übersehen. § 6 Ziff. 9 d. V.=V. z. J.=G. sagt: dem Gesetz liegt unverkennbar die Absicht zu Grunde, daß die von den Gemeindeverwaltungen rite vorgenommenen Jagdverpachtungen, wenn denselben ein giltiger Gesammtbeschluß nachgefolgt ist und auch außerdem keines der gesetzlichen Erfordernisse abgeht, zum Vollzuge gebracht und von keiner Seite weiter beanstandet werden sollen. Ziff. 10 erwähnt die Beanstandungsgründe.

gefaßten Beschluß zu vollziehen, enthält einen Eingriff in das gemeindliche Selbstverwaltungsrecht und ist im Verwaltungsrechtswege anfechtbar.[99]) Der Gemeindeversammlung steht es nicht zu, im Falle der Versagung der Genehmigung der vom Gemeindeausschusse gepflogenen und von ihm vorgelegten Jagdpachtverhandlungen zugleich an dessen Stelle und im Widerspruche mit dem allein zuständigen Gemeindeausschusse selbstständig die Jagd zu verpachten und die vom Gemeindeausschusse festgesetzten Pachtbedingungen abzuändern.[100])

2. Die Frage, ob den Vorschriften der Art. 4, 7 und 11 J.-G. genügt ist, wonach die Ausübung der Jagd durch die Gemeinde Namens der Grundbesitzer regelmäßig durch Verpachtung im Wege öffentlicher Versteigerung oder im Wege des Kontraktabschlusses geschehen muß und nur ausnahmsweise durch die Gemeinden in Selbstverwaltung und zwar durch höchstens drei jagdkartenfähige Gemeindebürger ausgeübt werden darf — wenn die von der Gemeinde versuchte Verpachtung entweder gar kein Resultat gewährt, oder wenn kein Pachtgebot erfolgt, welches den von der Gemeindeverwaltung bestimmten Aufwurfspreis erreicht.[101])

3. Die Frage, ob die Zahl der Unterabtheilungen eines Gemeindejagdbezirks den Höchstbetrag von sechs Unterabtheilungen nicht übersteigt, ob nicht eine Unterabtheilung weniger als 240 Tagwerke (= 81,77 ha) Flächenraum hält und ob nicht etwa in unzulässiger Weise Gemeindefluren von geringerem Gesammtflächeninhalte als 480 Tagwerk (= 163,54 ha) abgetheilt wurden. (Art. 5 des J.-G.)[102])

4. Die Frage, ob die in den Pachtvertrag aufgenommenen Bedingungen nicht gegen die Bestimmungen des Jagdgesetzes verstoßen. (Art. 7 Abs. 4 und Art. 13 d. J.-G.)[103])

5. Die Frage, ob der Meistbietende auch die Fähigkeit besitzt, Pächter einer Gemeindejagd zu werden. Hier ist Art. 7 Abs. 4 des J.-G. einschlägig, wonach die gemeindliche Genehmig-

[99]) E. d. V.-G.-H. v. 16. Februar 1891 S. XIII S. 43.

[100]) S. die in vor. Note angef. E. d. V.-G.-H. v. 16. Februar 1891.

[101]) E. d. V.-G.-H. v. 11. Juli 1882 S. IV S. 134; in Fällen des Art. 11 Ziff. 1 wird es sich lediglich um die Feststellung handeln, ob die dinglichen Voraussetzungen der Selbstausübung der Jagd durch die Gemeinde als Grundeigenthümerin gegeben sind (s. Art. 2 Abs. I Ziff. 3 J.-G.); von einem Zwange zur Verpachtung kann in diesen Fällen selbstverständlich nicht die Rede sein. Ziff. 1 besagt nur, daß die im Satz 1 des Art. 11 geregelte Form der unmittelbaren Jagdausübuug durch die Gemeinde selbst auch für die eigenjagdberechtigte Gemeinde gelten soll, während Ziff. 2 und 3 die Voraussetzungen der Jagdausübung durch die Gemeinde selbst Namens der Grundbesitzer bestimmen.

[102]) S. o. S. 63 ff.

[103]) S. o. S. 105 ff.

ung als Pächter solche Personen nicht erhalten können, welchen die Jagdkarte gesetzlich verweigert werden muß oder verweigert werden kann.[104])

6. Die Frage, ob die Bestimmung des Art. 10 d. J.-G., wonach für einen Jagdbezirk nicht mehr als drei Pächter zugelassen werden dürfen, Beobachtung gefunden hat.

7. Die Frage, ob die bei der Jagdverpachtung gefaßten Beschlüsse des Gemeindeausschusses und der Gemeindeversammlung den Bestimmungen der Gemeindeordnung (Art. 145, 146 und 149) über die formelle Giltigkeit der Gemeindebeschlüsse entsprechen.[105])

Findet die Staatsaufsichtsbehörde (das der Gemeinde vorgesetzte k. Bezirksamt), daß gegen einen der vorstehend unter Ziff. 1 mit 7 aufgeführten Punkte verstoßen ist, so wird sie den Jagdpachtverhandlungen den Vollzug verweigern, die Gemeinde unter besonderem Hinweis auf die verletzten Gesetzesbestimmungen, seien es nun Bestimmungen des Jagdgesetzes oder der Gemeindeordnung, im Hinblicke auf Art. 157 Abs. 3 der Gmde.-Ordg. auffordern, die gesetzwidrigen Beschlüsse binnen einer angemessenen Frist zurückzunehmen und die Neuregulirung der Jagdverpachtung vorzunehmen. Erfolgt die Zurücknahme der beanstandeten Beschlüsse innerhalb der vorgesetzten Frist nicht, so hat die Staatsaufsichtsbehörde vorbehaltlich des Beschwerderechtes der Gemeinde die gesetzwidrigen Beschlüsse außer Wirksamkeit zu setzen.[106])

Gegen die in solcher Weise ergangene staatsaufsichtliche Verfügung kann die Gemeindeverwaltung gemäß Art. 161 der Gem.-Ordg. binnen 14 Tagen Beschwerde zur Kreisregierung, Kammer des Innern, ergreifen und dieselbe sofort oder binnen einer weiteren Frist von 14 Tagen ausführen. Gegen die auf die Beschwerde ergangene Regierungsentschließung kann gemäß Art. 10 Ziff. 2 des V.-G.-H.-G. vom 8. Aug. 1878 Beschwerde zum k. Verwaltungsgerichtshof ergriffen werden, wenn die Gemeinde durch die ergangene Regierungsentschließung das ihr gesetzlich zustehende Selbstverwaltungsrecht verletzt erachtet.[107])

---

[104]) Vgl. E. d. V.-G.-H. S. VII S. 285, IX S. 312, XX S. 162, XXI S. 19.

[105]) S. oben S. 100 ff.

[106]) Die Beanstandung kann ihren Grund in Mängeln haben, welche durch Ertheilung der nöthigen Aufschlüsse oder nachträgliche Verhandlungen zu heben sind, so daß die Distriktspolizeibehörde vorerst geeignete Erhebungen und Ergänzungen anordnet, bevor sie in die weitere staatsaufsichtliche Würdigung eintritt. Vgl. Bl. f. adm. Pr. Bd. XVI S. 100 ff.

[107]) Nicht verletzt ist übrigens das gemeindliche Selbstverwaltungsrecht, wenn von der Staatsaufsichtsbehörde neuerliche Vornahme der Jagdverpachtung angeordnet wird, weil in dem Jagdpachtvertrage für einen Theil des Gemeindebezirkes die Verpflichtung zur Uebernahme des Forstschutzes dem

Auch ist die Oberaufsichtsbeschwerde zum königlichen Staatsministerium des Innern zulässig.

Die Verpachtung der Gemeindejagd bildet nicht bloß eine Befugniß der Gemeinde, sondern auch eine gesetzliche Verpflichtung derselben.[108]) Unterläßt die Gemeinde die Verpachtung der Gemeindejagd, so kann sie hiezu sowohl von Amtswegen als auf Beschwerde Betheiligter staatsaufsichtlich nach Art. 157 Abs. V d. Gmde.-Ordg. angehalten werden.[109]) Als Betheiligte erscheinen hier die Grundbesitzer der Gemeindemarkung, welche auf den Jagdpachtschilling (Art. 8 J.-G.) Anspruch haben.[110]) Aufforderungen, welche von der Aufsichtsbehörde auf Grund des Art. 157 Abs. V d. Gmde.-Ordg. an eine Gemeinde ergehen, gehören nicht zu den Gegenständen, gegen welche gemäß Art. 10 Ziff. 2 V.-G.-H.-G. Beschwerde zum Verwaltungsgerichtshofe erhoben werden kann.[111])

Die staatsaufsichtliche Beanstandung der Jagdpachtverhandlungen ist übrigens nur an gesetzlich verpönte Vorkommnisse geknüpft, während Außerachtlassungen der durch die zum Jagdgesetze erlassenen Vollzugsvorschriften vom 3. Februar 1857 getroffenen Anordnungen, wenn sie zu einem gesetzlich unzulässigen Ergebnisse nicht führten, nur dem disziplinären Einschreiten gegen die betheiligten Gemeindeorgane zugewiesen sind.

Die von der Gemeindeverwaltung vollzogene Verpachtung der Gemeindejagd kann nicht lediglich deshalb als ungesetzlich von der Staatsaufsichtsbehörde beanstandet werden, weil bei der öffentlichen Versteigerung der Jagd eine Person mitgeboten hat, der nach Maßgabe der Art. 18 u. 19 des Jagdges. v. 30. März 1850 die Jagdkarte verweigert werden muß oder kann. Die Beanstandung wäre nur dann gerechtfertigt, wenn eine solche Person Meistbietender geblieben wäre und die Jagd zugeschlagen erhalten hätte.[112])

Dem staatsaufsichtlichen Beanstandungsrechte unterliegt ferner nicht: 1. wie eine Gemeinde das ihr selbst als Grundeigenthümerin zustehende Jagdrecht ausüben will, ob durch Verpachtung oder in eigener Regie; 2. wie hoch sie den Aufwurfspreis bei der Versteigerung oder den Pachtschilling bei einem Kontraktabschluß bestimmen will;[113]) 3. ob sie die Verpachtung der Ge-

---

Jagdpächter auferlegt und von der Forstpolizeibehörde dem bestellten Schutzpersonal die Bestätigung versagt wurde. E. d. V.-G.-H. S. XI S. 201; s. a. Bl. f. adm. Pr. Bd. XXXVIII S. 152 mit XXXIII S. 88, 340.

[108]) Bl. f. R.-A. Bd. XXXIV S. 321; s. a. V.-V. v. 2. April 1850 Ziff. VI.

[109]) Bayer. Gemeindezeitung VII (Jhrgg. 1897) S. 38.

[110]) Vgl. den Wortlaut d. Art. 8 J.-G.

[111]) E. d. V.-G.-H. S. II S. 419.

[112]) E. d. V.-G.-H. S. III S. 23.

[113]) E. d. V.-G.-H. v. 18. Dezember 1880 S. II S. 340.

meindejagd im Wege der öffentlichen Versteigerung oder im Wege des Privatvertrages vornehmen will.[114])

Eine staatsaufsichtliche Beanstandung der Jagdpachtverhandlungen kann auch nicht erfolgen, wenn die Bestimmung in § 6 Ziff. 4 der Vollzugsinstruktion v. 3. Febr. 1857 nicht beachtet ist, wonach der Verpachtung der Gemeindejagd im Wege der öffentlichen Versteigerung eine öffentliche Bekanntmachung des Versteigerungstermines und Ortes und der beiläufigen Fläche des Jagdbezirkes in einem für die betreffende Gegend gangbaren öffentlichen Blatte und mittels Anschlages am Gemeindehause mindestens 14 Tage vor dem Verpachtungstermine vorauszugehen hat, da das Gesetz diese öffentliche Bekanntmachung nicht vorschreibt.[115])

In diesem Falle könnte nur disziplinäres Vorgehen nach Art. 157 Abs. 9 der Gem.-Ordg. Platz greifen, ebenso wie in dem Falle, daß bei Vorlage der Pachtverhandlungen die in Ziff. 14 der Vollzugsinstruktion vorgeschriebene Tabelle verweigert würde.

Zum Zwecke dieser staatsaufsichtlichen Würdigung und Prüfung haben die Gemeindeverwaltungen die geschlossenen Jagdverpachtungsverhandlungen (die öffentliche Bekanntmachung des Versteigerungstermines, die der Verpachtung zu Grunde gelegten Bedingungen — Jagdpachtvertrag, das über den Versteigerungsakt aufgenommene Protokoll, den Nachweis der Jagdkartenfähigkeit des Pächters und den Gemeindebeschluß über das Verpachtungsergebniß) nebst einer Tabelle vorzulegen, welche außer 1. dem Namen der verpachtenden Gemeinde, 2. Bezeichnung und Flächeninhalt des Jagdbezirks und seiner etwaigen Abtheilungen, 3. Name, Stand und Wohnort des bzw. der Pächter (und der ausdrücklich als solche zu bezeichnenden Mitpächter), 4. Datum des Uebertragungsaktes (Versteigerungsprotokolls oder besonderen Vertrags), 5. Anfang und Dauer des Pachtes, 6. Betrag und Termine der Pachtschillingszahlungen enthalten muß. Unter den „Bemerkungen" (7.) ist die erfolgte gemeindliche Einwilligung in die Mitpächter, das Datum des Gemeindebeschlusses über die Unterabtheilung des Gemeindebezirks in mehrere Jagdbezirke, ferner der Antheil der Besitzer, welche Eigenjagden der Gemeinde zur Mitverpachtung überlassen haben, sowie Namen und Wohnort des etwa aufgestellten gelernten Jägers oder eines Jagdaufsehers vorzutragen.[116])

Streitigkeiten.

Streitigkeiten über die Rechtmäßigkeit der staatsaufsichtlichen Beanstandung oder Nichtbeanstandung einer Gemeindejagdver-

---

[114]) E. d. V.-G.-H. v. 11. Juli 1882 S. IV S. 134.
[115]) Verh. d. K. d. Abg. 1849/50 Sten. Ber. Bd. II S. 134.
[116]) Vgl. V.-B. z. J.-G. § 6 Ziff. 13 und 14.

pachtung, sowie Streitigkeiten zwischen der Gemeinde und den Grundbesitzern eines Jagdbezirks über ihre aus der Jagdverpachtung sich ergebenden, gegenseitigen Berechtigungen und Verpflichtungen und sonstige Jagdverpachtungsmodalitäten sind Verwaltungssachen und von den Verwaltungsbehörden zu entscheiden.[117]) Die Bescheidung erfolgt nach dem durch Art. 157 d. Gmde.-Ordg. geregelten Rechtszuge. Soweit eine Ueberschreitung des Staatsaufsichtsrechts in Bezug auf die gemeindliche Jagdausübung in Frage steht, ist der Verwaltungsgerichtshof zur letztinstanziellen Bescheidung von Beschwerden gegen Beschlüsse oder Verfügungen der Kreisregierungen K. d. J. zuständig. Dieser Fall trifft zu, wenn eine Gemeinde als Beschwerdeführerin behauptet, daß durch die staatsaufsichtliche Verfügung das ihr zustehende Selbstverwaltungsrecht verletzt sei.[118])

Verwaltungsrechtssachen sind Streitigkeiten über das Jagdrecht der Grundeigenthümer. Diese Streitigkeiten sind von den Distriktsverwaltungsbehörden in erster Instanz im verwaltungsrechtlichen Verfahren zu bescheiden und geht die Berufung gegen deren Entscheidungen unmittelbar an den Verwaltungsgerichtshof.[119])

Zur Bescheidung der Beschwerden Dritter, welche gegen die Modalitäten der gemeindlichen Jagdverpachtung gerichtet sind, erscheint der Verwaltungsgerichtshof nicht zuständig, so z. B. nicht zur letztinstanziellen Bescheidung von Beschwerden einzelner Gemeindebürger gegen Gemeindebeschlüsse, welche die Gemeindejagdverpachtung zum Gegenstande haben. Bei Streitigkeiten über den Charakter einer Jagd als Eigen- oder als Gemeindejagd erscheinen als Streitbetheiligte nur die Grundeigenthümer, welche die Eigenjagd auf Grund der Art. 2 und 3 J.-G. in Anspruch nehmen und die Gemeinde. Diejenigen Grundbesitzer, deren Vertretung durch Art. 4 J.-G. der Gemeinde zugewiesen ist und die daher das Jagdrecht auf ihrem Grundbesitz für sich nicht in Anspruch nehmen können, erscheinen nicht als Streitbetheiligte und ist eine Beschwerde derselben zum Verwaltungsgerichtshofe unzulässig.[120])

Streitigkeiten zwischen den Gemeinden und Gemeindejagdpächtern auf Grund des Pachtvertrags, insbesondere auch über

---

[117]) V.-G.-H.-G. Art. 8 Ziff. 17 und 9 Abs. I mit Art. 157 d. rechtsrh. Gmde.-Ordg.

[118]) E. d. V.-G.-H. v. 3. September 1881 S. III S. 251 u. 530; s. a. S. II S. 136, 340, IV S. 127, 134, 267, XI 201, XIII S. 43.

[119]) V.-G.-H.-G. Art. 8 Ziff. 17, Art. 9 Abs. I; E. d. V.-G.-H. S. I S. 161, 173, 250; II S. 136, 340; III S. 117, 170, 399, 530; IV S. 84, 259, 349, 459; V S. 164; VI S. 44, 141, 196; VII S. 45, 277; VIII S. 313, 321; XIII S. 187; XVIII S. 80; XX S. 13.

[120]) E. d. V.-G.-H. S. II S. 136; III S. 530, XVIII S. 180; XX S. 13.

den Einfluß, welchen die Bildung eines selbstständigen Jagdbezirks oder Gemeindegrenzänderungen auf den Pachtvertrag äußern, gehören zur Zuständigkeit der Gerichte.[121])

Die rechtlichen Wirkungen der staatsaufsichtlichen Beanstandung einer Gemeindejagdverpachtung.

Mit der Genehmigung der Verpachtungsverhandlungen durch Beschluß der Gemeindeversammlung ist der Pachtvertrag rechtlich perfekt und vollziehbar geworden, auch ehe die distriktspolizeiliche Prüfung und Würdigung der Pachtverhandlungen stattgefunden hat; denn die Distriktspolizeibehörde hat keine Genehmigung zu ertheilen, sondern nur auszusprechen, ob die Verpachtung polizeilich als gesetzentsprechend anerkannt wird oder aber als gesetzwidrig polizeilich beanstandet werden muß. Mit der Beanstandung wird dem Pachtvertrage die öffentlich-rechtliche Anerkennung versagt. Derselbe wird damit öffentlich-rechtlich (polizeilich) unvollziehbar und die Gemeinde ist genöthigt, vorbehaltlich der Beschwerdeführung zur höheren Instanz, zur Vornahme einer neuerlichen Verpachtung zu schreiten. Die Gemeinde muß den Pächter sofort von der ergangenen Beanstandung in Kenntniß setzen, damit Letzterer sich der Ausübung der Jagdbefugniß im Pachtbezirke enthalte; denn durch die polizeiliche Beanstandung ist der Vollzug des privatrechtlichen Vertrags öffentlich-rechtlich gehemmt.[122]) Der Ansicht, daß der Jagdpächter im Falle polizeilicher Beanstandung bei eingelegter Beschwerde bis zu rechtskräftiger Entscheidung über diese Letztere auf Grund des privatrechtlich perfekt gewordenen Vertrags die Jagd in dem erpachteten Bezirke ausüben dürfe, kann nicht wohl beigetreten werden;[123]) denn hiedurch würde der Vollzug eines Rechtsverhältnisses thatsächlich ausgeführt, der als gesetzwidrig eben durch die polizeiliche Beanstandung verhindert werden soll. Es liegt eben hier einer der Fälle vor, in welchem nach allgemeinen Rechtsgrundsätzen die Ausübung eines Privatrechtes gegenüber den Anforderungen des öffentlichen Rechtes zurücktreten muß und nicht zur Wirkung gelangen kann. Einen Entschädigungsanspruch

---

[121]) E. d. O.-G.-H. i. Civ.-S. S. Bd. VIII S. 568 und Bl. f. R.-A. Bd. XXXIV S. 221; XLVI S. 27; Bl. f. adm. Pr. Bd. XIV S. 14, 334; Bd. XV S. 88, 93, 161, 238; Bd. XVII S. 215; Bd. XIX S. 8, 142; Bd. XXIII S. 367; Bd. XXX S. 347; Bd. XXXI S. 351; Bd. XXXIX S. 413.

[122]) S. Bl. f. adm. Pr. Bd. XVI S. 103, 105; Bd. XXXIII S. 91; Bl. f. R.-A. Bd. LXIV S. 261.

[123]) S. hiezu Archiv f. Bürg. Recht Bd. XV S. 271: Der Jagdpächter genießt nach § 865 B. G.B. Besitzschutz und zwar selbstverständlich auch dann, wenn der Pachtvertrag, weil etwa ohne behördliche Genehmigung abgeschlossen, ungiltig ist

gegenüber der Gemeinde hat der Jagdpächter solchen Falls nicht, da ein solcher, wenn Privatrecht dem öffentlichen weichen muß, nur dann zulässig erscheint, wenn er durch ausdrückliche Gesetzesbestimmung vorgesehen ist,[124] abgesehen davon, daß auch die Gemeinde wegen Unmöglichkeit der Vertragserfüllung zivilrechtlich zu einem Schadensersatze nicht verpflichtet wäre. Die Gemeinde kann aber auch von dem Pächter für diese Zeit einen Pachtschilling nicht fordern. Anderseits kann die polizeiliche Nichtbeanstandung eines von Rechtswegen nichtigen Vertrags denselben nicht zu einem zivilrechtlich giltigen machen und muß es den Vertragstheilen stets offen bleiben, dessen zivilrechtlichen Bestand und die hieraus gegenseitig sich ergebenden Verbindlichkeiten und Rechte anzufechten. Der Austrag aller aus der zivilrechtlichen Seite des Jagdpachtvertrags entstehenden und auf dieselbe bezüglichen Streitigkeiten muß dem Rechtswege vor den Civilgerichten überlassen bleiben. Vom öffentlich-rechtlichen Standpunkte aber gilt der aus einem zwar nichtigen, aber polizeilich unbeanstandet gebliebenen Pachtvertrage hervorgegangene Jagdpächter insolange jagdausübungsberechtigt, als nicht der Vertrag auch polizeilich, sei es von staats- oder oberaufsichtswegen beanstandet und dessen Vollzug gehemmt wird — und zwar unbeschadet des gerichtlichen Austrags zivilrechtlicher Ansprüche und Differenzen der Vertragstheile. Für den Pächter hat die polizeiliche Nichtbeanstandung eines gesetzwidrigen und als solchen nichtigen Vertrags in strafrechtlicher Hinsicht den Erfolg, daß seinerseits thatsächlicher Irrthum über seine Jagdausübungsbefugniß angenommen werden kann, welcher eine Bestrafung aus § 292 St.-G.-B. ausschließt.

Mitpacht und Pachterwerb aus zweiter Hand.

Das Gesetz läßt für einen Jagdbezirk, gleichviel ob Eigen- oder Gemeindejagd und gleichviel, ob es sich um einen ungetheilten Jagdbezirk oder um den Unterbezirk eines in solche getheilten handelt, zwar mehrere, aber zum Höchsten nur drei Pächter zu.[125] Der Mitpacht kann in der Weise erfolgen, daß die zwei oder drei Jagdliebhaber gemeinsam schon bei der Verpachtung im Versteigerungswege oder durch Vertragsabschluß als Pächter auf- und eintreten, als Konsortium gemeinsam die Jagd pachten, oder aber bei der Versteigerung bzw. beim Kontraktabschluß ein — sogen. Haupt- — Pächter auftritt und sodann den anderen oder die beiden anderen Liebhaber als Mitpächter annimmt. Letzteren Falles überträgt der Hauptpächter einen Theil der von ihm durch den Pachtvertrag erworbenen Jagdausübungsbefugniß

---

[124]) Vgl. E. d. b. O.-G.-H. vom 22. Oktober 1870 R.-Bl. S. 1625.
[125]) Art. 10 J.-G. mit V.-V. z. J.-G. § 8. — Brater a. a. O. S. 36.

an den oder die Mitpächter.[126]) Zu einer solchen Annahme von Mitpächtern, also zum Erwerbe des abgeleiteten Jagdausübungsrechtes aus zweiter Hand ist jedoch die Einwilligung der Gemeinde erforderlich, welche durch Beschluß der Gemeindeversammlung (bzw. der beiden städtischen Kollegien) ertheilt werden muß (Art. 12 J.-G.).[127]) Ein die Uebertragung des Jagdpachtes vereinbarender Vertrag ist vor Abgabe der zustimmenden Erklärung der Gemeinde für die Vertragsparteien nicht rechtsverbindlich.[128]) Hat der Hauptpächter, mit Zustimmung der Gemeinde, bereits einen Mitpächter angenommen, so muß er zur Annahme eines weiteren Dritten als Mitpächter außer der gemeindlichen auch die Zustimmung des bereits vorhandenen Mitpächters erbringen. Haben zwei Jagdliebhaber einen Gemeindejagdbezirk gemeinsam erpachtet, so kann, abgesehen von der nothwendigen gemeindlichen Einwilligung, keiner von ihnen ohne Zustimmung des Anderen einen Dritten als Mitpächter annehmen. Selbstverständlich muß jeder Mitpächter im Besitze der persönlichen Erfordernisse der Jagdausübungsbefugniß, also der Jagdkartenfähigkeit sein. Auch die Gemeinde kann die Zulassung weiterer (zweiter und dritter) Pächter als Mitpächter einer bereits verpachteten Gemeindejagd beschließen, muß jedoch gleichfalls die Zustimmung des oder der vorhandenen Jagdpächter erholen.[129]) Die Zustimmung der vorhandenen Pächter muß vorher erholt und der Gemeinde vor und behufs beschlußmäßiger Einwilligungserklärung vorgelegt werden. Ebenso kann die Gemeinde ihrerseits über die Zulassung weiterer Pächter für einen bereits verpachteten Gemeindejagdbezirk erst bei Vorliegen der Zustimmung des oder der schon

[126]) Art. 12 J.-G. mit V.-V. z. J.-G. § 10.

[127]) Verh. d. Abg.-K. 1849/50 sten. Ber. Bd. II S. 153 und V.-V. z. J.-G. § 6 Ziff. 8.

[128]) E. d. O.-G.-H. S. VII S. 100; s. a. Bl. f. a. Pr. Bd. XIV S. 14.

[129]) Bl. f. adm. Pr. Bd. XIX S. 14: Nichtbeanstandung der Annahme eines Mitpächters unter dem Vorbehalte, daß der bisherige Jagdpächter einverstanden sei, ist im Hinblicke auf die V.-V. z. J.-G. § 6 Nr. 15 unstatthaft. Die Erfüllung der Voraussetzungen des Art. 12 J.-G. muß vor der polizeilichen Prüfung bereits feststehen oder von Amtswegen festgestellt werden; R.-E. v. 10. Juli 1868. — Hinsichtlich der rechtlichen Wirkungen zwischen Pächter und Afterpächter spricht sich eine E. d. R.-G. v. 28. Juli 1894 Jur. W.-Schr. 1894 S. 491 dahin aus: richtig ist, daß durch einen Afterpachtvertrag obligatorische Rechte und Pflichten nur zwischen dem Pächter und dem Afterpächter erzeugt werden. Aber (nach § 12 Abs. III pr. J.-G. analog dem Art. 12 b. J.-G. hinsichtlich der gemeindlichen Zustimmung) sind dem Jagdpächter Afterverpachtungen ohne Einwilligung des Verpächters (der Gemeinde) nicht gestattet und daraus folgt, daß der Verpächter, wenn der Pächter jener Vorschrift zuwiderhandelt, nicht bloß gegen den Hauptpächter aus dem Pachtvertrag wegen Vertragsverletzung Klage erheben, sondern auch gegen den Unterpächter den Eingriff in das aus dem Eigenthum fließende Jagdrecht mit negatorischer Klage zurückweisen kann.

vorhandenen Pächter verbindlichen und rechtswirksamen Beschluß fassen. Ohne diese Zustimmung und vor gemeindlicher Einwilligung ist die Annahme von Mitpächtern rechtsunwirksam und muß von der Distriktspolizeibehörde, welcher die betreffenden Verhandlungen mit der Konstatirung über die Zustimmung der vorhandenen Pächter zur Kenntnißnahme, Prüfung und Ergänzung der amtlichen Uebersicht über die Jagdverpachtungen vorzulegen sind, den betreffenden neuen Mitpächtern die polizeiliche Anerkennung versagt werden.[130])

Ein Uebereinkommen, durch welches der Pächter einer Gemeindejagd einem anderen Dritten die Jagdausübung eingeräumt hat, ist der Gemeinde gegenüber unverbindlich, soferne es nicht nach Maßgabe des Art. 12 J.-G. — also mit Zustimmung der Gemeinde — zu Stande gekommen ist.[131])

Die rechtlichen Verhältnisse der mehreren Pächter (Mitpächter) eines Jagdbezirks unter sich werden durch besonderen Vertrag (Gesellschaftsvertrag) geregelt, dessen Bestimmungen jedoch nicht gegen gesetzliche Vorschriften (s. oben S. 115 Verpachtungsbedingungen) verstoßen dürfen. Insoweit nicht ein Besonderes über die Vertheilung der Pachtschillingsleistung vereinbart ist, hat jeder Mitpächter einen gleichen Antheil an demselben zu entrichten (s. § 706 B. G.B.). Ingleichen hat Mangels anderweitiger Vereinbarung jeder Mitpächter gleichen Antheil am Jagdertrage zu beanspruchen, was eine Verrechnung und bzw. Abrechnung über die Jagdergebnisse bedingt. Den mehreren (zweien oder dreien) Mitpächtern eines Jagdbezirkes steht es übrigens frei, den erpachteten Jagdbezirk räumlich unter sich abzutheilen, so daß jedem nur ein bestimmter Theil als Jagdausübungsgebiet zugewiesen wird und die anderen Theile für ihn fremdes Jagdgebiet bilden, in welchem er zur Jagdausübung nicht befugt ist.[132]) Es kann aber auch die Jagdausübung unter den Mit-

[130]) S. oben Note 116 und V.-V. z. J.-G. § 10.

[131]) E. d. O.-L.-G. München v. 16. Mai 1896 S. IX S. 99; s. a. Bl. f. R.-A. Bd. LXII S. 28.

[132]) E. d. O.-L.-G. München v. 1. Juli 1885 S. III S. 463; s. a. Bl. f. R.-A. E.-Bd. V S. 186 und vgl. E. d. R.-G. v. 1. Mai 1893 E. i. Str.-S. XXIV S. 122. — S. a. die im Deutschen Jäger Bd. XIV S. 83 und 316 erwähnten E. d. R.-G., welche im Gegensatze zur E. d. O.-L.-G. München davon ausgehen, daß ein derartiges Uebereinkommen als ein privates nur zivilrechtliche Bedeutung habe, indem es einen Theilhaber für seine unberechtigten Eingriffe den anderen gegenüber entschädigungspflichtig mache, daß aber an der unversehrten Aufrechthaltung solcher Uebereinkommen das öffentliche Recht kein begründetes Interesse habe, weshalb auch Bestrafung aus § 292 nicht zulässig sei. An mehrere Personen zusammen verpachtetes Jagdgelände sei als Ganzes zu betrachten, auf welchem jeder Pächter zu jagen berechtigt ist. Die Befugniß zur Abtheilung eines Jagdbezirks stehe nur der Gemeinde zu und sei nicht auf die einzelnen Jagdpächter übertragbar. Die

pächtern in der Weise getheilt werden, daß dem einen oder anderen Mitpächter die Jagd nur auf bestimmte Gattungen jagdbarer Thiere eingeräumt wird, wonach sich dann auch in der Regel der am Pachtschilling zu tragende Antheil entsprechend abstufen wird.[133]) Unzulässig erscheint es, die Begrenzung der Pächterzahl auf drei für einen Bezirk in der Weise zu umgehen, daß die Pächter eines von der Gemeinde in mehrere Unterbezirke abgetheilten Gemeindejagdbezirkes sich gegenseitig die Jagdausübung in den verschiedenen Unterbezirken (Jagdbögen) zugestehen.[134]) Insoweit nicht bei Vergebung von Gemeindejagden schon von vorneherein die Zulassung von Mitpächtern vorgesehen ist und die gemeindlichen Pachtbedingungen Bestimmung über die Verhältnisse etwaiger Mitpächter treffen, steht es der Gemeinde frei, bei Ertheilung der Einwilligung zur Annahme von Mitpächtern weitere bezügliche Pachtbedingungen zu setzen, da der nachträgliche Eintritt von Mitpächtern eine Aenderung des ursprünglichen Pachtverhältnisses begründet, daher auch eine Aenderung bzw. Ergänzung der gemeindlichen Pachtbedingungen gestattet. Solche Aenderungen des ursprünglichen Pachtverhältnisses bedürfen selbstverständlich auch der polizeilichen Anerkennung und sind daher die einschlägigen Verhandlungen, wie schon angedeutet, der Distriktspolizeibehörde zur Prüfung und Würdigung auch in dieser Hinsicht vorzulegen.[135])

Abtretung des erpachteten Jagdausübungsrechtes.

Die Einwilligung der Gemeinde und die Zustimmung der etwaigen Mitpächter ist aber auch dann erforderlich, wenn der Hauptpächter oder ein Mitpächter sein durch den Pachtvertrag erworbenes Jagdausübungsrecht einem Dritten ganz überläßt, so daß Letzterer ganz an die Stelle des Ersteren im Vertrage

---

E. d. R.-G. E. Bd. XXIV S. 122 stellt sich dagegen auf den Standpunkt des O.-L.-G. München.

[133]) S. Deutscher Jäger Bd. XIV S. 316.

[134]) V.-B. z. J.-G. § 8. — E. d. O.-G.-H. i. Civ.-S. v. 11. März 1880 S. VIII S. 296; Ein Jagdpachtvertrag zwischen einer Gemeinde und mehr als 3 Pächtern sowie ein hierauf unter den letzteren abgeschlossener Gesellschaftsvertrag (wobei um 6 Pächter aufnehmen zu können, gemeindlicherseits zwei Jagdbezirke gebildet wurden, unter den Pächtern aber zur Ausgleichung des ungleichen Jagderträgnisses verabredet worden, daß ihnen sämmtlich auf der ganzen Gemeindejagd ohne Rücksicht auf die gebildeten Jagdbezirke die Jagdausübung zustehen soll) kann gegenüber einem auf bloßes verbotwidriges Vorgehen außerhalb dieser Verträge gestützten Parteiangriff gerichtlicherseits nicht als nichtig erklärt werden. (Der Gesellschaftsvertrag sprach nur von Betrieb der Jagd auf dem ganzen Jagdbezirk auf gemeinsame Rechnung und gemeinsame Wag und Gefahr; die gegenseitige Jagdausübung in der ganzen Gemeindejagd war Nebenverabredung.); s. a. E. d. R.-G. v. 14. Februar 1899, Jur. W.-Schr. 1899 S. 203.

[135]) V.-B. z. J.-G. § 10.

treten soll, also bei Fortsetzung eines noch bestehenden Pachtverhältnisses durch einen Anderen (Haupt- bezw. Mit-)Pächter an der Stelle des früheren.[136])

Ausgeschlossen ist die Uebertragung des erpachteten Jagdausübungsrechtes durch den Jagdpächter an einen Dritten in dem Falle, wenn der Erste das persönliche Erforderniß der Jagdkartenfähigkeit verliert, da in diesem Falle Kraft Gesetzes (Art. 22 Abs. I J.-G.) das Rechtsverhältniß zwischen Pächter und Gemeinde ohne Weiteres gelöst wird, der Pächter also des erpachteten Jagdausübungsrechtes sofort verlustig wird, demnach auch dieses — verlorene — Recht nicht weiter übertragen kann. Dagegen steht es in solchen Fällen der Gemeinde frei, die erledigte Jagdpachtung einem Anderen im Vertragswege nach Maßgabe des Art. 12 J.-G. zu übertragen. Sind solchen Falls Mitpächter vorhanden, so ist diesen zunächst frei zu stellen, daß sie den Pachtvertrag durch Uebernahme der Verbindlichkeiten des ausgeschiedenen Pächters fortsetzen.

Eine Zustimmung der Gemeinde zur Uebernahme der Verbindlichkeiten des ausgeschiedenen durch die verbleibenden Mitpächter wird vom Gesetze nicht gefordert. Es kann daher die Polizeibehörde auch dem Mitpächter, der von diesem Rechte Gebrauch gemacht hat, die Fortsetzung des Jagdrechts nicht verwehren.[137])

Verweigern die Mitpächter dies, so steht es zunächst der Gemeinde frei, das Jagdausübungsrecht des ausgeschiedenen Pächters gemäß Art. 12 J.-G. einem anderen persönlich befähigten Jagdliebhaber vorbehaltlich der Zustimmung der Mitpächter zu übertragen. Mangels dieser Zustimmung erübrigt der Gemeinde nur, für den durch Ausscheiden des jagdkartenunfähig gewordenen Pächters ihr etwa erwachsenden Schaden den Ausgeschiedenen im Civilrechtswege zu belangen und eventuell die im Zweifel und vorbehaltlich ausdrücklicher anderweitiger Vertragsbestimmung bestehende Haftung der als Gesammtschuldner verbliebenen Pächter (Mitpächter) für den Pachtschilling in Anspruch zu nehmen,[138]) wogegen auch letztere für die aus der Uebernahme der Verbindlichkeiten des Ausgeschiedenen ihnen erwachsenden Beschädigungen an den Letzteren im Civilrechtswege Regreß nehmen können (Art. 22 Abs. II J.-G.) Der zwischen dem Verpächter (Gemeinde, Eigenjagdberechtigten) und den noch vorhandenen Mitpächtern bestehende Jagdpachtvertrag wird durch das Ausscheiden eines Pächters nicht aufgehoben, bleibt vielmehr in der Regel in Kraft. Dies entspricht

---

[136]) V.-V. z. J.-G. § 10 Abs. II.
[137]) Bl. f. a. Pr. Bd. XVII S. 47.
[138]) § 427 B. G.B.

den hier anwendbaren Grundsätzen, nach welchen die Thatsache des Rücktritts eines Gesammtschuldners vom Vertrage regelmäßig weder für noch gegen die übrigen Gesammtschuldner wirkt.[139]) Nach eben diesen Grundsätzen hat auch der Tod eines Mitpächters das Erlöschen des Vertrags nur für diesen, nicht aber für die verbleibenden Mitpächter zur Folge, soferne nicht der Vertrag dafür Anhaltspunkte gewährt, daß die Vertragstheile für den Fall des Todes eines Mitpächters die Auflösung des Vertrages beabsichtigten.

Anders liegt die Sache, wenn die mehreren Mitpächter ein Gesellschaftsverhältniß eingegangen hatten und als Konsortium mit der Gemeinde den Jagdpachtvertrag — unter Kenntniß der Gemeinde von diesem Gesellschaftsverhältniß — abgeschlossen haben. Ein solches Gesellschaftsverhältniß wird durch den Tod eines Gesellschafters beendet, soferne nicht der Gesellschaftsvertrag ausdrücklich ein Anderes bestimmt oder die übrigen Theilnehmer mit dem Erben — unter Zustimmung der Gemeinde einen neuen Gesellschaftsvertrag abschließen.[140])

Selbstverständlich steht auch den Pächtern von Eigenjagdbezirken die Annahme von Mitpächtern in der gesetzlich begrenzten Zahl für einen Jagdbezirk frei.[141]) Insoweit nicht von vorneherein die Zulassung eines Mitpachts vereinbart ist, erscheint die Zustimmung des Pachtgebers zur Annahme von Mitpächtern erforderlich, da hiedurch eine Aenderung des ursprünglichen Pachtvertrags bewirkt würde.

Beschränkte Jagdausübungsbefugniß aus zweiter Hand.

Das Jagdausübungsrecht (Jagdbefugniß) kann, abgesehen vom Pacht, auch in beschränkter Weise an Dritte übertragen werden, nämlich an „gelernte Jäger", deren Aufstellung zum Zwecke der Jagdausübung den Eigenjagdberechtigten und den Pächtern von Eigen- und Gemeindejagden gestattet ist.[142]) Die Jagdausübungsbefugniß der gelernten Jäger erscheint insoferne eine beschränkte, als der Jäger die Jagd nicht für eigene Rechnung sondern für jene seiner Auftraggeber ausübt und dieselbe bei selbstverständlicher Beobachtung der jagdgesetzlichen und polizeilichen Vorschriften nur nach Maßgabe der ihm ertheilten Vollmacht und der allgemeinen und besonderen Aufträge des Inhabers

---

[139]) Bl. f. R.-A. Bd. LXII S. 381; s. a. Bd. LXII S. 28.

[140]) E. d. O.-L.-G. Darmstadt v. 12. Juli 1888 S. VI Nr. 192 S. 292. Vgl. a. § 425 B. G.B.

[141]) Brater a. a. O. S. 100.

[142]) Art. 10 Abs. II J.-G.

der Jagdausübungsbefugniß ausüben darf. Als „gelernte Jäger“ können nur Persönlichkeiten betrachtet werden, welche sich durch ein Zeugniß eines k. Forst- oder Jagdbeamten oder eines wirklichen im Privatdienste stehenden Revierjägers über genügende theoretische und praktische Kenntnisse zur selbstständigen Ausübung der Jagd auszuweisen im Stande sind.[143])

Der Ausdruck „gelernter Jäger“ deutet auf einen bestimmten Stand und Beruf hin; eine mehrjährige Jagdausübung als Jagdliebhaber genügt hiezu nicht. Man kann ein erfahrener Jagdliebhaber, aber doch kein (theoretisch und praktisch) gelernter Jäger sein. Die Vorschrift des Art. 10 Abs. II J.-G. verfolgt auch den ausgesprochenen Zweck, für die vorhandenen Berufs-Jäger zu sorgen, „damit es ihnen möglich sei, in ordentlicher Weise das auszuüben, was sie gelernt haben, wodurch sie ihr Brot in redlicher Weise zu verdienen in Stand gesetzt sind.“[144])

Die Aufstellung eines Jagdliebhabers als „Jäger“, um demselben bei vertragsmäßigem Ausschluß eines Afterpachts, bei Verweigerung der gemeindlichen Zustimmung zur Annahme als Mitpächter oder bei Vorhandensein der zulässigen Pächter-Höchstzahl die Jagdausübung zu ermöglichen und denselben der Nothwendigkeit zu entheben, daß er als bloßer Jagdgast den Jagdbezirk nur in Begleitung des Jagdberechtigten (Jagdpächters) bzw. nur mit dessen schriftlicher Erlaubniß bejagen dürfe, müßte Mangels der Qualifikation des betreffenden Jagdliebhabers als „gelernter Jäger“ als eine Umgehung der Gesetzesvorschriften in Art. 10 Abs. I und II mit Art. 7 und 12 J.-G. polizeilich beanstandet und eingestellt werden.[145])

Damit ein solcher Jäger von der ihm übertragenen Jagdausübung Gebrauch machen könne, ist, abgesehen von dem persönlichen Erfordernisse der Jagdkartenfähigkeit, weiter erforderlich, daß derselbe vorher der Distriktspolizeibehörde angezeigt und von derselben in dieser Eigenschaft anerkannt werde. Bei Zweifel darüber, ob der Angemeldete thatsächlich die nothwendigen Eigenschaften eines „gelernten Jägers“ besitze, hat die Distriktspolizeibehörde hierwegen mit der einschlägigen Forstbehörde (Forstamt) ins Benehmen zu treten.

Mangeln dem angemeldeten Jäger die Jagdkartenfähigkeit oder die Eigenschaften des „gelernten Jägers“, so hat die Distrikts-

---

[143]) E. d. St.-Min. d. Innern v. 15. Juni 1850. — Die Anlernung durch Communal-, Stiftungs- und private Forst- und Jagdbeamte wird indessen ebenfalls als genügend anzuerkennen, dabei aber zu beachten sein, daß hier der „Beamten“begriff sich nicht aus § 359 St.-G.-B., sondern nach den der bayer. Diensteseintheilung entsprechenden Bezeichnungen bemißt.

[144]) Verh. d. Abg.-K. 1849/50 sten. Ber. Bd. II S. 149.

[145]) Bl. f. a. Pr. Bd. XV S. 173.

polizeibehörde demselben die Anerkennung als solchen zu verweigern und die Jagdausübung zu untersagen. Diese Verfügung ist beschlußmäßig auszusprechen und kann sowohl von dem Jäger selbst als von dem ihn bestellenden Inhaber der Jagdausübungsbefugniß mit Beschwerde zur Regierung (Kammer des Innern) angefochten werden. Streitigkeiten dieser Art sind Verwaltungssachen.[146])

Distriktspolizeilich anerkannte „gelernte Jäger" sind von der Distriktspolizeibehörde zu verpflichten.[147])

Die Bestallung des gelernten Jägers hat nur solange Geltung, als die Jagdausübungsbefugniß des denselben Aufstellenden besteht, endet also mit dem Untergang der zur Eigenjagd berechtigenden Eigenschaften eines Grundbesitzers sowie mit Ablauf oder Auflösung eines Jagdpachtverhältnisses. Setzt der Jagdpächter das Pachtverhältniß für eine weitere Pachtperiode fort und behält den bisherigen „gelernten Jäger" für diese Zeit im Dienst, so bedarf es zwar der Anzeige hierüber an die Distriktspolizeibehörde, nicht aber einer erneuten Qualifikationsprüfung und Verpflichtung.

Die Aufstellung eines Jägers für einen von mehreren (zwei oder drei) Jagdliebhabern gepachteten Jagdbezirk oder für eine Eigenjagd, deren Bejagung einer Mehrheit von Eigenthümern (bis zu drei) zusteht, erfordert die Zustimmung sämmtlicher jagdausübungsberechtigter (Mit-) Pächter oder Grundeigenthümer, soferne dieselben nicht vertragsmäßig Einem aus ihrer Mitte das Verfügungsrecht in dieser Angelegenheit allein übertragen haben.[148])

Verliert ein „gelernter Jäger" während des Laufes seiner Bestallung die Jagdkartenfähigkeit, so hat die Distriktspolizeibehörde dafür Sorge zu tragen, daß ihm die weitere Jagdausübung abgenommen werde und dieselbe erforderlichen Falls von Amtswegen zu untersagen.

Nicht zu verwechseln ist der „gelernte Jäger" mit dem lediglich für den Jagd- und Forstschutz aufgestellten Jagdaufseher. Während dem „gelernten Jäger" der Jagd- und Forstschutz neben der Jagdausübung übertragen werden kann und derselbe, soferne sich die Aufsichtsthätigkeit nicht über den Bezirk hinaus erstreckt, in dem er zur Jagdausübung bestellt ist, eines eigenen Schutzgewehrscheins nicht bedarf, ist der einfache Jagdaufseher zu einer Jagdausübung in seinem Aufsichtsbezirke nicht befugt — ausgenommen die Erlegung von Raubzeug[148a]) — und

---

[146]) V.-V. z. J.-G. § 8 Abs. VIII.

[147]) Min.-Entschl. v. 30. Januar 1868 (Fin.-M.-Bl. S. 25 ff.); Bl. f. a. Pr. Bd. XV S. 204, Bd. XVII S. 46, Bd. XVIII S. 144.

[148]) § 709 B. G.-B.

[148a]) S. V.-V. v. 2. April 1850 Ziff. XIV Abs. II.

hat einen Schutzgewehrschein zu führen. Die Aufstellung eines Jagdaufsehers steht im freien Belieben der Jagdberechtigten (Jagdpächter), welche jedoch gehalten sind, die zur Jagdaufsicht (Jagdschutz) bestellte Persönlichkeit der Distriktspolizeibehörde behufs amtlicher Verpflichtung für diesen Dienst anzumelden. Die Distriktspolizeibehörde hat über die Nothwendigkeit oder Entbehrlichkeit der Bestellung eines solchen Jagdschutzbediensteten nicht zu befinden, wohl aber dessen Jagdkarten- bzw. Schutzgewehrschein-Fähigkeit zu prüfen und soferne letztere nicht gegeben erscheint, die Aufstellung des Betreffenden unter Ablehnung seiner Verpflichtung zu beanstanden.[149])

Der Jagdgast.

Der Jagdausübungsberechtigte kann nur in seltenen Fällen seine Jagd allein ausüben, in der Regel seine Jagdberechtigung für sich allein nicht vollständig ausnutzen und in dieser Rücksicht hat das Gesetz dem Jagdausübungsberechtigten (Eigenjagdbesitzer und Jagdpächter) neben der Befugniß, zur Jagdausübung gelernte Jäger zu bestellen, die Berechtigung eingeräumt, zur Jagdausübung auf seinem Jagdgebiete auch Gäste — Jagdgäste („Gnadenjäger" nach neuerlich beliebtem Ausdrucke) — zuzulassen.[150]) Diese Jagdgäste erscheinen als Jagdausübungsbefugte im weiteren Sinne.[151]) Ihr (abgeleitetes) Jagdausübungsrecht ist durch zwei Voraussetzungen bedingt, den Besitz der persönlichen Erfordernisse der Jagdausübungsbefugniß (Jagdkartenfähigkeit, Jagdkartenbesitz) und die Ermächtigung des im Bezirke Jagdausübungsberechtigten (Eigenjagdbesitzer oder Jagdpächters), welche ihren Ausdruck durch die Begleitung des Jagdgastes Seitens des Jagdberechtigten oder durch Ausstellung eines Erlaubnißscheines desselben zur Alleinbejagung des Bezirks findet. In Begleitung des Jagdberechtigten bedarf demnach der Jagdgast einer schriftlichen Erlaubniß nicht. Die Vorschrift des Art. 10 mit Art. 23 Ziff. 6 J.-G. ist übrigens nicht dahin zu verstehen, daß der Jagdgast sich während der ganzen Dauer einer Jagd in unmittelbarer Nähe des Jagdberechtigten (Eigenjagdbesitzers, Pächters oder Jägers) aufhalten und, solange letzterer sich in einem entfernten Theile des Jagdbezirks befindet, das Töten von Wild unterlassen muß, vielmehr ist dieser Vorschrift nach ihrem Wortlaute und unverkennbaren Zwecke genügt, soferne die Ausübung der Jagd auf fremdem Jagdgebiet mit Erlaubniß des Jagdberechtigten

---

[149]) Bl. f. a. Pr. Bd. XVII S. 46.

[150]) E. d. O.-G.-H. i. Civ.S. v. 19. Mai 1874 S. IV S. 436; E. d. O.-L.-G. München v. 27. Juni 1886 S. VII S. 228.

[151]) Höcht a. a. O. S. 19.

erfolgt, während der Jagdberechtigte gleichzeitig in demselben Jagdbezirke zum Zweck der Jagdausübung anwesend ist.[152]) Es ist aber auch nicht nothwendig, daß der Jagdberechtigte hiebei selbst die Jagd ausübt d. h. an der Ausübung der Jagd persönlich theilnimmt, es genügt, wenn der Jagdberechtigte die Jagdgäste nur begleitet und im Uebrigen letzteren die Jagdausübung überläßt.[153])

Sobald aber ein Jagdgast die Jagd in Abwesenheit des Jagdinhabers ausüben will, muß er dessen schriftliche Erlaubniß (neben der Jagdkarte) mit sich führen, da das Gesetz die Möglichkeit einer behördlichen Kontrole darüber gewahrt wissen will, daß die Jagdausübung in einem bestimmten Bezirke nur mit Wissen und bzw. mit Zustimmung des dort primär Jagdausübungsberechtigten stattfindet.[154]) Auch die Angehörigen des Jagdausübungsberechtigten, Ehefrau und Kinder, bedürfen, wenn sie in dessen Bezirk allein jagen wollen, des Erlaubnißscheines, und selbst der Ehemann einer Alleineigenthümerin — nicht in Gütergemeinschaft lebenden Gutsbesitzersehefrau (als Eigenjagdberechtigter) muß bei Jagdausübung ohne Begleitung der Jagdberechtigten einen Erlaubnißschein derselben mit sich führen.[155]) Privatbeamte, welchen von ihrem Dienstgeber die Verwaltungsgeschäfte in Bezug auf dessen Jagdrecht übertragen sind, wie z. B. Gutsverwalter, Domänendirektoren u. dgl., erlangen durch diese ihre Stellung nicht ohne weiteres die Befugniß zur Jagdausübung im gutsherrlichen Jagdgebiete, sondern bedürfen hiezu entweder einer ausdrücklichen Dienstvertragsbestimmung oder eines Erlaubnißscheins und müssen bei Alleinausübung der Jagd im Bezirke ihres Dienstherrn entweder Ausfertigung des bezüglichen Dienstvertrags oder einen Erlaubnißschein mit sich führen.[156])

Eine mündliche Einladung des Jagdherrn ermächtigt den Jagdgast nicht, in strafloser Weise ohne Begleitung des Jagdberechtigten in dessen Bezirk zu jagen. Dagegen bedarf der Jagdgast eines schriftlichen Erlaubnißscheines des Jagdberechtigten nicht, wenn er die Jagd in Begleitung des etwa aufgestellten „gelernten Jägers“ ausübt, wohl aber, wenn er die Jagd nur in Begleitung eines selbst nicht zur Jagdausübung befugten Jagdaufsehers ausüben will.[157])

---

[152]) E. d. R.-G. i. Civ.-S. vom 3. Oktober 1895, Goltdammer, Archiv XLIII S. 296.

[153]) E. d. L.-G. Braunschweig, s. Zwinger u. Feld VIII S. 99; s. a. die im Deutsch. Jäger Bd. XVII S. 218 mitgetheilten E. d. pr. K.-G.

[154]) Verh. d. Abg.-K. 1849/50 Beil. Bd. I S. 58, 60, 256, 260, sten. Ber. Bd. II S. 148—50; Verh. d. R.-R.-K. 1849/50 Beil. Bd. II S. 561, 573, 578.

[155]) Deutsch. Jäger Bd. XIII S. 41.

[156]) Deutsch. Jäger a. a. O.

[157]) E. d. O.-G.-H. i. Civ.-S. v. 19. Mai 1874 S. IV S. 436.

Bezüglich des Rechtsverhältnisses zwischen Jagdgast und Jagdberechtigten ergeben sich folgende Grundsätze:

Die in Art. 23 Ziff. 6 gebrauchten Ausdrücke „Genehmigung" und „Erlaubniß" lassen entnehmen, daß das Gesetz eine bindende und klagbare Vereinbarung zwischen Jagdberechtigten und dritten Personen nicht anerkennen, sondern das Jagen von sog. Jagdgästen und die Ausstellung von Erlaubnißscheinen für dieselben nur als widerrufliche Vergünstigung zulassen und dem Belieben des Jagdberechtigten anheimstellen wollte. Dieses Belieben des Letzteren ist weiter noch dadurch eingeschränkt, daß der Jagdberechtigte die Befugniß zur Ertheilung einer solchen Erlaubniß nicht an Dritte übertragen kann. Sie kann und darf rechtswirksam nur von dem Jagdausübungsberechtigten selbst (oder dem von ihm zur Jagdausübung bestellten „gelernten Jäger" s. Art. 10 Abs. III J.-G.) ertheilt werden.[158]) Die dem Jagdberechtigten eingeräumte Befugniß duldet daher keinerlei Erweiterung dahin, daß derselbe Dritte, denen er die Erlaubniß zur Jagdausübung in seinem Bezirke ohne seine Begleitung schriftlich ertheilt hat, ermächtigen dürfte, ihrerseits nun auch andere im Erlaubnißschein nicht namentlich aufgeführte Personen zur Theilnahme an der Jagdausübung ohne seine, des Jagdberechtigten Begleitung mit der Wirkung einzuladen oder mitzunehmen, daß diese Eingeladenen so anzusehen wären, als hätten sie thatsächlich eine schriftliche Erlaubniß des Jagdherrn erhalten oder als befänden sie sich in seiner Begleitung. Geht die Einladung zur Jagd von einem Bevollmächtigten des Jagdberechtigten aus, so muß, wenn auch letzterer den Jagdgast begleitet, dieser ebenso wie der Bevollmächtigte eine schriftliche Erlaubniß des Jagdberechtigten besitzen und bei der Jagdausübung mit sich führen.[159]) Ein zur Jagdausübung Nichtberechtigter verfehlt sich, wenn er ohne Begleitung oder ohne schriftliche Erlaubniß des Jagdberechtigten die Jagd in dessen Bezirk ausübt, selbst dann, wenn er hiebei im Auftrag des Jagdberechtigten handelt, z. B. ein von letzterem angeschossenes Stück Wild aufsucht, verfolgt, erlegt und dem Jagdberechtigten auftragsgemäß überbringt.[160])

Sind mehrere Personen (Grundeigenthümer, Pächter bzw. Mitpächter) in einem Jagdbezirke jagdausübungsberechtigt, so bedarf der Jagdgast einer von Jedem derselben unterfertigten schriftlichen Erlaubniß. Jagt der Jagdgast in Begleitung eines

---

[158]) E. d. R.-G. v. 13. Januar 1891 E. XXVII S. 233.

[159]) E. d. O.-L.-G. München v. 27. Juni 1886 S. VII S. 228; Deutscher Jäger Bd. XIV S. 128.

[160]) E. d. O.-L.-G. München v. 10. Mai 1890 S. VI S. 97; Deutscher Jäger Bd. XVI S. 110.

oder mehrerer von ihnen, so muß er gleichwohl eine von Jedem der Nichtanwesenden gefertigte Erlaubniß mitführen.[161])

Im Hinblicke auf diese Ausführungen muß es mindest als räthliche Vorsicht empfohlen werden, daß ein zur Theilnahme an einer Jagd geladener Jagdliebhaber — Jagdgast — sich vergewissere, ob der ihn Einladende auf dem betreffenden Gelände jagdberechtigt und dementsprechend zur Ertheilung der Jagdbegleitung oder der (schriftlichen) Erlaubniß zur Jagdausübung befugt sei. Der gute Glaube, daß dem so sei, würde sich bei thatsächlichem Nichtzutreffen mangels entsprechender Vergewisserung des Jagdgastes hierüber nach Umständen als eine fahrlässige, den Thäter Straffreiheit nicht entschuldigende Unkenntniß darstellen können. Der gute Glaube des von einem bloßen Jagdgaste zur Jagd eingeladenen Jagdliebhabers, daß ihn ersterer befugt zur Jagdausübung habe einladen und der auf Grund dieser Einladung an der Jagd ohne Begleitung des Berechtigten habe Theil nehmen dürfen, ist ein Rechtsirrthum über Sinn und Tragweite der einschlägigen Gesetzesvorschriften, daher ein nicht entschuldbarer Rechtsirrthum.[162])

Bezüglich der Befugnisse des Jagdgastes hinsichtlich der Jagdausübung und seiner rechtlichen Stellung gegenüber dem Jagdberechtigten sind folgende Leitsätze zu beachten:

Der Jagdberechtigte ertheilt mit gesetzlicher Erlaubniß und die Jagdkartenfähigkeit vorausgesetzt dem Jagdliebhaber — Jagdgaste durch seine Genehmigung die Befähigung zur Ausübung der

---

[161]) E. d. R.-G. v. 19. Februar 1892 jur. Wochenschrift S. 203 Nr. 11. — S. a. Verfügung des Bezirksamts München II vom 14. März 1895: Eine dem Art. 23 Ziff. 6 J.-G. genügende schriftliche Erlaubniß kann nur von sämmtlichen Jagdpächtern ertheilt werden. Art. 23 sagt dies nicht ausdrücklich, weil er des Mitpächters überhaupt nicht gedenkt. Er faßt eben die mehreren Jagdberechtigten als eine Einheit, und ein Wille dieser Einheit kann sich nur durch Uebereinstimmung der in derselben vereinigten Mitglieder äußern. Deutsch. Jäger Bd. XVII S. 109. In Verfolgung dieser Anschauungen wird der Jagdgast auch in Begleitung eines von mehreren Jagdberechtigten nur dann befugt jagen, wenn er die schriftsiche Erlaubniß der übrigen, nicht anwesenden Mitberechtigten bei sich führt bzw. besitzt. Ohne diese Erlaubniß (Zustimmung) der übrigen Pächter oder Jagdberechtigten muß das Jagen des Jagdgastes mit nur einem derselben bei Kenntniß dieses Mangels als unbefugte Jagdausübung im Sinne des § 293 St.-G.-B. und nicht blos einer Verfehlung gegen Art 23 J.-G. verfolgt werden; vgl. hiezu O.-L.-G.-E. v. 17. April 1894 mecklenburg. Zeitschr. für Rechtspfl. u. R.-W. Bd. XIII S. 155. — Der Deutsch. Jäger Bd. XVII S. 4, welcher eine gegentheilige Ansicht vertritt, empfiehlt event. vertragsmäßige Regelung dieser Frage bei der Jagdpachtung unter Zustimmung der Gemeinde; s. a. Bayer. Gemeindezeitung IV (Jhrgg. 1894) S. 484 im obigen Sinne.

[162]) Vgl. d. i. Note 159 angeführte E. d. O.-L.-G. München v. 27. Juni 1886 und Deutsch. Jäger Bd. XIV S. 128.

[163]) E. d. O.-G.-H. in Civ.-S. v. 19. Mai 1874 S. IV S. 436; E. d. L.-G. Bonn v. 22. Februar 1894.

Jagd. Es ist der Jagdberechtigte selbst, der durch den Jagdgast sein Jagdrecht ausübt und sogar allein durch diese seine Jagd ausüben kann. Der Jagdgast tritt demnach an Stelle des Jagdausübungsberechtigten, handelt an seiner Stelle und muß daher während der Jagdausübung alles thun dürfen, was der Jagdberechtigte selbst thun darf, anderseits alles unterlassen, was diesem zu thun untersagt ist. Der Jagdgast erscheint demnach nicht blos im Auftrag des Jagdberechtigten bei Ausübung der Jagd innerhalb der Berechtigung des Letzteren Handlungen vorzunehmen befugt, welche im Interesse des Jagdausübungsberechtigten gelegen sind, und zwar nicht blos in Ausbeutung der Jagd, sondern auch im Schutze der Jagd, und kann solche Handlungen als Geschäftsführer ohne Auftrag des Jagdberechtigten bethätigten.[163])

3. Die Regiejagd.

Wenn die gemäß Art. 4 und 7 J.=G. versuchte Verpachtung der (aus dem Besitze der Grundeigenthümer der Gemeindemarkung gebildeten) Gemeindejagd weder im Wege der öffentlichen Versteigerung zu einem Ergebnisse geführt hat noch im Vertragswege erzielt werden konnte und ein wiederholter Versuch einer Verpachtung keinen Erfolg erwarten läßt, sind die Gemeinden gemäß Art. 11 J.=G. ausnahmsweise befugt, die Jagd in Selbstverwaltung (Regie) durch höchstens drei jagdkartenfähige Gemeindeglieder auszuüben.[164])

Voraussetzungen dieser Ausnahme sind demnach, daß bei Versteigerung der Gemeindejagd überhaupt kein Pachtlustiger erschienen oder kein Pachtgebot geschlagen worden ist oder daß die im Versteigerungstermine gelegten Pachtgebote den von der Gemeindeverwaltung festgesetzten Aufwurfspreis nicht erreicht haben — und daß auch eine Verpachtung im Vertragswege nicht gelungen ist. Hat die Jagdverpachtung gemäß Art. 7 J.=G ein Ergebniß geliefert, welchem Hindernisse aus Abs. IV angef. Art. nicht entgegenstehen und bei dem auch der festgesetzte Aufwurfspreis erzielt worden ist, so erscheinen zunächst die Voraussetzungen für einen gemeindlichen Regiejagdbetrieb auch dann noch nicht gegeben, wenn die Gemeinde in einem formell giltigen Gemeindebeschlusse dem Ergebnisse die Genehmigung versagt hat, sondern es wird zu erneuerten Verpachtungsverhandlungen zu schreiten sein. Führen auch die wiederholten Verhandlungen zu keinem Ergebnisse oder wird letzterem die Genehmigung der Gemeinde neuerdings versagt, so erübrigt nur der Regiejagdbetrieb; denn zur Genehmigung des Ergebnisses der Verpachtungsverhandlung kann die Gemeinde nicht gezwungen werden. Auch in Fällen, in denen

[164]) V.=V. z. J.=G. § 9.

die städtischen Kollegien zu einer Einigung über die Jagdverpachtung und deren Ergebniß nicht gelangen, erübrigt schließlich nur Regiejagdbetrieb.[165])

Eines besonderen Beschlusses über den Betrieb der Gemeindejagd in Selbstverwaltung bedarf es nicht, derselbe greift ohne Weiteres Platz, sobald die Voraussetzungen des Art. 11 Ziff. 2 oder 3 gegeben sind.

Der Regiebetrieb einer Gemeindejagd darf durch höchstens drei jagdkartenfähige Gemeindeglieder ausgeübt werden;[166]) es steht demnach der Gemeinde frei, die selbstverwaltete Jagd auch nur durch ein oder zwei Gemeindeglieder ausüben zu lassen. Da es sich hier um eine Ausnahmsbestimmung handelt, welche als solche strengste Auslegung gebietet, ist anzunehmen, daß für den ganzen Gemeindejagdbezirk, auch wenn ursprünglich dessen Verpachtung in mehrere Unterabtheilungen beabsichtigt war, im höchsten nur drei Gemeindeglieder für die Jagdausübung aufgestellt werden dürfen, da die Fassung des Art. 11 einer Abtheilung des Jagdbezirks nicht Erwähnung thut. Ist von einem getheilt zur Verpachtung gebrachten Gemeindejagdbezirk nur ein Theil unverpachtet geblieben und sind dann für letzteren (er mag aus einem oder mehreren Unterbezirken gebildet sein) die Voraussetzungen des Art. 11 Ziff. 2 und 3 gegeben, so dürfen für diesen Theil nicht mehr als drei jagdkartenfähige Vertrauensmänner der Gemeinde zum Jagdbetriebe aufgestellt werden.

Die Aufstellung der mit der Selbstverwaltung der Jagd beauftragten Vertrauensmänner ist der Gemeindeverwaltung (Gemeindeausschuß, Magistrat) überlassen, einer Genehmigung durch die Gemeindeversammlung oder die beiden städtischen Kollegien bedarf es nicht. Die Auswahl ist durch zwei persönliche Erfordernisse bedingt: Jagdkartenfähigkeit und Besitz des Gemeindebürgerrechts Seitens der zu Vertrauensmännern Bestimmten.[167])

Der Gemeindeverwaltung steht übrigens frei, die unver-

---

[165]) V.-B. a. a. O. Ziff. 2—4, vgl. a. Bl. f. a. Pr. Bd. XVI S. 372. Der Standpunkt in Ziff. 4 d. V.-B. z. J.-G. § 9 steht im Widerspruche mit dem gemeindlichen Selbstverwaltungsrecht. Uebrigens steht der Gemeindeverwaltung die Möglichkeit offen, die Voraussetzungen des Art. 11 Ziff. 2 u. 3 durch Aufstellung erschwerter, für Jagdpachtliebhaber unannehmbarer Pachtbedingungen herbeizuführen. Eine staatsaufsichtliche Beanstandung der letzteren könnte nur insoweit stattfinden, als gegen ausdrückliche gesetzliche Vorschriften verstoßen wird.

[166]) V.-B. z. J.-G. § 9 Ziff. 4 Abs. 2.

[167]) S. a. a. O. Ziff. 2 und bayer. Gemeindezeitung VIII (Jhrgg. 1898 S. 326). Verlust der Jagdkartenfähigkeit oder Verlust der Gemeindemitgliedschaft — des Bürgerrechts — zieht selbstverständlich die Unfähigkeit nach sich, weiterhin als Vertrauensmann den Regiejagdbetrieb der Gemeinde auszuüben.

pachtete Gemeindejagd statt durch Vertrauensmänner sowie neben diesen durch „gelernte Jäger" ausüben zu lassen.[168])

Auch der Betrieb der Gemeindejagd in gemeindlicher Selbstverwaltung unterliegt der staatsaufsichtlichen Ueberwachung und ist der vorgesetzten Distriktspolizeibehörde unter Namhaftmachung der aufgestellten Vertrauensmänner anzuzeigen. Die staatsaufsichtliche Prüfung hat sich einmal darauf zu erstrecken, ob die Voraussetzungen der Selbstverwaltung gegeben sind, dann in der Richtung, ob die Vertrauensmänner neben der Jagdkartenfähigkeit auch die Eigenschaft eines Gemeindebürgers besitzen.[169])

Streitigkeiten, welche sich in den letztbezeichneten Richtungen ergeben, sind Verwaltungsrechtssachen (Art. 157 Gmde.-Ordg. mit Art. 10 Ziff. 2 V.-G.-H.-G.).[170])

Das Verhältniß der Vertrauensmänner gegenüber der Gemeinde ist das eines Beauftragten. Der von der Gemeindeverwaltung zum Vertrauensmann für den Regiebetrieb Erwählte kann den Auftrag ablehnen, einem Dritten aber nicht aus eigener Macht übertragen. Bezüglich der in Ausführung des Jagdbetriebes gemachten Aufwendungen haben die Vertrauensmänner Anspruch auf Ersatz durch die Gemeinde; ob letztere denselben eine Remuneration, event. gegen Uebernahme des für den Jagdbetrieb erwachsenden Aufwands gewähren will, steht im freien Ermessen der Gemeinde. Vorbehaltlich besonderer anderweitiger Abmachung kann die Gemeinde den Auftrag zum Jagdbetrieb jederzeit zurückziehen, der Vertrauensmann denselben jederzeit kündigen. Der Auftrag erlischt mit dem Verluste der Jagdkartenfähigkeit oder des Gemeindebürgerrechts sowie, mit Rücksicht auf die persönlichen Erfordernisse zur Uebernahme dieses Vertrauensamtes, mit dem Tode des Beauftragten.[171])

Da die Vertrauensmänner die Gemeinde in der Ausübung der Jagdbefugniß zu vertreten haben und im Namen derselben ausüben, steht denselben auch die Befugniß zu, Jagdgäste einzuladen und zur Jagdausübung als Begleiter mitzunehmen oder denselben einen Erlaubnißschein für Alleinbegehung der Jagd zu ertheilen.[172])

---

[168]) Verh. d. Abg.-K. 1849/50 Beil. Bd. I S. 561; sten. Ber. Bd. II S. 149.

[169]) V.-B. z. J.-G. § 9.

[170]) Krais, V.-G.-H.-G. S. 81, 141; dessen Handbuch S. 276, 277.

[171]) B. G.B. §§ 662 u. ff.

[172]) Nachdem Art. 10 J.-G. auch für gelernte Jäger diese Ermächtigung gewährt, wird ein Gleiches für die Vertrauensmänner der Gemeinde anzunehmen sein.

Kapitel IV.

Das Erträgniß der Jagdberechtigung.

Für eigenjagdberechtigte Grundeigenthümer besteht das Erträgniß ihrer Jagdberechtigung bei Selbstausübung der Letzteren aus den durch den Jagdbetrieb erzielten Einnahmen, insbesondere in dem Erlöse aus der Jagdbeute, bei Uebertragung ihrer Jagdausübungsbefugniß an Dritte aus dem bei der Uebertragung bedungenen Entgelt der Letzteren, in der Regel einem Jagdpachtschilling.

Für jene Grundbesitzer, welche ihren Grundbesitz bzw. die Jagdausübung auf demselben Mangels der zur Selbstjagdausübung erforderlichen dinglichen Eigenschaften der Verpachtung durch die Gemeinde überlassen müssen, sowie für eigenjagdberechtigten Grundeigenthümer, welche ihr Jagdrecht der Gemeinde freiwillig zur Verpachtung überlassen, bildet der auf sie entfallende Antheil an dem Jagdpachtschilling ausschließlich das Erträgniß ihrer Jagdberechtigung.

1. Der Pachtschilling für die Gemeindejagd.

Kraft gesetzlicher Vorschrift (Art. 8 J.-G.) sind die Pachtschillinge für Gemeindejagden unter allen Umständen in die Gemeindekasse jener politischen Gemeinde einzuzahlen, welche die Jagd zur Verpachtung gebracht hat.[1]) Diese Vorschrift gilt ausnahmslos. Auch wenn in einer aus mehreren Ortsgemeinden bestehenden politischen Gemeinde die Jagdbezirke mit den Ortsfluren zusammenfallen, sind die Jagdpachtschillinge nicht etwa in die Ortsgemeindekassen, sondern nur an die Kassa der politischen Gemeinde und zwar ohne Ausscheidung nach einzelnen Jagdbezirken abzuführen.[2]) Hat eine Gemeinde von der Bestimmung

---

[1]) V.-B. z. J.-G. § 7 Abs. I

[2]) E. d. V.-G.-H. v. 18. März 1880 S. I S. 195; s. a. bayer. Gemeindezeitung IV (Jhrgg. 1894) S. 113 und VIII (Jhrgg. 1898) S. 259, 260. — Wenn eine politische Gemeinde aus mehreren Ortsgemeinden besteht, so kann der Ortsgemeindebezirk im Falle er die entsprechende Größe hat, als besonderer Jagdbezirk anerkannt und verpachtet werden; die Verpachtung muß jedoch durch die politische Gemeinde erfolgen, der Pachterlös in die Kassa der Letzteren einbezahlt werden, insoferne nicht diese zu Gunsten der Ortsgemeindekassa darauf verzichtet. Bl. f. a. Pr. Bd. XVI S. 368, 374. Ein solcher Verzicht wird indessen nicht ohne Gehör und einhellige Zustimmung der am Gemeindepachtschilling antheilberechtigten Grundeigenthümer ausgesprochen werden können, vgl. bayer. Gemeindezeitung V (Jhrgg. 1895) S. 343. — Anders liegt die Sache, wenn die Ortsgemeinde als solche eigenes unvertheiltes Ortsgrundeigenthum von einem Flächenumfange besitzt, welcher nach Art. 2 Abs. I Ziff. 3 und 4 J.-G. zur Eigenjagd berechtigt. Die Verpachtung der Jagd auf solchem Ortsgemeindegrundeigenthum steht der Ortsgemeinde

in Art. 5 J.-G. Gebrauch gemacht und ihren Jagdbezirk mit dem oder denjenigen anderer politischer Gemeinden zusammengeworfen, so hat der Jagdpachtschilling für den vereinigten Gemeindejagdbezirk in die Kasse jener politischen Gemeinde zu fließen, die Letzteren verpachtet hat.

Die zur Gemeindekassa vereinnahmten Pachtschillinge bilden an sich — soweit nicht gemeindliche Besitzungen in Frage kommen, keine Gemeinde-Einnahme im Sinne des Art. 39 der Gmde.-Ordg., wohl aber eine für Gemeindezwecke zu verwendende Einnahme, die als durchlaufender Posten der Gemeindekassa erscheint; denn sie werden betheiligten Grundbesitzern verrechnet bzw. zu den sie treffenden Gemeindeausgaben verwendet.[3]) Die Aus-

---

selbst zu und fließt der erzielte Jagdpachtschilling als Ertrag des Ortsgemeindevermögens in die Kassa der Ortsgemeinde, s. bayer. Gemeindezeitung VI (Jhrgg. 1896) S. 23. Hat dagegen die Ortsgemeinde ihren Eigenjagdbezirk gemäß Art. 6 J.-G. der politischen Gemeinde zur Verpachtung überlassen, so tritt sie hinsichtlich des Jagdpachtschillings in die Reihe der übrigen dem Jagdbezirke der Gemeinde angehörigen Grundbesitzer und hat zur Ortsgemeindekassa lediglich den nach Verhältniß des Flächeninhalts treffenden Antheil am Jagdpachtschilling zu beanspruchen bzw. sich an den Leistungen der Ortsgemeinde zur politischen gutrechnen zu lassen.

[3]) S. a. §§ 3 u. 9 der Bestimm. über die Verwaltung der Staatsjagden v. 6. Mai 1850. Für die Verrechnung der zur Gemeindekassa eingezahlten Jagdpachtschillinge gibt die bayer. Gemeindezeitung II (Jhrgg. 1892) S. 242 folgende Anleitung: die Verrechnung erfolgt nicht nach Jagdbogen (Unterabtheilungen der Gemeindejagd), sondern im Ganzen auf alle darunter fallenden Grundstücke, und zwar soweit nicht ein Anderes vereinbart worden ist, nach der Tagwerkszahl. Nicht eingerechnet werden jene Grundstücke, auf welchen der Eigenthümer nach Maßgabe des Art. 2 Abs. I Ziff. 1–4 J.-G. die Selbstausübung (Eigenjagdberechtigung) hat und bethätigt, ingleichen die Inklaven, auf welchen ein Eigenjagdberechtigter gemäß Art. 3 J.-G. zur Ausübung befugt ist und von dieser Befugniß Gebrauch macht. Hat ein Eigenjagdberechtigter der Gemeinde seinen Jagdbezirk und etwaige Inklaven desselben in Pacht gegeben (Art. 6 J.-G.), so werden selbstverständlich auch die Grundstücke dieser Komplexe mit eingerechnet. — Haben die antheilberechtigten Grundbesitzer besondere Ausgaben in der Gemeinderechnung zu bestreiten (Art. 55 Gmde-Ordg., besondere Aufwendung zur Abwehr von Wildschaden), so sollen diese Ausgaben vor Allem aus dem Jagdpachtschilling bestritten werden, außerdem wird der sie treffende Betrag an den Umlagen abgezogen oder wenn Umlagen nicht zur Erhebung kommen, auf Verlangen den Antheilberechtigten baar ausbezahlt. Zu diesem Zwecke ist, insbesondere bei Umlagenerhebung 1. wenn besondere Grundbesitzerausgaben nicht vorhanden sind, festzustellen, wie viel vom Gesammtpachtschilling auf die Besitzungen der Gemeinde z. B. Gemeindewald oder Weide u. dgl. entfällt, weil dieser Antheil zu den Erträgnissen des Gemeindevermögens gehört; 2. das Umlagensoll ohne Einrechnung des nach Abzug des gemeindlichen Antheils (s. vor. Ziff. 1) verbleibenden Jagdpachtschillings zu den Einnahmen festzustellen und auf die Umlagenpflichtigen auszuschlagen, 3. den unter die gemeindliche Jagdverpachtung fallenden Grundbesitzern nach der Grundfläche ihres Besitzes (Tagwerkszahl) vorbehaltlich anderer Uebereinkunft — der auf sie treffende Antheil an dem Jagdpachtschilling (abzüglich des unter 1 erwähnten auf die gemeindlichen Besitzungen entfallenden Antheils) an ihren Umlagen in Abzug zu

mittelung der Antheile der einzelnen Grundbesitzer ist zunächst dem freien Ermessen der Betheiligten anheim gegeben.[4]) Da der Anspruch auf den Jagdpachtschillingsantheil ein Forderungsrecht des Einzelnen bildet, muß über die Festsetzung der Antheile der einzelnen Grundbesitzer vollständige Einigkeit aller Berechtigten erzielt sein und kann fragliches Recht dem Einzelnen nicht durch Mehrheitsbeschluß genommen werden. Ist eine freie Uebereinkunft nicht getroffen oder erzielt worden, so greift die gesetzliche Regel Platz, der gemäß die Vertheilung des Jagdpachtschillings nach dem Flächeninhalte, d. h. nach der Tagwerkszahl des Besitzes der einzelnen Grundeigenthümer stattzufinden hat (Art. 9 J.-G.).[6])

Eine Baarherauszahlung der Jagdpachtschillingsantheile kann der Grundeigenthümer nur dann verlangen, wenn entweder die Gemeinde ihre Bedürfnisse ohne Heranziehung der Gemeindeangehörigen zur Bestreitung der Gemeindeausgaben durch Er-

---

bringen. Denjenigen, welche mangels eines zur Pachtjagd gehörigen Grundbesitzes keinen Antheil haben, wird selbstverständlich auch kein Abzug an den sie treffenden Gemeindeumlagen gemacht. Bl. f. a. Pr. Bd. XIX S. 18 und Bd. XXIII S. 367. Eine einfache Vereinnahmung des Jagdpachts ohne Gutrechnung würde dazu führen, daß dieser auch jenen Umlagepflichtigen zu Gute käme, die keinen Antheil daran haben; bayer. Gemeindezeitung II (Jhrgg. 1892) S. 872, 873. Aus Art. 8 J.-G. ergibt sich, daß die Jagdpachtschillinge ein Gemeindevermögen nicht bilden können (E. d. V.-G.-H. v. 30. Nov. 1882 S. XIV S. 97 ff.), nicht Eigenthum der Gemeinden sind, sondern Eigenthum der Grundbesitzer bleiben und nur von den Gemeinden für Rechnung der Letzteren eingehoben werden. Sie können daher in den Gemeinderechnungen nur insoweit in Einnahme erscheinen, als sie von den der Gemeinde eigenthümlichen Grundstücken herrühren. Außerdem ist hierüber von den Gemeinden gesonderte Rechnung zu führen. In derselben sind die Jagdpachtschillinge in Einnahme, die für Rechnung der Grundbesitzer an die Gemeindekassa geleisteten Zahlungen aber in Ausgabe vorzutragen — und bei den Einnahmen ist auch anzuführen, wie viel von den eingegangenen Jagdpachtschillingen jedem einzelnen Grundbesitzer nach Verhältniß seines Grundbesitzes gebührt. Die Quittungen der Gemeindekassa über die dorthin für Rechnung der Grundbesitzer geleisteten Zahlungen bilden nebst den Nachweisen über etwa effektiv an die Letzteren gemachte Auszahlungen die Ausgabebelege zur fraglichen Jagdkassarechnung. — Da, wie erwähnt, das Jagdpachterträgniß, soweit es sich um Gemeindejagden im Sinne des Art. 4 handelt, ein Gemeindevermögen nicht darstellt, kann auch ein Ausfall hieran in Folge organisatorischer Aenderung der Gemeindegrenzen nicht Gegenstand gemeindlicher Enschädigungsansprüche sein; s. d. angef. E. d. V.-G.-H. S. XIV S. 97).

[4]) Verh. d. Abg.-K. 1849/50 Bd. I S. 255 II S. 79; Bl. f. a. Pr. Bd. XV S. 164; Min.-Entschl. v. 9. März 1863; vergl. a. Trunk a. a. O. S. 35 Note 2.

[5]) Bayer. Gemeindezeitung V (Jhrgg. 1895) S. 343 und VI (Jhrgg. 1896) S. 72, 73.

[6]) Verh. d. Abg.-K. 1849/50 Aussch.-Ber. S. 255; Brater a. a. O. S. 99. Eine Vertheilung nach der Steuer ist, vorbehaltlich der ausdrücklichen Zustimmung der Betheiligten unzulässig; bayer. Gemeindezeitung III (Jhrgg. 1893) S. 550.

hebung von Gemeindeumlagen zu befriedigen vermag oder ein Jagdberechtigter aus irgend einem Grunde keine Umlagen zur Gemeindekassa zu entrichten hat oder wenn und soweit der Antheil des Einzelnen dessen Schuldigkeiten zur Gemeindekassa übersteigt.[7]) Die Verrechnung der Einzelantheile am gemeindlichen Jagdpachtschillinge bzw. die Bestimmung über die Verwendung der gutzurechnenden Beträge für gemeindliche Zwecke ist dem freien Ermessen der Gemeindeverwaltung anheim gegeben.[8]) Die Gutrechnung ist daher nicht auf Umlagenschuldigkeiten der Betheiligten beschränkt, sondern kann an jeder beliebigen den Einzelnen zur Gemeindekassa treffenden Leistung stattfinden.[9]) Eine Beschränkung des freien Ermessens der Gemeindeverwaltung – welche übrigens hier an eine beschlußmäßige Mitwirkung der Gemeindeversammlung bzw. des Gemeindebevollmächtigtenkollegiums nicht gebunden erscheint, ist in dieser Beziehung nur dahin gegeben, daß eine Zugutemachung bzw. Verwendung der Jagdpachtschillingsantheile, welche den Betheiligten nicht zu Gute käme oder zu deren Nachtheil wäre, ohne Einwilligung der betheiligten Grundbesitzer nicht stattfinden darf.[10]) Einem jeden Betheiligten steht es frei, auf seinen Antheil am Jagdpachtschilling zu Gunsten der Gemeindekassa zu verzichten und kann dies auch von der Gesammtheit der Antheilsberechtigten beschlußmäßig erklärt werden. Ein solcher Beschluß muß jedoch mit Einstimmigkeit der Betheiligten erfolgen, ein Mehrheitsbeschluß ist für einzelne Widersprechende nicht bindend und muß für solche die Gutrechnung und die Herauszahlung von etwaigen Ueberschüssen bethätigt werden, da jeder Grundbesitzer des Gemeindejagdbezirks die Anrechnung

---

[7]) Verh. d. b. Abg.-K. a. a. O.; E. d. V.-G.-H. v. 13. April 1886 S. VII S. 235; s. a. bayer. Gemeindezeitung V (Jhrgg. 1895) S. 343 und IV (Jhrgg. 1896) S. 23 sowie Bl. f. a. Pr. Bd. XIX S. 8.

[8]) Brater a. a. O. S. 99; Bl. f. a. Pr. Bd. XXIII S. 367.

[9]) Verh. d. Abg.-K. 1849/50 Sten. Ber. Bd. II S. 146, 147; Brater a. a. O. Werden Jagdpachtantheile nicht auf Umlagen verrechnet, sondern hinausbezahlt, so können die Antheile der betr. Grundbesitzer z. B. für Wegbauten nach Art. 55 d. Gmde.-Ordg. verwendet werden; bayer. Gemeindezeitung II (Jhrgg. 1892) S. 741.

[10]) Brater a. a. O. S. 99 Note 2 zu Art. 8 J.-G.; vgl. a. V.-V. z. J.-G. § 7 Abs. I; s. ferner bayer. Gemeindezeitung III (Jhrgg. 1893) S. 550, IV (Jhrgg. 1894) S. 21 und VI (Jhrgg. 1896) S. 95. — In der Gemeinde H. wurde beschlossen, auf die Jagdpachtschillingsantheile der Grundbesitzer auch die Gehaltsbezüge des Flur- und Waldhüters gutzurechnen. Dieser Beschluß wurde staatsaufsichtlich — mit Grund beanstandet, weil der betr. Flur- und Waldhüter zugleich Gemeindediener war, der Gehalt eines solchen aber als eine die politische Gesammtgemeinde treffende Leistung aus der Gemeindekassa bzw. den Gemeindeeinnahmen zu bestreiten ist. Die Gemeinde B. hat ohne Zustimmung der Forensen beschlossen, den Jagdpachtschilling zur Zuchtstierhaltung zu verwenden, eine solche den Forensen zum Nachtheile gereichende Verwendung des Jagdpachtschillings ist ohne deren ausdrückliche Einwilligung nicht zulässig.

seines Jagdpachtschillingsantheiles auf seine Umlagen- und sonst zur Gutmachung beschlossenen Schuldigkeiten zur Gemeinde fordern kann.[11])

Da jeder Besitzer eines dem Gemeindejagdbezirks zugehörigen Grundstücks antheilberechtigt ist, haben auch die sogen. Forensen d. h. jene Grundeigenthümer, welche zwar liegenden, dem Gemeindejagdbezirk einverleibten Besitz haben, sonst aber einer anderen politischen Gemeinde angehören, Anspruch auf ihren Antheil am Jagdpachtschilling und zwar ist derselbe bei der politischen Gemeinde der Liegenschaft, als der die Jagdverpachtung bethätigenden und nicht etwa bei jener politischen Gemeinde, welcher die Forensen angehören, zu vereinnahmen und zu verrechnen bzw. an diese letztere Gemeinde zu solchem Zwecke zu überweisen.[12]) Von dem anfallenden Jagdpachtschillinge dürfen Seitens der Gemeindeverwaltung vorweg die für Verpachtung (z. B. Inserat-, Versteigerungs- 2c. Kosten) sowie für Verwaltung des Jagdpachtschillings (Berechnungen, Listenfertigung u. s. w.) erwachsenden Ausgaben, ferner auch die Ausgaben auf Abwendung und Vergütung des Wildschadens in Abzug gebracht werden, nicht aber allgemeine Ausgaben auf Flur- und Waldschutz. Werden zur Verhütung des Wildschadens Frohndienste geleistet, so haben jene Grundeigenthümer, welche sich bei den Naturalleistungen nicht betheiligten, sich die treffenden bezüglichen Lasten an dem auf sie entfallenden Jagdpachtschillingsantheil behufs Gutmachung anrechnen zu lassen.[13])

Wenn auch die Vertheilung und Verrechnung des Jagdpachtschillings der Zuständigkeit des Gemeindeausschusses anheimgegeben ist, so kann dieser andererseits Ermäßigung des Jagdpachtschillings (theilweisen Nachlaß an demselben) nicht ohne Genehmigung der Gemeindeversammlung (der städtischen Kollegien) zugestehen, soferne es sich um eine dauernde Ermäßigung des Jagdpachts handelt, da durch eine solche eine Aenderung der Pachtbedingungen und damit des Pachtvertrags selbst herbeigeführt wird.[14]) Zeitliche Nachlässe am Jagdpacht z. B. in Folge nicht vergüteter Manöverschäden,[15]) in Folge von Wildseuche und dgl. (s. § 537 B. G.B.) werden nach Analogie des Art. 58 der Gmde.-Ordg. vom Gemeindeausschusse allein beschlossen werden

[11]) Bayer. Gemeindezeitung V (Jhrgg. 1895) S. 313, 344.

[12]) Verh. d. Abg.-K. 1849/50 Sten. Ber. Bd. II S. 79 u. Bl. f. a. Pr. Bd. XV S. 164, ferner bayer. Gemeindezeitung V (Jhrgg. 1895) S. 267, 268 und VI (Jhrgg. 1896) S. 95.

[13]) Entsch. d. V.-G.-H. v. 31. Januar 1888 S. IX S. 139 s. a. bayer. Gemeindezeitung V (Jhrgg. 1895) S. 115; s. bezüglich des Flur- und Waldschutzes auch ebenda III (Jhrgg. 1893) S. 550.

[14]) Bl. f. a. Pr. Bd. XIX S. 8.

[15]) E. d. b. O.-G.-H. v. 16. April 1872 R.-Bl. S. 1220.

können, soferne nicht durch die Pachtbedingungen solche Nachlässe überhaupt und für alle Fälle ausgeschlossen sind und vorbehaltlich der Bestimmungen in Art. 159 Ziff. 8 (mit Art. 112 Ziff. 3) d. Gmde.-Ordg. bezüglich der Nachlässe zu Gunsten von Magistrats- und Gemeindeverwaltungsmitgliedern, Gemeindebevollmächtigten oder Gemeindebediensteten.

Streitigkeiten über den Vollzug der Art. 8 und 9 J.-G. sind Verwaltungsrechtssachen, in welchen die Berufung gegen den erstinstanziellen Bescheid der Distriktsverwaltungsbehörden unmittelbar an den Verwaltungsgerichtshof geht, vorbehaltlich der Frage über die Art und Weise der Verrechnung und Verwendung der Jagdpachtschillinge für die Grundeigenthümer durch die Gemeindeverwaltung, welche als Ermessensfrage eine reine Verwaltungssache bildet.[16] Gegenstand der Streitigkeiten über den Vollzug des Art. 8 J.-G. können sich aus dem Berechtigungs- und Verpflichtungsverhältnisse zwischen Gemeinde und Jagdpächter einer- und zwischen Gemeinde und den Grundeigenthümer andererseits ergeben. Fälle ersterer Art sind gegeben hinsichtlich der Verpflichtung des Pächters zur Einzahlung des Jagdpachtschillings an die Gemeindekasse[17]) sowie hinsichtlich der Verpflichtung der Gemeinde und deren Berechtigung, den Jagdpacht zur Gemeindekassa einzuheben,[18]) der zweiten Art, wenn es sich um die Berechtigung und Verpflichtung der Gemeinde zur Verrechnung und Verwendung der eingezahlten Pachtschillinge für die Grundeigenthümer[19]) sowie um die Verpflichtung der Letzteren handelt, sich die von der Gemeindeverwaltung beschlossene Verrechnung und Verwendung des Pachtschillings gefallen zu lassen, dann bezüglich der Verpflichtung der Gemeinde, Ueberschüsse an den Jagdpachtschillingsanteilen den Grundeigenthümern hinauszuzahlen bzw. bezüglich des Anspruches der Betheiligten auf solche Hinauszahlungen.[20]) Verwaltungsrechtliche Streitigkeiten aus Art. 9 J.-G. stehen in Frage, wenn es sich um die Vertheilung des erzielten Jagdpachtschillings unter die Grundeigenthümer dreht. Es gelten, da ein Eigenjagdbesitzer, welcher seine Jagd der Gemeinde zur Verpachtung überläßt, einfach in die Reihe der übrigen betheiligten Grundeigenthümer tritt, für Differenzen zwischen ihm und der Gemeinde, die im Bereich der obenerwähnten Streitfälle

[16]) Art. 8 Ziff. 17 mit Art. 9 Abs. I V.-G.-H.-G. und Kahr, V.-G.-H.-G. S. 80 u. ff.; s. ferner Bl. f. a. Pr. Bd. XXIII S. 367, Entsch. d. b. O.-A.-G. v. 19. Juli 1858 und vom 16. April 1872 (s. Note 15).

[17]) Art. 8 J.-G. und V.-V. § 7; Bl. f. a. Pr. Bd. XXIII S. 367.

[18]) S. hieher Art. 57 mit 48 d. Gmde.-Ordg., Art. 4 A.-G. z. C.-Pr.-O. — G.- u. V.O.-Bl. 1899 S. 403 und V.-V. z. J.-G. § 7 Abs. II.

[19]) Bl. f. a. Pr. Bd. XXIII S. 367.

[20]) Vergl. bayer. Gemeindezeitung II (Jhrgg. 1892) S. 242

liegen, selbstverständlich auch die dort erörterten Zuständigkeitsverhältnisse.[21])

2. Entschädigung für die Jagdausübung auf Inklaven.

Der Besitzer eines Grundeigenthums, welches das zur Eigenjagd berechtigende Flächenausmaß (240 bzw. 400 Tgwk.)[22]) nicht hat und von einem Eigenjagdbezirke völlig umschlossen ist, muß gemäß Art. 3 J.-G. die Jagdausübung auf diesem seinem Besitzthum dem Inhaber des umschließenden Eigenjagdbezirks überlassen und hat hiefür von Letzterem eine Entschädigung anzusprechen, welche das Erträgniß seines — des ersteren — Jagdrechts repräsentiert (s. oben S. 54).[22a])

Die Festsetzung der Höhe dieser Entschädigung ist zunächst der freien Vereinbarung der Betheiligten überlassen. Mangels eines Uebereinkommens hierüber wird die Größe der Entschädigung nach den jeweiligen Jagdpachtpreisen in der Gemeindemarkung berechnet und festgestellt, in welcher die Grundstücke der Einschlußjagd liegen,[23]) und zwar ist der Berechnung der Pachterlös zu Grunde zu legen, welcher von der Gemeinde aus den übrigen gemäß Art. 4 J.-G. verpachteten Grundbesitzungen — dem Gemeindejagdbezirk — erzielt wird.[24]) Behufs der Feststellung der Entschädigung für Ausübung der Jagdbefugniß auf der Inklave ist die Gesammtsumme des Pachtschillings für den ganzen Gemeindejagdbezirk mit der Tagwerkszahl des Letzteren zu theilen und der so für das Tagwerk (ha) ermittelte Einheitspreis mit der Tagwerkszahl der Inklave zu vermehren.[25]) Ist die Inklave aus Parzellen verschiedener Gemeindemarkungen zusammengesetzt, so wird, um dem Wortlaute des Art. 3 Abs. II J.-G. zu genügen, aus den Pachterlösen der Gemeindejagdbezirke, denen die Parzellen zugehören, ein Durchschnitts-Einheitspreis zu ermitteln und

---

[21]) Insoweit jedoch das Vorliegen oder die Giltigkeit einer Uebereinkunft über den dem Eigenjagdbesitzer zu gewährenden Pachtschillingsantheil bestritten wird, erscheint die Zuständigkeit der Gerichte zur Entscheidung über die bezüglichen Streitigkeiten begründet. Der Verwaltungsrichter ist aber keineswegs behindert, Incidentpunkte zivilrechtlicher Natur, welche zwar nicht den Gegenstand des Streites bilden, aber die verwaltungsrechtliche Entscheidung beeinflussen, bei der Rechtsfindung in der Verwaltungsrechtssache zu würdigen und zu berücksichtigen. Krais, V.-G.-H.-G. Note 3 zu Art. 13 (S. 170).

[22]) Bzw. 50 Tgwk. Wasserjagd s. oben S. 55 und Note 75.

[22a]) S. hiezu bezüglich der ärarialischen Grundstücke, welche Inklaven eines Privatjagdbezirkes bilden, §§ 2 und 8 d. Bestimm. über die Verwaltung der Staatsjagden v. 6. Mai 1850 und Bl. f. a. Pr. Bd. XXXVIII S. 289.

[23]) Die Inklavenfläche kann aus Bestandtheilen verschiedener Gemeindemarkungen bestehen.

[24]) S. Bl. f. a. Pr. Bd. XXXIX S. 113.

[25]) Brater a. a. O. S. 94 Note 3.

der Entschädigung nach Verhältniß der Tagwerkszahl der Inklave zu Grunde zu legen sein.

Besteht in der Gemarkung, welcher die Inklave zugehört, keine Jagdverpachtung und demzufolge kein Pachterlös — vgl. die Fälle des Art. 11 J.-G.: Regiebetrieb der Gemeinde —, so ist der Entschädigung der Pachtpreis der Gemeindejagd der nächstgelegenen Gemeindemarkung zu Grunde zu legen. Der Begriff „nächstgelegene" ist als ein geographischer aufzufassen. Als „nächstgelegene" Gemeindemarkung wird demnach die an den Gemeindebezirk der Inklave anstoßende Gemeindeflur und unter mehreren angrenzenden Gemeindebezirken die Flur desjenigen zur Grundlage der Entschädigung zu nehmen sein, dessen Gelände in jagdlicher Beziehung den Verhältnissen der Inklave am ähnlichsten ist. Würde in keiner an die Markung der Inklave unmittelbar angrenzenden Gemeindeflur die Gemeindejagd verpachtet sein und demnach kein Pachterlös bestehen, so wäre auf die über jenen umgebenden Gemeindebezirken nächstanliegende Gemeindemarkung und deren (Gemeinde-) Jagdpachtpreis zu greifen. Als „nächstgelegene" Gemeindemarkung wäre in diesem Falle jene zu erachten, welche durch die schmalste Gemeindeflur von der Grenze der Markung der Inklave getrennt ist. Ist die Inklave aus Parzellen verschiedener Markungen gebildet und besteht in einer oder mehrerer der letzteren kein Jagdpachtpreis, so wäre aus dem Pachterlös der übrigen Gemeindefluren der durchschnittliche Einheitspreis zu ermitteln, wenn aber nur auf einer der Markungen die Gemeindejagd verpachtet wäre, der Pachtpreis der letzteren der Entschädigung des auf der Inklave Jagdberechtigten nach Verhältniß des Flächenumfanges zu Grunde zu legen. Wäre keiner der Gemeindejagdbezirke, welcher die Parzellen der Inklaven angehören, verpachtet, so müßte auf die Pachtpreise der nächstgelegenen Gemeindemarkungen in der vorerörterten Weise übergegriffen werden.

Streitigkeiten über die Verpflichtung zur Leistung einer Entschädigung, über die Höhe der Entschädigung und ihre Berechnung sind im Verwaltungsverfahren auszutragen.[26])

Der Uebergang der Jagdbefugniß auf der Inklave ist übrigens nicht von vorgängiger Uebereinkunft der Betheiligten über die Höhe der Entschädigung und vorgängiger Festsetzung der letzteren abhängig, sondern tritt Kraft Gesetzes ein, sobald die in Letzterem geforderten thatsächlichen Voraussetzungen gegeben sind.[27])

---

[26]) Bl. f. a. Pr. Bd. XXXIX S. 413; Entsch. d. V.-G.-H. S. XX S. 13 und Trunk S. 15 Note 4 mit S. 5 und 6 Note 1 und 2; vgl. dagegen Bl. f. a. Pr. Bd. XV S. 238.

[27]) Vgl. hiezu Entsch. d pr. O.-V.-G. v. 11. Oktober 1899 D. J.-Z. V S. 234.

3. Ertrag der gemeindlichen Regiejagd.

Das Erträgniß des Regiebetriebs einer Gemeindejagd gemäß Art. 11 J.-G. tritt an die Stelle der Pachtschillinge und wird für die Gemeindekasse verrechnet. In den Fällen der Ziff. 2 und 3 angef. Art ist der Ertrag, d. h. der Erlös aus der Jagdbeute zur Gemeindekassa zu vereinnahmen und der nach Abzug der Verwaltungskosten (Vergütungen an die Vertrauensmänner, Aufwand für gelernte Jäger, Jagdschutz, Treiber u. s. w.) verbleibende Reinertrag zu den die betheiligten Grundbesitzer treffenden Gemeindeausgaben zu verwenden, soferne diese nicht zu Gunsten gemeindlicher Zwecke auf den Genuß verzichtet haben.

Die Antheilverrechnung regelt sich analog dem Verfahren gemäß Art. 8 J.-G.[28]) Streitigkeiten über gegenseitige Berechtigung und Verpflichtung der Gemeinde und der Grundeigenthümer in Bezug auf Vereinnahmung des Regiejagdertrages und die Verwendung desselben für die Gemeindeausgaben der Grundeigenthümer erscheinen, nachdem Art. 8 J.-G. hier Anwendung finden soll, als Verwaltungsrechtssachen, während Streitigkeiten über die Art und Weise der Verrechnung als Ermessensfragen und dementsprechend als Verwaltungssachen zu behandeln sind.[29])

Kapitel V.

Gegenstand der Jagdausübung.

Dem Jagdrechte unterliegen die wilden Säugethiere und Vögel, deren Fleisch, Pelzwerk oder Gefieder verwerthet zu werden pflegt oder die als Raubthiere diesem Wilde nachstellen.[1])

Als wilde Thiere sind diejenigen Thiere zu erachten, welche in der ihrer Artbeschaffenheit entsprechenden natürlichen Freiheit des Aufenthalts und der Befriedigung ihrer Lebensbedürfnisse sich befinden.[2]) Thiere dieser Art — also Thiere, welche an sich in ihrer natürlichen Freiheit allenthalben herum zu vagiren pflegen — fallen nicht mehr unter den Begriff der „wilden Thiere", wenn sie durch menschliche Einwirkung ihrer Gewohnheit, abseits des Menschen frei zu leben, entkleidet und an den Umgang mit

---

[28]) V.-B. z. J.-G. § 9 Ziff. 5.
[29]) S. Kahr, V.-G.-H.-G. zu Art. 8 S. 80 Note 3 und S. 106 Note 1.
[1]) Art. 1a b. J.-G.
[2]) Bl. f. R.-A. Bd. LXIII S. 286 vgl. hiezu § 960 B. G.B.

letzterem örtlich und eigenschaftlich gewöhnt worden sind: gezähmtes Wild.[3]) Desgleichen können dem Wilde nicht beigezählt werden wilde Thiere, die durch Einhegung in Wildparken, Thiergärten 2c. der freien Bewegung ohne Raumbegrenzung beraubt sind.

Aber nicht alle und jede wilden Thiere sind ohne Weiteres Gegenstand des Jagdrechts, sondern nur jene, welche landesrechtlich ausdrücklich als jagdbare Thiere erklärt werden.[4]) Wilde Thiere, deren Okkupation nicht ausschließlich dem Jagdberechtigten vorbehalten ist, unterliegen dem Aneignungsrechte eines Jeden.[5]) Durch Art. 1a J.-G. werden behufs Feststellung des Gegenstands des Jagdrechts die allgemeinen Merkmale der Jagdbarkeit der einzelnen Thiergattungen bestimmt und schließt sich dieser Artikel im Wesentlichen dem bestehenden Rechtszustande an. Nach diesem waren schon bisher im Gebiete des gemeinen Rechts zufolge Herkommen meist alle nutzbaren wilden Säugethiere und Vögel jagdbar. Im Geltungsbereiche d. allgem. pr. L.-R. (II 16 §§ 31—34) entschieden örtliche und provinzielle Bestimmungen, in Ermanglung solcher galt als jagdbar: vierfüßiges Wild und Wildgeflügel, soferne dasselbe zur Speise gebraucht zu werden pflegt. Von den im rechtsrheinischen Bayern bisher geltenden Partikularrechten enthielten nur wenige einschlägige Bestimmungen und diese begnügten sich mit der Anerkennung der Jagdbarkeit einzelner Thiergattungen, nur das Fuldaer Recht zählte die jagdbaren Thiere einzeln auf.

Zur Verhütung von Zweifeln zählt die in Art. 1a J.-G. vorbehaltene k. V.O., vom 11. Juli 1900 (G.- u. V.-O.-Bl. 1900 S. 692), welche nach Bedarf ergänzt werden kann, die dem Jagdrecht unterliegenden Thiergattungen einzeln auf.[6])

---

[3]) B. L.-R. Anm. p. II c. 3 § 3 Ziff. 15 mit c 1. § 7 Nr. 2; allg. pr. L.-R. Thl. II Tit. XVI §§ 32 ff. — E. d. R.-G. v. 13. Februar 1891, Reger XI S. 410: Zahme oder gezähmte Schwäne können, auch wenn sie sich von dem Gewässer, auf dem sie gehalten wurden, entfernt und ohne jedoch in ihre natürliche Wildheit zurückzukehren, anderswo niedergelassen haben, aber zahm geblieben sind, nicht als Gegenstand des Thierfangs gelten. Durch ihre Entfernung von dem Gewässer, wo sie gehalten wurden, und ihre Niederlassung anderen Orts verliert zwar der Eigenthümer, der ihren Verbleib nicht kennt, die thatsächliche Herrschaft über sie, seine rechtliche Herrschaft über die zahm gebliebenen Thiere besteht jedoch fort.

[4]) Der Gegenstand der Jagdausübung wird aus Landesrecht bestimmt; E. d. R.-G. v. 3. März 1884 E. X S. 234; E. d. R.-G. v. 24. Juni 1889 E. XIX S. 349, v. 3. März 1884 E. X S. 234; E. d. b. O.-G.-H. v. 6. Dez. 1879 S. IX S. 471.

[5]) E. d. R.-G. v. 5. November 1883 E. V S. 86; s. a. Deutscher Jäger Bd. II S. 99.

[6]) Verh. d. Abg.-K. 1898/99 Beil. Bd. XX S. 43, Abth. II S. 271

Jagdbar sind hinach das Rothwild (Hirsche, Alt- und Schmalthiere), Dam-, Reh-[7]) und Gemswild (Böcke und Geisen), das Schwarzwild, der gemeine (Wald- und Feld-) und der Alpen-Hase, das wilde Kaninchen (Lapin),[8]) das Murmelthier, der Biber,[8a]) Fuchs,[9]) Wild- und verwilderte Hauskatzen,[10]) Dachs,[11]) Fisch- und Sumpf-Otter,[12]) Marder,[12a]) Iltis und Wiesel. Vom Federwild: Auer-, Birk- und Rackelwild, Hasel-, Schnee-, Stein- und Feld-Huhn, Wachtel. Fasanen und das wilde Truthuhn, das Steppenhuhn, Wild- (Ringel-, Hohl- und Turtel-) Tauben,[12b]) Krametsvögel, (Wachholderdrossel),[13]) Waldschnepfen und Bekassinen, Kiebitz, Brachvogel (Moosgrille), die Trappen, Kraniche, Reiher sammt Rohrdommel, alle übrigen Sumpfvögel, Wasser- und Rohrhühner ausnahmlich der Störche,[13a]) wilde Schwäne[13b]) und Wildgänse, Wildenten, Säger und Möven (die Lachmöve und Seeschwalben ausgenommen), Kormorane (Sparbe), Taucher, der

---

[7]) E. d. R.-G. v. 15. Juni 1896 E. XXIX S. 8.

[8]) E. d. Zuchtpolizei-Ger. Kaiserslautern v. 29. Mai 1877, Männer a. a. O. S. 41; E. d. R.-G. v. 4. Okt. 1883, Deutsch. Jäger Bd. VI S. 48, und vom 25. Oktober 1900 E. XXXIII S. 416; E. d. pr. K.-G. v. 24. Novbr. 1892 und 23. Januar 1893, Goltdammer, Arch. XL S. 346; vgl. ferner Fin.-M.-Entschl. v. 14. Februar 1866, Vertheilung der Schußgelder betr. (Fin.-Min.-Bl. 1866 S. 55) und Fin.-Min.-Entschl. v. 30. Oktober 1875, den Schußgeldtarif betr., welcher auch die Lapins aufführt, Weber, G. u. V.-O. S. VI S. 579.

[8a]) E. d. R.-G. v. 11. Juni 1883 E. VIII S. 378; vgl. a. Wild und Hund VII S. 572.

[9]) E. d. b. O.-G.-H. S. I Bd. 493; E. d. R.-G. v 6. Dezember 1879, Bl. f. R.-A. Bd. XLV S. 390, und vom 24. Juni 1889 E. XIX S. 349; Jur. Woch.-Schr. XVIII S. 340 Nr. 2, Bl. f. R.-A. E.-Bd. XIII S. 233.

[10]) Nicht aber Hauskatzen, die nur auf Raub ausgehen, Verh. d. Abg.-K. 1898/99 Beil. Bd. XX Abth. II S. 271. — E. d. b. O.-G.-H. v. 28. Januar 1870 S. IV S. 32; E. d. O.-L.-G. Darmstadt v. 19. Januar 1894, Puchelt, Zeitschr. XVI S. 129.

[11]) E. d. pr. Cass.-H. Berlin v. 17. Januar 1835, Volkmar, Jurisprud. S. 390; E. d. R. v. 22. Februar 1883 Rspr. V S. 137, E. VIII S. 71.

[12]) E. d. b. O.-G.-H. v. 29. Oktober 1867 S. I S. 434; E. d. R.-G. v. 16. Oktober 1893, E. XXIV S. 338, und v. 9. Mai 1899 E. XXXII S. 161.

[12a]) S. d. in Note 9 oben angef. E. d. R.-G.

[12b]) Das Schießen zahmer Tauben auf dem Felde und deren Wegnahme in rechtswidriger Absicht ist als Diebstahl zu qualifiziren, s. E. d. R.-G. v. 11. Juni 1885 Rspr. VII S. 372. Die Tödtung zahmer Tauben, die gegen Verbot nach Art. 120 Ziff. 1 P.-St.-G.-B. zur Zeit der Saat und Ernte nicht eingeschlossen und auf das Feld ausgeflogen sind, kann als Sachbeschädigung, § 303 St.-G.-B. behandelt werden. — Bezüglich der Brieftauben s. R.-Gesetz betr. den Schutz der Brieftauben v. 28. Mai 1894. V.O. v. 31. Mai 1894, G.- u. V.-O.-Bl. S. 268 und Min.-Bek. v. 8. Juni 1894 (Min.-A.-Bl. d. Inn. S. 217).

[13]) E. d. R.-G. v. 12. Juli 1900 E. XXXIII S. 359.

[13a]) s. § 9 Vogelschutz-G. mit § 1 b A.-V.-O. vom 5. November 1888; vgl. a. Deutsch. Jäger Bd. XIV S. 237.

[13b]) S. Note 3 oben S. 167; E. d. R.-G. E. XXI S. 341.

Uhu, die Adler, Falken (ausnahmlich des Thurmfalken), Habicht, Sperber, Weihen, Milane, Bussarde, Geier.[14])

Die Eigenschaft der Jagdbarkeit kommt der Art zu, der ein Thier angehört. Ist die Art als jagdbar erklärt, so ist auch das einzelne Thier jagdbar, gleichviel ob es in Folge Krankheit oder sonstiger Mängel und Umstände nicht verwerthbar erscheint.[14a])

Wilde Thiere, welche nicht als Gegenstand des Jagdrechts erklärt und auch nicht durch ein sonstiges Gesetz unter besonderen Schutz gestellt sind, dürfen von Jedermann in Besitz genommen werden und es ist auch, soweit nicht § 368 Nr. 10 St.-G.-B. entgegensteht, nicht verboten, solchen Thieren jagdmäßig nachzustellen.[15]) Das Jagen auf solche Thiere steht daher — unter Beobachtung der etwaigen besonderen Schutzvorschriften — den Eigenjagdberechtigten, Jagdpächtern (und Vertrauensmännern gemeindlicher Regiejagden), gelernten Jägern und jagdausübungsbefugten Jagdgästen innerhalb des Bezirks ihrer Jagdberechtigung frei. Andere zur Jagdausübung innerhalb eines solchen Bezirks Nichtberechtigte, dürfen jedoch auch zu diesem Zwecke in fremdem Jagdgebiete zur Jagd ausgerüstet nur mit Genehmigung des Jagdberechtigten verweilen. Insoferne von dergleichen wilden, nicht als jagdbar erklärten Thieren eine Gefährdung von Menschen zu besorgen und ein anderes verlässiges Mittel zur Abwendung der Gefahr nicht geboten oder ausführbar ist, kann die Polizei die Tödtung derselben anordnen bzw. die Thiere töten lassen und bei dringender und augenblicklicher Gefahr dieselben Jedermann befugter Weise töten.[16])

---

[14]) Ueber das früher geltende Recht bezüglich der Lerchen vgl. E. d. O.-L.-H. München v. 28. Juli 1885, Reger III S. 584, bezügl. der Kreuzschnäbel E. d. O.-L.-G. München v. 20. Mai 1880 S. I S. 17, Bl. f. R.-A. XLV E.-Bl. S. 497; über Raben und Krähen s. Deutsch. Jäger Bd. V S. 173.

[14a]) E. d. pr. O.-V.-G. v.17. Februar 1886. Sind im Gesetze die jagdbaren Thiere bestimmt bezeichnet und wandern im Geltungsbereiche des Gesetzes neue wilde Thiere ein oder werden in demselben solche heimisch gemacht, so fragt es sich, ob sie unter die im Gesetze genannten Thiergattungen fallen oder nicht. Wenn die Vorschrift von Hirschen spricht, kann es keinem Bedenken unterliegen, unter Hirsche auch die „Wapiti-Hirsche" zu zählen. R. VIII S. 291. — S. a. d. E. d. b. O.-L.-G. München v. 2. April 1886 S. IV S. 62 und 13. Juni 1882 S. II S. 97 mit E. d. O.-L.-G. München v. 12. September 1882 S. II S. 178 bezüglich kümmernder Thiere. — Auch das Fallwild bleibt Gegenstand der Jagdausübung, s. oben.

[15]) E. d. R.-G. v. 5. November 1883 E. V S. 16. — Von kleinen Thieren wird hier das Eichhörnchen, von den größeren der Bär und der Wolf in Betracht kommen, welch' letztere allerdings im dießrh. Bayern nicht mehr vorhanden sind. S. ferner Vogelschutz-G. v. 22. März 1888 § 8 u. k. V.O. v. 5. November 1889.

[16]) Art. 19 P.-St.-G.-B.

Ein Gleiches gilt von den zahmen (Haus-) Thieren, wie z. B. Rindern, Schweinen, Schafen und Ziegen, welche ihren Eigenthümern entlaufen und nicht mehr zurückkehren, vielmehr verwildert im Jagdbezirke umherstreunen. Besteht von solchen keine Gefahr für Menschen oder Eigenthum z. B. Feldfrüchte, Bäume, Gärten, so darf der Jagdberechtigte dieselben jedenfalls nur mit Zustimmung des bisherigen Eigenthümers töten, soferne er nicht letzterem die Genehmigung zur Tötung derselben innerhalb seines Jagdgebietes ertheilen will, widrigenfalls der Jagdberechtigte Verfolgung wegen Sachbeschädigung zu gewärtigen haben könnte.[17])

Nach Art. 1a Abs. II J.-G. erstreckt sich das ausschließliche Aneignungsrecht des Jagdberechtigten auch auf die Eier des jagdbaren Federwilds, aber auch dem Jagdberechtigten ist das Ausnehmen der Eier bei Strafe nur mit besonderer Bewilligung gestattet.[18])

Auch der Jagdberechtigte unterliegt bei Zuwiderhandlungen gegen Vorschriften, welche den Schutz nicht jagdbarer wilder Thiere bezwecken, den hierauf gesetzten Strafbestimmungen gleichwie ein Nichtberechtigter.[19])

Gezähmtes Wild, d. h. Thiere, welche ihrer Artbeschaffenheit nach ursprünglich in Wildheit lebend waren, aber durch menschliche Einwirkung ihrer Gewohnheit, abseits des Menschen frei zu leben, entkleidet und an bestimmte Menschen und den Umgang mit denselben örtlich und eigenschaftlich gewöhnt worden sind, unterliegen, gleichviel ob sie an sich einer jagdbaren oder einer dem freien Thierfang unterliegenden Wildgattung angehören, dem Aneignungsrechte des Jagdberechtigten nicht, so lange sie im Gewahrsame ihres Eigenthümers sich befinden und beim Ab- und Zugehen die Neigung und den Hang, in den gewohnten Gewahrsam zurückzukehren, nicht aufgegeben haben.[20]) Entkommt ein gezähmtes Wild, so wird es herrenlos, wenn es die Gewohnheit ablegt, an den bestimmten Ort zurückzukehren, und verfällt alsdann dem Aneignungsrechte des Jagdberechtigten, in dessen Bezirk es je verweilt.[21])

Gefangene wilde Thiere in geschlossenen Gehegen (Wildparken, Thiergärten) sind nicht herrenlos, so lange sie sich in diesem Gewahrsam befinden. Entspringt ein solches gefangenes

---

[17]) S. Deutsch. Jäger Bd. XIII S. 30.

[18]) J.-P.-V.O. v. 5. Oktober 1863 § 10 mit § 368 Nr. 11 St.-G.-B. (welche sich nur noch auf die jagdbaren Vögel bezieht).

[19]) S. Vogelschutzgesetz v. 22. März 1888 §§ 1—5 und b. Allh. V.O. v. 1. Juli 1888 § 1 mit Min.-Bek. v. 19. Mai 1898 Abl. d. Min. d. Inn. S. 299.

[20]) B. G.B. § 960; Bl. f. R.-A. Bd. LXIII S. 287.

[21]) B. G.B. § 960 Abs. III; s. a. Deutsch. Jäger Bd. XIV S. 214.

Thier aus dem Gewahrsam und erlangt die Freiheit wieder, so wird es herrenlos, wenn nicht der Eigenthümer (persönlich oder durch Vertreter oder Beauftragte) das Thier unverzüglich verfolgt, oder wenn er die Verfolgung wieder aufgibt.[22]) Verwilderte Hausthiere — z. B. Ochsen, Kühe, Kälber, Schweine ꝛc. welche ihrem Eigenthümer entlaufen, nicht mehr zurückkehren und sich in Ansehung des Aufenthalts wie der Befriedigung ihrer Lebensbedürfnisse in natürlicher Freiheit bewegen, werden dadurch nicht zu jagdbaren Thieren. Der Jagdberechtigte darf solche Thiere nur mit Zustimmung des Eigenthümers erlegen, es sei denn, daß er zur Tötung schreiten muß, um eine Gefährdung von sich oder anderen abzuwenden, oder daß zur Verhütung solcher Gefährdungen die Tötung des Thieres amtlich angeordnet wird. Das getötete Thier muß dem Eigenthümer ausgeliefert werden.[23])

Kapitel VI.

Das Jagdstrafrecht.

Das Jagdstrafrecht umfaßt einerseits die Verletzungen des Jagdrechts durch strafbaren Eigennutz (25. Abschnitt St.=G.=B. §§ 292—294), anderseits die Uebertretungen der jagd= sowie der bei der Jagdausübung sonst in Betracht kommenden feld=, forst= und sicherheitspolizeilichen Vorschriften.

I. Jagdvergehen.

§ 292 St.=G.=B. Wer an Orten, an denen zu jagen er nicht berechtigt ist, die Jagd ausübt, wird mit Geldstrafe bis zu 300 Mark oder Gefängniß bis zu 3 Monaten bestraft.

Ist der Thäter ein Angehöriger des Jagdberechtigten, so tritt die Verfolgung nur auf Antrag ein. Die Zurücknahme des Antrags ist zulässig.

Der Thatbestand des unberechtigten Jagens erfordert:

a) eine auf Erlangung des innerhalb eines fremden Jagdgebietes befindlichen jagdbaren Gegenstandes (Wild, Eier von

---

[22]) B. G.B. § 960; s. a. die unten beim Jagdstrafrecht angeführte E. d. pr. O.=Trib. v. 6. November 1873; Stengleins Zeitschr. III S. 198.

[23]) S. Deutscher Jäger Bd. XIII S. 30.

Federwild) gerichtete Handlung. Nur die Erlangung, nicht auch die Absicht des Jagenden, den Besitz des zu erlegenden Wildes für sich zu erwerben, wird zum Begriffe des Jagens erfordert, eine eigennützige Absicht gehört nicht zu dem Thatbestande der Jagdvergehen; [1])

b) den bewußten Willen durch eine solche Handlung in ein fremdes Jagdrecht einzugreifen (dolus) [2]); das Bewußtsein möglicher Weise an einem Orte zu jagen, an dem man zu jagen nicht berechtigt ist, kömmt diesem Vorsatze gleich zu erachten. [3])

Der Begriff „Jagen — Ausübung der Jagd“ umfaßt nicht etwa nur die unmittelbare Handlung der Okkupation des Jagdobjekts, sondern auch solche Handlungen, durch welche Jemand den Jagdgegenstand (jagdbare Thiere, Eier) aufsucht, verfolgt oder demselben nachstellt, um ihn zu erlegen, einzufangen oder sonst in Besitz zu nehmen. Er setzt daher nicht voraus, daß die Handlung, welche auf die Okkupation des Wildes abzielt, bereits soweit gediehen ist, daß durch sie schon unmittelbar eine Okkupation eintritt oder ermöglicht wird, sondern es genügt auch eine solche auf Okkupation abzielende Thätigkeit, welche zur wirklichen Ergreifung des Wildes noch eines weiteren Abschlusses bedarf. [4])

A wurde im Walde, im Föhrendickicht knieend betroffen, als er Messingschlingen behufs der zum Aufstellen und zum Einschlüpfen der Rehe nöthigen Rundung aufbog, die Schlingen mit Bindfaden an ein Föhrenbäumchen anzubinden im Begriffe war und die vorragenden Aeste mit einem Messer abschnitt, um die hereinwechselnden Rehe den Schlingen zuzuleiten.

Auch wenn dieses Aufstellen von Schlingen behufs Einfangen von Wild noch nicht beendet, sondern erst mit der Aufstellung

[1]) E. d. R.-G. i. Str.-S. E. XXVI 216 mit XIV 419. Die Aufnahme der Strafbestimmungen d. §§ 292 u. ff. in den 25. Abschnitt St.-G.-B. unter „strafbaren Eigennutz“ bewirkt nicht, daß nur Eigennutz oder Gewinnsucht zum formellen Thatbestandsmoment für Jagdvergehen geworden wären; die einzelnen Bestimmungen des Abschnitt 25 sind vielmehr lediglich aus sich selbst zu erklären. Vgl. aber auch E. d. R.-G. v. 31. Januar 1889 J.-W.-Schr. XVIII S. 340 Nr. 2: Als Okkupation kann es nicht betrachtet werden, wenn derjenige, der sich jagdbarer Thiere bemächtigt, hiemit nicht seine eigenen Zwecke, sondern die des Jagdberechtigten verfolgt. Dies liegt vor, wenn Jemand ein dem sicheren Tode entgegengehendes Thier, welches in den Wasserfluten unterzusinken im Begriffe ist, errettet und an sich nimmt, um es dem Jagdberechtigten am Leben zu erhalten.

[2]) E. d. R.-G. i. Str.-S. E. VI S. 375.

[3]) E. d. O.-L.-G. München S. X S. 54.

[4]) E. d. R.-G. i. Str.-S. E. XI 249; vgl. a. E. d. Cass.-H. v. 25. Juli 1873; Stengleins Zeitschr. Bd. III S. 29; s. a. Verh. d. Abg.-K. 1849/50 Beil. Bd. V S. 71, 72: die Jagd kann nicht blos durch die Tötung des Wildes, sondern auch durch Schießen nach demselben, sowie durch das Treiben oder Anstehen auf dasselbe, ohne daß sich ein Wild zeigt oder auf Schußweite nähert, ausgeübt werden, umfaßt daher auch alle die Tötung unmittelbar vorbereitende Handlungen (Brater, Jagdfrevel-G. S. 72 Note).

begonnen war, liegt nach dem Obengesagten eine Thätigkeit vor, welche sich als „Jagen" (Jagdausübung) darstellt und sonach, wenn an einem Orte, wo der Handelnde zu jagen nicht berechtigt war, als unbefugtes Jagen erscheint.

Der Vorsatz, ein bestimmtes Thier zu okkupiren, ist zum Thatbestande des § 292 nicht nötig, es genügt der Vorsatz im Allgemeinen, dem Wilde nachzustellen; ebensowenig ist der Nachweis erforderlich, daß überhaupt jagdbare Thiere an Ort und Stelle gewesen sind und von dem Jagenden haben getötet oder getroffen werden können.[5])

Der Begriff des Jagens setzt, wie schon bemerkt, die Absicht des Jagenden, den Besitz des zu erlegenden Wildes für sich zu erwerben, nicht voraus und es ist daher ohne Belang, ob der Kontravenient das Wild für sich oder für einen Anderen in Besitz nehmen wollte. Das Behalten und Verwerthen des Wildes gehört nicht zum Begriffe des Jagdvergehens. Auch derjenige, welcher nur aus Freude an der Jagd selbst Wild erlegt und dann liegen läßt, wie derjenige, der Wild tötet oder zu töten sucht, um einen Wildschaden von seinem Besitzthum abzuwenden, ist, wenn er rechtswidrig bewußt handelt, aus § 292 strafbar.[6])

Der § 292 setzt ferner voraus, daß die Jagd an Orten, also auf einem Gebiete ausgeübt wird, auf welchem dem Handelnden eine Berechtigung zum Jagen nicht zusteht. Diese Berechtigung ist aus dem Landesgesetze zu beurtheilen.[7]) In Bayern muß, wie oben gezeigt, die Jagdgerechtigkeit mit der Jagdausübungsbefugniß zusammentreffen, um die Jagdausübung auf einem bestimmten Gebiete zur berechtigten zu machen. Nur die Eigenjagdbesitzer oder Pächter von Eigenjagd- oder Gemeindejagdbezirken, von den Jagdausübungsberechtigten aufgestellten Jäger und die von diesem mit Jagdausübungserlaubniß bedachten Jagdgäste sowie bei Regiebetrieb die Vertrauensmänner der Gemeinde sind berechtigt, im betreffenden Eigen- oder Pacht- bezw. Gemeindejagdbezirke zu jagen und diese Jagdausübungsbefugten sind gehalten, beim Jagen die Grenzen des ihnen zustehenden Jagdgebietes nicht zu überschreiten, widrigenfalls ihre Jagdausübung eine unberechtigte würde.

Der Thatort unberechtigten Jagens auf fremdem Gebiete

---

[5]) Bl. f. R. A. E.-Bd. XIII S. 233; XIV S. 283 und Rspr. d. R.-G. Bd. VIII S. 103. Das Gesetz unterscheidet auch nicht die Gattung des Wildes, für den Thatbestand des § 292 ist es daher gleichgiltig, welche Wildgattung erlegt worden ist (Deutscher Jäger I S. 78).

[6]) E. d. R.-G. i. St.-S. E. IV S. 261; XIV S. 419; XXII S. 115; E. d. O.-L.-G. München S. V S. 135.

[7]) S. E. d. R.-G. v. 8. Februar 1894 E. XXV S. 120; s. a. folgende Note.

ist nicht allein nach dem Stande des Schützen (Jagenden), sondern auch nach jenem des verfolgten Wildes zu beurtheilen.[8])

Demnach ist das Erlegen eines in fremdem Jagdbezirke befindlichen Wildes vom eigenen Jagdbezirke aus ein unbefugtes Jagen.

X schoß von seinem Jagdbezirke aus ein auf das angrenzende S.'sche Gebiet geflüchtetes Stück Wild und suchte nach demselben in diesem Reviere.

Das Suchen nach dem durch unberechtigtes Jagen getöteten oder verwundeten Thiere in dem Jagdrevier, in dem es erlegt wurde, bildet keine selbständige unbefugte Jagdausübung, sondern eine Fortsetzung des bereits begangenen Vergehens, um dem Frevler den Erfolg seiner Jagdausübung zu sichern.[9])

Die Verfolgung auf zuständigem Jagdboden angeschossenen Wildes in einen fremden Jagdbezirk behufs Ergreifung — Jagdfolge — bildet, nachdem die Jagdfolge in Bayern aufgehoben worden ist,[10]) gleichfalls eine unbefugte Jagdausübung im Sinne der §§ 292, 293 St.-G.-B. Das Schießen des Wildes auf dem eigenen Jagdgebiete, die für die beabsichtigte unmittelbare Besitznahme des Tieres wesentlichste Jagdausübungshandlung war eine rechtmäßige, sobald aber der Jäger, wenn auch unter vorheriger Ablegung des Gewehrs, zum Ueberschreiten der Grenze sich anschickt und diese in der ursprünglichen Absicht der Erlangung des Thieres überschreitet, wird die Verfolgung behufs Ergreifung des Wildes, weil auf fremdem Gebiete unternommen, zur unbefugten. Aus dieser unbefugten Verfolgung des, wenn schon rechtmäßig angeschossenen Thieres, ergibt sich die rechtswidrige Aneignungsabsicht und enthält schon die Inangriffnahme dieser Verfolgung, das Betreten des fremden Jagdbezirkes und das Aufsuchen des angeschossenen Wildes dortselbst unmittelbar auf die Aneignung gerichtete Handlungen und erfüllt damit objektiv und subjektiv die Thatbestandsmerkmale des § 292.[11])

---

[8]) Rspr. d. R.-G. VIII S. 103; O.-L.-G. Dresden sächs. Ann. II S. 426.

[9]) E. d. b. O.-G.-H. v. 27. April 1878 S. i. Str.-S. Bd. VIII S. 212; Stengleins Zeitschrift Bd. VIII S. 257.

[10]) B. Jagdfrevel-G. v. 25. Juli 1850 Art. 2 Ziff. 2 mit Art. 10; Verh. d. Abg.-K. 1849/50 Aussch.-Ber. Beil.-Bd. V S. 156; sten. Ber. Bd. VI S. 513; Brater, Jagdfrevel-G. S. 76 und 83; vgl. hiezu E. d. R.-G. v. 22. November 1888 l. IX S. 462, v. 26. Oktober 1893 Bl. f. R.-A. E.-Bd. XII S. 154, s. a. E. XVIII S. 226, ferner E. d. R.-G. v. 11. Januar 1892 J. W.-Schr. 1892 S. 139 Nr. 34. Deutscher Jäger Bd. XVIII S. 136.

[11]) E. d. O.-L.-G. Dresden vom 28. Dezember 1899; Annalen d. sächs. O.-L.-G. Bd. XXI S. 104. Vgl. hiezu E. d. R.-G. v. 23. Februar 1881 Bl. f. R.-A. E.-Bd. III S. 258 (und E. d. b. O.-G.-H. v. 31. März 1871 S. I S. 47). — S. dagegen Deutsch. Jäger Bd. VIII S. 88: Der Jagdpächter X schoß auf seinem Jagdbezirk einen Rehbock an und wollte denselben knicken,

Praktischer Fall. Ein Jagdberechtigter schoß auf seinem Jagdrevier einen Rehbock an. Als das Thier in das angrenzende, einem anderen Jagdberechtigten zustehende Revier flüchtete, legte der Jäger sein Gewehr ab und verfolgte den Rehbock in letzteres Revier, wo er das Wild verendet auffand. Der Jäger schleppte den Rehbock nach seiner Jagd hin und ließ ihn auf der Grenze so liegen, daß der Bock zur Hälfte in seinem, zur Hälfte im fremdem Jagdrevier lagerte. Am nächsten Tage wollte er den Rehbock abholen, wurde aber hiebei von dem Jagdberechtigten des anderen Reviers betreten und lieferte schließlich den Bock an diesen aus. Diese Handlungsweise qualifizirt sich als Vergehen aus § 292.

Wer sich auf der Grenze des Jagdbezirkes, in dem er zu jagen berechtigt ist, aufstellt und sich durch einen Dritten Wild aus dem Jagdbezirke eines Anderen zutreiben läßt oder zutreiben zu lassen sucht, um es zu erlegen, macht sich einer unberechtigten Jagdausübung schuldig; denn wenn auch der Jäger nicht selbst auf ein fremdes Jagdgebiet übergetreten ist, so hat er sich doch der durch den Dritten entwickelten, von ihm gewollten und veranlaßten Thätigkeit bedient und diese als Mittel benützt, auf fremdem Jagdgebiete Wild aufsuchen, erlegen und sich aneignen zu können.[12]) Da bezüglich des Ortes unberechtigten Jagens vorzugsweise der Platz entscheidet, wo sich das Wild befindet, so kann auch vom eigenen Wohnhause aus gewildert werden.

N. hat in dem an seine Hofriet angrenzenden fremden Jagdbezirke Futter ausgelegt, um Hasen anzulocken, und sich an einem Kammerfenster seines Hauses mit geladener Pistole aufgestellt, um die auf dem fremden Jagdgebiete erscheinenden Hasen zu erlegen.[13])

Das Anlocken des Wildes zum Eintritt in geschlossene Grundstücke (durch Offenlassen der Thüren) ist als ein Jagdvergehen nicht zu erachten, wenn die Handlung auf fremdem Jagdgebiete nicht ausgeführt worden ist.[14])

---

als er ihn hart an der Grenze der Jagd erreichte. Der kräftige Bock schleppte sich aber noch fort, wurde von X am Laufe erfaßt und zerrte nun den Jäger noch etwa 20 Schritte weit mit sich über die Grenze. Dort gelang es X. erst, den Bock zu knicken und in Besitz zu nehmen, worauf er dem Pächter der Nachbarjagd den Vorfall meldete. Das L.-G. Würzburg sprach X. von der Anschuldigung des Jagdvergehens frei. – E. d. L.-G. München II vom 15. Januar 1901. Ein Jagdpächter verfolgt einen auf eigenem Jagdbezirk angeschossenen Rehbock, der über die Grenze etwa 100 Meter weit in den anstoßenden fremden Jagdbezirk flüchtet, in den fremden Jagdbezirk, nimmt den dort verendeten Bock auf und verbringt ihn in die eigene Jagd zurück. Nach dem Gange der Verhandlung wird angenommen, daß der Jagdpächter des Glaubens an ein Jagdfolgerecht (durch — stillschweigendes Uebereinkommen) sein konnte, da auch der Jagdnachbar einen angeschossenen Hasen von dem Reviere des Pächters in sein eigenes zurückgeholt hatte. Und in dieser Annahme erfolgte Freisprechung.

[12]) E. d. b. O.-G.-H. v. 7. Juni 1878 (Deutsch. Jäger II S. 7); E. d. R.-G. v. 16. April 1888 J.-W.-Schr. XVII S. 230 Nr. 28.

[13]) E. d. O.-L.-G. München v. 16. Mai 1888 S. Str.-S. V S. 135. — E. d. R.-G. v. 13. März 1890 E. XX S. 343.

[14]) Zum Begriff der Jagdausübung genügt jede Handlung, durch welche dem Wild nachgestellt wird (E. d. R.-G. vom 9. Okt. 1884 E. XI

In der Aussendung von Hunden auf fremdes Jagdrevier zum Zwecke, Wild von dort auf das eigene Jagdgebiet zu treiben, und der gleichzeitigen Aufstellung des Jagenden in Schußbereitschaft an der Grenze des eigenen gegen das fremde Jagdrevier mit der Absicht, das von letzterem auf ersteres vor den Hunden fliehende Wild auf dem eigenen Jagdgebiet zu erlegen, ist unberechtigte Jagdausübung auf fremdem Gebiete im Sinne des § 292 zu erblicken. Schon das vorsätzlich zum Zwecke der Okkupation von Wild geschehene „Revierenlassen“ des Hundes in einem fremden Jagdbezirke bildet einen Eingriff in das Jagdrecht; es ist daher gleichgiltig, ob Schüsse auf das noch in fremdem Jagdbezirke befindliche oder über die Grenze auf das eigene Jagdgebiet gejagte Wild abgegeben worden sind. Das Revieren der Hunde in einer fremden Jagd geht nämlich im Thatbestande des § 292 auf, wenn sich die Jäger der mitgeführten Hunde als absichtlich gewählten Mittels zur unbefugten Jagdausübung bedient haben.[15])

Auch durch Anstellen auf dem eigenen Jagdgebiete kann die Jagd auf fremdem Jagdbezirke ausgeübt werden. Wer in einem Jagdgebiete auf einem festen Standorte verweilt, um das etwa in Sicht kommende Wild zu erlegen — auf dem Anstande sich befindet —, übt die Jagd aus und in dem Auf dem Anstand-Stehen kann eine Jagdausübung erblickt werden, auch wenn der Thäter das Gewehr noch nicht schußfertig gestellt hat.

In der Feststellung, der Angeklagte habe auf dem Anstand gestanden, kann auch die Feststellung gefunden werden, daß er

---

S. 251), sie erfordert nicht, daß durch die betreffende Handlung die Erlegung bzw. Ergreifung des Wildes unmittelbar ermöglicht wird und ist nicht da ausgeschlossen, wo die auf Erlegung abzielende Thätigkeit zur Erreichung dieses Zweckes noch einer weiter hinzukommenden Handlung bedarf. E. d. R.-G. E. VI S. 375, XX S. 98; R-pr. d. R.-G. X S. 331; E. d. O.-L.-G. München S. i. Str.-S. VIII S. 84; E. d. O.-L.-G. Dresden, sächs. Ann. II S. 426; s. a. oben Note 4.

[15]) E. d. R.-G. E. Str.-S. IV S. 261 und v. 29. Januar 1886 Rspr. d. R.-G. VIII S. 103; E. d. d. Cass.-H. v. 19. Juli 1875, Stengleins Zeitschr. VI S. 26; vgl. hieher auch E. d. R.-G. v. 15. Januar 1885, E. XI S. 422: Abweisung der Revision gegen ein Urtheil, welches angenommen hatte, der Angeklagte habe sich in fremdes Jagdgebiet begeben in der Absicht, auf dem Anstande unbefugt die Jagd auszuüben, als er aber von dem Jagdaufseher betroffen worden, sei er noch mit dem Laden seines Vorderladers beschäftigt gewesen, indem er im Niederknieen die Ladung von Rehposten mit dem Ladestock im Laufe feststieß und das Gewehr schußbereit machte. Dies sei nur eine Vorbereitungshandlung und nicht mehr gewesen, als wenn das fremde Jagdgebiet mit bereits geladenem Gewehr erst betreten worden wäre. Das R.-G. hob hervor, das angegriffene Urtheil habe nicht unbedingt verneint, daß ein Befinden auf dem Anstande auch schon vorliegen könne, wenn das Gewehr, welches der eine unbefugte Jagdausübung Beabsichtigende bei sich führe, noch nicht geladen sei. S. a. E. d. R.-G. v. 24. Oktober 1889 J.-W.-Schr. XVIII S. 472 Nr. 30.

zum Schusse fertig gewesen sei. Wollte man diesen Begriff auf die Nothwendigkeit einer geladenen Schußwaffe beschränken, weil diese die Möglichkeit sofortiger Okkupation von Wild bedinge, so müßte man jederzeit auch den Nachweis von dem Vorhandensein von Wild in der Nähe erfordern, obwohl jene Möglichkeit für den aufsuchenden wie für den auf dem Anstand wartenden Jäger völlig ausgeschlossen und nur für den Verfolgenden vorhanden wäre. Ist der Standort des auf Wild Lauernden so gelegen und beschaffen (offenbar zum Ausschuß hergerichtet), daß der Schluß auf gewolltes Eingreifen in ein fremdes Jagdrevier begründet wird, so ist in der Aufstellung an solcher Stelle schon die Jagdausübung zu erkennen, wenn auch das Gewehr noch nicht schußfertig gestellt sein sollte. Die Feststellung, wann in solchen Fällen bereits ein „Jagen“ anzunehmen sei, liegt wesentlich auf thatsächlichem Gebiet.[16])

Ein Jagdberechtigter, welcher ein Wild okkupirt, das von seinen Hunden in seinem Jagdbezirke aufgejagt, von hier aus in einen fremden Jagdbezirk ausgebrochen und dort von den dasselbe verfolgenden Hunden eingeholt worden ist, macht sich der unberechtigten Jagdausübung auch dann schuldig, wenn er, ohne den fremden Jagdbezirk zu betreten — nachdem ein zufällig hinzugekommener Dritter, der das den Hunden abgenommene, anscheinend verendete Thier, ohne die Absicht einer Okkupirung desselben für sich oder einen anderen, in den ersteren Bezirk zurückgetragen und dort niedergelegt hat — in Kenntniß dieses ganzen Vorgangs das auf die geschilderte Weise wieder in seinen Jagdbezirk zurückgebrachte Wild daselbst sich aneignet.[17])

Ein Angeklagter behauptete, er habe lediglich im Uebereifer bei der Verfolgung von Füchsen seine Jagdgrenze überschritten.

Das R.-G. bemerkt hiezu: dies kann die Bedeutung haben, der Angeklagte habe behauptet, im Eifer das Ueberschreiten seiner Grenze nicht bemerkt zu haben; das Gericht hätte sich darüber aussprechen sollen, ob es vorsätzliche Verübung annimmt oder nicht, da selbst fahrlässiges Handeln hiebei nicht strafbar sei.[18])

Dagegen macht sich Derjenige, der von einem fremden Jagdgebiete aus dem innerhalb des eigenen Jagdgebiets befindlichen oder daselbst zum Vorschein kommenden Wilde nachstellt, eines Vergehens aus § 292 nicht schuldig; denn er nimmt zwar diejenige äußere Handlung, in welcher das Jagen zu finden ist,

[16]) E. d. R.-G. v. 9. Oktober 1884 Bl. f. R. A. E.-Bd. XI S. 251; s. a. E. d. R.-G. v. 24 Oktober 1889 E. XX S. 5 und Rspr. VII S. 185 und VIII S. 103.

[17]) E. d. R.-G. E. i. Str.-S. XVIII S. 226; E. d. b. O.-G.-H. i. Str.-S. S. VII S. 179.

[18]) E. d. R.-G. v. 1. Februar 1891, J. W.-Schr. 1891 S. 234 Nr. 29.

an einem Orte vor, wo er zu jagen nicht berechtigt ist, aber soferne sein Wille nur darauf gerichtet ist, Wild, welches sich auf dem eigenen Jagdgebiete befindet oder nach seinem natürlichen Triebe in Folge zufälliger, vom Willen und Thun des Jägers gänzlich unabhängiger Umstände auf das eigene Jagdgebiet übertritt, und zwar erst dann, nachdem dies geschehen, also nach Beginn des eigenen Okkupationsrechtes, zu erlegen, so stellt er nicht demjenigen Wilde nach, auf dessen Okkupation der Inhaber des fremden Reviers das ausschließliche Recht hat. Erlegt er über die Grenze schießend ein in seinem Revier sichtbar gewordenes Stück Wild und nimmt es in Besitz, so übt er hiemit nur das ihm selbst zustehende Okkupationsrecht aus.[19])

Auch das Durchschreiten eines Jagdgebietes mit schußfertigem Gewehre kann als Jagdausübung erscheinen. Ebenso das Durchschreiten eines Jagdgebiets mit einem Gewehre, welches schnell auseinander genommen ist und versteckt getragen wird, aber schnell schußfertig gemacht werden kann (Abschraubgewehre).[20])

Hat Jemand, der außerhalb der Grenzen seines Jagdbezirkes jagt, keine Kenntniß von diesem Umstande, so ist die Bestrafung wegen Jagdvergehens ausgeschlossen und es ist gleichgiltig, ob diese Unkenntniß über die Jagdgrenzen vermeidbar gewesen wäre, oder ob sie durch Fahrlässigkeit verschuldet wurde.[21]) Hat aber ein Jäger sich über die Grenzen des Jagdbezirks absichtlich im Unklaren erhalten, um bei Ueberschreiten der Grenze einer Bestrafung wegen Jagdvergehens zu entgehen, so kann er nicht straflos erachtet werden, da er solchen Falls von vorneherein eine Grenzüberschreitung in seinen Willen aufgenommen hat. Der Thäter ist der Unbefugtheit des Jagens bewußt, wenn er die Jagd an Orten ausübt, bezüglich deren er gegründete Zweifel hegen mußte, ob er dort jagdberechtigt sei. Handelt er gleichwohl auf die Gefahr hin, strafbar zu werden, so schützt ihn § 59 St.-G.-B. vor Bestrafung nicht.

Praktischer Fall. N. N. betrat einen in sein Jagdgebiet hineinragenden Streifen eines fremden Jagdbezirks und schoß hier einen Hasen. Die Einrede, er sei voller Ueberzeugung gewesen, daß er sich auf seinem eigenen Jagdgebiet befinde, wurde nicht als begründet erachtet. Er hatte sich nicht vollständig nach der Pachtung

---

[19]) E. d. R.-G. v. 10. Juni 1882 Rspr. IV S. 556; pr. Ob.-Trib. v. 7. Oktober 1875, Stengleins Zeitschr. VI S. 27; E. d. b. Cass.-H. vom 28. April 1873, Stengleins Zeitschr. II S. 298. Eine andere Frage ist hier das Betreten fremden Jagdgebiets außerhalb öffentlicher Wege in Jagdausrüstung ohne Genehmigung des Jagdberechtigten § 368 Nr. 10 St.-G.-B., welche Strafbestimmung hier Anwendung finden kann; s. Deutscher Jäger Bd. V S. 24.

[20]) E. d. R.-G. v. 17. März 1885 Rspr. VII S. 184; E. d. pr. Obertrib. v. 17. September 1873, Stengleins Zeitschr. III S. 139.

[21]) E. d. R.-G. v. 2. März 1891 Jur. W.-Schr. 1891. Nr. 29 S. 234.

in seinen Bezirk einweisen lassen, sondern begnügte sich mit einer Beschreibung, wobei er indessen auf das Hereinragen einer fremden Jagd aufmerksam gemacht wurde.[22])

Der Jagdbegriff beschränkt sich keineswegs auf gesundes, kräftiges Wild; alle jagdbaren Thiere fallen in den Bereich der Jagdausübung, gleichviel ob ihr körperlicher Zustand ein normaler ist oder nicht.[23])

Auch verendete Thiere, sogen. Fallwild, unterliegt dem ausschließlichen Aneignungsrechte des Jagdausübungsberechtigten und zwar sowohl das aus natürlichen Gründen (Krankheit, Schwäche, Hunger) eingegangene Wild — Fallwild im engeren Sinne — wie das Fallwild im weiteren Sinne: angeschossenes, waidwund gewordenes und in Folge dessen verendetes, durch Schlingen erwürgtes, von Raubthieren oder Hunden tötlich verletztes bzw. zerrissenes Wild, ein in der Brunstperiode von einem Hirsche getöteter Hirsch, Federwild, das sich in Telegraphendrähten 2c. verfangende Federwild u. s. w.[24])

Daß das Fleisch des verendeten Thieres noch genießbar ist oder daß das Fleisch oder andere Theile des Thieres noch sonstwie verwerthbar sind, bildet bei unbefugter Aneignung keine Voraussetzung zur Bestrafung wegen Jagdvergehens, wohl aber kann in der Werthlosigkeit des Kadavers (bzw. seiner Theile) ein Grund gefunden werden, das Bewußtsein der Widerrechtlichkeit der Aneignung zu verneinen.[25])

Völlig in Verwesung übergegangene Kadaver können als Fallwild nach dem Sprachgebrauche des täglichen Lebens nicht mehr angesehen werden.[26])

Auch die unbefugte Aneignung von Theilen verendeten Wildes, insbesondere von Geweihen, Gehörn, Krickeln, welche sich an

---

[22]) E. d. O.-L.-G. München v. 24. Mai 1898 S. X S. 54.

[23]) E. d. O.-L.-G. München v. 12. September 1882 Bl. f. R.-A. Bd. XLIX S. 38. — Die Unterscheidung zwischen Fall- und anderem Wild bezieht sich in ihrer praktischen Bedeutung im Wesentlichen nur auf Fälle, in denen Jemand totes, aber nicht von ihm vorher verfolgtes und verwundetes Wild aufhebt. In diesen Fällen sind alle sonst möglichen Jagdausübungshandlungen, wie Aufstellen von Schlingen, Aufscheuchen des Wilds, Anstehen auf Anstand 2c. ausgeschlossen E. d. O.-L.-G. Dresden v. 28. Dezember 1899 Annalen d. s. O.-L.G. XXI S. 401.

[24]) E. d. R.-G. v. 13. Januar 1881 Rspr. II S. 721, v. 19. November 1885 Rspr. VII S. 674, v. 14. Februar 1887 Rspr. IX S. 127, v. 4. Februar 1889 E. i. Str.-S. XIX S. 49; E. d. württ. Cass.-H. v. 2. Dezember 1874 Stengleins Zeitschr. V S. 153, d. b. Cass.-H. v. 1878 a. a. O. VIII S. 273 s. a. E. d. R.-G. E. i. Str.-S. III S. 226, V S. 281, XIII S. 268, XXIII S. 89, E. d. b. O.-G.-H. S. VIII S. 26, 479, d. O.-L.-G. München S. IV S. 440, V S. 343, 349, VII S. 282. Vgl. a. Begründung z. d. A.-G. z. B. G.B. Verh. d. Abg.-K. 1898 Beil. Bd. XX Abth. 1 S. 93.

[25]) E. d. R.-G. v. 16. September 1882 Rspr. IV S. 713.

[26]) E. d. O-L.-G. München S. IX S. 89 und Bl. f. R.-A. Bd. LXI S. 408.

verendetem Wild in ungetrennten Zusammenhang befinden, stellt sich als ein aus § 292 St.-G.-B. strafbares Jagdvergehen dar. Wer an einem Orte, wo er zu jagen nicht berechtigt ist, von einem dort aufgefundenen Hirschskelett Kopf und Geweih abtrennt und sich aneignet, macht sich eines Vergehens aus § 292 schuldig.[27])

Abgeworfene Geweihe (Hirschstangen) sind für sich bestehende Sachen, sie stehen nicht mehr mit einem jagdbaren Thiere oder dessen Kadaver in ungetrenntem Zusammenhange, bilden als solche keinen Gegenstand des Jagdrechts und unterliegen nicht dem ausschließlichen Aneignungsrechte des Jagdausübungsberechtigten.[28])

Wer Wild behufs Abwehr von Wildschaden von seinen Grundstücken verscheucht, ist, wenn dies auch durch Abfeuern von Schüssen geschieht, nicht strafbar; sobald er aber hiebei zufällig

---

[27]) E. d. O.-L.-G. München v. 5. März 1896 Bl. f. R.-A. Bd. LXI S. 408; vgl. dagegen E. d. R.-G. v. 29. September 1892: N. hat auf fremdem Jagdgebiete ein theilweise noch vorhandenes Rehgerippe, das gänzlich von Fleisch entblößt und wovon nur noch das Rückgrat mit dem Kopfe und dem Gehörn erhalten war, aufgefunden und sich das Gehörn angeeignet. Das R.-G. erblickt hierin keine aus § 292 strafbare Handlung; denn ein bereits völlig in Verwesung übergegangener Kadaver sei nicht mehr als Wild zu betrachten und bei Aneignung des Gehörns von einem Kadaver, der nur noch aus Rückgrat und Kopf bestand, von Ausübung der Jagd absolut nicht mehr die Rede (E. d. R.-G. v 16. Februar 1883 Rspr. V S. 126 und v. 26. September 1882 Rspr. IV S. 713). Der Begriff eines jagdbaren Thieres liege dann nicht mehr vor, wenn der Verwesungsprozeß soweit vorgeschritten sei, daß der Kadaver nicht mehr als Wild aufzufassen ist. Hiebei könne es nicht in Betracht kommen, ob einzelne Theile des Wildes, die der Verwesung überhaupt nicht unterworfen sind, noch vorhanden waren, da bei Beantwortung der Frage, ob der Begriff des Wildes noch erfüllt wird, das Thier in seiner Gesammtgestaltung in Rücksicht zu ziehen ist (Bl. f. R.-A. E.-Bd. XI S. 11); s. a. einen gleichen Fall wie oben (Aneignung des Geweihes eines Hirschskeletts) mit Verneinung des Begriffes „Fallwild" durch das R.-G. Deutsch. Jäger Bd. XIX S. 29. Von den beiden widersprechenden Urtheilen scheint jedenfalls die Entscheidung d. O.-L.-G. München die zutreffendere zu sein; denn wenn auch bezüglich der unbefugten Jagdausübung das gewinnsüchtige Moment nicht nothwendige Voraussetzung ist, so erscheint dasselbe doch aus diesem Begriffe keineswegs ausgeschlossen, wie die Stellung der betr. Strafbestimmungen unter den Abschnitt vom „strafbaren Eigennutze" ersehen läßt. Und unter diesem Gesichtspunkte wird hinsichtlich der Aneignung von Fallwild immerhin mit ins Gewicht fallen, ob und daß dasselbe im Ganzen oder doch wenigstens in Theilen für den Jagdausübungsberechtigten einen Okkupationswert hat und dies ist bei Geweihen, Gehörn, Krickeln ꝛc. zweifellos der Fall; vgl. hiezu § 21 d. Instr. f. d. k. b. Förster, Fin.-Min.-Bl. 1886 S. 170: sind nur einzelne Theile eines (Fall- oder erlegten) Wildstückes verwerthbar, so sind dem Vortrage im Schußmanuale die nöthigen Erläuterungen beizufügen.

[28]) E. d. R.-G. v. 19. November 1885 Rspr. VII S. 674; pr. Ob.-Trib. v. 17. Juni und 19. Oktober 1875 Stengleins Zeitschr. V S. 84, 362; O.-L.-G. Darmstadt v. 20. Dezember 1819 Goltdammer XXXIX S. 74; O.-L.-G. Cassel v. 19. Dezember 1888 Goltdammer XXXVII S. 211. — Vgl. hiezu Begründung z. d. A.-G. z. B. G.B., V. d. Abg.-K. 1898 Beil. Bd. XX Ab. I S. 93.

ein Stück Wild erlegt und sich, ohne Jagdausübungsberechtigter am fraglichen Orte zu sein, aneignet, unterliegt er selbstverständlich der Strafe aus § 292 St.=G.=B.[28a] Durch Auslegen von Gift, wodurch Wild zur Verhütung eines Wildschadens ferngehalten werden soll, wird dem Wilde mit einer unberechtigten Vorrichtung in strafbarer Weise nachgestellt und der Thatbestand des § 292 erschöpft, welcher keiner Besitzergreifung bedarf, sondern nur die widerrechtliche Vornahme einer auf das Aufsuchen oder Verfolgen von Wild zwecks der Erlegung gerichteten Handlung voraussetzt.

Der Grundbesitzer Z. hatte auf seinem Acker mit Salz und Schweinfurtergrün bestreute Brodstücke ausgelegt, um eine „Lecke" für Rehe zu bereiten, welche letztere von seinem Grundstücke fernhalten sollte. Eine Rehgais wurde hiedurch vergiftet, der Jagdpächter stellte Strafantrag und Z. wurde aus §§ 292, 293 St. G.-B. verurtheilt[29]).

Eine Bestrafung wegen Jagdvergehens (§§ 292 ff. St.=G.=B.) setzt voraus, daß die auf Erlangung oder Erlegung des innerhalb eines fremden Jagdgebietes befindlichen Wildes gerichtete Handlung vorsätzlich und mit dem Bewußtsein vorgenommen wurde, zu einer solchen Handlung nicht berechtigt zu sein.[29a]) Irrthum des

---

[28a]) E. d. R.=G. v. 26. September 1890 Goltdammer, Bd. XXXVIII S. 539 „daß der Jagdberechtigte nicht befugt wäre, Maßregeln zu treffen, um das Wechseln des Wilds in ein anderes Jagdgebiet thunlichst zu verhindern, folgt aus keinem der bestehenden Gesetze" (der Jagdberechtigte darf das Wild von der Grenze weg in seinen Bezirk scheuchen). Vgl. a. eine in „Zwinger und Feld" III (1894) S. 451 mitgetheilte Kammergerichtsentscheidung: der Pächter eines Jagdreviers hatte gegen den Nachbarpächter Besitzstörungsklage unter der Behauptung erhoben, daß derselbe eine Anzahl „Scheucher" engagiert habe, die unaufhörlich an den Grenzen des Jagdreviers durch derartiges Lärmen und Scheuchen das Austreten des Wildes aus dem Nachbarjagdbezirke verhinderten, daß Kläger in Ausübung seiner Jagd gestört oder ganz gehindert werde Das K.=G. bestätigte als Berufungsinstanz die auf Grund technischer (forstbehördlicher ꝛc.) Gutachten vom Erstgericht ausgesprochene Klagsabweisung. Dagegen wird in Zwinger und Feld VIII (1899) S 522, allerdings ohne nähere Angaben, von einem Falle berichtet, in welchem zu Bitterfeld drei Landleute zu erheblichen Geldstrafen verurtheilt wurden, weil sie in der Feldmark mit verschiedenen Gegenständen, welche zur Erzeugung von Lärm dienen können, umherzogen, um das Wild von der Feldung zu verscheuchen, so daß in Folge dieses Treibens die sonst gute Pürsche auf Rehböcke ganz erfolglos geworden war. — Uebrigens wird dem Jagdberechtigten gegen derartige Störungen der Jagd und Hege jedenfalls ein zivilrechtlicher Anspruch auf richterliches Verbot solcher Eingriffe unter Strafandrohung und auf Schadensersatz (f § 823 B. G.B.) zuzuerkennen sein, da in dem Wildscheuchen ein berechtigter Akt nothwendiger Selbsthilfe (§§ 231 ff. B. G.B.) nicht wohl erblickt werden kann, nachdem einerseits dem Grundbesitzer unbenommen ist, seinen Besitz durch Umzaunung ꝛc. zu schützen, und für unvermeidlichen Wildschaden Kraft Gesetzes Ersatz geleistet werden muß.

[29]) E. d R.=G. v. 23. September 1886 E XIV S. 419.

[29a]) Erlaubniß des Jagdberechtigten zur Jagdausübung macht letztere selbstverständlich zur berechtigten und schließt eine Bestrafung nach § 292 aus.

Jägers darüber, daß er jagt (die Jagd im Sinne der §§ 292 ff. ausübt), oder daß er in einem fremden Jagdgebiete jagt oder daß er keine Berechtigung zu solchem Jagen hat, schließt eine Bestrafung aus, mag auch der Irrthum ein Rechtsirrthum über Grundsätze des Civilrechts sein. Ein Irrthum über die Strafbestimmungen in §§ 292 ff. kann dagegen selbstredend nicht strafbefreiend wirken.[30])

Die Absicht, okkupiertes Wild dem Jagdberechtigten zu überbringen, schließt die Annahme, daß der Thäter bewußt widerrechtlich handle bzw. handelte, nicht unbedingt und immer aus. Die Frage ist aus den Umständen des einzelnen Falles zu beurtheilen.[31])

Bei Okkupation lebenden Wildes wird in der Regel anzunehmen sein, daß der Jagdberechtigte mit der Aneignung nicht einverstanden sei,[32]) bei der Inbesitznahme von Fallwild behufs

---

Die Erlaubniß erlischt mit dem Tode des Pächters, welcher dieselbe ertheilt hat, soferne nicht (bei Gemeindejagden) die Gemeinde ihre Einwilligung ertheilt hat. E. d. R.-G. E. IX S. 432 und E. d. O.-L.-G. München IX S. 99.

[30]) E. d. R.-G. v. 7. Januar 1884 Eger, eisenbahnrechtl. Entsch. Bd. III S. 309. — Als ein Irrthum über Grundsätze des Civilrechts ist es z. B. zu betrachten, wenn der Jagende sich in Bezug auf die Frage, ob und welche wilden Thiere Gegenstand der Jagdausübung sind, in Irrthum befindet; denn diese Frage ist nach Landesgesetz zu entscheiden, bildet also eine zivilrechtliche. — Im Uebrigen ist bei vorsätzlichen Delikten nicht das positive Wissen aller Merkmale erforderlich, welche den Thatbestand des Vergehens bilden, es genügt, wenn der Angeklagte über das Vorhandensein eines Thatbestandmerkmales auch nur Zweifel hegte und dennoch auf die Gefahr hin, eine strafbare Handlung zu begehen, handelte. § 59 Abs. I St.-G.-B. kommt nur dem zu statten, der sich hinsichtlich des Vorhandenseins eines zum Thatbestande gehörigen Umstandes wirklich in einem thatsächlichen Irrthum oder einem diesem gleichstehenden Rechtsirrthum befunden, nicht aber demjenigen, welcher einen solchen Thatbestand zwar nicht bestimmt in seinen Willen aufgenommen hat, aber doch bei der That sich der Möglichkeit des Vorhandenseins desselben bewußt war und unbekümmert darum, wie es sich hiemit verhalten möge, die That beging; denn in solchem Falle lag der als möglich vorausgesetzte, eventuell im Voraus gebilligte Erfolg in dem Willen des Thäters (dolus eventualis). Es ist diesen Falls zur Verurteilung nicht der positive Nachweis erforderlich, daß der Thäter die gedachten Umstände gekannt hat. E. d. R.-G. v. 3. März 1884 E. X S. 234.

[31]) E. d. O.-L.-G. Cassel v. 31. Juli 1891, Goltdammer, Archiv Bd. XXXIX S. 351.

[32]) E. d. O.-L.-G. München v. 2. Dezember 1885 S. III S. 609. Jemand hatte auf einer Wiese, woselbst er zu jagen nicht berechtigt war, zwei junge Hasen eingefangen, sie mit nach Hause genommen und für sich behalten. Die That wurde als Jagdvergehen erachtet, da es keinen Unterschied mache, ob der Thäter im guten Glauben an die nachfolgende Genehmigung von Seite des Jagdberechtigten gehandelt hat oder nicht, da durch die Hoffnung auf nachträgliche Genehmigung das z. Z. der That vorhandene Bewußtsein der Widerrechtlichkeit derselben nicht aufgehoben bzw. beseitigt wird; s. a. Zwinger und Feld VIII (1899) S. 568.

Ueberbringung desselben an den Jagdberechtigten kann der Thäter der Ueberzeugung sein, daß der Jagdberechtigte die Inbesitznahme für ihn genehm halten werde, und wird alsdann die Aneignung nicht als eine bewußt unberechtigte noch als ein Eingriff in das Aneignungsrecht des Jagdberechtigten zu erachten sein.[33])

Aber auch bei lebenden jagdbaren Thieren wird die Aneignung zur Strafbefreiung entschuldbar erachtet werden können, wenn der Jagende sich eines solchen Thieres in der Absicht bemächtigt, hiebei nicht seine eigenen Zwecke, sondern jene des Jagdberechtigten zu verfolgen, also wenn z. B. Jemand ein dem sicheren Tode entgegengehendes Thier, welches in den Wasserfluthen unterzusinken im Begriffe ist, vor dem Ertrinken rettet und an sich nimmt, um es dem Jagdberechtigten am Leben zu erhalten[34]) oder wenn Jemand Rehkitze, nicht um sie zu erlegen oder sich anzueignen, sondern lediglich um dieselben durch Pflege vor dem sofortigen Verenden zu schützen, in sein Haus gebracht und demgemäß hiebei nicht in Ausübung der Jagd gehandelt hat,[35]) oder wenn Jemand ein von Raubthieren verwundetes Kitz nach seiner Wohnung mitnahm, um es dort pflegen und heilen zu lassen und nach Genesung wieder im betr. Jagdbezirke in Freiheit zu setzen.[36])

Ohne Einfluß erscheint es für die Qualifikation unberechtigter Jagdausübung als Jagdvergehen, ob das unbefugt erjagte Thier auf waidmännische oder auf unwaidmännische Weise z. B. mittels Schlingen, Legen von Gift u. dgl. erlegt bzw. okkupirt wird, da zum Thatbestande nur das Jagen, nicht aber eine bestimmte Art und Weise desselben erfordert wird.[37])

Unberechtigtes Jagen setzt voraus, daß der Gegenstand der Strafthat, das Wild, noch herrenlos und noch nicht okkupirt sei. Dieser Thatumstand muß in jedem einzelnen Falle festgestellt werden. Ein Thier, welches in eine Schlinge geräth, wird dadurch zwar des Gebrauchs seiner natürlichen Bewegungsfreiheit beraubt, aber es gelangt, solange es nicht von dem Schlingensteller ergriffen ist, noch nicht in dessen Besitz oder Gewahrsam, ebensowenig als ein Wild, welches von dem durch den Jagdberechtigten (oder einem Dritten) gelegten Gifte angenommen und in Folge dessen verendet ist, damit in die Gewalt des betreffenden Jagdberechtigten (oder Dritten) gebracht erscheint.[38]) Hat aber

---

[33]) Deutsch. Jäger Bd. XIII S. 154.

[34]) E. d. R.-G. v. 31. Januar 1891 J.-W.-Schr. 1889 Nr. 54 S. 98.

[35]) E. d. O.-L.-G. München v. 7. Dezember 1880 S. I S. 229.

[36]) E. d. pr. Kammergerichts vom 22. Februar 1894 Deutsch. Jäger Bd. XVI S. 189.

[37]) Vgl. E. d. pr. Ob.-Trib. v. 13. Oktober 1875 Stengleins Zeitschr. Bd. VI S. 28 und v. 14. März 1874 a. a. O. Bd. III S. 341; E. d. R.-G. v. 24. Oktober 1879 Rspr. I S. 14.

[38]) Vgl. Berger, Diebstahl oder Wilddiebstahl in „Zwinger und Feld" II S. 529 u. ff. und hiezu E. d. R.-G. v. 14. Februar 1887 E. XV

eine Besitzergreifung des Jagdberechtigten oder eines Dritten an einem Thiere stattgefunden und ist dasselbe demnach nicht mehr als herrenlos zu erachten, so stellt sich die Besitznahme an solchem Wilde durch einen Anderen als Diebstahl dar.[39] Unterschlagung kann durch rechtswidrige Zueignung eines verlorenen okkupirten Stückes Wild begangen werden. Voraussetzung der Bestrafung wegen Diebstahls wie wegen Unterschlagung ist die Feststellung, daß das betreffende Wild bereits okkupirt war und daß der Thäter sich nicht in Unkenntniß darüber befand, daß an dem Thiere bereits Besitz ergriffen worden, und soweit es sich um den Thatbestand des Diebstahls handelt, daß letzteres bereits in Gewahrsam eines Anderen sei.[40]

B findet mehrere Stücke Wild zusammenliegend (auf der Strecke) und ein an einem Baume aufgehängtes Stück Wild, derselbe kann hier über die erfolgte Besitzergreifung an diesem Wilde so wenig als darüber im Unklaren sein, daß dasselbe sich auch im Gewahrsam eines Dritten befinde, während derselbe, wenn er auf dem Wege, Feld oder im Wald einen Hasen mit zusammengebundenen Läufen 2c. auffindet

mindest nicht im Zweifel sein kann, daß hieran Besitz ergriffen worden sei und daß er mit Aneignung des Thieres eine Unterschlagung begehe. Eine solche erscheint auch dann gegeben, wenn unter mehreren Jagdtheilhabern (Mitpächtern, Mitgliedern von Jagdkonsortien) vereinbart ist, daß jedes von ihnen unter ihnen im gemeinsamen Jagdbezirke erlegte Wild als für das Konsortium erbeutet zu gelten habe, und ein Jagdtheilhaber sich ein erlegtes Stück für sich allein aneignet. Hier ist eine Unterschlagung in Ansehung der den übrigen Gesellschaftern zustehenden Antheile an der betr. Jagdbeute gegeben.[41]

Das Aneignungsrecht des Jagdberechtigten besteht, wie schon erörtert, in der Befugniß, in einem bestimmten Bezirke alle zur Wildgattung gehörigen (jagdbaren) Thiere, so lange sie sich nicht im Eigenthume eines Anderen befinden — also herrenlos sind,

---

S. 268, v. 9. Mai 1899 E. XXXII S. 161 und die in Note 39 angef. Entscheidungen. Auch ein angeschossenes Thier ist, solange es nicht von dem Jäger ergriffen ist, noch als herrenlos zu erachten E. d. O.-L.-G. München v. 6. April 1887 S. IV. S. 459, ingleichen auch ein lebendes oder totes Wild, welches von einem Jagdhunde aufgegriffen, aber noch nicht vom Jäger abgenommen worden ist, vgl. E. d. b. Comp.-Confl. Sen. v. 25 Juni 1858 Rggsbl. S. 923 und E. d. O.-L.-G. München v. 15. Juni 1889 S. V S. 349.

[39]) E. d. R.-G. v. 14. Februar 1887 E. XV S. 268 s. a. E. XIII S. 197, VII S. 281, XXIII S. 89, XXV S. 92, Deutsch. Jäger XVI S. 127.

[40]) Männer, pfälz. Jagdrecht S. 189.

[41]) E. d. O.-L.-G. München i Str.-S. S. I S. 339 mit E. d. R.-G. E. XXII S. 250.

mit Ausschließung Dritter zu okkupiren und die eine solche Aneignung bezweckenden Handlungen vorzunehmen.

Einen besonderen Fall der Aneignung von Wild kann der Umstand herbeiführen, daß sich versprengtes Wild in eine Behausung flüchtet.

Praktischer Fall. Während des Wochenmarktes in M. verrannte sich ein Rehwild auf den dortigen Marktplatz, wurde von den Umstehenden erfaßt, entkam wieder und gerieth in die Küche einer Gastwirthschaft, wo es sodann festgenommen wurde.[42])

Hier entsteht die Frage, ob der Hauseigenthümer zur Aneignung des Thieres berechtigt erscheint? Nach Art. 2 Abs. I Ziff. 1 J.-G. ist die Ausübung des Jagdrechts — welche die Aneignung von Wild in sich schließt — durch den Grundeigenthümer auf allen unmittelbar an die Behausung stoßenden, umfriedigten oder sonst vollständig abgeschlossenen Hofräumen und Hausgärten zulässig. Die Behausungen selbst erwähnt das J.-G. nicht. Nachdem aber die ausgesprochene Absicht des Gesetzes ist, daß innerhalb seines „Hausfriedens" der Grundeigenthümer allein Jagd auszuüben berechtigt sein soll, kann es keinem Zweifel unterliegen, daß der Hauseigenthümer in seinem „abgeschlossenen Hause" dieselbe Berechtigung hat, wie innerhalb eines anderen durch Umfriedigung oder Abschließung zum Hausfrieden der Behausung gezogenen Raume. Ist der Hauseigenthümer bei der Aneignung solchen zugelaufenen verrannten Wilds nicht im Besitze einer Jagdkarte, so verstößt er allerdings gegen Art. 23 Abs. I Ziff. 1 J.-G. und wird wegen Jagdausübung ohne Jagdkarte strafbar. Dieser Strafe kann er sich durch Ausantwortung des Wildes an den Jagdberechtigten des Bezirks, in welchem seine Behausung gelegen ist, oder durch Infreiheitsetzung des Wildes entziehen.

§ 361 Nr. 9 St.-G.-B. bedroht diejenigen mit Strafe, welche Kinder oder andere unter ihrer Gewalt stehende Personen, welche ihrer Aufsicht untergeben sind und zu ihrer Hausgenossenschaft gehören, von der Begehung strafbarer Verletzungen der Gesetze zum Schutze der Jagd abzuhalten unterlassen. Die gleiche strafrechtliche Verantwortung spricht § 6 Abs. II Vogelschutz-G. v. 22. März 1888 aus.

Daß die Kinder die eigenen (leiblichen oder Adoptiv-) Kinder des Unterlassenden sind, ist nicht erforderlich, wenn sie nur seiner Gewalt und Aufsicht untergeben und gleichzeitig Hausgenossen sind[42a]). Ebenso müssen die anderen Personen, zu welchen auch die

---

[42]) S. Deutscher Jäger Bd. V S. 40.

[42a]) Ob die Kinder zurechnungsfähig oder strafunmündig sind, ist für die strafrechtliche Verantwortlichkeit des Unterlassenden ohne Einfluß. E. d. O.-L.-G. München v. 31. März 1892 S. VII S. 72, Reger, Bd. XIII S. 308.

Ehefrauen zählen[42b]), nicht blos der Gewalt und Aufsicht des Unterlassenden unterstellt, sondern auch gleichzeitig Hausgenossen desselben sein. Für Personen, welche zwar der Hausgenossenschaft angehören, nicht aber der Gewalt und Aufsicht des Unterlassenden unterstellt sind, trägt dieser selbstredend keine strafrechtliche Verantwortung. So wird eine Verantwortung für Gewerbsgehilfen, die Hausgenossen des Arbeitgebers sind, nicht gegeben sein, da die Ersteren nicht der vollen Gewalt und Aufsicht unterworfen erscheinen, wohl aber wird dies bezüglich der in die Hausgenossenschaft aufgenommenen Lehrlinge Platz greifen.[42c])

Eine Unterlassung des Abhaltens kann erst dann angenommen werden, wenn feststeht und nachgewiesen wird, daß der Aufsichtspflichtige es an der schuldigen und den Umständen nach möglichen Aufsicht habe fehlen lassen[42d]). Ist der Gewalthaber Thäter, Theilnehmer, insbesondere Anstifter der strafbaren Handlung, so erscheint selbstverständlich die Anwendung des § 361 Nr. 9 St.-G.-B. ausgeschlossen und greifen die §§ 292 ff. St.-G.-B. bzw. Art. 23 J.-G. (neuer Fassung) Platz[42e]).

Entwendung von Wild aus Thiergärten, Wildparken und Gehegen.

Jagdbare Thiere, welche sich in einem von allen Seiten umschlossenen Gehege — Wildparke — befinden und durch Einhegung bzw. Einschließung an der Entfernung aus dem Gehege verhindert sind, stehen im Gewahrsame[43]) des Eigenthümers des Wildparkes, sind nicht mehr herrenlos[44]) und kann daher eine unbefugte Wegnahme und Aneignung derselben nicht als Jagdvergehen, sondern nur als Diebstahl betrachtet werden[45]). Die Möglichkeit, daß eines der in dem Gehege eingeschlossenen Thiere an der einen oder anderen Stelle entkommen kann, hebt den Gewahrsam nicht auf[46]). Der Begriff des Gewahrsams setzt nämlich nicht eine der-

---

[42b]) E. d. O.-G.-H. v. 20. Februar und 27. Juli 1878, Stengleins Zeitschr. Bd. XVIII S. 315, 321; Min.-A.-Bl. d. Inn. 1877 S. 293.

[42c]) E. d. O.-G.-H. S. V. S. 430.

[42d]) E. d. O.-L.-G. München S. III S. 530. Dieser Nachweis ist von der Anklage zu erbringen. E. d. pr. Ob.-Trib. v. 8. Juli 1878 Stengleins Zeitschr. Bd. XVIII S. 319.

[42e]) E. d. O.-L.-G. München v. 21. Dezember 1882 S. II S. 224.

[43]) B. L.-R. Th. IV. c. 16 § 9.

[44]) B. G.B. § 960 Abs. I.

[45]) E. d. R.-G. v. 6. Dezember 1879 Rspr. I S. 120, v. 16. April 1883 E. VIII S. 273 und XXVI S. 268.

[46]) E. d. pr. Ob.-Trib. v. 6. November 1873 Stengleins Zeitschr. III S. 198: der Gewahrsam setzt zwar voraus, daß der Besitzer (Eigenthümer) thatsächlich über seine Sache verfügen kann, aber es ist nicht erforderlich, daß er jederzeit in der Lage sich befinde, diese Verfügungsgewalt un-

artig vollständige und derart behindernde Umhegung des Wildparks voraus, daß der Austritt und die Flucht von Thieren aus demselben zur unbedingten Unmöglichkeit gemacht wird, vielmehr genügt eine Einfriedigung von der Beschaffenheit, welche der Erfahrung gemäß regelmäßig und von außergewöhnlichen Veranlassungsfällen abgesehen den Austritt des Wildes verhindert[47]. Der Begriff des Gewahrsams an dem in einem Gehege eingeschlossenen Wilde wird dadurch nicht ausgeschlossen, daß das Gehege nicht über einen durchfließenden Fluß sich erstreckt oder daß die Thore des Geheges nicht immer geschlossen sind oder daß Personen, welche nicht zu den Forst- oder Jagdbediensteten gehören, innerhalb des Geheges wohnen[48]. Wo diese Voraussetzungen des Gewahrsams zutreffen, ist daher die Aneignung von Wild in Gehegen als Diebstahl (§ 242 St.-G.-B.) zu eigenschaften. Ein erschwerter Diebstahl im Sinne des § 243 Nr. 2 St.-G.-B. ist aber nur dann anzunehmen, wenn das Gehege (der Wildpark) thatsächlich ein „umschlossener" Raum ist, d. h. die Umschließungs-Vorrichtung (Umzäunung, Mauer ꝛc.) auch die Eigenschaft eines gegen willkürliches Eindringen Unberechtigter schützenden Hindernisses hat. Befinden sich in der Umzäunung an den durch das Gehege führenden Wegen nicht verschließbare, einer regelmäßigen Beaufsichtigung nicht unterliegende Gatter, durch welche Jedermann ungehindert seinen Ein- und Ausgang hat und nehmen kann, so kann dem Wildparke die Eigenschaft eines umschlossenen Raums im Sinne des § 243 Nr. 2 nicht zuerkannt, unbefugte Aneignung von Wild aus demselben nur als einfacher Diebstahl behandelt werden[49].

Führt der Thäter bei einem Wilddiebstahle aus einem Gehege ein als Waffe dienendes oder taugliches Werkzeug mit dem Bewußtsein bei sich, daß dieses Werkzeug nöthigenfalls als Waffe gegen Menschen zu verwenden sei, und nicht blos ausschließlich zu dem Zwecke, das Werkzeug zu sachlicher Erleichterung der Ausführung der That (des Diebstahls) zu benützen, so findet

---

mittelbar auszuüben. Auch wenn er nicht im Stande ist, sie jederzeit körperlich zu ergreifen, hat er sie dennoch in Gewahrsam, sobald sie nur überhaupt innerhalb seines Verfügungsbereiches geblieben ist. Aus diesem Grunde ist die Wegnahme von Wild aus umzäunten Gehegen, ohne Unterschied ob die Gehege eine große Ausdehnung haben oder nicht, als Diebstähl anzusehen.

[47]) E. d. pr. Ob.-Trib. v. 10. Mai 1875 Stengleins Zeitschr. V S. 81 und v. 17. Dezember 1857, 21. Oktober 1868, 13. Dezember 1869, Goltdammer, Archiv VI S. 117.

[48]) E. d. pr. Ob.-Trib. v. 9. Februar 1875 a. a. O. V S. 77 mit E. d. pr. O.-Trib. v. 31. Mai 1867 und 4. März 1868 Oppenhof, Rspr. IX S. 167 u. 168.

[49]) E. d. pr. Ob.-Trib. v. 8. Februar 1875 Rspr. XVI S. 108, 361. E. d. R.-G. v. 16. A il 1883 E. VIII S. 273 Rspr. V S. 254 und vom 9. November 1894 E. XXVI S. 219.

§ 243 Nr. 5 St.-G.-B. Anwendung und ist die That als schwerer Diebstahl zu bestrafen [50]).

Verfolgung der Jagdvergehen.

Die Jagdvergehen werden auf erstattete Anzeige von Amtswegen verfolgt [51]). Ist jedoch der Thäter ein Angehöriger des Jagdberechtigten, so tritt die Verfolgung bei einfachen Jagdvergehen (§ 292) nur auf Antrag des letzteren bzw. seines gesetzlichen Vertreters ein [52]). Zur Stellung des Strafantrags erscheint derjenige befugt, welcher an dem Orte, wo gejagt worden ist, zur Ausübung der Jagd berechtigt ist — der Eigenjagdberechtigte und der Pächter eines Jagdbezirks. Die mit dem Jagdschutz betrauten Jagdaufseher sind nur zur Strafanzeige, nicht aber zur Stellung von Strafanträgen befugt, letzterer muß von dem Berechtigten selbst ausgehen und mindestens von demselben unterzeichnet werden. Wird durch die That das Jagdausübungsrecht mehrerer Berechtigter verletzt, so ist zur strafrechtlichen Verfolgung des Thäters nur dann ein Strafantrag erforderlich, wenn sämmtliche Berechtigte Angehörige des Wilderers sind. Wurde z. B. durch unbefugte Jagdausübung das Jagdrecht von drei Pächtern eines Gemeindejagdbezirks verletzt und ist der Thäter Angehöriger nur eines (oder zweier) der gemeinschaftlich berechtigten Pächter, so bedarf es keines Strafantrages, sondern es ist von Amtswegen vorzugehen [53]).

Als Angehörige im Sinne des St.-G.-B. (§ 52 Alin. II) gelten Verwandte und Verschwägerte auf- und absteigender Linie, Adoptiv- und Pflege-Eltern und -Kinder, Ehegatten, Geschwister und deren Ehegatten [54]) und Verlobte.

Der Strafantrag muß binnen 3 Monaten von dem Tage an gestellt werden, seit welchem der Berechtigte von der Handlung und von der Person des Thäters Kenntniß erhalten hat. [55]) Der Tag, an welchem der Antragsberechtigte von der Handlung (und der Person des Thäters) Kenntniß erhalten hat, ist in die Antragsfrist einzurechnen. Hat von mehreren Antragsberechtigten

---

[50]) E. d. pr. Ob.-Trib. v. 18. Dezember 1874 Stengleins Zeitschr. IV S. 369; E. d. R.-G. v. 1. Oktober 1883 Rspr. V S. 585 und vom 11. Juni 1885 Rspr. VII S. 372.

[51]) E. d. R.-G. i. Str.-S. E. II S. 145. Auf die Erben des Berechtigten geht das Antragsrecht nicht über.

[52]) E. d. R.-G. i. Str.-S. E. XI S. 53.

[53]) E. d. R.-G. v. 17. Januar 1896.

[54]) Dagegen sind die Ehemänner zweier Schwestern unter sich, soweit nicht etwa ein anderes bereits bestehendes Verwandtschaftsverhältniß vorliegt, weder verwandt noch verschwägert. E. d. R.-G. i. Str.-S. E. XV S. 78.

[55]) § 61 St.-G.-B.

einer diese Frist versäumt, so wird hiedurch das Antragsrecht der Uebrigen nicht ausgeschlossen. Der Antrag kann nicht getheilt werden, die Verfolgung sämmtlicher Betheiligter (Thäter, Mitthäter, Anstifter, Gehilfen — also Thäter, Theilnehmer und Begünstiger) muß stattfinden, sobald gegen einen derselben Antrag gestellt ist. Bedingungen, bei deren Nichterfüllung der Verletzte eine Bestrafung des Thäters ꝛc. nicht wollte, sollen dem Antrage nicht beigefügt werden. Die Zurücknahme des gestellten Antrags ist bis zur Verkündung eines auf Strafe lautenden Urtheils zulässig, an keine besondere Form gebunden, und kömmt, auch wenn der Antrag zu Gunsten nur eines Betheiligten zurückgenommen wird, den Uebrigen gleichmäßig zu Gute [56]).

II. Erschwertes Jagdvergehen.

Wird die Jagd unberechtigt unter Umständen ausgeübt, welche die Schädigung des Berechtigten zu einer größeren, die Entdeckung der That und des Thäters schwieriger machen, die öffentliche Sicherheit in erheblichem Maße zu gefährden geeignet sind und wobei der Handlung regelmäßig unlautere Motive zu Grunde liegen, so tritt eine Strafverschärfung ein [57]).

§ 293.

Die Strafe kann auf Geldstrafe bis zu sechshundert Mark oder auf Gefängniß bis zu sechs Monaten erhöht werden, wenn dem Wild nicht mit dem Schießgewehr oder Hunden, sondern mit Schlingen, Netzen, Fallen oder anderen Vorrichtungen nachgestellt, oder wenn das Vergehen während der gesetzlichen Schonzeit, in Wäldern, zur Nachtzeit oder gemeinschaftlich von mehreren begangen wird.

Die Strafverschärfung ist jedoch, wie der Wortlaut ergibt, in das freie richterliche Ermessen gestellt und kann der Richter nach den Umständen des einzelnen Falles auf das gesetzliche Strafminimum herabgehen.

Zur Verfolgung eines Angehörigen des Jagdberechtigten auf Grund des § 293 bedarf es eines Strafantrags des letzteren nicht, vielmehr sind Vergehungen wider den angeführten Paragraphen von Amtswegen zu verfolgen. [58])

---

[56]) E. d. R.-G. v. 17. Januar 1888 Rspr. X S. 38; s. dagegen E. d. R.-G. v. 8. Juni 1899: die Erklärung, gegen einen bestimmten an einer strafbaren Handlung Mitbetheiligten keinen Strafantrag zu stellen, enthält keine Zurücknahme des bereits gegen die übrigen Theilnehmer gestellten Strafantrags. J.-W.-Schr. XXIX S. 120.

[57]) E. d. R.-G. v. 19. November 1885 E. XIII S. 84.

[58]) E. d. b. O.-G.-H. v. 29. April 1872 S. II S. 114 und v. 24. Mai 1875 S. VI S. 205; E. d. R.-G. v. 23. Juni 1883 E. IV S. 330.

Unter Schießgewehr im Gegensatze zu Schlingen, Netzen, Fallen und anderen Vorrichtungen wird jede Schußwaffe, nicht blos das eigentliche Gewehr, sondern auch eine Pistole, ein Revolver u. s. w., nicht aber Selbstschüsse (Legebüchsen) zu verstehen sein, welch letztere unter die „anderen Vorrichtungen" zu zählen sind. Zu letzteren gehört auch das Auslegen vergifteter Köder[59]).

Die unberechtigte Jagdausübung während der gesetzlichen, periodischen oder dauernden Schonzeit (z. B. für Wildkälber, Reh- und Gemskitze, Rehgeisen, Auer- und Birkhühner) unterliegt nicht als Zuwiderhandlung gegen jagdpolizeiliche Schonvorschriften der Bestrafung, sondern bildet einen Erschwerungsgrund für Jagdvergehen, die während der Zeit begangen werden, zu welcher dem Wild je nach Gattung, Geschlecht und Alter besondere Schonung und Pflege gewahrt werden soll. Ein rechtlicher Zusammenfluß eines Jagdvergehens mit einer Jagdpolizeiübertretung kann daher in Fällen des § 293 nicht angenommen werden[60]). Hat jedoch der Thäter in Unkenntniß darüber gehandelt, daß das von ihm gejagte Thier in der Schonzeit sich befinde, so ist ihm dieser Umstand, da ein Irrthum über das Strafgesetz nicht in Frage steht, nicht zum Verschulden anzurechnen[61]).

Bei Fallwild kann von einer Schonzeit nicht die Rede sein, daher § 293, insoweit Verletzung der Schonzeit als Erschwerungsgrund gilt, nicht zur Anwendung kommen.[61a])

Als Wald ist im Allgemeinen jede größere mit Waldbäumen bestandene Grundfläche zu erachten. Ob eine bestimmte Grundfläche als Wald anzusehen sei, ist der richterlichen Feststellung aus den örtlichen Verhältnissen im einzelnen Falle anheimgegeben. Von Bedeutung erscheint hiefür der leitende Gedanke des § 293, daß die unberechtigte Jagdausübung in Wäldern deshalb einen Straferschwerungsgrund bilden soll, weil der Wilderer im Walde sich leichter der Entdeckung entziehen, im Walde erlegtes Wild aber leichter verbergen kann. Bei Zutreffen dieser Voraussetzungen kann nach Umständen auch Buschwerk, Jung- und Niederholz als Waldung betrachtet werden[62]). Auf den Umfang und die

---

[59]) E. d. R.-G. v. 23. September 1886 E. XIV S. 149, s. a. Deutsch. Jäger VIII S. 172 und IX S. 66; E. d. O.-L.-G. München v. 6. April 1887 S. IV S. 459: zwei Bauern schlugen einen Hasen mit Schaufeln tot. S. a. Werfen auf Hasen mit Steinen, Zwinger u. Feld VII S. 232.

[60]) E. d. b. O.-G.-H. v 12. April 1879 S. IX S. 219.

[61]) E. d. R.-O.-H.-G. v. 20. September 1872 E. VII S. 141.

[61a]) E. d. R.-G. v. 16. September 1886 Reger VII S. 260; E. d. O.-L.-G. München v. 15. Juni 1889 S V S. 349.

[62]) E. d. R.-G. v. 8. Februar 1894 E. XXV S. 120; s. a. E. d. O.-L.-G. München v. 7. Januar 1887 S. IV S. 440 und v. 15. Juni 1889 S. V S. 349.

Höhe der Holzbestände kömmt es dabei nicht an. Auch eine kleine am Waldsaume gelegene, in den Wald hinein sich erstreckende Blöße kann dem Walde selbst zugerechnet werden[63]). Da für die Jagdausübung auf fremdem Gebiete nicht bloß der Standort des Jagenden, sondern auch jener des verfolgten Wildes entscheidend ist, kann eine erschwerte unberechtigte Jagdausübung im Sinne des § 293 auch dann angenommen werden, wenn der Jagende außerhalb des Waldes sich befindet und von da auf im Walde sich befindendes Wild schießt, sich solches aus dem Walde zutreiben läßt, oder einen Hund in den Wald schickt, um sich das Wild aus dem Walde zutreiben zu lassen, ohne den Wald selbst zu betreten, wie umgekehrt auch in dem Falle, wenn der Jäger sich im Walde, das zu erlegende Wild aber außerhalb des letzteren befindet. Der Erschwerungsgrund trifft auch dann zu, wenn der in einem zu seinem eigenen Jagdgebiete gehörenden Walde sich aufhaltende Jäger von hier aus Wild auf fremdem Jagdgebiete erlegt[64]).

Unbefugte Aneignung von Fallwild in Wäldern begründet den Thatbestand einer erschwerten unberechtigten Jagdausübung im Sinne des § 293 St.-G.-B.[65]).

Als Nachtzeit ist nicht die Zeit von Sonnenuntergang bis Sonnenaufgang, auch nicht die übliche Schlafens- und Ruhezeit, sondern die Zeit der nächtlichen Dunkelheit anzusehen, welche mit Beendigung der Abenddämmerung beginnt und mit Eintritt der Morgendämmerung endigt. Mondschein schließt die Anwendung des § 293 nicht aus, da er in die „Nachtzeit" fällt. Ob die als Nachtzeit zu betrachtende nächtliche Dunkelheit im einzelnen Falle gegeben war, ist eine vom Richter festzustellende Thatfrage[66]).

Endlich bildet einen Erschwerungsgrund gemeinschaftliche unberechtigte Jagdausübung mehrerer Personen. Um diesen Thatbestand zu begründen, muß nicht blos sachlich eine Gemeinsamkeit des unberechtigten Jagens vor-

---

[63]) E. d. O.-L.-G. Darmstadt v. 16. Januar 1891 Heinzerling Arch. f. pr. R.-W. XVI S. 315.

[64]) E. d. R.-G. v. 8. Februar 1894 E. XXV S. 120 (s. a. Reger XIV S. 389) und Bl. f. R.-A., E.-Bd. XIV S. 358.

[65]) E. d. R.-G. v. 13. Januar 1881 Bl. f. R.-A., E.-Bd. S. 189.

[66]) E. d. R.-G. v. 5. Februar 1881 Rspr. III S. 12 und Bl. f. R.-A., E.-Bd. III S. 257; E. d. R.-G. v. 27. Januar 1885 Rspr. VII S. 56; E. d. R.-G. v. 12. November 1889 Jur. W.-Schr. 1889 S. 473 Nr. 31 und E. d. R.-G. v. 9. März 1894 Jur. W.-Schr. S. 222. E. d. b. Cass.-H. v. 21. Juli 1876 Stengleins Zeitschr. Bd. VI S. 366; s. a. S. VI S. 385. — Vgl. aber § 2 Abs. I Nr. a Vogelschutzgesetzes, wonach als Nachtzeit der Zeitraum zu gelten hat, welcher eine Stunde nach Sonnenuntergang beginnt und eine Stunde vor Sonnenaufgang endet. — Die Bestimmung greift auch bei Aneignung von Fallwild Platz.

liegen, indem zwei oder mehrere Personen gleichzeitig und nebeneinander unbefugt Jagdausübungshandlungen vorgenommen, sondern die Thäter müssen auch die That als die ihrige gewollt, mit dem Vorsatze gemeinschaftlichen Zusammenwirkens zur Ausführung gebracht haben und jeder von den Mehreren bei dem gewollten Zusammenwirken sich der Rechtswidrigkeit seines Thuns bewußt gewesen sein. Es handelt sich bei § 293 um eine einheitliche That und müssen deshalb gegen jeden der mehreren Thäter alle Thatbestandsmerkmale ein und desselben Vergehens nachgewiesen vorliegen[67]). Der Erschwerungsgrund gemeinschaftlicher Verübung eines Jagdvergehens ist durch die strafgesetzlichen Merkmale der Mitthäterschaft (§ 47 St.-G.-B.) zu begründen.[68]) Da es für die in den Begriff der Jagdausübung fallenden, in irgend einer Weise auf Erlangung des Besitzes am Wilde gerichteten Handlungen, für das „Jagen", ohne Bedeutung ist, ob der Handelnde den erlangten Besitz für sich selbst oder für einen anderen auszuüben, ob er erlegtes Wild selbst sich zueignen oder die Zueignung desselben dem Jagdberechtigten oder sonst Jemanden zu vermitteln beabsichtigt, erscheint es zum Thatbestande des § 293 nicht erforderlich, daß die gemeinschaftlichen Thäter die Jagdbeute zu theilen beabsichtigten, es genügt, wenn nur das Jagen in gemeinsamem Zusammenwirken vor sich ging[69]).

Gemeinschaftliches unberechtigtes Jagen ist anzunehmen, wenn zwei Personen in der Weise die Jagd ausüben, daß einer auf dem eigenen (zuständigen) Jagdgebiete verbleibt, um hier das Wild zu erlegen, welches der andere im Einverständnisse mit dem Schützen in fremdem Jagdbezirke aufscheucht und dem ersteren Jäger zutreibt[70]). Ebenso liegt Mitthäterschaft vor, wenn Jemand bei einer Treibjagd in der Schützenlinie sich aufstellt, um letztere geschlossen zu halten, auch wenn er nicht die Absicht

---

[67]) E. d. R.-G. v. 16. Juni 1881 E. IV S. 262 (s. a. Rspr. III S. 409); E. d. R.-G. v. 16. April 1888 Rspr. X S. 300.

[68]) E. d. R.-G. v. 16. Juni 1881 s. vor. Note.

[69]) E. d. R.-G. v. 16. Juni 1881 S. IV S. 262 (Rspr. III S. 409; Reger IV S. 185) und v. 16. April 1888 Rspr. X S. 300. – Der Erschwerungsgrund gemeinschaftlicher unbefugter Jagdausübung findet auch bei Aneignung von Fallwild Anwendung.

[70]) E. d. pr. Kamm.-G. v. 18. Oktober 1888 Reger XIII S. 140; vgl. hiezu Deutsch. Jäger Bd. XII S. 4. E. d. Schöff.-Ger. Straubing v. 6. Dezember 1889 „Bürgermeister X. befand sich im eigenen Jagdbezirk auf einer Treibjagd. Veranlaßt, seinen Stand auf kurze Zeit zu verlassen, übergab er sein Gewehr dem in nächster Nähe befindlichen Gemeindediener mit dem Auftrage, wenn ein Hase gelaufen komme, denselben zu schießen. Der Gemeindediener wurde, nachdem er thatsächlich so die Jagd ausgeübt, aus § 292 verurtheilt." (Nachdem der berechtigte Schütze ausgetreten und wie anzunehmen, ein Einverständniß der übrigen Schützen in der Linie nicht vorlag, erschienen die Voraussetzungen des § 293 nicht gegeben, wohl aber für § 292.)

hat, selbst auf das Wild zu schießen und der Mangel dieser Absicht aus der Thatsache erhellt, daß der Betreffende sich ohne oder mit ungeladenem Gewehr anstellt, da die Bildung und das Geschlossensein der Schützenlinie zu den wesentlichen Erfordernissen einer Treibjagd gehört und sich deshalb als ein wechselseitiges Unterstützen und bewußtes Zusammenwirken sämmtlicher die Schützenlinie bildenden Jäger zum Zwecke erfolgreicher Ausführung des gemeinsamen Jagdplanes durch gemeinsame Thätigkeit darstellt[71]).

Bei den Treibern verneint die Rechtsprechung im Allgemeinen die Voraussetzungen der Mitthäterschaft: „ein Treiber übe nicht die Jagd aus, da sein Zweck nicht wie beim Jäger auf Erlangung und Besitzergreifung von Wild gerichtet sei, sondern nur dahin gehe, daß ein anderer von dem Wild Besitz ergreife; der Vorsatz der Treiber sei nicht auf die Jagdausübung gerichtet. Nur dann, wenn auch der Vorsatz der Treiber auf letztere abzielte, sei eine gemeinschaftliche Jagdausübung aller, der Jäger und Treiber, gegeben." Die erstere nicht unbestrittene Auslegung[72]) läßt sich wohl rechtfertigen, wenn daran festgehalten wird, daß der Begriff des Jagens zwar nicht blos die unmittelbare Besitzergreifung an Wild, sondern auch das Aufsuchen, Verfolgen von solchem oder das Nachstellen nach Wild zum Zwecke des Erlegens, Einfangens oder sonstiger Inbesitznahme — also der Erlangung desselben — umfaßt, daß aber eben dieser Zweck in der Regel dem Treiber ferne liegt. Die Absicht des Treibers wird vielmehr zunächst darauf gerichtet sein, sich durch die Thätigkeit als solcher einen Verdienst, den Treiberlohn zu verschaffen, den er in der Regel ohne Rücksicht darauf zu beanspruchen hat und erhält, ob Wild erlangt wurde oder nicht. Der Beweggrund seiner Thätigkeit beim Jagen ist daher nicht die Verfolgung der Zwecke des letzteren, sondern ein Erwerb (Verdienst) gelegentlich der Jagdausübung durch Dritte und dieser Beweggrund schließt eine Mitthäterschaft insolange aus, als nicht dem Treiber die Thatsache nachgewiesen werden kann, daß seiner Thätigkeit ein auf die Jagdausübung selbst gerichteter Vorsatz zu Grunde gelegen hat. Aber auch aus einer unentgeltlichen Leistung von Treiberdiensten wird ein solcher Vorsatz nicht ohne Weiteres gefolgert werden können, vielmehr auch hier speziell aus den Thatumständen nachgewiesen werden müssen, um die Annahme einer Mitthäterschaft zu begründen.

Ein Jagdgast, welcher durch Erlaubnißschein des Jagdberechtigten befugt ist, im Bezirke des Letzteren ohne dessen Begleitung

---

[71]) E. d. App.-G. Nürnberg v. 21. September 1875 Stengleins Zeitschr. Bd. VI S. 369.

[72]) Vgl. Männer, Jagdrecht d. Pfalz S. 194.

die Jagd auszuüben, macht sich eines erschwerten Jagdvergehens schuldig, wenn er bei der Jagdausübung einen Unberechtigten beizieht und mit diesem gemeinschaftlich jagt; denn mit der Zuziehung eines Nichtberechtigten zur Jagdausübung begeht der Jagdgast einen Eingriff in die Rechte des Jagdberechtigten und zwar durch gemeinsames Jagen mit dem Nichtberechtigten im Erschwerungsgrade[73]), vorausgesetzt, daß der Zugezogene davon Wissenschaft hatte, daß er unberechtigter Weise zur Jagdausübung beigezogen wurde. Hielt sich aber der von dem Jagdgast Beigezogene in der irrthümlichen Meinung, daß ersterer für ihn die Erlaubniß zum Jagen erwirkt habe, zur Jagdausübung berechtigt, so entfällt die Gemeinschaftlichkeit des Jagens für Beide[74]).

Theilnahme an einem Jagdvergehen liegt vor durch Anstiftung zu einem solchen[75]). Der Anstifter muß den Vorsatz gehabt haben, den Angestifteten zur vollendeten Strafthat zu bestimmen. Auf den Beweggrund des Anstifters kommt es nicht an; es genügt, daß dieser den Anderen zu der begangenen strafbaren Handlung vorsätzlich durch Geschenke, Versprechen, Drohung, Mißbrauch des Ansehens oder der Gewalt, durch absichtliche Herbeiführung oder Beförderung eines Irrthums oder durch andere Mittel bestimmt hat[76]). Versuchte Anstiftung ist nicht strafbar[77]).

Ferner ist Theilnahme an Jagdvergehen durch wissentliche Hilfeleistung möglich[78]). Um die Strafbarkeit als Gehilfe zu begründen, muß dieser dem Thäter bei der Ausführung seiner Absicht, diejenigen Handlungen zu verwirklichen, welche den Thatbestand der unberechtigten Jagdausübung bilden, Unterstützung geliehen haben. Für den Begriff der Beihilfe ist nicht das Handeln des Thäters überhaupt, sondern nur dasjenige Thun entscheidend, durch welches der Thatbestand des Vergehens der Verwirklichung entgegen geführt werden soll[79]). Die Hilfeleistung kann eine geistige, durch Rath, oder eine solche durch That, vorsätzliche körperliche Thätigkeit sein. Auf das Maß der geistigen oder körperlichen Thätigkeit des Gehilfen kommt es nicht an; es wird nur wissentliche Unterstützung des Thäters verlangt, gleichviel ob diese eine wesentliche oder minder wesentliche, dem Erfolge nahe oder entferntere, ob die Hilfe eine nothwendige oder nur

---

[73]) E. d. R.-G. v. 21. September 1886 Rspr. VIII S. 546. -- Anderer Meinung Männer a. a. O. S. 193.

[74]) E. d. R.-G. v. 16. April 1888.

[75]) § 48 St.-G.-B.

[76]) E. d. R.-G. i. Str.-S. E. IV S. 252 und XV S. 315.

[77]) E. d. R.-G. in Str.-S. E. II S. 345; wohl aber Beihilfe zur Anstiftung E. d. R.-G. i. Str.-S. E. XIV S. 318.

[78]) § 49 St.-G.-B.

[79]) E. d. R.-G. v. 23. Januar 1883, Blums Annalen VII S. 212 und v. 7. März 1891 E. XXII S. 2.

eine förderliche gewesen ist. Hilfeleistung durch Rathsertheilung ist auch dann gegeben, wenn Jemand durch aufmunternden Zuruf den Thäter im Entschluß zur That vorsätzlich bestimmt (bestärkt) hat[80]). Theilnahme durch Hilfeleistung ist auch gegeben, wenn ein Anderer dem Thäter im Einverständnisse mit demselben zur Fortschaffung des erlegten Wildes vom Thatorte behilflich ist und dasselbe in Gemeinschaft mit den Wilderern in Sicherheit bringt. Eine Theilnahme durch Hilfeleistung liegt ferner vor, wenn ein Dritter unberechtigt Jagenden bei Annäherung Jagdberechtigter oder Jagdaufsichts-Beamter oder Bediensteter Warnungszeichen z. B. durch Pfeifen gibt[81]).

Während der Anstifter derjenigen Strafe unterliegt, welche das Gesetz auf die Handlung setzt, zu der er wissentlich angestiftet hat, ist bei Theilnahme durch Hilfeleistung die auf die Handlung des Thäters gesetzte Strafe für den Gehilfen nach den für Bestrafung des Versuchs aufgestellten Grundsätzen zu ermäßigen — bei Freiheitsstrafen bis auf ein Vierttheil des Mindestbetrages, jedoch nicht unter 1 Tag, bei Geldstrafen nicht unter 3 Mark.

Die Aburtheilung der Vergehen aus § 293 St.-G.-B. gehört zu der Zuständigkeit der landgerichtlichen Strafkammern[82]). Eines Strafantrages bedarf es hier auch gegen Thäter, die Angehörige des Jagdberechtigten sind, nicht. Die Verfolgung tritt von Amtswegen ein.[82a])

Einen weiteren Erschwerungsgrund unberechtigten Jagens bildet die Gewerbsmäßigkeit.

§ 294.

Wer unberechtigtes Jagen gewerbsmäßig betreibt, wird mit Gefängniß nicht unter drei Monaten bestraft; auch kann auf Verlust der bürgerlichen Ehrenrechte, sowie auf Zulässigkeit von Polizeiaufsicht erkannt werden.

Der Begriff der „Gewerbsmäßigkeit" setzt voraus: ein Handeln in der Absicht, sich durch fortgesetzte Verübung der gleichen strafbaren That einen dauernden Erwerb zu schaffen, und erfordert eine auf Gewinn gerichtete fortgesetzte Handlungsweise[83]). Die Gewerbsmäßigkeit unbefugter Jagdausübung kann aber nicht schon deshalb angenommen werden, weil die Jagdausübung nicht aus Passion, vielmehr der Beute halber erfolgte, sondern ist in

[80]) E. d. b. O.-G.-H. v. 24. April 1876 S. VI S. 205.

[81]) E. d. R.-G. v. 23. Januar 1883 Blums Annal. VII S. 212 und v. 7. März 1891 E. XXII S. 2.

[82]) § 75 Nr. 14 G.-V.-G.

[82a]) E. d. R.-G. v. 23. Juni 1881 Reger IV S. 186.

[83]) E. d. R.-G. v. 24. Januar 1887 Rspr. IX S. 91; v. 16. Oktober 1880 Rspr. II S. 237; v. 12. November 1889 J. W.-Schr. S. 473 Nr. 32.

der Verübung des Vergehens in Folge des allgemeinen Entschlusses zu finden, diese Thätigkeit als stetige (wiederholte) zum Zwecke des Erwerbes auszuüben[84]). Die gewinnsüchtige Absicht braucht nicht auf Erzielung von Geld, auf den Erlös durch Verkauf der auf strafbare Weise erlangten Jagdbeute gerichtet zu sein, sondern es genügt, daß die unberechtigte Jagdausübung als Mittel zum Erwerb von Vermögensvortheilen dient, daß der Thäter den eigenen Lebensunterhalt und den der Seinigen statt durch ehrliche Beschäftigung auch nur zum Theil durch die strafbaren Handlungen beschafft. Fortgesetzte Verwendung des erlegten Wildes im eigenen Haushalt begründet daher ebenfalls den Thatbestand der Gewerbsmäßigkeit im Sinne des § 294 St.-G.-B. und zwar auch dann, wenn der Thäter nicht einen selbstständigen Haushalt führt, sondern in gemeinsamer Haushaltung mit Anderen lebt und diese von ihm getheilte Haushaltung mit Wild versieht, ohne es zu kaufen, vielmehr dasselbe durch Wildern beschafft[85]).

Wird die Jagd unberechtigt zum Zwecke des Erwerbs mit der Absicht ausgeübt, die unbefugten Jagdausübungshandlungen zu demselben Zwecke zu wiederholen, so kann schon eine einzige Handlung den Begriff der Gewerbsmäßigkeit erfüllen, insoferne dieselbe den begonnenen Gewerbebetrieb darstellt. Da aber der gewerbsmäßige Betrieb ein Kollektivbegriff ist, durch welchen alle einzelnen in das Gewerbe einschlagenden Handlungen zu einer Einheit zusammengefaßt werden, kann § 294 nur einmal zur Anwendung kommen, wenn auch mehrere Fälle unberechtigten gewerbsmäßigen Jagens vorliegen, weil das gewerbsmäßige Betreiben unberechtigten Jagens in seiner Gesammtheit den Gegenstand der Strafandrohung bildet[86]). Aus früheren Bestrafungen einer Person wegen unberechtigten Jagens mit fortgesetzter auf Erwerb gerichteter Absicht kann in einem folgenden neuen strafbaren Falle ohne Rechtsirrthum Gewerbsmäßigkeit angenommen werden[87]), unzuläßig erscheint es dagegen, Fälle unberechtigter Jagdausübung, welche vor oder gleichzeitig mit anderen als unbefugtes gewerbsmäßiges Jagen bereits abgeurtheilten Handlungen begangen, aber erst nach der Aburtheilung bekannt wurden, als neue selbstständige Strafthaten im Sinne des § 294 zu verfolgen, da der Begriff gewerbsmäßiger unberechtigter Jagdaus-

---

[84]) E. d. R.-G. v. 25. März 1882 s. a. Deutsch. Jäger Bd. V S. 9.

[85]) E. d. R.-G. v. 16. Oktober 1880 Rspr. II S. 336; v. 25. März 1882 Rspr. IV S. 280; s. a. ebenda V S. 59.

[86]) E. d. R.-G. v. 23. Januar 1883 E. VIII S. 16 und v. 18. Juni 1881 Rspr. III S. 415.

[87]) Auch verjährte frühere Fälle unbefugter Jagdausübung können bei Beurtheilung der gewerbsmäßigen Absicht als Beweis dienen; s. Riedel-Pröbst Comm. z. P.-St.-G.-B. S. 282 und Deutsch. Jäger Bd. XVII S. 46. (Urtheil d. L.-G. München II.)

übung — wie oben bemerkt — sämmtliche einschlägigen Handlungen als Einheit umfaßt, daher eine Verfolgung der nachträglich erst bekannt gewordenen Fälle eine Verletzung des strafrechtlichen Grundsatzes ne bis in idem (keine zweite Verfolgung und Bestrafung einer bereits abgeurtheilten That) in sich schließen würde. Wohl aber wäre es statthaft, diese nachträglich ermittelten Fälle nach Umständen als selbstständige Vergehen aus §§ 292 und 293 zu behandeln, soferne bei denselben die Voraussetzungen der Gewerbsmäßigkeit, der auf Erwerb abzielenden Absicht nicht vorlägen[88]).

Ist aber ein Angeklagter durch verschiedene Urtheile wegen mehrerer Fälle unberechtigten Jagens aus § 292 verurtheilt worden, so kann ein neuer Fall unbefugter Jagdausübung nicht mit dem bereits abgeurtheilten zu einem gewerbsmäßigen Handeln, auch nicht zu einem fortgesetzten Delikt zusammengefaßt werden und deshalb straflos bleiben[89]).

Bei gemeinschaftlicher unberechtigter Jagdausübung durch Mehrere ist der Thatumstand der Gewerbsmäßigkeit nur jenem Theilnehmer zuzurechnen, bei welchem derselbe nachweislich vorliegt. Ein Gleiches gilt für die Theilnahme als Gehilfe. Beihilfe, die nicht selbst gewerbsmäßig ist, kann nur als solche zu einem einfachen Jagdvergehen erkannt werden.[90])

Die Aburtheilung der Vergehen aus § 294 fällt in die Zuständigkeit der landgerichtlichen Strafkammern. Die Verfolgung hat nach Anzeige von Amtswegen zu geschehen, eines Strafantrags bedarf es hiezu auch dann nicht, wenn der Thäter ein Angehöriger des Jagdberechtigten ist.

Häufig tritt neben der unberechtigten Jagdausübung durch Wilderer die Hehlerei auf. Der Wilderer hat Leute an der Hand, welche ihres Vortheils wegen Wild, von dem sie wissen oder den Umständen nach annehmen müssen, daß es mittels eines Vergehens unberechtigter Jagdausübung erlangt ist, verheimlichen, ankaufen, zu Pfand nehmen oder sonst an sich bringen oder zu dessen Absatz[91]) bei anderen mitwirken (s. § 259 St.-G.-B.). Der

[88]) E. d. R.-G. v. 12. Juli 1882 Rspr. IV S. 691; v. 19. November 1885 Rspr. VII S. 671.

[89]) E. d. R.-G. v. 13. April 1894 Goltdammers Arch. XLII S. 116.

[90]) E. d. R.-G. v. 20. Mai 1881 Rspr. III S. 312; v. 6. Dezember 1887 Rspr. IX S. 708; v. 9. Januar 1893 E. XXIII S. 378.

[91]) Hehlerei durch Absatz unrechtmäßig erworbener Sachen ist übrigens nur dann gegeben, wenn es sich um Mitwirkung bei einer wirthschaftlichen Verwerthung der Sache handelt. Ueber den Kommissionär, welcher den Weiterverkauf von Wildpret vermittelt s. a. E. d. R.-G. v. 12. April 1900 D. J.-Z. V S. 505. — Ueber Hehlerei Seitens eines Wirthes durch Ankauf gewilderter Kitzböcke mit strafrechtlicher Ahndung und hierauf aus § 33 d. Gew.-Ordg. erfolgter Einziehung der Wirthschaftskonzession s. Deutscher

Hehler wird mit Gefängniß (von 1 Tag bis zu 5 Jahren) bestraft. Die Bestrafung wegen Hehlerei kann nur erfolgen, wenn das betr. Wild mittels einer strafbaren Handlung (§§ 292, 293, aber auch §§ 242, 246 s. o. S. 184) erlangt worden ist, und setzt voraus, daß das Wild, auf das sich die Hehlerei bezieht, mit Verletzung der Vermögensrechte eines Anderen (des Jagdberechtigten) erlangt und so durch die strafbare Handlung eine rechtswidrige Vermögenslage geschaffen ist, welche in ihrer Dauer nicht aufrecht erhalten werden kann.[92]) Demnach erscheint der Ankauf von Wild, welches der Jagdberechtigte während der Schonzeit erlegt hat, nicht als Hehlerei strafbar; denn wenn auch dem Jagdberechtigten durch jagdpolizeiliche Vorschrift untersagt ist, einzelne Thiergattungen, je nach Geschlecht oder Alter, zeitweise oder überhaupt zu fangen und zu erlegen, so verletzt derselbe durch die Zuwiderhandlung gegen dieses Gebot doch kein fremdes Vermögensrecht, greift nicht in eine fremde Rechtssphäre ein.[93])

§ 295.

Neben der durch das Jagdvergehen verwirkten Strafe ist auf Einziehung des Gewehrs, des Jagdgerätes und der Hunde, welche der Thäter bei dem unberechtigten Jagen bei sich geführt hat, ingleichen der Schlingen, Netze, Fallen und anderen Vorrichtungen zu erkennen, ohne Unterschied, ob sie dem Verurtheilten gehören oder nicht.

Zur Sicherung des Strafzweckes und zur Verhütung fernerer strafbarer Handlungen ist als Nebenstrafe die Einziehung der bei Begehung eines Jagdvergehens (§§ 292, 293 St.-G.-B.) mitgeführten Gegenstände und zu diesem Zwecke bestimmten oder benützten Hilfsmittel angeordnet.[94]) Die Einziehung muß erkannt werden; gleichviel ob der Thäter die Gegenstände in der Absicht, mit denselben die Jagd unberechtigt auszuüben, mit sich genommen oder mit sich geführt hat, ob er sich derselben bei der Jagdausübung wirklich bediente oder derselben hiezu überhaupt bedurfte oder nicht[95]) und gleichviel ob eine Beschlagnahme des Gegen-

---

Jäger Bd. XI S. 52. In dem Verschenken einer widerrechtlich erworbenen Sache liegt nicht unter allen Umständen ein Absatz derselben. E. d. R.-G. v. 6. Juni 1899 J. W.-Schr. XXIX S. 121.

[92]) E. d. R.-G. v. 31. Jan. 1890 E. XX S. 223; s. a. E. d. O.-L.-G. Celle v. 22. Februar 1890 Goltdammers Arch. XXXVIII S. 214.

[93]) E. d. R.-G. v. 22. Juni 1882 Rspr. IV S. 600.

[94]) E. d. R.-G. v. 30. April 1886 Rspr. VIII S. 330 und v. 15. Oktober 1887.

[95]) Der Thäter — hier nur der Allein- oder Mitthäter — muß die Gegenstände mit sich geführt haben bei der That des unberechtigten Jagens. E. d. R.-G. v. 6. Juni 1891 E. XXII S. 22 und v. 10. Juni 1885 Rspr. VII S. 418. — S. ferner hieher E. d. R.-G. v. 6. Dezember 1879 Rspr. I S. 119.

standes vorausgegangen bzw. die spätere Vollstreckbarkeit gesichert oder ob die Vollstreckbarkeit zweifelhaft ist.[96]) Die Einziehung muß auch bezüglich solcher von dem Thäter mitgeführten Gegenstände ausgesprochen werden, die nicht dem Verurtheilten, sondern anderen unbetheiligten Personen gehören, da vom Gesetze verhütet werden will, daß durch Benutzung fremden Jagdgeräthes bei unberechtigter Jagdausübung die Einziehung solcher Gegenstände umgangen werde.[97])

Eine Einziehung ist dann ausgeschlossen, wenn das bei Verübung eines Jagdvergehens vom Thäter mitgeführte oder gebrauchte Jagdgeräthe, z. B. ein Gewehr, nicht ermittelt und deshalb nicht seiner Beschaffenheit nach bestimmt bezeichnet werden kann,[98]) ferner wenn ein solches Geräthe dem Eigenthümer vor Ausübung des unberechtigten Jagens von dem Thäter durch eine strafbare Handlung entzogen wurde, wegen deren der Thäter im nämlichen Urtheile neben dem Jagdvergehen bestraft wird oder wenn durch eine andere bestimmte Gesetzesvorschrift die Berücksichtigung der Rechte eines unbetheiligten Dritten ausdrücklich geboten ist.[99])

Unter J a g d g e r ä t h e sind Gegenstände (Geräthschaften) zu verstehen, welche nach ihrer Beschaffenheit an sich zur Verwendung bei der Jagd geeignet und dazu auch dauernd bestimmt sind — Jagdgeräthe im engeren Sinne. Jagd-Wagen und Schlitten, die speziell zur Verwendung bei Jagden eingerichtet sind, können unter den Begriff der Jagdgeräthe fallen. Gegenstände, die nicht an sich sondern nur im einzelnen Falle zu einem Bestandtheile der Jagdausrüstung gemacht sind und an sich eine andere Bestimmung haben, können zu dem „Jagdgeräthe" im Sinne des § 295 St.-G.-B. nicht gerechnet werden, da diese nach ihrer Aufzählung neben anderen Jagdutensilien, Gewehren, Hunden u. s. w. sichtlich einen in sich abgeschlossenen Begriff bilden sollen. Gegenstände, welche nicht zu den in § 295 aufgeführten begrifflich zu zählen sind, können, vorausgesetzt, daß dieselben dem Thäter oder Theilnehmer eines Jagdvergehens gehören und als „Jagdgeräthe

---

[96]) E. d. R.-G. v. 17. Februar 1881 und 19. Juni 1885 R. I S. 301 und VI S. 284 und vom 7. Februar 1884 E. X S. 139.

[97]) E. d. R.-G. v. 6. Dezember 1879 und 15. Oktober 1887 R. III S. 305 und VIII S. 262.

[98]) E. d. b. O.-G.H. v. 4. Februar 1873 S t e n g l e i n s Zeitschr. II S. 205 und vgl. E. d. b. O.-G.-H. v. Januar 1872 S. II S. 1.

[99]) E. d. R.-G. v. 2. Juli 1888 Rspr. X S. 457 R. IX S. 319, s. § 111 Abs. I St.-Pr.-O., wonach Gegenstände, welche durch die strafbare Handlung dem Verletzten entzogen wurden, dem Verletzten zurückgegeben, also auch ein Gewehr, das gestohlen und mit dem gewildert wurde, dem Eigenthümer wieder hinauszugeben ist. — Ein vom Eigenthümer ausgeborgtes Gewehr unterliegt dagegen der Einziehung.

im weiteren Sinne“ zur Begehung eines vorsätzlichen Jagdvergehens gebraucht wurden oder bestimmt waren, auf Grund des § 40 St.-G.-B. eingezogen werden, welcher den § 295 ergänzt. Zu beachten ist, daß die auf § 40 gestützte Einziehung nicht wie die in § 295 vorgesehene ausgesprochen werden muß, sondern in das richterliche Ermessen gestellt ist, und nicht auf Gegenstände sich erstrecken kann, welche unbetheiligten Dritten gehören.[100])

Lebewesen, Thiere, z. B. Zuggespanne, Reitpferde, Frettchen, Auf- und Lock- oder zur Beize bestimmte Stoßvögel werden nach der Fassung des § 295 nur auf Grund des § 40 eingezogen werden können. Zur Einziehung gemäß § 295 genügt, daß der Thäter einen oder mehrere der dort bezeichneten Gegenstände beim unberechtigten Jagen, während der unbefugten Jagdausübung, bei sich geführt habe. Hat der Thäter bei unbefugter Jagdausübung, z. B. bei Verfolgung eines angeschossenen Wildes auf fremdes Jagdgebiet, sein Gewehr vor Betreten des fremden Bezirks noch auf eigenem Gebiete abgelegt, so kann eine Einziehung des Gewehrs nicht ausgesprochen werden; denn der Thäter hat es bei Verübung des Jagdvergehens nicht mit sich geführt.[101]) Dagegen sind Gewehr und Hunde ꝛc. einzuziehen, wenn der Thäter vom eigenen Bezirke aus auf fremdem Gebiete verweilendem oder dahin flüchtendem Wilde nachgestellt oder dasselbe dort erlegt hat, ohne daß der Hund auf fremden Jagdboden übertrat, ebenso wenn der Jäger den Hund, ohne selbst auf fremdes Jagdgebiet überzutreten oder dorthin zu schießen, in den fremden Jagdbezirk schickt, um sich von dort durch denselben Wild auf den eigenen Jagdbogen zutreiben zu lassen.[102])

---

[100]) E. d. R.-G. v. 22. Mai 1891 E. XXII S. 15 (anderer Meinung E. d. R.-G. v. 19. Juni 1885 Kspr. VII S. 419, durch erstere Entscheidung berichtigt); Fuhrwerke und dgl. Transportmittel zur Fortschaffung bereits erlegten Wildes (oder Fallwilds) benützt, werden als Jagdgeräthe nicht zu behandeln sein, s. Männer a. a. O. S. 202, 203. Ebensowenig wird ein Fuhrwerk, Fahrrad (Deutscher Jäger Bd. XIV S. 14), welches nur zur Fahrt nach dem Jagdgebiete und zur Rückkehr von dort benützt worden ist, der Einziehung zu unterwerfen sein. Auch in dem — Deutscher Jäger Bd. XVII S. 304 — erwähnten Falle, in welchem Eisenbahnpersonal von der Zugslokomotive aus während der Fahrt wilderte, wird selbstverständlich auf Einziehung der (Privatbahn-) Maschine nicht erkannt werden können, weil hier von einem Mitsichführen bei der Jagdausübung nicht die Rede sein kann, noch bei einer Dienstfahrt für Eisenbahnzwecke angenommen werden darf, daß die Voraussetzungen des § 40 St.-G.-B. gegeben seien, da die Fahrt nicht in die freie ausschließliche Willensbestimmung des wildernden Personals gestellt war, s. a. E. d. b. O.-G.-H. v. 19. Oktober 1874 und 23. Dezember 1875 Stenglein Zeitschr. IV S. 197, V S. 253, E. d. R.-G. v. 8. Januar 1892 J. W.-Schr. S. 139 Nr. 35.

[101]) E. d. pr. O.-Trib. v. 26. September 1893 Stengleins Zeitschr. III S. 38; E. d. R.-G. v. 15. Oktober 1887 Kspr. IX S. 502.

[102]) E. d. R.-G. v. 6. Dezember 1879 und d. O.-L.-G. Breslau v. 4. Juli 1890.

Hinsichtlich der Schlingen, Netze und Fallen genügt zum Ausspruche auf Einziehung nach § 295 die Feststellung der Thatsache daß der Thäter dieselben an Orten, wo er nicht jagdberechtigt ist, gelegt oder gestellt hat, gleichgiltig ob sich Wild in diesen Vorrichtungen überhaupt gefangen, ob in An- oder Abwesenheit des Wilderers; denn mit dem Legen oder Stellen dieser Vorrichtungen beginnt bereits das Nachstellen nach dem Wilde, die Jagdausübung (das Jagen) und in diesem Augenblicke hat auch der Thäter jenes Jagdwerkzeug bei sich geführt. Ist der Thäter beim Stellen jener Fangvorrichtungen mit Gewehr ausgerüstet und von einem Hunde begleitet, so sind beide Jagdmittel einzuziehen, da es nur auf das Mitsichführen der in § 295 bezeichneten Gegenstände (und von Hunden) ankömmt und gleichgiltig erscheint, ob sie auch zum Jagen benützt worden sind. Dagegen können im Falle einer Verurtheilung wegen eines durch Stellen von Schlingen verübten Jagdvergehens die etwa in der Wohnung, Jagdhütte ꝛc. des Thäters beschlagnahmten Gewehre, Munition u. s. w. nicht eingezogen werden, wenn nicht festgestellt ist, daß der Wilderer dieselben und zwar bestimmt welche, bei der That, wegen deren seine Verurtheilung erfolgt, mit sich geführt habe. Das gilt auch von in der Wohnung ꝛc. vorgefundenen und beschlagnahmten Schlingen und Fanggeräthen und bei einer Mehrzahl vorgefundener und zu Gerichtshanden gebrachter Gewehre ꝛc., soweit nicht festgestellt werden kann, daß deren alle zu der abgeurtheilten That mitgeführt bzw. benützt worden seien.[103])

Anders liegt die Sache bei Verurtheilungen wegen gewerbsmäßigen unbefugten Jagens (§ 294 St.-G.-B.), soferne neben der Absicht der Fortsetzung der unbefugten Jagdausübung auch der auf Erwerb und Gewinn gerichtete Wille des Thäters festgestellt und hiewegen letzterer aus § 294 verurtheilt worden ist. Hier kann die Einziehung der in seinem Besitz vorgefundenen Gegenstände, die als Jagdgeräthe im weiteren Sinne zu erachten sind, auf Grund des § 40 auch dann verhängt werden, wenn der Verurtheilte mit derartigen Gegenständen noch nicht gejagt hat, da die letzteren eben zur Begehung desjenigen Jagdvergehens — nämlich des gewerbsmäßigen im Sinne des § 294 — bestimmt sind, wegen dessen die Verurtheilung erfolgt.[104])

Gegenstände, welche zur Verübung von Vergehen der Beihilfe oder der Anstiftung zu einem Jagdvergehen gebraucht wurden oder bestimmt sind, können, wenn sie dem Theilnehmer gehören, nach § 40 eingezogen werden. Um die Einziehung zu rechtfertigen, muß festgestellt sein, daß der Eigenthümer solcher Gegenstände Theilnehmer an dem betr. Jagdvergehen sei.[105])

[103]) E. d. b. O.-G.-H. v. 23. Dezember 1875 S. V S. 563.
[104]) Männer a. a. O. S. 211.
[105]) E. d. R.-G. v. 24 Mai 1887 Rspr. IX S. 339.

Ist ein solcher Gegenstand nicht zu Gerichtsverwahr gekommen und auch seine Beschaffenheit nicht in der Weise ermittelt, daß derselbe im Strafurtheile behufs Vollzuges der Einziehung näher beschrieben oder bezeichnet werden kann, so kann mangels der erforderlichen Grundlage eine Einziehung nicht ausgesprochen werden.[106]) Wird ein solcher sicher ermittelter Gegenstand der amtlichen bzw. gerichtlichen Inverwahrnahme durch Beiseiteschaffung vor letzterer entzogen, so kann nicht an Stelle der Einziehung der Ersatz des Wertes des einzuziehenden Gegenstandes als Strafe ausgesprochen werden.[107])

Die Einziehung kann selbstständig (nach § 42 St.-G.-B.) erkannt werden, wenn in einem Falle des § 40 die Verfolgung oder Verurtheilung einer bestimmten Person nicht ausführbar ist. Es muß jedoch festgestellt sein, daß ein vorsätzliches Vergehen (ein vollendetes oder mindestens ein Versuch zum Jagdvergehen) begangen wurde, daß der einzuziehende Gegenstand zur Begehung gebraucht oder bestimmt war und dem Thäter oder Theilnehmer gehörte.[108]) Soferne die Verfolgung von einem Strafantrage abhängig ist (§ 292 Abs. II), kann auf Einziehung nur erkannt werden, wenn der Antragsberechtigte rechtzeitig Strafantrag gestellt hat.[109])

Die Einziehung erfolgt zu Gunsten der Staatskasse.[110]) Sind die der Einziehung unterliegenden Gegenstände während des Strafverfahrens zu Gerichtshanden gekommen, so geht das Eigenthum an denselben mit Eintritt der Rechtskraft auf den Fiskus über; sind die einzuziehenden Gegenstände zur Zeit der Erlassung des Urtheils und des Eintritts der Rechtskraft des letzteren noch nicht in Gerichtsverwahr, so erwirbt der Fiskus erst mit der Besitzergreifung — sei es durch freiwillige Uebergabe der Gegenstände Seitens des Verurtheilten, sei es durch Besitzergreifung im Wege der Zwangsvollstreckung — das Eigenthum an demselben.[111])

Ein Verurtheilter, der eingezogenes bzw. einzuziehendes Jagdgeräthe bei Seite schafft, um es dem Fiskus zu entziehen, macht sich eines strafbaren Eigennutzes aus § 288 St.-G.-B. schuldig.

---

[106]) E. d. b. O.-G.-H. v. 4. Februar 1872 S. III S. 40.

[107]) E. d. R.-G. v. 7. Dezember 1882 Rspr. IV S. 873. Vertauschung eines zur Einziehung durch Urtheil bestimmten Jagdgeräths ist als Betrug strafbar; s. die im Deutsch. Jäger Bd. IX S. 132 angeführte E. d. O.-L.-G. München.

[108]) E. d. R.-G. v. 7. Oktober 1887 E. XVI S. 268 und v. 15. Febr. 1892 J. W.-Schr. S. 193 Nr. 1.

[109]) E. d. R.-O.-H.-G. v. 18. Juni 1875 E. XVIII S. 123; d. R.-G. v. 25. September 1884 Rspr. VI S. 559.

[110]) E. d. R.-G. v. 7. Januar 1887 Rspr. IX S. 10.

[111]) E. d. R.-G. v. 8. Juli 1890 E. XXI S. 54.

Betreten fremden Jagdgebiets in Jagdausrüstung.

Ergänzend zu dem durch Strafandrohung gedeckten Schutze wider unrechtmäßige Eingriffe in das Jagdrecht (Jagdvergehen) sieht das St.-G.-B. weitere Strafbestimmungen vor, welche eine Vorbeuge gegen solche Eingriffe treffen, indem sie auch denjenigen, der zwar nicht jagend, aber zur Jagd ausgerüstet unbefugt auf fremdem Jagdgelände betroffen wird, mit Strafe bedrohen.[112])

§ 368 Ziffer 10.

Mit Geldstrafe bis zu sechzig Mark oder mit Haft bis zu vierzehn Tagen wird bestraft: . . . . .

10) Wer ohne Genehmigung des Jagdberechtigten oder ohne sonstige Befugniß auf einem fremden Jagdgebiete außerhalb des öffentlichen, zum gemeinen Gebrauche bestimmten Weges, wenn auch nicht jagend, doch zur Jagd ausgerüstet, betroffen wird.

Das Gesetz enthält zwar keine Bestimmung, in welcher Form die Genehmigung des Jagdberechtigten ertheilt sein soll, noch eine ausdrückliche Vorschrift, daß der ein fremdes Jagdgebiet Betretende einen Ausweis über diese Genehmigung bei sich zu führen habe. Die Absicht des Gesetzes erfordert aber zweifellos die Möglichkeit sofortiger Kontrole der Berechtigung, ein fremdes Jagdgebiet in Jagdausrüstung zu begehen. Es schlagen deshalb in der Regel dieselben Voraussetzungen ein, welche zu der Auflage für den ohne Beisein des Jagdberechtigten jagenden Jagdgast bestimmten, eine schriftliche Genehmigung des Jagdberechtigten zu erholen und mit sich zu führen, und empfiehlt es sich darum zur Vermeidung von Weiterungen, auch zum Betreten fremden Jagdbezirks in Jagdausrüstung die Genehmigung des Jagdberechtigten in schriftlicher Ausfertigung mit sich zu führen. Mindestens könnte dem ohne solchen Ausweis Betretenen begegnen, daß ein Jagdschutzbeamter im Zweifel über die unbelegte Befugniß des Betroffenen dem letzteren das von diesem geführten Gewehr und sonstiges Jagdgeräthe behufs Verhinderung der Fortsetzung bzw. Unterdrückung der Uebertretung des § 368 Nr. 10 abnimmt.[113])

Sonstige Befugniß — außer der Genehmigung des Jagdberechtigten — gewährt die Eigenschaft als Forst- oder Jagdschutzbeamter, in deren Berechtigung es gelegen erscheint, bei Ausübung des Forst- und Jagdschutzes auch in Jagdausrüstung

---

[112]) Wer zur Jagd ausgerüstet unbefugt ein fremdes Jagdgebiet außerhalb öffentlicher Wege betritt, begeht einen Eingriff in das Recht des Jagdberechtigten. E. d. R.-G. v. 31. Mai 1881 Rspr. III S. 352. — Der § 368 Nr. 10 setzt voraus, daß nicht wegen unberechtigten Jagens auf Strafe zu erkennen ist. E. d. R.-G. v. 29. Januar 1896 Rspr. VIII S. 103 vgl. Note unten.

[113]) E. d. R.-G. v. 4. November 1887 Rspr. IX. S. 556.

fremdes Jagdgebiet außerhalb des Weges zu betreten, wenn der betreffende Beamte dazu besondere Veranlassung hat.[114]) Ein Forst- oder Jagdaufsichtsbeamter, der die in dem ihm anvertrauten Bezirke zur Ergreifung eines Jagdkontravenienten begonnene Amtsthätigkeit durch Verfolgung des Kontravenienten auf fremdes Jagdgebiet fortsetzt oder das fremde Jagdgebiet zu dem Ende der Ertappung oder Gestellung des Jagdfrevlers nothwendig betreten mußte, thut dies letztere in befugter Weise, ohne den § 368 Nr. 10 zu verletzen. Die diesen Beamten zustehende Befugniß erstreckt sich aber nicht auf Begleiter derselben, welche, ohne sich in Ausübung eines Amtes zu befinden, mit ersteren in Jagdausrüstung ein fremdes Jagdgebiet betreten und zwar auch dann nicht, wenn der Beamte den Begleiter[115]) hiezu veranlaßt hat.

Fremdes Jagdgebiet ist für den Grundbesitzer, welcher nicht jagdausübungsberechtigt ist (sei es wegen Kleinheit des Grundbesitzes oder der Ueberlassung der Eigenjagd an Dritte), auch der eigene Grund und Boden.

Oeffentlicher Weg ist ein zum „gemeinen Gebrauche" bestimmter Weg. Ein Weg, der nicht dem allgemeinen Gebrauche zugänglich, dessen Benützung zum Fahren, Reiten oder Gehen, Viehtreiben nicht Jedermann freigegeben ist, kann als ein öffentlicher Weg im Sinne des § 368 Nr. 10 nicht erachtet werden. Sogen. geschlossene, nur für bestimmte Zwecke benützbare öffentliche Wege können hier ebensowenig als Privatwege in Betracht kommen und sind als Zugehörung des fremden Jagdgebiets zu erachten. Ob Wege letzterer Art den Jagdbezirk durchschneiden oder sich längs der Grenze desselben hinziehen, macht keinen Unterschied.[116])

Konnte der zur Jagd Ausgerüstete nach den Umständen nicht erkennen, daß der Weg kein öffentlicher sei, so ist er als nicht aus § 368 Nr. 10 strafbar zu erachten. Dies wird ins-

[114]) Die Befugniß ertheilt Amt, Dienst und die hieraus entspringende Pflicht. Als kraft Amtes oder Dienstes Befugte erscheinen: Gendarmerie und Schutzmannschaft sowie Grenzwache, Offiziere, Unteroffiziere und Soldaten bei militärischen Uebungen, Forst- und Jagdschutzbedienstete, Sicherheitsbeamte, Forstbeamte. Zur Wahrnehmung des eigenen Rechts ferner Jagdberechtigte und deren Aufseher bei Verfolgung eines Wilderers; s. a. Deutsch. Jäger Bd. XVI S. 161 ff.; ferner E. d. R.-G. v. 26. September 1887 E. XVI S. 197.

[115]) E. d. O.-L.-G. München v. 25. April 1884 S. III S. 68.

[116]) Vergl. hieher die oben S. 56 Note 80 angeführten Entscheidungen. — Als öffentlicher Weg kann nach Umständen auch ein Theil eines öffentlichen Flußes z. B. zum Uebersetzen von einem Ufer zum anderen benutzt werden E. d. L.-G. Colmar v. 22. September 1890, Goltdammer, Archiv XXXIX S. 183. Für Bayern wird indessen dieser Auffassung § 1 Abs. III d. Vorschr. über Verwaltung der Staatsjagden entgegenstehen.

besondere hinsichtlich eines Weges zutreffen, der alle äußerlichen Merkmale eines öffentlichen, so Planirung, Abzugsgräben trägt, auch von Adjazenten benützt wird und weder mit Warnungs-(Sperr-) Zeichen versehen noch durch Bekanntmachung als ein für die allgemeine Benützung verbotener erklärt ist.[117])

Die Seitengräben eines Weges sind nicht zu gemeinem Gebrauche bestimmt, das Begehen derselben in Jagdausrüstung — Nothfälle ausgenommen — und das Anstellen in denselben unterliegt daher, soferne nicht der Thatbestand einer Jagdausübung gegeben ist, der Bestrafung aus § 368 Nr. 10.[118])

Diese Strafbestimmung findet nur dann Anwendung, wenn der zur Jagd Ausgerüstete nicht gejagt hat. Wurde in fremdem Jagdgebiet unbefugt und in Ausrüstung zur Jagd die letztere ausgeübt, so greifen die Bestimmungen der §§ 292, 293 Platz.[119])

Zur Jagd ausgerüstet ist nicht blos, wer durch seine äußere Ausrüstung zu erkennen gibt, daß er jagen wolle, sondern wer ein zur Jagdausübung geeignetes Werkzeug, insbesondere ein Schießgewehr in einem solchen Zustande mit sich führt, daß von demselben bei sich darbietender Gelegenheit sofort zum Zwecke der Ausübung der Jagd Gebrauch gemacht werden kann.[120]) Demnach erscheint unzweifelhaft derjenige, welcher ein Schießgewehr und das dazu gehörige Schießmaterial (Munition) bei sich führt, auch dann zur Jagd ausgerüstet, wenn er die Hähne zur Ruhe gestellt hat oder auch das Gewehr ungeladen trägt.[121])

[117]) E. d. O.-L.-G. München d. 26. Oktober 1889 S. V S. 408.

[118]) E. d. R.-G. v. 12. Juli 1887 E. XVI S. 203.

[119]) Vgl. d. E. d. R.-G. v. 17. März 1885 Rspr. VII S. 184 und d. pr. O.-Trib. v. 17. September 1873 Stengleins Zeitschr. III S. 139, welche unter Umständen schon das Durchschreiten eines Jagdgebietes in Jagdausrüstung (mit schußfertigem und selbst mit Abschraub-Gewehr) als Jagdausübung erachten lassen; s. ferner E. d. R.-G. v. 29. Januar 1886 Rspr. VIII S. 103.

[120]) E. d. R.-G. v. 7. Januar 1884 E. IX S. 413, 4. November 1887 Rspr. IX S. 556 und v. 26. April 1880 Rspr. I S. 671.

[121]) E. d. R.-G. v. 24. Mai 1886 Rspr. VIII S. 379. E. d. O.-L.-G. München: Zur Jagdausübung gehört natürlich sowohl Schußwaffe als Munition; es ist aber nicht nöthig, daß die Schußwaffe geladen ist, es genügt daß dieselbe jederzeit geladen werden kann; auch ist nicht erforderlich, daß dieselbe Person die Schußwaffe und die dazu gehörige Munition trägt. Wenn von zwei Personen, die eine das Gewehr, die andere die Munition führen, jedoch so, daß sich Beide ev. sofort zur Verfügung stehen, so sind beide Personen als zur Jagd ausgerüstet zu erachten. Zwinger und Feld 1899 (Bd. VIII) S. 660. Bei den heutigen Hinterladern kann es keinen Unterschied machen, ob das Gewehr geladen ist oder nicht; denn es bedarf nur weniger binnen kürzester Zeit ausführbarer Handgriffe des Jägers, um den Hinterlader schußfertig zu machen. Ist das Gewehrschloß mittels einer besonderen Kappe verwahrt oder z. B. mit einem Tuche verbunden, so ist die Schußbereitschaft von der Leichtigkeit und Schnelligkeit der Entfernung dieses

Als Jagdausrüstung werden alle Werkzeuge zu erachten sein, welche geeignet sind, als Mittel zur Verwundung und bzw. Erlegung eines Wildes zu dienen, also nicht blos eigentliche Jagdgewehre, sondern auch anderes Schießwerkzeug (z. B. Karabiner), aber auch Schlingen, Fallen und anderes Jagdgeräthe.[122]) Das bloße Mitführen eines Hundes bildet keine Jagdausrüstung, soferne demselben nicht besondere Eigenschaften beiwohnen, welche mit ihm allein und ohne Benutzung anderer Jagdwerkzeuge die Jagdausübung ermöglichen.[123])

Zum Begriffe des Betroffenwerdens genügt der Nachweis, daß ein fremdes Revier unter den in § 368 Nr. 10 bezeichneten Voraussetzungen betreten worden sei. Die Uebertretung ist gegeben, auch wenn der Handelnde von Niemanden angetroffen oder gesehen wurde. Der Beweis der Handlung kann auch auf andere Weise als durch Augenzeugen geführt werden.[124])

Die Uebertretung kann auch fahrlässig begangen werden, z. B. durch Unachtsamkeit auf die Grenzen des Jagdgebiets. Ist der Thäter in Unkenntniß darüber, daß er in einem fremden Jagdbezirke sich befindet oder daß er weder die Genehmigung des Jagdberechtigten noch eine sonstige Befugniß besitzt, daß er außerhalb eines öffentlichen, „zum gemeinen Gebrauche" bestimmten Weges ist oder daß er zur Jagd ausgerüstet sei, so macht ihn ein solcher Irrthum, soferne dieser Thatumstände (und nicht die Auslegung des Strafgesetzes) betrifft, straffrei, wenn nicht die Unkenntniß selbst durch eine Fahrlässigkeit verschuldet ist.[125])

Wer zur Jagd ausgerüstet ein fremdes Jagdgebiet außerhalb eines zum gemeinen Gebrauche bestimmten öffentlichen Weges nur zum Zwecke kurzer Rast, z. B. um sich an einen nur wenige Schritte vom Wege entfernt stehenden Baum behufs vorübergehenden Ausruhens anzulehnen, oder zu ähnlichen Zwecken unter Umständen betritt, bei welchen er berechtigter Weise voraussetzen kann, daß der Jagdberechtigte ihm in solchem Falle unbe-

---

Hindernisses abhängig. Das Schloß kann durch mehrfaches Umschlingen und Verknoten des Tuches derart verbunden oder die Kappe mittels Schnallen so geschlossen sein, daß die Freilegung schwierig und langwierig ist, es kann aber auch eine solche Umhüllung derart angelegt sein, daß zu ihrer Entfernung nur ein einziger Griff nöthig ist. E. d. L.-G. Marienwerder v. 18. September 1900 Goltdammer, Archiv XLVII S. 469.

[122]) E. d. R.-G. v. 24. Mai 1886 Rspr. S. 379.

[123]) E. d. O.-L.-G. Dresden v. 16. April 1884 Goltdammer Arch. XXXIX S. 183.

[124]) E. d. R.-G. v. 31. Mai 1881 Rspr. III S. 352 und v. 19. Oktbr. 1885 Rspr. VII S. 595.

[125]) E. d. O.-L.-G. München v. 25. April 1884 S. III S. 68; E. d. R.-G. v. 4. November 1887 Rspr. IX S. 558, d. pr. K.-G. v. 5. Oktober 1891 Goltdammer, Arch. XXXIX S. 356.

dingt das Betreten des fremden Jagdgebietes gestatten werde, ist straflos.[126])

Die Strafverfolgung aus § 368 Nr. 10 ist nicht von Stellung eines Strafantrages des Jagdberechtigten abhängig, hat daher auch dann einzutreten, wenn der Thäter ein Angehöriger des Jagdberechtigten ist. Bei Zurücknahme eines Strafantrags wegen Vergehens nach § 292 kann, wenn der Thatbestand des § 368 Nr. 10 gegeben ist, Verfolgung aus letzterer Vorschrift eingeleitet werden, ebenso mangels eines Strafantrags in Fällen des § 292, und zwar von Amtswegen.[127])

Eine Einziehung der Jagdausrüstung und Jagdgeräthe findet bei Verurtheilung aus § 368 Nr. 10 St.-G.-B. nicht statt.

III. Polizeiliche Beschränkungen der Jagdausübung.

Art. 13 J.-G. bestimmt, daß auch bei berechtigter Ausübung der Jagd die polizeilichen (feld-, forst-, jagd- und sicherheitspolizeilichen) Vorschriften einzuhalten sind und zwar gleichviel, ob es sich um Ausübung eigenen oder übertragenen Jagdrechtes handelt. Dieses allgemein durchgreifende Gebot beschränkt die Jagdausübung aus verschiedenen öffentlichen Rücksichten und nach verschiedenen Richtungen.[128])

Sicherheits- und feldpolizeiliche Vorschriften schaffen örtliche Beschränkungen der Jagdausübung, sicherheits- und jagdpolizeiliche Bestimmungen setzen zeitliche (dauernde oder vorübergehende) Schranken für die Jagdausübung in Ansehung des Gegenstands derselben, ferner Einschränkungen in Bezug auf Zeit, Art und Mittel des Jagdbetriebes, über Führung und Handhabung von Jagdgeräthe u. s. w.

Oertliche Beschränkungen der Jagdausübung.

Auf öffentlichen Wegen (Straßen und Plätzen), welche zum gemeinen Gebrauch bestimmt sind, darf der Jagdberechtigte, dessen Bezirk sie durchschneiden, Jagdausübungshandlungen nur insoweit vornehmen, als sie nicht über den Rahmen eines „gemeinen Gebrauchs" öffentlicher Wege hinausgehen. Der gemeine Gebrauch eines Weges öffnet diesen dem allgemeinen Verkehr, d. h. zum Fahren, Reiten, Gehen und Viehtreiben für Jedermann

---

[126]) E. d. O.-L.-G. München v. 18. April 1893 R. XIV S. 191.

[127]) E. d. pr. O.-A.-G. v. 5. Juli 1873 Stengleins Zeitschr. III S. 44. — Richterliche Handlungen im Verfahren gegen den Thäter oder Mitbeschuldigte, welche von der Annahme eines Jagdvergehens ausgehen, unterbrechen auch die Verjährung der Strafverfolgung aus § 368 Nr. 10, E. d. R.-G. v. 19. Oktober 1885 Rspr. VII S. 595.

[128]) E. d. b. O.-G.-H. v. 30. April 1875 S. V S. 173.

und ist in Hinsicht auf Sicherheit und Bequemlichkeit des Verkehrs durch besondere polizeiliche Vorschriften und Strafbestimmungen geregelt. Auch der Jagdberechtigte ist bei Ausübung dieses seines Rechtes an die Einhaltung der sicherheitspolizeilichen Vorschriften gebunden.[129]) Solche sicherheitspolizeiliche, die Ausübung der Jagd auf Straßen beschränkende Vorschriften enthalten insbesondere Art. 84 P.-St.-G.-B., welcher geflissentliche Reizung, Scheu- oder Wildmachen von Thieren an Orten, wo Personen beschädigt werden können, mit Strafe bedroht, ferner § 367 Nr. 8 St.-G.-B., welcher das Schießen mit Feuergewehr oder anderem Schießwerkzeuge sowie das Legen von Selbstgeschossen, Schlageisen oder Fußangeln an bewohnten oder von Menschen besuchten Orten verbietet, endlich § 16 d. J.-P.-V.-O., welcher vorschreibt, daß Jagdgewehre, wenn bei der Jagdausübung damit öffentliche Plätze, Straßen und Wege betreten werden, wohl versichert gehalten und mit aufwärts gerichteter Mündung getragen werden müssen. Durch diese Bestimmungen wird die Befugniß des Jagdberechtigten auf öffentlichen Straßen, Wegen oder Plätzen auf die im Gemeindegebrauche liegenden Handlungen des Gehens oder Ueberschreitens eingeschränkt, das Treiben von Wild auf oder von der Straße aus, das Anstellen (auf Anstand) und das Verfolgen und Erlegen von Wild auf der Straße mit schußbereiter Waffe und bzw. durch Schießen ausgeschlossen und zwar gleichviel, ob sich das Wild auf der Straße selbst oder in dem angrenzenden Jagdgebiete befindet.[130])

Die Aneignung von erlegtem oder von Fallwild auf öffentlichen Wegen ist dem Jagdberechtigten, insoweit letztere seinen Bezirk durchziehen, nicht verwehrt, soferne sie ohne Verfehlung gegen die erwähnten sicherheitspolizeilichen Vorschriften und Verbote geschehen kann.

---

[129]) E. d. V.-G.-H. v. 13. Dezember 1887 S. VIII S. 321; E. d. R.-G. v. 12. Juli 1887 E. XVI S. 203; s. a. Deutsch. Jäger Bd. XIV S. 270; E. d. pr. K.-G. v. 24. April 1882 Jochow S. III S. 328.

[130]) Art. 168 d. P.-St.-G.-B. v. 1861 enthielt für das Schießen auf belebten öffentlichen Wegen in Abs. II die Bestimmung, daß das Verbot (ohne polizeiliche Bewilligung) an solchen Orten zu schießen, auf die Ausübung des Jagdrechts auf den innerhalb des Jagdbezirks gelegenen Wegen keine Anwendung finden solle, wenn die Jagdausübung ohne Gefahr für Personen oder Gebäude möglich ist. — Inwieweit die Ausübung des Jagdrechts ohne Gefahr für Personen stattfinden könne, sei nach den Umständen zu bemessen. § 367 Nr. 8 St.-G.-B. macht das Schießen an bewohnten oder von Menschen besuchten Orten (welche von Menschen betreten zu werden pflegen), ausnahmslos, also auch für die Ausübung der Jagd, von vorgängiger polizeilicher Erlaubniß abhängig. Eine solche Erlaubniß wird aber mindestens für belebte Verkehrswege (Chausséen, Staats-, Distriktsstraßen, Gemeindewege) aus Rücksichten der Verkehrssicherheit nicht ertheilt werden können — abgesehen von der absolut hindernden Bestimmung des § 16 Abs. II lit. a der (nach Erlaß d. P.-St.-G.-B. v. 1861) ergangenen J.-P.-V.-O. v. 5. Okt. 1863.

Nach Zweck und Absicht der erwähnten Vorschriften und Verbote erstrecken sich dieselben auch gleichmäßig auf die Zugehörungen öffentlicher Wege, insbesondere auf die Seitengräben derselben. Noch weiter gehen die Beschränkungen der Jagdausübung für den Jagdberechtigten in Ansehung der seinen Bezirk durchziehenden, dem öffentlichen Verkehre dienenden Eisen- (Haupt- und Neben-) bahnen, soweit die Geleise auf eigenem Bahnkörper gelegt sind. Die auf Grund des Art. 88 P.-St.-G.-B. zum Schutze der Eisenbahnen erlassenen Vorschriften verbieten das Betreten des Planums der Bahn, der dazu gehörigen Böschungen, Dämme, Gräben, Brücken und sonstigen Anlagen ohne Erlaubnißkarte und gestatten das Ueberschreiten der Bahn nur an den zu Ueberfahrten oder Uebergängen bestimmten Stellen. Es sind dies sicherheitspolizeiliche Vorschriften, welche auch für den Jagdberechtigten nach Art. 13 J.-G verbindlich sind[131]) und ihm weder gestatten den Bahnkörper zum Anstellen auf Wild (wenn auch dasselbe sich in dem angrenzenden Theile des Jagdbezirks befindet), zum Verfolgen fliehenden Wildes (auf oder neben der Bahn und deren Zugehörungen) noch zur Aneignung eines auf der Bahn fallenden bezw. verendenden oder verendeten oder dort liegenden Fall-Wildes an anderen als den zur Ueberfahrt oder zum Uebergang bestimmten Stellen zu betreten oder zu überschreiten. Zur Inbesitznahme von Wild, das auf der Bahn fällt oder gefallen ist, wird sich daher der Jagdberechtigte an den dem Publikum nicht offenen Stellen und in Ermangelung einer Erlaubnißkarte an das Bahnaufsichtspersonal wenden müssen.

Die für gewisse Kategorien öffentlicher Bediensteter (z. B. Forstschutzbeamte) aus Rücksichten für den öffentlichen Dienst gewährten Ausnahmsbefugnisse können keine Ausdehnung auf Anlässe außerhalb dieses Dienstes, wie den Jagdbetrieb eines jagdberechtigten Privaten, finden.[132])

Eine örtliche Beschränkung der Jagdausübung erscheint auch für Fried- (Kirch-) höfe und Begräbnißplätze gegeben. In Folge der regelmäßigen Einfriedigung und des Abschlusses mit verschließbaren Thüren kämen dieselben nur als Eigenjagdbezirk im Sinne des Art. 2 Abs. I Ziff. 2 J.-G. in Betracht, auf welchen den Eigenthümern Stiftung bzw. Kirchen-, Sepultur- oder politischen Gemeinde die Jagdausübung mit der event. Befugniß

---

[131]) S. außer den Bahnordnungen a. d. Min.-Entschl. v. 16. Mai 1866 und 10. Juni 1876. Betriebsordnung für Hauptbahnen v. 22. Mai 1897 und 14. Juni 1898 §§ 54, 55, 58, Bahnordnung für Nebenbahnen v. 10. Dezbr. 1892 und 22. Mai 1897 § 44 (Eisenbahnverkehrsordnung für den inneren Verkehr v. Dezember 1899 §§ 54, 55, 58); s. a. E. d. R.-G. v. 19. Februar 1885 Deutsch. Jäger Bd. VIII S. 137 und d. O.-L.-G. Stettin v. 6. April 1899 Goltdammer XLII S. 52.

[132]) E. d. b. O.-G.-H. v. 30. April 1875 Stenglein, Zeitschr. V (Beil. S. 10).

zustünde, die Ausübung der Jagd einem gelernten Jäger oder im Wege der Verpachtung einem Dritten zu überlassen. Die besondere religiöse bzw. öffentliche Bestimmung der Begräbnißplätze schließt jedoch unzweifelhaft eine Ausübung der Jagd auf denselben aus.[132a]) Einer Jagdausübung mit Schießgewehr würde außerdem §§ 368 Nr. 7 und 367 Nr. 8 St.-G.-B. entgegenstehen, die Jagdausübung mittels Fallen (Schlageisen) schon aus verkehrspolizeilichen Rücksichten nicht gestattet werden können, während Schlingenlegen und Fang- und Fallgruben durch § 14 J.-P.-V.-O. ohnehin ausgeschlossen sind.

Weitere örtliche Beschränkungen der Jagdausübung sehen die feldpolizeilichen Vorschriften in § 368 Nr. 9 St.-G.-B. mit § 8 d. b. J.-P.-V.-O. vor.

§ 368 Ziff. 9.

Mit Geldstrafe bis zu sechzig Mark oder mit Haft bis zu vierzehn Tagen wird bestraft:

9) Wer unbefugt über Gärten oder Weinberge, oder vor beendeter Ernte über Wiesen oder bestellte Aecker, oder über solche Aecker, Wiesen, Weiden oder Schonungen, welche mit einer Einfriedigung versehen sind, oder deren Betreten durch Warnungszeichen untersagt ist, oder auf einem durch Warnungszeichen geschlossenen Privatwege geht, fährt, reitet oder Vieh treibt.

Hienach ist nicht jedes Gehen[133]) über Wiesen oder bestellte Aecker vor beendeter Ernte strafbar, sondern nur ein unbefugtes. Wem in einem bestimmten Flurbezirke das Jagdrecht zusteht, dem muß es in der Regel auch gestattet sein, die im Flurbezirke gelegenen Grundstücke zu betreten, da außerdem die Ausübung des Jagdrechtes in den meisten Fällen geradezu unmöglich wäre.[134]) Im Jagd- (Ausübungs-) Rechte ist daher seiner Natur nach die Befugniß enthalten, bei Ausübung der Jagd fremde, im Jagdbezirke gelegene Grundstücke zu betreten. Diese Befugniß erleidet nur insoferne eine Beschränkung, als eine solche mangels reichsgesetzlicher Bestimmung in den Landesgesetzen ausgesprochen ist, welche die Berechtigung zur Jagd und die Ausübung derselben regeln. Eine landesgesetzliche Bestimmung aber, die die Befugniß des Jagdberechtigten, bei Ausübung der Jagd

---

[132a]) E. d. O.-L.-G. Breslau vom 4. Juni 1890 Goltdammer, Arch. XXXVIII S. 363. — Art. 36 d. Grundsteuergesetzes nennt neben den Straßen und Wegen auch die „Kirchhöfe“.

[133]) Das „Gehen“ über Grundstücke ist nicht blos auf den Fall beschränkt, daß letzteres als Weg benutzt wird, sondern jedes Beschreiten desselben, wenn auch nur auf einem kleinen Theile. E. d. O.-A.-G. Jena v. 17. Dezember 1873 Stengleins Zeitschr. XIV S. 219.

[134]) E. d. O.-L.-G. München v. 6. April 1895, s. a. Deutscher Jäger Bd. XVII S. 112, XVIII S. 117, 248.

über fremde Grundstücke zu gehen, einschränkt (§ 8 b. J.-P.-V.-O.), kann nicht erweiternd ausgedehnt werden. Ist es hienach dem Jagdberechtigten untersagt, auch nach dem Aufgang der Feldjagd die noch ungeräumten Felder zu betreten, so können als solche nur jene in Betracht kommen, auf welchen nach Eröffnung der Feldjagd die Ernte noch aussteht, die Felder daher noch nicht abgeräumt sind. Felder dagegen, die nach erfolgter Abräumung erst frisch mit Wintersaat bestellt werden, auf denen daher ein Wachsthum der Früchte, wie man es unter Ernte versteht, noch gar nicht vorhanden ist, fallen nicht unter das einschlägige Verbot. Mit Erlaubnis des Eigenthümers dürfen bei Ausübung der Jagd auch bestellte fremde Felder vor Beendigung der Ernte betreten werden.[135])

Das Betreten fremder Grundstücke ist übrigens dem Jagdberechtigten nur insoweit gestattet, als es zur Ausübung der Jagd und der sonst im Jagdrechte einbegriffenen Befugnisse nothwendig ist und in wirklicher Ausübung der Jagd geschieht. Ein Jagdberechtigter, der, ohne die Jagd auszuüben, seinen Weg lediglich zu dem Zwecke über Felder nimmt, um den Weg zum Stelldichein oder Sammelplatze abzukürzen, geht nicht in befugter Weise über fremde Felder.[136])

Dem vom Jagdberechtigten eingeladenen bzw. mit dessen schriftlicher Erlaubniß versehenen Jagdgaste (und den Treibern) steht hinsichtlich des Begehens fremder Felder bei der Jagdausübung dasselbe Recht zu wie dem Jagdberechtigten selbst, wie er anderseits selbstverständlich auch den gleichen Beschränkungen unterworfen ist.[137])

Beschränkungen der Jagdausübung nach dem Gegenstande (Wild) — Hege.

Die jagdpolizeilichen Vorschriften über die Hege- (Schon-) zeiten des Wilds enthalten theils dauernde, theils zeitliche Beschränkungen der Jagdausübung.

Dauernde Schonung ist vorgeschrieben für Rehgeisen, Wildkälber, Gems- und Rehkitze (Kitzböcke dürfen vom 1. Januar an zu den jagdbaren Böcken gerechnet werden), Auer- und Birk-

---

[135]) E. d. O.-L.-G. München vom 6. Juli 1886 S. IV S. 147 und v. 1. Februar 1887 S. IV S. 329. — S. a. Deutscher Jäger Bd. XV S. 68 sowie ebenda Bd. III S. 98, ferner E. d. b. O.-G.-H. S. VIII S. 623 und d. O.-L.-G. München S. II S. 302.

[136]) E. d. O.-L.-G. Darmstadt v. 16. Mai 1895 Goltdammer, Arch. Bd. XLIII S. 136.

[137]) S. Deutsch. Jäger Bd. III S. 98 und das dort angef. schöffengerichtl. Urtheil v. 10. Februar 1881.

hennen.[138]) Entscheidend für diese Bestimmung ist die Rücksicht auf Bewahrung und Erhaltung des Wildstandes.[139]) Das Schießen einer Rehgeis, welche in Folge körperlicher Hinfälligkeit für den Jagdbetrieb werthlos geworden ist, fällt nicht unter dieses Verbot, da dasselbe nur solche Thiere im Auge hat, welche am Leben zu lassen, ein jagdliches Interesse besteht. Solche Werthlosigkeit für den Jagdbetrieb kann jedoch nur bei Thieren angenommen werden, die körperlich so herabgekommen sind, daß sie dem Verenden schon nahe stehen.[140]) Nicht jede Krankheit oder jede Verletzung eines Thieres macht dessen Tötung zu einer straflosen; so wird z. B. die als Folge eines früheren Anschußes vorhandene Verkrüppelung eines Laufes allein die Erlegung eines Thieres nicht rechtfertigen, wenn das Thier sonst noch gesund und bewegungsfähig genug ist, um seiner Nahrung nachzugehen und sich dem Raubzeug zu entziehen.[141]) Ob die eine oder andere Voraussetzung gegeben erscheint, ist eine Thatfrage, die aus den Umständen des einzelnen Falles beurtheilt und beantwortet werden muß.[142])

Zu beachten ist, daß die Schonvorschrift nicht blos das Schießen, sondern auch das Fangen der oben erwähnten Thiere verbietet. Geschieht jedoch der Fang nur zum Zwecke, ein solches in die Gewalt des Jagdberechtigten zu bringen, um es durch entsprechende Pflege vor dem Verenden zu schützen, so erscheint damit der Absicht der Schonvorschrift, insoweit dieselbe auf pflegliche Behandlung und Erhaltung des Wildstands abzielt, ent-

---

[138]) B. J.-P.-V.-O. § 4.

[139]) E. d. R.-G. v. 22. Februar 1883 E. VIII S. 71.

[140]) E. d. O.-L.-G. München v. 13. Juni 1882 S. II S. 97 und v. 2. April 1886 S. IV S. 62. Anderer Ansicht d. pr. K.-G., das einen Jagdbesitzer verurtheilte, welcher einem in die Falle gefangenen Kitz den Gnadenschuß gegeben hatte, weil der auf das Töten des Wildes gerichtete Wille des Thäters zur Anwendung genüge und ein besonderer strafrechtlicher Dolus nicht erforderlich sei. Zwinger u. Feld Bd. VIII S. 366; s. über die konstante Praxis d. pr. K.-G. Johow V S. 328, XVII S. 410, Goltdammer, Bd. XXXIII S. 446, 447, XLIII S. 435. Desgleichen E. d. O.-L.-G. Rostock v. 25. Februar 1899 Mecklenb. Zeitschr. f. R.-Pfl.- u. W. XVII S. 291. Dagegen vertreten Dalke, pr. J.-R. S. 88 und Stelling, Hannov. J.-R. S. 216 Nr. 10 den auch von der bayer. Praxis eingenommenen Standpunkt „weil der Jäger, nur jagdliches Pflichtgebot erfülle und sich eines strafbaren Unrechts nicht bewußt ist, das Thier aber ohnehin verenden mußte, fehle es in solchen Fällen an der objektiven Rechtswidrigkeit". D. J.-Z. I S. 59, V Nr. 19 und 21 und VI S. 120.

[141]) E. d. O.-L.-G. München v. 12. September 1882 S. II S. 178.

[142]) Hiebei wird auch noch zu würdigen sein, ob nicht der jagdberechtigte das betr. Wildstück in der bezeichneten Weise vorher beschädigte oder durch Andere beschädigen ließ. Vgl. hiezu eine im Deutsch. Jäger Bd. IX S. 56 mitgetheilte Entscheidung d. Strafkammer Passau.

sprochen und daher keine strafbare Verletzung der Schonvorschrift gegeben.[143])

Nach dem Wortlaute des § 4 J.-P.-V.-O. „das Schießen und Fangen von . . .“ ist nur das Schießen — Verwunden oder Erlegen — der hier unter Schutz gestellten Thiere strafbar, nicht aber das Jagen — Verfolgen und Nachstellen — insoweit es nicht im Anschießen oder Fangen seinen Abschluß fand. Das Schießen „auf“ solche Thiere, ohne dieselben zu treffen, also Fehlschüsse nach solchen erscheinen nicht unter Strafe gestellt.[144])

Die Ausübung der Jagd gehört zu jenen Beschäftigungen, welche einen gewissen Grad von Verständniß und Fertigkeit voraussetzen. Namentlich bei der Jagd auf Rehe ist es selbst für geübte und erfahrene Jäger nicht selten mit Schwierigkeiten verbunden, das schießbare von dem nichtschießbaren Thiere zu unterscheiden. Das trotzdem ausgesprochene Verbot, Rehgeisen und Rehkitze zu schießen, auferlegt daher dem Jagdausübenden ohne Rücksicht darauf, daß das Erkennen der schießbaren Thiere besondere Erfahrung, Uebung, oder Gewandtheit voraussetzt, die Verpflichtung, das nichtschießbare Thier zu schonen und hieraus ergibt sich auch für den Jäger die Verbindlichkeit, sich, soferne er nicht untrügliche Gewißheit zu gewinnen vermag, des Erlegens solcher Thiere zu enthalten und damit die Möglichkeit einer Verletzung des Verbotes von sich abzuwenden. Uebt der Jäger in solchem Falle die gebotene Enthaltung nicht, so handelt er sträflich, indem er die ihm durch die J.-P.-V.-O. auferlegte Verpflichtung vernachlässigt. Eine zur Straflosigkeit gereichende Entschuldigung kann übrigens dann gefunden werden, wenn abnorme Körperbeschaffenheit des Thieres vorlag und nachgewiesen wird.[145])

Eine Ausnahme von § 4 läßt die J.-P.-V.-O. einerseits im Interesse der Landwirthschaft, andererseits in jenem des Jagd-

[143]) S. E. d. O.-L.-G. München v. 7. Dezember 1880 S. I S. 228 und E. d. R.-G. v. 31. Januar 1889 J. W.-Sch. 1889 S. 98 Nr. 54 (Errettung eines ins Wasser gerathenen, dem Untersinken nahen Thieres aus den Wasserfluthen). Die Begründung d. E. d. O.-L.-G. München erscheint im Widerspruche mit dem Begriffe der Jagdausübung, während sich materiell die Entsch. aus § 4 d. b. J.-P.-V.-O. rechtfertigen läßt. Eine vorj. E. d. b. O.-L.-G. sprach in einem Falle, in welchem ein Ackerer ein nur wenige Tage altes, in seinem Jagdgebiete aufgefundenes Rehkitz mit nach Hause nahm, damit es nicht dem Raubzeug zum Opfer falle, aus, daß ein strafbares Jagdvergehen nicht vorliege, da das Einfangen des Kitzes lediglich aus pfleglichen Rücksichten erfolgte.

[144]) Männer, pf. J.-R. S. 290.

[145]) E. d. b. O.-G.-H. v. 2. Juni 1865 Stengleins Zeitschr. IV S. 292; zum strafbaren Verschulden genügt, daß der Jäger mit Wissen und Willen auf ein Thier schießt, ohne die Eigenschaft desselben genau gekannt zu haben oder ohne die nöthigen Kenntnisse zur Unterscheidung zu besitzen E. d. R.-G. v. 4. Februar 1891 Bl. f. R.-A. E.-Bd. X S. 110.

berechtigten behufs Verminderung des Rehstandes und Beringerung des Wildschadens zu.[146]) Bei Dasein eines schädlichen Rehstandes kann der Jagdausübungsberechtigte auf seinen Antrag durch besondere distriktspolizeiliche Erlaubniß zur Erlegung von Rehgeisen ermächtigt werden und bei einem der Land- und Forstwirthschaft nachtheiligen Wildstande eines Jagdbezirkes nach § 18 a. a. O. von Amtswegen der Abschuß von Wild in bestimmter Zahl, insbesondere der Schmal-, Gelt- und Altthiere, nöthigenfalls auch während der verordnungsmäßigen Hege- (Schon-)zeit angeordnet werden. Ueber die Nothwendigkeit, die Zahl und die Zeit des Abschusses von Rehgeisen und bzw. zur Verminderung des Wildstandes überhaupt hat die Distriktspolizeibehörde Gutachten des zuständigen Forstamts (in dessen Bezirk die Jagd gelegen ist) zu erholen und ist ermächtigt, hierüber auf Antrag der Betheiligten auch noch andere Sachverständige gutachtlich einzuvernehmen. In dem distriktspolizeilichen Bescheide bzw. der Anordnung (§ 18 a. a. O.) ist die Zahl der abzuschießenden Tiere und die Zeit des Abschusses festzusetzen.[147]) Uebertretungen der Festsetzungen des distriktspolizeilichen Bescheides oder Auftrags unterliegen der Bestrafung aus Art. 23 Ziff. 5 J.-G. (neuer Fassung); außerdem kann die Distriktspolizeibehörde im Falle des § 18 J.-P.-V.-O. den Abschuß gemäß Art. 20 Abs. IV P.-St.-G.-B. auf Kosten des Säumigen vorläufig vornehmen lassen; der Kostenaufwand kann jedoch von dem Ungehorsamen nur auf Grund eines richterlichen Urtheils zwangsweise beigetrieben werden.

Zeitliche Beschränkungen der Jagdausübung setzen die für einzelne Wildgattungen bestimmten Hegevorschriften (§ 3 J.-P.-V.-O.) fest, ferner das Verbot, Rebhühner bei tiefem Schnee zu schießen und zu fangen (§ 9 a. a. O.), dann die für die Feldjagd auf Hasen, Feldhühner, Wachteln und Lerchen geschlossene Zeit (§ 6 a. a. O. ab 2. Februar bis zu dem von der Regierung festzusetzenden Beginne der Feldjagd — zwischen 15. August bis 15. September). Eine strafbare Uebertretung dieser Vorschriften ist gegeben mit dem „Jagen“ (Nachstellen, Verfolgen, Erlegen) auf die zeitlich geschützten Thiere und der

---

[146]) § 5 d. J.-P.-V.-O.

[147]) Min.-Entschl. v. 24. September 1864 (Weber, G.- u. V.-O.-S. Bd. IV S. 375). Nach einer im Deutschen Jäger XIV S. 210 ausgesprochenen Ansicht soll der Wildstand zu 2/3 aus weiblichen, zu 1/3 aus männlichen Stücken bestehen, 1/4 des Bestandes (bei günstigen Verhältnissen), Böcke und Geisen zu gleichen Theilen alljährlich abgeschossen werden. Die k. Regierung von Mittelfranken hat bei Anordnung eines Abschusses im Nürnberger Reichswald einen Rehstand von 6 Stück für je 100 ha Wald als entsprechend erachtet, was anderen zu nieder gegriffen erscheint, Deutscher Jäger Bd. XVIII S. 214, 234, 256.

Thatbestand mit jeder dem „Jagen“ entsprechenden Handlung erschöpft, ohne daß es eines Abschlusses des „Jagens“ durch Erlegung oder Aneignung des Wildes bedürfte.

Ausnahmsweise kann in geschlossenen (also zusammenhängenden) Jagdbezirken von mindestens 1022 ha dem Jagdausübungsberechtigten von der Distriktspolizeibehörde das Erlegen junger Hasen während der Hegezeit, also auch vor Aufgang der Hühnerjagd, für den eigenen Hausbedarf auf Verlangen unter der Voraussetzung gestattet werden, wenn dies ohne Beschädigung der Feldfrucht und ohne Gefährdung der Nachhaltigkeit der Jagd möglich erscheint.[148]) Die Erholung sachverständiger Gutachten ist in diesem Falle der Distriktspolizeibehörde nicht vorgeschrieben, aber mangels solcher Vorschrift auch nicht verwehrt. Die erlegten jungen Hasen dürfen nur für den „eigenen Hausbedarf“ des Jagdberechtigten verwendet, daher an Dritte behufs Verwendung in fremdem Haushalt nicht veräußert werden.[149]) Insoweit die Nachhaltigkeit der Jagd in Frage kommt, kann die distriktspolizeiliche Erlaubniß wohl auch eine bestimmte Zahl der zu erlegenden jungen Hasen begrenzen.

Gegen die auf Grund der J.=P.=V.=O. §§ 5, 7, 18 erlassenen distriktspolizeilichen Verfügungen, steht den Betheiligten innerhalb 14 Tagen Beschwerde zur vorgesetzten Kreisregierung, Kammer des Innern, zu, die im zweiten und letzten Rechtszuge entscheidet. In Fällen des § 5 (Abschuß von Rehgeisen auf Antrag des Jagdberechtigten) werden die hauptsächlichsten Beschwerdepunkte etwaige Abweisung des Antrags überhaupt und bei Genehmigung des Abschusses die Festsetzung der Schußzeit und der Stückzahl bilden. In Fällen des § 18 werden sowohl die etwaigen Antragsteller als der Jagdberechtigte als Betheiligter zu erachten sein und als Beschwerdepunkte hauptsächlich die Anordnung (oder Nichtanordnung), die Festsetzung der Zeit und des Maßes der Wildstandabminderung in Betracht kommen. Nach Erschöpfung des in § 19 J.=P.=V.=O. vorgezeichneten Rechtszuges bleibt stets die Anrufung oberaufsichtlicher Würdigung durch das Staatsministerium des Innern offen.

Auf umzäunte Wildparke und Fasanerien finden die jagdpolizeilichen Vorschriften über Schonzeit, dann über den Verkauf von Wildpret nach Eintritt der Hegezeit keine Anwendung (§ 12 J.=P.=V.=O.). Dagegen greifen diese Bestimmungen für Wild Platz, welches aus einem Wildpark entsprungen ist und auf diese Weise die natürliche Freiheit wieder erlangt hat.

---

148) § 7 J.=P.=V.=O.

149) Ein Verschenken ohne Gegenentgelt wird jedoch nicht zu beanstanden sein.

Einziehung von gegen die Schonvorschriften erlegtem Wild.

In Ergänzung der Vorschriften über Hege und Hegezeit ist im öffentlichen Interesse zum Schutze des Wildes die Bestimmung getroffen (Art. 125 Abs. III P.-St.-G.-B.), daß Wild, welches mit Uebertretung der die Hege oder Hegezeit betreffenden Bestimmungen erlegt wird, unbeschadet der verwirkten Strafe der Einziehung unterliegt. Das keiner Einschränkung unterworfene Verbot richtet sich gegen jedermann, der die Jagd ausübt, mag er hiezu berechtigt sein oder nicht, also ebenso gegen den Jagdfrevler wie gegen den Jagdberechtigten. Diese Maßnahme stellt sich als eine Straffolge dar, die nur gegen denjenigen verhängt werden kann, welcher sich der strafbaren Handlung schuldig gemacht hat.[150]) Nach Art. 18 kann die Einziehung nicht als Straffolge bzw. Nebenstrafe, sondern als polizeiliche Maßnahme auch dann verfügt werden, wenn die Verfolgung oder Verurtheilung einer bestimmten Person nicht ausführbar ist.[151]) Die selbstständig zu erkennende Maßnahme darf aber nicht in die Rechte einer am Verschulden in keiner Weise betheiligten Person eingreifen und ihr Nachtheile zufügen, es kann vielmehr die Einziehung solchen Wildes nur dann stattfinden, wenn der durch diese Maßnahmen erzielte Nachtheil den Urheber des strafbaren Verschuldens trifft.[152])

Praktischer Fall. Ein unbekannt gebliebener Wilderer hat Schlingen gelegt, in deren einer der Jagdberechtigte eine Rehgeis gefunden hat. Der Jagdberechtigte hat das Wild an sich genommen und an einen Wildprethändler verkauft.

In diesem Falle konnte der Wilderer mangels einer Jagdbefugniß an der gefangenen Rehgeis Eigenthum nicht erwerben, seine Jagdausübung war unberechtigt, wirkte daher nicht rechtserzeugend, sondern der Jagdberechtigte ist Eigenthümer des Wildes geworden. Wenn aber der Jagdberechtigte an dem in seinem Jagdbezirke ohne sein strafbares Zuthun gefangenen oder gefallenen Wilde Eigenthum erwirbt, so würde es einen sein Recht benachtheiligenden Eingriff bilden, wollte man ihm das betr. Wildstück wegnehmen.[153]) Der für den Jagdberechtigten vom Gesetze beab-

---

[150]) E. d. O.-L.-G. München v. 17. Mai 1894 S. VIII S. 59; s. a. die im Deutsch. Jäger Bd. V S. 110 angeführte E. d. L.-G. Würzburg (s. hiezu E. d. O.-L.-G. München v. 12. Juni 1883 S. II S. 372).

[151]) E. d. b. O.-H.-G. v. 4. Januar 1878 S. IV S. 1 (Stengleins Zeitschr. XVIII Beibl. S. 73).

[152]) E. d. O.-L.-G. München v. 12. Juni 1883 S. II S. 373; vgl. a. E. d. pr. K.-G. v. 29. September 1890, welches die Einziehung nach § 42 St.-G.-B. als eine zur Sicherung des Strafzwecks und zur Verhütung fernerer Strafthaten dienende Präventivmaßregel bezeichnet. Goltdammer, Archiv Bd. XXXVIII S. 362.

[153]) S. hiezu § 958 B. G.B.

sichtigte Schutz würde dadurch geradezu illusorisch werden.[154]) Dem Pächter gehört das in seinem Jagdbogen von wem immer erlegte Wild.[155])

Das eingezogenene Wild ist von der Polizeibehörde zu versteigern, der erzielte Erlös der Armenkassa der betr. Gemeinde zuzuführen.[156])

Zu beachten ist, daß durch unbefugte Jagdausübung erlegtes, weder einer dauernden noch im Augenblicke der Erlegung einer zeitlichen Schonung unterworfenes Wild der Einziehung nicht unterstellt werden kann; denn der Wilderer erlangt zwar durch sein unbefugtes Jagen Gegenstände, welche er vorher nicht hatte, aber er hat dieselben, das Wild, nicht durch das Jagen hervorgebracht, §§ 40, 42 St.-G.-B. können daher auf Wildpret nicht angewendet werden.[157])

Schonwild, das mit polizeilicher Ermächtigung (§ 5 J.-P.-V.-O. — Rehgeisen) oder auf polizeiliche Anordnung (§ 18 J.-P.-V.-O.) zur Abminderung eines schädlichen Wildstandes abgeschossen wird, ist nicht mit Uebertretung der Schonvorschriften erlegt und unterliegt deshalb auch nicht der Einziehung gemäß Art. 125 Abs. III P.-St.-G.-B. Zum Verkaufe kann es gebracht werden, wenn eine Bescheinigung über die befugte Erlegung beigebracht wird.[158])

Wildpretverkauf.

Zur weiteren Sicherung der Einhaltung der Hegevorschriften bestimmt die J.-P.-V.-O. in § 11, daß 14 Tage nach Eintritt der Hegezeit kein Wild gleichviel, ob es vom In- oder Auslande kommt, zum Verkauf gebracht werden darf. Diese Vorschrift, die nach ihrem Wortlaute nur die der zeitlichen und nicht auch die der dauernden Schonung unterworfenen Thiere treffen würde, wird durch Art. 125 Abs. III P.-St.-G.-B. ergänzt, welcher die Einziehung des Wildes anordnet, das während der für die betreffende Wildgattung festgesetzten Hegezeit und nach Verstrich von 14 Tagen seit Eintritt der Hegezeit zu Verkauf gebracht wird. Nach letzterem Wort-

[154]) E. d. O.-L.-G. München v. 17. Mai 1894, s. a. b. Gemeindezeitung I (Jhrgg. 1891) S. 55; E. d. R. G. v. 22. Juni 1882 Rspr. IV S. 600.

[155]) S. a. b. Gemeindezeitung 1893.

[156]) Vgl. Riedel-Pröbst, Comm. z. P.-St.-G.-B. zu Art. 20 Note 3b S. 75, 76.

[157]) E. d. R.-G. v. 19. Juni 1891 J. W. Schr. S. 444 Nr. 2.

[158]) Art. 125 P.-St.-G.-B. will offenbar nur die Fälle treffen, in welchen den jagdpolizeilichen Schutzvorschriften zuwidergehandelt wird, dies trifft in den Fällen der §§ 5 und 18 nicht zu.

laute erscheint auch die Einziehung von Wild möglich, das dauernder Schonung unterstellt ist.

Der Ausdruck „zum Verkaufe gebracht" umschließt offenbar auch das Feilhalten zum Zwecke des Verkaufes und wird auch den Fall treffen, wenn Wild zum Wildprethändler verbracht wird.[158a)]

Die Einziehung gemäß Art. 125 Abs. III (zweiter Satz) hat die Natur einer zur Durchführung der zum Schutze des Wildes im öffentlichen Interesse erlassenen Vorschriften über Hege und Schonzeit zu treffenden polizeilichen Maßnahme, welche jedem Besitzer gegenüber verhängt werden kann;[159)] der verbotwidrige Verkauf von Wild während der Hegezeit bildet keinen selbstständigen Reat,[160)] die Einziehung gemäß Art. 125 P.-St.-G.-B. hat deshalb auch nicht zur Voraussetzung, daß eine Bestrafung wegen der verbotwidrigen Erlegung des zum Verkauf gebrachten Wilds stattgefunden habe. Die Einziehung kann vielmehr (Art. 18 P.-St.-G.-B.) auch dann verfügt werden, wenn die Verfolgung oder Verurtheilung einer bestimmten Person nicht ausführbar ist und erstreckt sich einfach auf das zum Verkaufe gebrachte Wild, gleichviel ob dasselbe Eigenthum des Erlegers oder irgend eines Dritten ist. Das Verkaufsverbot während der Hegezeit muß ein ausnahmsloses sein, da andernfalls der Umgehung der Schonvorschriften Thür und Thor geöffnet und der Zweck dieser Vorschriften einfach vereitelt würde.[161)]

158a) Eine abweichende Anschauung s. E. d. pr. K.-G. v. 12. April 1900 D. J.-Z. V S. 505, welche in der Uebersendung eines während der Schonzeit geschossenen Wildes an eine Wildhandlung zu kommissionsweisem Verkaufe keine „Feilbietung oder Verkaufsvermittlung" erblickt (vgl. hiezu § 7 pr. Schongesetzes).

159) E. d. O.-L.-G. München v. 12. Juni 1883 S. II S. 372.

160) S. Riedel-Pröbst, Komm. z. P.-St.-G.-B. Art. 125 Note 4 S. 289.

161) S. Deutscher Jäger Bd. XVII S. 6. — Der E. d. O.-L.-G. München v. 22. Juni 1882 stellt der vorangef. Kommentar entgegen, daß nach Sinn und Absicht der gesetzlichen Bestimmungen die Einziehung nur dann zur Anwendung zu bringen sei, wenn sie im einzelnen Falle einen der Verletzung der Schonvorschriften Schuldigen treffe, nicht aber gegenüber einem Schuldlosen, z. B. dem Jagdberechtigten, der einem Wilderer das Wildpret abgenommen hat. Diese Anschauung kann für den ersten Satz d. Art. 125 Abs. III voll zutreffen, nicht aber für den zweiten, der ohne Weiteres auf die Thatsache des Verkaufs bzw. zum Verkaufbringens ohne Rücksicht auf die Umstände der vorausgehenden Erlegung des Wildes die Einziehung setzt. — Nach §§ 3, 4, 9 J.-P.-V.-O. ist das Fangen gewisser Wildgattungen ausdrücklich für Zeit oder dauernd untersagt bzw. als Art der Jagdausübung in dem Verbote der letzteren für bestimmte Zeiträume mitgetroffen. Es kann nun die Frage entstehen, ob während der Schonzeit zum Lebendverkaufe an Thierhandlungen, zum Einsetzen in andere Jagdgebiete eingefangenes Wild der Einziehung aus Art. 125 P.-St.-G.-B. unterliege. Die Frage wird jedoch abgesehen von „Wachteln" zu verneinen sein, da das P.-St.-G.-B. nur von „erlegtem" Wilde,

Die Distriktspolizeibehörde kann den Verkaufstermin auf Verlangen des Wildpretbesitzers auf weitere 14, also im ganzen auf 28 Tage nach Eintritt der Hegezeit verlängern, wenn beim Schlusse der Schußzeit ein großer Vorrath noch vorhanden und diese Thatsache genügend nachgewiesen ist. Die Fassung des § 11 Abs. II J.=P.=V.=O. ergibt, daß die Wildpretvorräthe schon bei Eintritt des Schlusses der Schußzeit vorhanden sein müssen und nicht erst nach diesem Zeitpunkte angesammelt werden dürfen, um eine polizeiliche Verlängerung des Verkaufstermins zu rechtfertigen. Das Wild — Wildpret — unterliegt der Einziehung, gleichviel ob es noch in der Decke oder bereits zerwirkt ist, und wird sich die Einziehung auf alle zum Verkaufe gebrachten Theile des Wildes erstrecken, insoweit sie als „Wildpret" erscheinen, und, soferne das Wild im Ganzen mit Geweih oder Gehörn zum Verkaufe gebracht werden sollte, auch letzteres einzuziehen sein.

Beschwerden gegen polizeiliche Verfügungen in Bezug auf Verlängerung der Verkaufsfrist werden von den Kreisregierungen, Kammer des Innern, endgiltig beschieden und sind binnen 14 tägiger Ausschlußfrist anzubringen. Da es sich um reine polizeiliche Ermessensfragen handelt, ist eine Zuständigkeit des Verwaltungsgerichtshofes nicht gegeben.[162])

Die Versendung von Wachteln zum Zwecke des Verkaufs ist innerhalb der Schonzeit untersagt.[163])

Eine weitere Beschränkung der Jagdausübung hinsichtlich Art und Zeit und Ort enthält das Verbot der J.=P.=V.=O. (§ 13) Treibjagden beim Mondscheine, ferner während der Monate April mit Juni einschließlich in Waldungen abzuhalten, und das Verbot der Abhaltung von Treibjagden an Sonn= und Feiertagen (§ 366 Nr. 1 St.=G.=B. mit § 3 d. b. V.=O. über die Feier der Sonn= und Festtage vom 21. Mai 1897).

Als „Treibjagd" hat eine Jagdveranstaltung zu gelten, bei welcher das Wild von Treibern oder von Treibern und Hunden aufgescheucht und den in einer Linie aufgestellten Schützen zugetrieben wird. Auf die größere oder kleinere Zahl von Schützen kommt es dabei ebensowenig an, als auf den Grund des beim Treiben erregten Lärms und die Zahl der Treiber. Eine Treibjagd kann auch dann angenommen werden, wenn nur einem Schützen von mehreren Personen Wild zugetrieben wird. Kessel=

§ 11 Abs. II J.=P.=V.=V. ausdrücklich von Wildpretabsatz spricht und nicht die Sonderbestimmung bezüglich des Lebendversandes der Wachteln (§ 11 Abs. III J.=P.=V.=O.) nothwendig gewesen wäre, wenn das Verkaufsverbot auch auf andere Wildgattungen in lebendem Zustande hätte erstreckt werden wollen.

[162]) Die oberaufsichtliche Würdigung des Ministeriums des Innern von Amtswegen oder auf Anrufen bleibt stets vorbehalten.

[163]) V.=O. v. 19. März 1896 (G.= u. V.=O.=Bl. S. 188).

treiben fallen zweifellos unter den Begriff der Treibjagd, dagegen werden sogen. Riegel- (Klopf-, Klapperjagden) nicht als Treibjagd zu erachten sein, soferne hiebei das Wild nur aufgescheucht und nicht in einer bestimmten Richtung d. h. auf den oder die Schützen zugetrieben wird. Ein Jagen mit Hunden allein (ohne Beiziehung von Treibern) ist keine Treibjagd. [164])

Der Wortlaut des Verbotes „die Abhaltung von . . . Treibjagden" gibt zu erkennen, daß nur der (oder die) „Veranstalter" einer Treibjagd, nicht aber die Theilnehmer an einer solchen strafbar sein sollen. Daß der Veranstalter an der Treibjagd Theil nehme, ist zur Strafbarkeit nicht erforderlich.

Gewöhnliche Jagden sind auch an Sonn- und Feiertagen nicht verboten. Das Verbot der Treibjagden gilt an konfessionell nicht gemischten Orten unbedingt, in konfessionell gemischten Orten nur für die Sonntage und die den christlichen Konfessionen gemeinsamen Festtage; zur Feier der besonderen Festtage des einen Konfessionstheiles erscheint der andere nur insoweit verpflichtet, als hierüber besondere Vereinbarungen bestehen. [165])

Die Abhaltung von Treibjagden auf Wölfe und Wildschweine auf polizeiliche Anordnung ist, insoferne es sich hier um Abwendung einer gemeinen Gefahr handelt, dem Verbote der V.-O. vom 21. Mai 1897 nicht unterworfen. [166])

Weitere Beschränkungen des Jagdbetriebes hinsichtlich der Mittel des letzteren treffen die §§ 14, 15 d. J.-P.-V.-O. durch das Verbot des Gebrauchs hochbeiniger, weitjagender Hunde (Windhunde), der Anwendung von Schießbaumwolle, vergifteter Köder, von Fang- und Fallgruben und von Schlingen — jene für den Fang von Zugvögeln ausgenommen, ferner das Gebot, zur Jagd auf Edel-, Dam- und Gemswild nur mit Kugel geladene Gewehre zu gebrauchen.

[164]) E. d. O.-L.-G. München v. 16. Oktober 1888 S. V S. 183, vergl. hiezu E. d. O.-L.-G. Darmstadt v. 4. Oktober 1888 und d. pr. K.-G. v. 18. Oktober 1888 Goltdammer, Archiv Bd. XXXVII S. 384, und eine weitere E. d. pr. K.-G. v. 1896 s. Deutsch. Jäger Bd. XVIII S. 229 „eine Treibjagd liegt vor, wenn das Wild auf- und den Schützen zugejagt wird. Ob dies durch Treiber oder durch Schützen selbst geschehe, sei unerheblich. Das Geschlossenhalten der Schützenlinien gehöre vor allem zu den Erfordernissen einer Treibjagd."

[165]) Ob ein Ort als konfessionell gemischter anzusehen ist, bildet eine nach richterlichem Ermessen zu entscheidende Thatfrage; s. a. E. d. b. O.-G.-H. v. 2. Dezember 1864 und 29. Oktober 1870 Stengleins Zeitschr. IV S. 90 und X S. 34, E. d. O.-L.-G. München v. 6. November 1890 und 5. Januar 1893 S. VI S. 256 und VII S. 326. — Beschluß d. R.-G. v. 8. November 1900 Goltdammer, Bd. XLVII S. 444: Mariä Geburt ist in Bayern für Orte mit konfessionell gemischter Bevölkerung kein allgemeiner Feiertag.

[166]) Entschl. d. St.-Min. f. K.- u. Sch.-A. v. 10. März 1876, Geib, Handbuch I S. 570.

Bei Treibjagden sind als sicherheitspolizeiliche Vorschriften einzuhalten (§ 16 J.-P.-V.-O. Abs. II lit. b und c) das Tragen des Jagdgewehrs mit aufwärts gerichteter Mündung beim Abtreten des Schützen von seinem Jagdstande oder bei dessen Annäherung an andere Personen, ferner das Verbot, das angeschlagene Schießgewehr in die Richtung der Schützen- oder Treiberlinie zu bringen, sowie auf gegebenes Zeichen über die Annäherung der Treiber oder über Beendigung des Bogentriebs noch in den Bogenkreis zu schießen.[167])

Die Führung von in Stöcken, Röhren oder in ähnlicher Weise verborgenen Schußwaffen bei der Jagdausübung ist nur mit distriktspolizeilicher Erlaubniß statthaft. Die bedingt jagdkartenfähigen Minderjährigen und Haussöhne u. s. w. (s. Art. 19 J.-G. oben) dürfen bei der Jagdausübung weder feststehende oder feststellbare Knicker, noch Revolver, Terzerole, Sackpistolen, noch Abschraubgewehre führen. Unter Führung ist das Beisichtragen solcher Waffen in der Absicht eventuellen Gebrauchs derselben (nicht der bloße Besitz) zu verstehen.[168])

Jagd-Schutz.

Tötung revierender Hunde. Die J.-P.-V.-O. räumt in § 17 dem Jagdausübungsberechtigten zum Zwecke des Jagdschutzes ein Recht der Selbsthilfe ein. Der Jagdausübungsberechtigte (Eigenjagdinhaber, Pächter, gelernte Jäger und gemeindliche Vertrauensmänner) sowie der von ihm bestellte (wenn auch sonst ohne Begleitung oder schriftliche Erlaubniß des Jagdberechtigten nicht zur Jagdausübung befugte) Jagd-Aufseher

---

[167]) Der deutsche Jagdklub in Berlin stellt folgende beachtenswerthe Jagdregeln auf, deren Nichtbeachtung bei richterlicher Würdigung von Körperverletzungen 2c. bei der Jagd wohl zur Erwägung kommen kann: 1. Jedes Gewehr muß beim Besteigen eines Weges, auf dem Sammelplatze und sobald es aus der Hand gelegt wird, ferner beim Ueberwinden von Hindernissen (Graben, schmalen Stegen) und bei Glatteis entladen werden. Bei Kessel- oder anderen Treiben darf der Schütze nicht eher laden, als er seinen Stand eingenommen hat. Vor Verlassen des Standes ist zu entladen. Der Stand darf nicht vor gegebenem Signal verlassen, vor dem Signal zum Laden und nach dem Signal zum Entladen nicht geschossen werden. Sobald bei einer Feldjagd die Treiber auf Schußweite, im Wald auf 100 m herangekommen sind, darf nicht mehr in das Treiben hineingeschossen werden. Bei Kesseltreiben darf auf das Signal „Treiber vor" nicht mehr in den Kessel hineingeschossen werden. Das Durchziehen, mit dem Gewehr zielend, durch die Schützenkette bei Passieren von Wild ist nicht gestattet. (Der Klub erhebt für Zuwiderhandlungen Strafen von 0.50—3 Mk. zu Gunsten der Försterwaisenkassa) s. Wild und Hund Bd. IV (1895) S. 95.

[168]) S. § 367 Nr. 9 St.-G.-B., Art. 125 Abs. II P.-St.-G.-B. mit Art. 39 daselbst und Allh. V.-O. vom 19. November 1887 I § 1 Abs. I Ziff. 1, 3, 4 u. Abs. III und II § 3 (G.- u. V.-O.-Bl. S. 655 u. ff.); vgl. hiezu die oberstrichterl. E. v. 14. März 1864 Stengleins Zeitschr. III S. 297.

dürfen in den Jagdrevieren aufsichtslos umherstreifende Hunde töten.[169]) Auch der in Begleitung des Jagdberechtigten oder mit dessen schriftlicher Erlaubniß allein jagende Jagdgast hat gleichfalls diese Berechtigung, die er im Interesse des Jagdberechtigten und zur Unterstützung desselben im Jagdschutze vorzunehmen befugt erscheint.[170])

Dieser Vorschrift liegt die Erwägung zu Grunde, daß durch im Jagdrevier aufsichtslos umherstreifende Hunde das Wild beunruhigt oder ausgehetzt werden kann und es deshalb der Billigkeit entspreche, dem Jagdberechtigten und dessen Bediensteten ein Mittel zur Abwehr an die Hand zu geben. Da die J.=P.=V.=O. die Tötungsbefugniß an bestimmte Voraussetzungen bindet, darf der Jäger von dieser Ermächtigung nur bei Zutreffen der Voraussetzungen Gebrauch machen und würde bei Ueberschreitung der so begrenzten Befugniß wegen Sachbeschädigung (§ 303) straffällig und außerdem, auf dem Civilrechtswege verfolgbar, einem durch Verletzung des § 17 a. a. O. geschädigten Hundebesitzer ersatzpflichtig werden.[171]) Um die Tötung eines Hundes im Revier zur berechtigten zu machen, muß der Hund erkennbar die Eigenschaften an sich tragen, die eine Gefährdung der Jagd — durch Beunruhigung, Aufscheuchen, Aufhetzen oder Anfallen des Wilds — besorgen lassen.[172]) Ein Hund, der von einem Anderen, dem er nachgelaufen war, nach Hause gejagt, beim Heimlaufen etwas vom Wege abweicht und in das Jagdrevier geräth, sich aber dabei ruhig verhält, kann nicht ohne Weiteres als aufsichtslos umherstreifend behandelt und deshalb getötet werden.[173]) Aufsichtslos erscheint ein Hund nur dann, wenn er sich der Beobachtung und Einwirkung seines Herrn dauernd oder zeitweise gänzlich entzogen hat.[174]) Das Ueberlaufen eines Hundes, der sich in Begleitung seines Herrn befindet, auf fremdes Jagdgebiet (Ueberschreitung der Grenze) berechtigt nicht zur Tötung desselben, weil der Hund dieses Falls nicht aufsichtslos umherstreift, sondern seine über kurz oder lang erfolgende Rückkehr zum Herrn anzunehmen ist.[175]) Und nicht blos das aufsichtslose Verweilen des Hundes im fremden Revier genügt, sondern er muß, um seine Tötung berechtigt erscheinen zu lassen, aufsichtslos umher-

---

[169]) S. Deutscher Jäger Bd. XVIII S. 34.

[170]) E. d. O.=G.=H. v. 19. Mai 1874 S. i. C.=S. IV S. 436.

[171]) S. wegen der Sachbeschädigung und des Antrags auf Verfolgung derselben, E. d. R.=G. E. I S. 306, IV S. 326; wegen der Civilklage Seuffert, Archiv Bd. XLII S. 421.

[172]) E. d. O.=L.=G. München v. 17. April 1888 S. V S. 72.

[173]) S. die in vor. Note angef. E.

[174]) E. d. R.=G. v. 17. Dezember 1881 Rspr. III S. 810 und v. 14. März 1893 E. XXIV S. 63.

[175]) S. Bl. f. R.=A. Bd. XL S. 373.

streifen. Ein solches ist nicht anzunehmen, wenn der Hund in fremdem Jagdbezirk einige Schritte vom öffentlichen Wege zwar aufsichtslos war, aber nicht jagend oder spürend umherschweift.[176])

Weitere Voraussetzung des angef. § 17 ist, daß die Tötung und das aufsichtslose Umherstreifen des Hundes zeitlich und räumlich zusammenfallen müssen. Die Tötung darf nur erfolgen, während der Hund im fremden Reviere aufsichtslos umherstreift. Sobald der Hund das fremde Revier verlassen hat oder im fremden Reviere aufhört, umherzustreifen, z. B. den Rückweg aus demselben nach öffentlicher Straße bzw. nach Hause einschlägt, endet für den Jagdberechtigten die Tötungsbefugniß. Das Heranlocken, Einfangen und Verbringen eines solchen Hundes nach einem anderen Orte behufs seiner Tötung, das Niederschießen eines als Jagdstreuner bekannten Hundes auf öffentlichen Wegen, in der Umgebung des Gehöftes oder Besitzthums seines Herrn oder innerhalb desselben, ist auf Antrag des beschädigten Herren als Sachbeschädigung zu verfolgen und strafbar.[177])

Die irrige Annahme, daß ein Hund aufsichtslos umherstreife, während dies thatsächlich nicht der Fall war, kann als thatsächlicher Irrthum strafbefreiend wirken.[178])

Die Anordnung des Anlegens — an der Leine Führens — von Hunden innerhalb des Jagdgebietes durch ortspolizeiliche Vorschrift erscheint unzulässig, da Art. 83 P.-St.-G.-B. eine Grundlage hiezu nicht bietet, wohl aber könnte ein solches Gebot aus Art. 90 P.-St.-G.-B. erlassen werden, insoweit Theile eines Jagdreviers zugleich öffentliche (Park-) Anlagen bilden.

Eine Knüttelung (Anhängen von Kreuzprügeln) im Jagdrevier aufsichtslos laufender Hunde, wie sie frühere Jagdpolizeivorschriften geboten, kann nicht gefordert werden, würde aber auch aufsichtslos im fremden Jagdbezirkeu mherstreifende Hunde vor Verwirklichung der in § 17 ausgesprochenen Befugniß nicht schützen.

Neben § 17 J.-P.-V.-O. kann die Tödtung eines Hundes polizeilich angeordnet werden, bei augenblicklicher dringender Gefahr von Jedermann vorgenommen werden, wenn das Thier so bösartig ist, daß Gefährdung von Menschen besorgt werden muß.[179]) Bei Hundesperre wegen Tollwuth kann die Verwendung von Jagdhunden bei der Jagd unter der Bedingung gestattet werden, daß die Hunde außer der Zeit des Gebrauchs (außerhalb des Jagdrevieres) festgelegt oder, mit einem sicheren Maulkorbe ver-

---

[176]) E. d. O.-L.-G. München v. 9. Oktober 1883 S. II S. 497.

[177]) E. d. O.-L.-G. München v. 2. Januar 1890 S. VI S. 3 — s. a. oben Note 173.

[178]) E. d. R.-G. v. 6. April 1896 E. XIX S. 209; vgl. a. E. d. O.-L.-G. München v. 9. Oktober 1883 S. II S. 497.

[179]) S. Art. 19 P.-St.-G.-B.

sehen, an der Leine geführt werden. Wenn Jagdhunde dieser Vorschrift zuwider frei umherlaufend betroffen werden, kann deren sofortige Tötung polizeilich angeordnet werden.[180])

Hauskatzen sind nur dann als die Jagd gefährdende Thiere im Sinne des § 12 d. J.-P.-V.-O. zu erachten, welche jederzeit erlegt werden dürfen, wenn sie dem Wilde nachstellen. Hauskatzen, d. h. Katzen, welche im Interesse des Hauses und der Oekonomie gehalten werden und in Folge dessen ihre Nahrung im Hause finden und erhalten, dürfen demnach vom Jagdausübungsberechtigten nur dann getötet werden, wenn sie im Jagdbezirke unter Umständen betroffen werden, welche ergeben, daß die Katze jagdbaren Thieren nachgeht. Die Tötung einer Hauskatze, welche in der Nähe des Hauses, ohne die Jagd zu gefährden, auf einer Wiese auf Mäuse lauernd sitzt, begründet den Thatbestand einer Sachbeschädigung.[181])

Die irrthümliche Annahme des Jägers, zur Tötung des Thieres berechtigt zu sein, schließt die Strafbarkeit aus § 303 St.-G.-B. (Sachbeschädigung).[182])

Kontrole der Jagdausübungsbefugniß.

Die Ausübung der Jagdberechtigung (Jagdausübungsbefugniß) ist durch den Besitz einer — giltigen — Jagdkarte bedingt. Die Jagdkarte allein verleiht zwar keine Jagdberechtigung, aber der Besitz derselben ist die nothwendige und unentbehrliche Voraussetzung der Ausübung der letzteren. Vor Lösung der Jagdkarte und nach Ablauf der Giltigkeit derselben (sei es in Folge zeitlichen Ablaufes der Giltigkeitsdauer — des Kalenderjahres, sei es in Folge rechtskräftigen Einziehungsbeschlusses wegen Verlust der persönlichen Jagdkartenfähigkeit) darf der Jagdberechtigte seine Jagdbefugniß nicht ausüben.[183]) Da die Jagdkarte die Kontrole der persönlichen Befugnis zur Jagdausübung ermöglichen soll, muß der Jäger dieselbe bei und während der Ausübung der Jagd bei sich führen. „Das „Beisichführen" setzt voraus, daß der Inhaber die Jagdkarte derart zur Hand hat, daß er sie auf Verlangen sofort vorzeigen kann.[184]) Das Ver-

---

[180]) § 20 d. Instr. z. ViehseuchenG. v. 27. Juni 1895.

[181]) E. d. b. O.-G.-H. v. 28. Januar 1870 S. IV S. 32; vgl. a. E. d. O.-L.-G. Darmstadt v. 19. Januar 1884 Puchelt-Heins. XVI S. 129.

[182]) E. d. R.-G. v. 26. März 1889 E. XIX S. 209.

[183]) Einer Jagdkarte bedarf indessen nur derjenige, welcher kraft seiner Jagdberechtigung bzw. Jagdbefugniß die Jagd auf „jagdbare Thiere" s. Art. 1a J.-G. ausüben will. Zur Jagd der dem freien Thierfang überlassenen, nicht als jagdbar bezeichneten wilden Thiere bedarf es keiner Jagdkarte.

[184]) Wer um eine Jagdkarte nachgesucht, dieselbe aber noch nicht ausgefertigt erhalten hat, darf, selbst wenn er weiß, daß die Ausfertigung der

langen auf Vorzeigung der Jagdkarte steht den polizeilichen Vollzugsbeamten und Dienern zu; diesem Verlangen muß bei Strafe aus Art. 23 Ziff. 4 J.-G. entsprochen werden. Zu diesen polizeilichen Vollzugsbeamten und Dienern zählen gemäß Art. 43 Forst-G. und Allh. V.-O. über die Hilfsbeamten der Staatsanwaltschaft v. 31. August 1879 außer der Gendarmerie und Schutzmannschaft einschließlich des gemeindlichen Polizei- und Flurschutzpersonales die Forstbeamten, Forstgehilfen, Wald- und Forstwarte, aber auch die amtlich bestätigten und beeidigten Jagdaufseher, Forstschutzbediensteten und Forstschutzdiener von Privaten. Die Organe des Forst- und Jagdschutzes in den Staatswaldungen kommen nur innerhalb ihres örtlichen Wirkungskreises (Aufsichtsbezirks)[185]) als polizeiliche Vollzugsbeamte oder Diener in Betracht, ausgenommen die Fälle, in welchen die Verwendung außerhalb ihres Dienstbezirkes von zuständiger Seite in gesetzlich zulässiger Weise angeordnet worden oder die Grenze des Schutzbezirkes behufs Verfolgung eines auf frischer That betroffenen Jagdfrevlers zu überschreiten ist.[186])

Nach dem Wortlaute der Ziff. 2 des Art. 23 J.-G. erscheint der Nichtbesitz (das Nichtbeisichführen) der Jagdkarte nur bei thatsächlicher Jagdausübung strafbar. Da jedoch den Beamten des polizeilichen Sicherheitsdienstes (als welche hinsichtlich des Jagdschutzes alle oben aufgezählten Kategorien in Betracht kommen) auch das Recht und die Pflicht obliegt, strafbaren Handlungen vorzubeugen, dieses Vorbeugungsrecht aber die Befugniß zu den behufs Ausübung des Rechts erforderlichen Nachfragen und Ermittlungen enthält, ist der Polizei- (und Jagdschutz-) Beamte zweifellos befugt, auch eine zwar nicht jagend aber zur Jagd ausgerüstet auf einem Jagdgebiete betroffene Person zur Vorzeigung der Jagdkarte aufzufordern, so z. B. einen Jäger, der außerhalb eines öffentlichen Weges auf dem Gange zum Jagdrevier begriffen ist.[187]) Ergeben sich Anstände, so sind die be-

Jagdkarte keinem Anstande unterliegt, vor Ausfertigung und Besitz derselben nicht jagen. S. a. Zwinger und Feld Bd. VIII (1899) S. 77.

[185]) Aus dem Umstande, daß der Jagende die Jagdkarte nur bei Ausübung der Jagd mit sich zu führen braucht, ist nicht zu folgern, daß er sie auf dem Heimwege nicht vorzuzeigen brauche. — E. d. pr. K.-G. v. 12. Juni 1893 Zwinger u. Feld, Bd. VIII S. 600.

[186]) E. d. R.-G. v. 15. Mai 1880, Deutscher Jäger Bd. III S. 14; vgl. a. die Dienstesinstruktionen für die Forstamtsassessoren § 18, für die Förster §§ 27, 33, für die Forstwarte, Forstgehilfen und Forstaufseher §§ 39, 45, für die Waldwärter §§ 9, 18 (sämmtlich v. 8. Juli 1886) Fin.-Min.-Bl. 1886 S. 226, 170, 272, 236 u. E. d. b. O. G. H. v. 21. Oktober 1887 S. IV S. 519.

[187]) E. d. R.-G. v. 8. Dezember 1882 E. VII S. 272. Forstgehilfen sind berechtigt, innerhalb ihres Aufsichtsbezirks die Vorzeigung der Jagdkarte zu verlangen. E. d. O.-L.-G. München v. 6. Juli 1886 S. IV S. 147, Wald-

zeichneten Aufsichts- und Sicherheitsorgane befugt, dem Jäger die Jagdkarte abzunehmen und ist eine Verweigerung der Abgabe derselben strafbar. Ein derartiger Anstand kann sich bei Zweifeln über die Identität des Jagenden mit der in der Jagdkarte als Inhaber bezeichneten Persönlichkeit, bei Differenz der Nummer oder anderer Einträge auf der Jagdkarte mit dem der Gendarmerie von der Distriktspolizeibehörde ausgestellten Verzeichnisse der ausgestellten Jagdkarten u. dgl. ergeben.[188]) Dem Jagdberechtigten als solchem und dem nicht amtlich bestätigten und verpflichteten Jagdaufseher steht das Recht nicht zu, die Vorzeigung oder Abgabe der Jagdkarten zu fordern. Insbesondere kömmt es dem Jagdberechtigten keinesfalls zu, einen durch seine Dienstesabzeichen erkennbaren k. Forst- oder Jagdbediensteten, wenn er denselben zur Jagd ausgerüstet abseits öffentlicher Wege in seinem (privaten) Jagdbezirk betrifft, zur Vorzeigung oder Abgabe der Jagdkarte oder des Schutzgewehrscheins anzuhalten und ebensowenig ist der Jagdberechtigte berechtigt, bei Kontrole durch einen öffentlichen Jagd- oder Forstschutz-Beamten die geforderte Vorzeigung oder Abgabe seiner Jagdkarte von der Vorzeigung der Jagdkarte oder des Schußgewehrscheins des Beamten abhängig zu machen.[189])

Wer mit einer nicht auf seinen Namen lautenden Jagdkarte die Jagd ausübt, jagt „ohne" Jagdkarte und erscheint aus Art. 23 Abs. I Ziff. 1 J.-G. strafbar; zeigt er diese fremde Jagdkarte einem zuständigen Forst-, Jagdschutz- oder sonstigen Sicherheitsbeamten vor, so tritt im rechtlichen Zusammenflusse mit ersterer noch eine weitere Uebertretung des § 360 Nr. 8 St.-G.-B. (falsche Namensangabe) hinzu.

Da die Befugniß zur Jagdausübung eine höchst persönliche ist, darf auch der Jagdberechtigte die ihm ausgestellte Legitimation — die Jagdkarte — nicht einem Anderen überlassen. Wer die eigene Jagdkarte einem Anderen zum Gebrauche, d. h. zum Beisichführen und event. zur Vorzeigung als Legitimation überläßt, ist strafbar (Art. 23 Abs. I Ziff. 3 J.-G.). Dagegen kann der Fall, daß ein Jagdberechtigter einen Jagdgast, der eine Karte nicht besitzt bzw. nicht gelöst, mit auf die Jagd nimmt oder demselben einen Erlaubnißschein zum Jagdbesuch ausstellt, nicht unter diese Strafbestimmung gestellt werden.[190])

Strafbar sind ferner Jagdgäste, welche mit Genehmigung

---

wärter nur innerhalb ihres örtlichen Wirkungskreises s. E. d. O.-L.-G. München vom 21. Oktober 1887 S. IV S. 519; vgl. a. E. d. pr. K.-G. v. 12. Juni 1893 oben Note 165.

[188]) B. Gemeindezeitg. VII (Jhrgg. 1897) S. 583.

[189]) Vgl. Deutsch. Jäger Bd. XIII S. 30.

[190]) Männer a. a. O. S. 281.

des Jagdberechtigten, aber ohne dessen schriftliche Erlaubniß bei sich zu führen (diesen Begriff s. oben S. 224), jagen. Selbstverständlich sind die zur Jagdkartenkontrole berechtigten Beamten auch berechtigt, die Vorzeigung des Erlaubnißscheins und bei Anständen dessen Abgabe zu verlangen. Die Verweigerung der Vorzeigung oder Abgabe des Erlaubnißscheins ist nicht unter Strafe gestellt; denn Art. 23 Abs. I Ziff. 4 kann als Strafbestimmung nicht im Wege der Analogie angewendet werden. Dagegen setzt sich ein Jagdgast, der sich nicht durch schriftliche Erlaubniß des Jagdberechtigten ausweisen kann oder deren Vorzeigung einem zuständigen Jagdschutzorgan verweigert, der zwangsweisen Verhinderung der Fortsetzung der Jagdausübung durch Abnahme der Jagdgeräthe, Abführung aus dem Jagdgebiete und soweit seine Personalien dem Jagdschutzbeamten nicht genügend bekannt sind, der Zwangssistirung bei der nächsten zuständigen Polizeibehörde behufs Feststellung seiner Persönlichkeit und Befugniß aus.

Das Jagen ohne Besitz einer giltigen Jagdkarte und die Ueberlassung der eigenen Jagdkarte an einen Anderen zum Gebrauche sind außer einer Geldstrafe (bis zu 45 Mk.) auch mit einer Geldbuße zum Betrage der Jagdkartengebühr (15 Mk.) bedroht. Diese Buße muß bei Verurtheilungen aus Art. 23 Ziff. 1 und 3 J.-G. verhängt, kann aber bei Uneinbringlichkeit nicht in Freiheitsstrafe umgewandelt werden.[191])

Die jagdpolizeilichen Befugnisse der Forst- und Jagdschutz-Beamten und der strafrechtliche Schutz der letzteren.

Den Forst- und Jagdschutzbeamten, als welche die k. Gendarmerie (und Schutzmannschaft), das gemeindliche Polizeipersonal, ferner die Zollschutzbediensteten einschließlich der Forst- und Forstschutzbediensteten des Staates, dann (unter der Voraussetzung der amtlichen Bestätigung und Verpflichtung) auch der Gemeinden, Stiftungen, Körperschaften und Privaten sowie die von Gemeinden, Stiftungen, Körperschaften oder Privaten bestellten Jagdaufseher (Jagdhüter) in Betracht kommen,[192]) obliegt die Verhütung, Unterdrückung, Erforschung und Anzeige aller Jagdvergehen und Ueber-

---

[191]) E. d. O.-L.-G. München v. 9. August 1888 S. V S. 245; vgl. a. Trunk a. a. O. S. 65: die Zahlung kann nicht durch nachträgliche Lösung einer Jagdkarte abgewendet oder die Zahlung auf die Gebühr für die nachträglich gelöste Jagdkarte aufgerechnet werden.

[192]) ForstG. Art. 115, Allh. V.-O., betr. die Hilfsbeamten der Staatsanwaltschaft, v. 31. August 1879 (G.- u. V.-O.-Bl. S. 1057). Bzgl. der Zollschutzbediensteten s. Handausgabe d. Forstgesetzes. C. H. Beck, München 1897 S. 70 Note 2.

tretungen von jagd- (feld-, forst- und sicherheits-) polizeilichen Vorschriften gelegentlich der Jagdausübung.[193])

Zur vorbeugenden (verhütenden) Thätigkeit dieser Jagdschutzorgane gehört vor allem die Kontrole der bei der Jagdausübung oder in Jagdausrüstung auf fremdem Jagdgebiete außerhalb öffentlicher Wege Betroffenen auf ihre Jagdberechtigung und Legitimation zur Jagdausübung (Jagdkarte, Erlaubnißschein) oder zur Führung von Gewehr 2c. (Schutzgewehrschein), soweit diese Personen und ihre einschlägigen Verhältnisse den betr. Sicherheits- und Jagdschutzbeamten nicht genügend und von Amtswegen bekannt sind. Bei sich ergebendem Zweifel über die Identität der Personen, über Giltigkeit, Echtheit oder Zugehörigkeit der Legitimationen, sind die Jagdschutzbeamten einerseits berechtigt, die betroffenen Persönlichkeiten behufs Feststellung der Identität und bzw. der persönlichen Eigenschaften (Personalien) verlässigen Auskunftspersonen gegenüberzustellen oder der nächsten Polizeibehörde vorzuführen (Sistirung), anderseits die als zweifelhaft beanstandete Legitimation abzufordern und abzunehmen.[194])

Insoweit es nach den Umständen des einzelnen Falles angezeigt und nothwendig erscheint, um einer unberechtigten Jagdausübung bzw. einer solchen ohne Legitimation oder unbefugtem Verweilen auf fremdem Jagdgebiet in Jagdausrüstung vorzubeugen oder eine Zuwiderhandlung dieser Art in ihrem Laufe zu unterdrücken und deren Fortsetzung zu verhindern, steht dem Jagdschutzbeamten die vorläufige Wegnahme der Jagdausrüstung und Jagdgeräthe sowie event. die zwangsweise Entfernung des Betroffenem aus dem Jagdgebiete zu.[195])

Ergibt sich begründeter Verdacht auf eine strafbare Handlung, so ist der Jagdschutzbeamte zur Durchsuchung der Person des Verdächtigen und, soweit Gefahr im Verzuge besteht, daß Beweismittel oder Einziehungsgegenstände verloren gehen oder für den Beweis unbrauchbar werden könnten, zur Beschlagnahme solcher Gegenstände (Jagdausrüstung, Schlingen 2c., widerrechtlich oder polizeiwidrig erlegten Wilds, Fallwilds 2c.) berechtigt.[196])

---

[193]) Vgl. hieher E. d. R.-G. v. 8. Dezember 1882 und Art. 102 b A.-G. z. St.-Pr.-O.

[194]) Vgl. E. d. R.-G. v. 29. Januar 1886 Rspr. VIII S. 103.

[195]) E. d. b. O.-G.-H. v. 19. Juli 1875 Stengleins Zeitschr. VI S. 26.

[196]) S. § 161 St.-P.-O. u. E. d. R.-G. v. 16. November 1885 Rspr. VII S. 668, 23. Oktober 1883 Rspr. V S. 637 und v. 4. Juli 1890 E. XXI S. 48. S. a § 98 St.-P.-O. Für eine polizeiliche Beschlagnahme ohne richterliche Anordnung für das Strafverfahren, welche bei Gefahr im Verzug von der Staatsanwaltschaft und deren Hilfsbeamten vorgenommen werden kann, ist binnen 3 Tagen richterliche Bestätigung zu erholen, wenn bei der Beschlagnahme weder der Betroffene noch ein erwachsener Angehöriger anwesend war oder vom Betroffenen Widerspruch erhoben wird; s. ferner § 102

Die Durchsuchung kann sich auch auf die Wohnung und sonstige Räumlichkeiten, sowie seines beweglichen Besitzes, sowohl zum Zwecke seiner Ergreifung als behufs der wahrscheinlichen Auffindung von Beweismitteln und von Einziehungsgegenständen erstrecken.[197]

Bei Personen, die nicht als Thäter oder Theilnehmer einer strafbaren Handlung oder als Begünstiger oder Hehler verdächtig sind, dürfen Durchsuchungen nur zum Zwecke der Ergreifung des Beschuldigten oder behufs der Verfolgung von Spuren der strafbaren That oder behufs Beschlagnahme bestimmter Gegenstände und nur dann vorgenommen werden, wenn Thatsachen vorliegen, aus welchen zu schließen ist, daß die gesuchte Person, Spur oder Sache sich in den zu durchsuchenden Räumen befinde. In Räumen, in denen der Beschuldigte ergriffen worden, die er während der Verfolgung betreten hat oder in denen eine unter Polizeiaufsicht stehende Person wohnt oder sich aufhält, unterliegt die Durchsuchung keiner solchen Beschränkung.[198]

Zur Nachtzeit (1. April mit 30. September: von 9 Uhr Abends bis 4 Uhr Früh; 1. Oktober mit 31. März: von 9 Uhr Abends bis 6 Uhr Morgens) dürfen Wohnungen, Geschäftsräume und befriedetes Eigenthum nur bei Verfolgung auf frischer That oder bei Gefahr im Verzug oder behufs Wiederergreifung eines entwichenen Gefangenen durchsucht werden. Bei Wohnungen unter Polizeiaufsicht Stehender, zur Nachtzeit Jedermann zugänglichen oder der Polizei als Herberge oder Versammlungsort bestrafter Personen, als Diebs- (Hehler-) Niederlagen oder als Unterschlupf für Glücksspiel oder Gewerbsunzucht bekannten Räumen finden diese Beschränkungen keine Anwendung.[199]

In dem Rechte der Durchsuchung ist auch jenes enthalten, den Eintritt zu diesem Zwecke zu erzwingen. Die Wahl der anzuwendenden Zwangsmittel ist dem pflichtmäßigen Ermessen des Beamten anheimgegeben. Nach Lage der Umstände kann er verschlossene Thüren und Behälter durch Handwerker öffnen lassen oder — insbesondere bei Gefahr auf dem Verzuge — eigenhändig die zwangsweise Oeffnung vornehmen.[200]

Bei Durchsuchungen von Wohnungen, Geschäftsräumen oder befriedetem Besitzthum ohne Beisein eines zuständigen Richters oder

---

St.-P.-O. — Das R.-G. nimmt in d. E. v. 1 Mai 1882 Rspr. IV S. 415 an, daß der dringende Verdacht auf eine erst bevorstehende strafbare Handlung nicht zur Durchsuchung der Person berechtige — insoweit es sich jedoch um polizeiliche Vorbeugungsmaßregeln handelt, wird diese Entscheidung nicht zutreffend noch zu berücksichtigen sein.

[197]) § 102 St.-P.-O.

[198]) § 103 a. a. O.

[199]) § 104 St.-P.-O.

[200]) E. d. R.-G. v. 15. März 1892 Jur. W. Schr. 1892 S. 194 Nr. 7.

Staatsanwalts sind womöglich ein Gemeindebeamter oder zwei Mitglieder der Gemeinde (aus dem Gemeindebezirke des Orts der Durchsuchung) beizuziehen. Bei Abwesenheit des Inhabers der zu durchsuchenden Räume oder Sachen ist zur Durchsuchung wenn möglich sein Vertreter oder ein erwachsener Angehöriger, Hausgenosse oder Nachbar beizuziehen und letzteren, wie auch einem anwesenden Inhaber selbst, vor Beginn der Zweck der Durchsuchung anzugeben. Nach der Durchsuchung ist dem Inhaber auf Verlangen schriftliche Mittheilung über Grund der Durchsuchung und die veranlassende strafbare Handlung, ein Verzeichniß etwa beschlagnahmter Gegenstände und event. eine Bescheinigung über das Nichtvorfinden verdächtiger Gegenstände zu ertheilen.[201])

Die Beschlagnahme von Gegenständen, die als Beweismittel dienen oder der Einziehung unterliegen können, findet statt, soferne dieselben nicht freiwillig herausgegeben werden. Die Beschlagnahme wird dadurch bewirkt, daß der betr. Gegenstand der freien Einwirkung und Verfügung des Inhabers entzogen und unter amtliche Obhut gebracht wird. Wenn auch in der Regel die Beschlagnahme eines Gegenstands durch förmliche Besitzergreifung an demselben ausgeführt wird, so kann nach Umständen auch ein amtliches Verbot der Verfügung über den Gegenstand oder einer Veränderung desselben an den Inhaber als ein Akt der Beschlagnahme angesehen werden.[202])

Die Polizei- und Sicherheits- (einschließlich der Jagd- und Forstschutz-) Beamten sind zur vorläufigen Festnahme von Personen befugt, welche auf frischer That eines Jagdvergehens betroffen oder verfolgt werden, sowie bei Gefahr im Verzuge, wenn dringende Verdachtsgründe gegen die betr. Person vorliegen und dieselbe fluchtverdächtig oder nicht im Stande ist, sich über ihre Persönlichkeit auszuweisen oder vorliegende Thatsachen die Befürchtung begründen, daß der Verdächtige Spuren der That vernichten oder Zeugen oder Mitschuldige zu falscher Aussage oder zur Entziehung von der Zeugnißpflicht verleiten werde.[203]) Der Begriff des Betretens „auf frischer That" setzt voraus, daß die strafbare Handlung bereits begonnen haben muß, wenn das Betreten erfolgt, und es genügt hiefür nicht, wenn erst vorbereitende Handlungen hiezu vorliegen. Wann bei einem Jagdvergehen die Ausführung der strafbaren That beginnt, ist aus dem schon oben erörterten Begriffe des „Jagens" zu beurtheilen. Die „Jagdausübung", das „Jagen", setzt nicht voraus, daß die auf Aneignung des Wildes abzielenden Handlungen schon soweit

---

[201]) §§ 105, 106 St.-P.-O.

[202]) E. d. R.-G. v. 19. Juni 1888 Rspr. X S. 443.

[203]) §§ 127 mit 112 St.-P.-O; vgl. a. Deutsch. Jäger Bd. XX S. 318, 339, 348 ff.

gediehen sind, daß durch sie unmittelbar die Okkupation des Wildes ermöglicht oder bewirkt wird, sondern es genügt zum Begriffe der Jagdausübung auch eine solche auf die Aneignung gerichtete Thätigkeit, welche zur Ergreifung des Wildes noch eines weiteren Abschlusses bedarf, also schon das Aufsuchen, Verfolgen und Nachstellen. Der Jagdfrevler erscheint demnach schon dann auf frischer That betreten, wenn er, um Wild aufzusuchen und zu erlegen, mit einer diesem Zwecke dienlichen Jagdausrüstung versehen ein Jagdgebiet betritt, auf welchem zu jagen er nicht befugt ist. Das Betreffen auf frischer That ist daher beim Jagdfrevler nicht erst dadurch bedingt, daß derselbe eine die Aneignung unmittelbar bewirkende Handlung vorgenommen, z. B. einen Schuß abgegeben, Wild aus der Schlinge genommen, eine Schlinge gelegt oder gestellt habe u. s. w. Der Begriff des Betretens auf frischer That umfaßt aber auch den Zeitpunkt, wenn der Thäter unmittelbar nach Vollendung der That entdeckt wird. Zur Annahme der Fluchtgefahr genügt es, wenn befürchtet werden muß, daß der Betroffene nach Entdeckung der That zu dem Ende flüchtig gehe, um sich verborgen zu halten oder seinen Aufenthalt zum Zwecke des Verbergens zu verändern. Daß der Betretene nach einem entfernten Orte oder ins Ausland flüchten werde, ist für die Annahme der Fluchtgefahr nicht erforderlich. Bei der vorläufigen Festnahme darf der Zweck der Ermöglichung und Sicherung strafrechtlicher Verfolgung bzw. der Unterdrückung der im Laufe begriffenen strafbaren Handlung bzw. der Verhinderung ihrer Fortsetzung nicht überschritten werden. Die nächste und in der Regel zu ergreifende Maßnahme wird sich auf An- und Festhaltung des Verdächtigen beschränken; wird dieser Maßregel körperliche Gewalt entgegengesetzt, so darf und muß die zur Ueberwindung dieses Widerstands entsprechende Gegengewalt angewendet werden.[204])

Eine förmliche nur auf schriftliche richterliche Anordnung (Haftbefehl) auszuführende Verhaftung (im engeren Sinne) ist in der Regel von den Polizei- und Sicherheitsbeamten zu bethätigen. Zur vorläufigen Festnahme auf frischer That Betroffener oder Verfolgter ist bei Fluchtverdacht oder, wenn die Persönlichkeit des Betroffenen oder Verfolgten nicht sofort festgestellt werden kann, Jedermann, also auch der Jagdberechtigte, dessen Stellvertreter (verpflichteter oder unbeeidigter) Jagdaufseher befugt.[205])

Zur Festnahme bekannter Persönlichkeiten, die nicht fluchtverdächtig erscheinen, ist der Jagdberechtigte nicht befugt, wohl

[204]) E. d. R.-G. v. 13. Februar 1888 Rspr. X S. 139; s. a. Art. 102 d. A.-G. z. St.-P.-O.

[205]) § 114, § 127 Abs. I St.-P.-O.

aber berechtigt, einen auf frischer That betroffenen, ihm unbekannten Jagdfrevler bis zur Feststellung der Persönlichkeit desselben auch bei nichtvorliegendem Fluchtverdachte festzuhalten.[205a]

Mit der Verhaftung oder Festnahme eines Verdächtigen (bzw. Thäters) gehen auch alle diejenigen Sachen, welche der Festgenommene bei sich trägt, mit diesem selbst in den richterlichen bzw. polizeilichen Gewahrsam über, da mit dem Augenblick der Verhaftung die Freiheit des Festgenommenen bzw. Verhafteten, über seine Person, und was er an sich trägt, zu verfügen, beschränkt bzw. zeitweilig aufgehoben wird. Es bedarf daher in diesem Falle eines besonderen Beschlagnahmeaktes nicht, wohl aber wird die Wegnahme z. B. eines Gewehres, der Munition, sonstigen Jagdgeräthes, der widerrechtlich gemachten Jagdbeute in der Regel sich empfehlen.[206] Zu letzterer Maßnahme erscheint übrigens auch der Jagdberechtigte, dessen Stellvertreter, (unbeeidigter) Jagdaufseher 2c. kraft des Selbstpfändungsrechtes befugt. Inwieweit dem Jagdberechtigten ein solches Selbstpfändungsrecht zusteht, bemißt sich aus Landesrecht, welches durch Art. 69 d. E.-G. z. B. G.B. als landesrechtliche Vorschrift über „Jagd" aufrecht erhalten erscheint.[207]

Das gem. Recht gibt bei Besitzstörungen (auch bei Störungen im Besitze eines Rechts) dem Gestörten das Recht der Selbstpfändung gegenüber dem Störer an dessen beweglichen Sachen zur Sicherung des Schadensersatzes und zur Abwendung der Nachtheile künftiger Störungen und Verletzungen im Besitz. Hieraus ist auch die Befugniß für den in seinem Besitz gestörten Jagdberechtigten abzuleiten, dem Jagdfrevler das mitgeführte Jagdgeräthe zur Verhütung einer Fortsetzung der Störung und zur Sicherung des nothwendigen Beweises abzunehmen. Das bayer. L.-R. hat ausdrücklich die Berechtigung des Jagdberechtigten anerkannt, dem „Wildschützen" sein Gewehr, Netz, Hund und anderes „Gezeug" (also auch Schlingen, Fallen sowie die Munition) wegzunehmen. Das allg. pr. L.-R. gewährt ebenfalls dieses Selbstpfändungsrecht und auch im Herrschaftsgebiete des französ. Rechts — in der Pfalz — ist ein solches Recht der Pfändung (de mettre en fourrière) anzunehmen.[207a]

[205a]) S. die Anführungen aus d. Deutsch. Jäger (S. 349) in Note 203.

[206]) E. d. R.-G. v. 20. März 1883 Rspr. V S. 195.

[207]) S. a. E. d. b. O.-G.-H. v. 19. Juli 1875 Stengleins Zeitschr. VI S. 26; Bl. f. R.-A. Bd. LXIII S. 296; E. d. R.-G. v. 4. Februar 1881, 15. Januar 1885 E. III S. 337, XI S. 425.

[207a]) Anm. z. b. L.-R. Th. II c. 6 § 24 Nr. 2 und 3; zu vgl. mit Mittermeier, Deutsch. Priv.-R. IV. Aufl. § 152; pr. L.-R. Th. I c. 14 § 416, 420, 423; Toullier le droit civ. franc. XI S. 350; vgl. hiezu E. d. R.-G. E. XIX S. 320, XXI S. 204, XXII S. 302, Rspr. d. pr. Ob.-Trib. XIV S. 152.

Für den Jagdberechtigten besteht, solange der Thäter noch im Besitze des Werkzeuges zur Begehung der strafbaren Handlung sich befindet, von dem Betreffen auf frischer That an eine stete Gefahr, von Neuem damit in seinem Rechte bedroht oder beeinträchtigt zu werden. Zur Abwendung dieser Gefahr erscheint der zum Schutze seines Rechts handelnde Jagdberechtigte bzw. dessen Stellvertreter (Jäger, Jagdaufseher und auch Jagdgast) berechtigt, dem auf frischer That betroffenen Jagdfrevler das Gewehr 2c. abzupfänden, wenn auch die Voraussetzungen einer Beschlagnahme nicht vorliegen. Auch dem fliehenden Thäter darf der Jagdberechtigte das Jagdgeräthe abfordern; denn außerdem würde die Entdeckung und Ueberführung des auf frischer That betretenen Jagdfrevlers in vielen Fällen unmöglich werden.[207b)]

Selbst wenn übrigens Landesrecht eine Regelung hier nicht getroffen hätte, würde immer noch dem Jagdberechtigten das Selbstpfändungsrecht zur Seite stehen, welches das B. G.B. §§ 229 mit 958 einräumt und wonach derjenige, der zum Zwecke der Selbsthilfe eine Sache wegnimmt, zerstört oder beschädigt oder zum Zwecke der Selbsthilfe einen Verpflichteten (Schuldigen), welcher der Flucht verdächtig ist, festnimmt oder den Widerstand des Letzteren gegen eine Handlung, die dieser zu dulden verpflichtet ist, beseitigt, nicht widerrechtlich handelt, wenn obrigkeitliche Hilfe nicht rechtzeitig zu erlangen ist und ohne sofortiges Eingreifen die Gefahr besteht, daß die Verwirklichung des Anspruchs vereitelt oder wesentlich erschwert werde.[207c)]

Die Sicherheitsbeamten eines Bundesstaates, denen auch die Forst und Jagdschutzbeamten beigezählt werden dürfen, sind ermächtigt, die Verfolgung eines Flüchtigen auf das Gebiet eines anderen Bundesstaates fortzusetzen, um den Flüchtigen daselbst zu ergreifen. Die Ergreifung wird übrigens in diesem Falle nicht blos den Zweck der Festnahme umfassen, sondern auch ein Verfolgen und bzw. Anhalten zum Zwecke der Feststellung der Persönlichkeit des Flüchtlings, als welcher nicht blos derjenige zu betrachten ist, der seine Absicht darauf richtet, sich der Sistirung und Festnahme durch Flucht zu entziehen, sondern überhaupt ein jeder, zu dessen Habhaftwerdung eine Verfolgung geboten erscheint.[208)]

[207b)] E. d. R.-G. v. 27 November 1890 E XXI S. 204, v. 31. Jan. 1892 E XXII S. 304

[207c)] Fischer-Henle, Komm z. B. G.B. § 229 Anm. 1 a. Schl.

[208)] § 168 G.-V.-G., E. d R.-G. v 9. Dezember 1886 Rspr. VI S. 735 und 30. April 1888 Rspr X S 353 – Durch § 168 G.-V.-G. erscheinen die früheren Uebereinkommen mit verschiedenen Bundesstaaten betr. der Verhutung, Verfolgung und Bestrafung von Forst und Jagdfreveln gegen-

Jeder Festgenommene ist unverzüglich, soferne er nicht nach Feststellung seiner Persönlichkeit und Unschädlichmachung durch Abnahme des Gewehrs ꝛc. wieder freigelassen wird, dem Amtsrichter des Bezirks des Festnahmeortes vorzuführen, welch letzterer die Freilassung anordnen oder Haftbefehl erlassen kann.[209]) Bei Festnahme in einem anderen Bundesgebiete ist der Ergriffene unverzüglich dem nächsten Gerichte oder der nächsten Polizeibehörde des Bundesstaates, in welchem die Festnahme stattfand, vorzuführen.[210])

Die Vorführung vor den Amtsrichter ist auch bei den zur Verhinderung der Fortsetzung eines strafbaren Thuns Festgenommenen geboten und darf die Festhaltung keinesfalls über 24 Stunden fortgesetzt werden.[211])

Die Forst- und Jagdschutz- (und übrigen Sicherheits- und Polizei-) Beamten genießen in rechtmäßiger Ausübung ihres Amts, die Waldeigenthümer, Forst- oder Jagdberechtigten und die von diesen bestellten Aufseher in rechtmäßiger Ausübung ihres Rechtes gegenüber den hiebei wider sie gerichteten Angriffen der Forst- und Jagdfrevler einen verstärkten strafrechtlichen Schutz,[212]) da solche Ausschreitungen nach Art und Ort von besonderer Gefährlichkeit erscheinen. Wer den genannten Personen in Ausübung ihres Amtes bzw. ihres Rechtes durch Gewalt oder Bedrohung mit Gewalt Widerstand leistet oder dieselben während der Ausübung ihres Amts oder Rechtes thätlich angreift, wird (§ 117 Abs. I St.-G.-B.) mit Gefängniß von 14 Tagen bis 3 Jahren bedroht. Ein Widerstand gegen die Ausübung des Jagdrechts selbst fällt aber nicht unter den Thatbestand des § 117 St.-G.-B., der hier ausgesprochene Schutz soll vielmehr den Privaten (Jagdberechtigten und ihren Aufsehern) nur insoweit zukommen, als sich die Ausübung ihres Privat- (Jagd-) Rechts deckt und zusammenfällt mit der berufsmäßigen auf Forst- und Jagdschutz gerichteten Thätigkeit der hiezu bestellten öffentlichen Beamten.[213])

---

standslos geworden, dagegen übt das G.-V.-G. keinen Einfluß hinsichtlich der Uebereinkunft mit den Oesterreichischen Kaiserstaaten v. 16. April 1844 (Rggsbl. S. 308); s. hiezu Min.-Entschl. v. 18. November 1847 (Döll., V.-O.-S Bd. XXVII S. 420).

[209]) § 128 St.-P.-O. und Art. 102 A.-G. z. St.-P.-O. — Die Vorführung soll unverzüglich, also ohne jeden unnützen, ungerechtfertigten Verzug geschehen. Vorgängige Protokollirung des Falls (Personalien, Thatumstände ꝛc.) behufs Vorlage an den Richter bei der Vorführung ist nicht ohne Weiteres als ein Verzug zu bezeichnen; E. d. R.-G. v. 12. Dezember 1889 Rspr. VI S. 807.

[210]) § 168 G.-V.-G.

[211]) Art. 102 d. A.-G. z. St.-P.-O.

[212]) §§ 117—119 St.-G.-B.

[213]) E. d. R.-G. v. 29. Mai 1880 E. II S. 170, Rspr. I S. 835: Ein

Wie schon oben erörtert, umfaßt der Jagdschutz sowohl eine vorbeugende und unterdrückende, als auch eine ermittelnde, die Strafverfolgung vorbereitende und ermöglichende Thätigkeit. Ein Widerstand im Sinne des § 117 kann daher bei der Kontrole auf Besitz der Jagdkarte, Schutzgewehrschein, Jagderlaubnißschein, bei der Wegweisung aus fremdem Jagdgebiete, bei Abnahme von Jagdgeräte behufs der Verhinderung der Fortsetzung oder Unterdrückung eines Jagdfrevels bezw. einer Jagdpolizeiübertretung, bei vorläufiger Festnahme, Durchsuchung und Beschlagnahme (von Beweismitteln oder Einziehungsgegenständen), Aufsuchen von Beweismitteln (z. B. von Schlingen, Verfolgung der Spuren eines Wilderers) verübt werden.[214]) Aus der Verpflichtung und Berechtigung des Jagdschutzbeamten ꝛc., Beweismittel zu sammeln und Einziehungsgegenstände sicherzustellen, kann jedoch keine Verpflichtung für den auf einer strafbaren Handlung Betroffenen oder einer solchen Verdächtigen abgeleitet werden, selbst für seine Ueberführung im strafrechtlichen Verfahren thätig zu werden und z. B. durch Vorzeigen von ihm gelegter Schlingen gegen sich selbst Belastungsmaterial herbeizuschaffen.[215]) Ein Zwang hiezu würde die Rechtmäßigkeit der bezüglichen Amtsausübung ausschließen und einen Widerstand hiegegen straffrei machen; denn Voraussetzung der Anwendung des § 117 ist, daß die dort geschützten Personen in rechtmäßiger Ausübung ihres Amtes oder Rechtes, also innerhalb ihrer gesetzlichen Befugnisse handeln. Der Beamte wird jedoch dieses Schutzes dadurch nicht verlustig, daß er bei Prüfung der Frage, ob die Voraussetzungen für sein Einschreiten gegeben sind, sich hinsichtlich der thatsächlichen das letztere veranlassenden und rechtfertigenden Umstände geirrt hat, wohl aber bei einem Irrthum über das Gesetz.[216]) Rechtmäßig übt derjenige Beamte sein Amt aus, welcher den von einem Vorgesetzten in dessen sachlicher Zuständigkeit ertheilten Weisungen Folge leistet, gleichviel ob dieselben angemessen oder gesetzlich gerechtfertigt waren oder nicht.[217])

Grundeigenthümer, welcher den Jagdberechtigten unberechtigter Weise durch Androhung von Schlägen auffordert, sich von seinem Grundstücke zu entfernen, und dadurch in der rechtmäßigen Ausübung der Jagd stört, ist nur wegen Nötigung — § 240 St.-G.-B. — strafbar.

[214]) E. d. R.-G. v. 30. Oktober 1880 Rspr. II S. 411.

[215]) S. d. in Zwinger u. Feld Bd. III S. 265 mitgetheilte E. d. R.-G.

[216]) E. d. R.-G. v. 4. Oktober 1881 Rspr. III S. 582; 5. November 1881 E. V S. 296; 20. April 1880 Rspr. VII S. 238; 17. Januar 1888 Rspr. X S. 40.

[217]) E. d. R.-G. v. 1. November 1880 Rspr. II S. 424; 23. November 1880 a. a. O. S. 559; 27 Mai 1881 Rspr. III S. 341; 7. Mai 1885 Rspr. VII S. 280, 15. März 1887 E. XV S. 356; 20. Dezember 1888 J. W.-Schr. 1889 S. 54 Nr. 7.

Daß die betreffenden Amtshandlungen und der Widerstand gerade innerhalb des den Beamten unterstellten Reviers stattfanden, ist nicht Voraussetzung des § 117. Wenn nur die betr. Handlungen innerhalb der örtlichen und sachlichen Zuständigkeit der Beamten liegen, so genießen sie auch außerhalb des Schutzbezirkes den Schutz des § 117.[218]) Auch der Jagdberechtigte und dessen von ihm bestellte Aufseher können gewisse Jagdschutzhandlungen z. B. die vorläufige Festnahme und Vorführung eines Jagdfrevlers, Wegnahme des Jagdgeräths, Wildprets unter dem Schutze des § 117 außerhalb ihres Jagdbezirkes unter der Voraussetzung vornehmen, daß die Verletzung des Jagdrechts innerhalb des letzteren Bezirkes stattgefunden hat.[219]) Jagdschutzhandlungen des Jagdberechtigten und seiner Aufseher gegen Verletzungen eines fremden, Ersterem nicht zustehenden Jagdrechts in fremdem Revier sind dagegen nicht aus § 117 geschützt.

Im Unterschiede von dem öffentlichen Forst- und Jagdschutzpersonale (einschließlich der amtlich verpflichteten Privataufseher) schließt ein Irrthum des Jagdberechtigten und seiner privaten (unbeeidigten) Aufseher über die gesetzlichen und thatsächlichen Voraussetzungen ihres Einschreitens den Schutz des § 117 aus, der nur gewährt wird, wenn deren rechtliche bzw. privatdienstliche Handlungen streng innerhalb der sachlichen Grenzen der Rechtmäßigkeit geblieben sind. Dagegen kann dieselben guter Glaube auch von Bestrafung wegen Nötigung oder Freiheitsentziehung befreien.[220])

Der Thatbestand des § 117 erfordert, daß der Thäter wußte und wissen mußte, daß derjenige, welchem er Widerstand geleistet, eine der in § 117 aufgezählten Personen sei und sich in Ausübung seines Amtes oder Rechtes befinde; daß der Thäter weiters noch das Bewußtsein von der Rechtmäßigkeit der Rechts- oder Amtsausübung gehabt, ist nicht erforderlich.[221]) Wer sich der Mög-

---

[218]) E. d. R.-G. v. 5. April 1889 E. XIX S. 101; v. 16. Oktober 1890 E. XXI S. 203.

[219]) E. d. R.-G. v. 19. Juni 1890 E. XXI S. 11.

[220]) E. d. R.-G. v. 11. Mai 1885 Rspr. VII S. 290 und E. VI S. 400 und XX S. 159, dagegen E. XII S. 196: die Widerrechtlichkeit dies angewendeten Zwanges wird immer dann wegfallen, wenn der Handelnde zu der angedrohten oder angewendeten Gewalt auf Grund erlaubter Selbsthilfe, Nothwehr oder eines anderen gleichartigen Rechts befugt war oder auf Grund thatsächlichen oder zivilrechtlichen Irrthums befugt zu sein glaubte.

[221]) E. d. R.-G. v. 30. Oktober 1880 Rspr. II S. 413 und v. 27. September 1887 Rspr. IX S. 474, s. dagegen E. v. 7. Januar 1890 E. XX S. 156: daß das Bewußtsein von der Rechtmäßigkeit der Amtsausübung in den Fällen des § 117 nicht zu den Thatbestandsmerkmalen zählt, ist eine Ausnahme zu Gunsten der Wahrung staatlicher Autorität und trifft als solche nicht zu, wenn ein Privatberechtigter bei einer Rechtsausübung Widerstand findet.

lichkeit bewußt war, daß er eine der in § 117 aufgeführten Personen vor sich habe und dieselbe sich in rechtmäßiger Rechts- bzw. Amtsausübung befinde und gleichwohl auf die Gefahr dieses Thatbestandsmerkmals hin Widerstand leistet, macht sich eines aus § 117 strafbaren dolus eventualis schuldig.[222])

Das Widerstandleisten setzt eine aktive Thätigkeit voraus, die dazu bestimmt und an und für sich geeignet ist, die Vollziehung einer Amts- oder Rechtshandlung nicht zur Vollendung gelangen zu lassen.[223]) Ein passives Verhalten (passiver Widerstand durch bloße Unthätigkeit) fällt nicht unter § 117. Der Widerstand muß durch Gewalt oder durch Bedrohung mit Gewalt geleistet sein. Zum Begriffe der letzteren genügt jede gegen die Person des Beamten oder berechtigten Privaten gerichtete Kraftäußerung, welche sich gegen eine Kraftäußerung der gedachten Personen derartig wendet, daß dadurch deren berechtigtes Vorgehen beschränkt oder aufgehoben wird. Ein Anstemmen an dem Boden, so daß ein größerer Aufwand von Körperkräften seitens des Beamten zc. nöthig wird, als durch die bloße Ueberwindung der nur in der Körperschwere liegenden Erschwerung der Fortschaffung geboten sein würde, ein Anklammern an irgend welche Gegenstände, um die Festnahme zu verhindern, ein Festhalten des Gewehres, das der Beamte zc. wegnehmen will, erscheinen als gewaltsamer Widerstand.[224]) Die Gewalt muß gegen die Person des Beamten zc. gerichtet sein und zwar in körperlichen Kraftäußerungen, welche mittel- oder unmittelbar gegen eine gleiche Kraftäußerung des Beamten zc. sich in einer Weise kehren, daß dadurch dessen Handlungsfreiheit und berechtigtes Vorgehen beschränkt oder aufgehoben wird.[225])

Bedrohung mit Gewalt ist die Ankündigung einer Gewalthandlung. Daß die Bedrohung ernstlich gemeint war, der Bedrohte dieselbe für eine ernstliche nahm und mit Grund deren Verwirklichung befürchtete, ist nicht nothwendig. Es genügt das Bewußtsein des Drohenden, daß seine Handlungsweise in dem Bedrohten die Furcht vor der Verwirklichung der Drohung hervorzurufen geeignet und dem zufolge die Absicht anzunehmen ist, solche Furcht zu erregen.[226]) Die Drohung, auf eine Person

[222]) E. d. R.-G. v. 7. Januar 1890 E. XX S. 156: der Widerstand erscheint selbst dann strafbar, wenn der Widerstand Leistende zweifelt, ob die Handlung des Jagdberechtigten eine rechtmäßige oder ob der Letztere zu einer Durchsuchung und Festnahme befugt sei.

[223]) E. d. R.-G. v. 12. Juli 1881 E. IV S. 374.

[224]) E. d. R.-G. v. 1. November 1880 Rspr. II S. 424, v. 5. Februar und 7. Mai 1885 Rspr. VII S. 83 und 280; E. d. b. Ob. G.-H. v. 19. Juli 1875 S. V S. 362.

[225]) E. d. R.-G. v. 5. Februar 1881 Rspr. III S. 12.

[226]) E. d. R.-G. v. 25. Oktober 1883 Rspr. V S. 643.

einen Hund zu hetzen, ist Bedrohung mit Gewalt.[227]) Der Widerstand durch Gewalt oder Bedrohung mit Gewalt muß in der Ausübung des Amtes oder Rechtes geleistet werden, also gegen die Amts- oder Rechtsausübung gerichtet sein, was voraussetzt, daß die letztere bereits begonnen oder doch unmittelbar bevorgestanden hat.[228])

Ein thätlicher Angriff wider eine Person beschränkt sich nicht auf ein Anfassen und wirkliches Beeinträchtigen des Körpers eines Andern, ist insbesondere nicht mit körperlicher Mißhandlung oder Verletzung gleichbedeutend, umfaßt vielmehr jede in feindseliger Willensrichtung unmittelbar auf den Körper eines anderen zielende Einwirkung und zwar ohne Rücksicht auf einen Erfolg derselben. Auch ein auf eine Person abgegebener Schuß, welcher jedoch dieselbe unberührt gelassen hat, bildet einen „thätlichen Angriff.“[229]) Im Allgemeinen wird unter letzterem jede Thätigkeit zu verstehen sein, welche die Richtung nach dem Anderen nimmt, z. B. das Ausholen mit dem Arm, in der Absicht zu schlagen, erscheint als thätlicher Angriff, auch wenn das Treffen des Körpers durch Dazwischentreten eines Dritten abgewendet wird, ingleichen das Zücken eines Messers zum Stoße.[230]) Bei dem thätlichen Angriffe genügt es, daß er mit der Amts- bzw. Rechtsausübung zeitlich zusammentraf, also während letzterer erfolgte.[231])

Wird der Widerstand oder Angriff unter Drohung mit Schießgewehr,[232]) Aexten oder anderen gefährlichen Werkzeugen oder mit Gewalt an der Person begangen, so bildet dies einen Erschwerungsgrund und tritt Gefängnißstrafe nicht unter 3 Monaten ein (§ 117 Abs. II).

Es handelt sich hier um Bedrohung mit einer Gewalt, die in Folge der bei der Bedrohung gebrauchten Mittel mit einer gegenwärtigen Gefahr für Leben oder Gesundheit des Bedrohten verbunden erscheint. Daß die Bedrohung ernstlich gemeint, der Beamte oder Jagdberechtigte rc. in der That ernstlich bedroht und der Drohende in der Lage war, die Drohung sofort auszuführen und daß er den Willen hatte, dies zu thun und den Bedrohten

---

[227]) E. d. b. O.-L.-G. München v. 6. Juni 1889 S. V S. 316; E. d. R.-G. v. 1. Juni 1883 Rspr. III S. 393.

[228]) E. d. R.-G. v. 1. Juli 1885 Rspr. VII S. 455; und v. 23. Febr. 1888 Rspr. X S. 180.

[229]) E. d. R.-G. v. 26. September 1890 Goltdammer, Arch. Bd. XXXVIII S. 359.

[230]) E. d. R.-G. v. 18. November 1882 Rspr. IV S. 818, s. a. E. d. O.-G. Wolfenbüttel v. 3. Oktober 1876 Stengleins Zeitschr. VII S. 39.

[231]) E. d. R.-G. v. 1. Juli 1885 Rspr. VII S. 455 und v. 23. Febr. 1888 Rspr. X S. 180.

[232]) Daß das Gewehr bei dem Widerstand oder Angriff auch geladen sei, ist nicht erforderlich. E. d. R.-G. v. 25. Oktober 1883 Rspr. V S. 643.

zu töten oder zu verletzen, ist nicht erforderlich, es genügt das Bewußtsein des Drohenden, daß seine Handlungsweise an sich geeignet sei, in dem Bedrohten Furcht vor Verwirklichung der Drohung hervorzurufen, und die aus einem solchen Verhalten abzunehmende Absicht, eine solche Furcht zu erregen. Es ist daher gleichgiltig, ob die Drohung mit einem geladenen oder einem ungeladenen Schießgewehr unternommen wurde.[233]) Als sonstiges (anderes) gefährliches Werkzeug sind nicht blos (Hieb- und Stich-) Waffen, sondern überhaupt jeder bewegliche Gegenstand anzusehen, mittels dessen eine erhebliche Verletzung an dem Körper eines Anderen bewirkt werden kann, nach Umständen ein Stock, eine Peitsche, ein Prügel, Latten, Zaunpfahl, aber auch ein Schlagring, ein schwerer Hausschlüssel, ein Stiefelabsatz u. dgl. Die Qualifikation eines Gegenstandes als gefährliches Werkzeug ist eine vom Richter zu entscheidende Thatfrage.

Mit Gewalt an der Person wird ein Widerstand oder Angriff verübt, wenn die Gewalthandlung die Person selbst trifft, also auf letztere eine Einwirkung übt. Eine solche Einwirkung ist z. B. schon gegeben, wenn in Folge eines abgegebenen Schusses der Angegriffene einen heftigen Luftdruck verspürt.[234])

Ist durch den Widerstand oder den Angriff eine Körperverletzung dessen, gegen den die Handlung begangen ist, verursacht, so tritt Zuchthausstrafe bis zu 10 Jahren ein. Vorsätzliche Verursachung der Körperverletzung ist nicht erforderlich zur Bestrafung aus § 118 St.-G.-B., es reicht hin, wenn zwischen der Widerstands- oder Angriffshandlung und der Körperverletzung ein ursächlicher (kausaler) Zusammenhang gegeben ist.[235])

Körperverletzung begreift hier sowohl körperliche Mißhandlung — also jede vorsätzliche rechtswidrige Einwirkung auf den Körper eines Anderen, durch die in letzterem eine Störung des körperlichen Wohlbefindens bewirkt wird — als eine Gesundheitsbeschädigung im Sinne des § 223 St.-G.-B. in sich. Die Körperverletzung im Sinne des § 118 muß nicht eine Verwundung zur Folge haben, auch blos marternde, das Leben gefährdende Mißhandlungen, z. B. das Anschnüren an einen Baum, Binden und Knebeln 2c. sind hier unter Körperverletzung zu begreifen.[236])

Wird eine Strafthat nach §§ 117, 118 von Mehreren gemeinschaftlich begangen, so kann eine weitere Erhöhung der Strafe

---

[233]) E. d. R.-G. v. 25. Oktober 1883 a. a. O.

[234]) E. d. R.-G. v. 28. Juni 1887 E. XVI S. 172.

[235]) E. d. pr. O.-Trib. vom 25. Juni 1875 Stengleins Zeitschr. V S. 284.

[236]) E. d. R.-G. v. 1. Juli 1884 und 18. Mai 1888 Rspr. VI S. 489 und X S. 407, v. 16. April 1889 E. XIX S. 136 und E. d. O.-L.-G. München v. 27. Februar 1890 S. VI S. 40.

bis um die Hälfte des angedrohten Höchstbetrages (also bei § 118 bis zu 15 Jahren Zuchthaus), bei der Gefängnißstrafe jedoch nicht auf mehr als 5 Jahre eintreten. Gemeinschaftliche Begehung der That setzt ein bewußtes, gewolltes Zusammenwirken voraus; der Wille des Einzelnen muß darauf gerichtet sein, daß die strafbare That durch die zusammenwirkende Thätigkeit ins Werk gesetzt wird. Dies kann auch bei nach und nach auf einander folgenden Handlungen zutreffen.[237])

Mildernde Umstände lassen Strafermäßigung, in Fällen des § 117 Alin. I Abminderung der Gefängnißstrafe auf 1 Jahr als Höchstmaß, bei Alin. II des Mindestmaßes dieser Strafe auf ein Monat zum Höchsten, in Fällen des § 118 Alin. I Ermäßigung der Zuchthaus- in Gefängnißstrafe, jedoch nur im Mindestbetrage von 3 Monaten zu. In Fällen des § 119 ist die Annahme mildernder Umstände aus §§ 117, 118 St.-G.-B. nicht ausgeschlossen.[238])

Waffengebrauch der Jagdschutzbeamten und Jagdberechtigten.

Forst- und Jagdschutzbeamte (einschließlich der Sicherheitspolizeibeamten, insbesondere Gendarmen) sind befugt, in Ausübung ihres Dienstes auch fremdes Jagdgebiet außerhalb öffentlicher Wege in Jagdausrüstung zu betreten. Dem Jagdberechtigten und den von ihm bestellten Jagdaufsehern (insoweit letztere nicht in Folge amtlicher Verpflichtung ohnehin als Sicherheitsbeamte zu betrachten sind) wird die gleiche Befugniß für den Fall zuzugestehen sein, wenn dieselben behufs Verfolgung eines auf frischer That betroffenen Jagdfrevlers, behufs Feststellung seiner Persönlichkeit und event. behufs vorläufiger Festnahme, Entwaffnung 2c. desselben, fremdes Jagdgebiet betreten. Da in solchem Falle der Jagdberechtigte und sein (privater) Aufseher von einer gesetzlich anerkannten Berechtigung Gebrauch machen und hiebei der Selbstschutz die Ablegung der zur Vertheidigung dienenden Jagdausrüstung (des Schießgewehrs, Hirschfängers, Knickers) selbstverständlich ausschließt, befinden sie sich nicht „ohne . . . Befugniß“ zur Jagd ausgerüstet auf fremdem Jagdgebiet.[239])

---

[237]) Vorheriger Verabredung bedarf es nicht, nur des wenn auch erst während der That entstandenen Einverständnisses. E. d. R.-G. v. 11. Jan. 1883 E. VIII S. 12.

[238]) E. d. pr. Ob.-Trib. v. 1. Juni 1875 Stengleins Zeitschr. V S. 35.

[239]) S. oben die Bemerkungen zu § 368 Nr. 10 St.-G.-B. S. 198 und über die Ausübung des Jagdschutzes S. 215.

Die Anwendung der bei Ausübung des Jagdschutzes geführten Waffen, d. h. der sogen. Waffengebrauch, richtet sich, soweit nicht besondere Dienstesvorschriften hierüber nähere Bestimmung treffen,[239a] nach § 53 St.-G.-B. Der durch Nothwehr gebotene Waffengebrauch ist nicht strafbar. Nothwehr ist diejenige Vertheidigung, welche zur Abwehr oder Abwendung eines gegenwärtigen rechtswidrigen Angriffs von sich oder einem Anderen erforderlich ist. Diese Nothwehr ist nicht blos bei rechtswidrigen Angriffen auf die Person, sondern auch bei solchen auf das Eigenthum (und anvertraute Güter) oder andere Rechte statthaft.[240] Soferne es zur Vertheidigung der eigenen oder einer fremden Person, des eigenen oder eines fremden Rechts nothwendig ist, darf der Angreifende, d. h. der in fremdes persönliches oder Sachenrecht Eingreifende, auch verwundet und getötet werden. Der in Nothwehr Befindliche muß sich nicht blos auf Vertheidigung beschränken, sondern kann letztere, wenn nicht anders möglich, auch durch einen Gegenangriff bewerkstelligen. Auch ein unmittelbar bevorstehender Angriff, insbesondere auch die eine augenblickliche Gefahr begründende Drohung eines Anderen, ist als gegenwärtiger Angriff anzusehen.[241]

Das Maß der Vertheidigung (des vertheidigungsweisen Gegenangriffs) richtet sich nach der Stärke des abzuwehrenden Angriffs.[241a] Die Möglichkeit eines Ausweichens, z. B. durch die Flucht, schließt nicht ohne Weiteres die Berechtigung zur Nothwehr aus.[242] Die Frage, welches Mittel der Abwehr im einzelnen

---

[239a]) Gendarmeriedienstvorschriften v. 20. September 1879 (M.-A.-Bl. d. Inn. S. 379):

§ 175. Die Mitglieder der Gendarmerie sind .... befugt, bei Ausübung des Dienstes sich der Waffen zu bedienen 1. wenn gegen sie selbst ein gewaltthätiger Angriff gemacht wird oder ein solcher Angriff unmittelbar droht, 2. wenn ihnen Widerstand, welcher nur durch Anwendung von Waffen überwunden werden kann, entgegengesetzt wird, 3. wenn die ihnen anvertrauten Personen, Güter oder Posten auf keine andere Weise vertheidigt zu werden vermögen.

§ 177. Die Gendarmerie hat die Verpflichtung, von der Waffengewalt in den Fällen, in welchen solches ohne Vereitelung des Zwecks möglich ist, erst nach vorausgegangener Warnung und auch dann nur von der leichteren Waffe Gebrauch zu machen, wenn ohne Anwendung der Schußwaffe der Zweck erreicht werden kann. Der Gebrauch und die Richtung der anzuwendenden Waffe müssen möglichst berechnet und das Leben des Angreifers geschont werden, soweit es im Augenblicke des Handelns thunlich ist.

[240]) E. d. O.-L.-G. München v. 23. Mai 1882 S. II S. 90 und E. d. R.-G. v. 24. November 1890 E. XXI S. 170.

[241]) E. d. O.-L.-G. München v. 31. Januar 1888 S. V S. 12.

[241a]) E. d. O.-L.-G. München v. 4. April 1884 S. III S. 59 und E. d. R.-G. v. 26. Februar 1883, Blums Ann. d. R.-G. VII S. 318.

[242]) E. d. R.-G. v. 13. Mai 1887 E. XVI S. 69.

Falle das angemessene war, ist nach den Umständen des letzteren zu beurtheilen. Es läßt sich zwar im Allgemeinen sagen, daß der Angegriffene, wo ihm ein voraussichtlich wirksames geringeres Mittel zur Hand ist, nicht berechtigt sei, sofort das schwerere oder schwerste anzuwenden, daß er also nach Lage des Falls einem Hieb, Stoß oder Schuß zunächst eine entsprechende Drohung (z. B. Gewehr nieder — Gewehr ab oder ich schieße rc.) vorangehen lassen, beim Schießen möglichst nach den Beinen halten, beim Hiebe mit dem Hirschfänger oder entladenen Gewehre den Hieb nach den Armen des Gegners führen solle.[243]) Es wird aber anderseits auch in Betracht gezogen werden müssen, daß nach reichlicher Erfahrung Jäger und Jagdschutzbeamte mit der Thatsache als Regel rechnen dürfen, daß der betroffene Wilderer, wenn er nicht besonders günstige Gelegenheit zum Entweichen vor seiner Erkennung hat und selbst dann oft nicht Anstand nimmt, den ihm gegenübertretenden Jäger unschädlich zu machen und zu töten. Es kann dem Jäger und Jagdschutzbeamten nicht zugemuthet werden, angesichts solcher Erfahrungen zuzuwarten, welcher Art der Angriff des Wilderers sein werde, und der Jäger wird, wenn der Wilderer eine Schußwaffe zeigt oder der Besitz und Gebrauch einer solchen auf Seiten des Wilderers anzunehmen ist, ohne Weiteres von der eigenen Schußwaffe Gebrauch machen dürfen, da eben in solcher Lage nur das Zuvorkommen den mit der Nothwehr bezweckten berechtigten Schutz sichert.[244]) Soweit dies

[243]) Vgl. Zwinger und Feld, Bd. VIII (1899) S. 218: Der Waffengebrauch hat einmal den Zweck, dem Jagdbeamten im Interesse des Staates (der öffentlichen Ordnung) die Möglichkeit zu gewähren, den die Gesetze nicht achtenden Wilderer seiner Bestrafung entgegenzuführen, anderseits soll der Beamte dem bewaffneten Wilderer nicht schutz- und wehrlos gegenüber stehen, sondern die Befugniß haben, den Wilderer, der auf an ihn ergangene Aufforderung seine Schießwaffe nicht sofort niederlegt, unschädlich zu machen. Damit ist aber auch Alles gewährt, was im Interesse des Staates und des Beamten notwendig ist. Darüber hinaus zu gehen, um den Wilderer unbedingt vogelfrei zu erklären, liegt keine Veranlassung vor.

[244]) S. Deutsch. Jäger Bd. XIX S. 227: Wenn auch gegen fliehende Jagdfrevler in der Regel die Waffen nicht gebraucht werden sollen, so können doch Umstände vorhanden sein, welche die Abweichung von dieser Regel rechtfertigen, wenn z. B. ein auf der Flucht begriffener Frevler auf erfolgte Aufforderung die Schußwaffe nicht sofort ablegt, oder dieselbe wieder aufnimmt. Es sind mehrfach Fälle vorgekommen, daß der Wilderer während der Flucht Deckung sucht und findet und sich plötzlich gegen den Verfolger wendet und von seiner Schußwaffe wider denselben Gebrauch macht. Die heutige Technik der Waffen ermöglicht es dem Jagdfrevler auch bei eiliger Flucht ein bereits abgeschossenes Gewehr ohne Unterbrechung der Flucht wieder schußfertig zu machen. Unter solchen Umständen kann im einzelnen Falle im Nichtablegen oder Wiederaufnehmen der Schußwaffe eine gegenwärtige drohende Gefahr für Leib und Leben des Verfolgers erblickt werden und dann ist der Waffengebrauch auch gegen den fliehenden Wilderer als ein berechtigter, ein Rückenschuß nicht als ein Zeichen einer Ueberschreitung der Nothwehr zu erachten.

im Augenblicke möglich, soll allerdings darauf Bedacht genommen werden, den Angreifer zu weiterem Angriffe und Gebrauche einer Angriffswaffe unfähig zu machen, ohne sein Leben unmittelbar zu gefährden, allein der Drang der Lage wird zumeist ein langes Wägen und Ueberlegen zu einer Selbstgefährdung für den Angegriffenen machen und der Zwang zu sofortigem Handeln eine nachträglich als Exzeß in der Wahl der Mittel erscheinende Maßregel zur Straflosigkeit entschuldigen. § 53 Alin. III erklärt auch Ueberschreitung der Nothwehr für nicht strafbar, wenn in Bestürzung, Furcht oder Schrecken über die Grenzen der Vertheidigung hinausgegangen wurde. Ein weiteres Entschuldigungsmoment wird hier sehr häufig auch die sog. Putativ-Nothwehr, der Glaube an die Nothwendigkeit einer Nothwehrhandlung bilden, wenn z. B. der Jäger sich im Walde plötzlich Personen gegenübersieht, bezüglich deren er im Ungewissen ist, ob sie nicht Wilderer sind, und wenn dann eine dieser Personen einen Stock anlegt und anscheinend zielt, der Jäger aber im Dickicht oder wegen Dämmerlichts in Sinnestäuschung versetzt, den Stock für ein angelegtes Gewehr hält, in Folge dessen selbst, sich angegriffen glaubend, Feuer gibt und den vermeintlichen Angreifer trifft.

Der zivilrechtliche Schutz der Jagdberechtigung gegenüber Dritten.

Die dem Verpächter aus Störungen und Schmälerungen gegenüber dem Jagdpächter erwachsenden Verpflichtungen und Haftungen wurden schon oben besprochen (s. S. 117, 120, 181).

Auch Dritten gegenüber stehen dem Jagdberechtigten aus unberechtigten Eingriffen und Störungen seines Jagdrechtes außer dem strafrechtlichen Schutze zivilrechtlich verfolgbare Ansprüche zu.

Das Eigenthum an gewilderten Thieren (Wildergut) kann von dem Wilderer nicht erworben werden, da nach § 958 Abs. II B.G.B. (mit Art. 69 E.-G. z. B.G.B.) Eigenthum nicht erworben wird, wenn die Aneignung gesetzlich verboten ist oder durch die Besitzergreifung das Aneignungsrecht eines anderen verletzt wird. Das Wildergut bleibt demnach, da durch die Besitzergreifung eines Unberechtigten weder für diesen noch für den Berechtigten Eigenthum erworben wird, solange herrenlose Sache, bis es durch einen anderen thatsächlichen Vorgang, sei es durch Uebergang an den Jagdberechtigten, sei es im Wege der Erwerbung durch einen gutgläubigen Dritten Eigenthum wird.[1] Der Jagdberechtigte kann bei Betreten des Wilderers auf frischer That demselben das Wildergut (lebend ge-

[1] Begründg. z. d. A.-G. z. B.G.B. Verh. d. Abg.-K. 1898 B.-Bd. XX Abt. I S. 93; Staudinger, Komm. z. B.G.B. § 958 Nr. 1b und Bl. f. R.-A. Bd. LXIII S. 285.

fangenes, frisch erlegtes und Fallwild) im Wege der Selbsthilfe mit der Wirkung ab- und wegnehmen, daß er sofort Eigenthümer wird.[2]) Hat der Wilderer das Wild noch als ein Ganzes oder noch Theile desselben (Decke, Gehörn oder Geweih ꝛc.) in Händen, so kann der Jagdberechtigte Schadensersatzklage auf Rückgabe des Wildes bzw. der noch vorhandenen Theile gegen den Wilderer erheben;[3]) hat der Wilderer die Beute an einen gutgläubigen Dritten veräußert, so wird dieser mit dem Erwerbe des Wildergut auch Eigenthümer desselben und dem Jagdberechtigten bleibt solchenfalls nur gegen den Wilderer Anspruch auf Schadensersatz und zwar des Werthes in Geld übrig.[4]) Hat ein Nichtjagdberechtigter unberechtigt, aber in gutem Glauben (was z. B. bei Fallwild, aber auch unter Umständen bei lebendem Wilde zutreffen kann) sich Wild angeeignet, so steht dem Jagdberechtigten gegen ersteren die Klage aus der ungerechtfertigten Bereicherung zu.[5])

Aneignung gegen gesetzliches Verbot mit Ausschluß des Eigenthumserwerbs ist gegeben bei Verletzung des Verbotes der Aneignung von Wild bestimmten Geschlechts und Alters (z. B. des Schießens und Fangens von Rehgeisen, Wildkälbern, Gems- und Rehkitzen, Auer- und Birkhennen § 4 b. J.-Pol.-V.-O.), des Aushebens der Nester und Nestbrut des (jagdbaren) Federwilds (§ 10a V.-O.).[6]) Bei unbefugtem Ausnehmen von Eiern oder Jungen jagdbaren Federwilds durch einen Nichtberechtigten (§ 368 Nr. 10 St.-G.-B.) erscheint der Eigenthumserwerb Seitens des Letzteren sowohl in Folge des gesetzlichen Aneignungsverbots als der Verletzung des Aneignungsrechtes des Jagdberechtigten ausgeschlossen.[7])

Durch Verletzung der jagdpolizeilich vorgeschriebenen zeitlichen Schonzeiten wird dagegen der Eigenthumserwerb nicht ausgeschlossen, ebensowenig durch Uebertretung jagdpolizeilicher Vorschriften über die Art und Weise der Jagdausübung.[8])

Nach bisherigem Rechte war die Frage, wem das Eigenthum an Wildergut zustehe, strittig.[9]) Die herrschende Meinung ging von denselben Grundsätzen aus, welche § 958 B. G.B. auf-

---

[2]) Eines besonderen Arrestantrags bedarf es hiezu nicht, s. §§ 229 ff. B.G.B.; Staudinger a. a. O. Nr. 1c und Bl. f. R.-A. a. a. O.

[3]) Staudinger, Komm. z. B.G.B. § 958 Nr. 1c und Bl. f. R.-A. Bd. LXIII S. 285 — s. §§ 929, 932 B.G.B. und Mot. z. B.G.B. III S. 341 ff.

[4]) Vgl. d. Hinweise vor. Note und § 823 mit § 249 B.G.B.

[5]) §§ 812, 816, 818 B. G.B.

[6]) Bl. f. R.-A. Bd. XLIII S. 293.

[7]) Staudinger, Komm. z. B.G.B. § 958 Nr. 1a.

[8]) Bl. f. R.-A. Bd. XLIII S. 295.

[9]) S. die in Note 39 S. 184 oben angef. E. d. R.-G. E. XIII S. 197, VII S. 281, XXIII S. 89, XXV S. 92.

stellt: daß weder der Wilderer selbst noch durch ihn der Jagdberechtigte an gewildertem Gut Eigenthum erwerbe, das Wildergut vielmehr herrenlos bleibe, bis es entweder an den Jagdberechtigten gelangt oder von einem Dritten in gutem Glauben erworben werde.

Eine besondere Art von Schädigungen des Jagdberechtigten bilden die sogen. Manöverschäden.[9a])

Es ist eine unbestrittene Thatsache, daß die Jagd durch die alljährlichen Friedensübungen der Truppen erhebliche Nachtheile erleidet und durch dieselben dem Jagdberechtigten mancher empfindliche Schaden von oft längerer Nachwirkung zugeht. Der Jagdberechtigte ist auf die Dauer der Truppenübungen in seinem Jagdgelände nicht in der Lage, von dem Rechte der Jagdausübung Gebrauch zu machen und erfährt gleichzeitig einen weiteren Ausfall durch Verminderung des Wildstandes seines Jagdbezirkes. Federwild, Hasen werden namentlich bei Manövern mit Kavallerie, Artillerie, Train rc. von den Pferden zertreten, von Fahrzeugen überfahren und getötet. Anderes, insbesondere Reh- und Roth-Wild wird durch intensives Schießen, Lärm des Manövers und andere Beunruhigungen so verscheucht, daß es auswandert. Ueberdies wird vielfach das Gelände so mitgenommen, daß das Wild die nöthige Aesung nicht mehr findet und deshalb das Revier nicht mehr aufsucht.

Der Schaden des Jagdberechtigten durch Truppenübungen setzt sich demnach zusammen aus direktem Verlust an Wild (durch Tötung von Stücken) und aus unmittelbarem Entgang in Folge der Nothwendigkeit zeitweiser Einstellung des Jagdbetriebes und Abschusses,[10]) in Folge von Störungen der Hege durch Auswanderung des Wildes wegen Beunruhigung und Mangel an Aesung, ferner in Folge des Aufwandes für waidmännische Nachhege durch Einsetzen von Wild.[11])

Ob und daß der Jagdberechtigte für diese Nachtheile eine Entschädigung von dem Militärfiskus zu beanspruchen berechtigt sei, ist eine vielbestrittene Frage.

[9a]) S. zu diesem Gegenstande: Pachmeyr, Manöverschäden und Jagdrecht; Verhandlungen des bayer. Jagdschutz-Vereins, XIX. Generalversammlung, Deutsch. Jäger Bd. XVII S. 90; Bayer. Gemeindezeitung III (Jahrgg. 1893) S 495; Deutsch. Jäger Bd. XIV S. 129, 193, 250, XVII S. 126, 301, XVIII S. 6, XX S. 125, 237, 268, 299, 328, XX S. 44, 54, 66, 75; Beiträge zur Erläuterung des deutsch. Rechts Bd. XLIII S. 80 ff.

[10]) Also damnum emergens und lucrum cessans, Verlust und Gewinnentgang.

[11]) Der Betrieb der Jagd kann in Folge der zur Erholung des Wildstandes gebotenen Schonung unter Umständen auf lange hinaus eingeschränkt werden müssen.

Das R.-Gesetz über die Naturalleistungen für die bewaffnete Macht im Frieden in der Fassung vom 21. Juni 1887 und 24. Mai 1898[12]) bestimmt in § 14:

„Alle durch die Benützung von Truppenübungen .... entstehenden Schäden werden aus Militärfonds vergütet. Die Feststellung derselben .... erfolgt, sofern über den Betrag eine Einigung nicht stattfindet, endgiltig unter Ausschluß des Rechtsweges auf Grund sachverständiger Schätzung."

Die Ausführungsverordnung hiezu für Bayern vom 28. August 1898[13]) bestimmt im Einklange mit der kaiserl. Verordnung vom 13. Juli 1898,[14]) daß zur Schadenserhebung und Festsetzung eine Kommission zu bilden ist, welche aus dem Distriktsverwaltungsvorstand — zugleich als Leiter der Verhandlungen, einem Offizier, einem Militärverwaltungsbeamten und zwei Sachverständigen zu bestehen hat und zu der ein dritter Sachverständiger herangezogen werden darf, soferne die beiden anderen Sachverständigen das erforderliche technische Urtheil nicht abzugeben im Stande sind.

In den zur Ausführung des Gesetzes und der hiezu ergangenen Instruktion erlassenen weiteren Vollzugsbestimmungen vom 31. August 1898[15]) ist bezüglich der Entschädigungsansprüche der Jagdberechtigten bemerkt:

„in Betreff der Entschädigungsansprüche für Beeinträchtigung der Jagdausübung in Folge von Friedensübungen der Truppen sei zu beachten, daß das Jagdrecht weder in einem Eigenthumsrechte an bestimmten jagdbaren Thieren noch in dem Anspruche auf ungestörte Erhaltung eines gewissen Wildstandes noch endlich in einer Untersagungsbefugniß gegen jede Handlung bestehe, die möglicher Weise die Verminderung des Wildstandes herbeiführen könnte, sondern in dem ausschließlichen Rechte, in gewissen Bezirken — Eigenthums- oder Pachtflächen — Wild aufzusuchen und sich anzueignen. Das Jagdrecht lasse sich daher dem Eigenthum an Feldfrüchten oder Holzbeständen nicht gleichstellen und es handle sich bei einer behaupteten Beeinträchtigung von Jagdnutzungen nicht um einen durch die Benutzung von Grundstücken an diesen entstandenen Schaden. Eine Verpflichtung zur Entschädigung für behauptete Jagdschäden bestehe daher nicht. Würden dessen ungeachtet von den (Abschätzungs-)

---

[12]) Frühere Fassung v. 13. Februar 1875 (R.-G.-Bl. S. 56), vom 21. Juni 1887 (R.-G.-Bl. S. 248), nun R.-G.-Bl. 1898 (S. 357).

[13]) G.-V.-O.-Bl. 1898 S. 509.

[14]) R.-G.-Bl. S. 921.

[15]) Kriegs-Min.-V.-O.-Bl. S. 243.

Kommissionen Entschädigungen dieser Art festgesetzt, so sei die Zahlung abzulehnen."

Diesem schon früherhin von der preuß. Intendantur eingenommenen Standpunkte[15a]) ist auch die bayerische Rechtsprechung beigetreten, indem sie die Frage, ob die Schädigung der Jagd unter den Begriff der durch Benützung von Grundstücken zu Truppenübungen entstehenden Schäden falle, welche aus Militärfonds zu vergüten sind, verneint hat.[16])

Hiebei wurde davon ausgegangen, das Naturalleistungsgesetz beziehe sich nur auf Schäden an Grundstücken und ihren organischen Erzeugnissen, nicht aber auf solche, die anderweit entstanden seien. Entschädigungen solcher Art, wie für eine Schmälerung der Jagderträgnisse eines Jagdberechtigten habe der Gesetzgeber gar nicht gewähren wollen. Die Vollzugsvorschriften sprächen nur von den durch Truppenübungen entstehenden Flurschäden und in den beigegebenen Formularen von der Schadenseinschätzung nach dem Verluste an Körnerertrag, Heu, Weide, Bestellungskosten u. s. w., nicht aber von Schäden an Jagden. Der bayer. Ob. Gerichtshof gelangte aus der Interpretation der Worte des Naturalleistungsgesetzes zur Verneinung der Frage eines Entschädigungsanspruches des Jagdberechtigten.[17]) Mit den Worten „alle durch Benutzung von Grundstücken zu Truppenübungen entstehenden Schäden werden vergütet" solle offenbar gesagt sein, daß eine dingliche Schädigung der Grundstücke und der mit ihnen integrirend zusammenhängenden Sachen, nicht aber auch eine Beeinträchtigung oder Schädigung an Rechten, die auf dem Grundstücke ausgeübt werden, entschädigt werde. Jagdpächter leite von der Verpächterin das persönliche Recht ab, von dem im Jagdbezirke befindlichen oder denselben durchstreifenden Wild Besitz zu ergreifen. Zum Grund und Boden steht er aber, abgesehen davon, daß er sich auf demselben bewegt, in keiner rechtlichen Beziehung. Den Schaden, der ihm durch Benutzung des Jagdreviers zu Truppenübungen zugeht, habe er nur aus Anlaß dieser Benützung, er könne aber von keinem Schaden am Grundstücke sprechen,[18]) für den allein eine Entschädigung zugesichert wird.

[15a]) S. Deutsch. Jäger Bd. XIV S. 130.

[16]) S. dagegen die E. d. b. O. G.-H. v. 16. April 1872 Krs.-A.-Bl. d. Pfalz Nr. 1240.

[17]) E. d. L.-G. München vom 10. Dezember 1896, d. O.-L.-G. München v. 24. November 1897 und d. O. G.-H. v. 24. März 1898 s. Beiträge zur Erläuterung des deutsch. Rechts Bd. XLIII S. 80, S. XVII 74, Bl. f. a. Pr. Bd. XLIII S. 49, Deutsch. Jur. Zeit. 1898 S. 390, s. a. Deutsch. Jäger Bd. XX S. 237.

[18]) S. dagegen § 835 B. G.B., welcher von Grundstücken spricht „an welchen" und „auf welchen" das Jagdrecht dem Eigenthümer zusteht bzw. ausgeübt werden darf; Beiträge zur Erläuterung d. deutsch. R. Bd. XLIII S. 80 ff.

Nach dem Gesetz handle es sich nur um die Integrität der Grundstücke und um den Ersatz des durch ihre Benutzung entstandenen Schadens, nicht um eine für alle Fälle zugesicherte Entschädigung.

Eine entgegengesetzte Entscheidung, der als richtigen beizutreten sein wird, hat das O.-L.-G. Colmar getroffen,[19]) welches aussprach: „daß nicht blos die eigentlichen Flurschäden, sondern auch solche Schäden, die aus Anlaß der Benützung von Grundstücken bei Truppenübungen entstehen, also auch die Schäden Jagdberechtigten in dem durch § 14 d. Nat.-L.-G. geregelten Abschätzungsverfahren festzustellen seien."

Zu diesem Urtheile gelangte das Gericht insbesondere aus der Erwägung „der Einwand, daß das Nat.-L.-G. nur die eigentlichen Flurschäden im Sinne habe und daß nur für diese das Abschätzungsverfahren eingeführt sei, widerlegen sich aus dem § 14 angef. G. selbst, nach dessen Wortlaut alle durch die Benutzung von Grundstücken zu Truppenübungen entstehenden Schäden aus Militärfonds und unter Ausschluß des Rechtsweges von Sachverständigen festzustellen sind. Mit Recht würden hiezu auch diejenigen Schäden gerechnet, die sonst aus Anlaß der Benutzung von Grundstücken entstanden sind.[20]) Unter diese Schäden müßte aber nothwendig auch die nachweisbare Verringerung des Jagderträgnisses fallen, da das Jagdrecht als ein Ausfluß des Grundeigenthums und des Benützungsrechtes an letzterem erscheint."[21])

Allerdings ist die Jagd und bzw. die Jagdbeute weder ein Erzeugniß der Grundstücke noch eine Ausbeute, welche aus denselben bestimmungsgemäß gewonnen wird, noch eine Zubehör derselben. Im weiteren Sinne wird aber den Früchten ein solcher Ertrag zugerechnet, welchen eine Sache nicht selbst gewährt, sondern welcher von ihr durch Vermittlung eines Rechtsverhältnisses gewonnen wird. Dieser weitere Begriff der „Früchte" schließt auch die Jagd und deren Ertrag in sich. Faßt man unter dem Begriffe der Nutzungen die Erzeugnisse (Frucht) einer Sache, die aus derselben zu gewinnende Ausbeute und die Vortheile zusammen, die der Gebrauch der Sache oder eines Rechtes gewährt, so kann es keinem Zweifel unterliegen, daß die Jagd den Nutzungen an Grundstücken zugehört.[22])

---

[19]) Puchelt-Heinsheimer, Zeitschr. f. franz. Civ.-R. Bd. XXVI S. 158.

[20]) v. Seydel i. Hirths Annalen 1875 S. 1098.

[21]) E. d. b. O.-G.-H. v. 18. Oktober 1880 S. VIII S. 568, s. a. Bl. f. R.-A. Bd. XLVI S. 27, zu vgl. mit E. d. V.-G.-H. v. 2. März 1880 S. I S. 161, v. 12. Juli 1881 S. III S. 170, v. 13. Juli 1891 S. XIII S. 187, v. 31. Okt. und 8. Nov. 1899 S. XXI S. 37; s. ferner E. d. R.-G. v. 30. Mai 1899 E. XXXII S. 193, E. d. pr. Ob.-V.-G. v. 27. September 1883 E. X S. 156 u. s. w.

[22]) S. §§ 100 mit 99 B. G.B. — Beitr. z. Erl. d. deutsch. R. Bd. XLIII S. 80 ff. — Im rechtlichen Sinne werden übrigens die Erträgnisse der Jagd

Da den Bestimmungen des Nat.-L.-G. zufolge alle Schäden, welche durch Benutzung von Grundstücken für Truppenübungen entstehen, aus Militärfonds zu vergüten sind, ist kein Grund abzusehen, warum die Kraft eines Rechtsverhältnisses an Grundstücken gewonnenen Nutzungen der Jagd von einer Entschädigung für erwachsene Nachtheile ausgeschlossen sein sollen. Im Wege einer Vollzugsinstruktion — die in § 18 Nat.-L.-G. vorbehaltene kaiserl. und bzw. für Bayern königl. Ausführungsverordnung spricht sich nicht im Sinne eines Ausschlusses von Entschädigungsansprüchen Jagdberechtigter aus — kann ein solcher Ausschluß von Rechtsansprüchen bindend nicht erfolgen. Eine solche Ausführungsanweisung erscheint wohl für die Vollzugsbehörden als Anleitung verbindlich, gegenüber Entschädigungsberechtigten kann und darf sie keine Ausnahmen zu Ungunsten statuiren, die weder in Wortlaut noch Geist des Gesetzes begründet sind. Aus Wortlaut und Absicht des Gesetzes läßt sich aber keinerlei Grund ersehen, welcher den Ausschluß der Jagdschäden von der Ersatzpflicht des Militärfiskus zu rechtfertigen vermöchte. Das Naturalleistungsgesetz spricht allerdings in den §§ 11, 12, 13 nur von Grundstücken, Brunnen und Tränken, dann von Schmieden als Gegenstand der Beschädigung durch Truppenübungen und der Entschädigung durch den Militärfiskus. Das Gesetz wollte aber damit offenbar nicht die Gegenstände der Beschädigung durch Truppenübungen erschöpfend aufzählen und abschließen, sondern nur jene Fälle besonders hervorheben und speziell regeln, die am häufigsten und gewöhnlich bei Truppenübungen vorkommen. Aus gleichem Grunde spricht auch die Vollzugsverordnung speziell nur von „Flurschäden" und Beschädigungen bzw. Vergütungen im Sinne der §§ 12 und 13 d. G. Diese Auffassung bestätigt sich aus dem Wortlaute des § 14 „alle durch Benützung von Grundstücken zu Truppenübungen sowie die in den Fällen des § 12 entstehenden Schäden . . . ." und der Vordruckbemerkung zu den Abschätzungsformularien für Flurschäden 2c., welche besagt: „für Abschätzungen, auf welche dieses (Formular-) Muster nicht ohne Weiteres paßt, ist ein entsprechendes Muster zu entwerfen." Sollte mit den Schäden an Grundstücken (Flurschäden), an Tränken und Brunnen und mit der Vergütung für Benützung von Schmieden der Kreis der militärfiskalischen Entschädigungspflicht ge-

durchweg den Früchten der Grundstücke beigezählt; Staudinger, Commentar z. B. G.B. Bd. I S. 241 Note 7: unmittelbare Früchte (Rechtsfrüchte) sind die in Ausübung des Jagdrechts erlegten Thiere, mittelbare Frucht ist der Erlös aus dem Jagdpacht; Windscheid, Pandekten §§ 144, 203; Roth, Syst. d. deutsch. Priv.-R. §§ 82, 274; s. a. E. d. b. O. G.-H. vom 18. Mai 1845 (Kr.-A.-Bl. d. Pfalz S. 213) zu vgl. mit Zachariä-Dreyer, franz. Civ.-R. § 195; s. ferner bayer. L.-R. Theil II c. 3 § 3 Anm. 8c u. Theil II c. 9 § 4 Anm. 2c; pr. a. L.-R. Thl. I Tit. 9.

schlossen sein, so hätte die Fassung des § 14 mit dem Hinweise auf die §§ 11, 12 und 13 des Gesetzes sich begnügen können und nicht neben Erwähnung der letzteren Entschädigungsobjekte von allen durch Benutzung von Grundstücken entstehenden Schäden (also nicht blos von Flurschäden) zu sprechen gebraucht. Wie schon oben angedeutet, ist unter den „allen Schäden in Folge von Benutzung von Grundstücken" auch die Schädigung der Jagd inbegriffen und den Manöverschäden zuzurechnen. Die gegentheilige militärfiskalische Anschauung ist unhaltbar und nur mit Verkennung des Wesens der Jagdberechtigung zu begründen.[23]) Das Jagdrecht besteht wohl zunächst in einem ausschließlichen Okkupationsrechte des Jagdausübungsberechtigten an dem in einem bestimmten Bezirke sich aufhaltenden oder dort aus- und einwechselndem Wilde, an dem dieser allerdings vor der Okkupation ein Eigenthum nicht hat. Mit diesem dem Militärfiskus einwandlos zuzugebenden Satze ist aber der Inhalt der Jagdberechtigung nicht erschöpft. Das Jagdrecht schließt auch die Befugniß in sich, Wild zu hegen und die Hege hängt nicht einmal von seinem freien Willen ab, wird vielmehr dem Jagdberechtigten zur Pflicht gemacht, zu deren Erfüllung ihn auch die jagdpolizeilichen Schonvorschriften zwingen.[24]) „Die Jagden sollen pfleglich behandelt und Gefährdungen ihrer nachhaltigen Benützung beim Jagdbetriebe ferne gehalten werden."[25]) Diesem Recht und dieser Pflicht zu wirthschaftlichen Jagdbetriebe entspricht anderseits das Recht des Jagdberechtigten, Störungen des Jagdbetriebes zu untersagen, sich gegen solche zu vertheidigen und Vergütung des durch solche Störungen zugefügten Schadens zu verlangen.[26]) Die Störungen der Jagdausübung und des wirthschaftlichen Jagdbetriebes in Folge von Truppenübungen zu untersagen oder abzuwehren ist dem Jagdberechtigten mit Rücksicht auf das die Privatinteressen beugende Militärhoheitsrecht des Staates und auf die Ausnahmebestimmungen des Nat.-L.-G. nicht gestattet, um so mehr muß ihm der Anspruch auf Entschädigung für solche Störungen und deren Folgen zuerkannt werden.[27]) Durch die

[23]) Vgl. a. Deutsch. Jäger Bd. XIV S. 129, 130, XX S. 299.

[24]) S. Deutscher Jäger Bd. XIV S. 129 ff. und Beiträge z. Erläut. d. deutsch. R. Bd. XLIII S. 90.

[25]) § 1 d. b. J.-Pol.-V.-O. v. 5. Oktober 1863. — Ein oberfränk. Rggs-Ausschr. v. 18. Nov. 1850 (oberfrk. Kr.-Intell.-Bl. S. 1593 ff.) empfahl, alles zu beobachten, was zur pfleglichen Ruhe der Jagden gehört. Wiederholtes lärmendes Jagen müsse vermieden werden. Alle Gefahren, die den nützlichen Jagd-Säugethieren und Vögeln drohen, sind soviel wie möglich abzuwenden, da keine Wildbahn bestehen kann, ohne daß das Wild Schutz und Ruhe hat.

[26]) Schönberg, Polit. Oekonomie 2. Theil, Volkswirthschaftslehre, 4 Kapitel.

[27]) Vgl. hiezu E. d. R.-G. v. 10. Januar 1890 E. XXV S. 351 mit

Beunruhigung des Wildes im Revier wird dessen Hege und damit auch das Jagdrecht selbst beeinträchtigt; die hiedurch herbeigeführte Minderung des Wildstandes kann sehr wohl Gegenstand eines Schadens in rechtlichem Sinne sein.

Die kommissionelle Abschätzung der Manöverschäden eines Jagdberechtigten wird in der Regel unter Beiziehung eines dritten Sachverständigen vorzunehmen sein, da die Voraussetzung der Heranziehung eines solchen, nämlich daß die beiden anderen das erforderliche technische Urtheil über die Schädigung der Jagd nicht oder doch nicht erschöpfend und sicher genug abzugeben im Stande sind, hier wohl zumeist zutreffen wird. Als solcher dritter Sachverständiger wird zweckmäßig ein öffentlicher Forstbeamter oder Berufsjäger beizuladen sein.[28])

Für die Erhebung und Abschätzung der Manöverjagdschäden gibt das Feststellungsverfahren in Oesterreich diensame Anhaltspunkte. Hier werden abgesehen von Zeit, Dauer und etwaiger Wiederholung der Truppenübungen besonders die Verhältnisse des Geländes und der Bodenbedeckung in Betracht gezogen, da in unebenen Revieren mit gemischten Kulturen, Gestrüpp, Auen oder Waldungen das Wild unter Truppenübungen weniger leidet, als in ebenen, offenem Gelände, weil es sich in solchem der ersteren Art leichter bergen kann. Ferner werden etwaige Winterschäden (starke Schneelage, andauernde Kälte) sowie ungünstige, dem Jungwild (Satz und Brut) nachtheilige Witterungsverhältnisse berücksichtigt. Stand der Hege, etwaiges Zurückbleiben der normalen Vermehrung des Wildstandes in Folge übermäßigen Abschusses sowie die Frage, ob dem Wildstande durch die Uebungen ein dauernder Nachtheil zugefügt wurde, sind zu prüfen und zu würdigen. Bei Ermittlung von Jagdschäden und einer der Verminderung der Jagdausbeute entsprechenden Entschädigung ist das Durchschnittsergebniß des Jagdertrages in den letzten, der Uebung vorhergehenden 3 Jahren zu erheben und ein Bruchtheil, etwa ein Zehntel, als einheitliche Entschädigungsquote festzusetzen. Die Vergütung darf nur für den Entgang des gehegten Wildes nach den bestehenden Marktpreisen geleistet werden. Auslagen auf Jagdregie werden nicht berücksichtigt, dagegen wird bei Pachtjagden der jährliche Pachtschilling im Zusammenhalte mit dem Durchschnitte des dreijährigen Abschußergebnisses berücksichtigt.[29])

E. v. 25. März 1890 E. XXV S. 354, ferner E. d. b. O. G.-H. v. 16. April 1872 und E. d. R.-G. v. 24. September 1889 E. XXIV i. C.-S. S. 36.

[28]) Ausf.-V.-O. zu § 14 A.

[29]) S. Deutscher Jäger Bd. XVII S. 301, XVIII S. 6. — In Bd. XIV S. 251 ebenda wird für bayer. Verhältnisse vorgeschlagen, bei starker mehrwöchentlicher Inanspruchnahme des Jagdgeländes für Truppenübungen den Schaden, der durch Vertreibung oder Vernichtung von Wild erwächst,

Eine weitere Frage ist die der Verfolgbarkeit der Ansprüche auf Vergütung der Jagdschäden, wenn die Schätzungskommission einen angemeldeten Entschädigungsanspruch dieser Art überhaupt seinem Grunde nach die Anerkennung versagt. Der § 14 des Nat.-L.-G. besagt: „die Feststellung der Schäden erfolgt, soferne über den Betrag eine Einigung nicht stattfindet, endgiltig unter Ausschluß des Rechtsweges auf Grund sachverständiger Schätzung."

Wie schon der Wortlaut ergibt, ist der Schätzungskommission nur die Entscheidung über die Höhe der zu leistenden Entschädigung unter Ausschluß des Rechtsweges vorbehalten, soferne nicht schon Einigung zwischen Kommission und Geschädigtem über den Betrag der Schadensvergütung erzielt wird.

Alle anderen Fragen thatsächlicher und rechtlicher Natur, über Art und Zeit der Beschädigung, Ermittlung des Schadens, Person des Berechtigten und Verpflichteten, über das Bestehen einer Ersatzpflicht für einen Schaden angemeldeter Art und dgl. mehr, können nicht endgiltig und ausschließlich von den Schätzungskommissionen entschieden werden, die sich lediglich mit der Vereinbarung und event. Mangels solcher mit der Feststellung des Betrags der zu gewährenden Entschädigung zu befassen haben, und bleibt für den Austrag solcher Fragen der Rechtsweg selbstverständlich offen. Durch § 14 soll der Rechtsweg nicht ausnahmslos abgeschnitten werden, sondern nur in jenen Fällen, in welchen es sich um die Feststellung der Höhe der Entschädigung handelt.[30]) Nach einer ministeriellen Aeußerung bei der Berathung der Novelle 1887 zum Nat.-L.-G. im Reichstage würde auch die kommissionelle Feststellung, daß ein Schaden nicht eingetreten und in Folge dessen auch keine Vergütung zu gewähren sei, ebenfalls einem Angriffe im Rechtswege entrückt sein.[31]) Aus der wörtlichen Fassung des § 14 kann übrigens auch gefolgert werden, daß bei solchen Abweisungen eines Entschädigungsanspruches die Betretung des Rechtsweges zur Geltendmachung des abgewiesenen Anspruches nicht auszuschließen sei; denn der Zwischensatz „soferne über den Betrag eine Einigung nicht stattfindet" läßt die Deutung zu, daß das Vorhandensein eines Schadens anerkannt sein müsse,

---

auf 1/6—3/8 also etwa 3/10 des sonstigen Jahresabschusses an Niederwild, besonders an Hühnern und Hasen, zu schätzen. Gesondert anzuschlagen ist der Schaden, welcher dem Jagdberechtigten durch zeitweilige Behinderung an der Ausübung der Jagd entsteht.

[30]) Deutsch. Jäger Bd. XIV S 138, 250, 251; s. Stenogr. Ber. d. Reichstags VII. Legisl.-Periode I. Session 1887 S. 365 ff., 696 ff., 727 ff.; insbesondere die Bemerkungen des Bundesrathsbevollmächtigten v. Bötticher „die Fassung des Paragraphen ergibt die Zuläſſigkeit des Rechtswegs rc." s. a. Anlagen-Bd. S. 583.

[31]) S. a. a. O. Aeußerung des Bundesrathsbevollmächtigten v. Bötticher

über dessen Betrag allein Mangels Einigung mit Ausschluß des Rechtsweges kommissionell entschieden werden soll, daß aber bei Nichtanerkennung eines Schadens überhaupt von einer Festsetzung des Betrags und einer Einigung über denselben nicht die Rede sein könnte; denn Feststellung des Betrags bezw. Einigung über denselben setzen nothwendig das Anerkenntniß des Bestehens eines Schadens voraus.

Für Bayern wird indessen die Frage, wenigstens nach der letzten oberstrichterlichen Entscheidung, zunächst nicht strittig werden, da sämmtliche Instanzen die Zulässigkeit des Rechtsweges bezüglich der Ersatzpflicht im Allgemeinen angenommen haben.[32])

Mit Rücksicht auf die Möglichkeit von Anfechtungen im Rechtswege wird es sich auch bei Ablehnung von Vergütungsansprüchen für Manöverjagdschäden Seitens der Schätzungskommissionen immerhin empfehlen, den angemeldeten Schaden abschätzen zu lassen und auf Grund der sachverständigen Schätzung den Betrag festzustellen und dem Anmelder des Schadens die weitere Verfolgung seines Anspruchs vorzubehalten,[33]) damit ein neuerliches späteres Schätzungsverfahren vermieden wird, das nicht blos mit Umständen und Kosten verknüpft sein, sondern je nach Zeitablauf zu einer zuverlässigen Schadensermittlung und Feststellung überhaupt nicht mehr führen würde. Aus den Vollzugsbestimmungen zu § 14 kann geschlossen werden, daß eine solche Schadensfeststellung bei Ansprüchen aus Manöverjagdschäden nicht unbedingt unzulässig erachtet werden muß, insoferne bemerkt wird „für den Fall von den Kommissionen Entschädigungen dieser Art festgesetzt würden, so sei die Zahlung abzulehnen."

Die Schadensanmeldung hat binnen 4 Wochen nach Eintritt der behaupteten Beschädigung beim Gemeindevorstande (Bürgermeister) zu erfolgen, widrigenfalls der Entschädigungsanspruch erlischt (§ 16 Nat.-L.-G.).

---

[32]) S. d. in Note 17 angeführten Entscheidungen; vgl. a. E. d. R.-G. v. 16. Dezember 1885 E. XV S. 37, die sich allerdings auf den Gesetzestext vom 13. Februar 1875 stützt und daher der Fassung der Novelle 1887 nicht mehr ganz entspricht. Grundsätzlich anzuziehende Entscheidungen geben die R.-G.-Urtheile vom 24. September 1889 E. XXIV S. 36, v. 10. Januar 1890 E. XXV S. 351 zu vgl. mit E. d. R.-G. v. 25. März 1890 E. XXV S. 354 u. d. b. O.-G.-H. v. 16. April 1872 (pfälz. Kr.-A.-Bl. Nr. 1240). Die preuß. Judikatur hat sich überwiegend für Ausschluß des Rechtswegs ausgesprochen.

[33]) Die klagweise Verfolgung eines Entschädigungsanspruchs für Manöver-Jagdschäden wird sich zunächst gegen die Intendantur des Uebungsbezirks zu richten haben. Einem Rückgriff des Gemeindejagdpächters auf die Gemeinde als Verpächterin würde wohl die Einrede entgegengesetzt werden können, daß die Gemeinde, welcher kein Recht zur Seite steht, die im öffentlichen Interesse gebotene Benützung der Grundstücke zu Truppenübungen abzuwenden, einen Schadenanlaß nicht gegeben, noch den Schaden verschuldet habe.

Die Haftpflicht der Jäger.

Das B. G.B. trifft eine Reihe strenger Bestimmungen über die Haftpflicht, welche den Jagdberechtigten, deren Jagdpersonal und den Jagdgästen eine besondere Aufmerksamkeit und Vorsicht auferlegen, deren Vernachlässigung oder Außerachtlassung, abgesehen von der strafrechtlichen Verantwortlichkeit und selbst wenn eine solche nicht eintreten sollte, empfindliche Vermögensnachtheile mit sich bringen kann.[34])

§ 823 B.G.B. bestimmt:

„Wer vorsätzlich oder fahrlässig das Leben, den Körper, die Gesundheit, die Freiheit oder ein sonstiges Recht eines Anderen widerrechtlich verletzt, ist dem Anderen zum Ersatze des daraus entstehenden Schadens verpflichtet.

Die gleiche Verpflichtung trifft denjenigen, welcher gegen ein den Schutz eines Anderen bezweckendes Gesetz verstößt. Ist nach dem Inhalte des Gesetzes ein Verstoß gegen dieses

---

[34]) S. hiezu auch Deutsch. Jäger Bd. XX S. 258, Bd. XXIII S. 4 und 168. — § 823 B.G.B. geht weit über das aquilische Gesetz des gem. Rechts hinaus. Scherer, Komm. z. B. G.B. § 823 Nr. 15 Bch. II S. 1254 und dessen „1 Jahr d. B.G.B." S. 99; s. ferner Windscheid, Pandekten Bd. II S. 886 ff. — Der Schaden muß nicht schuldhaft angerichtet sein, sondern nur die Verletzung des Rechts vorsätzlich oder fahrlässig begangen sein. Dazu gehört nur, daß der Thäter das Recht kannte oder mit dessen möglichem Bestehen rechnen mußte und voraussah oder voraussehen mußte, daß seine Handlung das Recht verletze. Trifft dies zu, so haftet er für allen daraus entstehenden Schaden; insoweit kommt es nur darauf an, daß er den Schaden verursacht hat; s. Prot. d. II. Kom. S. 2719, 2727, v. Liszt, die Deliktobligationen i. System d. B G.B. S. 28 ff., S. 68 ff. — Eine vorsätzliche widerrechtliche Verletzung liegt nur vor, wenn der Verletzende das verletzte Recht als solches kennt. Im Falle eines entschuldbaren Irrthums würde auch ein fahrlässiges widerrechtliches Handeln zu verneinen sein. Auch wenn der Thäter aus Irrthum über einen Rechtssatz seine Handlung für erlaubt gehalten hat, ist sie nicht vorsätzlich rechtswidrig, so z. B. wenn ein Sicherheits-, Forst- oder Jagdschutzbeamter über die Grenzen seines Rechtes zum Waffengebrauch irrt. Ein solcher Rechtsirrthum wird in der Regel als ein fahrlässiger erachtet werden müssen. Stellt er sich im einzelnen Falle als entschuldbar dar, so wird die Haftpflicht aus § 823 zu verneinen sein. — Fahrlässig i. S. d. B.G B. handelt, wer die im Verkehr erforderliche Sorgfalt außer Acht läßt. Dieser Ausdruck ist in dem Sinne gemeint, daß diejenige Sorgfalt anzuwenden ist, welche der gesunde und normale Verkehr im Allgemeinen für erforderlich hält, Prot. II Comm. S. 2786 ff. Unter Verkehr wird jede Berührung des Verhaltens eines Menschen mit der Sphäre eines Anderen verstanden. Windscheid, Pand. Bd. I S. 452, 453. Nach § 823 Abs. II tritt die Schadensersatzpflicht mit der Verletzung eines den Schutz eines Anderen bezweckenden Gesetzes ein, auch wenn ein subjektives Recht eines Anderen oder eines der in Abs. I bezeichneten Rechtsgüter nicht verletzt ist. Von einem nur im Interesse der Allgemeinheit bestehenden Gesetze gilt das nicht, Prot. der II. Komm. S. 2712; vgl. a. Windscheid, Pand. Bd. II S. 887 und Linckelmann, Schadensersatzpflicht S. 24, 40 ff.

auch ohne Verschulden möglich, so tritt die Ersatzpflicht nur im Falle des Verschuldens ein."

Diese Vorschrift verpflichtet den Jäger bei Ausübung der Jagd und insbesondere bei Führung und Benützung der Schußwaffe alle jene Vorsichtsmaßregeln zu beachten und anzuwenden, welche erforderlich und möglich sind, um eine für andere daraus entstehende oder möglicher Weise drohende Gefahr für Leben, Gesundheit und Eigenthum ferne zu halten. Diese Vorsichtsmaßregeln sind insbesondere dann anzuwenden und zu beobachten, wenn die Jagd von mehreren Personen gemeinschaftlich (z. B. bei Riegel- und Treibjagden u. dgl.) ausgeübt wird oder sich sonst Personen in der Nähe oder Umgebung des oder der Jagenden befinden (z. B. Treiber, auf den im Schußbereich gelegenen Wegen verkehrende Personen, Feld- und Holzarbeiter, Streu-, Beerensammler 2c.).

Als ein streng zu beobachtendes Polizeigesetz kommt hier § 16 der J.-P.-V.-O. vom 5. Oktober 1863 in Betracht, welcher anordnet, daß beim Tragen und Benützung der Jagdgewehre mit der erforderlichen Vorsicht zu Werke gegangen werden soll.

Jagdgewehre müssen, wenn bei der Jagdausübung damit öffentliche Plätze, Straßen und Wege betreten werden, wohl versichert gehalten und mit aufwärts gerichteter Mündung getragen werden. Die gleiche Vorschrift ist zu beobachten, wenn bei Treibjagden der Schütze von seinem Jagdstande abtritt und sich anderen Personen nähert.

Die Anordnung ist nicht blos beim Begehen und Ueberschreiten von Straßen 2c. und deren Zugehörungen, wie Gräben, Seitenstreifen, Materialbanketten u. dgl., sondern auch beim Stillestehen oder Rasten dortselbst einzuhalten. Daß die gleichen Vorsichtsmaßregeln auch beim Fahren auf Jagd-Wagen und Schlitten sowie auf dem Fahrrade einzuhalten sind, ist selbstverständlich. Bei Fahrten mit der Eisenbahn müssen die Gewehre nicht blos ungeladen, sondern (gleichwohl) auch mit dem Laufe nach oben gerichtet sein.[35])

Verboten ist nach dem angef. § 16 Abs. II lit. c, bei Treibjagden das angeschlagene Schießgewehr in die Richtung der Schützen- oder Treiberlinie zu bringen, sowie auf gegebenes

[35]) Verkehrsordnung v. 1. Januar 1900 § 29 Ziff. 4, 5, Betriebsordnung § 62 Ziff. 1, 2: Jägern ist die Mitführung von Handmunition gestattet. Der Lauf eines mitgeführten Gewehrs muß nach oben gerichtet sein. Ebenda § 29 Ziff. 1 und § 62 Ziff. 1: geladene Gewehre sind von der Mitnahme ausgeschlossen. Die Eisenbahnbediensteten sind berechtigt, sich von der Beschaffenheit der mitgenommenen Gegenstände zu überzeugen. Vgl. a. § 45 der Bahnordnung f. Nebenbahnen, welche die gleiche Bestimmung enthält.

Zeichen über die Annäherung der Treiber oder über Beendigung des Bogentriebes noch in den Bogenkreis zu schießen.[36])

Die J.-P.-V.-O. ist zu einer Zeit ergangen, in welcher die Jagdgewehre Vorderlader waren; da bei solchen das Laden und Entladen sehr umständlich und zeitraubend war, begnügte sich die V.-O. mit dem Gebote, das Gewehr wohl versichert zu halten und die Mündung aufwärts zu richten; die modernen Jagdregeln, welche nur mit Hinterladern rechnen, gehen noch weiter und fordern, daß die Jagdgewehre auf dem Gange zu und von der Jagd und nach jedem Triebe vor Abtreten vom Stande entladen und erst beim Wiederanstellen auf dem Stande geladen werden sollen. Diese Regel ist bei dem leicht handzuhabenden Mechanismus der Hinterlader unschwer durchzuführen und ihre Nichtbeachtung wird bei Unfällen, welche Körperverletzungen oder Tötungen zur Folge haben, als eine Vernachlässigung der erforderlichen und möglichen Vorsichtsmaßregeln erachtet werden und zur Haftung aus §§ 823 (und 843) B.G.B. führen, wenn den sonstigen Anordnungen der J.-P.-V.-O. genügt wurde, da eben diese nach dem heutigen Stande der Technik nicht „alle möglichen" Vorsichtsmaßregeln erschöpfen, namentlich nicht genügenden Schutz gegen zufälliges Losgehen eines Gewehres bieten, wenn der Jäger strauchelt, fällt, ihm das Gewehr entgleitet oder derselbe mit Gewehrriemen, Abzug oder in ähnlicher Weise hängen bleibt.[37])

Findet bei gemeinschaftlichem Jagen mehrerer Jagdtheilnehmer eine schadenstiftende Handlung statt und es kann nicht ermittelt werden, wer von den mehreren Betheiligten den Schaden durch seine Handlung verursacht hat, so ist jeder derselben für den Schaden gemeinverbindlich (solidarisch) haftbar und zum Schadensersatze verpflichtet, als hätten die Mehreren eine gemeinschaftliche vorsätzliche unerlaubte Handlung begangen (§ 830 B. G.B.). Selbstredend müssen die Umstände nach Zeit und Ort geeignet sein, diese Annahme zu unterstützen, z. B. wenn mehrere Jäger gleichzeitig auf ein und dasselbe Wild feuern und durch einen dieser gleichzeitigen Schüsse ein Dritter verwundet oder getötet wird, wobei dann nicht festzustellen ist, ob und welcher

[36]) Als Jagdregel gilt außerdem das Verbot des Linirens mit angelegtem Gewehr über die Schützenlinie, des Hineinschießens in den Trieb nach Ablassen des Treibens 2c., s. Note 167 oben S. 215 und Deutsch. Jäger Bd. XVIII S. 325. — Bei Treibjagden ist es üblich, diese Regeln bei der Einladung oder vor Beginn der Jagd den Theilnehmern und Jagdgästen bekannt zu geben und für Zuwiderhandlungen bestimmte Konventionalstrafen festzusetzen. Die Bezahlung der Letzteren kann aber selbstredend weder eine strafrechtliche Verfolgung noch die Ansprüche aus zivilrechtlicher Haftpflicht abwenden.

[37]) S. a. Deutscher Jäger Bd. XVIII S. 338.

der Schüsse den Schaden herbeigeführt hat.[38]) Trunkenheit macht den Schadenstifter für seine Handlung in gleicher Weise verantwortlich, wie wenn ihm Fahrlässigkeit zur Last fiele, es wäre denn, daß er ohne seine Schuld in einen Zustand der Trunkenheit gerathen wäre, der ihn bewußtlos machte oder seiner freien Willensbestimmung beraubte (§ 827 B.G.B.).

Wichtig erscheint auch § 832 B.G.B. mit Beziehung zu Art. 19 Ziff. 1 b. J.-G., welch letzterer die Ertheilung von Jagdkarten an Minderjährige und damit die Anerkennung ihrer persönlichen Befähigung zur Jagdausübung zuläßt. Die zur Führung der Aufsicht über solche Minderjährige Kraft Gesetzes verpflichteten Eltern oder Vormünder sind zum Ersatze eines vom Minderjährigen widerrechtlich angerichteten Schadens verpflichtet, wenn der Aufsichtspflicht nicht genügt wurde oder der Schaden bei gehöriger Aufsichtsführung nicht entstanden wäre.

Jagdbesitzer und Jagdpächter haben nach dem B. G.B. auch die Haftpflicht für Schäden zu tragen, welche die von ihnen bestellten Jäger, Jagdaufseher, Büchsenspanner u. s. w. in Ausführung ihres Dienstes bzw. ihrer Dienstesverrichtungen widerrechtlich einem Dritten zufügen, soferne der Jagd-Besitzer (oder Pächter) nicht den Beweis zu erbringen vermag, daß er bei der Auswahl der Jagdbediensteten und soferne er das Jagdgeräthe zu beschaffen oder die Ausführung der Dienstesverrichtung zu leiten hatte, hiebei die im Verkehr erforderliche Sorgfalt beobachtet habe oder daß der Schaden auch bei Anwendung dieser Sorgfalt entstanden sein würde (§ 831).

Die Haftpflicht greift nicht blos gegenüber Schädigungen der Person, sondern auch gegenüber Sachen, dem Eigenthume Dritter Platz. Der Jäger, welcher fremde Thiere, z. B. Rindvieh, Pferde, Geflügel und andere Haus- oder zahme Thiere eines Dritten anschießt oder tötet, hat den hiedurch entstandenen Schaden dem Eigenthümer bzw. Besitzer zu ersetzen. Ist der Schaden vorsätzlich

---

[38]) Im Deutschen Jäger Bd. XXIII S. 168 sind zur Erläuterung der §§ 823 ff. eine Reihe praktischer Fälle angeführt. Bei einem Unfalle durch plötzliche Entladung eines vom Jäger über die Kniee gelegten Gewehres in Folge einer unvorsichtigen Bewegung wurde der Jäger zum Schadensersatze verpflichtet erklärt, weil er das Gewehr weder entladen noch in eine ungefährliche Lage und Beschaffenheit gebracht. Ingleichen wurde ein radfahrender Jäger, der das Gewehr auf dem Rücken führte, aus Unvorsichtigkeit an den Kilometerstein einer öffentlichen Straße anfuhr, stürzte und durch sein hiebei sich entladendes Gewehr einen Anderen schwer verletzte, wegen Außerachtlassung der nöthigen Sorgfalt zum Schadensersatz verurtheilt. In einem dritten Falle wurde ein Treiber durch die Entladung des Gewehres eines strauchelnden und zu Fall kommenden Jägers verletzt und Letzterer ersatzpflichtig erklärt; wenn auch mehr ein Mißgeschick, denn ein Zufall vorliege, so habe eben der eine schußfertige Waffe führende Jäger das hiemit verbundene Risiko zu tragen.

angerichtet worden, so steht dem Geschädigten neben dem zivilrechtlichen Ersatzanspruch auch Strafantrag wegen Sachbeschädigung aus § 303 St.-G.-B. zu, wurde der Schaden nur fahrlässiger Weise angestiftet, so bleibt dem Geschädigten doch die zivilrechtliche Inanspruchnahme der Haftpflicht des Schadenstifters bzw. seines Dienstherrn.

Besondere Vorsicht auferlegt diese Bestimmung den Jägern in Bezug auf die Ausübung des in § 17 d. J.-P.-V.-O. zugestandenen Rechtes, in den Jagdrevieren aufsichtslos umherstreifende Hunde sowie jedem Wilde nachstellende Katzen (als Raubthiere) zu töten. Sind die Voraussetzungen des angef. § 17 nicht gegeben (s. darüber oben S. 225), so tritt die Haftpflicht des Jägers für den Schaden ein. Daß der Besitzer eines während der Ausübung der Jagd von einem Anderen angeschossenen oder getöteten Jagdhundes Ersatzanspruch auf Ersatz des Schadens hat, ist selbstverständlich.

Eine Schadensersatzpflicht kann auch aus der Verletzung des § 368 Nr. 7 St.-G.-B. durch Schießen mit Feuergewehr in gefährlicher Nähe von Gebäuden und feuerfangenden Sachen (auch Blindschießen) erwachsen, insoferne durch den Schuß Gebäude (Strohdachungen rc.) oder Auflagerungen Feuer fangen und beschädigt oder zerstört werden (s. hiezu § 309 mit §§ 306—308 St.-G.-B. über fahrlässige Brandstiftung), ferner durch Uebertretung des Art. 45 Forst-G. (Feuermachen in oder in der Nähe von Waldungen) in Verbindung mit § 368 Nr. 6 und §§ 306 mit 309 St.-G.-B.[39])

Gegenüber Personen und Sachen kann eine Haftpflicht begründet werden aus Uebertretungen des § 367 Nr. 8 St.-G.-B. durch Legung von Selbstschüssen, Schlageisen und Fußangeln an bewohnten oder von Menschen besuchten Orten ohne Erlaubniß und mit Vernachlässigung der gebotenen und nothwendigen Vorsichtsmaßregeln hiebei.[40])

Eine weitere Haftpflicht auferlegt § 833 B.G.B. dem Jäger für etwaige durch seine Hunde angerichteten Schaden und zwar unbedingt; eine Befreiung von der Haftung durch den Nachweis eines Nichtverschuldens sieht das B.G.B. nicht vor. Der Jäger muß also nicht blos für Verletzungen von Menschen durch seinen Hund Ersatz leisten, sondern auch Beschädigungen von Hausthieren sowie von Wild in fremdem Reviere vergüten, welche der Hund ohne sein Zuthun und seinen Willen herbeigeführt hat. Der

[39]) S. a. Art. 77 und 96 Forst-G. — Auch fahrlässige Brandstiftung durch Rauchen, Entleeren von Pfeifen, Wegwerfen glimmender Zigarrenstummel und Streichhölzer in Waldungen, auf Haiden und Grasbodenbeständen zur Zeit der Dürre kann zur Inanspruchnahme der Haftpflicht aus § 823 B.G.B. führen.

[40]) S. Mohl, Polizei-Wissensch. Bd. III S. 271, 272.

Schadensersatz umfaßt einmal den eingetretenen Vermögensschaden und zum anderen die billige Entschädigung für immateriellen Schaden (Nachtheile und Beeinträchtigungen, die keine Einbuße an Vermögen begründen).[41])

Bei Körperverletzungen oder Gesundheitsschädigungen, welche Erwerbsunfähigkeit oder geminderte Erwerbsfähigkeit des Verletzten oder Vermehrung seiner Bedürfnisse zur Folge haben, ist der Ersatz in Form einer Geldrente zu leisten, die für 3 Monate vorauszuzahlen ist (§§ 842, 843, 760 B.G.B.); statt der Renten kann der Verletzte bei Vorliegen gewichtiger Gründe eine Kapitalsabfindung verlangen. Der Anspruch wird durch die Unterhaltspflicht eines Dritten gegenüber dem Verletzten nicht ausgeschlossen.

Im Falle einer Tötung sind dem zur Bestreitung der Beerdigung Verpflichteten die Beerdigungskosten zu ersetzen. War der Getötete zur Zeit der Verletzung Kraft Gesetzes einem Dritten gegenüber unterhaltspflichtig oder konnte er dies werden und ist dem Dritten in Folge der Tötung das Recht auf den Unterhalt entzogen, so hat der Haftpflichtige dem Dritten in einer Geldrente Schadensersatz insoweit zu leisten, als der Getötete während der mutmaßlichen Lebensdauer zur Unterhaltsgewährung verpflichtet gewesen wäre. War der Getötete oder an Körper oder Gesundheit Geschädigte oder seiner Freiheit Beraubte einem Dritten Kraft Gesetzes zur Dienstleistung in Haus oder Gewerbe verpflichtet, so ist dem Dienstberechtigten für diesen Entgang durch eine Geldrente Ersatz zu leisten. Der an Körper oder Gesundheit Verletzte oder seiner Freiheit Beraubte kann außer den Kurkosten und dem Verdienstentgang auch eine billige Geldentschädigung (Schmerzensgeld) fordern.[42]) Hat im Falle einer Tötung, Körper-

[41]) Der Ausdruck, „Derjenige, welcher das Thier hält", ist aus dem Leben genommen und danach zu erklären, Scherer, „1 Jahr d. B.G.B." S. 99, vgl. a. dessen Kommentar z. B.G.B. zu §§ 833 ff. Es wird darunter der Eigenbesitzer verstanden werden müssen, Isay, Jhrb. f. Dogm. XXXIX S. 315, Windscheid, Pandekten § 457 S. 926. — Ein Entlastungsbeweis ist dem Thierhalter nicht nachgelassen; er haftet unbedingt. — Wer für den Halter des Thieres die Führung der Aufsicht über dasselbe vertragsmäßig übernimmt, z. B. ein Förster, dem ein Jagdhund in Pension gegeben ist, haftet für den durch das Thier einem Dritten zugefügten Schaden, jedoch unter Vorbehalt des Entlastungsbeweises, daß er bei der Führung der Aufsicht die im Verkehr erforderliche Sorgfalt beobachtet habe oder der Schaden auch bei Anwendung dieser Sorgfalt entstanden sein würde (§ 834 B. G.B.). Auch der Entleiher eines Jagdhundes haftet in dieser Weise. Der Eigenbesitzer haftet stets neben demjenigen, der die Aufsicht über das Thier vertragsmäßig übernommen hat, da er nie entlastet worden. Scherer a. a. O., Windscheid a. a. O. — Das mitwirkende Verschulden eines Dritten schließt die Haftung nicht aus, nur kann möglicher Weise der aus § 834 Haftpflichtige geltend machen, daß er den durch einen Dritten mitverschuldeten Schaden auch durch entsprechende Aufsicht nicht habe abwenden können.

[42]) Durch eine nach § 231 St.-G.-B. erkannte Buße wird das Schmerzens-

oder Gesundheitsverletzung sowie einer Freiheitsentziehung bei der Entstehung des Schadens, den der Dritte (Unterhalts- oder Dienstberechtigte) erleidet, ein Verschulden des Verletzten mitgewirkt, so hängt die Verpflichtung zum Schadensersatze und der Umfang des letzteren von den Umständen und insbesondere davon ab, inwieweit der Schaden vorwiegend von dem einen oder dem anderen Theile verursacht worden ist. (§§ 846 mit 254 B. G.B.). Der Anspruch auf Schadensersatz verjährt in drei Jahren von dem Zeitpunkte an, in welchem der Verletzte von dem Schaden und der Person des Ersatzpflichtigen Kenntniß erlangt, ohne Rücksicht auf diese Kenntniß in 30 Jahren von der Begehung der Handlung an (§ 852).[43])

Der Jäger kann sich gegen solche Ersatzansprüche durch Versicherungsnahme bei einer Anstalt oder Gesellschaft für Haftpflichtversicherung schützen, welch letztere statutarisch gegen Prämien die ganze oder theilweise Deckung solcher Ersatzleistungen für den Versicherungsnehmer regulirt und deckt.

Die Unfallversicherung des Jagdpersonals.

Nach § 1 des land- u. forstw. U.-V.-G. sind alle in land- und forstwirthschaftlichen Betrieben beschäftigten Arbeiter und Betriebsbeamten (letztere insoferne ihr Jahresarbeitsverdienst an Gehalt oder Lohn 3000 Mk. nicht übersteigt) gegen die Folgen der beim Betriebe sich ereignenden Unfälle versichert. Diese Unfallversicherung erstreckt sich auch auf die Arbeiter und Betriebsbeamten, welche der Unternehmer eines land- oder forstwirthschaftlichen Betriebes neben seiner Land- oder Forstwirthschaft, aber in wirthschaftlicher Abhängigkeit von derselben betreibt (land- und forstwirthschaftlicher Nebenbetrieb).[44])

Hienach kann auch der Jagdbetrieb und das hiebei verwendete Personal der land- und forstwirthschaftlichen Unfallversicherung unterstehen und zwar, wie aus der Begründung des land- und forstwirthschaftlichen Unfallversicherungsgesetzes unzweideutig hervorgeht, jedenfalls dann der Versicherung durch die land- (und forst-) wirthschaftliche Berufsgenossenschaft, wenn er

---

geld ausgeschlossen, s. Seufferts Arch. XXXI. 230 Nr. 1, Arch. f. civ. Pr. LXXXVIII S. 1 ff., Windscheid, Pand. Bd. II S. 917. — Der Anspruch auf Schmerzensgeld geht nicht auf die Erben des Verletzten über, während Ansprüche auf Ersatz für Vermögensschäden an die Erben übergehen.

[43]) D. h. die 30jährige Verjährungsfrist läuft, wenn der Geschädigte von dem Schaden und bzw. der Person des Schadenstifters keine Kenntniß erlangt hat.

[44]) Land- und forstwirthschaftliches Unfallversicherungsgesetz vom $\frac{\text{15. Mai 1886}}{\text{30. Juni 1900}}$ R.-G.-Bl. S. $\frac{132}{335}$.

einen Theil oder Nebenbetrieb der Land- oder Forstwirthschaft bildet. Hienach steht der Annahme der Versicherung gegen Jagdunfälle zweifellos dann grundsätzlich nichts im Wege, wenn die Jagd von einem landwirthschaftlichen Betriebsunternehmer ausschließlich auf von ihm selbst (land- oder forstwirthschaftlich) bewirthschafteten Grundstücken ausgeübt wird (Eigenjagdbetrieb). Aber auch der Betrieb einer Pachtjagd kann gleich der Eigenjagd unter den Gesichtspunkt eines Theiles oder Nebenbetriebs der Land- oder Forstwirthschaft gebracht werden, insoferne die Grundstücke der gepachteten Jagd (oder auch einer Inklave) unmittelbar mit jenen Grundstücken in Zusammenhang stehen, welche von dem Unternehmer land- oder forstwirthschaftlich genutzt werden; denn Landwirthschaft und Jagdausübung ruhen hier in einer Hand des Unternehmers. Der Abschuß der Kultur schädlicher Thiere, welchen der Unternehmer im ganzen Jagdreviere bewirkt, kömmt seiner Land- (oder Forst-)wirthschaft zu Gute. Außerdem bildet der Abschuß der jagdbaren Thiere, welche eine Frucht des im Grundeigenthume ruhenden Jagdrechtes darstellen, einen Erwerb des Unternehmers in seiner Eigenschaft als Grundbesitzer, Land- oder Forstwirth. Daß im Bezirke einer Pachtjagd die von dem Pächter selbst bewirthschafteten Flächen an Größe hinter den von anderen land- oder forstwirthschaftlichen Betriebsunternehmern genutzten Grundstücken zurückstehen, steht der Behandlung der Jagd als Theil oder Nebenbetrieb der Land- oder Forstwirthschaft des Pächters nicht entgegen, da für den Begriff eines land- oder forstwirthschaftlichen Nebenbetriebs gegenüber dem Hauptbetriebe nicht allein oder vorwiegend die räumliche Ausdehnung beider Betriebe, sondern auch noch eine Reihe anderer Verhältnisse und Umstände, z. B. die für den Haupt- und den Nebenbetrieb erforderliche Arbeitszeit, das aus beiden erzielte Einkommen wesentlich sind. Liegen die erörterten Voraussetzungen vor, so ist sowohl der Betriebsunternehmer als die von ihm bei der Jagdausübung beschäftigten Arbeiter berechtigt, die Unfallversicherung bei der land- und forstwirtschaftlichen Berufsgenossenschaft in Anspruch zu nehmen. Unerheblich ist es dabei, ob der Unfall sich innerhalb der Grenzen der vom Unternehmer genutzten Ländereien oder im sonstigen Jagdreviere ereignet,[45]) unerheblich ferner für den Versicherungsanspruch zu Schaden gekommener Arbeiter und Betriebsbeamter, ob der Betriebsunternehmer persönlich an der Ausübung des Jagdbetriebes Teil nahm, bei dem der Unfall sich ereignete oder nicht, wenn nur die betreffenden Verrichtungen aus seinem besonderen oder einem aus der Arbeitsleistung allgemein hervor-

[45]) S. Deutscher Jäger Bd. XX S. 6.

gehenden Auftrage vorgenommen und der Jagdbetrieb für Rechnung des Unternehmers ausgeführt wurde.

Die Versicherung erstreckt sich auf das eigentliche Jagdpersonal (Jäger, Jagdaufseher) und auf die bei einer Treibjagd verwendeten und thätigen Treiber, Hundeführer, Träger u. dgl. Jagdgehilfen, nicht aber auf die vom Unternehmer zur Jagd eingeladenen Jagdgäste.[46])

Praktische Fälle. Ein landwirthschaftlicher Unternehmer hatte theils auf eigenem, theils auf gepachtetem Grund und Boden eine Treibjagd veranstaltet und hiebei seinen Pferdejungen beauftragt, den Hund eines Jagdtheilnehmers zu führen. Bei dieser Verrichtung mußte der Junge längere Zeit auf ein und derselben Stelle stehen bleiben und erfror sich in Folge dessen einen Fuß. Der Entschädigungsanspruch wurde anerkannt, da es sich um eine für den landwirthschaftlichen Nebenbetrieb aufgetragene Verrichtung handelte, bei welcher der Unfallleider nicht aus dem Betriebe seines Arbeitgebers ausgetreten war. — Der Sohn eines landwirthschaftlichen Betriebsunternehmers, Besitzers eines Bauernhofes, schoß einen über dem Hofe kreisenden, den Geflügelstand des Hofes bedrohenden Raubvogel. Hiebei zersprang der Gewehrlauf und verletzte den Schießenden derart an einem Daumen, daß dieser abgenommen werden mußte. Da es sich um den Schutz des Federviehs des Bauernhofes handelte, wurde ein landwirthschaftlicher Betriebsunfall angenommen. — Der Hof-(sogen. Bau-)meister eines größeren Gutes glitt bei der Verfolgung eines Hasen im Jagdbezirke seines Dienstgebers aus und verletzte sich. Die Verletzung wurde als ein land- bzw. forstwirthschaftlicher Betriebsunfall vom R.-V.-A. anerkannt. Der Hofmeister hatte u. A. auch die ausgedehnten, zum Gute gehörigen Holzungen zu beaufsichtigen und nicht nur die Erlaubniß, sondern vielmehr den ausdrücklichen Auftrag von seinem Arbeitgeber erhalten, bei den Forstbesichtigungen auch die Jagd auszuüben und die Jagdbeute in die herrschaftliche Küche abzuliefern. Das Vorliegen eines land- und forstwirthschaftlichen Betriebsunfalles wurde um deswillen angenommen, weil die Jagdausübung dem Verletzten nicht blos gestattet, sondern von seinem Arbeitgeber ausdrücklich aufgetragen war. Wenn hiebei auch die Aussicht auf das Erträgniß der Jagd nicht maßgebend gewesen sein möge, so liege doch nahe, daß der Auftrag wesentlich auch im Betriebsinteresse ertheilt wurde, sondern um durch die Anregung, welche die Jagd gewährt, die Berufsfreudigkeit und den Eifer des Hofmeisters in Ausführung der ihm obliegenden forstdienstlichen Verrichtungen zu erhöhen. Der Verunglückte hat sich auch bei Verfolgung eines angeschossenen Hasen, bei der er ausglitt und sich verletzte, keiner selbstgesetzten, seiner forstlichen Betriebsthätigkeit fremden Gefahr preisgegeben, sondern ist einer mit der Eigenart des Forstwirthschaftsbetriebs wesentlich zusammenhängenden Gefahr erlegen. — Ein Jagdliebhaber wurde bei einem Pirschgange von unbekannter Hand angeschossen. Sein Anspruch auf eine landwirthschaftliche Unfallentschädigung wurde schiedsgerichtlich und vom Reichsversicherungsamte abgewiesen, da ermittelt worden, daß der Beschädigte seine Landwirthschaft veräußert habe und fast ausschließlich von der Jagd lebe. Da der landwirthschaftliche

[46]) S. ebenda Bd. XX S. 6 und XIX S. 219 — insbesondere auch das Anschießen der Treiber durch die Jagdgäste ist unter den Voraussetzungen der Versicherung des Jagdbetriebs ein zu entschädigender Unfall.

Besitz des Unfallleiders nur noch ein sehr kleiner war, konnte die Jagdausübung desselben als ein landwirthschaftlicher Nebenbetrieb nicht anerkannt werden. — Das Ackerland eines Landwirthes wurde öfters erheblich von Rothwild beschädigt. Der Landwirth legte sich eines Abends mit einem Gewehre in eine Kartoffelfurche, um angeblich das schädliche Wild zu verscheuchen. Dort wurde er durch den Schuß eines Wilderers getötet. Es wurde angenommen, daß hier ein landwirthschaftlicher Unfall vorliege, da der Getötete beabsichtigt habe, seine Grundstücke durch Schreckschüsse vor Wildschaden zu schützen.[47])

Auch neben einem rein forstwirthschaftlichen Hauptbetriebe kann die Jagd als Nebenbetrieb in Betracht kommen und letzterer in Bezug auf dabei vorkommende Unfälle der land- und forstwirthschaftlichen Berufsgenossenschaft bzw. einer Ausführungsbehörde unterstehen. Dies trifft bei dem Regiebetriebe der Jagd in Staatswaldungen zu. Pachtet der Staat von Privaten oder Gemeinden die Jagd auf den dem Staatswalde benachbarten Grundkomplexen zum Schutze seiner in Regie betriebenen Staatsjagd, so wird die Jagd auch auf diesem Fremdkomplexe für staatliche Rechnung mit der angrenzenden Regiejagd betrieben, bildet einen Bestandtheil und Nebenbetrieb des forstwirthschaftlichen Hauptbetriebs des Staates und fällt als solcher unter das Unfallversicherungsgesetz. Wird dagegen die ärarialische Jagd in einem Staatswalde an einen Dritten vergeben und für dessen Rechnung betrieben, so scheidet dieser Jagdbetrieb aus dem Wirkungskreise der Berufsgenossenschaft bzw. Ausführungsbehörde sowie überhaupt aus der Unfallversicherung aus, weil die Jagdausübung dann nicht mehr ein Nebenbetrieb des forstwirthschaftl. Staats- und Hauptbetriebes ist, sondern für Rechnung eines Anderen ausgeübt wird.

Das gleiche Verhältniß ist bei einem Eigenjagdbesitzer gegeben, der seine Jagdberechtigung an einen dritten Privaten oder an die Gemeinde verpachtet. Auch hier scheidet durch die Verpachtung die Ausübung der Jagd als Nebenbetrieb aus dem land- oder forstwirthschaftlichen Hauptbetriebe des eigenjagdberechtigten Unternehmers aus. Dagegen kann der Jagdbetrieb auf einem solchen verpachteten ärarialischen oder Privatgelände dem Bereiche der Unfallversicherung nach den oben erörterten Grundsätzen wieder unterstellt werden, wenn er pachtweise an einen Grundbesitzer übergeht, welcher land- oder forstwirthschaftlicher Unternehmer ist und auf seinem mit dem Staats- oder privaten Eigenjagdgelände zusammenhängenden Besitzthume die Jagd als Nebenbetrieb seiner Land oder Forstwirthschaft ausübt.

Wird das Erlegen oder Einfangen von wilden Thieren (Wild), d. h. die Jagd als selbstständiger Zweig wirthschaftlicher

[47]) S. Deutscher Jäger Bd. XVII S. 264, XX S. 7, 59, 218 mit XIX S. 219 — Mittheil. d. Reichs-Versich.-Amts Bd. XI S. 20.

Thätigkeit von Personen betrieben, welche ein land- oder forstwirthschaftliches Gewerbe nicht betreiben, wie dies namentlich bei Pachtjagden häufig zutrifft, so kann der Jagdbetrieb der Land- oder Forstwirthschaft nicht zugerechnet werden und fällt nicht in den Bereich der land- oder forstwirthschaftlichen Unfallversicherung. Ereignet sich bei Ausübung der Jagd, bei deren Betrieb das Erlegen und der Fang von Wild als hauptsächlicher und selbstständiger Zweck verfolgt wird, ein Unfall, so ist derjenige, welcher den Unfall verschuldet hat, dem Beschädigten gegenüber haftbar und entschädigungspflichtig. Werden daher bei der Ausübung einer von einem Nichtgrundbesitzer und Nicht-Land- oder Forstwirth erpachteten Jagd, der Unternehmer, Angehörige seines Jagdpersonales oder Treiber verletzt oder getötet, so können sie einen Entschädigungsanspruch an die land- und forstwirthschaftliche Unfallversicherung nicht erheben, sondern nur Entschädigungsklage auf Grund der in §§ 823, 843, 844 B. G.B ausgesprochenen Haftpflicht gegen denjenigen erheben, welcher die Verletzung oder Tötung verschuldet hat.[48])

Praktischer Fall. Bei einer Jagd des Bremer Jagdklubs, welcher eine Reihe von Gemeindejagden gepachtet hat, um dort die Jagd auszuüben, wurde ein Treiber an einem Auge so verletzt, daß er die Sehkraft desselben vollständig einbüßte. Der Rentenanspruch des Verletzten wurde in allen Instanzen, zuletzt durch Revisionsbescheid des Reichsversicherungsamtes als unbegründet zurückgewiesen, da der Klub in seinen Jagdrevieren keinen eigenen Grundbesitz habe und die Mitglieder die Jagd nicht auf von ihnen selbst bewirthschafteten Grundstücken ausübten.

[48]) S. Deutscher Jäger Bd. XIX S. 7, Bd. XX S. 6; s. a. Motive z. land- und forstwirthsch. Unf.-Vers.-G. S. 405; E. d. b. Landes-V.-V.-A. v. 2. Dezember 1891, s. a. Deutscher Jäger Bd. XIV S. 134.

II. Das Jagdrecht der Pfalz.

Kapitel I.

Jagdrecht, Jagdausübung, deren Begriff und rechtliche Natur.

Der Begriff „Jagd, Jagen" deckt sich für die Pfalz vollkommen mit dem oben (S. 26, 172) für das rechtsrheinische Bayern aufgestellten.

Das **Jagdrecht**, die Berechtigung zur Vornahme der unter den Begriff des „Jagens" fallenden, auf Verfolgung, Erlangung sowie auf Aneignung des Wildes gerichteten Handlungen erscheint auch in der Pfalz als ein Ausfluß des Eigenthumsrechtes an Grund und Boden und schließt auch hier die Befugniß zu jagdwirthschaftlicher Hege des Wilds in sich.[1])

Die Berechtigung zur Ausübung der Jagd in der Pfalz stellt sich hienach als ein mit dem Grundeigenthume verbundenes und als solches dem Gebiete des Privatrechtes angehöriges Recht dar, welches jedoch aus Rücksichten wirthschafts- und ordnungspolizeilicher Natur — zur Verhütung des Verfalls und der Unordnung in Hinsicht der Jagden sowie zu Förderung der Auf-

---

[1]) Vgl. Art. 3 d. Gesetzes vom 4. August 1789 über die Abschaffung des Lehnwesens „jeder Eigenthümer hat das Recht alles Wild nur allein auf seinem Gut und Eigenthum zu tödten oder tödten zu lassen" und Art. 1 und 2 d. G. v. 30. April 1790 über die Jagd. — Ausschreiben der Rgg. d. Pfalz über die Administration der Staatswaldjagden vom 17. Mai 1850 (A.-Bl. S. 280) I. § 1. Nach der mit Gesetzeskraft versehenen Verordnung vom 21. September 1815 über die Verwaltung und Ausübung der Jagd ist das Jagdrecht in der Pfalz, gleich wie nun in den jenseitigen Kreisen des Königreichs, von dem Grundeigenthumsrechte abhängig, d. h. es fließt das erstere aus dem letzteren E. d. Cass.-H. d. Pf. v. 16. Mai 1845 (A.-Bl. S. 216): „Der Pächter . . . . übt sein Jagdrecht auf den einzelnen Grundstücken an der Stelle des Grundeigenthümers aus, dem ohne die Verpachtung des Jagdrechts solches als Ausfluß seines Eigenthumsrechts zustände." S. a. E. d. großherzogl. hess. Cass.-H. v. 18. April 1864 S. v. **Emmerling** II S. 39 und **Männer**, pf. J.-R. S. 31 ff. Dagegen E. d. b. V.-G.-H. v. 27. Juni 1882 S. IV S. 122, welche nur bei der Waldjagd der Regel nach das Eigenthum als Quelle des Jagdrechts anerkennen, im Uebrigen aber das Jagdrecht vom Grundeigenthum dem vollen Inhalte nach, sowohl hinsichtlich der Ausübung als der Rente, losgeschält erachten will. — Bezüglich der Hege s. § 1 d. J.-Pol.-V.-O. v. 5. Oktober 1863 mit § 1 d. V.-O. v. 4. Januar 1872 und § 6 lit. e sind f der Jagd-V.-O. v. 1815. — Vgl. hiezu die Ausführungen oben S. 27, 28.

nahme derselben — durch das öffentliche Recht gewissen Beschränkungen unterworfen ist.[2])

Ausschließliche d. h. Jagdgerechtigkeiten auf fremdem Grund und Boden sind in der Pfalz seit 1789 aufgehoben und können nach dem Wortlaute der bezüglichen Gesetzesbestimmungen auch nicht mehr neu begründet werden.[3])

Auch in der Pfalz ist die Jagdausübungsbefugniß von der Jagdberechtigung (im weiteren Sinne) begrifflich und rechtlich als ein persönliches Recht zu trennen und kann hienach die Jagdberechtigung eine volle unbeschränkte sein, bei welcher die Jagdberechtigung und die Befugniß zur Ausübung der letzteren in der Person des Grundeigenthümers zusammentreffen — die Ausnahme, welche wie im dießrheinischen Bayern von gewissen dinglichen Erfordernissen des Grundbesitzes abhängig ist. Oder aber es ist mangels dieser dinglichen Voraussetzungen die Jagdberechtigung des Grundeigenthümers eine beschränkte, bei welcher die Befugniß zur Ausübung der Jagd von der Jagdberechtigung des Grundbesitzers losgeschält erscheint und kraft gesetzlicher Vorschrift an dritte Nichteigenthümer übergehe — was die Regel.[4])

Während der Inhaber der unbeschränkten Jagdberechtigung über dieselbe frei verfügen, die Jagd selbst ausüben, für eigene Rechnung ausüben lassen oder die Ausübung Dritten übertragen kann,[5]) ist dem Grundeigenthümer, dem nur eine beschränkte Jagdberechtigung zusteht, das Verfügungsrecht über letztere entzogen.

Eine besondere Eigenthümlichkeit des pfälzischen Jagdrechts ist, daß dem Grundeigenthümer, dessen Grundstücke zur Feldjagd (nicht bewaldetem Grund und Boden) gehören, unter gewissen dinglichen Voraussetzungen die Mitbenutzung d. h. die Jagdausübung neben dritten Jagdausübungsberechtigten für seine Person zugestanden ist. Ein Verfügungsrecht über diese Mitbenutzung steht dem Grundeigenthümer in solchem Falle nicht zu.[6])

Die Ausübung der Jagdberechtigung ist ferner durch den Besitz bestimmter persönlicher Erfordernisse bedingt, welche von jedem die Jagd (mittels Schießgewehres) Ausübenden verlangt werden.[7])

[2]) V.-O. v. 21. September 1815 (Abl. S. 253) Einleitg.

[3]) G. v. 4. August 1789 Art. 3 und v. 30. April 1790 Eingang und Art. 1.

[4]) E. d. V.-G.-H. v. 27. Juni 1882 S. IV S. 122.

[5]) S. J.-V. v. 1815 § 3 Abs. III mit § 5 Abs. V.

[6]) A. a. O. § 5 Abs. V Satz 1.

[7]) J.-V.-O. § 6 lit. b und Art. 3 d. Landesadministr. V.-O. v. 23. Juli 1814 (Abl. S. 21); s. hiezu unten Note 25a.

Kapitel II.

Die Voraussetzungen des Jagdausübungsrechtes.

§ 1. Die dinglichen Erfordernisse des Grundeigenthums als Voraussetzung des Jagdausübungsrechts.

1. Eigenjagd.

Die Ausübung der Jagdberechtigung durch den Grundeigenthümer ist ausnahmsweise zulässig

1. in den Staatswaldungen,[8])
2. in Privatwaldungen (Waldgrundstücken im Eigenthume von Privatpersonen), welche in einem Zusammenhange von 200 rheinländischen Morgen (ungefähr 80 ha — mindestens 76,20 ha) und darüber an Fläche enthalten,[9])
3. auf allen Grundstücken, die mit einer Mauer, einem Zaune oder Hecke umgeben und mit Thür und Schloß versehen sind,[10])

in beschränkter Weise (Mitbenutzung neben dem Gemeindejagdpächter) auf dem zusammenhängenden Grundbesitze von 100 rheinländischen Morgen (40 ha) Feldgut eines Grundeigenthümers.[11])

Für die Jagdberechtigung des Staates in den ärarialischen Waldungen ist der Flächenumfang der letzteren ohne Einfluß. Auch die kleinste Waldparzelle im Eigenthume des Staates gewährt letzterem das Jagdrecht auf derselben.[12])

Als Waldung ist eine der Holznutzung dienende — mit Waldbäumen bestandene Bodenfläche zu erachten.[13])

---

[8]) J.-V.-O. § 1 Abs. III.

[9]) J.-V.-O. § 3 Abs. III. — Eine Denkschrift des pfälz. Jagdschutzvereines vom Juni 1898 bezeichnete es als wünschenswerth, daß unter Beseitigung des Unterschieds zwischen Wald- und Feldjagd das Flächenausmaß für Eigenjagdbezirke auf mindestens 100 ha erhöht werde. Deutsch. Jäger Bd. XX S. 359.

[10]) J.-V.-O. § 5 Abs. V.

[11]) A. a. O. Abs V.

[12]) Vgl. a. Männer a. a. O. S. 57.

[13]) Vgl. hiezu E. d. großherzogl. hess. Cass.-H. v. 7. November 1864 S. v. Emmerling I S. 116. Die Begriffe im Sinne dieser Bestimmung und anderseits des § 293 St.-G.-B. decken sich nicht vollständig; für ersteren ist die wirthschaftliche Nutzung entscheidend, für letzteren der Gesichtspunkt der erhöhten Gefährlichkeit unberechtigten Jagens auf Plätzen, deren mehr oder minder dichte Bestockung ein Verbergen des Wilderers und des Wildergutes begünstigt. — Der Begriff des Waldes im Sinne des § 3 Abs. III setzt eine forstwirthschaftliche Nutzung der Bäume voraus; Obstbaumgärten oder sonstige, wenn auch dichter gesetzte Anpflanzungen von Obst- und forstwirthschaftlich nicht nutzbaren Zierbäumen sind nicht unter den Begriff „Wald" zu bringen.

Der als Voraussetzung der Selbstjagdausübung in Privatwaldungen geforderte Mindestumfang des Flächeninhaltes zu 200 Morgen (mindestens 76,20 ha)[14]) muß einen zusammenhängenden Besitz des Eigenthümers bilden. Der Zusammenhang ist gegeben, wenn die einzelnen Grundstücke sich mit ihren Grenzen mindestens an einem Punkte so berühren, daß der Uebergang von einem zum anderen Grundstücke ohne Betretung fremden Eigenthums möglich ist (s. oben S. 50, 51).[14a]) Daß die so beschaffene Privatwaldung in einem und demselben Gemeindebezirke liegt, ist nicht erforderlich. Dieselbe kann sich auch in zwei oder mehrere Gemeindemarkungen erstrecken, dagegen können Grundstücke, welche außerhalb der Landes- (Kreis-)Grenze liegen, nicht zur Bildung eines solchen Eigenjagdbezirks zugerechnet werden.[14b]) Eine dem Art. 2 letzter Abs. b. J.-G. gleiche Bestimmung, daß der Zusammenhang eines Jagdbezirkes durch Straßen, Wege, Flüsse und Bäche nicht unterbrochen werde, fehlt dem pfälz. Jagdrechte. Der im b. J.-G. ausgesprochene Grundsatz darf aber auch hier als selbstverständlich angenommen werden; jedoch mit dem Abmasse, daß die Flächen der Straßen oder Wege bei Berechnung des Flächeninhalts des Sonderjagdbezirks nicht mitgerechnet werden dürfen, und unter der Voraussetzung, daß die getrennten Grundstücke sich dies- und jenseits der trennenden Wegfläche so gegenüberliegen, daß die vom einen Grundstücke über die Trennungsfläche senkrecht zum jenseitigen Grundstücke gezogene Linie dieses letztere mindestens an einem Punkte trifft.[15]) Ein gleiches gilt von den fließenden Gewässern. Privatflüsse und Bäche, die ohnehin im Eigenthum der Ufer-

---

[14]) E. d. b. V.-G.-H. v. 13. November 1889 S. XI S. 501. — Die in § 3 Abs. III J.-V.-O. zwischen Klammer beigefügte Ziffer „(ohngefähr 80 ha)" läßt erkennen, daß bei Erlaß der J.-V.-O. Klarheit darüber bestand, wie ein rhein. Morgen nicht genau, sondern nur annähernd 40 a enthalte. Der rhein. Morgen hält genau 38,1 a, es genügt demnach schon ein Besitz von 76,2 ha (= 200 Morgen rhein.) zur Eigenjagdausübung.

[14a]) E. d. B.-G.-H. v. 22. Juni 1887 S. VIII S. 272.

[14b]) S. oben S. 48 Note 52.

[15]) Wege, Straßen und Holzabfuhrwege gehören nach der herrschenden Ansicht zum Waldjagdgebiete. E. d. Ob. L.-G. Zweibrücken vom 7. März 1900, Deutsch. Jäger Bd. XXI S. 28; s. hiezu auch Männer a. a. O. S. 58, 104: Straßen und Wege, welche zu beiden Seiten vom Staatswalde begrenzt sind, werden als Zubehör zu betrachten sein, auch wenn das Eigenthum an demselben dann dem Staate nicht zusteht und der Staat wird auch auf diesen Strecken als jagdberechtigt anzusehen sein, nicht aber werden Straßen und Wege (Staatsstraßen, Distriktsstraßen, Gemeindewege, die nur auf einer Seite an den Staatswald angrenzen, als Zubehör der Waldung betrachtet werden können, ausgenommen Wege, die (wie Holzabfuhrwege ꝛc.) von der staatlichen Forstverwaltung angelegt sind. Dagegen werden Straßen- und Wegflächen, welche einen privaten Eigenjagdbezirk durchziehen und nicht im Eigenthume des zur Selbstjagd berech-

angrenzer stehen (Art. 39 Abs. I W.-B.-G.), stellen in Folge dessen von selbst den Zusammenhang des Sonderjagdbezirks her, welchen sie durchfließen. Eine besondere Wasserjagd im Sinne des Art. 2 Abs. I Ziff. 4 b. J.-G. kennt die pfälz. Jagd-V.-O. nicht; Weiher und Teiche sind je nach ihrer Lage im Walde oder in unbewaldetem Feldgelände als Zugehörungen des Wald- oder Feldjagdbezirks zu behandeln und ihre Flächen bei Feststellung des Flächeninhalts des Jagdbezirkes einzurechnen.[15a])

Auch einer den Komplex eines Eigenjagdbezirkes durchschneidenden Eisenbahnlinie wird eine den jagdrechtlichen Zusammenhang der Grundstücke aufhebende Wirkung nicht beizulegen und dieselbe in dieser Hinsicht den Straßen, Wegen und Gewässern gleichzuachten sein.[15b])

Zur Selbstausübung der Jagd sind die Eigenthümer auf jenen Grundstücken berechtigt, welche umfriedigt sind. Die Umfriedung muß aber aus einer Mauer, einem Zaune oder einer Hecke bestehen, deren Beschaffenheit und Höhe Menschen einen

tigten Grundbesitzers stehen, unbeschadet ihrer nichttrennenden Eigenschaft, bei der Berechnung der Fläche des Komplexes außer Berechnung bleiben müssen.

[15a]) Vgl. a. Männer a. a. O. S. 58, 104, 107.

[15b]) Männer a. a. O. S. 59, 104 und 108 nimmt an, daß eine Waldgrundstücke durchziehende Eisenbahnanlage einen Zusammenhang im Sinne des § 3 Abs. III d. J.-V.-O. nicht herstelle, vielmehr trennend wirke. — Das schon oben (Note 15) angeführte Urtheil des Ob. L.-G. Zweibrücken bemerkt in dieser Beziehung: Es darf davon ausgegangen werden, daß der Gesetzgeber bei Zutheilung der einzelnen Flächen und Bodenformen zu einem bestimmten Jagdbezirke nur die ihm bekannten im Auge haben konnte und hatte und daß er, wo ihrer nicht ausdrückliche Erwähnung gethan wurde, deren Zugehörigkeit zu dem einen oder anderen Jagdbezirke für selbstverständlich erachtete. Daß demnach die einer viel späteren Zeit angehörenden Eisenbahnen in jagdrechtlicher Beziehung eine mit dem Wortlaute der J.-V.-O. und der älteren Praxis nicht durchweg sich deckende Beurtheilung finden können, bedarf keiner näheren Begründung. Bei dieser Auffassung ergibt sich, daß es im Interesse einer geordneten, möglichst wenig Gefahren und Nachtheile in sich schließenden Jagdausübung liegt, daß die Bahnkörper, wenigstens soweit sie beiderseits vom Staatswald begrenzt sind — unbeschadet der durch die Bahnpolizei auferlegten Beschränkungen — als der Staatswaldung unterstehend anzusehen seien. Gründe der Zweckmäßigkeit und Billigkeit verlangen, daß hier nicht sowohl auf das Eigenthumsverhältniß an den Grund und Boden oder die sonstige rechtliche Natur des Bahnkörpers, der selbstständig ein Objekt des Jagdrechts nicht sein kann, als vielmehr darauf Gewicht zu legen ist, daß die aus der Jagdbefugniß fließenden Rechte nicht illusorisch gemacht werden. Gehören Wege, Straßen, Holzabfuhrwege nach der herrschenden Ansicht zum Wildjagdgebiete, so ist nicht abzusehen, inwiefern das Gleiche nicht auch für die Bahnkörper, welchen äußerlich und räumlich dieselbe Bedeutung zukommt, gelten sollte. Zum mindesten spricht kein einleuchtender Grund dafür, die Eisenbahnkörper lediglich mit Rücksicht auf die Ausnahmen, welche die J.-V.-O. aufzählt, anders zu behandeln. — S. a. Deutscher Jäger Bd. XXI S. 29.

ordnungsmäßigen unbehinderten Zutritt außer an dem hiezu bestimmten Eingange der Umfriedung verwehrt, und letztere vermittels Thüre und Schloß verschlossen sein.[16]) Natürliche Zutrittshindernisse, wie Gräben, Wasserläufe, Felsen, Bahndämme u. dgl. können nach dem Wortlaute der J.-V.-O. als eine Umfriedung im Sinne derselben nicht erachtet werden. Daß die Mauer aus verbandetem Mauerwerk hergestellt ist, erscheint nicht erforderlich, auch eine aus Feld- oder Bruchsteinen gesetzte Umfriedung, welche den freien Zutritt verhindert, wird als Mauer gelten können; doch darf weder sie noch ein Zaun oder eine Hecke derartige Lücken haben, daß Menschen durch dieselben ohne Beschädigung der Umfriedung in das Innere des umfriedigten Grundstücks — durch Durchschlüpfen oder Durchkriechen — gelangen können. Einfache Feldzäune entsprechen daher den Voraussetzungen der J.-V.-O. nicht. Der Verschluß der Eingangsthüren muß mittels Schlosses hergestellt sein, das durch Schlüssel zu sperren und zu öffnen ist, Schubriegel, Sperrhacken und ähnliche Verschlußvorrichtungen genügen daher nicht.[17])

Die Größe solcher Grundstücke kommt nicht in Betracht. Es können auch bewaldete Parzellen sein.[18])

Der Zusammenhang der Grundstücke bezeichneter Beschaffenheit wird nicht erfordert; derselbe berechtigt aber auch nicht zur Selbstausübung der Jagd, wenn die Umfriedung oder Abschließung des Grundstücks den Anforderungen der J.-V.-O. nicht entspricht, also nur einen natürlichen Abschluß durch ein Gewässer, Felsen u. dgl. bildet, wie er im Sinne des Art. 2 Abs. I Ziff. 1b. J.-G. als genügend erachtet werden kann. (s. oben S. 38).

Ob auf unbewaldete (Feld-) Grundstücke innerhalb eines Waldes unter der Voraussetzung entsprechender Umfriedung und

[16]) E. d. Cass.-H. v. 5. Juni 1863 (Abl. 692). — Das Vorhandensein von Thüre und Schloß genügt nicht, beide müssen auch verschlossen gehalten werden, soweit nicht der ordnungsmäßige Gebrauch jeweils ein Oeffnen erfordert. E. d. R.-G. v. 13. März 1890 E. XX S. 342.

[17]) Daß die Umschließung auch den Eintritt von Wild verhindere, ist nicht nothwendig und liegt auch nicht im Sinne des § 5 Abs. III, der ja dem Grundeigenthümer die Jagdausübung wahren will, welche bei einem den Zutritt von Wild (mit Ausnahme von Federwild, das ja ohnedies nicht abgehalten werden könnte) verhindernden Abschlusse unmöglich würde. Von einer Beschränkung auf Federwildjagd ist nicht die Rede, die Jagdausübung des Grundbesitzers muß sich demnach auf jede Gattung Wild erstrecken können und vermag daher ein das letztere abhaltender Verschluß nicht gefordert zu werden. Der Abschluß soll nur den freien Zutritt der Menschen abhalten. S. übrigens oben S. 40 Note 29 und Bl. f. R.-A. Bd. XLIV S. 1 u. ff.

[18]) Vgl. § 5 Abs. II mit Abs. V: Einzelne im Felde liegende Waldparzellen können in die Verpachtung der Feldjagd einbezogen werden — soferne eben Abs. V J.-V.-O. § 5 nicht zutrifft, der alle und jede umfriedete Grundstücke ausnimmt.

Abschließung dieselbe Ausnahme zu Gunsten der Selbstjagdberechtigung ihres Eigenthümers gleichmäßig Anwendung findet, erscheint nicht unbestritten. Nach strengerer Auffassung wäre die Frage zu verneinen, da die Bestimmungen über die Waldjagd der Behandlung von Feldgrundstücken innerhalb einer Waldung keine besondere Erwähnung thun, wie dies bezüglich der in einer Feldung gelegenen Waldparzellen geschieht, daher angenommen werden kann, daß die J.-V.-O. die Waldung samt ihren etwaigen unbewaldeten Inklaven als ein Ganzes behandelt wissen wolle, auf welches ausschließlich die Vorschriften für Waldjagden Anwendung finden sollen, die nur eine Voraussetzung der Eigenjagdberechtigung kennen — nämlich einen zusammenhängenden Flächenumfang von 200 Morgen im Besitze eines und desselben Waldeigenthümers. Nach anderer Anschauung wären Feldgrundstücke innerhalb einer Waldung, weil in den Vorschriften für Waldjagden nicht ausdrücklich erwähnt, als Zugehörungen der Feldjagd anzusehen und als solche bei entsprechender Umfriedung und Abschließung der zu Gunsten des Eigenthümers zugelassenen Ausnahme unterworfen.[19])

Für bewaldete Inklaven einer Waldung, welche unter 200 rhein. Morgen Flächeninhalt haben, wird die Umfriedung eine Ausnahme zu Gunsten des Selbstjagdrechtes des Eigenthümers der Inklave nicht begründen können, da § 3 Abs. III der J.-V.-O. nur eine Voraussetzung der Eigenjagdberechtigung in Privatwaldungen aufzählt: den Flächeninhalt von 200 rh. Morgen zusammenhängenden Areals und der Ausdruck „alle und jede Grundstücke" in § 5 Abs. V sich offenbar nur auf die in der Feldmark gelegenen Waldparzellen miterstreckt.[20])

Ein Unterschied hinsichtlich des Flächeninhalts der Eigenjagdbezirke nach Flachland und Gebirge ist für die Pfalz nicht aufgestellt. Ebensowenig ist die Unterabtheilung von Jagdbezirken in einzelne Jagdbogen an ein bestimmtes ziffermäßiges Mindestmaß des Flächeninhalts eines Jagdbogens gebunden. Es wird daher dem Eigenthümer einer zusammenhängenden Waldjagd von 200 und mehr rheinländ. Morgen freistehen, bei einer Verpachtung dieses seines Bezirkes beliebig große Unterbezirke (Jagdbogen) zu bilden.[21]) Eine Unterabtheilung durch Umfriedung gebildeter

[19]) Vgl. Kuby, pf. J.-R. 3. Aufl. S. 9 Note 6 und Männer a. a. O. S. 104, 105 mit E. d. b. V.-G.-H. v. 16. November 1888 B. X S. 260; s. a. die Bestimmungen über Verpachtungen der Staatswaldjagden v. 17. Mai 1850 (Abl. S. 280) § 4.

[20]) S. § 3 Abs. III J.-V.-O. mit § 5 Abs. II und V ebendaselbst.

[21]) Selbstverständlich unter Beachtung des allgemeinen Grundsatzes, daß für einen Jagdbezirk nicht mehr als 3 Pächter zugelassen werden sollen, s. § 6 lit. c d. J.-V.-O. mit § 23 d. Bestimmungen über die Verpachtung der Staatswaldjagden.

Eigenjagdbezirke wird mit Rücksicht auf deren in der Regel kaum beträchtlichen Flächeninhalt wohl kaum vorkommen.

Den gemeinsamen Pächtern einer Privat-Waldeigenjagd bleibt es unbenommen, den als Ganzes gepachteten Bezirk unter sich in einzelne, je einem Pächter zugewiesene Jagdbogen zu- theilen.[21a])

2. Beschränkte Eigenjagdberechtigung des Grundeigenthümers.

Eine Eigenthümlichkeit des pfälz. J.-R. ist das beschränkte Eigen-Jagdrecht des Grundeigenthümers, welches kein ausschließliches Jagdausübungsrecht in sich schließt, vielmehr dem Grundbesitzer die Jagdausübung nur neben einem Dritten, dem Gemeindejagdpächter gestattet, also nur ein Mitbenutzungsrecht auf eigenem Grund und Boden einräumt.[22])

Dieses Mitbenutzungsrecht ist ein an die „einzelne" Person geknüpftes. Wird ein nach seiner dinglichen Beschaffenheit zum beschränkten Selbstjagdrechte befugender Grundbesitz von mehreren Eigenthümern (oder von Miterben) ungetheilt besessen, so kann das Jagdrecht nur von einem derselben ausgeübt werden.[22a])

Mit Rücksicht auf die höchstpersönliche Natur dieses Jagdmitbenutzungsrechtes kann letzteres bei einer Verpachtung der dasselbe begründenden Besitzung nicht auf den Pächter übergehen, sondern verbleibt dem Grundeigenthümer.[22b])

Dingliche Voraussetzung dieses Rechts ist ein zusammenhängender Grundbesitz von 100 oder mehr rheinländ. Morgen (38,10 oder mehr ha) im Eigenthume einer (physischen) Person.[23]) Ein solcher Grundkomplex kann aus Feldgut, aber auch aus Waldparzellen bestehen, die einzeln in der Feldmarkung liegen.[23a]) Er muß nicht arrondirt sein, aber der oben bei den dinglichen Erfordernissen der Eigenjagdbezirke näher erörterte Zusammenhang zwischen den einzelnen Grundstücken muß bestehen. Auch werden

---

[21a]) S. oben S. 74 Note 137.

[22]) § 5 Abs. V Satz 1 d. J.-V.-O.

[22a]) E. d. App.-G. Zweibrücken v. 13. Mai 1852 Serini, Andeutungen Bd. II S. 198.

[22b]) E. desselben G.-H. v. 4. Februar 1848 Serini a. a. O. S. 199.

[23]) S. unten bei „Uebertragung des Jagdausübungsrechts".

[23a]) Hängt eine solche Privatwaldparzelle von 100—199 zusammenhängenden Morgen mit einer Staats- oder Gemeindewaldung zusammen, so greift § 3 Abs. I J.-V.-O. Platz. Die Waldung wird mit der Staats- bzw. Gemeinde-Waldjagd verpachtet und dem Eigenthümer, der diesfalls kein Mitbenutzungsrecht genießt, der Jagdertrag berechnet und vergütet. Wird aber eine solche Privatwaldung gemäß § 3 Abs. II mit § 5 Abs. II mit der Feldjagd zur Verpachtung gebracht, so steht dem Eigenthümer die Benützung neben dem Feldjagdpächter zu; s. a. Kuby a. a. O. S. 8 Note 5.

Straßen, Wege und Gewässer, die nicht im Eigenthum des Komplexbesitzers stehen, den Zusammenhang nicht unterbrechen, soferne die oben geschilderten Voraussetzungen ideellen Zusammenhanges gegeben sind. Daß ein solcher Komplex in ein- und derselben Gemeindemarkung gelegen ist, wird nicht gefordert. Das Mitbenutzungsrecht kann auch neben den Pächtern verschiedener Gemeindefeldjagden Platz greifen.[24])

Der Besitz eines Privatwald-Eigenjagdbezirkes (von 200 oder mehr rheinl. Morgen) begründet kein (beschränktes) Eigenjagdrecht auf den etwa anstoßenden Feldgrundstücken, da sich das volle Eigenjagdrecht nicht auf die Feldmarkung erstreckt, vielmehr auf letzterer nur unter besonderen dinglichen Voraussetzungen — einer zusammenhängenden Fläche von 100 und mehr rheinl. Morgen ein beschränktes Eigenjagdrecht entstehen kann. Ein Waldeigenjagdberechtigter kann demnach das (beschränkte) Jagdrecht auf anstoßendem Feldgrundbesitz nur dann beanspruchen, wenn dieser letztere für sich den besonderen dinglichen Voraussetzungen entspricht.[25])

§ 2. Persönliche Erfordernisse des Jagdausübungsrechtes.

Wer die Jagd — mittels Schießgewehres — ausüben will, sei es als Selbstjagdberechtigter, Nutzungsmitberechtigter, Jagdpächter, Jäger (Jagdschütze) oder Jagdgast, sei es als Beamter der staatlichen Jagdadministration (Forstbeamter), bedarf eines Jagdwaffenscheines. Der Jagdwaffenschein wird von dem Bezirksamte des Wohnortes des Nachsuchenden ausgestellt. Ausnahmsweise darf auch ein anderes Bezirksamt den Schein ausstellen, wenn besondere Umstände vorliegen und die Persönlichkeit des Nachsuchenden hier bekannt ist. Letzteren Falls ist auch die Distriktspolizeibehörde des Wohnorts von der Ausfertigung des Scheines zu benachrichtigen.[25a]) Diese Erlaubnis- (Jagdwaffen-) Scheine sollen nur

---

[24]) Dies ergibt sich aus der Stellung der Ausnahmebestimmungen des Abs. V nach den Bestimmungen über die Bildung der Gemeindejagdbezirke in Abs. IV des § 5 J.-V.-O.

[25]) E. d. b. V.-G.-H. v. 16. November 1888 S. X S. 262.

[25a]) § 7 J.-V.-O. mit Landes-Adm.-V.-O. v. 23. Juli 1814 (Abl. S. 21). Nach dem Wortlaute dieser Bestimmungen bedürfte es nur zur „Jagdausübung mittels Schießgewehres" eines Jagdwaffenscheins, wie auch die Bestimmungen des rechtsrh. Jagdgesetzes über Jagdkarten dahin ausgelegt wurden, daß nur zum Jagen mit Schießgewehr eine Jagdkarte erfordert werde, da letztere lediglich eine Nachahmung des pfälz. port d'armes bilde. Nachdem aber die Giltigkeit des pfälz. Jagdwaffenscheins auch auf das rechtsrhein. Bayern erstreckt, der Jagdwaffenschein also der Jagdkarte gleichgestellt worden, durch die Rechtsprechung (E. d. O.-L.-G. München v. 12. Juli 1890 S. VI S. 196, vom 10. Mai 1890 S. VI S. 97, vgl. a. Bl. f. R.-A. Bd. LV S. 317) aber angenommen worden ist, daß der Begriff Jagdausübung nach Art. 23

mit großer Vorsicht an Andere als Jagdberechtigte ausgefertigt werden und ist der Distriktsverwaltungsbehörde rücksichtlich des Charakters und der Moralität des Jagdliebhabers — die öffentlichen Beamten ausgenommen — ein bürgermeisteramtliches Attest vorzulegen.[25b]) Welche Gesichtspunkte für die Beurtheilung des Charakters und der Moralität der Bewerber um Jagdwaffenscheine maßgebend sein sollen, läßt sich den Bestimmungen über die Verpachtung der Staatswaldjagden und den Bedingungen für die Feldjagdverpachtungen entnehmen: guter Leumund, Rechtlichkeit, die Eigenschaften, welche eine vorschriftsmäßige Behandlung der Jagd erwarten lassen.[26]) Die Würdigung dieser persönlichen Voraussetzungen ist in pflichtmäßiges Ermessen der Distriktsverwaltungsbehörde gelegt. Die letztere kann nach freiem Befinden Jagdwaffenscheine ertheilen oder verweigern; letzteres wird in der Regel geschehen müssen, wenn ein getrübter Leumund, insbesondere Bestrafungen wegen Jagdfrevel oder wegen Jagdpolizeiübertretungen, die gegen die Vorschriften über Jagdpflege verstoßen, oder Verhältnisse vorliegen, welche die Annahme einer sonst nicht vorschriftsmäßigen Jagdbenutzung zu rechtfertigen geeignet erscheinen wie Vermögenslosigkeit, voraussichtlicher Rückgang des Nahrungsstandes infolge Vernachlässigung des Gewerbes (Erwerbes) durch die Jagd.[27])

Ein Rechtsanspruch auf Ertheilung des Jagdwaffenscheines besteht nicht, auch nicht für den Jagdberechtigten. Die Verweigerung des Scheines kann daher auch nicht im Wege des verwaltungsrechtlichen Verfahrens angefochten werden, da dem Verwaltungsgerichtshofe in Ermessensfragen die Zuständigkeit ermangelt.[28])

---

d. J.-G. (neuer Fassung) kein anderer als der in § 292 St.-G.-B. gegebene sei und demnach auch für Jagdausübung ohne Schießgewehr eine Jagdkarte erforderlich erscheine, wird der gleiche Grundsatz auch für den pfälz. Jagdwaffenschein festgehalten und letzterer auch für Jagdausübung ohne Schießgewehr gefordert werden müssen; vgl. Bl. f. R.-A. Bd. LXI S. 177 und 186; s. dagegen O. E. Min.-Abl. d. Innern 1879 S. 147. — Nach Art. 3 d. V.-O. vom 23. Juli 1814 mit § 7 d. J.-V.-O. v. 1815 und Art. III d. V.-O. v. 22. August 1816 waren die Kreisregierungen, Kammern der Finanzen (Kreisdirektoren) zur Ausstellung der Jagdwaffenscheine zuständig. Die nunmehrige Zuständigkeit der Distriktspolizeibehörden gründet sich auf das Reg.-Ausschr. v. 4. Dezember 1880 mit der Min.-Bekm. v. 21. September 1879 (pf. Kr.-Abl. 1880 S. 845 u. G.- u. V.-O.-Bl. 1879 S. 1203).

[25b]) V.-O. v. 23. Juli 1814 Art. 3; Geib a. a. O. S. 691.

[26]) S. J.-V.-O. § 6 lit. b mit § 5 d. Bestimm. über die Verpachtung der Staatswaldjagden.

[27]) S. vor. Note und Männer a. a. O. S. 149.

[28]) S. Geib, Handbuch S. 691 Nr. 4 und Männer a. a. O. S. 149 mit E. d. b. V.-G.-H. v. 14. März 1882 S. III S. 609 und v. 6. Juni 1882 S. IV S. 69. Da es sich um eine Ermessensfrage handelt, greift Art. 13 Ziff. 3 V.-G.-H.-G. Platz.

Außer dem bürgermeisteramtlichen Atteste ist der Distriktsverwaltungsbehörde behufs Erwirkung des Jagdwaffenscheins rentamtliche Quittung über die erfolgte Einzahlung der Gebühr von 15 Mark vorzulegen. Im Falle der Verweigerung des Scheins ist hierüber der Quittung von der Distriktsverwaltungsbehörde Vermerk beizufügen und wird gegen Rückgabe der Quittung die einbezahlte Gebühr vom Rentamte auf Verlangen zurückbezahlt.[29]) Die Jagdwaffenscheine werden auf die Dauer eines Kalenderjahres ausgestellt und haben auch im diesrhein. Bayern als Jagdkarte Geltung.[30])

Aus dem Umstande, daß die pfälz. Verordnungen über die Jagdwaffenscheine einer Zurücknahme derselben nur in Ansehung des Forstpersonales „auf besondere Veranlassung" erwähnen, wird gefolgert, daß die Zurücknahme der für Jagdberechtigte, deren Jäger und Jagdgäste sowie für Jagdpächter ausgefertigten Jagdwaffenscheine vor Ablauf der Geltungsdauer (d. h. vor Ablauf des Ausstellungs-Kalenderjahres) unzulässig sei.[31]) Diese Anschauung erscheint jedoch nicht zutreffend. Nachdem die einschlägigen pfälz. Vorschriften gewisse Gesichtspunkte aufstellen, welche das Ermessen der Behörde bei Ertheilung der Jagdwaffenscheine zu leiten haben, sind damit ohne Zweifel diejenigen persönlichen Erfordernisse vorgezeichnet, welche die Ertheilung eines Jagdwaffenscheins als zulässig erscheinen lassen sollen. Fallen diese persönlichen Voraussetzungen des Besitzes eines Jagdwaffenscheines nach dem Ergebnisse der behördlichen Würdigung weg, so ist offenbar der Besitz des Waffenscheines nicht mehr gerechtfertigt und die Behörde nicht blos berechtigt, sondern sogar verpflichtet, den Waffenschein nach Fortfall der Voraussetzungen, unter welchen er ertheilt worden war, wieder zurückzuziehen. Für diese Anschauung spricht auch die Ausdehnung der Geltung der Jagdwaffenscheine für das rechtsrheinische Bayern. Es wäre zweifellos ein Mißverhältniß, wenn dem Inhaber eines Jagdwaffenscheines in Fällen, in welchen nach den diesrh. Bestimmungen sofort die Einziehung der Jagdkarte ausgesprochen werden muß oder kann, durch Belassung des Waffenscheines bis zum Ablaufe seiner Giltigkeit die Jagdausübung gestattet werden müßte. Ein solches Mißverhältniß kann der Gesetzgeber nicht gewollt haben, und deshalb muß angenommen werden, daß auch der pfälzische Jagdwaffenschein einzuziehen bzw.

---

[29]) Gebühren-G. Art. 181 mit 172 Ziff. 5 und Entschl. d. St.-Min. d. Inn. u. d. Fin. v. 21. September 1878 (G.- u. V.-O.-Bl. S. 1203) §§ 1 u. 2 mit pf. Rggs.-Ausschr. v. 4. Dezember 1880 (Abl. S. 845).

[30]) S. hiezu frühere V.-O. v. 22. August 1816 Art. II Abs. II und III, jetzt pf. Rggs.-Ausschr. v. 4. Dezember 1880 (Abl. S. 845); Geib a. a. O. S. 690, 691.

[31]) Männer a. a. O. S. 149, Geib a. a. O. S. 690.

einziehbar ist, wenn die persönlichen Voraussetzungen, unter denen er ertheilt wurde, sich nachtheilig verändert haben.[32])

Auch die Entziehung von Jagdwaffenscheinen wird nicht im Wege verwaltungsrechtlichen Beschwerdeverfahrens angefochten werden können, da es sich um eine polizeiliche Ermessensfrage handelt, die der Zuständigkeit des Verwaltungsgerichtshofes entrückt ist.[33])

Die im diesrhein. Bayern ausgestellten Jagdkarten haben für das ganze Königreich also auch in der Pfalz Gültigkeit. Ueber die Voraussetzungen ihrer Ertheilung s. oben (S. 75 ff.), die Einziehung kann nur auf Grund der Art. 18, 19 b. J.-G. und in dem oben erörterten Verfahren erfolgen.[34])

Zum Betriebe der staatlichen Regiejagden werden für das Forstpersonal im ganzen Umfange des Königreichs, also auch in der Pfalz, gebührenfreie Jagdkarten ausgestellt.[35])

Außerdem werden unentgeltliche Erlaubniß- (Schutzgewehr-) Scheine ausgestellt, welche den Inhaber zur Führung des für seine Dienstverrichtungen unentbehrlichen Feuergewehrs befugen. Als Träger dieser Scheine kommen die Forstbeamten, Gemeindewaldschützen, Jagdschützen (Aufseher) in Betracht. Für letztere wird der Nachweis verlangt, daß sie nach den besonderen örtlichen Dienstverhältnissen des Schutzes durch Feuerwaffen bedürfen und durch ihre Moralität und ein besonnenes Benehmen Bürgschaft geben, daß sie die ertheilte Erlaubniß niemals mißbrauchen werden.[36]) Diese Erlaubniß- (Schutzgewehr-) Scheine werden auf gutachtlichen Antrag des Forstamts für das Forstpersonal, des Bezirksamts für die übrigen Wald- und Feldschutzbediensteten und Jagdaufseher von der k. Regierung ausgefertigt.[37]) Die Ertheilung dieser Erlaubnißscheine, welche dem Forstpersonale nicht versagt werden kann, ist hinsichtlich der anderen Kategorien (Gemeindewaldschützen 2c.) in das Ermessen der Kreisstelle gegeben und kann — das Forstpersonal ausgenommen, dessen Schutzgewehrscheine nur auf besondere (behördliche) Veranlassung zurückgenommen werden sollen — bei Wegfall der persönlichen Voraussetzungen die Einziehung der Scheine nach freiem Ermessen der Kreisstelle verfügt werden.[38])

---

[32]) Männer spricht S. 149, obgleich er die Zurücknahme des Erlaubnißscheins als unzulässig erklärt, gleichwohl in der Folge von der „Entziehung“ der Jagdkarte in der Pfalz.

[33]) Anderer Meinung Männer a. a. O. S. 149.

[34]) Art. 16 mit 18, 19, 20, 21 b. J.-G.-Fin. — Min.-Entschl. v. 3. Juni 1857.

[35]) E. d. St.-Min. d. Inn. und d. Fin. v. 7. Dezember 1882 (Min.-Bl. d. Inn. S. 380).

[36]) § 7 J.-V.-O. und Rggs.-Entschl. v. 1835 (A.-Bl. S. 286), dann v. 5. Juli 1836 (A.-Bl. S. 380).

[37]) J.-V.-O. a. a. O.; Geib, Handbuch S. 692 Nr. 6.

[38]) Besondere Veranlassung der Zurücknahme des Erlaubnißscheins

Diese aus polizeilichen Rücksichten ertheilten Waffen- (Schutzgewehr-) Scheine gewähren keine Befugniß zur Jagdausübung, auch nicht zur Erlegung von Raubzeug.[39])

Kapitel III.

Erwerb und Verlust der Jagdberechtigung.

§ 1. Jagdgerechtigkeit.

Die Jagdberechtigung wird als Ausfluß des Grundeigenthums mit letzterem erworben und geht für den Eigenthümer mit Entäußerung des Grundbesitzes verloren. Der Erwerb des Jagdrechts kann demnach durch jede Art von Rechtsgeschäft erfolgen, durch das Grundeigenthum (und in diesem die Unterlage der Jagdberechtigung) erworben wird, Kauf, Tausch, Schenkung, Vermächtniß, Erbschaft — aber selbstredend nie die Jagdberechtigung ohne den Grund und Boden, dem sie anhaftet; denn ausschließliche Jagdberechtigungen auf fremdem Grund und Boden sind abgeschafft.[40]) Die volle uneingeschränkte Jagdberechtigung und das Mitbenutzungsrecht (von Feldjagden) wird erworben mit dem Eigenthum an Grundflächen, welche in ihrer Ausdehnung oder Beschaffenheit (Einfriedigung) den Anforderuugen entsprechen, die für Selbstausübung bzw. Mitbenutzung der Jagd Bedingung sind, oder durch Zuerwerb von Grundstücken zu bereits vorhandenem Grundbesitz, durch deren Umfang letzterer zu dem für Selbstausübung bzw. Mitbenutzung der Jagd erforderlichen zusammenhängenden Flächeninhalte gebracht wird. Ferner kann die volle Jagdberechtigung mit der Befugniß zur Selbstausübung der Jagd durch besondere Einrichtungen, Ummauerung, Umfriedung des Grundeigenthums erworben werden, vorausgesetzt, daß diese Einrichtungen in dauernder Weise hergestellt sind.[41])

Die Jagdberechtigung geht — für den Grundeigenthümer — verloren durch Veräußerung des Grundbesitzes überhaupt, dann mit der Wirkung des Verlusts der Berechtigung zur Selbstausübung bzw. Mitbenutzung durch Veräußerung von soviel Fläche

wird für das Forstpersonal außer dem Verluste der Diensteseigenschaft insbesondere Versetzung sein; vgl. hiezu Ziff. 4 d. Min. Bkm. v. 7. Dezember 1882 (Fin.-M.-Bl. 1882 S. 326).

[39]) § 7 Abs. III F.-B.-O.

[40]) Vgl. Männer a. a. O. S. 113.

[41]) § 5 Abs. V F.-B.-O.

des Grundbesitzes, daß die dinglichen Voraussetzungen (Flächeninhalt) für Selbstausübung und Mitbenutzung der Jagd nicht mehr erfüllt sind, bzw. durch Beseitigung der zur Eigenjagd befugenden Einrichtungen (Umfriedungen) eines Grundstückes oder Grundkomplexes — und zwar muß diese Beseitigung eine dauernd beabsichtigte und dauernde sein, also nicht etwa zeitweise Niederlegung eines Hauses ꝛc. behufs Reparatur oder Wiederherstellung.

§ 2. Das abgeleitete Jagdrecht.

Die Berechtigung zur Ausübung der Jagd durch einen Dritten auf fremdem Grund und Boden, das abgeleitete Jagdrecht beruht theils auf gesetzlicher,[42]) theils auf Verwaltungs-Vorschrift,[43]) zum Theil auf freiem Willensakte des unbeschränkt jagdberechtigten Grundeigenthümers[44]) und wird (in der Regel) durch das Rechtsgeschäft der Verpachtung übertragen. Außerdem kann der Eigenjagdberechtigte, aber auch der Inhaber eines abgeleiteten Jagdrechts die Befugniß zur Jagdausübung im Wege der Dienstmiete und der widerruflichen Vergünstigung weiteren Dritten übertragen.[45])

Zu beachten ist, daß der zur Mitbenutzung der Jagd auf seinem (100 u. mehr rheinl. Morgen umfassenden Feldgut-) Grundbesitze neben dem Gemeindejagdpächter berechtigte Grundeigenthümer dieses sein Mitbenutzungsrecht an einen Dritten nicht übertragen kann, da diese Berechtigung an die Person geknüpft erscheint.[46])

a. Die Uebertragung der Jagdausübungsberechtigung durch den Grundeigenthümer.

Der eigenjagdberechtigte Grundeigenthümer (s. o. S. 245) kann das Jagdausübungsrecht auf seinem den dinglichen Erfordernissen der Selbstausübung der Jagd entsprechendem Grund und Boden Dritten durch Einräumung der Nutznießung übertragen, bei dem Verkaufe eines solchen Grund und Bodens das Jagdausübungsrecht bestimmten dritten Personen vorbehalten, das Jagdausübungsrecht an Dritte auf bestimmte Zeit unentgeltlich oder gegen Entgelt überlassen. Die auf solche Weise übertragenen Rechte

---

[42]) § 3 Abs. I und II, § 5 Abs. I und II J.-V.-O., Rggs.-Entschl. v. 17. April 1818 (Int.-Bl. S. 210).

[43]) § 2 d. Bestimm. über Verpachtung d. Staatswaldjagden v. 17. Mai 1850, Min.-Entschl. v. 20. Mai 1867 (Weber V. O. S. Bd. VII S. 24).

[44]) § 3 Abs. III J.-V.-O., s. a. Männer a. a. O. S. 105, 106.

[45]) Dem Jäger durch Dienstmiethe, dem Jagdgaste durch widerrufliche Vergünstigung. Vgl. Höcht a. a. O. S. 20.

[46]) § 5 Abs. V J.-V.-O. „den einzelnen Grundbesitzern". S. Männer a. a. O. S. 106.

können aber nicht als dingliche zugestanden werden, da die Jagdberechtigung als Zugehörung des Grundeigenthums von letzterem nicht getrennt und keine Jagdberechtigung auf fremden Grund und Boden begründet werden darf, sondern nur als ein persönliches Recht.

In der Regel erfolgt auch hier die Uebertragung der Jagdausübung durch Verpachtung.

Die Jagd in den Staatswaldungen, welche ausschließlich dem Staatsärare als Grundeigenthümer zusteht, soll in der Regel im Wege der Verpachtung vergeben[47]) und nur ausnahmsweise in eigener Regie durch die k. Forstbeamten verwaltet werden (Administration)[48]): in zusammenhängenden größeren Staatswaldungen im Interesse des Forstschutzes und der Forstkultur oder wo andere besondere und überwiegende Verhältnisse für den Regiebetrieb sprechen. Als solche Verhältnisse werden die in Fin.-Min.-Entschl. v. 20. Mai 1867 ausgesprochenen Rücksichten zu erachten sein: Hegung des Wildstandes je nach wirthschaftlicher Zulässigkeit oder Abminderung desselben auf ein unschädliches Maß, Sicherung eines nachhaltigen Jagdertrags, Gelegenheit zur Ausbildung des jüngeren Personals im Jagdwesen, Regehaltung des Berufseifers der Forstbediensteten durch die Ausübung des Jagddienstes in den Staatsforsten, was auf Waldwirthschaftsbetrieb und Handhabung des Forstschutzes günstig zurückwirkt. Nur in den parzellirten Staatswaldungen (unter 600 Tgwk. Flächeninhalt), für welche sich ein Regiebetrieb nicht rentirt, soll bei Vorliegen triftiger Gründe die Jagdausübung im Wege des Vertragsabschlusses (und nicht der öffentlichen Versteigerung) an die Inhaber der angrenzenden Gemeinde- oder Privatjagden, mit denen sie sich besonders gut arrondiren, und bei einem größeren Umfange (also über 600 Tgwk.) dem zuständigen Forstpersonale pachtweise übertragen werden — bestimmt die erwähnte Min.-Entschl. im Gegensatze zu § 2 der Fin.-Min.-Entschl. vom 29. April 1850, welche Verpachtung als Regel, Regiebetrieb als Ausnahme festsetzt.

Privatwaldgrundstücke von weniger als 200 rheinl. Morgen Flächeninhalt, welche im Zusammenhange mit Staatswaldungen liegen, werden in die Verpachtung mit letzteren einbezogen. Der Zusammenhang kann durch Berührung der Grenzen auf einem Punkte, durch theilweise oder völlige Umschließung (Inklave) hergestellt sein. Bei Regiejagden soll die Beiziehung theilweiser oder vollständiger Inklaven durch gütliche Vereinbarung oder durch Pachtung seitens des Staatsärars erzielt werden.[49])

---

[47]) S. Rggs.-E. v. 17. Mai 1850 (Abl. S. 280) § 2.

[48]) § 2 der Bestimmungen über Verwaltung der Staatsjagden vom 17. Mai 1850 (pf. Kr.-Abl. S. 280). Den gegentheiligen Standpunkt vertritt die Min.-Entschl. v. 20. Mai 1867 (Weber V. O. S. Bd. VII S. 24) Abs. II.

[49]) § 3 Abs. I J.-V.-O.

Für die Verpachtung der Staatswaldungen sind mit der angef. Entschl. vom 29. April 1850 eine Reihe von Bestimmungen getroffen, die theils das Verfahren der Verpachtung regeln, theils als Pachtbedingungen festzuhalten sind.[50])

Hierunter ist insbesondere Abschn. II, welcher die Zulassung zur Pachtung von Staatswaldungen regelt, hervorzuheben:

Zugelassen werden nur bayer. Staatsangehörige und nicht bayerische Reichsangehörige, welche das 21. Lebensjahr zurückgelegt, guten Leumund haben und sich im Genusse eines ihren und ihrer Familie Unterhalt sichernden Einkommens befinden. Ohne weitere Erhebung wird ein solches Einkommen vorausgesetzt bei selbständigen Staatsangehörigen mit mindestens 857 ℳ 14 ₰ Jahreseinkommen, k. Beamten und Offizieren und Militär-, lebenslänglich angestellten Gemeinde- und Stiftungsbeamten. Für die Staatsbeamten und Offiziere, Gemeinde- und Stiftungsbeamten bestehende disziplinäre und dienstliche Beschränkungen und Ausschließungen von der Jagdpachtung werden hiedurch nicht berührt.[50a])

Ausländer werden nur zugelassen, wenn sie in der Pfalz Gutsbesitzer und als solche mit mindestens 85 ℳ 57 ₰ Gesammtsteuer angelegt sind.[51])

Die Verpachtung hat in der Regel im Wege der öffentlichen Versteigerung stattzufinden, vertragsmäßige Vergebung nur bei Staatswaldungen von unter 600 Tgwk., die von den angrenzenden Gemeindejagden ganz oder theilweise umschlossen sind und zwar bei genügenden Gründen an den Pächter der letzteren unter Voraussetzung seiner Qualifikation und Bereitwilligkeit zur Pachtung.[52])

Die Verpachtung wird auf Betreiben des zuständigen Forstamts vor dem k. Bezirksamt oder dem von letzteren betrauten Bürgermeisteramt in Gegenwart eines forst- und rentamtlichen Vertreters abgehalten, der von den drei Staatsbehörden im Einvernehmen festgesetzte Versteigerungstermin mindest 14 volle Tage früher in den öffentlichen Blättern und durch Anschlag oder Ausruf in den Nachbargemeinden bekannt gemacht. Die Dauer des Jagdpachts wird in der Regel auf 15 Jahre festgesetzt;[52a]) bei Vergebung von Jagden an die Pächter der Gemeindejagd erfolgt

[50]) A.-Bl. S. 280 ff.

[50a]) Fin.-Min.-Entschl. v. 4. Juni 1887 (pfälz. A.-Bl. S. 47).

[51]) §§ 5—7 a. a. O. und Fin.-Min.-Entschl. v. 12. September 1850.

[52]) §§ 9—12, § 20, § 23 a. a. O. mit Fin.-M.-Entschl. v. 30. November 1859 (A.-Bl. S. 1349).

[52a]) Das Ende der Pachtzeit ist stets auf den Schluß des Kalenderjahres, d. i. den letzten Dezember festzusetzen: Fin.-Min.-Entschl. v. 24. Juni 1870 (Fin.-Min.-Bl. S. 125).

die Verpachtung auf Dauer des Gemeindejagdpachts. Für einen Jagdbezirk ist nur je ein Pächter zuzulassen.[52b] Afterverpachtung und Ueberlassung der Jagd an Dritte gegen Vergütung in Geld oder Wildpret bezw. unter Vorbehalt eines Theiles des Jagdertrags ist unstatthaft.

Die Verpachtungsverhandlungen werden von der Regierungsfinanzkammer (im Benehmen mit der Forstabtheilung) geprüft und genehmigt. Nach Zufertigung des genehmigten Pachtvertrags ist der Pächter vom k. Forstpersonal an Ort und Stelle in seinen Bezirk einzuweisen.[53] Der eigenjagdberechtigte Privatgrundeigenthümer — es werden hier zunächst nur die Waldbesitzer in Betracht zu ziehen sein, da der umfriedigte Besitz in der Regel kaum eine Ausdehnung hat, daß praktisch an eine Vergebung des Jagdausübungsrechtes auf demselben zu denken wäre — ist hinsichtlich der Verpachtung seiner Jagd keinen anderen Beschränkungen unterworfen, als sie die allgemeinen jagdpolizeilichen Vorschriften bedingen. Da eine Mindestgrenze für den Umfang der Jagdbezirke nicht getroffen ist, steht es dem Eigenjagdberechtigten zu, seine Jagd nicht blos als Ganzes, sondern auch in beliebig großen Jagdbögen zu verpachten. Dagegen wird die im jagdpfleglichen Interesse aufgestellte Bedingung, daß nicht mehr als 3 Theilhaber an einem Jagdbezirk sein müssen, auch von dem Eigenjagdberechtigten bei Vergebung seiner Jagd einzuhalten sein.[54] Jedenfalls hat er seinen Pächtern die Einhaltung aller jagdpolizeilichen Vorschriften, sowie pflegliche Behandlung der Jagd zur Bedingung zu setzen und dürfen die Pachtbedingungen mit den gesetzlichen und polizeilichen Vorschriften nicht in Widerspruch stehen.

Ob die Jagd im Wege der Versteigerung an den Meistbietenden oder — was bei Privaten wohl meist der Fall — im Vertragswege verpachtet, wie die Pachtzahlung geregelt werden will, steht im freien Ermessen des privaten Eigenjagdberechtigten. Wie es demselben freigestellt ist, seine Jagd dem k. Staatsärare zu verpachten, so wird ihm auch nicht verwehrt werden können, dieselbe der Gemeinde zur Mitverpachtung mit der gemeindlichen Waldjagd oder in den Fällen der §§ 3 Abs. II, 5 Abs. II und V mit der Feldjagd zu überlassen, wofür ihm dann der Ertrag zu berechnen wäre.[55]

[52b]) E. d. pf. Regg. v. 30. November 1859 (A.-Bl. S. 1349).

[53]) § 14 a. a. O.

[54]) § 6 lit. c J.-V.-O., § 23 a. vorangef. O. Für umfriedeten Besitz wird diese Bedingung, wie schon bemerkt, aus praktischen Gründen kaum in Frage kommen, da der meist geringe Umfang der Jagdausübung einen Betrieb der Jagd durch Mehrere ausschließen wird.

[55]) In analoger Anwendung des § 3 Abs. I J.-V.-O.; vgl. hieher auch § 9 der Bestimm. über Verpachtung der Staatswaldjagden.

b. Die Jagdausübung und Jagdverpachtung durch die Gemeinde.

Soweit nicht die dingliche Eigenschaftung des Grundbesitzes ausnahmsweise den Eigenthümer zur Selbstausübung der Jagd auf seinem Grund und Boden befugt, darf der Grundeigenthümer dieses sein Recht nur durch die Gemeinde und letztere dasselbe nur im Wege der Verpachtung ausüben.[56])

Auch den eigenen — gemeindlichen Grundbesitz, mag derselbe aus Wald oder unbewaldetem Felde bestehen, muß die Gemeinde zum gemeindlichen Jagdbezirke ziehen und mit diesem verpachten und zwar auch dann, wenn dieser gemeindliche Grundbesitz den Flächeninhalt hat, welcher einen privaten Waldbesitzer zur Selbstausübung der Jagd und einen Feldgutbesitzer zur Mitbenutzung derselben neben dem Gemeindejagdpächter berechtigt, da Gemeindewaldungen ausnahmslos zur Verpachtung gebracht werden müssen und die Mitbenutzung der Feldjagd juristischen Personen nicht zusteht.[57]) Dagegen wird die Gemeinde auf umfriedigtem Gemeindegrundbesitze die Selbstausübung der Jagd beanspruchen und durch Vertrauensmänner oder bestellte Jäger die Jagd für Rechnung der Gemeinde betreiben lassen können, da für gemeindliche Grundstücke dieser Beschaffenheit keine der vorerwähnten beiden Beschränkungen ausdrücklich ausgesprochen ist.[58])

Sämmtliche im Gemeindebann gelegenen Feldgrundstücke und nicht im Staatseigenthum stehenden isolirten Waldparzellen (unter 200 rheinl. Morgen Flächeninhalt) gehören zum Gemeindejagdbezirke. Ein Zusammenhang dieser Bestandtheile des Gemeindejagdbezirkes unter sich ist nicht erforderlich; es genügt, daß sie innerhalb der Grenzen der Gemeindemarkung liegen. Auch die innerhalb einer Staatswaldung liegenden, von dieser ganz oder theilweise umschlossenen Feldgrundstücke — Inklaven — sind zum Gemeindejagdbezirke zu ziehen.[59]) Aus großen Gemeindemark-

---

[56]) Vgl. Männer a. a. O. S. 100, Geib a. a. O. S. 673 Anm. — Die gegentheilige Anschauung des V.-G.-H. (E. v. 27. Juni 1882 S. IV S. 192), daß die Gemeinde lediglich als Vollzugsorgan der Staatsbehörde bei der Jagdverpachtung und nicht als Vertreterin der Grundeigenthümer des Gemeindebannes handle, erscheint nicht haltbar; s. E. d. Kass.-H. v. 16. Mai 1845 (A.-Bl. S. 216).

[57]) S. § 1 J.-V.-O. mit R.-Entschl. v. 17. April 1818 (Intell.-Bl. S. 210). § 3 Abs. II J.-V.-O. stellt die Privatwaldungen ausdrücklich in Gegensatz zu den Gemeindewaldungen, woraus im Zusammenhalt mit § 1 erhellt, daß für letztere § 3 Abs. I nicht Anwendung finden darf. S. ferner Männer a. a. O. S. 106, Geib a. a. O. S. 675.

[58]) § 5 Abs. V J.-V.-O. spricht allgemein von „Besitzern" solcher (umfriedigter) Grundstücke.

[59]) Auch Dienstgrundstücke der Forstbeamten E. d. V.-G.-H. v. 16. Nov. 1888 S. X S. 260.

ungen können mehrere Jagdbezirke gebildet werden und zwar entscheiden für den Umfang der letzteren zunächst die örtlichen Verhältnisse, ein Mindestmaß für die einzelnen Unterabtheilungen des Gemeindejagdbezirks ist nicht vorgeschrieben.[60]) Mit Rücksicht auf solche örtliche Verhältnisse können auch die Gemarkungen mehrerer Gemeinden zu einem Jagdbezirke zusammengefaßt werden.[60a])

Die Gemeindewaldungen sind mit den Feldjagden gemeinsam in Bestand zu geben, bilden demnach Bestandtheile des Gemeindejagdbezirks, können jedoch als besonderer (Unter-) Bezirk der Gemeindejagd behandelt und verpachtet werden. Für letztere Behandlung werden ebenfalls die örtlichen Verhältnisse maßgebend und entscheidend sein. Eine Zustimmung der Gemeinden hiezu ist nicht erforderlich.[61]) Die Reggs.-Entschl. vom 17. April 1818 hat lediglich für die Verpachtung der Gemeindewaldjagden Anordnung getroffen, bezüglich der Waldungen öffentlicher Anstalten (§ 1 J.-V. v. 1815) keinerlei Bestimmung vorgesehen. Mit Rücksicht auf die Nebeneinanderstellung beider Arten von Waldbesitz in § 1 J.-V. v. 1815 wird anzunehmen sein, daß auch die Jagdausübung in den Waldungen öffentlicher Stiftungen im Sinne der Rggs.-Entschließung v. 1818 durch Verpachtung und zwar gemeinsam mit der Gemeindejagd vergeben werden soll.[62])

Die Gemeinde nimmt die Verpachtung des Gemeindejagdbezirks als gesetzliche Vertreterin der nicht zur Selbstausübung der Jagd berechtigten Grundeigenthümer vor[63]) und ist befugt, die Wald-

[60]) Da die Festsetzung der Jagdbezirke der Distriktspolizeibehörde vorbehalten ist (§ 5 Abs. IV d. J.-V.-O.), können die mehreren (bis 3) Pächter einer Gemeindejagd ohne Genehmigung der Behörde eine Theilung des gepachteten einen Jagdbezirks in mehrere Unterbezirke nicht vornehmen und kann bei Nichtbeachtung einer solchen privaten Theilung eine Strafverfolgung wegen Jagdvergehens nicht eintreten; s. a. s. d. R.-G. v. 10. Dezember 1891 Jur. Wochenschr. 1892 S. 138.

[60a]) § 5 Abs. IV J.-V.-O.

[61]) Rggs.-Entschl. v. 17. April 1818 (Int.-Bl. S. 210); Geib a. a. O. S. 677.

[62]) Vgl. hiezu Männer a. a. O. S. 94.

[63]) Männer a. a. O. S. 101, welcher sich auf Art. 91 d. pf. Gmde.-Ordg., die Reggs.-Entschl. v. 16. Oktober 1872 und § 85 d. Rechngs.-Instr. bezieht. Dagegen Geib S. 676 Note *, welcher annimmt, die Bürgermeisterämter handeln bei Verpachtung der Jagd nicht Kraft eigener Befugniß oder Verpflichtung, sondern lediglich als Vollzugsorgane der gesetzlich mit der Verpachtung betrauten Staatsbehörde, und sich hiebei auf die E. d. b. V.-G.-H. v. 27. Juni 1882 S. IV S. 126 stützt, welche diesen Satz vertritt und ausspricht, in Ansehung der Feldjagd sei das Jagdrecht vom Grundeigenthum losgeschält und der Gemeinde nur das Recht auf den Bezug des Pachtschillings eingeräumt, die Verwaltung der Unterlage dieses Erträgnisses aber, des Jagdrechts, ausschließlich in die Hand der politischen Behörde im Zusammenwirken mit der Forstbehörde gelegt, so daß die Gemeinde bei Verpachtung der Feldjagd als Trägerin von Pflichten und Rechten in Betracht

jagd auch in jenen Theilen ihrer Gemeindewaldungen zu verpachten, welche nicht ihrer Gemarkung zugetheilt, sondern im Banne einer anderen Gemeinde gelegen sind.[63a])

---

komme. Die Anschauung des Verwaltungsgerichtshofes scheint aber nicht voll zuzutreffen. Das Gesetz vom 4. August 1789 sagt klipp und klar: „jeder Eigenthümer hat das Recht, alles Wild, nur allein auf seinem Gut oder Eigenthum zu töten oder töten zu lassen (tout propriétaire a le droit de détruire et faire détruire seulement sur ses possessions, toute espèce de gibier), das Gesetz über die Jagd vom 30. April bestätigt und wiederholt diesen Satz, der die Jagd als Ausfluß des Grundeigenthums erklärt. Die Verordnung vom 21. September 1815 wollte diesen Grundsatz offenbar nicht beseitigen. Sie trifft, wie den Eingangsworten zu entnehmen, polizeiliche und administrative Anordnungen, welche der eingerissenen Unordnung und dem Verfall der Jagd abhelfen sollen, „was ohne Nachtheil für die Grundbesitzer zu erzielen steht." Sie will nur die Ausübung der Jagd, nicht das Jagdrecht (die Jagdberechtigung) an sich neu regeln. Ein Vorgang, wie er sich bei der Ersetzung des linksrh. Jagdgesetzes vom 4. Juni 1849 durch das noch geltende Gesetz vom 30. März 1850 in ganz gleicher Weise vollzog. Auch die Verordnung vom 11. Juli 1816 spricht nur von Verwaltung und Ausübung der Jagd. Diese Anschauung bestätigt auch das Urtheil des Kassationshofes vom 16. Mai 1845 (Kr.-Abl. S. 216): „der Pächter übt sein Jagdrecht an Stelle des Eigenthümers aus, dem ohne die Verpachtung das Jagdrecht als Ausfluß seines Eigenthums zustände." Auch die Verpachtung ist Ausübung des Jagdrechtes (vgl. Art. 4 b. J.-G., vgl. a. E. d. pr. K.-G. v. 28. März 1901 D. J.-Z. VI S. 461). Schon vor Erlaß der J.-V.-O. von 1815 wurden die Gemeindewaldjagden durch die Gemeindevorstände (maires) vorbehaltlich der höheren Genehmigung — verpachtet, die Feldjagden auch unter der Herrschaft der V.-O. v. 1815 durch die Bürgermeister verpachtet (s. Reggs.- v. 17. April 1818 zweiter Satz) und durch letztere Entschließung den Bürgermeistern die Verpachtung der seit 1815 administrirten Gemeindewaldjagden wieder übertragen, ein Beleg dafür, daß die Verpachtung durch die Gemeindebehörde Namens der jagdberechtigten Grundbesitzer erfolgte. Daß die Anordnung und die Genehmigung der Aufsichtsbehörde vorbehalten blieb, konnte hieran wohl nichts ändern. Die Entschl. v. 30. Juli 1883 (publizirt 30. Oktober 1837) befaßt sich nur mit Regelung der technischen Mitwirkung der Forstbehörde bei der Jagdverpachtung, läßt aber die jagdrechtliche Seite unberührt. Auch die Reggs.-Entschl. vom 16. Oktober 1872 trifft nur Bestimmungen über die Art und Form der Jagdausübung im Wege der Verpachtung durch die Gemeindeverwaltung ohne auf die grundsätzliche Seite, nämlich auf das Jagdrecht als Ausfluß des Grundeigenthums einzugehen, welche in § 1 der Bestimmungen über die Verwaltung der Staatsjagden vom 17. Mai 1850 ausdrückliche Anerkennung gefunden hat — wohl im Hinblicke auf § 26 d. J.-V.-O. von 1815, welcher ausdrücklich nur den jagdpolizeilichen Inhalt der französischen Gesetze über die Jagd außer Kraft setzte, also zweifellos die jagdrechtlichen Bestimmungen dieser Gesetze, und an deren Spitze die Jagdgerechtigkeit des Grundeigenthümers aufrecht ließ. Das Jagdrecht kann dem allem nach in der Pfalz nicht wohl als vom Grundeigenthum losgeschält erachtet werden. Daß der Ertrag der Jagd den Grundeigenthümern, deren Besitz zur Feldjagd gehört, nicht zufließt, sondern an die Gemeindekasse fällt, kann hieran nichts ändern. Grundsätzlich erscheint der Anspruch des Eigenthümers auf die Jagdrente — und damit seine Jagdgerechtigkeit anerkannt, indem der Pachtschilling der Staatsjagden der Staatskasse, der Ertrag der Gemeindewaldjagden der Gemeindekasse (also der Eigenthümerin) zufließt, der Ertrag der zu den Staats- und Gemeindewaldjagden gezogenen Privatwaldungen deren

Das Anordnungsrecht in Bezug auf die Gemeindejagdverpachtung ist der Distriktsverwaltungsbehörde vorbehalten, dieselbe kann die Vornahme einer Jagdverpachtung durch die Gemeinde erzwingen. Im Falle einer Nichtgenehmigung der Verpachtungsverhandlungen sind dieselben erneut vorzunehmen und zwar insolange bis ein genehmigungsfähiges Resultat erzielt wurde; denn nach der pfälz. J.-V.-O. gibt es ebensowenig ein Ruhen des Jagdrechts als einen Regiebetrieb der Gemeindejagden durch gemeindliche Vertrauensmänner.[64]) Ueber die Zusammenlegung mehrerer verschiedener Gemeindemarkungen zu einem Jagdbezirke und über die Abtheilung einer großen Gemeindemarkung in mehrere Jagdbezirke trifft die Distriktsverwaltungsbehörde im Benehmen mit dem Forstamte Bestimmung. Auch hiezu ist eine Zustimmung der Gemeinde nicht erforderlich.[64a]) Gegen bezirksamtliche Verfügungen in diesen Richtungen steht nur eine einfache, nicht aber eine verwaltungsrechtlich verfolgbare Beschwerde offen, da der pfälzer Gemeinde in Ansehung der Jagdverpachtung ein Selbstverwaltungsrecht nicht eingeräumt erscheint.[64b])

Die Verpachtung hat der Bürgermeister vorzunehmen. Die Vergebung soll in der Regel durch öffentliche Versteigerung statt-

Eigenthümern berechnet wird. Und auch der in die Gemeindekasse fließende Pachtertrag der Feldjagd kömmt den Grundeigenthümern insoferne mittelbar zu Gute, als diese Einnahme zur Bestreitung von Gemeindeausgaben herangezogen wird, welche event. die Grundbesitzer mangels dieser Einnahmequelle treffen würden. Thatsächlich ist also auch bei der Feldjagd dem Grundeigenthümer nicht aller und jeder Nutzen aus seinem Jagdrechte entzogen und wird in den meisten Fällen die Einziehung des Jagdpachtes zur Gemeindekasse ganz analog der Bestimmung des Art. 8 dießrh. J.-G. mit § 7 d. V.-V. hiezu wirken. — Auch Kuby schließt sich neuest der hier entwickelten Anschauung an.

[63a]) Rggs.-Entschl. v. 1. Oktober 1847.

[64]) Männer a. a. O. S. 101.

[64a]) § 5 Abs. I und III d. J.-V.-O. — Der Maßstab, nach welchen bei Zusammenlegung mehrerer Gemeindemarkungen zu einem Jagdbezirk der Pachtzins unter die betheiligten Kassen vertheilt werden soll, ist von der Distriktspolizeibehörde (benehmlich mit der Forstbehörde) nach Befinden der Umstände zu bestimmen. Auch hiezu bedarf es einer Zustimmung der Gemeindebehörden nicht. Die Ermittlung des Vertheilungsmaßstabs wird sich nach dem Flächeninhalt der einzelnen Markungen unter Berücksichtigung des durchschnittlichen Jagdertrags und der Pachtzinse benachbarter Jagden zu richten haben. Bei Bewerthung des Jagdertrags werden auch die Lageverhältnisse und die Bodenbeschaffenheit mit in Betracht gezogen werden müssen.

[64b]) E. d. b. V.-G.-H. S. IV S. 128. — Was die Beschwerden anlangt, so ist zu beachten, daß auf die Behandlung der Jagden die pfälz. Gemeindeordnung eine Anwendung nicht findet (s. indessen Art. 42, insoweit es sich um Jagdpachtzinse als Gemeindeeinnahme handelt). Es haben in Folge dessen insbesondere auch die Beschwerdefristen sich nach den allgemeinen Regeln für Berufungssachen zu richten. Im Hinblicke auf die Organisations-V.-O. v. 18. Aug. 1816 (Kr.-Abl. S. 249) sind daher Rekurse gegen Bescheide der Bezirksämter (Unterbehörden) an die Regierung an 14 tägige Frist gebunden, ebenso Re-

finden und nur ausnahmsweise die Verpachtung aus freier Hand (im Vertragswege) zugelassen werden.[64c])

Der Gemeinderath hat zu einer Vergebung der Gemeindejagd aus freier Hand vorgängig seine beschlußmäßige Genehmigung auszusprechen.[65])

Die Pachtbedingungen sind vom Gemeinderathe unter Beachtung der hierüber noch geltenden Bestimmungen des § 6 d. J.-V.-O. festzusetzen.[66]) Eine beabsichtigte Jagdversteigerung ist mindestens 5 Tage vor dem Versteigerungstermine mit Angabe des Tages, Ortes und der Stunde dem Forstamte anzuzeigen und zu derselben auch der Gemeindeeinnehmer einzuladen.[67])

Die öffentliche Versteigerung, deren Anberaumung und Termin vorher öffentlich bekannt gemacht werden muß, hat der Bürgermeister oder dessen gesetzlicher Vertreter zu leiten.[68]) Bei Beginn der Verhandlung sind die anwesenden Steigerungslustigen von dem Pachtobjekte und seinen Grenzen, den Pachtbedingungen einschließlich der Pachtdauer und des Aufwurfspreises[69]) zu verständigen und ist denselben zu eröffnen, daß die Genehmigung des Versteigerungsergebnisses durch die Distriktsverwaltungsbehörde vorbehalten bleibe, Nachgebote aber nicht angenommen

---

kurse gegen Regierungsentschließungen zu den zuständigen Ministerien; vgl. Bl. f. a. Pr. Bd. XXII S. 97. Außerdem gelten die speziellen Fristen in § 19 d. J.-P.-V.-O. v. 5. Oktober 1863 mit § 1 d. V.-O. v. 4. Januar 1872. In Verwaltungsrechtssachen läuft die Beschwerdefrist nach Art. 22 Abs. IV V.-G.-H.-G. 14 Tage.

[64c]) Rggs.-Entschl. v. 16. Oktober 1872 (Kr.-Abl. S. 2008).

[65]) Rggs-Ausschr. v. 16. Oktober 1872 A.-Bl. S. 2008 und § 86 d. Gmde.-Rechnungs-Instruktion v. 23. Dezember 1879.

[66]) S. § 82 d. Gmde.-Rchngs.-Instr. — Diese Bedingungen können, soweit nicht das öffentliche Interesse in Frage kömmt, erweitert, ermäßigt oder aufgehoben werden. E. d. A.-G.-H. Zweibrücken v. 3. Mai 1865, s. Kuby S. 12.

[67]) Die Nichtanwesenheit eines Vertreters der Forstbehörde macht den Versteigerungsakt — sofern Einladung richtig und rechtzeitig erfolgte — keineswegs nichtig. In besonders wichtigen Fällen kann das Bezirksamt die Nichttheilnahme eines forstamtlichen Vertreters durch nachträgliche Einvernahme des Forstamts ersetzen. R.-Entschl. v. 30. Juli 1883 und 10. Dez. 1849, s. Geib a. a. O. S. 675, 676.

[68]) Tritt der Bürgermeister selbst als Bieter auf, so hat ihn in Leitung der Versteigerung der Adjunkt zu vertreten und überdies der Gemeinderath zu bestätigen, daß Niemand Höherbietender war. R.-Entschl. v. 28. August 1818, s. Geib a. a. O. S. 677. Auch der Gemeindeeinnehmer kann als Steigerer auftreten, muß aber ein Zeugniß des Gemeinderaths der versteigernden Gemeinde beibringen, daß gegen den Zuschlag an ihn nichts zu erinnern sei. § 65 d. Gmderechngs.-Instr.

[69]) Wie die Pachtbedingungen überhaupt wird auch der Aufwurfspreis vom Gemeinderathe bestimmt, vgl. § 82 d. Rechngsinstruktion. Die Festsetzung des Aufwurfspreises und Pachtschillings unterliegt aber in der Pfalz der Prüfung durch die Distriktsverwaltungsbehörde. S. unten „bezirksamtliche Prüfung und Genehmigung der Jagdpachtverhandlungen."

werden.[69a]) Die Beobachtung dieser Förmlichkeiten, ferner der Letzt (Meist-)bietende mit seinen etwaigen Theilnehmern und Bürgen sind im Protokolle über den Versteigerungsakt zu vermerken, ebenso ist ein Vermerk über die rechtzeitige Verständigung der Forstbehörde vom Versteigerungstermine und dem Erscheinen bezw. Nichterscheinen eines Vertreters des Forstamts und die gebotene schriftliche Anzeige des Gemeindeeinnehmers im Falle seiner Verhinderung, dem Verpachtungstermine anzuwohnen, der Protokollarverhandlung beizufügen. Vorbehaltlich anderweitiger Festsetzung der Versteigerungsbedingungen durch den Gemeinderath dürfen Ausländer d. h. Personen, die nicht Angehörige eines deutschen Bundesstaates sind, zur Versteigerung nur gegen Stellung eines inländischen zahlungsfähigen Bürgen zugelassen werden.[69b])

Die Jagdpachtakten, Versteigerungsprotokoll (bezw. in Ausnahmsfällen der Vertrag über Jagdvergebung aus freier Hand) und Pachtbedingungen sind dem Bezirksamte zur Prüfung und Genehmigung vorzulegen. Im Vorlageberichte ist auch zu konstatiren, ob der Letzte (Meist-)bietende und seine etwaigen Theilhaber den in § 6 lit. b d. J.-V.-O. von 1815 aufgestellten Anforderungen entsprechen oder nicht.[70]) Bei vertragsmäßiger Vergebung der Jagd wird auch der bezügliche Gemeinderathsbeschluß mit eingehender Darlegung der diese Ausnahme rechtfertigenden Gründe beizufügen sein.[70a])

Die Pachtbedingungen.

Die vom Gemeinderathe festzusetzenden Pachtbedingungen dürfen nicht gegen Gesetz oder sonstige, insbesondere allgemein- und jagdpolizeiliche Vorschriften verstoßen und haben sich den in § 6 d. J.-V.-O. aufgestellten noch geltenden Normen im Wesentlichen anzuschließen.[71]) Insoweit die in der J.-V.-O. angeführten Bedingungen nicht das öffentliche Interesse berühren, können sie im Wege der Vereinbarung erweitert, eingeschränkt und ermäßigt oder aufgehoben werden. Dies gilt insbesondere von jenen

---

[69a]) Nachgebote bei Versteigerungen der Jagd sind in der Regel nicht zulässig, Rggs.-Entschl. v. 20. März 1862.

[69b]) Rggs.-Entschl. v. 7. August 1859 (A. Bl. S. 956), §§ 79—82 d. Gmde.-Rechngs.-Instr.

[70]) Geib a. a. O. S. 677 Nr. 5.

[70a]) § 85 Abs. II d. Gmderechngs.-Instr. und Rggs.Entschl. v. 16. Okt. 1872 (A.-Bl. S. 2008).

[71]) Die noch geltenden Pachtbedingungen des § 6, soweit sie das öffentliche, polizeiliche Interesse betreffen, sind gesetzliche Bedingungen, die auch dann zwingende Geltung haben, wenn sie nicht ausdrücklich in den Pachtvertrag und Versteigerungsbedingungen aufgenommen worden sind. Vgl. hieher auch die Ausführungen Braters a. a. O. S. 35 und § 6 d. V.-V. z. dießrh. J.-G., welche hier sinngemäß gleiche Anwendung finden.

Bedingungen civilrechtlichen Inhalts, welche die privatrechtlichen Interessen der Vertragschließenden und namentlich die Befugnisse der Jagdpächter als Jagdberechtigter ordnen und regeln.[72]) Gesetzliche und polizeiliche Bedingungen brauchen nicht ausdrücklich in den Vertrag aufgenommen zu werden — es genügt der allgemeine Hinweis auf die Verpflichtung des Pächters zur Einhaltung derselben — können aber auch nicht abgemildert oder erlassen werden.[73])

Die Dauer der Pachtzeit soll auf wenigstens 6 Jahre festgesetzt, das Ende derselben immer auf den Schluß der Jagd gelegt werden. Der Anfang kann auf den Tag des Beginnes der Niederjagd gesetzt werden.[74]) — Als Jagdpächter sind nur bekannte, rechtliche Leute zuzulassen, von denen eine vorschriftsmäßige Benutzung der Jagd zu erwarten steht, nicht aber Jagdfrevler, Wilderer, Leute ohne alles Vermögen oder solche, die durch die Jagd ihr Gewerbe vernachlässigen und in ihrem Nahrungsstand zurückkommen würden.[74a]) Die Pächter müssen einen Waffenschein lösen, daher auch jagdscheinfähig sein. Pächter, deren Zahlungsfähigkeit nicht hinreichend bekannt ist, sollen einen zahlungsfähigen Bürgen stellen, Ausländer einen zahlungsfähigen inländischen Bürgen präsentiren.[75])

Für einen Jagdbezirk dürfen nicht mehr als drei Theilnehmer zugelassen werden; den Pächtern bleibt die Mitnahme oder Zulassung von Jagdgästen mit schriftlicher Erlaubniß zum Alleinjagen gestattet. Afterverpachtung — volle oder theilweise —

---

[72]) Vgl. Kuby a. a. O. zu § 6 Note 1 S. 12 und Männer a. a. O. S. 114 ff.

[73]) Vgl. Note 71 hieher.

[74]) Rggs.-Entschl. v. 25. Juni 1864, s. Geib, Handbuch S. 678.

[74a]) Leute ohne Vermögen oder solche, welche in ihrem Nahrungsstande zurück kommen (§ 6 lit. b J.-V.-O.), dürfen nicht zur Jagdpachtung zugelassen werden. Hierunter zählen zweifellos auch diejenigen, über deren Vermögen der Konkurs eröffnet worden ist. Der Gemeinschuldner verliert gemäß Konk.-O. §§ 1—6 die Befugniß, sein Vermögen zu verwalten und über dasselbe zu verfügen; es ist nach Gesetz zur Befriedigung der Gläubiger bestimmt. Ein solcher Gemeinschuldner ist zweifellos den Leuten ohne alles Vermögen beizuzählen und wird daher vom Augenblicke der Konkurseröffnung an Pachtung einer Gemeindejagd nicht zuzulassen sein, auch nicht gegen Stellung zur eines zahlungsfähigen Bürgen. Wenn auch § 80 der Rechgs.-Instr. dem Gemeindeeinnehmer gestattet, vorbehaltlich der Beschlußfassung des Gemeinderathes einen Zahlungsunfähigen gegen Stellung eines zahlungsfähigen solidarischen Bürgen als Pächter zuzulassen, so steht doch dieser Befugniß bei Jagdverpachtungen das direkte Verbot der Zulassung von Vermögenslosen entgegen und dieses Verbot der J.-V.-O. muß auch dem Gemeinschuldner gegenüber gelten. Der Zuschlag darf daher einem im Konkurse stehenden Gemeinschuldner nicht ertheilt und muß, falls die Konkurseröffnung zwischen Zuschlag und distriktspolizeiliche Prüfung und Genehmigung fallen würde, die letztere wohl versagt werden; s. a. Deutsch. Jäger Bd. XV S. 92.

[75]) § 6 lit. b und o mit § 7 J.-V.-O., §§ 80, 82 Gmde.-Rechngs.-Instr.

ohne Genehmigung der Distriktspolizeibehörde ist bei Auflösung des Pachts verboten, gleichviel ob ein Preis für den Afterpacht bezahlt wird oder nicht. Die Genehmigung einer Afterverpachtung steht dem Bezirksamte auf Antrag der Gemeinde zu.[76])

Weitere Bedingungen sind:

Die Jagd nicht durch übermäßiges Jagen in einen schlechten Bestand zu setzen oder gar zu ruiniren, auch nicht das Wildpret durch übermäßiges Hegen zum Schaden der Grundbesitzer allzusehr überhand nehmen zu lassen, sondern dieselbe pfleglich zu behandeln,[77]) ferner daß der Pächter bei Verlust des Jagdpachts die bestehenden oder noch zu erlassenden jagdpolizeilichen Vorschriften (insbesondere die V.-O. vom 4. Januar) zu beachten[77a]) und daß der Pächter die Jagd entweder in Person ausübe oder durch einen Jäger ausüben zu lassen habe, welcher auf Grund eines forstamtlichen Attestes vom Bezirksamte bestätigt werden muß und amtsgerichtlich verpflichtet werden kann.[78]) In Ansehung der Schädigung der Landwirthschaft durch den Jagdbetrieb kann zur Bedingung gemacht werden, daß der Pächter jede Beschädigung der Feldfrüchte und Holzbestände bei Ausübung der Jagd sorgfältig zu meiden und die Jagd so zu betreiben habe, daß weder die Feldwirthschaft noch die Holzzucht darunter leiden.[79])

Pächter ist ohne Anspruch auf Entschädigung, im Falle die Schonung, ein theilweiser oder gänzlicher Abschuß bzw. Vertilgung einer Thiergattung polizeilich angeordnet wird, hiezu ernstlich mitzuwirken verpflichtet, soweit es durch die Ausübung der Jagd geschehen kann. Namentlich hat derselbe sich die Verfolgung und Vertilgung der Wölfe und des kleineren Raubzeugs sowie des Schwarzwilds angelegen sein zu lassen.[80])

---

[76]) § 6 lit. c und d; E. d. Apell.-G.-H. Zweibrücken v. 28. Februar 1876, s. a. Bl. f. bayer. Finanzwesen 1893 S. 166, Rggs.-Entschl. v. 30. Juli 1833 und Geib a. a. O. S. 684 Anm.; Männer a. a. O. S. 115.

[77]) § 6 lit. f J.-V.-O.

[77a]) § 85 Abs. II Gmde.-Rchngs.-Instr.

[78]) § 6 lit. i a. a. O.

[79]) Vgl. § 29 d. Bestimmungen über die Verpachtung der Staatswaldjagden.

[80]) S. § 30 d. Bestimm. über Staatswaldjagdverpachtungen mit § 18 d. J.-P.-V.-O. v. 5. Oktober 1863. — Nicht angängig erscheint es jedoch, dem Pächter einer Gemeindejagd durch eine Vertragsbedingung die Auflage zu machen, daß — wie die Bedingung in einem Falle lauten sollte — dem Forstpersonale die Tötung von Lapins durch Schießen gestattet werden solle, so lange nach Ansicht der Forstbehörde Beschädigungen durch wilde Kaninchen vorkämen. Das Recht, innerhalb der gepachteten Jagd die Jagd auszuüben, steht vorbehaltlich des Mitbenutzungsrechtes gewisser Grundeigenthümer (§ 5 Abs. V d. J.-V.-O.) ausschließend dem oder den Jagdpächtern, den von ihnen bestellten Jägern und von ihnen zugelassenen Jagdgästen zu. Nach § 18 d. J.-P.-V.-O. v. 5. Oktober 1863 mit V.-O. v. 4. Januar 1872 hat der Jagdausübungsberechtigte bei einem der Land- oder Forstwirth-

Die Jagd- und Wildfolge kann nicht beansprucht werden; es steht aber dem Pächter frei, sich eine solche durch vertragsmäßige Vereinbarung mit den Pächtern der angrenzenden Jagdbezirke zu sichern.[81])

Die Abhaltung von Treibjagden (bei Mondschein sowie) an Sonn- und Festtagen zieht die Aufhebung des Jagdpachtes nach sich. Ueberhaupt kann wegen Nichterfüllung oder Verletzung der Pachtbedingungen jederzeit ohne irgend welchen Entschädigungsanspruch die Auflösung des Jagdpachts erfolgen.[82])

Der Pachtschilling ist zum bestimmten Termine in kassamäßiger Münze zu erlegen. Zahlungssäumniß von mehr als 4 Wochen nach Verfall hat die Aufhebung des Pachtvertrags zur Folge.

Da § 6 d. J.-P.-O. nur die „wesentlichen" Bedingungen festsetzt, bleibt es der verpachtenden Gemeinde und bzw. der Ver-

---

schaft nachtheiligen Wildstande im Jagdbezirke, diesen Wildstand innerhalb der vorgeschriebenen Zeit und in dem vorgeschriebenen Maße abzumindern. Erst wenn der Jagdausübungsberechtigte, dem übrigens gegen einen solchen polizeilichen Auftrag die Beschwerde offen steht, der rechtskräftigen distriktspolizeilichen Anordnung keine Folge leistet, ist das Bezirksamt befugt, aus Art. 20 d. P.-Str.-G.-B. die zwangsweise Durchführung seiner Anordnung zu verfügen, die Abminderung des schädlichen Wildstandes vorläufig statt des hiezu verpflichteten Jagdpächters vornehmen zu lassen und hiezu das Forstpersonal beizuziehen. Ein Zwang, welcher dem Jagdberechtigten die ausschließende Befugniß und die aus § 18 a. a. O. sich ergebende Pflicht, die Abminderung eines schädlichen Wildstandes zunächst selbst vorzunehmen, vorweg abschneiden würde, widerspricht offenbar dem Rechte desselben und den vorerörterten Bestimmungen. Dem Jagdausübungsberechtigten kann nicht in Verletzung seines Rechtes die Bedingung aufgezwungen werden, einem Nichtjagdberechtigten die Bejagung seines Bezirkes zu gestatten. S. a. Deutsch. Jäger Bd. XXIII S. 162. – Einer solchen Bedingung dürfte aber auch noch eine andere materielle Erwägung entgegenstehen. Gemäß Rggs.-Entschl. v. 12. Mai 1875 sollen die Bezirksämter auch die finanzielle Seite der Jagdverpachtung berücksichtigen. Vom finanziellen Standpunkte aus müßte aber die Auflage einer solchen Bedingung als unbedingt nachtheilig für die Gemeinde anerkannt werden, da die Auflage, Dritten an sich Nichtjagdberechtigten die Mitausübung der Jagd im Pachtbezirke zu gestatten, jedenfalls den zu erwartenden Pachtpreis ganz erheblich herabdrücken würde. — Nach einer E. d. Amtsgerichts Speier wurde ein Jagdpächter, welcher der bezirksamtlichen Auflage aus § 18 J.-P.-V.-O., binnen 14 Tagen 500 Lapins zu vertilgen, nicht nachkam, freigesprochen, da es nach sachverständigem Gutachten, abgesehen von der Schwierigkeit der Vertilgung von Lapins, jedenfalls unmöglich sei, der jagdpolizeilichen Anordnung nach Frist und Stückzahl nachzukommen; s. Deutsch. Jäger Bd. XIX S. 355.

[81]) § 28 Abs. II d. a. Bestimm.

[82]) Das Verbot der sonntäglichen Treibjagden muß ausdrücklich in die Pachtbedingungen unter Androhung der administrativen Pachtauflösung im Falle der Nichtbeachtung aufgenommen werden, Rggs.-Entschl. v. 13. Februar 1829 (Abl. S. 82) und v. 11. April 1835, § 85 d. Gmde.-Rechnungs-Instr. und § 3 d. k. V.-O. v. 21. Mai 1897 über die Feier der Sonn- und Festtage. Für polizeilich angeordnete Wildschwein- und Wolfsjagden greift jedoch dieses Verbot nicht Platz, Min.-Entschl. v. 10. März 1876, Geib a. a. O. S. 678.

einbarung der Parteien anheimgelassen, noch weitere Bedingungen aufzustellen, welche jedoch, wie schon erwähnt, mit Gesetzes- und sonstigen allgemein und jagdpolizeilichen Vorschriften nicht in Widerspruch treten dürfen. S. a. unten bei Pachtvertrag.

Die bezirksamtliche Prüfung und Genehmigung der Jagdverpachtungs-Verhandlungen.

Da die Verhandlungen über Genehmigung gemeindlicher Jagdverpachtungen wesentlich polizeilicher Natur sind, ist bei Prüfung der Verpachtungsakte einschließlich der Pachtverträge zunächst zu würdigen, ob bei Abschluß der Verträge das öffentliche Interesse gewahrt erscheint und ob der Verpachtungsakt den bestehenden Vorschriften entspricht. Jagdpachtverträgen, deren Inhalt im Widerspruche mit gesetzlichen und polizeilichen Vorschriften steht, wird die Genehmigung zu versagen sein. Insbesondere ist die Verpachtung zu beanstanden, wenn der Letztbietende und seine Theilhaber die persönlichen Erfordernisse der Zulassung zur Jagd-Pachtung und Ausübung nicht besitzen. Außerdem wird auch die jagdpflegliche Seite zu würdigen und die Prüfung darauf zu erstrecken sein, ob der Vertrag auch in finanzieller Hinsicht den gemeindlichen Interessen entsprechende Rücksicht trägt.[83])

Ergeben sich in diesen Richtungen Gründe zur Beanstandung, so kann, wenn dieselben nicht freiwillig behoben werden, das Bezirksamt dem Verpachtungsakte die Genehmigung versagen und eine neuerliche Verpachtung anordnen.[84])

Gegen die Entscheidung der Distriktsverwaltungsbehörde steht der Gemeinde und den sonst Betheiligten die Beschwerde an die Kreisregierung offen; eine Beschwerde gegen einen ab-

---

[83]) Die Prüfungs- und Genehmigungsbefugniß der Distriktsverwaltungsbehörde umfaßt die formellen und jagdpfleglichen Fragen; sobald es sich um zivilrechtliche Fragen, um Auslegung des Pachtvertrags hinsichtlich der für beide Theile hieraus sich ergebenden Rechte und Pflichten handelt, sind die bürgerlichen Gerichte zuständig; s. Bl. f. a. Pr. Bd. XXII S. 108. Ueber die Pachtfähigkeit des Letztbietenden und seiner Theilhaber ist zwar im Vorlageberichte Gemeinderaths-Aufschluß zu ertheilen (s. oben S. 261 u. Note 70), sind aber die dem Pachtausschluß begründenden Thatsachen notorisch oder hinreichend erwiesen, so hat die Distriktspolizeibehörde sofort die Genehmigung zu versagen und eine Neuverpachtung anzuordnen. Bei einer wiederholten Pachtverhandlung dürfen die beanstandeten Steigerer nicht mehr zugelassen werden. Da hinsichtlich der finanziellen Seite eine Schranke für die Würdigung nicht gezogen ist, können auch die finanziellen Verhältnisse zum Gegenstand der Prüfung gemacht und kann z. B. die Nichtgenehmigung eines Verpachtungsaktes ausgesprochen werden, wenn der Pachterlös ein erheblich niederer ist, als in der vorhergehenden Pachtperiode. Rggs.-Entschl. v. 12. Mai 1876 (Geib a. a. O. S. 676).

[84]) § 5 J.-V.-O.

weisenden Regierungsbescheid zum Verwaltungsgerichtshofe ist nicht zulässig, da, wie schon erwähnt, der Gemeinde hinsichtlich der Jagdverpachtung ein Selbstverwaltungsrecht nicht zukommt.[85]) Auch die instanzielle Würdigung hat sich zunächst darauf zu erstrecken, ob das öffentliche Interesse beim Abschlusse des Verpachtungsaktes gewahrt worden ist. Schutz und Berücksichtigung privater Interessen ist nicht Gegenstand dieser Prüfung, wohl aber erscheint eine aufsichtliche Prüfung der Beschwerde in Ansehung der Gesetzlichkeit und Zweckmäßigkeit des Inhalts der Pachtverträge einschließlich der Pachtbedingungen angezeigt, um die Aufrechthaltung und richtige Durchführung der bestehenden jagdrechtlichen Vorschriften zu sichern.[86])

Da die Beurtheilung der durch den Verpachtungsakt auf den Jagdpächter übertragenen Rechte — unbeschadet der in Folge des Verpachtungsgeschäfts zwischen Gemeinde und Jagdpächter entstehenden privatrechtlichen Beziehungen — dem öffentlichen Rechte angehört, steht auch den Verwaltungsbehörden gegebenen Falles wegen Nichterfüllung oder Verletzung der vom Pächter eingegangenen Verbindlichkeiten die (administrative) Auflösung des Jagdpachtvertrages zu.[87])

Die dienstlichen Beschränkungen der Zulassung zur Jagdpachtung.

Ueber die Beschränkung der Bezirksamtsbeamten, Forst-Beamten und Bediensteten, der niederen Finanzbeamten, sowie der Schullehrer s. d. Ausführungen oben S. 86, 116, welche gleichmäßig für die Pfalz Geltung haben. Die Gemeinde-Einnehmer können als Jagdpächter zugelassen werden, wenn sie ein Zeugniß der versteigernden, im Einnehmereibezirke liegenden Gemeinde beibringen, daß gegen den Zuschlag an dieselben (als Meistbietende) nichts zu erinnern sei.

Der Pachtvertrag.

Ueber die rechtliche Natur des Pachtvertrags, dessen Inhalt, Entstehung und Erlöschen nach dem geltenden Rechte s. oben S. 118.

Nach bisherigem (französischem) Rechte waren folgende Grundsätze maßgebend:

Der Pachtvertrag ist ein Vertrag, durch den ein Theil dem anderen sich verpflichtet, für einen gewissen Preis auf bestimmte

---

[85]) E. d. b. V.-G.-H. v. 27. Juni 1882 S. IV S. 122, s. a. Geib a. a. O. S. 102.

[86]) Rggs.-Entschl. v. 31. Dezember 1890, s. Männer a. a. O. S. 102.

[87]) E. d. b. V.-G.-H. S. VIII S. 271; Geib a. a. O. S. 679.

Zeit den Gebrauch einer Sache, hier den Grundbesitz zur Jagdausübung, d. h. der Berechtigung, dem Wilde nachzustellen, dasselbe sich anzueignen, und zur pfleglichen Hege des Wildes zu überlassen.[88])

Die allgemeinen Regeln des Miethvertrags über Sachen finden auch auf die pachtweise Ueberlassung des Jagdrechts Anwendung.[89]) Der Pachtvertrag, der an sich mündlich oder schriftlich abgeschlossen werden kann, bei Verpachtung der Gemeindejagd aber schriftlich niederzulegen ist, kommt durch die Erklärung des beiderseitigen Einverständnisses der abschließenden Theile zu Stande und wird bei Verpachtung der Gemeindejagd mit Ertheilung der bezirksamtlichen Genehmigung perfekt. Wird die bezirksamtliche Genehmigung durch instanziellen oder oberaufsichtlichen Bescheid aufgehoben, so tritt damit auch die Auflösung des Pachtvertrages ein. Bei Verpachtung staatlicher Jagden wird der Pachtvertrag mit der Genehmigung des Verpachtungsergebnisses durch die Regierungsfinanzkammer perfekt. Ehemänner, Vormünder, mündig erklärte Minderjährige und Nutznießer als solche sollen Pachtverträge auf höchstens nur neun Jahre abschließen.[90])

Die Rechte und Pflichten des Verpächters und Pächters bemessen sich nach dem Inhalte des Vertrags. Mangels besonderer Bestimmungen ist der Verpächter verpflichtet, die ungehinderte Ausübung der Jagdberechtigung zu gestatten. Für Ergiebigkeit des Jagdvertrags haftet Verpächter nicht. Der Pächter muß sich Veränderungen in der Benutzung der Grundstücke des Jagdgeländes auch dann gefallen lassen, wenn sie auf die Art der Bejagung und den Ertrag der Jagd Einfluß hätten. Wieweit der Verpächter mit solchen Aenderungen gehen darf, ist eine nach den Umständen des einzelnen Falles unter Berücksichtigung der Erheblichkeit der eingetretenen Aenderungen und ihrer Wirkung nach den Grundsätzen der Billigkeit und des guten Glaubens, welche die Erfüllung der Verträge beherrschen, zu beurtheilende Frage.[91]) Außergewöhnliche, beim Abschluß des Vertrages nicht voraussehbare Veränderungen der Benützungsart und eine hiedurch bewirkte dauernde Ertragsminderung verpflichtet jedenfalls den Verpächter zu Pachtnachlaß. Der Abgang von Grundstücken der Gemeindejagd durch Umfriedung oder durch Zukauf zu anderem Areale behufs Bildung oder Vergrößerung eines Eigenjagdbezirks wird nicht als eine bei der Pachtung der Jagd unvorhersehbare Aenderung zu betrachten sein, da der Pächter

---

[88]) C. c. Art. 1709.

[89]) Art. 1713–51 a. a. O.

[90]) Art. 1718 mit 1429, 481 und 595 a. a. O.

[91]) Art. 1719, 1723, 1134–35 a. a. O., E. d. R. G. v. 10. Januar 1890 E. i. C.-S. Bd. XXV S. 351.

immerhin mit dem freien Verfügungsrechte der Grundbesitzer über ihr Eigenthum zu rechnen hat. Jedenfalls wird aber die Gemeinde am sichersten gehen, im Pachtvertrage eine Bestimmung vorzusehen, daß in Fällen der Verringerung des Umfanges des Jagdbezirks durch Abgang von Grundstücken (infolge von Umfriedung oder Veräußerung) der Pachtvertrag bezüglich der abgehenden Theile erlischt und der Pachtschilling sich nach Verhältniß der Abgänge vermindert und der Pächter eine weitere Schadloshaltung nicht zu beanspruchen hat.[92])

Der Pachtvertrag erlischt mit Ablauf der Pachtzeit, vermöge freien Uebereinkommens der Vertragstheile sowie bei Eintritt einer der Bedingungen, die vertragsmäßig als Auflösungsgrund festgesetzt sind.[92a]) Die Auflösung des Pachtvertrags durch den Tod oder durch Wohnortsveränderung, die den Pächter außer Stand setzt, die Jagd persönlich auszuüben, bedarf ausdrücklicher Vereinbarung.[93]) Der Tod eines Mitpächters hat die Auflösung des Vertrages nicht zur Folge.[94])

Jagdgesellschaften, die Vereinigung mehrerer Jagdliebhaber zur Pachtung und dem Betriebe einer Jagd, unterliegen den rechtlichen Grundsätzen über Gesellschaftsverträge. Der Eintritt eines neuen Gesellschafters setzt die Zustimmung der übrigen Theilnehmer voraus. Letztere kann weder durch Genehmigung des Verpächters, noch durch eine solche seitens der Distriktsverwaltungsbehörde ersetzt werden; denn diese Genehmigung bezieht sich nur auf den Pachtvertrag, der lediglich das Verhältniß zwischen Verpächter und Pächter regeln, nicht aber die Beziehungen der Jagdpächter unter sich ordnen kann. Auch die Abtretung der Rechte eines Theilnehmers der Gesellschaft an einen anderen kann nur mit Einwilligung der übrigen Gesellschafter stattfinden.[95])

---

[92]) E. d. b. O.-G.-H. v. 19. April 1872 (Kr.-A.-Bl. S. 1240); s. a. oben S. 117, 120; vgl. a. E. d. O.-L.-G. Köln vom 26. Januar 1897, welche für das Gebiet des rhein.-franz. Rechts ausspricht, daß der Grundeigenthümer, welcher durch Zukauf, Arrondierung ꝛc. eine Eigenjagd bildet, schon vor Ablauf des Pachtvertrags den zur Eigenjagd gezogenen Grundbesitz selbst und ausschließlich bejagen dürfe. Arch. f. fr. C.- und Cr.-R. Bd. XCI.

[92a]) Durch den Konkurs des Pächters wird der Vertrag nicht aufgelöst, aber der Pächter verliert mit Eröffnung des Konkurses die Befugniß, das Jagdrecht für sich auszuüben, das Verfügungsrecht geht auf den Konkursverwalter über (§ 5 d. Konkurs-Ordg.), s. a. E. d. L.-G. Colmar v. 24. März 1882, Busch-Vierhaus, Zeitschr. f. deutsch. Civ.-Proz. Bd. VII S. 117.

[93]) Art. 1742—43 a. a. O.

[94]) E. d. App.-G.-H. Zweibrücken v. 18. Juli 1871, Bl. f. a. Pr. Bd. XXII S. 103: das Recht der Jagdausübung in einem Bezirke wird durch den Pachtvertrag gleichmäßig auf alle Pächter übertragen, ist daher ein untheilbares Recht, welches den Einzelnen berechtigt, dem Verpächter gegenüber auf Erfüllung des ganzen Vertrags zu bestehen (Art. 1218, 1222 C. c.), s. a. E. d. App.-G. Zweibrücken v. 28. Februar 1876.

[95]) Art. 1841—42, 1861 C. c.

Die Uebertragung des Jagdausübungsrechtes als Gnadenjagd und im Wege der Dienstmiethe.

Die Befugniß zur Jagdausübung kann der Eigenjagdberechtigte wie der Jagdpächter Dritten durch Erlaubniß zum Jagen übertragen. Diese Erlaubniß ist jedoch eine stets widerrufliche (precarium) und gewährt dem Jagdgast keinen Rechtsanspruch (daher die Bezeichnung: Gnadenjäger).[96] Wohl aber erscheint der Jagdgast verpflichtet, die jagdpolizeilichen und sonstigen Verpflichtungen des Jagdberechtigten gleichmäßig zu beobachten und einzuhalten und berechtigt seinerseits gleich dem Jagdinhaber selbst zum Jagdschutze mitzuwirken. Insoweit der Jagdgast nicht in Begleitung des Jagdberechtigten die Jagd besucht, bedarf er zur Ausübung der Jagd einer schriftlichen Erlaubniß des Jagdberechtigten, welche er beim Jagen mit sich zu führen hat. Außerdem muß der Jagdgast selbstverständlich in beiden Fällen einen Jagdwaffenschein besitzen und mit sich führen (siehe hierüber oben S. 250 ff.).[97])

Die Befugnisse des Jägers (Jagdschützen, Privatwaldhüters) bemessen sich nach dem Vertrage über seine Bestellung und gelten, soweit nicht besondere Vertragsbestimmungen getroffen sind, die allgemeinen Rechtsgrundsätze über Dienstmiethe. Die Jäger müssen jagdwaffenscheinfähig und im Besitze eines Jagdwaffenscheines sein, soferne ihnen der Beschuß der Jagd übertragen werden will. Jagdaufseher (Jagdhüter), welchen lediglich die Aufsicht über die Jagd und deren Schutz übertragen ist, bedürfen nur eines Gewehrpasses (Schutzgewehrscheins), der aber nur zur Führung eines Schießgewehres (Flinte), nicht aber zur Ausübung der Jagd — auch nicht zur Erlegung des Raubzeuges wie im diesrh. Bayern — berechtigt.[98])

Diese Gewehrpässe werden für die Forstbediensteten auf forstamtlichen, für die übrigen (gemeindlichen, Stiftungs- und Privat-Forst- und Jagdschutzbediensteten) auf bezirksamtlichen Antrag von der Regierungsfinanzkammer unentgeltlich ausgefertigt.[99])

Jäger, Jagdhüter und Jagdaufseher, welche als solche von Privaten aufgestellt werden, sind von dem Bezirksamte, veranlaßten Falls im Benehmen mit dem Forstamte, zu bestätigen.[100]) Die Bestätigung kann selbstverständlich mangels der Qualifikation versagt und, wenn ein solcher persönlicher Mangel erst nach erfolgter Bestätigung eintritt, wieder zurückgezogen und die Ent-

---

[96]) § 6 lit. c J.-V.-O.

[97]) Art. 23 b. J.-G. mit § 7 J.-V.-O.

[98]) § 7 J.-V.-O. und A.-Bl. 1835 S. 286; s. a. Rggs.-Entschl. v. 5. Juli 1836 (A.-Bl. S. 380)

[99]) S. Geib a. a. O. S. 692.

[100]) Rggs.-Entschl. v. 10. August 1856, s. Männer a. a. O. S. 142.

lassung des bestellten Jagdhüters verfügt werden. Wird ein solcher Jagdaufseher amtsgerichtlich verpflichtet, so tritt er damit in die Reihe der Polizeibediensteten, welche neben dem Schutze der Jagd gegen unberechtigte Jagdausübung auch die Einhaltung der Jagdpolizeivorschriften zu überwachen haben und in Bezug auf Handhabung der Jagdpolizei auch den Weisungen der Distriktspolizeibehörde unterstehen.[101]) Mit der Entlassung seitens des Dienstgebers, welche nicht bloß aus polizeilichen, sondern auch aus Gründen des bürgerlichen Rechts (s. §§ 511 u. ff. B.G.B.) erfolgen kann, erlöschen selbstredend alle Befugnisse des bestellten Jägers bezw. Jagdaufsehers.

Der Gegenstand des Jagdausübungsrechts.

Gegenstand des Jagdausübungsrechts sind die in Art. 1[a] d. J.=G. und in der k. V.=O. vom 11. Juli 1900 bezeichneten wilden Säugethiere und Vögel. Gemäß § 3 der V.=O. hat das betr. Verzeichniß auch für die Pfalz Geltung.[102])

Der früherhin bestandene Unterschied zwischen Hochjagd (auf Roth=, Reh= und Schwarzwild), welche nur dem Waldbesitzer (dem Staate und dem eigenjagdberechtigten privaten Waldeigenthümer), dann den Pächtern von Waldjagden zustand, und der niederen Jagd, welche den Mitbenutzungsberechtigten und Pächtern der Feldjagd gestattet war, ist aufgehoben, nachdem die Strafbestimmungen des § 6 lit. l. d. pfälz. J.=V.=O. durch Art 1 Ziff. 11 b. E.=G. z. R.=St.=G.=B. vom 26. Dezember 1871 außer Wirksamkeit gesetzt worden sind.[102a]) Es steht daher auch dem Pächter und Mitbenutzungsberechtigten einer Feldjagd (sowie auch dem Eigenjagdberechtigten im Feldjagdbezirke) das ausschließliche Aneignungsrecht auf jede Gattung jagdbar erklärten Wildes vorbehaltlich der Bestimmungen der J.=P.=V.=O., des Vogelschutzgesetzes und des § 368 Nr. 11 St.=G.=B. unbeschränkt zu.[103])

Der Jagdertrag.

Der Pachtschilling für in Bestand gegebene Staatswaldjagden fließt in die Staatskasse. Derselbe ist vorauszahlbar und mit dem 1. Januar jedes Jahres fällig. Die Nichtzahlung des Pachtschillings binnen 4 Wochen vom Verfalltag an hat nach bestehender Vorschrift Aufkündigung des Pachtvertrags zur Folge. Nachlaß wird nicht gewährt.[104]) Der Pachtschilling für Gemeindewaldjagden fließt in die Gemeindekasse.[105])

[101]) Männer a. a. O. S. 143.
[102]) G.= u. V.=O.=Bl. S. 693.
[102a]) S. a. E. d. O. G.=H. v. 12. Juli 1878 S. VIII S. 391.
[103]) Männer a. a. O. S. 24.
[104]) Bestimm. über die Verwaltung der Staatsjagden v. 17. Mai 1850.

Werden Privatwaldungen (Parzellen unter 80 ha Umfang) zu den anstoßenden Staats- oder Gemeindewaldjagdbezirken gezogen (§ 3 Abs. I d. J.-V.-O.), so wird der Erlös dem Eigenthümer der Parzelle berechnet und hinausbezahlt.

Der Antheil des Parzelleneigenthümers an dem Pachterlöse wird, soweit nicht ein anderes Uebereinkommen getroffen wird, nach Verhältniß des Flächeninhaltes der Parzelle zum Gesammtareale des ganzen Waldjagdbezirkes berechnet werden, indem die auf das Tagwerk (ha) auszuschlagende Fraktion des bekannten oder mutmaßlichen Jagdertrags und die Pachtschillinge der unmittelbar anstoßenden Jagdbezirke als Grundlage der Berechnung genommen werden.[106])

Der Pachtschilling für Feldjagden (einschließlich der gemäß §§ 3 Abs. II und 5 Abs. II d. J.-V.-O. zum Feldjagdbezirke gezogenen, einzeln in der Flurmarkung gelegenen Waldparzellen) fließt in die Gemeindekasse und bildet eine reine Gemeindeeinnahme, deren Verwaltung und Verrechnung den gesetzlichen Vorschriften und Beschränkungen der linksrhein. Gemeindeordnung unterworfen ist.[107]) Hienach erscheint auch eine Ermäßigung des Pachtschillings oder ein Nachlaß desselben nur unter den von der Gemeindeordnung bestimmten Voraussetzungen zulässig. Der Gemeinderath darf nach Art. 42 d. pf. Gmde.-Ordg. an den Leistungen, welche den seiner Verwaltung unterstehenden Kassen geschuldet werden — und zu diesen Leistungen gehören zweifellos auch die an die Gemeindekasse zahlbaren Jagdpachtschillinge für die Gemeindewald- und Feldjagd — Nachlässe nur aus ganz erheblichen Gründen gewähren. Als erhebliche Gründe sind nur solche in Betracht zu ziehen, welche die Leistungsfähigkeit des Schuldners betreffen, Noth- und Unglücksfälle, Gefahr der Verarmung.

---

§§ 32, 21 lit. e mit Fin.-Min.-Entschl. v. 24. Juni 1870 (Fin.-Min.-Bl. S. 125). — Bei Auflösung des Jagdpachts im Laufe eines Etatsjahres, für welches der Pachtschilling vorausbezahlt worden ist, wird die Rate für die Zeit vom Tage der Einstellung des Jagdbetriebs durch den Pächter bis zum Schlusse des Etatsjahres berechnet und rückvergütet: § 33 d. angef. Bestimmungen.

[105]) § 2 d. J.-V.-O.

[106]) § 3 Abs. I d. J.-V.-O. mit § 4 d. Bestimmungen über die Verwaltung d. Staatsjagden. — Männer a. a. O. S. 68 hält allerdings § 4 nur für die Uebernahme eines Gemeindejagdbezirks durch den Staat anwendbar, allein die Bestimmung über den Modus der Berechnung des Ertragsantheiles in den Fällen des § 3 Abs. I d. J.-V. wird sich immerhin nach Analogie jener Verwaltungsvorschrift § 4 zu richten haben. Die einfachste Art der Berechnung in analoger Anwendung des Art. 9 d. J.-G. ist die Theilung des Jagdpachtertrags nach der Tagwerkszahl also nach Verhältniß der Parzellenfläche zum Gesammtareal des Jagdbezirks.

[107]) § 5 Abs. III d. J.-V.-V. und E. d. V. G. H. v. 9. und 16. Novbr. 1896 Deutsch. Jäger Bd. XIX S. 89, s. a. Geib a. a. O. S. 270 Anm. z. Art. 42 d. Gmde.-Ordg.

Liegen diese Voraussetzungen vor, so kann der Gemeinderath nach freiem Ermessen entscheiden. Verletzt der Beschluß des Gemeinderaths die ihm durch Art. 42 gezogene Schranke, bewilligt er also aus nicht erheblichen und als solche nicht stichhaltigen Gründen Pachtermäßigung oder Pachtnachlaß, so liegt eine Ueberschreitung der dem Gemeinderathe gesetzlich eingeräumten Befugnisse vor, welche von der Aufsichtsbehörde nach Maßgabe des Art. 89 Ziff. 1 und 2 pf. Gmde.-Ordg. zu beanstanden ist. Nimmt der Gemeinderath einen solchen Beschluß auf Beanstandung nicht zurück, so kann ihn die Aufsichtsbehörde außer Kraft setzen, ohne daß es einer Zurücknahme durch die Aufsichtsbehörde bedarf.[108])

Praktischer Fall. Der Gemeinderath S. beschloß, dem Pächter der Feldjagd am jährlichen Pachtzinse gegen 30 Prozent nachzulassen, den Ausfall an dem Etatsposten aus Jagdpachtschillingen, insoweit daraus bisher der Feldhüterlohn bestritten wurde, durch Umlagen der Grundbesitzer zu decken und soweit letztere Beitragsleistung verweigern sollten, den treffenden Theil auf die Gemeindekasse zu übernehmen, den Restbetrag des Pachtschillings aber niederzuschlagen. Begründet wurde dieser Beschluß dahin, eine Bürgerversammlung habe einzelne Bürger bevollmächtigt, bei der Verpachtung behufs Hinauftreibung des Pachtpreises mitzusteigern, um dem bisherigen Pächter, der den Grundbesitzern durch übermäßige Hege Schaden gethan habe, zu überbieten. Die Meistzahl der Grundbesitzer habe sich verpflichtet, falls ein solcher beauftragter Mitsteigerer Letztbietender bliebe, die Differenz zwischen dem wahren Werthe der Jagd und dem Pachtschillinge nach Maßgabe der Grundsteuer auszugleichen. Gegen diesen Beschluß legte der Vorletztbietende mit 3 Ortsbürgern Beschwerde beim Bezirksamte ein, welches, nachdem der Gemeinderath bei seinem Beschlusse beharrte und sich der Zurücknahme desselben weigerte, diesen Beschluß aufhob. Die Regierung bestätigte auf Beschwerde des Gemeinderaths die staatsaufsichtliche Verfügung des Bezirksamts und der Verwaltungsgerichtshof verwarf die gemeindliche Beschwerde gegen den Regierungsbescheid, indem er zwar seine Zuständigkeit zur Entscheidung insoweit anerkannte, als unter Berufung auf Art. 10 Ziff. 2 V.-G.-H.-G. eine Verletzung des gemeindlichen Selbstverwaltungsrechtes geltend gemacht worden war, im Uebrigen aber daran festhielt, daß der Gemeinde in Ansehung der Verpachtung der Gemeindejagden ein Selbstverwaltungsrecht nicht zustehe.[109])

Der zur Gemeindekasse fließende Jagdpachtertrag ist gleich anderen Gemeindeeinnahmen zur Bestreitung der Bedürfnisse der Gemeinde zu verwenden, ein Sonderantheil der Grundeigenthümer hieran besteht ebensowenig als eine Verpflichtung der Gemeinde, diesen Theil ihrer Einnahmen auf solche Zwecke zu verwenden, welche speziell den mit ihren Grundstücken in die Feldjagd inbegriffenen Grundeigenthümern zu Gute kommen. Es findet daher auch keine Aufrechnung an den Umlagen der Letzteren oder an

---

[108]) S. Geib a. a. O. S. 295, 296, v. Wand, Gemeindeordnung der Pfalz S. 530.

[109]) S. a. E. d. V.-G.-H. v. 27. Juni 1882 S. IV S. 122.

Leistungen derselben im Sinne des Art. 40 der pfälz. Gmde.-Ordg. statt.

Die Regulirung der Pachtzinsen bei Vergebung von Eigenjagden steht selbstverständlich dem freien Uebereinkommen zwischen dem jagdberechtigten Grundeigenthümer und dem Pächter anheim.

§ 3. Jagdpolizeiliche Vorschriften über Jagd-Betrieb, Schutz und Hege.

Durch K. V.-O. vom 4. Januar 1872 (Kr.-Abl. S. 258) wurde die J.-P.-V.-O. vom 5. Oktober 1863 auch für die Pfalz wirksam erklärt.

Auch die Besitzer umfriedeter Eigenjagden sind diesen jagdpolizeilichen Vorschriften unterworfen (§ 5 Abs. V d. J.-V.-O.), welche nur für umzäunte Wildparke und Fasanerien keine Anwendung finden (§ 12 Abs. I d. J.-P.-V.-O. v. 5. Okt. 1863).

Zu § 18 dieser V.-O. kommen für die Pfalz die besonderen Vorschriften über Vertilgung des Schwarzwilds in Bezirken, in denen Beschädigungen durch Wildschweine feststehen oder zu befürchten sind, in Betracht, welche eine Entschl. d. Regierung der Pfalz vom 4. Juni 1872 (Abl. S. 1295) vorsieht. Die in Ziff. II Nr. 2 dieser Entschließung getroffene Anordnung, wodurch der Bürgermeister angehalten wird, im Falle der Feststellung nennenswerther Beschädigungen durch Wildschweine im Gemeindebezirke den dort Jagdberechtigten zur Veranstaltung einer Jagd auf Wildschweine aufzufordern und zwar mit dem Androhen, daß diese Jagd bei Säumniß von Amtswegen abgehalten werde, erscheint jedoch mit der Fassung des § 18 J.-P.-V.-O. nicht im Einklange, da dort die Anordnung solcher Maßnahmen der Distriktspolizeibehörde ausdrücklich vorbehalten ist. Selbst wenn angenommen werden wollte, daß hier für die Distrikspolizeibehörde die Befugniß eröffnet sein soll, im Interesse der Beschleunigung dem Bürgermeister ein für allemal die Ermächtigung zu ertheilen, daß er solche Aufforderungen Namens des Bezirksamts erlasse — was immerhin angezweifelt werden kann, so ist die Ortspolizeibehörde auf keinen Fall ermächtigt, aus eigener Machtvollkommenheit und ohne ausdrückliche Ermächtigung im besonderen Fall eine dem Bezirksamte selbst vorbehaltene Anordnung zwangsweise in Vollzug zu setzen.[110]

---

[110] Vgl. E. d. O.-L.-G. München vom 2. Juni 1894 S. VIII S. 67 zu Art. 47, 49 W.-V.-G., welche in analogem Verhältnisse darlegt, daß nur die von der Distriktsverwaltungsbehörde ertheilte (weil dieser vorbehaltene) Anordnung wirksam erscheint, dagegen die Nichtbefolgung eines von der Ortspolizeibehörde, wenn auch auf Veranlassung der Distriktsverwaltungsbehörde, gegebenen Auftrags nicht strafbar sei.

Ebensowenig wird auf Grund des § 18 a. a. O. der Jagdberechtigte bei Zwang verhalten werden können, für solche Fälle einen Insinuations- und Vollzugsbevollmächtigten zu bestellen, wie dies Abs. II der angef. Nr. 2 anordnet.

Richtig wird bei Feststellung nennenswerther Wildschweinschäden das Bezirksamt nach Einvernahme des Forstamts den Jagdberechtigten zum Abschusse des Schwarzwilds aufzufordern haben und bei Säumniß desselben vorbehaltlich seines Beschwerderechts zur k. Regierung K. d. F. den Abschuß statt seiner auf seine Kosten gemäß Art. 21 P.-St.-G.-B. in Vollzug setzen können. Dieser Zwangsvollzug kann dann durch den Bürgermeister im amtlichen Auftrag der für solche Fälle vorsorglich bestimmten, jagdkundigen Schutzmannschaft übertragen werden.[111]) Dem Vollzuge der Ziff. 2 d. angef. Rggs.-Entschl. steht die Bestimmung des § 18 entgegen, daß der Abschußanordnung bezirksamtliche Einvernahme der Forstbehörde voranzugehen hat, und die Min.-Entschl. v. 24. September 1864, welche dem Jagdberechtigten ausdrücklich die Befugniß vorbehält, zu beantragen, daß über die Abschußanordnung außer dem Forstamte noch andere Sachverständige gehört werden.[112])

Zu Abs. II des § 18 bestehen für die Pfalz besondere Bestimmungen über die Wolfsjagden. Bei Bestätigung von Wölfen ist sofort unter Leitung des zuständigen Forstbeamten eine Wolfsjagd zu veranstalten, zu welcher die besten Schützen der Umgegend aufzubieten und von den Bürgermeistern die Treiber in der nöthigen Zahl zu stellen sind.[113])

Für die Erlegung von Wildschweinen wird auf forstamtliche Bescheinigung vom Rentamte eine Schußprämie von 8 Mk. 57 Pf., für Erlegung eines Wolfes eine solche von 75 Gulden = 128 Mk. 57 Pf. ausbezahlt.[114])

---

[111]) Die Schutzmannschaft bedarf für den speziellen Fall amtlichen Aufgebots keines Jagdwaffenscheins, hat dagegen die Bescheinigung über ihre eidliche Verpflichtung bei sich zu führen. Nr. 3 Abs. III d. Rggs.-Entschl. v. 4. Juni 1872.

[112]) Vgl. hieher auch Männer a. a. O. S. 133, 134.

[113]) Landes-Adm.-V.-O. v. 12. November 1814 und Rggs.-Entschl. v. 31. Dezember 1871 (A.-Bl. 1872 S. 43). Die Wolfsjagden sind vom k. Forstpersonale zu veranlassen, zur Abhaltung derselben die besten Schützen aus der Gegend beizuziehen und die nöthigen Treiber — unter Ausschluß von Frauenspersonen und Kindern unter 16 Jahren — durch die Ortspolizei zu stellen (vgl. hiezu § 360 Nr. 10 St.-G.-B.). Das Aufgebot der Schützen und Treiber ist schon im Voraus sicher zu stellen. Waldtheile, wo Wölfe zu vermuthen sind, sollen bei jedem Schneefall vor der Jagd sorgfältig abgekreist werden.

[114]) Rggs.-Entschl. v. 13. Dezember 1871 (A.-Bl. S. 1994). Ueber die Erlegung eines Wildschweins ist behufs der Prämienzahlung durch das k. Rentamt vom Forstamte eine Bescheinigung in Form eines Lohnzettels vor-

Während die erlegten Wildschweine als jagdbares Thier dem Jagdberechtigten zu Eigenthum ausgeliefert werden müssen, wird der Wolf dem Erleger zuzuerkennen sein, da die Wölfe nicht zu den jagdbaren Thieren zählen, daher von Jedermann in Besitz genommen werden können und nicht dem ausschließlichen Aneignungsrechte des Jagdberechtigten unterworfen sind.[115])

Die Tötung der Wölfe kann übrigens wegen Gefährdung für Menschen auch aus Art. 19 P.=St.=G.=B. polizeilich angeordnet und die Mitwirkung hiezu bei Strafeinschreitung aus § 360 Nr. 10 St.=G.=B. (Nothhilfe in gemeiner Gefahr) erzwungen werden. Bei dringender gegenwärtiger Gefahr erscheint gemäß Art. 19 Abs. II P.=St.=G.=B. Jedermann zur Tötung eines Wolfes befugt. Selbstverständlich dürfen die zu Wildschwein= und Wolfsjagden aufgebotenen Schutzmannschaften und Schützen, soweit sie nicht im Jagdbezirke jagdausübungsberechtigt sind, keinerlei anderes Wild jagen oder erlegen, da sie außerdem den Bestimmungen der §§ 292 ff. St.=G.=B. unterliegen würden.[116])

---

zulegen. — Rggs.=Entschl. v. 11. Juli 1844 (A.=Bl. S. 281). Ueber jede Wolfsjagd ist von dem anwesenden Forstbeamten ein Protokoll in Doppelausfertigung aufzunehmen und von dem Beamten und den anwesenden Bürgermeistern oder deren Stellvertretern zu unterzeichnen. Ein Exemplar ist dem Bezirksamt, das andere dem Forstamt vorzulegen, dem ersteren sind die Köpfe der erlegten Wölfe einzusenden. Die Prämien werden auf Grund des Protokolls und eines bezirksamtlichen Attestes über die Einlieferung des Kopfes angewiesen.

[115]) Wenn auch die Wölfe früher in der Pfalz als jagdbares Thier zu betrachten waren, so erscheint diese Eigenschaftung durch Art. 1a J.=G. und die Allh. V.=O. vom 11. Juli 1900, welche den Wolf unter den jagdbaren Thieren nicht aufzählt, nunmehr beseitigt.

[116]) Vgl. Nr. 4 mit 7 d. Rggs.=Entschl. v. 4. Juni 1872 und Nr. 8 d. Landes=Adm.=V.=O. vom 12. November 1814.

III. Das Wildschadengesetz vom $\frac{\text{15. Juni 1850}}{\text{9. Juni 1898}}$.

Das Wilddiebstahlmandat vom 9. August 1806 bestimmte in § 1:

„Die Eigenthümer liegender Gründe sollen sich in Zukunft rücksichtlich des denselben durch das Wild zugefügten Schadens, derselben Rechte zu erfreuen haben, welche wegen anderer Arten von Beschädigungen fremden Eigenthums in den Gesetzen gegründet sind. Es soll daher demjenigen, an dessen Aeckern, Feldern oder Gärten, das Wild Schaden angerichtet hat, der gestiftete Schaden von dem Eigenthümer der Jagd unweigerlich ersetzt werden, ohne Unterschied, ob das Schadenthier aus kgl. Forsten oder aus den Bezirken anderer Jagdbesitzer übergegangen und ohne daß der Jagdberechtigte sich auf eine Verbindlichkeit des beschädigten Unterthans, sein Grundstück auf eigene Kosten zu umzäunen, dasselbe zu bewachen oder das Wild auf unschädliche Art davon zu verscheuchen, berufen dürfte. Dabei sollen die Verhandlungen über die Besichtigung, Schätzung und den Ersatz der Wildschäden nicht im ordentlichen Prozesse vor den Justizstellen, sondern wie in Kultursachen und anderen Polizeifällen, vor den polizeilichen Behörden summarissime geführt und abgethan werden." [1])

Im Geltungsgebiete des Wilddiebstahlsmandats wurden hienach die Wildschadensachen als administrativ-kontentiöse Gegenstände von den Verwaltungsbehörden behandelt — soweit es sich um Beschädigungen von Aeckern, Feldern oder Gärten handelte — außerdem waren für Ersatzansprüche aus Wildschaden die Civilgerichte zuständig. [2])

Durch Gesetz vom 10. November 1848 „die Zuständigkeit der Gerichte in Rechtsstreitigkeiten über den Ersatz des Wildschadens betr.", [3]) wurde die gerichtliche Kompetenz an Stelle der

---

[1]) R.-Bl. 1806 S. 293 ff.

[2]) Ein Gleiches gelte für jene rechtsrh. Landestheile, in welchen das Wilddiebstahlsmandat von 1806 nicht promulgirt worden war; während wieder in dem vormals hessischen Amte des Untermainkreises bzw. Regierungsbezirkes Unterfranken und Aschaffenburg auf Grund großherzogl. hessischer Verordnungen die Wildschäden als Gegenstände administrativ-kontentiöser Natur zu behandeln waren.

[3]) b. G.-Bl. 1848 S. 393.

administrativ-kontentiösen Entscheidung gesetzt. Die Bestimmung konnte jedoch nur im Geltungsgebiete des § 1 des Wildschadenmandats wirksam werden. Mit Rücksicht auf die Rechtsungleichheit wurde eine neue gesetzliche Regelung der Materie angeregt, die zum Erlasse des Gesetzes vom 15. Juni 1850 führte.[4])

Da das B.G.B. die Verpflichtung zum Ersatze des Wildschadens in seinem § 835 ordnet, mußte das bayer. Wildschadengesetz diesen Bestimmungen angepaßt werden, wobei von den in Art. 70 bis 72 E.-G. z. B.G.B. niedergelegten Vorbehalten landesgesetzlicher Ergänzungen zu den Vorschriften des B.G.B. Gebrauch gemacht wurde.[5])

Dementsprechend setzt Art. 1 d. W.-Sch.G. in der Fassung vom 9. Juni 1898 an Stelle des bisherigen Art. 1 eine einleitende Bestimmung, welche zum Ausdrucke bringt, daß die Vorschriften des Gesetzes zur Ergänzung der Bestimmungen des B.G.B. über dic Verpflichtung zum Ersatze des Wildschadens dienen.[6])

I. Gegenstand der Ersatzpflicht.

Gegenstand der gesetzlichen Ersatzpflicht sind die durch W i l d herbeigeführten Beschädigungen an einem G r u n d s t ü c k e sowie an den noch stehenden oder schon getrennten aber noch nicht eingeernteten E r z e u g n i s s e n desselben.[7])

---

[4]) Verhdl. d. K. d. Abg. 1848/49 Beil.-Bd. 1849 I S. 67; s. a. B r a t e r, Erläuterungen z. Wildschadengesetze S. 115.

[5]) Verhdl. d. G.-G.-A. d. Abg.-K. 1898 Beil.-Bd. XX Abth. I S. 94. — Art. 144 b. A.-G. z. B.G.B. — Von dem Vorbehalte in Art. 70 E.-G. z. B.G.B. wurde Gebrauch gemacht in Art. 144 Ziff. V a. b. G. (Art. 8a W.-Sch.-G.), von jenem des Art. 71 Nr. 1 in Art. 144 Ziff. II, VI (Art. 2 b. W.-Sch.-G.), des Art. 71 Nr. 4 in Art. 144 Ziff. IV, Art. 5 b. W.-Sch.-G., des Art. 71 Nr. 6 in Art. 144 Ziff. III (Art. 3 b. W.-Sch.-G.).

[6]) Art. 144 Ziff. I b. A.-G. z. B.G.B. (Art. 1 b. W.-Sch.-G.)

[7]) In dieser Bestimmung des § 835 Abs. I B.G.B., erscheint eine Aenderung der Grundsätze des bisherigen b. W.-Sch.-G. nicht gegeben. Auch dessen Art. 1 erstreckte die Ersatzpflicht auf den durch Wild an „Grund und Boden" unmittelbar und auf den an jeder Art von Erzeugnissen des Bodens verursachten Schaden — und zwar ohne Beschränkung auf nur einzelne Fruchtgattungen. — Bezüglich der nicht land- und forstwirthschaftlichen Grundstücke vgl. Art. 6 W.-Sch.-G. mit Art. 112 Ziff. 1 P.-St.-G.-B. und Art. 95 P.-St.-G.-B. Nur die stehenden oder getrennten, aber noch nicht eingeernteten Bodenerzeugnisse sind Gegenstand der Entschädigung. Noch nicht eingeerntet erscheint ein Erzeugniß, insolange es nicht an den zur Verwahrung bis zum Gebrauche oder zur Verwerthung bestimmten Ort gebracht ist. Der an bereits eingeheimsten Früchten von Wild verursachte Schaden kann als ein Wildschaden nicht erkannt werden. Eine hiewegen erhobene Ersatzforderung erscheint schon darum hinfällig, weil der Schaden durch gehörige Sicherung der eingeernteten Früchte verhütet werden konnte; s. E. d. b. Ob. G.-H. v. 9. Januar 1877 S. VI i. Civ.-S. S. 632 und F i s c h e r - H e n l e, Komm. z. B.G.B. z. § 835 Anm. 5.

Die Ersatzpflicht ist eine unbedingte. Sie setzt kein besonderes Verschulden des Jagdausübungsberechtigten etwa durch Ueberhege, Vernachlässigung oder Nichtausführung polizeilicher Anordnungen zur Verminderung des Wildstandes voraus. Zur Begründung der Ersatzpflicht genügt die nachweisliche Thatsache, daß durch Wild ein vom Gesetze als Gegenstand der Entschädigung bezeichneter Schaden angerichtet worden ist.[7a] Ein Gegenbeweis des als ersatzpflichtig in Anspruch Genommenen, daß ein Verschulden seinerseits nicht vorliege, vermag die Ersatzpflicht nicht abzuwenden.[7a]

Da der Ersatzanspruch ferner nur gegen den auf dem beschädigten Grundstücke (einschließlich der Erzeugnisse) Jagdausübungsberechtigten geltend gemacht werden kann, vermag eine Einrede des Letzteren, daß der Wildschaden durch übermäßige Hege von Seite eines benachbarten Jagdausübungsberechtigten herbeigeführt worden sei, dessen Haftung für den Wildschaden nicht abzuwenden.[7b]

Die Ersatzpflicht erstreckt sich demnach sowohl auf die Beschädigungen an dem Grundstücke selbst — an Grund und Boden und dessen untrennbaren Zugehörungen — als an den Erzeugnissen des Grund und Bodens, unter welchem nicht blos land- und forstwirthschaftliche sondern auch andere Grundstücke, z. B. Gärten, Baumschulen, Weinberge, zu verstehen sind, und umfaßt jede Art von Beschädigung, durch Umwühlen, Zerstampfen und Zertreten, Niederlegen in Fruchtäckern, wie durch Fressen, Nagen, Fegen, Schlagen, Brechen u. s. w.[8]

Da die Ersatzpflicht ausdrücklich auf Schäden an Grundstücken und deren Erzeugnissen beschränkt ist, kann ein Ersatzanspruch für Beschädigung zahmer Hausthiere durch jagdbare und insbesondere Raubthiere nicht geltend gemacht werden.[9]

[7a]) Scherer a. a. O. Anm. 2 zu § 835; vgl. a. Verhdl. d. Abg.-K. 1849/50 Beil.-Bd. III S. 379.

[7b]) Verhdl. d. Abg.-K. 1849/50 sten. Ber. Bd. IV S. 625, 626.

[8]) Fischer-Henle, Komm. z. B.G.B. z. § 835 Anm. 1; Komm.-Prot. II. Lesung Bd. II S. 829; vgl. hiezu Verhdl. d. b. Abg.-K. 1849/50 Beil.-Bd. I S. 69 (Motive) und Beil.-Bd. III S. 377 (Ausschuß-Bericht).

[9]) Verhdl. d. Abg.-K. 1849/50 Beil.-Bd. III S. 377: der durch Raubthiere, z. B. Wölfe, Füchse, Marder ꝛc. am zahmen Viehe und an den Hausthieren verursachte Schaden ist unter den Begriff von Wildschaden nicht zu subsumiren. Da die Tötung oder Verletzung eines Raubthieres z. B. eines Marders in Hofräumen oder Hausgärten erlaubt ist, ohne Unterschied, ob der Hofraum oder Hausgarten umfriedet ist oder nicht (Verhdl. d. Abg.-K. 1849/50 Sten. Ber. Bd. II S. 86), kann für einen innerhalb dieser Räume durch Raubthiere verursachten Schaden keinesfalls Ersatzleistung verlangt werden; vgl. hiezu § 835 Abs. I B.G.B.

Die Ersatzpflicht bezieht sich auch nur auf die durch **Wild** verursachten Beschädigungen;[10]) für Beschädigungen an Grundstücken und deren Zugehörungen und Erzeugnissen durch die **Jäger**, das **Jagdpersonal** (Aufseher, Gehilfen, Treiber, Träger) und die beim Jagen benützten **Hunde** greifen selbstverständlich die Vorschriften über Ersatz von Wildschaden nicht Platz.[11])

Aber auch die Ersatzpflicht für die durch Wild verursachten Schäden erleidet eine Beschränkung insoferne, als sie nur bei jenen Schäden eintritt, welche durch jagdbare Säugethiere (s. § 1 A Nr. 1—17 d. k. V.-O. v. 11. Juli 1900)[12]) und Fasanen[12a]) (§ 835 Abs. I B.G.B.) herbeigeführt worden sind. Beschädigungen durch anderes Federwild (s. § 1 B Nr. 1—8 und 10—35 d. angef. V.-O.) begründen keine Ersatzpflicht.[13])

Eine Verpflichtung des Grundeigenthümers, sein Grundeigenthum durch Einzäunung oder ähnliche Vorkehrungen gegen Wildschaden zu schützen, besteht im Allgemeinen nicht; er kann daher den Ersatz für Wildschäden unbedingt auch Mangels solcher Schutzvorkehrungen an seinem Eigenthum verlangen.[14]) Nur für Wildschäden in Baumschulen und in Obstgärten oder an einzeln stehenden jungen Bäumen ist die Ersatzpflicht eine bedingte. Eine Vergütung von Beschädigungen solcher Objekte tritt nämlich nicht ein, wenn die Herstellung von Schutzvorrichtungen unterblieben

[10]) S. **Höcht** a. a. O. S. 34.

[11]) Den durch Betreten noch nicht abgeräumter Felder und unabgelesener Weinberge sowie jeden an kultivirten Waldgründen oder anderweitig angerichteten Schaden hat der Jagdausübende gemäß Art. 13 Abs. II b. J.-G. zu ersetzen. Diese Bestimmung trifft nicht nur den durch das Betreten der Oertlichkeit Seitens des jagdausübenden Jägers verursachten Schaden, sondern auch jenen, welcher durch dessen Hund oder durch die mit dem Transporte des Wildes Beschäftigten oder durch Treiber verursacht wird (Verh. d. Abg.-K. 1849/50 Sten. Ber. Bd. IV S. 37).

[12]) Ein Wildschaden für Eichhörnchen wird demnach nicht vergütet; vgl. a. Deutsch. Jäger Bd. XX S. 45.

[12a]) Die Fasanen verursachen namentlich an Grund und Boden durch Scharren nach Art der Haushühner Schaden.

[13]) Vgl. Verhdl. d. Abg.-K. 1849/50 Beil.-Bd. I S. 70 (Mot.): Federwild wird meistens nicht gehegt. Das Erscheinen schädlicher Streich- und Zugvögel ist theils so außergewöhnlich, theils so plötzlich, daß eine durch sie verursachte Beschädigung lediglich als ein Zufall erscheint, welchen auch der Grundeigenthümer, wenn er selbst zur Ausübung der Jagd auf eigenem Grund und Boden berechtigt wäre, nicht verhindern könnte. — Bezüglich der Schäden an Hausthieren durch Raubvögel s. oben Note 9.

[14]) Art. 5 erster Satz d. b. W.-Sch.-G. v. 1850, durch die neue Fassung nach Art. 144 Ziff. IV b. A.-G. beseitigt. — Aus der unbedingten Haftbarkeit des Jagdberechtigten (bzw. der Gemeinde) geht hervor, daß die beschädigten Grundeigenthümer auch dann auf den Ersatz des Wildschadens Anspruch machen können, wenn sie die zur Abwehr des Wildes gestatteten Mittel der Wildhut, Einzäunung 2c. nicht angewendet haben.

ist, die unter gewöhnlichen Umständen zur Abwendung des Schadens ausreichen (Art. 5 d. W.-Sch.-G.).[15]) Der Grundeigenthümer kann diesen zur Verhütung des Wildschadens erforderlichen Schutz durch Einzäunung der Baumschule oder dadurch schaffen, daß er ausgepflanzte Bäume, so lange sie noch jung sind und eine glatte Rinde haben, an welcher die vom Hunger getriebenen Hasen, besonders im Winter, gerne nagen, mit Stroh und Dornen ꝛc. einbindet.[16]) Nicht gleichzustellen mit Obstgärten sind hier die Weinberge, welche demnach den unbedingten Wildschadensersatz genießen.[17])

II. Der Umfang des Wildschadenersatzes.

Nur der wirklich erlittene Wildschaden soll vergütet werden. Der Umfang des Schadens wird durch Besichtigung und Schätzung erhoben und festgestellt.[18])

---

[15]) Als eine im Sinne dieses Artikels ausreichende Schutzvorrichtung können Umfriedungen, Einheckungen und Zäune nicht erachtet werden, die gemäß Art. 2 Ziff. 2 d. J.-G. als dingliche Voraussetzung der Selbstausübung der Jagd genügen, da letztere lediglich die Verhinderung des Zutrittes von Menschen bezwecken müssen und dieser Zweck auch dann gewahrt erscheint, wenn die Umfriedung das Durchkriechen oder Durchschliefen sowie das Ueberspringen von Wild zuläßt; vgl. oben S. 39, 40 ff. — Als ein Beispiel außergewöhnlicher Umstände wurde der Fall angeführt, wenn so hoher Schnee liegt, daß es hiedurch dem Wilde möglich wird, die Einzäunung zu überspringen, Verhdl. d. Abg.-K. 1849/50 Sten. Ber. Bd. IV S. 647. — Zu der Ausnahmsbestimmung des Art. 5 wurde bemerkt: Thut ein Grundbesitzer dies (nämlich die Umzäunung der Baumschule, das Einbinden junger Bäume) nicht, so wäre es unbillig, wenn er dennoch für jede Beschädigung einen Ersatz fordern dürfte; denn ein einziger Hase, der im Winter in eine Baumschule eindringt, könnte in einer Nacht leicht einen verhältnißmäßig sehr bedeutenden Schaden anrichten. Der Jagdberechtigte bzw. Jagdausübende hat es auch nicht in seiner Gewalt, diesen Schaden gänzlich zu verhüten, außer man wollte ihm zumuthen, daß er alle Hasen ausrotten könnte. Verhdl. d. Abg.-K. 1849/50 Beil.-Bd. III S. 379, stenogr. Ber. Bd. IV S. 644 ff. — Würde der Jagdberechtigte oder Jagdausübende Schutzvorrichtungen, welche den Anforderungen des Art. 5 entsprechen, selbst beseitigen oder so beschädigen, daß sie ihren Zweck nicht mehr erfüllen, so würde darin jedenfalls ein die Ersatzpflicht begründendes Verschulden zu erblicken und soweit es sich um Pachtjagden handelt, der Pächter als Verschuldender dem Jagdberechtigten bzw. der Gemeinde für die Ersatzleistung rückgriffsweise haftbar sein.

[16]) Diese Verwahrungsart ist selbstverständlich nicht die einzige Methode gegen Baumverbiß; nach Umständen wird auch ein Stoffverband, Theerung, Lehmumschlag mit Blut gemischt ꝛc. als genügende Schutzvorrichtung anzuerkennen sein.

[17]) E. d. b. Ob. G.-H. v. 9. Januar 1877 S. i. C.-S. Bd. VI S. 632. Daß der Begriff „Obstgärten" auf Weinberge nicht anwendbar sei, folgert der Ob. G.-H. insbesondere daraus, daß in allen Gesetzesbestimmungen, wo von Beschädigungen der Bäume die Rede ist, die Weinberge neben den Obstgärten aufgezählt werden, so daß die Interpretation, bei Obstgärten sei das Schwergewicht auf „Obst" zu legen, der Begriff Obst umfasse aber alle Obst-

Wenn Getreide und ähnliche Erzeugnisse, deren voller Werth sich erst zur Zeit der Ernte bemessen läßt, vor diesem Zeitpunkte durch Wild beschädigt werden, so ist der Wildschaden nur in dem Umfange zu gestatten, in welchem er sich zur Zeit der Ernte darstellt.[19]) Unter Getreide sind sämmtliche Gattungen von Körnerfeldfrucht (Waizen, Gerste, Roggen, Veesen, Hafer) zu verstehen, den ähnlichen Erzeugnissen Kartoffel, Rüben, Kraut, Grünfutter (insbesondere Klee), Hopfen, Rebstöcke u. dgl. beizuzählen, da bei den meisten dieser Feld- und Gartenfrüchte die Möglichkeit nicht ausgeschlossen ist, daß bei einem gewissen Zwischenraume zwischen dem Eintritte der Beschädigung und der Ausreifung der damals beschädigten Objekte zur Erntefähigkeit die Wirkungen der Beschädigung sich mehr oder minder wieder ausgeglichen und die Schadensobjekte sich wieder erholt haben können, während anderseits zur (Reife-) Erntezeit auch überblickt zu werden mag, ob Ertrags- oder Werthminderungen Folge der Beschädigung durch das Wild oder anderer Umstände z. B. der Ungunst der Witterung, der Beschädigung von Ungeziefer ꝛc. sind.[20])

Ebenso soll bei der Abschätzung Rücksicht genommen werden, wenn und insoweit der Wildschaden nach den Grundsätzen einer ordentlichen Wirthschaft in demselben Jahre ausgeglichen werden konnte.[21]) Hat ein Wiederanbau stattgefunden, so ist mit Rücksicht auf die durch denselben bewirkte Ausgleichung, aber auch mit Rücksicht auf die Kosten dieses Anbaues der Betrag des Schadens festzusetzen.[22]) Bei der Schadensfestsetzung wird insbesondere auch darauf Rücksicht genommen werden müssen, inwieweit der Ertrag des zweiten Anbaues unter gleichen äußeren Verhältnissen dem voraussichtlichen Ergebnisse des ersten Anbaues gleichzuschätzen ist. Ist der Wiederanbau nach den Grundsätzen einer ordentlichen Wirthschaft, als welche die allgemein anerkannten und üblichen Regeln der Land- und Forstwirthschaft, des Frucht-, Wein- und Gartenbaues maßgebend erscheinen, möglich gewesen, aber unterblieben, so ist der Schaden auf denjenigen Betrag zu berechnen, der sich auch im Falle des Wiederanbaues nach dem

sorten somit auch Trauben, hier nicht zutreffe: s. Art. 112 Ziff. 1 P.-St.-G.-B. (Vgl. a. § 368 Nr. 9 St.-G.-B.).

[18]) Art. 7, 8 W.-Sch.-G.

[19]) Art. 70 E.-G. z. B.G.B. und Art. 7 d. W.-Sch.-G.

[20]) Auf andere Erzeugnisse des Grund und Bodens, Bäume, Sträuche, Hecken, Blumen erstrecken sich die Bestimmungen des Art. 7 wie des Art. 8 d. W.-Sch.-G. nach deren Wortlaut nicht. Schadensersatz für dieselben muß nach der Fassung des § 835 B.G.B. mit Art. 1 d. W.-Sch.-G. auch für diese Produkte geleistet werden.

[21]) Art. 70 E.-G. z. B.G.B. und Art. 8 d. W.-Sch.-G.

[22]) Verhdl. d. Abg.-K. 1849/50 Beil.-Bd. I S. 70 (Mot.), Beil.-Bd. III S. 380 und sten. Ber. Bd. V S. 480.

Gutachten der Sachverständigen ergeben hätte.[23]) Ein Zwang zum Wiederanbau ist übrigens durch Art. 8 W.-Sch.-G. nicht beabsichtigt, sondern nur die Bestimmung, daß, wenn er geschehen könne, bei der Abschätzung hierauf Rücksicht genommen werden soll. Damit fällt die Hauptsache immer dem Ermessen der Schätzleute anheim.[24])

III. Die Ersatzpflichtigen.

Als Ersatzpflichtige erscheinen die Jagdausübungsberechtigten. Jagdausübungsrecht ist hier nicht blos in der beschränkten Bedeutung der „Befugniß zum Jagen" sondern in dem Sinne des §. 11 Ziff. 1 d. V.-V. z. d. J.-G. zu nehmen, welche außer dem Gebrauche der eigenen Jagdberechtigung (Art. 2 und 3 d. J.-G.) als Jagdausübung auch die verschiedenen Vergebungsarten: Verpachtung und Selbstverwaltung bezeichnen.[25])

Hienach ist zum Wildschadensersatze verpflichtet:

Der Eigenjagdberechtigte, welcher die Ausübung der Jagd in seinem Selbstjagdbezirke verpachtet.[26])

Der Grundeigenthümer, welcher gemäß Art. 3 d. J.-G. die Jagd auf fremden Grund und Boden (Inklaven) selbst ausübt oder deren Ausübung einem Dritten überläßt.[27])

Die Gesammtheit der Grundeigenthümer der zu einem Jagdbezirke vereinigten Grundstücke, auf welchen nach gesetzlicher Vorschrift die Ausübung der Jagd von der Gemeinde verpachtet oder in Regie betrieben wird, unter Haftung der Gemeinde an ihrer Stelle gegenüber dem Beschädigten.[28])

---

[23]) Verhdl. d. Abg.-K. 1849/50 sten. Ber. Bd. V S. 480.

[24]) Verhdl. d. Abg.-K. 1849/50 Beil.-Bd. I S. 70, sten. Ber. Bd. III S. 380, V S. 480.

[25]) Brater, Wildschadengesetz S. 117.

[26]) Vgl. Art. 2 J.-G. mit § 11 d V.-V. z. J.-G. — Da grundsätzlich die Ersatzpflicht den Jagdausübungsberechtigten trifft, ist es gleichgiltig, ob der Berechtigte die Jagd wirklich ausübt oder sie einem Dritten, sei es durch Verpachtung oder in anderer Weise überlassen hat. Dieser Dritte haftet dem Beschädigten nicht.

[27]) § 835 Abs. I B.G.B. — s. a. die vorige Note.

[28]) In Art. 1 Ziff. 1 d. W.-Sch.-G. früherer Fassung war die Haftung der Gemeinde auch auf Wildschäden ausgedehnt an Grundstücken, die durch freiwilliges Uebereinkommen dem Gemeindejagdbezirk zur Mitverpachtung einverleibt wurden (Art. 6 J.-G.), was als eine Inkonsequenz ausgelegt wurde, da die Gemeinde auf diesen Grundstücken nicht als jagdausübungsberechtigt erachtet werden könne, vielmehr die Ersatzpflicht für den auf einem solchen Grundstücke entstandenen Schaden den Berechtigten selbst, welcher durch Vermittlung der Gemeinde einem Dritten die Ausübung der Jagdberechtigung überlassen hat, treffen müßte, also Ersatzpflicht und Entschädigungspflicht in einer Person zusammenfallen und deshalb sich gegenseitig aufheben müßten; Brater a. a. O. S. 118, 119. Durch die Beseitigung des bisherigen Art. 1

Da die Ersatzpflicht durch den Bezirk des Jagdausübungsrechtes begrenzt wird und nur für Beschädigungen zum Nachtheile derjenigen Grundbesitzer eintritt, für welche ihr Grundeigenthum jagdrechtlich einen fremden Bezirk bildet, so scheiden vor Allem hier diejenigen Eigenjagdberechtigten als Ersatzpflichtige aus, welche die Jagd in ihrem Selbstjagdbezirke selbst betreiben oder durch Verpachtung ausüben; denn hier treffen Recht und Pflicht in einer Person zusammen und heben sich gegenseitig auf.[29]) Hat aber ein Eigenjagdberechtigter seinen Grundbesitz an einen Anderen und die Ausübung der Jagd auf diesem Grundkomplexe einem Dritten verpachtet, so haftet er dem Pächter seiner Grundstücke als Ersatzpflichtiger für Wildschaden.[30]) Der Eigenjagdbesitzer, welcher gemäß Art. 3 b. J.-G. die Jagd auf Inklaven ausübt, wird gegenüber dem Besitzer der letzteren für Wildschaden ersatzpflichtig und zwar auch dann, wenn er seinen Selbstjagdbezirk und mit demselben die Befugniß zur Jagdausübung in der Inklave an einen Anderen verpachtet.[31])

Wird, wie beim kleinen Grundbesitz die Regel, das den Grundeigenthümern zustehende Jagdrecht durch die Gemeinde als das von dem Gesetze im öffentlichen Interesse dazu berufene und zur Durchführung dieser Aufgabe mit der erforderlichen Verfügungsmacht ausgestattete Organ für Rechnung der Grundeigenthümer ausgeübt, so sind letztere nach dem Verhältnisse der Größe ihrer Grundstücke für Wildschaden ersatzpflichtig, an ihre

---

ist auch diese Bestimmung in Wegfall gekommen und es wird für Wildschäden auf den nach Art. 6 von der Gemeinde verpachteten Grundstücken nur der Eigenthümer als Jagdberechtigter aufzukommen bzw. als anderseits auch Entschädigungsberechtigter diese Wildschäden selbst zu tragen haben. In rechtlicher Wirkung wird es völlig gleich bleiben, ob ein Eigenjagdberechtigter die Jagdbefugniß durch Selbstverpachtung an einen Dritten überträgt oder die Verpachtung durch Vermittlung eines Anderen vollzieht, indem er diesem die Vergebung der Jagdausübung auf seinem Grund und Boden überläßt. Die Gemeinde übt in solchen Fällen die Jagd nicht Namens und in gesetzlicher Vertretung des Grundeigenthümers, sondern als dessen freiwillig Beauftragte aus. Die Jagdberechtigung des Eigenjagdeigenthümers wird durch die Ueberlassung der Verpachtung an die Gemeinde nicht aufgehoben und kann nach Erlöschen des Pachtvertrags jederzeit wieder von dem betr. Grundeigenthümer an sich gezogen werden (vgl. E. d. b. V.-G.-H. S. III S. 170). Besteht aber die Jagdberechtigung fort, so ergibt sich als deren Folge auch die Haftung des Grundeigenthümers für den Wildschaden — die Bestimmung des Art. 3 Abs. I W.-Sch.-G. beschränkt sich ausschließend auf die Fälle der Art. 4 und 11 b. J.-G. (s. Verhdl. d. Abg.-K. 1898 Beil.-Bd. XX Abth. I S. 94) und kann auf Art. 6 J.-G. eine Anwendung nicht finden.

[29]) S. Verhandl. d. Abg.-K. 1849/50 Beil.-Bd. I S. 70 und Brater a. a. O. S. 118.

[30]) Denkschr. S. 103; Prot. Bd. II S. 805 ff.; Scherer i. d. Gesetzgebung d. deutsch. R. Bd. VII S. 1320 ff., Anm. 4 zu § 835 B.G.B.

[31]) S. a. oben Note 26; ferner § 835 Abs. II B.G.B., Denkschrift S. 103 Prot. Bd. II S. 825.

Stelle tritt jedoch kraft gesetzlichen Vorbehaltes die Gemeinde als Ersatzpflichtige mit der Berechtigung zum Rückgriffe auf die einzelnen Grundeigenthümer. Es ist somit sachlich der Grundsatz des Wildschadensgesetzes von 1850 aufrecht erhalten und nur die Fassung der bezüglichen Bestimmungen (Art. 3 Abs. I und II) mit Rücksicht auf die Vorschriften des B.=G.=B. entsprechend geändert worden.[32])

Der Grundsatz der Bestreitung des Wildschadens aus der Gemeindekassa in den Fällen, in denen die politische Gemeinde das Jagdrecht Namens der Grundeigenthümer ausübt, wurde s. Z. als Folge der in Art. 4 und 11 d. J.=G. enthaltenen Vorschriften aufgestellt. Wenn die Jagd verpachtet ist und die Jagdpachtschillinge zunächst in die Gemeindekassa fließen, erscheint es nur folgerichtig, daß die Ersatzansprüche auch an die Gemeinde als juristische Person gestellt und die zuerkannten Beträge und Kosten zunächst aus der Gemeindekassa vergütet werden. Dasselbe gilt für den Fall, daß die politische Gemeinde das Jagdrecht durch Selbstverwaltung ausübt; denn hier haben die mit der Ausübung der Jagd beauftragten Vertrauensmänner über die Erträgnisse derselben Rechnung zu stellen und den Erlös in die Gemeindekassa abzuliefern.

Durch die jetzige Fassung erscheint die Kontroverse beseitigt, ob die Inanspruchnahme auf Wildschadenersatz im Klagewege gegen die politische Gemeinde oder gegen die Gesammtheit der Grundeigenthümer, namens deren die Gemeinde die Jagd ausübt, zu richten sei. Die Spruchpraxis hatte allerdings auch aus dem früheren Rechte dahin entschieden, daß die politische Gemeinde als juristische Person und nicht die einzelnen von ihr vertretenen Grundbesitzer oder deren Gesammtheit noch die Gemeindebehörde als solche auf Ersatz des Wildschadens zu belangen seien (Passivlegitimation der Gemeinde in Wildschadensklagesachen).[33])

Sind gemäß Art. 5 Abs. II d. J.=G. mehrere Gemeindebezirke zu einem Jagdbezirke vereinigt, so haften die betreffenden Gemeinden als Gesammtschuldner. Die Ersatzberechtigten können die Ersatzleistung nach ihrem Belieben von jeder politischen Gemeinde des vereinigten Jagdbezirkes zum Gesammtbetrage oder zu einem Theile fordern. Bis zur Leistung des vollen Ersatzbetrages bleiben aber sämmtliche Gemeinden des vereinigten

[32]) Verhdl. d. Abg.=K. 1898 Beil.=Bd. XX Abth. I S. 94; vgl. hiezu Verhdl. d. Abg.=K. 1849/50 Beil.=Bd. III S. 378 und sten. Ber. Bd. IV S. 637.

[33]) S. d. in vor. Note angef. Verhdl. d. Abg.=K. 1849/50. — S. a. E. d. b. Ob. G.=H. v. 27. Mai 1879 S. VII S. 967 und Bl. f. R.=A. XLIV S. 251.

Jagdbezirkes als Schuldner verpflichtet. Die Zahlung des Ersatzes aus einer Gemeindekassa wirkt auch für die übrigen Gemeinden.[34]) Soweit nicht ein Anderes bestimmt ist, sind die Gesammtschuldner nach §. 426 B.-G.-B. im Verhältnisse zu einander zu gleichen Antheilen verpflichtet. Mangels eines anderen Uebereinkommens wird die Wildschadensersatzleistung auf die einzelnen Gemeinden des vereinigten Jagdbezirks im Hinblicke auf Art. 3 und 9 J.-G. nach Verhältniß des Flächeninhalts der einzelnen Gemeindeflur zu vertheilen sein.[35])

Die gleichen Grundsätze greifen Platz gegenüber den mehreren Eigenthümern von Selbstjagdbezirken ungetheilten Besitzes.[35])

Die Gemeinde ist zum Rückgriffe auf die Grundeigenthümer des Gemeindejagdbezirkes berechtigt. Sie kann an dem vereinnahmten Jagdpachtschillinge bezw. Ertrage des Regiebetriebs die für die betreffende Zeit vorgeschossene Summe vorweg in Abzug bringen. Reichen die vereinnahmten Jagderträgnisse nicht aus oder wurden sie schon zu anderen Zwecken verwendet, so würde der Gemeinde nur erübrigen, widerstrebende Grundeigenthümer auf dem Rechtswege zur Erfüllung ihrer Verbindlichkeiten anzuhalten, da die Antheile der einzelnen Grundeigenthümer an der Entschädigungssumme keine Gemeindelast bilden, also auch bei der Einhebung nicht als solche behandelt werden können.[37]) Für die Vertheilung der von der Gemeindekassa vorgeschossenen Wildschadensersatzleistung auf die einzelnen Grundbesitzer der Gemeindeflur hat als Anhaltspunkt mangels eines anderweitigen Uebereinkommens die Verhältnißzahl des Flächeninhalts des Grundbesitzes zu dienen. Da die Gesammtheit der von der politischen Gemeinde vertretenen Grundbesitzer, welche kein Eigenjagdrecht haben, für den Ersatz des Wildschadens verpflichtet ist, erscheint eine Ausscheidung nach Jagdbögen unzulässig. Die Gemeinde ist berechtigt wie verpflichtet, aus dem Jagdpachtschillinge des ganzen Gemeindejagdbezirks den festgestellten oder anerkannten Wildschaden der einzelnen Jagdbogen zu vergüten, es können daher nicht die Grundbesitzer, deren Grundstücke in einem dem Wildschaden besonders ausgesetzten Unterbezirke der Gemeindejagd inbegriffen sind, allein zur Tragung dieses Schadens angehalten werden.[38])

[34]) S. §§ 420 ff. B.G.B.

[35]) Brater a. a. O. S. 120.

[36]) Die Gesammtverbindlichkeit erstreckt sich auch auf den Fall, daß die Jagd unter den Theilhabern nach Wildgattungen (Hoch- und Niederjagd) getheilt sein sollte. Verhdl. d. b. Abg.-K. 1849/50 Beil.-Bd. I S. 69, III S. 378.

[37]) Brater a. a. O. S. 120.

[38]) Bayerische Gemeindezeitung IV (Jahrgang 1894) S. 41.

IV. Selbstschutz der Ersatzpflichtigen.

Den Eigenjagdbesitzern, welche die Jagdausübung in ihren Jagdbezirken durch Verpachtung an Dritte vergeben, ist es unbenommen, im Wege des Jagdpachtvertrages den oder die Pächter für den Rückersatz der von ihnen geleisteten Wildschadensvergütungen haftbar zu machen. Selbstverständlich können auch in sonstigen Jagd-Ueberlassungsverträgen solche Vorbehalte gemacht und bei Ueberlassung einer Eigenjagd zur Verpachtung durch die Gemeinde (Art. 6 J.-G.) in das bezügliche Uebereinkommen Bedingungen aufgenommen werden, welche den Grundeigenthümer hinsichtlich des Wildschadensersatzes vor Nachtheilen sichern.[39])

Gemäß Art. 3 Abs. VI W.-Sch.-G. ist auch den Gemeinden freigestellt, in den Jagdpachtvertrag Bedingungen aufzunehmen, durch welche der oder die Pächter der Gemeindejagd für den Rückersatz des aus der Gemeindekasse gezahlten Wildschadens haftbar gemacht und erklärt werden.[40])

Da die Grundeigenthümer und bezw. die Gemeinde dem Verletzten gegenüber allein haftbar sind und letzterer darum den oder die Jagdpächter unmittelbar auf Schadensersatz nicht belangen kann, vermag auch die Gemeinde (bezw. der Eidenjagdbesitzer) sich durch Bezugnahme auf ihren Pachtvertrag gegen den Anspruch des Verletzten nicht zu schützen sondern nur, nachdem sie den Beschädigten befriedigt hat, gegen den Pächter ihren Regreß nehmen.[41])

Hat die Gemeinde in ihren Pachtbedingungen jenen Vorbehalt aufgenommen und vertragsmäßig mit dem Pächter gesichert, so liegt hierin kein Verzicht auf ihren rückgriffweisen Anspruch an die einzelnen Grundbesitzer, sie kann vielmehr, wenn die Entschädigungsleistung durch den Pächter sich verzögert oder an dessen Zahlungsunfähigkeit scheitert, jenen Anspruch gleichwohl geltend machen.[42]) Jedoch darf sie ohne hinreichenden Grund es nicht unterlassen, den Pächter, der mit Rücksicht auf die vertragsmäßig übernommene Haftung in der Regel eine entsprechend niederere Pachtsumme bezahlt, zu belangen, da sie zu gewärtigen hätte, daß die einzelnen Grundbesitzer, zu deren Gunsten der Vorbehalt den Bedingungen des Pachtvertrags einverleibt wurde,

---

[39]) Verhdl. d. Abg.-K. 1849/50 Sten. Ber. Bd. IV S. 638, 641, Verhdl. d. R.-R.-K. Prot. Bd. VI S. 528, 529.

[40]) Art. 144 Ziff. III b. A.-G. z. B.G.B.: Verhdl. d. Abg.-K. 1849/50 Beil.-Bd. III S. 378, sten. Ber. Bd. IV S. 637.

[41]) Scherer a. a. O. Anm. 4 zu § 835; Trunk a. a. O. S. 168; Brater a. a. O. S. 120.

[42]) Verhdl. d. Abg.-K. 1849/50, sten. Ber. Bd. IV S. 642, 643.

eine Einrede oder Entschädigungsforderung entgegensetzen würden.[43])

V. Die Entschädigungsberechtigten.

Zur Entschädigungsforderung berechtigt ist der Grundbesitzer sowie derjenige, dem nach allgemeinen Grundsätzen des bürgerlichen Rechts die Klagen des Eigenthümers zustehen, also auch der dinglich Nutzungsberechtigte und der Pächter eines beschädigten Grundstückes, es wäre denn, daß der Verletzte gleichzeitig auf dem beschädigten Grundstücke selbst jagdausübungsberechtigt ist. Wer rechtlich in der Lage ist, sein Grundeigenthum durch Töten oder Einfangen des Wildes selbst vor Schaden zu bewahren, hat keinen Anspruch auf Schadensersatz.[44])

VI. Die Geltendmachung der Ersatzforderung.

Der Beschädigte hat den Anspruch auf Ersatz des Wildschadens bei Verlust des Anspruches binnen 6 Tagen, nachdem er von der Beschädigung Kenntniß erlangt hat, bei der Ortspolizeibehörde anzumelden, in deren Bezirk der Schaden entstanden ist. Diese Beschränkung des Ersatzanspruches ist bestimmt, Streitigkeiten zu verhüten. Der Ersatzpflichtige soll dadurch vor Erhebung unbegründeter Ersatzansprüche geschützt und in die Lage versetzt werden, gegebenen Falls den Gegenbeweis, daß der Schaden nicht vom Wilde herrührt, rechtzeitig vorzubereiten.[45])

Bei Berechnung der 6tägigen Frist wird der Tag nicht mitgerechnet, an welchem der Beschädigte von der Beschädigung Kenntniß erhält; die sechstägige Frist endigt mit dem Ablaufe des letzten Tages.[46])

Zur Wahrung der Frist genügt die Absendung der Anmeldung.[47]) Die Frist ist demnach gewahrt, wenn die Anzeige an die Ortspolizeibehörde vor Ablauf des sechsten Tages abgesendet, d. h. zur Post oder einem Boten zur Bestellung übergeben worden ist, ohne daß es nothwendig wäre, daß die Anmeldung vor Ablauf des 6. Tages auch in den Einlauf der Ortspolizeibehörde gelangt. Wenn die Absendung innerhalb Frist durch Postaufgabeschein, Zeugniß des Boten &c. nachgewiesen wird, schadet eine verzögerte Postbeförderung, Nichtabgabe des

---

[43]) Brater a. a. O. S. 121.

[44]) Scherer a. a. O. Anm. 3 S. 1321; Prot. Bd. II S. 829; s. a. Verhdl. d. Abg.-K. 1849/50 Beil.-Bd. I S. 69, Brater a. a. O. S. 118.

[45]) Art. 144 Ziff. V b. A.-G. z. B.G.B. (Art. 8a J.-G.), Verhdl. d. Abg.-K. 1898 Beil.-Bd. XX Abth. I S. 94 und Art. 70 E.-G. z. B.G.B.

[46]) §§ 187 Abs. I und 188 Abs. I B.G.B.

[47]) Vgl. eine ähnliche Bestimmung in Art. 31 Armengesetzes.

Schreibens durch den Boten, Verlust im Postbetriebe dem Absender nicht.[48])

Da eine besondere Form für die Anzeige nicht vorgeschrieben ist, kann die Anmeldung ebenso auf schriftlichen wie mündlichem Wege erfolgen.

Die Ortspolizeibehörde (in Landgemeinden: der Bürgermeister, in Gemeinden städtischer Verfassung: der Magistrat) soll die Anmeldung sofort dem Ersatzpflichtigen mittheilen.

In den Fällen der Art. 7 und 8 W.-Sch.-G. (Schadensumfang-Feststellung an Getreide und ähnlichen Erzeugnissen nach dem Stande zur Erntezeit; Schadenausgleich durch Wiederanbau s. oben II) erscheint es für die Parteien — den Verletzten wie den Ersatzpflichtigen, wenn eine sichere Grundlage zur Feststellung und Abschätzung des Schadens gewonnen werden soll, wohl nahezu unerläßlich, sofort nach Entstehung des Schadens bezw. nach dessen Anmeldung durch den Verletzten und dessen Mittheilung an den Ersatzpflichtigen und dann wieder zur Zeit der Ernte die nöthigen Beweisverhandlungen zu veranlassen.[49])

Da in den bezeichneten Fällen eine Klage auf Wildschadensersatz erst zur Erntezeit angestrengt werden kann, weil es vorher an den genügenden Klagsunterlagen fehlt, ist die Einnahme eines ersten Augenscheins nach Maßgabe der §§ 485 und ff. zur Sicherung des Beweises bei dem Amtsgerichte nachzusuchen, in dessen Bezirk das zu besichtigende Schadensobjekt gelegen ist.[50])

In anderen Fällen des Wildschadens kann nach erfolgter Anmeldung desselben sofort zur Klagestellung geschritten und die Beweisaufnahme durch Augenschein nach Maßgabe der §§ 336 ff., 485 ff. der C.Pr.O. beantragt werden.[51])

Die Klage ist bei Entschädigungsforderungen für verpachtete Eigenjagdbezirke und für Inklaven von Eigenjagden gegen den Eigenthümer der Eigenjagd, für Gemeindejagdbezirke gegen die politische Gemeinde zu richten und bei dem Amtsgerichte zu stellen, bei dem gemäß § 26 der C.Pr.O. der dingliche Gerichtsstand nach Lage der beschädigten Grundstücke begründet ist.[52])

Gegen den Jagdpächter unmittelbar kann die Entschädigungsforderung im Wege der Klage nicht gerichtet werden.[53])

---

[48]) Vgl. hiezu die E. d. V.-G.-H. S. I S. 84, II S. 660, mit III S. 344 und XI S. 349 (zu Art. 17 und 31 d. Armengesetzes).

[49]) E. d. b. Ob. G.-H. v. 11. März 1879 S. VI i. Civ.-S.

[50]) Brater a. a. O. S. 122.

[51]) Selbstverständlich steht es dem Ersatzpflichtigen (Eigenjagdberechtigten und Gemeinde) frei, der Entschädigungspflicht nach gütlicher Verständigung mit dem Verletzten zu genügen, ohne es auf einen Prozeß ankommen zu lassen, oder letzteren durch Vergleich mit dem Forderungsberechtigten zu beendigen.

[52]) Ueber die amtsgerichtliche Zuständigkeit s. § 23 G.-V.-G.

[53]) S. oben Note 41.

Insoweit für den Schaden mehrere Grundeigenthümer (z. B. bei getheiltem Besitz eines Eigenjagdbezirks) oder mehrere Gemeinden (bei Vereinigung der Jagdbezirke nach Art. 5 b. J.-G.) als Gesammtschuldner haften, steht es dem Entschädigungsberechtigten frei, welchen Schuldner er zunächst verklagen will.[54])

Da die Entschädigungspflicht eine unbedingte ist, vermag der Gegenbeweis des Beklagten, daß seinerseits keinerlei Verschulden bezüglich des Wildschadens vorliegt, denselben selbstverständlich nicht zu befreien. Es genügt, wenn der Schaden und die Thatsache nachgewiesen wird, daß dieser Schaden durch jagdbare Säugethiere oder Fasanen angerichtet worden ist.[55])

Hat bei der Entstehung des Schadens auch ein Verschulden des Beschädigten mitgewirkt (z. B. ein Anlocken des Wildes durch Auslegen von Futter, um einen Wildschaden zu erreichen, absichtlich verspätetes Einernten u. dgl.), so wird nach §. 254 B.G.B. für die Ersatzpflicht und deren Umfang entscheidend sein, ob nach den Umständen ein Verschulden des Verletzten durch Unterlassung der Abwendung oder Minderung des Schadens vorliegt.[56])

In den Fällen des Art. 5 hat der Beklagte den Entlastungsbeweis offen, daß seitens des Entschädigungsberechtigten, diejenigen Schutzvorrichtungen unterlassen wurden, welche unter gewöhnlichen Umständen zur Abwendung des Schadens ausreichen.[57])

Wenn mehrere Grundeigenthümer, deren Grundstücke im nämlichen Jagdbezirke liegen, gegen denselben Beklagten Ansprüche auf Wildschadensersatz erheben, können sie als Streitgenossen nach §§ 50 ff. der C.Pr.O. gemeinschaftliche Klage erheben.

Das Verfahren und der Instanzenzug richten sich nach den für Civilstreitigkeiten bestehenden Vorschriften.[58])

VII. Der Wildschadenersatz für die Pfalz.

Nach dem bisherigen Rechtszustande in der Pfalz konnte für Wildschäden — d. h. durch Wild an Früchten, Bäumen, Grund und Boden entstandene Beschädigungen — der Jagdberechtigte nur dann auf Ersatzpflicht belangt werden, wenn ihm oder seinen Leuten, ein Verschulden nachgewiesen werden konnte.

---

[54]) S. § 421 B.G.B.

[55]) So bedarf es auch zur Klagsbegründung keinerlei Nachweises, daß etwa der Wildschaden durch Ueberhege oder Unterlassung einer gebotenen Minderung des Wildstandes verschuldet sei.

[56]) S. a. Fischer-Henle, Komm. z. B.G.B. zu § 835 Anm. 4.

[57]) S. oben Note 15, 16.

[58]) Art. 10 b. W.-Sch.-G.; E. d. b. Ob. G.-H. v. 11. März 1876 S. VI S. 294.

Dieses Verschulden konnte auf Außerachtlassung der Verpflichtungen in Bezug auf die Jagd (s. insbesondere § 6 der J.-V.-O. lit. f. mit § 18 der b. J.-P.-V.-O.) gestützt werden.[59])

Eine Vermuthung solchen Verschuldens bestand gesetzlich nicht.[60])

Auch die Erheblichkeit des Schadens bewies nicht, daß ein Verschulden des Jagdberechtigten vorliege. Die Haftung entfällt, wenn trotz Einhaltung der Vorschriften über Ausführung der Jagd durch das Wild Schaden angerichtet wurde.[60])

Wer einen Entschädigungsanspruch auf Verschulden des Jagdberechtigten stützen wollte, hatte das behauptete Verschulden desselben zu beweisen. Zu einem Mehr als den gesetzlich, vertragsmäßig oder polizeilich auferlegten Verpflichtungen, war der Jagdberechtigte nicht gehalten.[61])

Der Erlaß einer Anordnung auf Grund des § 18 des J.-P.-V.-O. genügte noch nicht, um eine Schadensersatzpflicht zu begründen; denn ein für Land- und Forstwirthschaft nachtheiliger Wildstand kann sich zeitweilig ohne Verschulden des Jagdberechtigten ergeben. Nichtvollzug oder ungenügender, lässiger Vollzug einer solchen distriktspolizeilichen Anordnung seitens des Jagdberechtigten konnte dagegen, ohne daß es weiteren Beweises bedurfte, die Annahme eines durch Vernachlässigung auferlegter Verpflichtungen begründeten Verschuldens des Jagdberechtigten begründen.[62]) Ebenso vermöchte die Beseitigung von den Grundbesitzern angebrachter Schutzvorrichtungen gegen das Wild Seitens des Jagdberechtigten ein Verschulden des Letzteren für Wildschäden rechtfertigen.

Die vertragsmäßige Auflage, daß der Jagdpächter auch wenn ihm eine Vernachlässigung in der Beschießung seiner Jagd oder Uebernahme nicht nachgewiesen würde, zum Wildschadensersatze verpflichtet sein solle, wurde als unzulässig beanstandet.[63])

Durch den Schlußsatz des Art. 144 d. A.-G. z. B.G.B. finden nunmehr die oben erörterten Art. 1, 2, 5, 7 bis 8a d. W.-Sch.-G. neuer Fassung auch auf die Pfalz Anwendung.

Die Stellung der Gemeinde gegenüber den Eigenthümern der zu einem Jagdbezirke vereinigten Grundstücke ist eine andere als in den rechtsrhein. Landestheilen. Nach der einen Ansicht hat die Gemeinde an der Feldjagd selbst das Jagdrecht, nach

---

[59]) C. c. Art. 1382—84; E. d. R.-Ob.-Hdls.G. v. 29. Januar 1875, Puchelt-Heinsh. VI S. 214.

[60]) S. Männer a. a. O. S. 124.

[61]) Vgl. Kuby a. a. O. S. 12 Note 5.

[62]) Männer a. a. O. S. 125.

[63]) Rggs.-Entschl. v. 3. September 1890, Min.-Entschl. v. 7. Oktober 1894; Geib a. a. O. S. 680 Note; vgl. a. Männer S. 102.

der anderen steht ihr die Ausübung des Jagdrechts der Grundeigenthümer als eigenes Recht zu. Nach § 835 B.G.B. trifft deshalb die Ersatzpflicht für Wildschäden die Gemeinde.[63])

Ist der Eigenthümer eines der Grundstücke zur Mitbenutzung der Feldjagd berechtigt, so steht ihm nach den Vorschriften des B.G.B. ein Ersatzanspruch nicht zu.[65])

Eine Uebergangsvorschrift gestattete die Kündigung der in der Pfalz bestehenden Jagdpachtverträge beiden Vertragstheilen für 31. Dezember 1899 gegen Einhaltung dreimonatlicher Kündigungsfrist.[66])

---

[64]) Verhdl. d. Abg.-K. 1898 Beil.-Bd. XX Abth. I S. 95.

[65]) S. v. Note.

[66]) Diese Bestimmung ist analog dem Art. 24 b. J.-G. gefaßt worden und wurde mit Rücksicht darauf eingestellt, daß die gesetzlichen Bestimmungen über den Wildschaden von erheblichem Einflusse auf den Inhalt der Jagdpachtverträge sind.

Beilagen.

Anhang und Register.

A.

Das Gesetz, die Ausübung der Jagd betr.
vom 30. März 1850.

Art. 1.

Im Eigenthum liegt die Berechtigung zur Jagd auf eigenem Grund und Boden.

Die Jagdberechtigung auf fremdem Grund und Boden bleibt aufgehoben und darf in Zukunft nicht wieder als Grundgerechtigkeit bestellt werden.

Art. 1a.

Dem Jagdrecht unterliegen die wilden Säugethiere und Vögel, deren Fleisch, Pelzwerk oder Gefieder verwerthet zu werden pflegt oder die als Raubthiere diesem Wilde nachstellen. Die Thiergattungen, welche zu dem jagdbaren Wilde gehören, können durch königliche Verordnung bestimmt werden.

Das ausschließliche Recht des Jagdberechtigten erstreckt sich auf die verendeten Thiere sowie auf die Eier des Federwilds.

Art. 2.

Die Ausübung des Jagdrechts durch den Grundeigenthümer selbst ist nur zulässig:

1. auf allen unmittelbar an die Behausung stoßenden Hofräumen und Hausgärten, sobald sie durch irgend eine Umfriedigung begrenzt, oder sonst vollständig abgeschlossen sind;
2. auf allen und jeden Grundstücken, welche mit einer Mauer, einer zusammenhängenden Hecke, oder mit einer dichten Einzäunung und mit verschließbaren Thüre versehen sind, -- worunter die gewöhnlichen, zunächst nur die Abwehr oder den Einschluß des Weideviehes bezweckenden Feldzäune nicht begriffen;
3. auf einem zusammenhängenden Grundbesitze von mindestens 240 bayerischen Tagwerken im Flachlande und 400 Tagwerken im Hochgebirge;
4. auf Seen und Fischteichen von mindestens 50 Tagwerken.

Straßen und Wege, sowie Flüsse und Bäche unterbrechen nicht die Kontinuität des Jagdbezirkes.

Art. 3.

Sind von einem solchen Gutskomplexe ein oder mehrere Grundstücke, welche nicht unter die Bestimmung des Artikel 2 fallen und auch nicht zusammenhängend 240 beziehungsweise 400 Tagwerke betragen, vollständig umschlossen, so steht dem Eigenthümer des ersteren auch die Jagdbefugniß auf diesen Grundstücken (Inklaven) gegen Entschädigung der Eigenthümer zu.

Die Größe der Entschädigung wird in Ermanglung eines Uebereinkommens der Betheiligten nach den jeweiligen Jagdpachtpreisen in Gemeindemarkung, in welcher diese Grundstücke liegen, und wenn und so lange solche nicht bestehen, nach jenen in der nächstgelegenen Gemeindemarkung nach Verhältniß des Flächeninhaltes berechnet und festgestellt.

Art. 4.

In allen übrigen Fällen übt die politische Gemeinde Namens der Grundeigenthümer innerhalb ihres Bezirkes das Jagdrecht durch Verpachtung aus.

Art. 5.

Die Gesammtflur jeder politischen Gemeinde bildet einen selbstständigen Jagdbezirk.

Jeder Gemeinde bleibt unbenommen, sich mit anderen politischen Gemeinden zu einem gemeinschaftlichen Jagdbezirke zu vereinen. Gemeinden, deren Flur 480 bayerische Tagwerke mehr umfaßt, können mehrere, die Zahl von 6 nicht überschreitende, wenigstens 240 Tagwerke haltende Jagdbezirke bilden.

Art. 6.

Die im Art. 1 benannten Jagdberechtigten können die ihnen zustehende Selbstbenützung der Jagd auf ihrem in oder an dem betreffenden Jagdbezirke liegenden Besitzthum mit in die Verpachtung geben.

Art. 7.

Die Verpachtung geschieht durch die Gemeindeverwaltung, und zwar in der Regel auf dem Wege der öffentlichen Versteigerung an den Meistbietenden.

Das Ergebniß unterliegt in Städten und Märkten mit magistratischer Verfassung der Genehmigung des Magistrats und der Gemeindebevollmächtigten, in den übrigen Gemeinden der Genehmigung der Gesammtgemeinde.

Gleiche Beschlußfassungen sind erforderlich, wenn ausnahmsweise die Jagd ohne Versteigerung durch Kontraktabschluß verpachtet werden will.

Als Pächter können aber solche die gemeindliche Genehmigung nicht erhalten, welchen nach Art. 18 oder Art. 19 die Ausstellung der Jagdkarte verweigert wird; auch dürfen die Pachtbedingungen den ausdrücklichen Bestimmungen des gegenwärtigen Gesetzes nicht widerstreiten.

Art. 8.

Die Pachtschillinge werden in die Gemeindekassen einbezahlt und den betheiligten Grundbesitzern verrechnet, beziehungsweise zu den sie treffenden Gemeindeausgaben verwendet.

Art. 9.

In dem Falle des Art. 6 geschieht die Vertheilung des erzielten Pachtschillings nach den Bestimmungen der hierüber getroffenen Uebereinkunft, in Ermangelung einer solchen nach der Tagwerkzahl der Grundstücke.

Art. 10.

Für einen Jagdbezirk können nicht mehr als drei Pächter zugelassen werden.

Den zur Ausübung der Jagd berechtigten Grundeigenthümern sowohl als den Jagdpächtern ist erlaubt, für die Ausübung eigene gelernte Jäger aufzustellen.

Den genannten Grundeigenthümern, Pächtern und Jägern ist weiter gestattet, Personen, welche eine Jagdkarte besitzen, mit auf die Jagd zu nehmen.

Art. 11.

Die Gemeinden sind ausnahmsweise befugt, die Jagd in Selbstverwaltung durch höchstens drei jagdkartenfähige Gemeindeglieder auszuüben:

1. wenn die Gemeinde als solche Eigenthümerin eines zusammenhängenden Grundbesitzes von mindestens 240 beziehungsweise 400 Tagwerken ist;
2. wenn die von ihr versuchte Verpachtung entweder gar kein Resultat gewährt, oder
3. wenn kein Pachtgebot erfolgt, welches den von der Gemeindeverwaltung bestimmten Aufwurfspreis erreicht.

Art. 12.

Uebertragung des Jagdpachtes kann nur mit Einwilligung der Gemeinde und unter Zustimmung der etwaigen Mitpächter stattfinden.

Art. 13.

Bei Ausübung der Jagd sind die feld-, forst-, jagd- und sicherheitspolizeilichen Vorschriften einzuhalten.

Der Jagdausübende hat neben der polizeilichen Strafe (Art. 23) jeden, durch das Betreten noch nicht abgeräumter Felder und unabgelesener Weinberge, sowie an kultivirten Waldgründen oder anderweitig angerichteten Schaden zu ersetzen.

Art. 14.

Niemand darf ohne eine von der zuständigen Behörde auf seine Person ausgestellte und nur für diese giltige Jagdkarte jagen.

Art. 15.

Die Jagdkarten werden von der Distriktspolizeibehörde gegen eine Gebühr von 15 Mark ausgestellt.

Den für den Jagd- und Forstschutz Angestellten oder Verpflichteten sind lediglich zum Zwecke dieses Schutzes — soweit die Bestimmungen der Art. 18 und 19 dieses zulassen — auf ihren Aufsichtsbezirk beschränkte, zur Jagdausübung jedoch nicht berechtigende eigene Karten unentgeltlich auszustellen.

Art. 16.

Die Jagdkarten werden auf die Dauer je eines Kalenderjahres ausgestellt und gelten für das ganze Land.

Art. 17.

Die Verhandlungen über die Ausstellung von Jagdkarten unterliegen weder der Taxe noch der Stempelpflicht.

Art. 18.

Jagdkarten müssen verweigert werden:

1. den wegen Geisteskrankheit unter Kuratel Gestellten oder notorisch Geisteskranken;
2. den unter polizeiliche Aufsicht Gestellten;
3. denjenigen, welche ihren Lebensunterhalt Armuts halber aus öffentlichen Gemeinde- oder Stiftungskassen und Anstalten erhalten;
4. denjenigen, welche nicht im Besitze der bürgerlichen Ehrenrechte sind.

Art. 19.

Jagdkarten können verweigert werden:

1. den Minderjährigen und Verschwendern;
2. jedem, welcher wegen eines Verbrechens oder wegen Vergehens des Diebstahls, des Betruges, der Unterschlagung, der Hehlerei oder der Fälschung, wegen Jagdvergehens, wegen Bettels oder wegen rachsüchtiger oder muthwilliger Beschädigung von Bäumen, Früchten auf dem Halme oder Pflanzungen bestraft worden ist;
3. jedem, welcher wegen einer fahrlässigen, durch eine Schußwaffe begangenen Tötung oder Verwundung, oder wegen des auf gleiche Weise begangenen Vergehens vorsätzlicher Körperverletzung, sowie

4. jedem, welcher wegen Verletzung der persönlichen Sicherheit, durch Selbsthilfe oder Störung des häuslichen Friedens verurtheilt worden ist;
5. allen Handwerksgesellen, Dienstboten und in solcher Kategorie stehenden Personen.

Art. 20.

Die Distriktspolizeibehörde ist berechtigt und beziehungsweise verpflichtet, die ausgestellte Jagdkarte und resp. Jagd- und Forstschutzkarte, — Schutzgewehrscheine, — einzuziehen, wenn nach der Ausstellung in der Person des Inhabers einer der in den Artikeln 18 und 19 angeführten Gründe eintritt oder erst bekannt wird.

Art. 21.

Gegen die von der Distriktspolizeibehörde verweigerte Ausstellung oder verfügte Einziehung einer solchen Karte ist eine Berufung an die einschlägige königliche Regierung, Kammer des Innern, innerhalb vierzehn Tagen vom Tage der Eröffnung des distriktspolizeilichen Beschlusses an, zulässig.

Art. 22.

Im Falle der Einziehung der für einen Jagdpächter ausgestellten Jagdkarte ist — insoferne nicht die allenfallsigen Mitpächter dessen Verbindlichkeit übernehmen, oder ein Uebertrag des Pachtes an einen anderen nach Art. 12 erfolgt — der Jagdpachtvertrag ohne Pachtentschädigung des Pächters sofort gelöst.

Die in einem solchen Falle für die Verpächter und Mitpächter entspringenden Beschädigungen bleiben — insoferne der Pachtvertrag nichts anderes bestimmt, — der Austragung vor dem Civilrichter vorbehalten.

Art. 23.

An Geld bis zu fünfundvierzig Mark ist zu bestrafen:
1. wer von der ihm zustehenden Befugniß zur Jagdausübung Gebrauch macht, bevor er eine Jagdkarte gelöst hat, oder nachdem die Zeit ihrer Giltigkeit abgelaufen ist;
2. wer zwar eine giltige, auf seinen Namen lautende Jagdkarte besitzt, dieselbe aber bei Ausübung der Jagd nicht bei sich führt;
3. wer seine eigene Jagdkarte einem andern zum Gebrauche überläßt;
4. wer den polizeilichen Vollzugsbeamten oder Dienern die Vorzeigung der Jagdkarte oder bei sich ergebenden Anständen deren Abgabe verweigert;
5. wer bei Ausübung der Jagd sich gegen im Verordnungswege erlassene jagdpolizeiliche Vorschriften verfehlt;
6. wer in einem fremden Jagdbezirke mit Genehmigung des Jagdberechtigten, jedoch ohne dessen Begleitung oder ohne eine schriftliche Erlaubniß bei sich zu führen, jagt. —

Jeder, der auf Grund vorstehender Bestimmungen unter Ziff. 1 und 3 bestraft wird, soll außer der gesetzlichen Strafe zur Zahlung einer dem Preise der Jagdkarte gleichkommenden Summe verurtheilt werden.

Art. 24.

Jagdpachtverträge, welche von den Gemeinden nicht nach den Bestimmungen des gegenwärtigen Gesetzes abgeschlossen sind, lösen sich sechs Monate nach Publikation dieses letztern ohne gegenseitige Entschädigung der Jagdbesitzer und Jagdpächter auf, wenn drei Monate vor diesem Termine von dem einen oder andern Theile gekündigt worden ist.

Gegenwärtiges Gesetz ist nur für die Regierungsbezirke diesseits des Rheins giltig und ist durch das Gesetzblatt bekannt zu machen.

Unsere Staatsminister der Justiz, der Finanzen und des Innern sind mit dem Vollzuge desselben beauftragt.

Kgl. Verordnung vom 11. Juli 1900.

§ 1. Auf Grund des Art. 1a Abs. 1 J.-G. (Art. 143 Abs. 1 Ziff. I A.-G. z. B.G.B.) werden folgende Thiere als jagdbar erklärt:

A. Haarwild.

1. Rothwild
2. Damwild
3. Rehwild
4. Gemswild
5. Schwarzwild
6. der gemeine Hase und der Alpenhase
7. das wilde Kaninchen
8. das Murmelthier
9. der Biber
10. der Fuchs
11. die Wildkatze und die verwilderte Hauskatze
12. der Dachs
13. der Fischotter
14. der Sumpfotter
15. der Marder
16. der Iltis
17. die Wiesel.

B. Federwild.

1. Auerwild
2. Birkwild
3. Rackelwild
4. das Haselhuhn
5. das Schneehuhn
6. das Steinhuhn
7. das Feldhuhn
8. die Wachtel
9. die Fasanen
10. das wilde Truthuhn
11. das Steppenhuhn
12. die Wildtauben (Ringel-, Hohl- und Turteltaube)
13. der Krammetsvogel (Wachholderdrossel)
14. die Waldschnepfe und die Bekassinen
15. der Kiebitz
16. der Brachvogel (Moosgrille)
17. die Trappen
18. der Kranich
19. die Reiher, darunter die Rohrdommel
20. alle übrigen Sumpfvögel sowie Wasser und Rohrhühner mit Ausnahme der Störche
21. die wilden Schwäne
22. die Wildgänse
23. Wildenten
24. die Säger
25. die Möven mit Ausnahme der Lachmöve und die Seeschwalben
26. der Kormoran (Scarbe)
27. die Taucher
28. der Uhu
29. die Adler
30. die Falken mit Ausnahme des Thurmfalken
31. der Habicht und der Sperber
32. die Weihen
33. die Milane
34. die Bussarde
35. die Geier.

§ 2. Die Staatsministerien der Justiz, des Innern und der Finanzen werden ermächtigt, weitere Thiergattungen, welche der Begriffsbestimmung in Art. 1a des J.-G. vom 30. März 1850 entsprechen und durch Einwanderung oder künstliche Einbürgerung in das Gebiet des Königreichs gelangt sind oder gelangen werden, für jagdbar zu erklären.

§ 3. Diese Verordnung gilt auch für die Pfalz.

Zu Art. 24 des Jagdausübungsgesetzes.

Vollzugsvorschriften.

a) Des k. Staatsministeriums des Innern v. 3. Februar 1857.

Vorschriften zum Vollzuge des Gesetzes v. 30. März 1850, die Ausübung der Jagd betr. (Geret, V. S. XXX S. 27).

Einleitung.

Das Gesetz vom 30. März 1850, die Ausübung der Jagd betreffend, zerfällt, insoweit mit dessen Vollzuge gemäß der Schlußbestimmung in Art. 24 Abs. 3 das k. Staatsministerium des Innern beauftragt ist, nach seiner innern Wesenheit in zwei durchaus verschiedene Abschnitte.

Der eine Abschnitt umfaßt, nachdem Art. 1 die rechtliche Grundlage der Jagd festgestellt hat, jene Bestimmungen (Art. 2 mit 12), deren Anwendung unter der Aufsicht des Staates zunächst der Thätigkeit der Betheiligten, der Gemeinden und gemeindlichen Organe zugeschieden ist; in dem andern sind jene Normen enthalten, deren Vollziehung und Handhabung (Art. 13 mit 21) primär in die Hand und in den Zuständigkeitskreis der Polizeibehörden gelegt ist.

In jedem dieser Abschnitte macht sich für die letzteren ein besonderer Standpunkt geltend.

Der eine Standpunkt, ein wesentlich negativer, beschränkt die polizeiliche Mitwirkung auf die Kontrolle über die richtige Gesetzesanwendung von Seite der zur Jagdausübung berechtigten Grundeigenthümer, Gemeinden und ihrer Organe, sowie auf Abwehr und Beseitigung hiebei wahrgenommenen gesetzwidrigen Vorgehens, während der zweite Standpunkt die Distriktspolizeibehörden zu initiativem und positivem Handeln und Eingreifen, zu bestimmten, von dem Zuthun der Betheiligten unabhängigen Maßnahmen und Verfügungen verpflichtet.

Je freiere Bewegung aber einerseits den Gemeinden durch das Gesetz eingeräumt ist, und je bestimmter anderseits das gemeine Beste vollkommen geordnete Zustände bei der Jagdausübung erheischt, desto schärfer und pünktlicher muß jene Ueberwachung gehandhabt, desto nachdrucksamer jedem Mißbrauche von Seite der Gemeinden in seinen ungesetzlichen Erscheinungen und faktischen Folgen begegnet werden.

Von diesen Gesichtspunkten ist schon die dem Gesetze vom 30. März 1850 nachgefolgte Instruktion vom 2. April ej. a. erlassen worden; von eben denselben sind auch die gegenwärtigen Vollzugsvorschriften wieder ausgegangen, welche durch Aufnahme der im Vollzuge dieses Gesetzes inzwischen veranlaßten Ausschreibungen und Spezialentscheidungen ergänzt, hiemit an die Stelle der Ersteren treten und in nachstehender Weise zur Nachachtung allgemein bekannt gemacht werden.

I. Abschnitt.

§ 1.

Zu Art. 1.

Nach Art. 1 des Gesetzes vom 30. März 1850, die Ausübung der Jagd betreffend, ist die Berechtigung zur Jagd ein Ausfluß des Grundeigenthums. Das Grundeigenthum bildet daher fortan nur noch die einzige Quelle des Jagdrechtes.

Die Jagd gehört aber zu jenen Privatrechten, deren Ausübung die Gesetzgebung wegen des hierbei berührten Interesses der sittlichen Ordnung und allgemeinen Sicherheit unter die Bestimmungen des öffentlichen Rechtes gestellt hat.

Von diesem Gesichtspunkte aus muß bei Anwendung des Gesetzes vom 30. März 1850 durchgreifend von dem obersten Grundsatze ausgegangen werden, daß den gesetzlichen Bestimmungen über Ausübung der Jagd mit steter Rücksicht auf das Grundprinzip des Eigenthums — dessen Erhaltung — der Vollzug zu sichern ist.

Die vorsorgenden Anordnungen für diesen Zweck sind zunächst in den jagdpolizeilichen Vorschriften enthalten, deren fortdauernde Giltigkeit in Art. 13 des Gesetzes ausdrücklich anerkannt ist.

Welche Folgen sich hieraus für Vollziehung des Gesetzes vom 30. März 1850 ableiten, und welche Aufgabe hiernach für die polizeiliche Thätigkeit innerhalb des ihr durch das Gesetz zugeschiedenen Wirkungskreises erwächst, wird in gegenwärtiger Instruktion bei den einzelnen Gesetzesbestimmungen besonders vorgesehen werden.

§ 2.

Zu Art. 2 und 3.

Die Ausübung der Jagd ist dem Grundeigenthümer nur unter gewissen thatsächlichen Voraussetzungen gestattet, ohne deren Dasein die politische Gemeinde Namens der Grundeigenthümer innerhalb ihres Bezirkes das Jagdrecht durch Verpachtung auszuüben hat. Dieser Bestimmung liegen nicht privatrechtliche Motive, sondern Rücksichten für die allgemeine Ordnung zu Grunde.

Die Polizeibehörden haben daher von Amtswegen darüber zu wachen, daß die Grundeigenthümer nur in den im Art. 2 Ziff. 1 mit 4 bestimmten Fällen das Jagdrecht ausüben. Abweichungen hievon oder Streitigkeiten hierüber, welche durch die Einsprache Betheiligter entstehen, sind, vorbehaltlich des Rekurses, ordnungsmäßig zu bescheiden.

Weiter sind die Polizeibehörden verpflichtet, mit besonderer Aufmerksamkeit darauf zu sehen:

a) daß jeder Grundeigenthümer, welcher von der ihm zustehenden Befugniß der Jagdausübung nach Art. 2 Gebrauch macht, nicht ohne Besitz einer Jagdkarte jagt, woraus von selbst folgt, daß ein solcher Grundeigenthümer der Jagdausübung sich zu enthalten hat, wenn ihm auf Grund der Art. 18 und 19 die Ausstellung einer Jagdkarte verweigert worden ist;

b) daß derselbe bei Ausübung der Jagd die feld-, forst-, sicherheits- und jagdpolizeilichen Vorschriften beachte und hiezu insbesondere sich keiner durch letztere verbotenen Werkzeuge bediene;

c) was namentlich das Jagen in Hofräumen und Hausgärten (Ziff. 1) betrifft, so sind die bestehenden Verbote hinsichtlich des Gebrauches des Schießgewehres in Städten und Dörfern und in deren nächster Umgebung streng zu handhaben.

Die Polizeibehörden haben pflichtmäßige Sorge zu tragen, daß in Fällen wahrgenommener Uebertretungen der vorstehenden Art die zuständige Einschreitung veranlaßt werde.

d) Der Zusammenhang des Grundbesitzes nach Art. 2 ist als gegeben zu erachten, wenn die einzelnen Grundstücke, welche zusammen den Komplex bilden, wenigstens in einem Punkte so unmittelbar sich berühren, daß man von dem einen auf das andere ohne Betretung fremden Eigenthums gelangen kann, oder wenn dieselben, getrennt durch Straßen, Wege, Flüsse oder Bäche, auch nur auf einem Punkte rechtwinkelig sich gegenüber liegen.

§ 3.

Zu Art. 4.

Insoferne dem Grundeigenthümer die Ausübung des Jagdrechtes gesetzlich nicht zukommt, tritt die politische Gemeinde als disponierende Persönlichkeit an die Stelle der Grundeigenthümer. Sie hat aber die Jagd — die im Art. 11 zugelassenen Fälle der Selbstverwaltung ausgenommen — unbedingt zur Verpachtung zu bringen, und hiefür nicht nur die maßgebenden Bestimmungen des Gesetzes selbst, sondern auch gemäß Art. 13 die mehrerwähnten polizeilichen Vorschriften bei Behandlung der Jagd zur Richtschnur zu nehmen.

In dieser Eigenschaft erstreckt sich das Dispositionsrecht der Gemeinde nur auf die innerhalb des Markungsverbandes gelegenen Grundstücke. Grundstücke einer Gemeinde und ihrer Angehörigen innerhalb der Flurgrenze einer anderen politischen Gemeinde gehören, wenn jene nicht nach Art. 2 bezw. Art. 11 Ziff. 1 sich zu einem zur Selbstausübung durch den Grundeigenthümer oder zur Selbstverwaltung durch die grundbesitzende Gemeinde berechtigenden Jagdbezirke eignen, dem Jagdbezirke der letzteren an.

§ 4.

Zu Art. 5.

Beim Vollzuge des Art. 5 haben sich die Polizeibehörden von dem Gesichtspunkte leiten zu lassen, daß, — da angemessene Jagdbezirke nicht nur die Erhaltung der Jagd, sondern auch die Sicherung der öffentlichen Ordnung zu fördern geeignet sind, die Aufrechthaltung der die Gesammtflur einer politischen Gemeinde umfassenden selbstständigen Jagdbezirke oder die Ausführung des legal ausgesprochenen Willens von Gemeinden zur Vereinigung mehrerer Gemeindemarkungen zu einem gemeinschaftlichen Jagdbezirke mit Beseitigung der entgegentretenden Hindernisse in jeder zulässigen Weise zu unterstützen sind.

Will jedoch eine Gemeinde von der ihr zustehenden Befugniß der Unterabtheilung ihrer Markung in mehrere, die Zahl von 6 nicht überschreitende, wenigstens 240 Tagwerke haltende Jagdbezirke Gebrauch machen, so ist hiezu die Fassung eines besonderen Gemeindebeschlusses nothwendig.

Verpachtungen, welche ohne einen solchen vorherigen Beschluß zu Stande kommen, oder welchen mehr als 6 Unterabtheilungen oder weniger als 240 Tagwerke zu Grunde liegen, haben die Polizeibehörden ohne weiteres abzustellen.

§ 5.

Zu Art. 6.

Da das Gesetz den im Art. 2 benannten Jagdberechtigten die ihnen zustehende Selbstbenützung der Jagd auf ihrem in oder an dem betreffenden Jagdbezirke liegenden Besitzthum mit in die Verpachtung zu geben, im Art. 6 unbedingt eingeräumt hat, so ist für eine solche Einverleibung die Zustimmung der Gemeinde nicht erforderlich. Dieser Vereinigung ist auch der Umstand nicht hinderlich, daß das mit in die Verpachtung zu gebende Besitzthum sich in eine andere Gemeindemarkung zusammenhängend fortsetzt.

§ 6.

Zu Art. 7.

Es unterliegt keinem Zweifel, daß in dem Akte der Verpachtung und in den Bedingungen, unter welchen dieselbe vollzogen werden soll, die wesentlichste Grundlage für eine entsprechende Jagdausübung zu suchen ist. Hier gewinnen die bezüglichen Normen des Gesetzes zunächst ihre praktische Bedeutung. Unverkennbar konkurriert in dem Vergebungsakte das öffentliche Interesse mit dem Privatinteresse der Grundbesitzer. Das erstere besteht bei der Jagd, wie schon bemerkt, vorwiegend in entsprechender Vorsorge nicht minder für die allgemeine Sicherheit und sittliche Ordnung, als für die Bodenkultur und Landwirthschaft, während letzteres in erster Linie die Nutzung aus dem Jagdrechte ins Auge faßt.

Hieraus folgt nothwendig, daß das öffentliche Interesse eigens gewahrt werden müsse, und daß dasselbe bei dem kollidierenden Standpunkte der Betheiligten hauptsächlich nur durch die mit dem Vollzuge des Gesetzes betrauten Organe der Staatsgewalt gewahrt werden könne.

Die Polizeibehörden haben daher ihre ganz besondere Aufmerksamkeit diesem Gegenstande zuzuwenden, und mit der gewissenhaftesten Sorgfalt darüber zu wachen, daß der Art. 7 allenthalben mit unbedingter Genauigkeit im Geiste des Gesetzes vollzogen werde.

Dieselben sind hiernach insbesondere verpflichtet, mit Nachdruck darauf zu bestehen:

1) daß — außer den Fällen des Art. 11 — die Jagd in den Gemeindebezirken nur durch Verpachtung ausgeübt werde, und

2) daß keine Verpachtung ins Leben trete, deren Ergebniß nicht zuvor nach Vorschrift des Abs. 2 der Beschlußfassung der Gemeinde unterstellt worden ist;

3) daß die öffentliche Versteigerung, als der gesetzlich erklärte regelmäßige Modus der Verpachtung, in so lange festgehalten werde, als nicht die Gemeinde aus Gründen, welche eine Ausnahme von der Regel thatsächlich zu rechtfertigen geeignet sind, die Vergebung der Jagd mittels Vertragsabschlusses ohne Versteigerung in vorschriftsmäßiger Weise beschlossen hat.

Zu einem solchen Beschlusse ist aber erforderlich, daß nicht nur in Städten und Märkten mit magistratischer Verfassung Magistrat und Gemeindebevollmächtigte sich hierüber geeinigt, und in den übrigen Gemeinden die Gesammtgemeinde zugestimmt habe, sondern auch

a) daß der Beschluß auf genaue Konstatierung der das ausnahmsweise Vorgehen in der Jagdvergebung motivierenden Thatsachen und Erwägungen sich gründe;

b) daß er mit Beziehung auf diesen speziellen Nachweisungsakt rechtzeitig d. h. nicht erst in dem Versteigerungstermine oder doch so kurz vorher gefaßt oder eingeleitet werde, daß die bereits erfolgte öffentliche Bekanntmachung über Verpachtung der Jagd nicht mehr zurückgenommen werden kann, und daß endlich

c) derselbe mit dem abgeschlossenen Vertrage alsbald der zuständigen Polizeibehörde zur Kenntniß gebracht werde, welche hiernach von den Verhandlungen Kognition zu nehmen, und bei etwaiger Wahrnehmung eines Mangels in den allgemeinen und besonderen gesetzlichen Erfordernissen des Ausnahmsfalles dem Bestande des Pachtes keine Folge zu gestatten, vielmehr die Gemeinde zur Verpachtung der Jagd auf dem Wege der öffentlichen Versteigerung an den Meistbietenden anzuhalten hat.

Die Polizeibehörden haben weiter pflichtmäßig zu überwachen:

4) daß jeder Jagdversteigerung in einem Gemeindebezirke eine öffentliche Bekanntmachung, welche den oder die Jagdbezirke mit ihrem (beiläufigen) Flächeninhalte und den Termin und Ort der Handlung genau bezeichnet, in einem öffentlichen, für die betreffende Gegend gangbaren Blatte und mittelst Anschlages an dem Gemeindehause mindestens 14 Tage vor dem Verpachtungstermine vorausgehe;

5) daß bei der öffentlichen Versteigerung der Meistbietende oder, wenn dieser die nach Art. 7 Abs. 4 nothwendigen Eigenschaften nicht besitzt, der ihm im Pachtgebote zunächst Vorangehende zum Pachte zugelassen wird;

6) daß die Pachtbedingungen, welche der Versteigerung oder dem Vertragsabschlusse unterlegt sind, den ausdrücklichen Bestimmungen des Gesetzes nicht widerstreiten. Unter den letzteren sind in Gemäßheit des Art. 13 auch die bestehenden feld-, forst-, jagd- und sicherheitspolizeilichen Vorschriften mitbegriffen. Keine Bedingung darf daher bei dem Pachtabschlusse Aufnahme finden, durch welche der Pächter angehalten oder veranlaßt werden könnte, die in jenen Vorschriften statuierten Ge- und Verbote bei der Jagdausübung zu umgehen oder unbeachtet zu lassen. Da alle älteren, noch fortan giltigen Jagdordnungen von dem Grundsatze eines nachhaltigen Jagdbetriebes ausgehen oder dieses Prinzip als bestimmtes Gebot an die Spitze gestellt haben, so erstreckt sich dessen Anwendung auch auf die Pachtbedingungen bezüglich der Dauer der Jagdpachte, insoferne durch deren zu e n g e Zeitbegrenzung die Möglichkeit einer die Erhaltung der Jagd sichernden Ausübung ausgeschlossen wird.

7) Nach Art. 7 Abs. 4 können als Pächter diejenigen, welchen nach Art. 18 oder 19 des Gesetzes vom 30. März 1850 die Ausstellung der Jagdkarte verweigert wird, die gemeindliche Genehmigung nicht erhalten. Hiernach bildet die persönliche Befähigung zur Erlangung einer Jagdkarte bezüglich jener Personen, welche in einen Jagdpacht einzutreten beabsichtigen, die gesetzliche Voraussetzung, unter welcher die gemeindliche Genehmigung hiezu ertheilt werden kann. Das Dasein dieser Voraussetzung muß daher schon bei Verpachtung der Jagd zur Gewißheit gebracht sein, und diese ist entweder schon an sich durch den Besitz der Jagdkarte gegeben, oder aber kann durch ein Zeugniß der zuständigen Polizeibehörde darüber, daß der Ausfertigung einer Jagdkarte an die betreffende Person ein gesetzliches Hinderniß nicht im Wege steht, geliefert werden.

Personen ohne einen solchen Nachweis können als jagdpachtunfähig weder zum Pachte noch auch überhaupt zur Theilnahme am Versteigerungsakte zugelassen werden. Wenn die Pachtung von Jagden nach bestehenden Disziplinar-Vorschriften einzelnen Kategorien öffentlicher Bediensteter entweder ganz untersagt oder aber von einer vorgängigen besonderen dienstpolizeilichen Erlaubniß abhängig ist, so haben die Distriktspolizeibehörden bei Wahrnehmung einzelner Kontraventionsfälle an die vorgesetzte Dienstesstelle des betreffenden Bediensteten hierüber Anzeige zu erstatten.

Hierbei wird auf die Vorschriften Bezug genommen, die gemäß allerhöchsten Befehles den Landgerichtsbeamten die Pachtung von Jagden in ihren Amtsbezirken untersagen, Rggsbl. v. J. 1850 Nr. 28, dann hinsichtlich der Jagdpachtungen des Personals der Finanzverwaltung vermöge Reskripts des k. Staatsministeriums der Finanzen vom 5. Juli 1850 Nr. 9044, sowie bezüglich der Schullehrer mittels Entschließung des k. Staatsministeriums des Innern für Kirchen- und Schulangelegenheiten vom 30. April 1850 Nr. 3599 erlassen worden sind.

8) In allen Fällen, wo im Vollzuge des Art. 7 sowohl, als auch der Art. 5, 9, 11 und 12 eine gemeindliche Beschlußfassung, beziehungsweise gemeindliche Genehmigung nothwendig ist, hat diese in der im Art. 7 Abs. 2 vorgeschriebenen Weise, nämlich in Städten und Märkten mit magistratischer Verfassung durch den Magistrat und die Gemeindebevollmächtigten, in den übrigen Gemeinden durch die Gesammtgemeinde zu geschehen.

Die formelle Giltigkeit dieser gemeindlichen Akte bemißt sich nach den Bestimmungen der §§ 36 mit 40 des revidierten Gemeinde-Ediktes (nunmehr Art. 101 mit 146 der Gemeinde-Ordnung vom 29. April 1869).

9) Dem Gesetze liegt unverkennbar die Absicht zu Grunde, daß die von den Gemeindeverwaltungen rite vorgenommenen Verpachtungen, wenn denselben ein giltiger Gesammtbeschluß nachgefolgt ist, und auch außerdem keines der gesetzlichen Erfordernisse abgeht, zum Vollzuge gebracht und von keiner Seite weiter beanstandet werden sollen.

Die Distriktspolizeibehörden haben daher in allen Fällen darauf zu bringen, daß im Versteigerungswege von den Gemeinde-Verwaltungen vollzogene Jagdverpachtungen bei dem Vorhandensein der gesetzlichen Erfordernisse und in Ermanglung der Ausnahmsfälle des Art. 11 nach erfolgtem giltigen Gemeindebeschlusse dem **Meistbietenden** gesichert werden.

10) Fehlt es aber an einem giltigen Gemeindebeschlusse, oder wurde die Jagdverpachtung mittels öffentlicher Versteigerung oder besonderen Kontraktsabschlusses fehlerhaft vollzogen, oder stehen dem Ergebnisse auf das Gesetz und die geltenden feld-, forst-, jagd- und sicherheitspolizeilichen Vorschriften gegründete Hindernisse entgegen, so ist der Gemeindeverwaltung die Vornahme einer neuen Jagdverpachtung auf dem Wege öffentlicher Versteigerung aufzutragen, zugleich aber vorsorgliche Anordnung dahin zu treffen, daß die gesetzwidrige Verpachtung nicht in Vollzug trete.

11) In dem Falle des Art. 5 Abs. 2 muß, wenn für die Unterabtheilung eines Gemeindebezirkes kein giltiger zustimmender Gemeindebeschluß vorliegt, oder die zulässige Zahl der Unterabteilungen oder das Minimum des Flächengehaltes überschritten ist, die Jagd nach der Gesammtflur der politischen Gemeinde zur Verpachtung gebracht werden.

12) Einigen sich in Städten mit magistratischer Verfassung Magistrat und Gemeindebevollmächtigte in ihren Beschlüssen nicht, so ist nach dem vorstehenden Ziff. 10 beziehungsweise 11 zu verfahren.

13) Alle geschlossenen Jagdverpachtungs-Verhandlungen von Gemeinden, mit Ausnahme jener der einem Landgerichte nicht untergeordneten Stadtmagistrate, sind alsbald der zuständigen Distriktspolizeibehörde in Vorlage zu bringen.

Dieselben müssen enthalten:

a) die geschehene öffentliche Bekanntmachung nach Ziff. 4 dieses § 6;

b) alle der Verpachtung zu Grunde gelegten Bedingungen;

c) das über den Versteigerungsakt aufgenommene, dessen wesentliche Bestandtheile konstatierende Protokoll;

d) den oben unter Ziff. 7 geforderten Nachweis.

Hat sich der betreffende Meistbietende durch den Besitz einer Jagdkarte über seine Pachtfähigkeit legitimiert, so genügt, hierüber eine Registratur zu führen. Der Nachweis fällt gänzlich weg, wenn der Meistbietende in dem nämlichen Distriktspolizeibezirke wohnt, oder seine Pachtfähigkeit auf Notorietät beruht; endlich:

e) die gemeindliche Beschlußfassung über das Verpachtungsergebniß.

14) Außerdem ist der Vorlage der Pachtverhandlungen eine auf Grund deren gefertigte Tabelle nach folgendem Formulare beizufügen:

Verpachtende Gemeinde.	Bezeichnung und Flächengehalt des Jagdbezirkes.	Name, Stand und Wohnort des oder der Pächter.	Datum des Uebertragungsaktes.	Anfang und Dauer des Pachtes.	Betrag und Termine der Pachtschillingszahlungen.	Bemerkungen.
1.	2.	3.	4.		6.	7.

Bei Ausfüllung der einzelnen Rubriken ist Folgendes zu beachten:

a) Ist die Flurmarkung einer politischen Gemeinde in zwei oder mehrere Jagdbezirke abgetheilt, so werden diese in der Rubrik 2 einzeln nach einander aufgeführt und in der letzten Rubrik der Gemeindebeschluß mit seinem Datum, auf welchen die Unterabtheilung sich gründet, noch besonders bemerkt.

b) Die Eigenschaft der Mitpächter, wenn solche vorhanden sind, soll dem Hauptpächter gegenüber in der Rubrik 3 durch den Beisatz „Mitpächter" bezeichnet und in der 7. Rubrik die Thatsache der gemeindlichen Einwilligung konstatiert werden.

c) In der Rubrik 4 ist der Uebertragungs- resp. Verpachtungsakt nach seiner Natur (ob Versteigerungsprotokoll oder besonderer Vertrag) anzugeben.

d) Im Falle des Art. 6 hat nur die Eintragung des in die Gemeindekasse einzuzahlenden Betrages, die Angabe der dem Grundeigenthümer des einverleibten Jagdbezirkes zukommenden Quote aber in der Rubrik „Bemerkungen" zu geschehen.

e) Letztere hat überdies, wenn zum Jagdschutze und zur Jagdausübung ein gelernter Jäger oder auch nur für den Jagdschutz ein besonderes Individuum bestellt ist, dessen Namen und Wohnort, sowie alle weiteren Aufschlüsse zu enthalten, welche durch besondere Anlässe hervorgerufen sind.

15) Aus dieser Tabelle haben die Distriktspolizeibehörden eine Hauptübersicht über alle gemeindlichen Jagdbezirke ihres Amtsdistriktes nach demselben Formulare herzustellen, etwaige Mängel oder Unrichtigkeiten auf Grund der Pachtverhandlungen zu ergänzen, beziehungsweise zu berichtigen und durch rechtzeitige Nachtragung der eintretenden Veränderungen stets evident zu halten.

Diese Hauptübersicht soll auch noch erkennen lassen, wann der Verpachtungsakt ohne polizeiliche Erinnerung an die Gemeindeverwaltung zurückgegeben worden ist.

Der Zweck dieser Anordnung ist die Ermöglichung eines leichteren Ueberblickes über die bestehenden Jagdverhältnisse der Amtsgemeinden, einer leichteren Kontrolle über den entsprechenden Vollzug des Gesetzes vom 30. März 1850 überhaupt und eines Behelfes für die Revision der Gemeinderechnungen mit Beziehung auf Art. 8.

Auf dem Grunde dieser Uebersicht haben die Distriktspolizeibehörden auch die rechtzeitige Wiederverpachtung der Jagden in den Gemeindebezirken bei dem herannahenden Ablaufe bestehender Pachtverhältnisse zu überwachen.

16) Sobald nun in vorstehender Weise die Jagdverpachtungsverhandlungen von den Gemeinde-Verwaltungen an die Distriktspolizeibehörden gelangt sind, so erwächst für ihre Thätigkeit die Aufgabe, von denselben genaue Einsicht zu nehmen und solche einer gründlichen Prüfung darüber zu unterstellen, ob die vollzogenen Akte und das hieraus gewonnene Ergebniß den bezüglichen Bestimmungen des Gesetzes vollkommen entsprechen, oder ob etwa Unregelmäßigkeiten unterlaufen sind, welche im Vollzuge der gesetzlichen Bestimmungen vom aufsichtlichen Standpunkte eine Einschreitung erheischen.

Im ersteren Falle sind die sämmtlichen Verhandlungen mit dem Bemerken an die Gemeindebehörde zurückzuschließen, daß dieselben eingesehen und eine Erinnerung dagegen nicht wahrgenommen worden sei.

Im anderen Falle aber sind unter Rückgabe der Verhandlungen deren Mängel mit ausdrücklicher Bezugnahme auf die einschlägigen Stellen des Gesetzes deutlich zu bezeichnen, zur Beseitigung der wahrgenommenen Gesetzwidrigkeiten in den verschiedenen Beziehungen nach Maßgabe der gegenwärtigen Instruktiv-Normen die geeigneten Anordnungen zu treffen und die Gemeindebehörden zu deren Verfolgung nachdrucksamst aufzufordern.

Die Gemeindebehörden sind verpflichtet, die von den Distriktspolizeibehörden hiernach an sie erlassenen Aufforderungen und Aufträge genau zu befolgen, und im Unterlassungs- und Weigerungsfalle zu deren Befolgung durch Disziplinarstrafen und Einschreitungen anzuhalten.

Dieselben Grundsätze sind von den Kreisregierungen in Anwendung zu bringen, wenn es sich um die Ueberwachung des Gesetzesvollzuges in den denselben unmittelbar untergeordneten Stadtgemeinden handelt.

Die k. Kreisregierungen können zu dem Ende bei besonderen Anlässen die Pachtverhandlungen sich vorlegen lassen, oder auch nach Umständen die regelmäßige Vorlage derselben anordnen.

17) Hinsichtlich der Rechtskraft der gefaßten polizeilichen Beschlüsse und Verfügungen, dann des Rekursrechtes gegen dieselben, sowie bezüglich des Instanzenzuges kommen die einschlägigen allgemeinen Vorschriften auch in diesen Angelegenheiten zur Anwendung.

Bei der hohen Bedeutung, welche sich sowohl für das öffentliche Interesse, als auch für die Gemeinden und betheiligten Grundeigenthümer an einen durchaus entsprechenden Vollzug der gesetzlichen Bestimmungen über die Verpachtung der Jagden knüpft, wird von den Behörden erwartet, daß sie von dem ihnen gesetzlich zustehenden Aufsichts- und Einschreitungsrechte mit pflichtmäßiger Sorgfalt, mit Umsicht und Nachdruck, jedoch ohne Eingriff in die den Gemeinden nach dem Gesetze eingeräumten Befugnisse zu Werke gehen.

§ 7.

Zu Art. 8 u. 9.

Die Einzahlung der Pachtschillinge von den durch die Gemeindebehörden vollzogenen Jagdverpachtungen hat unter allen Umständen in die Gemeindekassen zu geschehen, wo sie den betheiligten Grundbesitzern verrechnet, bezw. zu den sie treffenden Gemeindeausgaben verwendet werden. Selbstverständlich können dieselben auch mit Einwilligung der betheiligten Grundbesitzer zu besonderen gemeindlichen Zwecken ohne Zugutmachung für jene bestimmt werden.

Daß die Pachtschillinge richtig und rechtzeitig in die Gemeindekassen entrichtet werden, ist strenge zu überwachen.

Diese Ueberwachung soll nicht nur auf Grund der angeordneten Hauptübersichtstabelle bei der jährlichen Revision der Gemeinderechnungen, sondern auch bei den Gemeindevisitationen durch die Landgerichts-Vorstände und durch Vornahme von besonderen Kassastürzen gelegentlich dienstlicher Anwesenheit von Landgerichtsbeamten vollzogen werden.

Die Distrikts polizeibehörden haben sonach keine Gelegenheit zur Uebung dieser Kontrolle vorübergehen zu lassen.

§ 8.

Zu Art. 10.

Für einen Jagdbezirk können nicht mehr als drei Pächter zugelassen werden.

Daß diese Bestimmung strengstens gehandhabt werde, ist in jenen Fällen, wo eine Gemarkung in mehrere Jagdbezirke abgetheilt ist, von besonderem Gewichte. Gar häufig wird das Verbot einer größeren Zahl von Jagdpächtern durch Zugeständnisse gegenseitiger Jagdausübung in den verschiedenen Jagdbezirken der Gemeindeflur umgangen, und hiedurch die Jagd in derselben statt Gegenstand geregelter Ausübung ein Tummelplatz zügel- oder maßloser Leidenschaft.

Die Distriktspolizeibehörden haben solch gesetzwidrigem Unfuge mit nachdrücklicher Einschreitung zu begegnen, die unberechtigte Jagdausübung einzustellen, nöthigenfalls dem bestehenden Pachtverhältnisse keine weitere Folge zu gestatten und außerdem wegen der zu ihrer Kenntniß gelangenden Fälle unbefugter Jagdausübung nach Gestalt der Dinge die gerichtliche Untersuchung wegen Jagdfrevels zu veranlassen.

Die Aufsicht auf den Vollzug des Art. 10 Abs. 1 wird wesentlich erleichtert werden, wenn von den Gemeindevorstehern die ihnen nach § 115 des revidierten Gemeinde-Edikts obliegende Aufsicht auf die richtige Erhaltung der Flur- und Markungsgrenzzeichen pünktlich gehandhabt, und auch bei

Unterabtheilung der Gemeindefluren auf der Ermittlung wohlerkennbarer Grenzen für die einzelnen Jagdbezirke nach Flüssen, Wegen, Thälern oder Bergen ꝛc. bestanden wird.

Die Jagdausübung ist außer dem jagdberechtigten Grundeigenthümer und dem Pächter, nur dem hiefür aufgestellten gelernten Jäger gestattet. Das Mandat hiezu hat von dem Grundeigenthümer oder Pächter auszugehen.

Damit aber ein solcher Jäger von der ihm übertragenen Jagdausübung Gebrauch machen könne, ist erforderlich, daß derselbe vorher der zuständigen Distriktspolizeibehörde angezeigt und von ihr in dieser Eigenschaft anerkannt werde.

Bestehen Zweifel darüber, ob der Angemeldete die nöthigen Eigenschaften eines gelernten Jägers besitzt, so ist mit dem einschlägigen k. Forstamte ins Benehmen zu treten.

In Ermangelung dieser Eigenschaften ist demselben die anvertraute Jagdausübung zu untersagen.

Zur Bestellung eines Jagdschutzes hat das Gesetz eine Verpflichtung nicht ausgesprochen.

Die Gemeinden sind indessen gemäß der Bestimmung des revidierten Gemeinde-Ediktes § 67 et seq. und § 107 und folgende, dann insbesondere des § 115 Abs. 2 verbunden, für ausreichenden Flurschutz durch Aufstellung verpflichteter Flurwächter zu sorgen.

Die Realisierung dieser Pflicht muß daher, insoweit ein Bedürfniß hiefür gegeben erscheint, im Interesse der öffentlichen Sicherheit auch mit Rücksicht auf die Jagd in der Gemeindemarkung gegen dieselben in Anspruch genommen werden, und die Distrikts-Polizeibehörden haben zu dem Ende nach dem örtlichen Erfordernisse das Geeignete vorzukehren. Um daher einer etwa mit Rücksicht auf die Jagd erhöhten Inanspruchnahme ihrer Kräfte für Beschützung der Flurmarkung vorzubeugen, ist den Gemeinden anzurathen, bei den Jagdverpachtungen sich der Mitwirkung der Pächter zum Flur-, beziehungsweise Jagdschutze durch Aufstellung besonderer Jagdschutz-Individuen mittels der Pachtbedingungen in allen jenen Fällen zu sichern, wo nach dem lokalen Bedürfnisse die Persönlichkeit des Jagdpächters allein hiefür nicht ausreichend erscheinen sollte. Es versteht sich indessen von selbst, daß eigens bestellte Jagd-Flurschützen die Vorbedingungen verpflichteter Flurwächter zu erfüllen haben.

§ 9.

Zu Art. 11.

Von der Regel, daß die Gemeinden Namens der Grundeigenthümer — außer den Fällen des Art. 2 und 3 — innerhalb ihres Bezirkes die Jagd zur Verpachtung zu bringen haben, hat das Gesetz in Art. 11 denselben ausnahmsweise gestattet, die Jagd in Selbstverwaltung der Korporation durch drei jagdkartenfähige Gemeindeglieder auszuüben.

Die Zulässigkeit dieser Ausnahme ist aber auf die im Art. 11 bezeichneten Fälle beschränkt, und unter keiner Voraussetzung einer Ausdehnung fähig.

Bei dem Vollzuge dieser gesetzlichen Bestimmung ergeben sich nun für die Thätigkeit der Polizeibehörden folgende Richtpunkte:

1) Die gemeindliche Selbstverwaltung der Jagd ist eine wahre korporative Angelegenheit, und für die Regelung dieses Gegenstandes finden die einschlägigen Bestimmungen des revidierten Gemeinde-Ediktes, insbesondere die §§ 59, 82, 83 und 104 volle Anwendung.

Die Distriktspolizeibehörden beziehungsweise Kreisregierungen haben sohin hiebei in das Verhältniß der vorgesetzten Kuratelen einzutreten.

2) Da sich die Gemeinden für die Selbstverwaltung einer Jagd nicht mehr als höchstens dreier jagdkartenfähiger Personen, welche wirkliche Mit-

glieder der Gemeinde sind, bedienen dürfen, so haben sich die Polizeibehörden die hiefür ausersehenen Individuen anzeigen zu lassen, das Vorhandensein dieser Eigenschaften zu prüfen — und wenn hierin ein Anstand nicht obwaltet, deren Eintragung in die Hauptübersicht mit der hiezu erforderlichen erläuternden Bemerkung und deren Bekanntmachung nicht nur in der eigenen, sondern auch in den an den Jagdbezirk angrenzenden Gemeinden anzuordnen.

Auf der Jagdkarte dieser Gemeindeglieder ist unten die Bemerkung beizufügen: „zur Jagdausübung für die selbstverwaltende Gemeinde N. legitimiert."

3) Die im Art. 11 Ziff. 1 zugelassene Selbstverwaltung ist nach Analogie des Art. 2 Ziff. 3 zu bemessen. Unter allen Umständen aber kann statt dieser die Verpachtung der Jagd mittels öffentlicher Versteigerung von der Gemeinde beschlossen werden.

4) Wenn die im Vollzuge des Art. 4 und 7 von der Gemeindeverwaltung Namens der Grundeigenthümer versuchte Verpachtung gar kein Ergebniß geliefert hat, auch ein nochmaliger Versuch keinen Erfolg erwarten läßt, oder wenn durch die gelegten Pachtgebote der von der Gemeindeverwaltung bestimmte Aufwurfspreis nicht erreicht worden ist, so hat das Gesetz auch in diesen Fällen die Jagdausübung durch Selbstverwaltung der Gemeinde ausnahmsweise gestattet.

Diese Bestimmung kann als ausdrücklich erklärte Ausnahme nur eine durchaus strenge Anwendung zulassen. Wenn daher eine solche Jagdverpachtung auf dem im Art. 7 Abs. 1 vorgeschriebenen Wege ein Resultat geliefert hat, welchem im Hinblicke auf Abs. 4 des nämlichen Artikels ein Hinderniß im Wege steht, und bei welchem auch der bestimmte Aufwurfspreis erzielt worden, so ist in einem solchen Falle die Selbstverwaltung durch die Gemeinde nicht gestattet, vielmehr für unbedingt unzulässig auch dann zu erachten, wenn die Gemeinde nach Art. 7 Abs. 2 in einem formell giltigen Gemeindebeschlusse dem Ergebnisse die Genehmigung versagt hat.

Diese Auffassung rechtfertigt sich zunächst nicht nur durch die Ausnahmsstellung des Art. 11, sondern auch durch die Wortfassung der Ziff. 2 hierzu, wo von der nach Art. 7 Abs. 1 ohne Erfolg versuchten Verpachtung ohne Bezugnahme auf die im Abs. 2 dieses Artikels angeordnete gemeindliche Genehmigung die Rede ist, sowie hauptsächlich durch die Erwägung, daß die im Art. 11 statuierte Ausnahme, wenn ein mit gesetzlichen Hindernissen außerdem nicht begleitetes Pachtergebniß durch die Gemeinde aus anderen beliebigen Gründen nicht genehmigt würde, willkürlich umgangen und die Selbstverwaltung durch das faktische Vorgehen der Gemeinde zur Regel werden könnte.

5) Das Erträgniß aus dem Jagdbetriebe tritt beim Vollzuge des Art. 11 an die Stelle der Pachtschillinge und wird für die Gemeindekassa verrechnet. Dasselbe bildet im Falle des Art. 11 Ziff. 1 eine eigentliche Gemeinde-Einnahme, in den Fällen Ziff. 2 und 3 aber wird nach Abzug der Verwaltungskosten des Mehrbetrag des Erlöses nach Art. 8 für die betheiligten Grundbesitzer verwendet, wenn diese nicht zu Gunsten gemeindlicher Zwecke auf den Genuß verzichtet haben.

§ 10.

Zu Art. 12.

Die nach Art. 12 für die Uebertragung des Jagdpachtes erforderliche Einwilligung der Gemeinde kann nur nach Vorschrift des Art. 7 Ziff. 2 giltig ertheilt werden.

Diese Bestimmung begreift nicht nur den Eintritt von Mitpächtern in sich, sondern auch die Fortsetzung eines noch bestehenden Pachtverhältnisses durch einen andern Pächter an der Stelle des früheren.

Der Einwilligung der Gemeinde hat die Zustimmung der betheiligten Pächter voranzugehen, welche zu den Verhandlungen zu konstatiren ist.

Von jeder nach dem Verpachtungsakte eintretenden derartigen Veränderung ist der zuständigen Distriktspolizeibehörde unter Vorlage der Verhandlungen Anzeige zu erstatten, welche die Pachtfähigkeit des neuen Pächters nach Art. 7 Abs. 4 zu prüfen, dabei den Vollzug des Art. 10 Abs. 1 zu überwachen, und nach Gestalt der Sache gemäß den einschlägigen gesetzlichen Bestimmungen das Geeignete zu verfügen hat.

II. Abschnitt.

§ 11.

Zu Art. 13.

Der Art. 13 hat die Einhaltung der feld-, forst-, jagd-, und sicherheitspolizeilichen Vorschriften bei Ausübung der Jagd als ein allgemein durchgreifendes Gebot bezeichnet.

Die Handhabung dieser Vorschriften bildet nach den zur Zeit bestehenden organischen Einrichtungen zunächst eine dienstliche Obliegenheit der Polizeibehörden. Die Einschreitung wegen Zuwiderhandlungen ist jedoch den Gerichten überwiesen.

Insoweit nun der Vollzug des Art. 13 den Wirkungskreis der ersteren berührt, werden hiefür nachstehende Direktiven ertheilt:

1) Die erwähnten polizeilichen Vorschriften sind nach dem Wortlaute des Artikels 13 für die Jagdausübung maßgebend. Das Gesetz vom 30. Mai 1850 begreift aber unter Jagdausübung nicht nur den wirklichen Jagdbetrieb, sondern auch den Gebrauch der eigenen Jagdberechtigung nach Art. 2 und 3, und hauptsächlich gemäß der Wortfassung der Art. 4, 7 und 11 die verschiedenen Vergebungsarten: Verpachtung und Selbstverwaltung.

Hieraus folgt notwendig, daß die mehrgenannten polizeilichen Vorschriften ebensowohl bei Behandlung der Jagd durch den berechtigten Grundeigenthümer oder Pächter, als auch bei Bestimmung der Modalitäten, unter welchen eine Jagd von den Gemeinden verpachtet oder selbst verwaltet werden soll, beachtet werden müssen, insoferne nicht — was die jagdpolizeilichen Anordnungen betrifft — denselben in einzelnen Richtungen durch die Bestimmungen des Gesetzes selbst unzweifelhaft derogirt worden ist.

2) Bei Aufstellung der Pachtbedingungen von Seite der Gemeindeverwaltungen namentlich haben daher unter diesen Voraussetzungen die bestehenden Polizei-Normen unbedingt zur Anwendung zu kommen. Bedingungen, welche den letzteren widerstreiten, sind nicht minder ungesetzlich, als wenn sie den ausdrücklichen Bestimmungen des Gesetzes selbst zuwiderlaufen.

Wenn sohin eine Gemeinde bei Vergebung der Jagd z. B. etwa bedingen oder gestatten wollte, daß das Mitnehmen oder Laufenlassen der Hunde auf den Feldern und in den Waldungen unverwehrt geschehe, daß der Pächter während der Schuß- und Hegezeit, oder mittelst Schlingen das Wild erlege, Rehgeisen und Kitzen schieße, von dem Federwilde und den Singvögeln die Eier und Jungen aus den Nestern nehme, oder beim Jagdbetriebe Handlungen vornehme, welche die öffentliche Sicherheit gefährden oder mit dem Forstgesetze im Widerstreite sich befinden, so würden derartige Bedingungen, beziehungsweise Zugeständnisse mit bestimmten polizeilichen Verboten im geraden Widerspruche stehen und ihre alsbaldige Beseitigung von Amts wegen nothwendig machen.

3) Bezüglich der Feldpolizei geben die bestehenden besonderen Flurordnungen von Gemeinden und jene allgemeinen Vorschriften Ziel und Maß.

§ 12.

Zu Art. 14, 15, 16 und 17.

A. Bei Handhabung dieser Bestimmungen haben die Distriktspolizeibehörden nachstehendes zu beachten:

1) Nach Art. 14 darf niemand ohne eine von der zuständigen Behörde auf seine Person ausgestellte und nur für diese giltige Jagdkarte jagen.

Die Jagdkarte kann sohin allein nur von der Person, auf welche sie lautet, zum Jagen benützt werden. Ausnahmen sind hierbei unter keinen Umständen zulässig.

2) Die Verpflichtung zum Besitze einer Jagdkarte erstreckt sich nicht nur auf den Pächter, sondern auch auf den Grundeigenthümer, sobald und so oft der letztere in einem der Fälle des Art. 2 Ziff. 1 mit 4 von der ihm zustehenden Jagdausübung wirklich Gebrauch macht.

3) Enthält sich aber der Jagdpächter oder der berechtigte Grundeigenthümer des Selbstjagens, und hat derselbe nach Art. 10 Abs. 2 den Jagdbetrieb einem gelernten Jäger übertragen, so kann er zur Lösung einer Jagdkarte auf die Dauer dieses Verhältnisses für seine Person nicht angehalten werden.

4) Da das Gesetz vom 30. März 1850 bei der Ausstellung von Jagdkarten zwischen In- und Ausländern keinen Unterschied macht, so ist die Zulässigkeit der Ausfertigung einer solchen Karte an einen Ausländer im Allgemeinen nicht zu beanstanden. Die Distriktspolizeibehörden haben aber hiebei mit besonderer Vorsicht zu Werke zu gehen, und die Gesuche nach Maßgabe der Art. 18 und 19 sorgfältigst zu prüfen.

5) Der Abs. 2 des Art. 15 handelt von den Schutzgewehrscheinen, welche an die für den Jagd- und Forstschutz Angestellten oder Verpflichteten unter den Bestimmungen der Art. 18 und 19 von der zuständigen Behörde unentgeltlich verabreicht werden.

Solche Legitimationen berechtigen aber nicht zur Jagdausübung, und beschränken sich in ihrer Wirksamkeit auf den betreffenden Jagd- beziehungsweise Forst-Schutzbezirk. Hiedurch ist aber das verpflichtete Forst-Schutzpersonal unter den Voraussetzungen des Art. 137 (136) des Forstgesetzes vom 28. März 1852 nicht gehindert, Forstfrevler über die Grenze des speziellen Schutzbezirkes zu verfolgen und Haussuchungen vorzunehmen ꝛc.

Ebensowenig ist das Zusammenziehen dieses Personals zweier oder mehrerer Reviere behufs der Ausübung des Forstschutzes in vorkommenden einzelnen Fällen, sowie überhaupt dessen Verwendung zu dienstlichen Verrichtungen außerhalb eines solchen Aufsichtsbezirkes gehemmt oder gar unmöglich gemacht.

Auch für die lediglich zum Jagdschutze Angestellten besteht bezüglich der Verfolgung von Jagdfrevlern auf frischer That ein derartiges Hinderniß nicht, wenn dieselben für ihren Dienst von der zuständigen Behörde verpflichtet worden und hiernach zu dem vorerwähnten Forst-Schutzpersonale in ein analoges Verhältniß getreten sind.

6) Zur Erlegung des Raubzeuges ist — den Fall der Nothwehr abgerechnet — nur das zum Jagdschutze bestellte Personal mittelst des Schutzgewehrscheines berechtigt.

7) Da von jeder neuen Jagdkarte eine Gebühr von 15 Mk. zu entrichten ist, so kommt selbstverständlich der volle Betrag auch von jenen Jagdkarten zur Erhebung, welche erst im späteren Verlaufe des Kalenderjahres, für welches die Jagdkarte giltig, gelöst werden.

8) Einen ebenso ernsten, als wohlerwogenen Vollzug nehmen die Bestimmungen der Art. 18, 19 und 20 in Anspruch. Hier erheischen die höheren Rücksichten für die öffentliche Ordnung vor allem ein thatkräftiges Eingreifen der distriktspolizeilichen Thätigkeit. Die Vorstände der Distriktspolizeibehörden haben daher die Prüfung der thatsächlichen Voraussetzungen zur

Verweigerung von Jagdkarten und Schutzgewehrscheinen, sowie zur Wiedereinziehung solcher Legitimationen als eine ihnen persönlich zugewiesene Dienstesaufgabe zu vollziehen, und hierbei im Hinblicke auf die inmitte liegenden bestimmtesten allerhöchsten Befehle mit unbedingter Sorgfalt und Genauigkeit zu Werke zu gehen.

Dieselben sind für den pünktlichen und gewissenhaften Vollzug zunächst verantwortlich und haben ihrerseits, unter Hinweisung auf die Verfügung des k. Staatsministeriums des Innern vom 31. Okt. und 29. Nov. 1853, Nr. 8765 und 3812, die gleiche Verantwortlichkeit gegen die untergeordneten Vollzugsorgane zu deren eifrigster Mitwirkung mit Nachdruck geltend zu machen.

Insbesondere ist:

a) die Jagdkarte allen unter besondere polizeiliche Aufsicht Gestellten zu verweigern, da die kategorische Fassung des Art. 2 Ziff. 2 eine Unterscheidung nach den verschiedenen Anlässen der angeordneten besonderen polizeilichen Beaufsichtigung nicht zuläßt.

Keine Kategorie der unter Polizeiaufsicht Gestellten ist daher von der Bestimmung des Art. 18 Ziff. 2 ausgenommen, namentlich auch diejenigen nicht, welche wegen thatsächlich bewiesener Gemeingefährlichkeit aus Gründen der öffentlichen Sicherheit dieser Maßnahme unterworfen sind.

Da ohnehin, bestehender Vorschrift zufolge, bei jeder Distriktspolizeibehörde ein eigenes Verzeichniß über die der Polizeiaufsicht unterworfenen Individuen ihres Amtsbezirkes vorhanden sein soll, so wird dessen genaue Führung und Evidenthaltung zum Vollzuge der angezogenen gesetzlichen Bestimmung wesentlich beitragen.

b) Es kann keinem Zweifel unterligen, daß unter denjenigen, welchen nach Ziff. 3 im Art. 18 eine Jagdkarte nicht ausgestellt werden darf, auch solche Personen zu verstehen sind, welche in die Gefahr häuslichen Umsturzes gekommen, auf Grund des Art. 56 der gesetzlichen Bestimmungen vom 17. November 1816 über das Armenwesen, die Einschreitung und Mitwirkung der Armenpflegschaftsräte zu ihrem besseren Fortkommen gegen sich veranlaßt haben.

c) Ebensowenig kann bezweifelt werden, daß zu dem im Art. 18 Ziff. 4 genannten Vergehen des Diebstahls auch das in Art. 105 (104) des Forstgesetzes vorgesehene Vergehen des Gewohnheitsfrevels zu zählen ist.

d) In den im Art. 19 bezeichneten Fällen ist die Verweigerung der nachgesuchten Jagdkarte dem Ermessen der zuständigen Behörde anheimgestellt. Dieses Ermessen ist aber kein willkürliches, vielmehr ein durch die wohlerwogenste Beurteilung der inneren Gründe des einzelnen Falles bedingtes, bei welchem die Distriktspolizeibehörde stets die hohe Bedeutung im Auge zu behalten hat, die für das allgemeine Beste und die öffentliche Ordnung an den Vollzug der Art. 18 und 19 überhaupt geknüpft ist.

Nur ausnahmsweise wird daher bei dem Vorhandensein der thatsächlichen Voraussetzungen des Art. 19 die Ausstellung einer Jagdkarte gerechtfertigt erscheinen.

e) Es leuchtet von selbst ein, daß bei Ausfertigung einer Jagdkarte, mit Vermeidung einer bloß mechanischen Behandlung, eine wiederholte gründliche Prüfung der Gesuche und letztere im Vollzuge des Art. 20 auch außerdem so oft eintrete, als im Laufe des Jahres Thatsachen vorkommen, oder erst bekannt werden, welche die Distriktspolizeibehörden verpflichten, beziehungsweise berechtigten, sohin, von Amtswegen veranlassen, die ausgestellten Jagdlegitimationen einzuziehen.

9) Als Vollzugs- und Beaufsichtigungsorgane bei dem Vollzuge der gesetzlichen Bestimmungen vom 30. März 1850 über Ausübung der Jagd stehen den Distriktspolizeibehörden innerhalb ihres Wirkungskreises zur Verfügung:

a) die Gemeindevorsteher,
b) das Gerichtsdienerpersonal,
c) die k. Gendarmerie,
d) das gemeindliche Polizeipersonal mit Inbegriff der verpflichteten Flurwächter,
e) die für die Jagd besonders, oder für den Forstschutz zugleich aufgestellten und von der zuständigen Behörde verpflichteten Individuen, gleichviel in welchem Dienste sie stehen,
f) die gelernten Jäger, wenn sie für den Jagdschutz in vorschriftsmäßiger Weise verpflichtet worden sind.

Außerdem sind in Gemäßheit allerhöchsten Befehles die sämmtlichen Revierförster, Forstwärter und Forstgehilfen angewiesen, jede wahrgenommene Nichtbeachtung resp. Uebertretung der Jagdkartenordnung zur Kenntniß der Polizeibehörden zu bringen.

s. Dienstesinstr. für die Waldwärter (Fin.M.Bl. 1886 S. 235 § 35); für die Forstwärter, Forstgehilfen und Forstaufseher ibid. 271, für die k. Förster ibid. 169.

B. Die formelle Behandlung bei Ausfertigung der Jagdkarten und Schutzgewehrscheine richtet sich im allgemeinen und im besonderen nach folgenden Vorschriften:

1) Um für die Beschlußfassung, ob einer Person die nachgesuchte Jagdkarte auszustellen oder auf Grund einer der Bestimmungen der Art. 18 und 19 zu verweigern ist, die erforderlichen Anhaltspunkte und Notizen zu erlangen, haben sich die Distriktspolizeibehörden, insoferne dies im gegebenen einzelnen Falle notwendig erscheint, und der Polizeibehörde über die Unfähigkeit eines die Ausstellung einer Jagdkarte nachsuchenden Individuums, eine solche zu erhalten, ohnehin nicht schon geeignete Nachweise vorliegen, jederzeit mit den Gerichten unverzüglich ins Benehmen zu setzen.

2) Das k. Staatsministerium des Innern sorgt für Anfertigung der Formularien und versendet dieselben alljährlich an die k. Kreisregierungen, Kammern des Innern, diesseits des Rheins, welche sie an die Distriktspolizeibehörden nach Bedarf hinauszugeben und letztere anzuweisen haben, daß andere Formularien als die mitgetheilten nicht verwendet werden dürfen.

Bei momentanem Mangel an vorräthigen Formularien können Interimsbescheinigungen ausgestellt werden, welche jedoch gegen die alsbald zu erholenden vorschriftsmäßigen Formularien wieder einzuwechseln sind.

3) Auf jede Jagdkarte oder Interimsbescheinigung ist von der ausstellenden Behörde der Name, Stand und Wohnort des Inhabers, sowie dessen Personalbeschreibung (Alter, Statur, Haare, besondere Kennzeichen) einzutragen und hiebei mit besonderer Genauigkeit zu verfahren.

Der die Jagdkarte Lösende hat die ihm ausgestellt werdende Karte bei der Behörde mit seiner Namensunterschrift oder seinem Handzeichen zu versehen.

Jeder Jagdkarte ist das Datum der geschehenen Ausstellung und die amtliche Fertigung beizusetzen.

Ist der Inhaber der Jagdkarte zugleich Jagdpächter, so kann er die Eintragung dieser Eigenschaft auf der Jagdkarte unter Vorzeigung eines genügenden Nachweises hierüber bei der ausstellenden Distriktspolizeibehörde verlangen, welche sodann dem Namen und Charakter des Inhabers die entsprechende Bemerkung: „Jagdpächter auf der Gemeindemarkung ꝛc. N. N." beifügt.

4) Jede Distriktspolizeibehörde hat nach dem bisherigen Formulare ein Verzeichniß über die von ihr in einem Kalenderjahre ausgestellten Jagdkarten zu führen, in welchem der Jagdkarten-Inhaber selbst in der betreffenden Rubrik seinen Namen zu unterzeichnen oder sein Handzeichen einzutragen hat.

Die fortlaufende Nummer dieses Verzeichnisses ist auf der linken Seite der einschlägigen Jagdkarte beizusetzen.

Diese Verzeichnisse über die ausgestellten Jagdkarten sind von den Distriktspolizeibehörden den Aufsichts- und Vollzugsorganen des Bezirkes zur Erleichterung der diesen obliegenden Ueberwachung mitzuteilen und sonst in geeigneter Weise zu veröffentlichen.

Dasselbe hat mit den nach dieser Mittheilung sich weiter noch ergebenden Zugängen und den auf Grund des Art. 20 erfolgten Einziehungen von Jagdkarten zu geschehen.

(5. Die Gebühr von 8 fl. für die Jagdkarte ist noch vor deren Aushändigung an die ausstellende Behörde zu entrichten, welche sofort zwei Drittheile hievon an die nach Art. 15 zuständige Armenpflege gegen Empfangsbescheinigung abzugeben hat. Das letzte, in die Staatskassa fließende Drittheil ist nach den mittels Entschließung des k. Staatsministeriums der Finanzen vom 19. April 1850 Nr. 5732 erlassenen Weisungen zu vereinnahmen und zu verrechnen.)

6) Dem Inhaber einer ausgestellten, aber zu Verlust gegangenen Jagdkarte ist auf sein Verlangen gegen eine Gebühr von 15 kr. (nun 50 ₰) für das verwendete Formular ein Duplikat, auf welchem der behauptete Verlust der ursprünglich ausgestellten Jagdkarte zu bemerken ist, von der Distriktspolizeibehörde auszustellen.

7) Mit dem Schlusse des Kalenderjahres sind von jeder Distriktspolizeibehörde die nicht verbrauchten, sohin noch vorräthigen Jagdkartenformulare an die vorgesetzte k. Regierung, Kammer des Innern, einzusenden, welche dieselben alsbald zu vernichten hat.

8) Die den für den Jagd- und Forstschutz Angestellten oder Verpflichteten in Gemäßheit des Art. 15 Abs. 2 unentgeltlich auszustellenden Karten (Schutzgewehrscheine) hat diejenige Distriktspolizeibehörde, in deren Bezirk der Aufsichtssprengel ganz oder zum größten Teil gelegen ist, auszufertigen, es mögen die genannten Personen zum Schutze von Staats-, Gemeinde-, Stiftungs- oder Privatjagden und Waldungen angestellt und verpflichtet sein.

9) Die Formularien für die Jagd- und Forstschutzkarten werden gleichfalls von dem kgl. Staatsministerium des Innern an die kgl. Regierungen, Kammern des Innern, behufs der weiteren Abgabe an die Distriktspolizeibehörden versendet. Ueber deren Verwendung gilt das am Schlusse Ziff. 2 Bemerkte.

10) Die bezüglich der Ausstellung und Fertigung der Jagdkarten, der Führung eines Verzeichnisses über dieselben ertheilten Vorschriften finden auch auf diese Karten Anwendung. Auf denselben ist insbesondere der Bezirk, für welchen der Inhaber der Karte zum Jagd- oder Forstschutze angestellt oder verpflichtet ist, genau anzugeben und einzutragen.

Das Verzeichniß über die ausgestellten Schutzgewehrscheine, welches nach dem mitgetheilten Formulare analog einzurichten ist, sowie die in demselben sich ergebenden Zu- und Abgänge sind den Aufsichts- und Vollzugsorganen gleichfalls mitzutheilen.

Eine Veröffentlichung dieser Verzeichnisse hat nicht stattzufinden.

11) Die Jagd- und Forstschutzkarte gilt ebenso wie die Jagdkarte auf die Dauer eines Kalenderjahres.

Wird dem Inhaber eines solchen Schutzgewehrscheines der für einen bestimmten Bezirk übertragene Jagd- oder Forstschutz abgenommen, so hat derselbe die ausgestellte Jagdkarte an die Distriktspolizeibehörde einzuliefern.

12) Hinsichtlich der Ausfertigung und Zustellung von Jagdkarten und Schutzgewehrscheinen an die von dem Sitze der Distriktspolizeibehörde entfernt wohnenden k. Forst- und Jagdbediensteten bewendet es bei demjenigen Verfahren, welches hiefür zwischen den k. Staatsministerien des Innern und

der Finanzen vereinbart und mittelst generalisirter Entschließung vom 9. September 1850, Nr. 14443, den k. Kreisregierungen, Kammern des Innern, diesseits des Rheins zur Information der Distriktspolizeibehörden kundgegeben worden ist.

§ 13.

Zu Art. 21, 22 und 23.

Sämmtliche Polizeibehörden haben die Verpflichtung, die zu ihrer Kenntniß gelangenden, mit einer polizeilichen Geldstrafe bedrohten Uebertretungen des Gesetzes unverzüglich dem zur Abwandlung derselben zuständigen Gerichte I. Instanz zur Anzeige zu bringen und die Bestrafung der Uebertreter zu veranlassen.

§ 14.

Durch vorstehende Vollzugsvorschriften zum Gesetze vom 30. März 1850 — die Ausübung der Jagd betr. — ist die Instruktion vom 2. April 1850 in allen ihren Theilen ergänzt und mit dem Erscheinen der gegenwärtigen Vollzugsnormen außer Wirksamkeit gesetzt.

b) Die wichtigsten Finanzministerialvorschriften.

Finanzministerialreskript vom 6. Mai 1850 Nr. 9676
(Geret, V.S. Bd. XXVI S. 25).

Bestimmungen, nach welchen die Staatsjagden zu verwalten sind.

Nachdem das Gesetz vom 30. März 1850 mehrfache Aenderungen an den Grundsätzen, wie solche in der Ministerial-Entschließung vom 12. März 1849 Nr. 248 für die Verwaltung der Staatsjagden vorgezeichnet sind, nothwendig gemacht hat, so werden im nachstehenden die Bestimmungen, welche in dieser Beziehung von nun an Anwendung zu finden haben, festgestellt.

I.

Von der Ausübung des ärarialischen Jagdrechts.

§ 1.

Nach dem Art. 1 des Jagdgesetzes vom 30. März 1850 steht dem Aerar die Berechtigung zur Jagd auf sämmtlichem ärarialischen Grundbesitze zu.

Die selbständige Ausübung des Jagdrechts ist dem Aerar nach Art. 2 dieses Gesetzes nur gestattet:

a) auf allen zu ärarialischen Häusern gehörigen und an diese unmittelbar stoßenden Hofräumen und Hausgärten, sobald sie durch irgend eine Umfriedung begrenzt oder sonst vollständig abgeschlossen sind;

b) auf allen und jeden ärarialischen Grundstücken, welche mit einer Mauer, einer zusammenhängenden Hecke oder mit einer dichten Umzäunung und mit verschließbaren Thüren versehen sind, worunter die gewöhnlichen, zunächst nur die Abwehr oder den Einschluß des Weideviehes bezweckenden Feldzäune nicht begriffen sind;

c) auf einem zusammenhängenden ärarialischen Grundbesitze von mindestens 240 bayerischen Tagwerken im Flachlande und 400 Tagwerken im Hochgebirge;

d) auf ärarialischen Seen und Fischteichen von mindestens 50 Tagw. Aerarialischer Grundbesitz, der unter 240 Tagw. im Flachlande und 400 Tagw. im Hochgebirge hält, und an ärarialischen Seen und Fischteichen liegt, auf welchem dem Aerar das Jagdrecht zusteht, wird mit der Wasserfläche zusammengerechnet, um einen selbstständigen Jagdbezirk im Sinne des Art. 2 des Jagdgesetzes zu erhalten.

Flüsse und Bäche unterbrechen nach dem Schlußsatze des Art. 2 des Jagdgesetzes die gegenüber an denselben gelegenen ärarialischen Grundbesitzungen nicht, und es kann auf diesen, wenn sie mit Einrechnung der dazwischen fallenden ärarialischen Flußstrecke zusammen mindestens 240, beziehungsweise 400 Tagwerke halten, das Aerar das Jagdrecht selbst ausüben.

Die Wasserfläche öffentlicher Flüsse wird zu dem bloß an einem Ufer angrenzenden Staatsgrundstücke, behufs der Vollzähligmachung eines selbstständigen Jagdbezirkes, nicht eingerechnet.

§ 2.

Sind von einem zur Ausübung der Jagd berechtigten ärarialischen Grundbesitze ein oder mehrere nicht ärarialische Grundstücke, auf welchen nach dem Art. 2 des Gesetzes dem Eigenthümer die Ausübung des Jagdrechts nicht selbst zusteht, vollständig umschlossen, so steht dem Aerare nach Art. 3 des Gesetzes auch die Jagdbefugniß auf diesen eingeschlossenen Grundstücken gegen Entschädigung der Eigenthümer zu.

Ebenso kann der Besitzer eines Privatjagdbezirkes die Ausübung der Jagd auf von diesem Bezirke vollständig eingeschlossenen ärarialischen Grundstücken, auf welchen das Aerar die Jagd nicht selbst ausüben darf, gegen Entschädigung in Anspruch nehmen.

§ 3.

Alle ärarialischen Besitzungen, auf welchen die in § 1 a—d, dann in § 2 Abs. II angeführten Bestimmungen keine Anwendung finden, fallen nach Art. 4 des Gesetzes vom 30. März 1850 in die Gemeindejagdbezirke, und es übt auf ihnen die politische Gemeinde das Jagdrecht durch Verpachtung aus, mit Ausnahme der in Art. 11 des Gesetzes vorgesehenen Fälle, in welchen dieselbe zur Selbstverwaltung befugt ist.

§ 4.

Nach vorstehenden Bestimmungen steht dem Staatsärar auf jenen ärarialischen Grundbesitzungen, welche im Flachlande zwischen 240 und 300, im Hochgebirge aber zwischen 400 und 600 Tagwerke halten, und die nach dem Gesetze vom 4. Juni 1848 in die Gemeindejagdbezirke gefallen sind, nunmehr die Selbstausübung der Jagd zu. Es sind daher diese Grundstücke spätestens bis zum 30. September ds. Js. aus dem Gemeinde-Jagdverbande zurückzuziehen, und daß solches geschehen werde, den einschlägigen Gemeinden längstens bis Ende Mai ds. Js bekannt zu geben, damit diese oder die Pächter der Gemeinde-Jagdbezirke nach Befinden der Umstände von dem Art. 24 des Gesetzes vom 30. März ds. Js. Gebrauch machen und die Pachtverträge künden können.

In ähnlicher Weise ist mit den ärarialischen Grundstücken zu verfahren, welche bei einem Flächeninhalte von weniger als 300, beziehungsweise zwischen 400 und 600 Tagwerken, von diesen vollständig umschlossen sind, und auf denen früher dem Eigenthümer der Privatjagden die Jagdbefugniß gegen eine verhältnißmäßige Entschädigung zugestanden hat. Auch diese Grundstücke sind spätestens bis zum 30. September zurückzuziehen, und hierüber den Betheiligten längstens bis Ende Mai l. J. die geeigneten Eröffnungen zu machen.

Gleiche Ansprüche stehen den Grundeigenthümern beziehungsweise den Gemeinden zur Seite, auf deren Besitzungen das Aerar bisher nach dem Gesetze vom 4. Juni 1848 das Jagdrecht gegen Entschädigung ausgeübt hat, wenn diese Grundstücke von Aerarialjagden nur größtentheils umschlossen sind, das nunmehr festgesetzte Maß von 240, beziehungsweise 400 Tagwerken übersteigen.

Es ist in solchen Fällen die Ausübung des Jagdrechtes vom Aerar nicht weiter in Anspruch zu nehmen.

§ 5.

In der Regel sind die ärarialischen Jagden im Wege der öffentlichen Versteigerung an den Meistbietenden zu verpachten, und nur ausnahmsweise in zusammenhängenden größeren Staatswaldungen im Interesse des Forstschutzes und der Forstkultur, oder wo andere besondere und überwiegende Verhältnisse dafür sprechen, in Regie zu verwalten. Letzteres hat temporär auch dort einzutreten, wo die Versteigerung aus Mangel an hinlänglicher Konkurrenz ohne Erfolg geblieben ist.

§ 6.

Die dem Aerar zustehende Jagd auf öffentlichen Flüssen wird von demselben auf jenen Strecken, und zwar bis in die Mitte des Flußbeetes ausgeübt, auf denen ärarialische Landjagden angrenzen, und ist mit diesen entweder zu verpachten oder in Regie zu verwalten, je nachdem das eine oder andere mit der Landjagd geschieht.

Auf den übrigen Flußtheilen ist von einem Anspruche auf die Ausübung des Jagdrechtes bis auf weitere Bestimmung Umgang zu nehmen.

§ 7.

Die Jagd auf den im § 1 unter a und b bezeichneten ärarialischen Grundstücken ist den Pächtern und Nutznießern dieser Grundstücke unentgeltlich zu überlassen.

§ 8.

Die Größe der Entschädigung für die Jagd auf den in § 2 Abs. I beschriebenen Grundstücken, welche von ständig in Regie verbleibenden Staatsjagdkomplexen ganz umschlossen sind, ist nach Art. 3 des Jagdgesetzes im Wege gütlicher Vereinbarung zu ermitteln, wo solche aber nicht bewirkt werden kann, nach den jeweiligen Jagdpachtpreisen in der Gemeindemarkung, in welcher diese Grundstücke liegen, und wenn und so lange solche nicht bestehen, nach jenen in der nächstgelegenen Gemeindemarkung nach Verhältniß des Flächeninhaltes zu berechnen und festzustellen, oder von der Distriktspolizeibehörde feststellen zu lassen.

Diese Entschädigungen sind in der rentamtlichen Forst- und Jagdgefällsrechnung bei den übrigen Jagdregieausgaben, die im II. Abs. des § 2 erwähnten Entschädigungen in dieser Rechnung unter den Einnahmen aus Jagden durch Verpachtung, in beiden Fällen unter dem zu eröffnenden besonderen Titel „Entschädigungen nach Art. 3 des Jagdgesetzes vom 30. März 1850" zu verrechnen.

Bei Staatsjagden, welche verpachtet werden, ist den Pächtern zu überlassen, sich mit den Eigenthümern solcher ganz eingeschlossenen Grundstücke wegen der Entschädigung selbst abzufinden.

§ 9.

Für die ärarialischen Jagden, welche nach § 3 den Gemeindejagdbezirken zufallen, kommen dem Staatsärare nach Art. 8 des Jagdgesetzes die betreffenden Raten am Pachtschillinge beziehungsweise am Ertrage der Jagd zu.

Diese das Aerar treffenden Raten werden, gleichviel ob sie theilweise oder ganz zur Bestreitung der Aerarial-Beiträge, zu den Gemeindeumlagen oder Lasten nach Art. 8 des Jagdgesetzes vom 30. März 1850 verwendet werden, im vollen Betrage in der rentamtlichen Forst- und Jagdgefällsrechnung unter dem im vorigen Paragraphen bezeichneten neuen Titel einnahmlich, die bemerkten Aerarialbeiträge aber in der zu leistenden vollen Größe in der rentamtlichen Staatsfondsrechnung ausgablich verrechnet.

§ 10.

Wenn Grundstücke der rent-, berg- und hüttenamtlichen Verwaltung mit den Staatswald-Komplexen zusammengrenzen, sind sie ohne weitere Ausscheidung den letzteren beizuschlagen. Eine Entschädigung für die Jagd auf diesen Grundstücken erhalten die genannten Verwaltungen nicht.

II.

Von den Jagdkarten.

§ 11.

Die k. Regierungen haben Sorge zu tragen, daß das gesammte äußere k. Forst- und Jagdpersonal ohne allen Verzug in den Besitz jener Karten komme, welche nach Art. 15 Abs. II des Gesetzes lediglich zum Zwecke des Forst- und Jagdschutzes unentgeltlich ausgestellt werden.

Diese Schutzgewehrscheine, welche von Seite jener Distriktspolizeibehörden, in deren Bezirk der Aufsichtsbezirk der Forstbediensteten ganz oder größtentheils gelegen ist, ausgestellt werden, berechtigen nicht zur Ausübung der Jagd, sondern lediglich zum Gewehrtragen in dem bestimmten Aufsichtsbezirke behufs der Ausübung des Forst- und Jagdschutzes. — Der für den Jagdschutz in einem Bezirke Angestellte oder Verpflichtete, welcher sich im Besitze einer solchen Karte befindet, ist jedoch das Raubzeug im Bezirke zu erlegen berechtigt.

Die Jagd- und Forstschutzkarte gilt nur für den Bezirk, für welchen sie ausgestellt wurde, und auf die Dauer eines Kalenderjahres. — Bei eintretender Versetzung eines Bediensteten und beim Beginne eines neuen Jahres ist daher die Erholung neuer Karten nöthig. Das Forstpersonal hat diese Karten bei Waldbegängen stets bei sich zu führen, und dieselben auf Verlangen der k. Gendarmerie und den übrigen polizeilichen Aufsichts- und Vollzugsorganen vorzuzeigen.

§ 12.

In jenen Forstbezirken, in welchen die ärarialischen Jagden ständig in Regie verwaltet werden, oder wo eine Beschießung der temporär in Regie genommenen Jagd nicht umgangen werden kann (§ 5 und 20), ist für das bei der Jagdausübung unbedingt nothwendige und damit beauftragte äußere Forstpersonal die Ausstellung der im Art. 14 des Jagdgesetzes angeordneten Jagdkarten auf Rechnung des Aerars zu veranlassen.

Bei Zutheilung dieser Karten ist jedoch mit möglichster Oekonomie zu verfahren und wohl im Auge zu behalten, daß zur Handhabung des Jagdschutzes die Schutzgewehrscheine berechtigen und hiezu Jagdkarten nicht erforderlich sind.

Die Gebühren für die Jagdkarten sind in der Forst- und Jagdrechnung unter den übrigen Jagdregieausgaben zu verrechnen und ist ein eigener Titel für dieselben zu eröffnen.

Auch die Jagdkarten sind nur für die Dauer eines Kalenderjahres giltig und müssen nach Ablauf desselben erneuert werden.

Für eine zu Verlust gegangene Jagdkarte wird dem früheren Inhaber derselben auf sein Verlangen gegen eine Gebühr von 15 Kreuzer ein Duplikat von der Distriktspolizeibehörde ausgestellt. –

Diese Gebühr hat der Forstbedienstete selbst zu bestreiten.

Das gesammte k. Forst- und Jagdpersonal ist auf die genaueste Einhaltung der im Art. 14 des Gesetzes vom 30. März d. Js. enthaltenen Bestimmung, daß Niemand ohne eine von der zuständigen Behörde auf seine Person ausgestellte und nur für diese giltige Jagdkarte jagen darf, ... (und auf die Bestimmungen des Art. 23 des Jagdgesetzes aufmerksam zu machen).

III.

Von der Zuläßigkeit zu Staats-Jagd-Pachtungen.

§ 13.

Zur Pachtung ärarialischer Jagden wird jeder selbstständige volljährige Staatsangehörige zugelassen, welchem nach den Art. 18 und 19 des Jagdgesetzes die Ausstellung der Jagdkarten nicht verweigert wird, und der sich in dem freien Genusse eines, seinen und seiner Familie Unterhalt sichernden Einkommens befindet.

§ 14.

Ein solches Einkommen wird vorausgesetzt:

a) bei allen denjenigen, welche ein jährliches reines Einkommen von wenigstens 500 Gulden besitzen;

b) bei allen denjenigen, welche den Stand eines Staatsdieners nach den Bestimmungen der IX. Beilage zur Verfassungs-Urkunde erworben haben;

c) bei allen auf Lebenszeit angestellten Beamten der Gemeinden und Stiftungen vorbehaltlich etwaiger disziplinärer Bestimmungen der vorgesetzten Stellen;

d) bei allen k. Offizieren und bei den im Range ihnen gleichstehenden Militär-Administrativ-Beamten.

Daß übrigens auch bei den k. Bediensteten und den k. Offizieren die von den vorgesetzten Behörden hinsichtlich ihrer Zulassung zu Jagdpachtungen gegebenen oder noch zu erlassenden besonderen Vorschriften Beachtung zu finden haben, versteht sich von selbst.

§ 15.

Bei dem k. Forstpersonale bleiben die Bestimmungen der generalisierten Ministerial-Entschließung vom 8. Januar 1849 Nr. 161 über Zuläßigkeit zu den Jagdpachtungen in ungeschmälerter Anwendung, wornach

a) diesem Personale die Jagdpacht-Uebernahme nur innerhalb des speziellen Dienstbezirkes mit Untersagung des Zusammenpachtens zu großer Jagdbezirke gestattet werden kann;

b) dem Forstpersonale, welches bleibende Regiejagden in größeren Staatswaldungen (§ 5) zu beschießen und zu beaufsichtigen hat, die Erpachtung der unmittelbar anstoßenden Gemeindejagd untersagt ist, mit Gestattung jedoch der Pachtzulassung für entferntere Feldjagden, wenn keine sonstigen Bedenken entgegenstehen; und

c) die Forstgehilfen, Forstpraktikanten und Forstlehrlinge, wenn sie auch im Uebrigen die Vorbedingungen zu erfüllen vermögen, zu den Jagdpachtungen nicht zugelassen werden dürfen.

§ 16.

Zur Pachtung ärarialischer Jagden können ferner zugelassen werden Stiftungen und Gemeinden, welche bereits eigene Jagden besitzen, die sie durch angrenzende k. Jagdbezirke zu arrondiren wünschen.

IV.

Geschäftsbehandlung, um die Verpachtung einzuleiten.

§ 17.

Die Verpachtung hat im Wege der öffentlichen Versteigerung zu geschehen.

Nur wenn Staatswaldungen von geringerem Umfange bis zu höchstens 600 Tgw. (vorausgesetzt, daß sie wenigstens das gesetzliche Maß von 240 und beziehungsweise 400 Tgw. erreichen) sich mit Gemeindejagden besonders gut arrondiren und triftige Gründe dafür sprechen, jene außer dem Wege der öffentlichen Versteigerung dem Pächter der Gemeindejagd zu überlassen, kann solches in der Voraussetzung geschehen, daß dieser Pächter die nöthigen Eigenschaften besitzt und zur Bezahlung eines entsprechenden Pachtschillings bereit ist.

§ 18.

Enthält nur Uebergangsbestimmungen.

§ 19.

Bei eintretenden Jagderledigungen ist die Wiederverpachtung alsbald einzuleiten, insoferne der einschlägige Bezirk nicht zu jenen zählt, welche nach § 5 in der Folge ständig in der Regie zu verbleiben haben.

§ 20.

Bis zur erfolgten Wiederverpachtung ist jeder erledigte Staatsjagdbezirk durch das einschlägige k. Forstpersonal ex officio in Schutz und Aufsicht zu nehmen, derselbe aber nur in dem Falle, jedoch für Rechnung des künftigen neuen Pächters zu beschießen, wenn solches zur Verhütung von Wildschäden durchaus nicht umgangen werden kann.

Ueber das während dieser temporären Beaufsichtigung erlegte Wild und den dafür erzielten Reinerlös ist vor der Verpachtung ein Verzeichniß zu fertigen, und auf den Grund desselben im Pachtvertrage die Größe der an den neuen Pächter zu vergütenden Summe anzugeben.

Wenn die öffentliche Versteigerung aus Mangel an hinlänglicher Konkurrenz ohne Erfolg geblieben ist, und deshalb temporäre Verwaltung in Regie eintritt (§ 5), ist das inzwischen erlegte Wild dem Aerar zu verrechnen, und die weiters nothwendige Beschießung der Jagd ebenfalls auf Rechnung des Aerars vorzunehmen.

Für solche Jagdbezirke ist aber nach Verlauf von spätestens einem halben Jahre, wenn nicht schon früher eine entsprechende Konkurrenz erwartet werden darf, wiederholt die Versteigerung zu versuchen.

§ 21.

Die Versteigerung soll in der Regel an dem Sitze des einschlägigen k. Rentamtes vor sich gehen und durch dasselbe unter Mitwirkung des betreffenden k. Forstamtes abgehalten werden.

Wenn der Vorsteher des einen oder des anderen dieser beiden Aemter selbst als Pachtliebhaber auftreten wollte, so muß derselbe hinsichtlich der Amtshandlung bei Vermeidung der Ungiltigkeit dieser letzteren durch ein anderes im Staatsdienste stehendes Individuum ersetzt werden, welches die k. Regierungsfinanzkammer zu bezeichnen hat.

§ 21 ist ersetzt durch die F.M.Entschl. v. 25. Mai 1885 (F.M.Bl. 368): Die Verpachtung der Staatsjagden im vorgeschriebenen Wege der Versteigerung obliegt nach Maßgabe der bestehenden Normen dem Forstamt; zu den betreffenden Verhandlungen ist der Assessor beizuziehen, wenn der zu verpachtende Jagdbogen über dessen Bezirk sich erstreckt. Wenn in Bezirken, in welchen besonderer Verhältnisse halber die Staatsjagden lediglich der öffentlichen Verpachtung unterstellt werden, der Forstamtsvorstand selbst als Konkurrent bei der öffentlichen Verpachtung sich betheiligt, so hat der Forstamtsassessor die betreffenden Verhandlungen zu leiten 2c.

§ 22.

Die Versteigerung eines Jagdbezirkes ist wenigstens volle vierzehn Tage vor dem hiezu anberaumten Termine in den nächsten Zeitungs-, Intelligenz- oder Wochenblättern, ferner mittelst Anschlagzetteln oder Ausrufen in den benachbarten Gemeinden mit deutlicher Bezeichnung des Pachtobjektes, sowie des Ortes und der Zeit der Verhandlung anzukündigen.

§ 23.

Die Grenzen des betreffenden Jagdbezirkes, die weiter unter §§ 27—43 vorgeschriebenen Bedingungen, die eingeschlossenen größeren Grundstücke fremden Eigenthums, auf welchen den Besitzern nach Art. 2 des Gesetzes vom 30. März 1850 die Ausübung des Jagdrechts selbst zusteht, sowie die einzelnen vom Jagdbezirke ganz umschlossenen Grundstücke geringeren Flächeninhaltes, auf welchen der Pächter nach Art. 3 des erwähnten Gesetzes die Jagd gegen Entschädigung der Eigenthümer ausüben kann, sollen den anwesenden Pachtliebhabern jedesmal, ehe zur Versteigerung geschritten wird, zureichend eröffnet und angegeben werden. Daß es geschehen sei, ist in dem Protokolle zu bemerken.

Die Grenzbeschreibungen sind kurz und bündig zu fassen. Besteht der Jagdbezirk aus isolierten und vollständig mit Markzeichen umgebenen Staatswaldungen, so wird in der Regel die namentliche Aufführung genügen, und eine weitere Beschreibung entbehrlich sein.

§ 24.

Es ist ferner vor der Versteigerung den Pachtliebhabern zu eröffnen und in dem Protokolle zu bemerken, daß zwar die Genehmigung der k. Regierungs-Finanzkammer vorbehalten bleibe, Nachgebote aber nicht angenommen werden.

Die k. Regierungs-Finanzkammer wird bei der erstmaligen Verpachtung der Staatswaldjagd die Genehmigung ertheilen, wenn der von ihr festgesetzte Schätzungsbetrag des Pachtschillings erreicht oder überboten ist, außerdem aber entweder nach §§ 5 und 20 Abs. III die temporäre Verwaltung in Regie anordnen, oder, wenn Gründe für Ueberlassung der Jagd unter dem Schätzungswerthe bestehen, hiezu die Genehmigung des k. Staatsministeriums der Finanzen erholen.

Wenn sich ergeben sollte, daß mehrere Jagdbezirke auf Spekulation in solchem Umfange zusammengepachtet werden wollen, daß dieses entweder mit den Dienstesverhältnissen des Pächters unvereinbarlich wäre, oder Mißbräuche anderer Art daraus entstehen könnten, ist von Seite der k. Regierung abhilflich einzuschreiten, beziehungsweise die Genehmigung zu versagen.

§ 25.

Der Aufwurfspreis für die zu verpachtenden Jagdbezirke ist fürs erste durch genaue, von dem Forstamte mit Zuziehung des betreffenden Revierförsters zu bewirkende Einschätzung des wahren Nutzungswerthes zu erheben und von der k. Regierung festzusetzen. Bei wiederholten Verpachtungen ist der seitherige Pachtzins außerdem noch geeignet zu berücksichtigen.

V.

Pachtverträge.

§ 26.

Die Pachtvertragsurkunden werden mit Beziehung auf die denselben vorausgegangenen Verhandlungen, nach Anleitung der folgenden §§ 27—42, aus welchen die allgemeinen Bedingungen zu entnehmen sind, und des § 43 hinsichtlich etwa nöthiger spezieller Bedingungen gefertigt.

§ 27.

Der Jagdpacht erstreckt sich auf die im Pachtvertrage näher bezeichneten Staatsjagden, mit Ausnahme derjenigen Grundstücke innerhalb derselben, auf welchen die Grundbesitzer nach dem Art. 2 des Jagdgesetzes vom 30. März 1850 das Jagdrecht selbst ausüben, beziehungsweise der unter 240 oder 400 Tagwerke haltenden Inklaven, hinsichtlich welcher dem Pächter, nach § 8 letzter Satz oben, überlassen wird, sich mit den Grundbesitzern wegen der Entschädigung selbst abzufinden.

Ein Verzeichniß dieser Grundstücke soll dem Pachtvertrage beigefügt werden.

§ 28.

Die Dauer des Jagdpachtes wird in der Regel auf 15 Jahre festgesetzt.

Wenn Staatsjagden, welche mit Gemeinde-Jagdbezirken sich gut arrondiren, ausnahmsweise nach § 17 an die Pächter der letzteren durch besonderes Uebereinkommen in den Pacht gegeben werden, so hat sich die Pachtzeit nach der Dauer des Jagdpachtes für die Gemeindejagd zu richten.

§ 29.

Dem Pächter steht es nicht frei, den Pachtvertrag unter irgend einem Vorwande aufzukündigen.

Der Pachtvertrag erlischt jedoch noch vor der festgesetzten Zeit ohne allen Entschädigungsanspruch:

a) bei dem Tode des Pächters;
b) wenn derselbe seinen Wohnort verändert, und die Jagd vom neuen Wohnorte aus persönlich nicht ausüben kann, und einen eigenen gelernten Jäger nicht aufstellen will;
c) wenn erst nach abgeschlossenem Pachtvertrage die Bestimmungen des Art. 2 im Jagdgesetze vom 30. März 1850 durch Grunderwerbung sich bilden, und ein billiges Abkommen in anderer Weise nicht zu erzielen wäre;
d) wenn die Eigenschaften und Verhältnisse aufhören, auf deren Grund der Pächter zur Jagdpachtung zugelassen worden ist, oder wenn der im letzten Absatze des § 14 vorgesehene Fall eintritt und in Folge dessen die Zulassung des Pächters von seiner vorgesetzten Behörde nicht mehr gestattet wird;

e) wenn der betreffende Staatsjagdbezirk ganz oder theilweise verkauft, vertauscht oder auf Forstpurifikation abgetreten wird.

Endlich bleibt dem k. Aerare, beziehungsweise der k. Regierungsfinanzkammer, die Aufkündigung des Jagdpachtes ohne gerichtliche Dazwischenkunft und ohne allen Entschädigungsanspruch von Seite des Pächters zu jeder Zeit noch vorbehalten:

f) wenn der Jagdpachtschilling nicht binnen 4 Wochen vom Verfalltage an erlegt ist;

g) wenn der Pächter vorausgegangener Mahnung durch die k. Regierung ungeachtet, einer oder der anderen der Bestimmungen der §§ 31, 36 und 38 entgegenhandeln, oder dieselben nicht erfüllen, namentlich, wenn dem Inhalte des § 36 zuwider eine solche Vermehrung des Wildstandes eintreten sollte, daß derselbe nach dem Gutachten der betreffenden Lokalbehörde als ein wesentliches Hinderniß für die Feldkultur oder die Holzzucht erkannt wird, oder wenn umgekehrt die Jagd übermäßig ausgeschossen werden sollte.

§ 30.

Der Pächter hat gegen Beeinträchtigung durch Jagdfrevel auf gesetzlichem Wege Schutz zu suchen.

Das k. Forstpersonal ist angewiesen, zur Verhinderung, Entdeckung und gesetzlichen Bestrafung aller Jagdexzesse möglichst mitzuwirken.

Vergl. F.M.Bl. 1885 S. 368 u. Dienst.Instr. S. 134.

§ 31.

Bei Ausübung der Jagd sind die feld-, forst-, jagd- und sicherheitspolizeilichen Vorschriften einzuhalten.

Für einen Jagdbezirk darf nur ein Pächter zugelassen werden.

Der Pächter hat sich jeder theilweisen oder ganzen Verleihung in Afterpacht, jeder Ueberlassung an Dritte, gegen Vergütung in Geld oder Wildpret, resp. gegen Vorbehalt eines Theiles des Jagdertrages durchaus zu enthalten.

Wenn Gemeinden oder Stiftungen zur Arrondirung ihrer Jagdbezirke Staatsjagden pachten (§ 16), so darf die Jagd nur durch die von denselben aufgestellten gelernten Jäger oder durch höchstens drei jagdkartenfähige Gemeindeglieder unter Beobachtung der allgemeinen und speziellen Bedingungen ausgeübt werden.

Dem Pächter ist unbenommen, eigene jagdkartenfähige Individuen (Art. 18 und 19 des Gesetzes) zur Aufsicht über den verpachteten Aerarialjagdbezirk aufzustellen, und diese gehörig verpflichten und mit Schutzgewehrscheinen versehen zu lassen; zur Jagdausübung dürfen jedoch nur gelernte Jäger aufgestellt, und diese müssen mit Jagdkarten versehen werden.

Dem Pächter ist weiter gestattet, andere Jagdliebhaber, welche Jagdkarten besitzen, mit sich auf die Jagd zu nehmen, oder durch seinen Jäger mitnehmen zu lassen.

§ 32.

Dem k. Forstpersonale, vom Revierförster an abwärts darf die Ausübung der verpachteten Jagd oder die Aufsicht über dieselbe nur dann übertragen werden, wenn die k. Regierungs-Finanzkammer ihre Bewilligung zu dieser Uebertragung gegeben hat.

Die Festsetzung des Schuß- und Fanggeldes oder einer anderweitigen Remuneration bleibt alsdann der gütlichen Uebereinkunft zwischen dem Pächter und dem Forstpersonale überlassen.

Niemals aber darf die Verwendung des letzteren zur Jagd mit dem **Forstdienste** in Kollision treten, vielmehr muß die Jagdaufsicht oder Ausübung stets den **Forstdienst**verrichtungen nachgesetzt bleiben.

§ 33.

Wenn der Pächter andere Individuen zur Jagdaufsicht oder Ausübung aufstellt, so hat er solche dem k. Forstamte zu bezeichnen.

Findet dieses ein Bedenken gegen die Zulassung, so hat es an die k. Regierungs-Finanzkammer zu berichten, welche benehmlich mit der k. Regierungs-Kammer des Innern darüber entscheidet.

§ 34.

Das k. Forstpersonal möge mit der Aufsicht und Ausübung der Jagd beauftragt sein oder nicht, so soll dasselbe in jedem Falle seinen ganzen Forstbezirk mit dem Gewehre begehen können.

Nach dem Befinden der Umstände gilt derselbe Vorbehalt für das Forstpersonal von anderen Waldbesitzern, wenn der Weg zu den ordentlichen Dienstesverrichtungen durch den verpachteten Aerarialjagdbezirk führt.

§ 35.

Die Grenzen des Jagdbezirkes dürfen bei der Ausübung der Jagd so wenig überschritten als die angrenzenden Jagdbezirke auf irgend eine andere Weise beunruhigt werden, zu welchem Ende sich der Pächter insbesondere des Gebrauchs lange und weitjagender Hunde zu enthalten hat.

§ 36.

Der Pächter erhält durch den Pachtvertrag durchaus keine Befugniß, die Kultur, Bewirthschaftung und ökonomische Benützung der Waldungen, Felder, Wiesen, Möser, Filze, Weiher 2c. zu hindern, sich auf irgend eine Weise einzumischen, oder in dieselbe eingreifende Handlungen vorzunehmen; er hat im Gegentheile jede Beschädigung der Feldfrüchte und Holzbestände bei der Ausübung der Jagd sorgfältig zu vermeiden und überhaupt die ihm verpachtete Nutzung in jeder Hinsicht so zu betreiben, daß weder die Feldwirthschaft noch die Holzzucht darunter leiden.

§ 37.

Der Pächter ist ohne allen Anspruch auf Entschädigung verbunden, im Falle die Schonung oder Verminderung, oder die Vertilgung irgend einer Thiergattung polizeilich angeordnet wird, sich darnach zu achten, und ernstlich mitzuwirken, soweit es durch die Ausübung der Jagd geschehen kann.

§ 38.

Sollte den Bestimmungen der vorhergehenden Paragraphen ungeachtet in dem erpachteten Jagdbezirke Wildschaden irgend einer Art, sei es durch das Wild selbst, oder bei der Ausübung der Jagd geschehen, so hat der Pächter neben etwaiger Bezahlung der in Art. 23 des neuen Jagdgesetzes angedrohten polizeilichen Geldstrafe die Verbindlichkeit, sowohl den betreffenden Grundbesitzern als auch dem k. Aerar als Waldbesitzer den auf gesetzlichem Wege festgestellten Schadenersatz zu leisten, ohne deßhalb irgend einen Regreß an dem k. Aerare suchen zu dürfen. Für den Fall, wenn das Staatsärar innerhalb des verpachteten Jagdbezirkes in Folge gesetzlicher Bestimmungen Wildschadensersatz zu tragen hätte, ist derselbe von dem Jagdpächter dem k. Aerar zu vergüten.

§ 39.

Außer dem Pachtschillinge hat der Pächter die Eigenthümer jener Grundstücke, auf welchen derselbe nach Art. 3 des Jagdgesetzes vom 30. März 1850 die Jagd auszuüben befugt ist, nach den daselbst enthaltenen Bestimmungen zu entschädigen, bezw. sich mit denselben abzufinden.

§ 40.

Die Bezahlung des im Pachtvertrage anzuführenden Pachtschillings wird für jedes Jahr am 1. Oktober [1]) durch Vorauszahlung in guter kassamäßiger Münzsorte unweigerlich und ohne Abgang an das einschlägige kgl. Rentamt geleistet, widrigenfalls nach vergeblich erfolgter Mahnung ohne alle andere Förmlichkeit und unbeschadet der Vorbehalte § 29 litt. f und g exekutiv gegen den in Rückstand verbleibenden Pächter verfahren werden wird.

In keinem Falle und unter keinem Vorwande hat Pächter Anspruch auf irgend einen Nachlaß am Pachtschillinge, vielmehr leistet derselbe darauf, sowie auch auf jede Reklamation oder Entschädigungsforderung im voraus Verzicht.

§ 41.

Wenn sich der Jagdpachtvertrag in Gemäßheit der §§ 28 und 29 im Laufe eines Etatsjahres, für welches der Pachtschilling nach § 40 vorausbezahlt worden ist, auflöst, so wird diejenige Rate desselben durch das k. Rentamt auf Anweisung der k. Regierungs-Finanzkammer an den austretenden Pächter oder dessen Stellvertreter zurückbezahlt, welche sich von dem Tage an, wo die Benützung der Jagd von Seite des Pächters oder seiner Stellvertreter aufgehört hat, bis Ende des Etatsjahres nach dem Verhältnisse dieses Zeitraumes zu jenem, für welchen der Pachtzins vorausbezahlt worden ist, berechnet.

§ 42.

Der neue Pachtschilling hat, wenn die Wiederverpachtung in Bälde stattfindet, und nicht die temporäre Verwaltung in Regie auf längere Zeit eintreten mußte, von dem Tage der Erledigung des früheren Jagdpachtes an zu laufen.

Dem neuen Pächter ist jedoch, wenn bis zur Wiederverpachtung die Jagd nach § 20 beschossen werden mußte, der Erlös des erlegten Wildes über Abzug der auf Schußgeld, Lieferlohn rc. erlaufenen Kosten auszubezahlen.

§ 43.

Den in den §§ 27—42 vorgegebenen allgemeinen Bestimmungen können noch diejenigen speziellen Bedingungen beigesetzt werden, welche etwa durch besondere örtliche Verhältnisse veranlaßt werden möchten, wobei sich übrigens von selbst versteht, daß sie mit jenen nicht in Widerspruch stehen dürfen.

§ 44.

Die Ausfertigung der Jagdpachtverträge geschieht durch die Regierungs-Finanzkammer zwar tax- und stempelfrei, dagegen hat der Pächter die Kosten seiner Gegenurkunde zu tragen. Der Maßstab für die Verbriefungskosten ist der jährliche Pachtschilling mit der Anzahl der Pachtjahre multipliziert.

---

[1]) Nun 1. Januar; s. Fin.-Min. Entschl. v. 4. Juni 1870 (Fin.-Min.-Bl. 1870 S. 125).

VI.

Einweisung des Pächters.

§ 45.

Sofort nach der jederzeit ohne Aufschub zu erledigenden Ausfertigung des Pachtvertrags ist der Pächter oder dessen Bevollmächtigter durch das einschlägige k. Forstpersonal an Ort und Stelle in die Grenzen des ihm verpachteten Jagdbezirkes mittels kurzer schriftlicher Verhandlung genau einzuweisen.

Bestimmungen über die Behandlung der k. Leibgehegs- und Regie-Jagden im oberbayerischen Hochgebirge und im Allgäu.

§ 1.

Die k. Leibgehegs-Jagden von Hohenschwangau, Vorderriß, Berchtesgaden und im Allgäu sind ebenso wie die Regiejagden in den k. Forstämtern Partenkirchen, Tölz, Tegernsee, Marquardstein, Ruhpolding und Reichenhall im Allgemeinen nach den Bestimmungen der allerhöchsten Verordnung vom 6. Dezember 1857 zu behandeln und zu beschießen.

Ausnahmen hievon sind als Abänderungen dieser erwähnten Verordnung nur mit allerhöchster Genehmigung Seiner Majestät des Königs zulässig.

§ 2.

Die kgl. Leibgehegs- und Regiejagden sollen ausgeschieden werden in Bezirke, welche sich ausschließend zu allerhöchsten Hofjagden eignen, und in solche, welche der waidmännischen Beschießung durch das k. Forst- und Jagdpersonal unterliegen.

Zu diesem Ende soll diese Ausscheidung definitiv festgestellt und auf der den k. Forstämtern mitzutheilenden Uebersichtskarte für den ersteren Zweck mit grüner und für den letzteren mit rother Farbe bezeichnet werden.

§ 3.

Die für das allerhöchste Jagdvergnügen Seiner Majestät des Königs ausgeschiedenen Jagdbögen sind streng zu hegen und es ist die Ausübung der Jagd ohne speziellen allerhöchsten Befehl in denselben in keiner Weise gestattet.

Nur das Erlegen des Raubzeuges ist dem mit dem Schutze und der Administration der Jagden beauftragten Forst- und Jagdpersonale zugestanden es sei denn, daß besondere Umstände auch dieses zeitweise unräthlich erscheinen lassen, in welchem Falle die k. Revierförster beziehungsweise auch die k. Forstämter das Nöthige zu verfügen und das untergeordnete Personal mit der entsprechenden Weisung zu versehen haben.

§ 4.

In den für die kgl. Hofjagden nicht reservirten kgl. Leibgehegsbezirken wird die strenge waidmännische Benutzung derselben in den verordnungsmäßigen Schußzeiten dem zum Schutze und der Administration der k. Jagden aufgestellten Forst- und Jagdpersonale zur Pflicht gemacht.

§ 5.

Um den Wildstand und beziehungsweise die Veränderungen während des Winters kennen zu lernen und ermessen zu können, wie viel hievon im

Laufe des Jahres waidmännisch geschossen werden kann, haben die k. Forstämter vor dem Beginn der Schußzeit, spätestens am 1. Juni jeden Jahres nach Vernehmung der einschlägigen Revierförster einen Schußetat zu entwerfen und ihrer unmittelbar vorgesetzten Stelle vorzulegen.

§ 6.

Sollten mehrere Jahre hindurch in den reservirten Bezirken k. Hofjagden nicht abgehalten werden, und der Wildstand eine Höhe erreichen, welche ein Uebermaß, Wildschaden oder Krankheit unter dem Wilde selbst befürchten läßt, so ist bei Vorlage des nächsten Schußetats auf dieses Verhältniß besonders aufmerksam zu machen, entsprechender Antrag auf Abschießung damit zu verbinden und allerhöchster Befehl darüber zu gewärtigen, ob in der bevorstehenden Schußzeit eine allerhöchste Hofjagd darin abgehalten oder das einschlägige k. Forst- und Jagdpersonal ermächtigt werden wolle, die erforderliche Abschießung in waidmännischer Weise selbst vorzunehmen.

§ 7.

Die von den k. Forstämtern anzufertigenden Schußetats sind von der k. Regierungs-Finanz-Kammer bezw. der k. Generalbergwerks- und Salinenadministration bis zum 15. Juni jeden Jahres dem k. Staatsministerium der Finanzen mit einer summarischen Zusammenstellung für sämmtliche Forstämter in Vorlage zu bringen und gehen nach erfolgter allerhöchster Genehmigung an die k. Forstämter zurück, welche den k. Revierförstern Abschrift hievon mit den nöthigen Vollzugs-Vorschriften zu geben haben.

§ 8.

Bei dem Vollzuge des genehmigten Abschuß-Etats hat das Forst- und Jagdpersonal nach dem Eintritte der verordnungsmäßigen Schußzeit den Abschuß an den äußeren Grenzen der Jagdbezirke zu beginnen und so allmählich nach Innen fortzuschreiten.

§ 9.

In der nächsten Umgebung der für k. Hofjagden reservirten Jagdbögen sind alle starken Gemsböcke und Kapitalhirsche in der Regel zu schonen. Nur im Falle das Auswechseln derselben zu befürchten ist, kann ausnahmsweise deren Abschuß von den k. Forstämtern, jedoch ohne Beunruhigung des reservirten Bogens, gestattet werden.

§ 10.

In denjenigen reservirten Bezirken aber, in welchen neben dem ordentlichen Standwild andere Wildgattungen keinen festen Stand halten und zeitweise in fremde nicht geschonte Jagden auswechseln ꝛc. ꝛc., kann der Abschuß solchen Wildes in der verordnungsmäßigen Schußzeit durch das k. Forst- und Jagdpersonal von dem k. Forstamte beantragt werden.

§ 11.

In den reservirten allerhöchsten Hofgehegebezirken ist die Jagdausübung keinem Jagdliebhaber gestattet. Ausnahmen können nur mit besonderer allerhöchster Genehmigung Seiner Majestät des Königs eintreten.

In den übrigen Leibgehegsbezirken können die Jagdliebhaber mit allerhöchster Erlaubniß Seiner Majestät des Königs zur Jagd zugelassen werden. Dieselben haben aber von der ihnen zu Theil gewordenen allerhöchsten Erlaubniß dem k. Forstamte, in dessen Bezirke sie zu jagen beabsichtigen, rechtzeitig Kenntniß zu geben, und von diesem die weitere Anweisung der betreffenden k. Revierförster entgegenzunehmen, wo und wie ihnen das beabsichtigte Jagdvergnügen gesichert werden könne.

Mit Rücksicht auf diese Anleitung wird denselben die Ausübung der Pürsche und des Anstandes in waidmännischer Weise mit Zuziehung des einschlägigen k. Jagdschutzpersonals zugestanden und es können von denselben innerhalb der verordnungsmäßigen Schußzeit und der Grenze des Schußetats sämmtliche Wildgattungen geschossen werden.

§ 12.

Die ertheilte allerhöchste Erlaubniß gibt keinen Anspruch auf die Jagdausübung in einem bestimmten Jagdbezirke. Diese hat sich vielmehr in allen Fällen nach dem in Mitte liegenden Schußetat zu richten und kann niemals über das Maß desselben erstreckt werden. Wenn daher der Schußetat bereits vor der Anmeldung durch das Forst- und Jagdpersonal, oder nachher durch den Jagderfolg des Jagdliebhabers erfüllt ist, so hat sich dieser mit seinem Gesuche um weitere Jagdausübung an ein anderes Forstamt, beziehungsweise an einen anderen Revier- (Ober-) Förster zu wenden.

§ 13.

Die Grenzen der ausschließlich für das allerhöchste Jagdvergnügen Seiner Majestät des Königs reservirten Jagdbögen sind den sämmtlichen begnadigten Jagdliebhabern sowohl auf der bei den k. Forstämtern und Revierförstern befindlichen Uebersichtskarte als im Forste selbst vorzuzeigen.

§ 14.

Jeder begnadigte Jagdliebhaber ist für die Einhaltung der Jagdgrenzen, sowie für die Beobachtung der allgemeinen wie besonderen Jagdvorschriften persönlich verantwortlich und hat im Falle der Ueberschreitung die Einziehung der allerhöchsten Erlaubniß zu gewärtigen unbeschadet derjenigen Einschreitung, welche sich auf die einschlägigen Gesetze und Verordnungen gründet. Zu dem Ende ist auch das k. Forst- und Jagdpersonal verpflichtet, bei persönlicher Verantwortung, jede Zuwiderhandlung seiner vorgesetzten Behörde zur Anzeige zu bringen.

c) Jagdpolizeiliche Vorschriften.

Königl. allerh. Verordnung vom 5. Oktober 1863, polizeiliche Vorschriften über Ausübung und Behandlung der Jagden betr.

Maximilian II.

von Gottes Gnaden König von Bayern, Pfalzgraf bei Rhein, Herzog von Bayern, Franken und in Schwaben etc. etc.

Wir finden Uns bewogen, auf Grund des Artikel 229 (125) des Polizeistrafgesetzbuches über Ausübung und Behandlung der Jagden zu verordnen, was folgt:

§ 1.

Die Jagden sollen pfleglich behandelt und Gefährdungen ihrer nachhaltigen Benützung beim Jagdbetriebe ferne gehalten werden.

Der Wildstand darf jedoch in keinem Jagdbezirke eine der Land- oder Forstwirthschaft schädliche Ausdehnung gewinnen.

§ 2.

Jeder Jagdausübungs-Berechtigte hat die festgesetzte Hege und Hegezeit zu beobachten.

§ 3.

Die Hegezeit wird nach den verschiedenen Wildgattungen in nachstehender Weise bestimmt: -

A. Für Haarwild:

für Hirsche vom 15. Oktober bis 24. Juni,
für Alt- und Schmalthiere vom 6. Januar bis 15. September,
für Dammböcke vom 30. Oktober bis 24. Juni,
für Dammgeisen vom 6. Januar bis 1. Oktober,
für Gemswild vom 30. November bis 25. Juli,
für Rehböcke vom 2. Februar bis 1. Juni,
für Waldhasen vom 2. Februar bis 15. September,
für Dächse vom 1. Januar bis 15. September,
für Biber vom 2. Februar bis 1. Oktober,
für Murmeltiere vom 31. Oktober bis 15. August.

B. Für Federwild:

für Fasanen vom 1. März bis 1. September,
für Auer- und Birkhähne vom 2. Februar bis 1. August, mit Ausnahme der Balzzeit,
für Hasel-, Schnee- und Steinhühner vom 2. Februar bis 1. August,
für Wildenten vom 1. März bis 30. Juni,
für Waldschnepfen und Bekassinen vom 15. April, — im Hochgebirge vom 1. Mai bis 1. Juli,
für das auf den Mösern brütende Federwild, dann
für Wildtauben, Ziemer, Drosseln vom 1. April bis 1. Juni.

§ 4.

Das Schießen und Fangen von Rehgeisen, Wildkälbern, Gems- und Rehkitzen, sowie der Auer- und Birkhennen ist zu keiner Zeit gestattet.

Rehkitzböcke dürfen vom 1. Januar an zu den jagdbaren Böcken gerechnet werden.

§ 5.

Wenn der Jagdausübungs-Berechtigte bei dem Dasein eines schädlichen Rehstandes eine Verminderung der vorhandenen Rehgeisen eintreten zu lassen für nothwendig oder wünschenswerth erachtet, so hat derselbe die Erlaubniß zur Erlegung solcher Stücke bei der einschlägigen Distriktspolizeibehörde nachzusuchen, welche hierüber das Gutachten des betreffenden Forstamts einzuziehen und im Falle der Bewilligung des Gesuches die geeignete Schußzeit und Stückzahl festzusetzen hat.

§ 6.

Die Feldjagd auf Hasen, Feldhühner, Wachteln und Lerchen ist vom 2. Februar an geschlossen.

Der Zeitpunkt ihrer Eröffnung wird in jedem Regierungsbezirke alljährlich mit Rücksicht auf den früheren oder späteren Eintritt der Ernte von der Kreisregierung innerhalb des Zeitraumes vom 15. August bis 15. September besonders bestimmt und durch das Kreisamtsblatt bekannt gemacht.

Der Aufgang der Hasenjagd darf innerhalb dieses Zeitraumes auf einen späteren Termin als den für die Eröffnung der übrigen Feldjagd festgesetzten verlegt werden.

§ 7.

Dem Jagdausübungs-Berechtigten kann bei einem geschlossenen Jagdbezirke von wenigstens 3000 Tagwerken das Erlegen junger Hasen während der Hegezeit für den eigenen Hausbedarf von der Distriktspolizeibehörde auf

Verlangen dann zugestanden werden, wenn dasselbe ohne Beschädigung der Feldfrüchte thunlich und die Nachhaltigkeit der Jagd dadurch nicht gefährdet ist.

3000 Tgw. = 1022 ha.

§ 8.

Der Aufgang der Feldjagd überhebt den Jagdausübungs-Berechtigten nicht der Verpflichtung, die noch ungeräumten Felder und unabgelesenen Weinberge nicht zu betreten.

Unter diesem Verbote sind jedoch die Gras- und Kleeflächen, sowie die Kartoffel-, Kraut- und Rübenfelder, vorbehaltlich des Ersatzes des etwa angerichteten Schadens — nicht begriffen.

§ 9.

Daß Schießen oder Fangen der Feldhühner bei tiefem Schnee ist unbedingt verboten.

§ 10.

Das Ausheben der Nester und Nestbrut des Federwildes ist untersagt.

Eine Ausnahme kann jedoch mit besonderer Bewilligung der betreffenden Kreisregierung, Kammer des Innern, dann stattfinden, wenn zu wissenschaftlichen oder Unterrichtszwecken oder zum Zwecke der Fortpflanzung einzelner Federwildarten von dem Jagdausübungs-Berechtigten oder mit dessen Zustimmung von einem Dritten darum nachgesucht wird.

§ 11.

Vierzehn Tage nach dem Eintritte der Hegezeit darf kein Wild, gleichviel ob es vom In- oder Auslande kommt, zum Verkauf gebracht werden.

Dieser Termin kann für den Absatz des Wildprets auf Verlangen des Besitzers von der Distriktspolizeibehörde auf weitere 14 Tage verlängert werden, wenn beim Schlusse der Schußzeit ein großer Vorrath noch vorhanden und diese Thatsache genügend nachgewiesen ist.

Polizeistrafgesetzbuch Art. 125 Abs. 3: „Unbeschadet der nach Maßgabe des Abs. 1 (d. i. der einschlägigen Bestimmungen 2c.) verwirkten Strafe unterliegt Wild, welches mit Uebertretung der die Hege oder Hegezeit betreffenden Bestimmungen erlegt wird, desgleichen Wild, welches während der für die betreffende Wildgattung festgesetzten Hegezeit und nachdem seit deren Eintritt vierzehn Tage verstrichen sind, ohne von der Distriktspolizeibehörde bewilligte Terminsverlängerung zum Verkaufe gebracht wird, der Einziehung. Der Erlös daraus fließt in die Armenkasse des Ortes der Uebertretung.

§ 12.

Die Bestimmungen der §§ 1 mit 11 finden auf umzäunte Wildparke und Fasanerien keine Anwendung.

Auch dürfen die Raubthiere und das in den §§ 3, 4 und 6 nicht namentlich aufgeführte Haar- und Federwild zu jeder Zeit erlegt und verkauft werden.

§ 13.

Das Abhalten von Treibjagden beim Mondscheine, dann in den Waldungen während der Monate April, Mai und Juni ist verboten.

§ 14.

Zum Jagdbetriebe dürfen keine hochbeinigen, weitjagenden Hunde gebraucht, keine Schießbaumwolle oder keine vergifteten Köder, sowie keine Fang-

und Fallgruben und keine Schlingen — jene für den Fang von Zugvögeln ausgenommen — angewendet werden.

Die Aufrichtung von Selbstgeschossen, Schlageisen oder Fußangeln bemißt sich nach der Bestimmung des Art. 149 des Polizeistrafgesetzbuches (§ 367 Ziff. 8 des Reichsstrafgesetzbuches).

§ 15.

Zur Jagd auf Edel-, Damm- und Gemswild ist nur der Gebrauch mit Kugeln geladener Gewehre gestattet.

§ 16.

Beim Tragen und bei Benützung der Jagdgewehre soll mit der erforderlichen Vorsicht zu Werke gegangen werden.

Zu dem Ende wird angeordnet:

a) daß Jagdgewehre, wenn bei der Jagdausübung damit öffentliche Plätze, Straßen und Wege betreten werden, wohl versichert gehalten und mit aufwärts gerichteter Mündung getragen und

b) daß dieselben Vorschriften beobachtet werden, wenn bei Treibjagden der Schütze von seinem Jagdstande abtritt und sich anderen Personen nähert.

c) Bei Treibjagden das angeschlagene Schießgewehr in die Richtung der Schützen- oder Treiberlinie zu bringen, sowie auf gegebenes Zeichen über die Annäherung der Treiber oder über Beendigung des Bogentriebes noch in den Bogenkreis zu schießen, ist untersagt.

§ 17.

In den Jagdrevieren aufsichtslos umherstreifende Hunde dürfen von dem Jagdausübungs-Berechtigten oder dem von ihm aufgestellten Jagdaufseher getötet werden.

§ 18.

Ergibt sich in einem Jagdbezirke ein der Land- oder Forstwirthschaft nachtheiliger Wildstand, so hat der zur Jagdausübung Berechtigte denselben in der von der Distriktspolizeibehörde vorgeschriebenen Zeit und in dem von ihr bestimmten Maße abzumindern.

Dasselbe gilt auch bei Ueberhandnahme schädlicher Raubthiere.

§ 19.

Beschwerden, welche gegen die mit Bezugnahme auf §§ 5, 7, 11 und 18 erlassenen polizeilichen Verfügungen gerichtet werden, sind innerhalb 14 Tagen an die einschlägige Kreisregierung, Kammer des Innern, als zweite und letzte Instanz zu bringen.

§ 20.

Den Ortspolizeibehörden bleibt vorbehalten, hinsichtlich des Markt- und Straßenverkehrs mit Wildpret auf Grund des Art. 202 Abs. 2 und 3 des Polizeistrafgesetzbuches besondere Vorschriften zu erlassen.

§ 21.

Gegenwärtige Verordnung, durch welche die Bestimmungen der Verordnung vom 6. Dezember 1857, polizeiliche Vorschriften über Behandlung der Jagden betr., ihrem ganzen Inhalte nach aufgehoben werden, tritt mit dem Tage ihrer Verkündung durch das Regierungsblatt in den Regierungsbezirken diesseits des Rheins in Wirksamkeit.

B.

Verordnung der k. k. österr. und k. b. Landes-Administrations-Commission vom 21. Dezember 1815 die Verwaltung und Ausübung der Jagd (in der Pfalz) betr.

§ 1.

. . . . sämmtliche Feldjagden sollen, unter Oberaufsicht des Oberforstamtes, durch Verpachtung benutzt werden*) . . . .

§ 3.

Waldgrundstücke, welche Privatpersonen gehören und die weniger als 200 rheinländische Morgen (ungefähr 80 Hektaren) enthalten, werden, wenn sie im Zusammenhange mit Staats- oder Gemeindewaldungen liegen, mit zur Jagdadministration gezogen und der Erlös wird dem Eigenthümer des Waldes berechnet.**)

Sind aber solche Waldparzellen einzeln im Felde gelegen, so werden sie nach § 5 mit in die Verpachtung der Feldjagd begriffen.

Nur in denjenigen Privatwaldungen, welche in einem Zusammenhange 200 rheinländische Morgen und darüber an Fläche enthalten, soll den Eigenthümern die Befugniß zustehen, die Jagd entweder durch eigenen Beschluß oder durch einen eigenen Jäger, oder durch Verpachtung selbst zu benutzen.

§ 5.

Die Verpachtung der Feldjagden geschieht auf Anordnung der Kreisdirektionen***), mit Zuziehung der Kreisforstämter und mit Vorbehalt der Genehmigung des Oberforstamtes.†)

Einzelne im Felde liegende Waldparzellen, welche nicht dem Staate gehören und in keinem Zusammenhange mit den administrirten Waldjagden sind, können . . . . in die Verpachtung einbegriffen werden.

Der Ertrag der Jagdverpachtungen fließt in die betreffenden Gemeindekassen.

Die Kreisdirektionen haben gemeinschaftlich mit den Kreisforstämtern mit Rücksicht auf die ordentlichen Verhältnisse zu bestimmen, ob die Gemarkungen mehrerer Gemeinden in einen Jagdbezirk zusammenzufassen, oder auch aus einer großen Gemarkung mehrere Jagdpachtbezirke zu bilden sind. Im ersten Falle ist der Maßstab nach Befinden der Umstände festzusetzen, welcher zur Verteilung des Pachtzinses unter die verschiedenen Gemeinden dienen soll.

Denjenigen einzelnen Grundbesitzern, welche zusammenhängende eigenthümliche Grundstücke von 100 rheinländischen Morgen (40 Hektaren) Flächeninhalt und darüber besitzen, steht die Befugniß der Mitbenutzung der . . . . Feldjagd, auf diesen Grundstücken neben dem Pächter, jedoch nur für ihre Person zu. Alle und jede Grundstücke, welche mit einer Mauer, einem Zaune, oder einer Hecke umgeben und vermittelst Thüre und Schloß verschlossen sind, sind von der Verpachtung der Jagd ausgenommen. Dem Besitzer solcher Grundstücke steht allein das Jagdrecht unter Befolgung der in gegenwärtiger

*) Der zweite Satz lautete: „Es darf daher die Ausübung der Jagd von Seiten aller Mitglieder einer Gemeinde gemeinschaftlich auf dem ganzen Bau, oder von Seiten jeden einzelnen Einwohners auf seinem Grundstücke, außer wenn dieses als Ausnahme von der Regel durch spezielle Anordnung der Landesadministration in einzelnen Fällen aus besonderen Gründen bewilligt worden ist, nicht weiter stattfinden."

**) Durch Rggs.-Entschl. v. 17. April 1818 wurde die Administration der Gemeindejagden aufgehoben und deren Verpachtung mit den Feldjagden angeordnet.

***) Nun Bezirksämter.

†) Nun Regierung, K. d. Inn., (als 2. Instanz); die Genehmigung ertheilt zunächst das Bezirksamt.

Verordnung enthaltenen oder noch zu erlassenden polizeilichen Verordnungen darin zu.

§ 6.

Die Verpachtung sämmtlicher Feldjagden, welche nicht bereits in Pacht gegeben sind, ist sofort einzuleiten. Wesentliche Bedingungen hiebei, sowie bei allen künftigen Verpachtungen sind folgende, welche jedesmal in das Protokoll oder den Kontrakt aufgenommen werden sollen.

a) Dauer der Pachtzeit auf wenigstens 6 Jahre. Wenn jedoch der Pächter binnen der Zeit mit Tod abgehen, oder seinen Wohnort verändern sollte, so hört der Kontrakt mit demselben Pachtjahre auf, in welchem sich der Fall ereignet.

b) Daß nur bekannte und rechtliche Leute als Jagdpächter zugelassen werden, von denen eine vorschriftsmäßige Benutzung der Jagd zu erwarten steht. Keine Jagdfrevler, Wilddiebe, Leute ohne alles Vermögen oder solche, die durch die Jagd ihr Gewerbe vernachlässigen oder in ihrem Nahrungsstande zurückkommen würden.

c) Daß nicht mehr als 3 Teilhaber an einem Jagdpachtbezirke sein dürfen bei Verlust der Jagd.

§ 7.

Weder die Forstbeamten noch die Jagdpächter oder deren Jäger und Jagdschützen, noch die Personen, welche die einen oder die anderen zuweilen mit auf die Jagd nehmen möchten (welches bei den Revierförstern ohne Vorwissen und Genehmigung des Oberforstamtes nicht zu geschehen hat), noch diejenigen Grund- oder Waldbesitzer, denen durch die gegenwärtige Verordnung §§ 3 und 5 die Ausübung der Jagd zugestanden wird, sollen befugt sein zu jagen, wenn sie nicht mit einem, nach Vorschrift des Art. 3 der Verordnung vom 23. Juli v. J. ertheilten Erlaubnißschein, Gewehre tragen zu dürfen, versehen sind.

Diese Erlaubnißscheine sollen dem gesammten Forstpersonale, rücksichtlich seiner Dienstverrichtungen, welche das Tragen von Feuergewehren nothwendig machen, unentgeltlich ausgefertigt werden und so lange sie nicht auf besondere Veranlassung zurückgenommen werden, giltig bleiben.

Die an andere Jagdberechtigte oder Jagdliebhaber ausgefertigt werdenden Erlaubnißscheine sind jedesmal nur auf ein Jahr giltig. Die Gebühr derselben wird hiemit von 30 Franken auf 12 Franken herabgesetzt. Wenn Forstbeamte Feldjagden gepachtet haben, so können sie in denselben nicht auf den Grund des ihnen von Amtswegen ertheilten Waffenscheins jagen, sondern müssen in solchem Falle wie jeder andere Jagdpächter einen jährlichen Erlaubnißschein gegen Bezahlung der Gebühr lösen. An Andere als Jagdberechtigte sollen nur mit großer Vorsicht Erlaubnißscheine, um Jagdgewehre tragen zu dürfen, ausgefertigt werden.

Die in polizeilicher Hinsicht an Personen, die keine Jagdberechtigte sind, ertheilten Waffenscheine begründen kein Recht zur Ausübung der Jagd.

Sämmtliche Erlaubnißscheine sind nur für das Individium giltig, auf welches sie lauten.

§ 26.

Die französischen Gesetze, welche in Ansehung der Jagdpolizei bisher befolgt wurden, treten, insoferne sie nicht durch gegenwärtige Verordnung ausdrücklich beibehalten worden sind, vom Augenblicke der Publikation derselben an außer Kraft.

Bayer. Einführungsgesetz zum Strafgesetzbuche für das Deutsche Reich vom 26. Dezember 1872.

Art. 2.

Insbesondere treten . . . . außer Kraft:

11. Die in den §§ 4, 6, 8—24 der pfälz. Jagdverordnung vom 21. September 1875 enthaltenen strafrechtlichen und jagdpolizeilichen Bestimmungen nebst dem Dekrete vom 4. Mai 1812 „Die Bestrafung der Jagdausübung ohne Erlaubnißschein" betr. . . . .

Bayer. Ausführungsgesetz zur Reichsstrafprozeßordnung vom 18. August 1879.

Art. 2.

Außer Kraft treten . . . .

14. . . . .

a) Die auf das Strafverfahren bezüglichen Bestimmungen der Verordnung vom 21. September 1815, die Verwaltung und Ausübung der Jagd betr. zunächst die §§ 21, 24, 25.

Entschließung der k. b. Regierung des Rheinkreises, K. d. Innern, vom 20. Juli 1833.

Durch die Aufhebung der Administration der Waldjagden und des Oberforstamtes . . . . hat die Jagdverordnung vom 21. Sept. 1875 ihre Anwendbarkeit großen Theils verloren.

Viele Bestimmungen dieser Verordnung müssen dagegen, bis ein neues Jagdgesetz erfolgt, schon um deswillen in Vollzug bleiben, weil es sonst an jagdpolizeilichen und Strafverordnungen ermangeln würde.

. . . .

Von dem § 6 der Verordnung sind folgende Bestimmungen, als unter den gegenwärtigen Verhältnissen unanwendbar, für aufgehoben zu erachten:

Die Worte „und des Oberforstamtes" in dem Art. d.

Der ganze Art. k. . . . . der ganze Art I. . . . . der ganze Art. p. der Art. n. ist zwar unnöthig, allein seine Anwendbarkeit hat er durch die neuen Verhältnisse nicht verloren.

Kgl. Allerhöchste Verordnung vom 4. Januar 1872, polizeiliche Vorschriften über Ausübung und Behandlung der Jagden im Regierungsbezirke der Pfalz betr.

Wir finden uns bewogen, mit Rücksicht auf Art. 2 Ziff. 11 des Gesetzes vom 26. Dezember 1871, den Vollzug der Einführung des Strafgesetzbuches für das deutsche Reich in Bayern betr., auf Grund des Art. 14 Abs. 2 Ziff. 5 und Abs. 4 jenes Gesetzes über Ausübung der Behandlung der Jagden im Regierungsbezirke der Pfalz zu verordnen was folgt:

§ 1.

Die Vorschriften in den §§ 1 bis 21 der Verordnung vom 5. Oktober 1863 sind vorbehaltlich der nachstehenden Modifikationen auch in der Pfalz anwendbar.

§ 2.

An die Stelle des § 14 Abs. 2 und des § 20 treten folgende Bestimmungen:

a) (§ 14 Abs. 2) die Aufrichtung von Selbstgeschossen, Schlageisen oder Fußangeln bemißt sich nach der Vorschrift des § 367 Ziff. 8 des Strafgesetzbuches für das deutsche Reich.

b) (§ 20) den Ortspolizeibehörden bleibt vorbehalten, hinsichtlich des Markt- und Straßenverkehrs mit Wildpret auf Grund des Art. 146 Abs. 1 und 2 des Polizeistrafgesetzbuchs für Bayern vom 26. Dezember 1871 besondere Vorschriften zu erlassen.

§ 3.

Gegenwärtige Verordnung tritt mit dem Tage ihrer Bekanntmachung durch das Regierungsblatt, beziehungsweise Kreisamtsblatt der Pfalz im Regierungsbezirke der Pfalz in Wirksamkeit.

Bestimmungen, nach welchen die Staatswaldjagden künftig zu verwalten sind,

bekannt gemacht den 17. Mai 1850, Amtsblatt S. 280.

Auf den Grund h. Entschließung des k. Staatsministeriums der Finanzen d. d. 29. April l. J. werden hiemit die Bestimmungen zur allgemeinen Darnachachtung bekannt gemacht, nach welchen von nun an die Verwaltung der Staatswaldjagden zu geschehen hat.

I.

Von der Ausübung des ärarialischen Jagdrechts.

§ 1.

Nach der mit Gesetzeskraft versehenen Verordnung vom 21. September 1815 über die Verwaltung und Ausübung der Jagd ist das Jagdrecht in der Pfalz, gleich wie nun in den jenseitigen Kreisen des Königreichs, von dem Grundeigenthumsrecht abhängig, d. h. es fließt das Erstere aus dem Letzteren.

In Folge dessen steht dem k. Aerar das Jagdrecht in den Staatswaldungen ausschließlich zu, und es ist dasselbe in der Ausübung dieses Rechts in keiner Weise beschränkt.

§ 2.

Wie bisher soll auch künftig bei den Staatswaldjagden die Verpachtung als Regel und die Verwaltung in eigener Regie als Ausnahme gelten, letztere jedoch nur in zusammenhängenden größeren Staatswaldungen im Interesse des Forstschutzes und der Forstkultur, oder, wo andere besondere und überwiegende Verhältnisse dafür sprechen, Platz greifen.

Wo die Versteigerung aus Mangel an hinlänglicher Konkurrenz ohne Erfolg bleibt, tritt temporäre Verwaltung in Regie ein.

§ 3.

Spezielle Jagdübertragungen von einem Pächter auf den anderen finden nicht mehr statt. Sollten in ganz besonderen Fällen die triftigsten Gründe dafür sprechen, daß eine Ausnahme zugelassen werde, so bedarf es hiezu der Genehmigung des k. Staatsministeriums der Finanzen.

§ 4.

Wird es bei den Regiejagden als nothwendig erachtet, einzelne, von Staatswaldjagden ganz oder theilweise umschlossene Grundstücke mit den betreffenden Staatsjagdbezirken zu vereinigen, so hat dies im Wege gütlicher

Verständigung oder dadurch zu geschehen, daß das Staatsärar selbst als Pächter dieser Jagdinklaven auftritt. Im Falle der Vereinbarung werden die auf das Tagwerk auszuschlagende Fraktion des bekannten oder muthmaßlichen Jagdertrags und die Pachtschillinge für unmittelbar anstoßende Gemeindejagden zum Anhalte dienen können.

Die k. Forstämter haben eintretenden Falles die geeigneten Anträge zu stellen; es sollen dieselben übrigens strenge auf Fälle beschränkt bleiben, wo die damit zu erzielenden Vortheile die außerdem zu besorgenden Nachtheile unzweifelhaft überwiegen.

II.

Von der Zulässigkeit zu den Staatswald-Jagd-Pachtungen.

§ 5.

Zur Pachtung ärarialischer Jagden wird jeder selbstständige Staats-Angehörige zugelassen, welcher das 21. Lebensjahr zurückgelegt, dabei einen guten Leumund hat und sich in dem freien Genusse eines seinen und seiner Familie Unterhalt sichernden Einkommens befindet.

§ 6.

Ein solches Einkommen wird ohne weitere Recherche vorausgesetzt:

a) bei allen selbstständigen Staats-Angehörigen, welche ein jährliches reines Einkommen von wenigstens 500 fl. besitzen;

b) bei allen Denjenigen, welche den Stand eines Staatsdieners nach den Bestimmungen der IX. Beilage zur Verfassungsurkunde erworben haben;

c) bei allen auf Lebenszeit angestellten Beamten der Gemeinden und Stiftungen;

d) bei allen k. Offizieren und bei den im Range ihnen gleichstehenden Administrations-Beamten.

Insoferne über die Zulassung der ad b, c und d bezeichneten k. Beamten und Offiziere, dann der Beamten der Gemeinden und Stiftungen beschränkende oder ausschließende Bestimmungen der ihnen vorgesetzten Behörden bestehen oder noch erfolgen sollten, versteht sich deren Beachtung von selbst.

§ 7.

Bei dem k. Forstpersonale bleiben die Bestimmungen der generalisierten Ministerial-Entschließung vom 8. Januar 1849 über die Zulässigkeit zu den Jagdverpachtungen in ungeschmälerter Anwendung, wonach

a) diesem Personale die Jagdübernahme nur innerhalb des speziellen Dienstbezirkes mit Untersagung des Zusammenpachtens zu großer Jagdbezirke gestattet werden kann;

b) dem Forstpersonale, welches bleibende Regiejagden in größeren Staatswaldungen (§ 2) zu beschießen und zu beaufsichtigen hat, die Erpachtung der unmittelbar anstoßenden Gemeindejagd untersagt ist, mit Gestattung jedoch der Pachtzulassung für entferntere Feldjagden, wenn keine sonstigen Bedenken entgegenstehen;

c) die Forstgehilfen, Forstpraktikanten und Forstlehrlinge, wenn sie auch im Uebrigen die Vorbedingung zu erfüllen vermögen, zu den Jagdpachtungen nicht zugelassen werden dürfen.

Bei der Pachtverhandlung ist jedesmal die Zulassungsfähigkeit zu prüfen und, daß dies geschehen, in dem Protokoll zu erwähnen.

§ 8.

Zur Pachtung ärarialischer Jagden können ferner zugelassen werden: Stiftungen und Gemeinden, welche bereits eigene Jagden besitzen, die sie durch angrenzende k. Jagdbezirke zu arrondiren wünschen.

III.

Geschäftsbehandlung, um die Verpachtung einzuleiten.

§ 9.

Die Verpachtung geschieht im Wege der öffentlichen Versteigerung an den Meistbietenden.

Die öffentliche Versteigerung bleibt Regel, die Verpachtung im Wege des besonderen Uebereinkommens darf nur bei Staatswaldjagden von weniger als 600 Tagwerken Flächeninhalt, welche von Gemeindejagdbezirken ganz oder größtentheils umschlossen sind, und wenn hinreichende Motive zur Seite stehen, an den Pächter dieser letzteren, wenn er die nöthigen Eigenschaften besitzt und zur Bezahlung eines entsprechenden Pachtschillings bereitwillig ist, stattfinden.

§ 10.

Die Versteigerung wird auf Betreiben des Forstamts vor dem einschlägigen Landkommissariat (Bezirksamt) oder vor dem durch dasselbe im Verhinderungsfalle kommitirten Bürgermeisteramte abgehalten, und zwar im Beisein des betreffenden k. Forst- und Rentamts.

Da es die Ungiltigkeit des Aktes zur Folge haben müßte, wenn der Administrativbeamte, vor welchem die Versteigerung abgehalten wird, oder der amtlich dabei mitwirkende k. Forstmeister oder der k. Rentmeister selbst als Pächter auftreten würde, so ist, für den Fall der eine oder der andere dieser Beamten gesonnen wäre, bei der Verpachtung zu konkurriren, rechtzeitig Anzeige hieher zu erstatten, und zwar an die k. Regierung, Kammer des Innern, wenn der k. Landkommissär, und an die k. Regierungs-Finanzkammer, wenn der k. Forstmeister oder der k. Rentmeister sich um die Jagd bewerben will, worauf dann verfügt werden wird, wer denselben oder dieselben bei fraglicher Amtshandlung zu ersetzen hat.

§ 11.

Der Versteigerungstermin ist durch das betreffende k. Forstamt in Gemeinschaft mit dem k. Rentamte und benehmlich mit dem k. Landkommissariat festzusetzen.

§ 12.

Wenigstens volle 14 Tage vor dem zur Versteigerung eines Jagdbezirkes anberaumten Termine hat die allenfallsige Bekanntmachung in den nächsten Zeitungs-, Intelligenz- oder Wochenblättern, ferner mittelst Anschlagzettel oder Ausrufen in den benachbarten Gemeinden mit deutlicher Bezeichnung des Pachtobjektes, sowie des Ortes und der Zeit der Verhandlung, zu geschehen.

Gleichzeitig ist eine genaue Grenzbeschreibung des Jagdbezirkes durch das einschlägige k. Forstamt dem betreffenden k. Landkommissariat zu überstellen.

§ 13.

Vor dem Beginne der Versteigerung sollen die anwesenden Pachtliebhaber jedesmal mit dem Pachtobjekt und dessen Grenzen, sowie mit den weiter unter §§ 20 bis 28 vorgeschriebenen Bedingungen gehörig bekannt gemacht zu werden. Daß dies geschehen, ist in dem Protokoll zu bemerken.

§ 14.

Es ist ferner vor der Versteigerung den Pachtliebhabern zu eröffnen und in dem Protokoll zu bemerken, daß zwar die Genehmigung der k. Regierung, Kammer der Finanzen, vorbehalten bleibe, Nachgebote aber nicht angenommen werden.

§ 15.

Der Auswurfspreis ist ebensowohl aus dem Betrage des bisherigen Pachtzinses, als durch genaue, von dem k. Forstamte mit Zuziehung des betreffenden k. Revierförsters zu bewirkende Einschätzung des wahren Nutzungswerthes dergestalt zu erheben, daß aus beiden Beträgen unter Berücksichtigung der hiebei in Betracht kommenden besonderen Umstände ein mittlerer Ansatz gebildet werde.

Gleich nach erfolgter Erledigung eines Jagdbezirkes ist das forstamtliche Gutachten über den festzusetzenden Auswurfspreis an die k. Regierung, Kammer der Finanzen, zu erstatten.

Wenn Regiejagden zum erstenmal verpachtet werden, kann der seitherige Ertrag bei Festsetzung des Auswurfspreises zum Anhalt dienen.

§ 16.

Es versteht sich von selbst, daß die auf den Grund der Bestimmungen vom 10. Dezember 1818 und 26. April 1832 abgeschlossenen Jagdpachte so lange fortbestehen bleiben, bis die durch dieselben festgesetzten Bedingungen ihrer Auflösung eingetreten sind. Dagegen haben bei allen künftigen Verpachtungen von Staatswaldjagden die gegenwärtigen Bestimmungen Anwendung zu finden.

§ 17.

Bei eintretenden Jagderledigungen haben die k. Forstämter die Wiederverpachtung an den Meistbietenden ohne weiteres einzuleiten, insoferne nicht der Jagdbezirk zu denjenigen gehört, welche künftig bleibend in Regie verwaltet werden sollen (§ 2), oder Motive für die Verpachtung mittels besonderen Uebereinkommens bestehen (§ 9), oder über den erledigten Jagdbezirk Streitigkeiten obwalten, oder aber zweckmäßige Modifikation in der Jagdbogeneintheilung zu bewerkstelligen wären. In diesen Fällen hat das betreffende Forstamt Bericht zu erstatten und wohlbegründete Anträge zu stellen.

§ 18.

Bis zur erfolgten Wiederverpachtung ist jeder erledigte k. Jagdbezirk durch das einschlägige k. Forstpersonal ex officio in Aufsicht zu nehmen, soll aber nur in dem Falle, jedoch für Rechnung des künftigen neuen Pächters beschossen werden, wenn dieses, um Wildschaden zu verhüten, nicht umgangen werden kann.

Es ist ein Verzeichniß des während dieser temporären Beaufsichtigung erlegten Wildes und des dafür erzielten Erlöses noch vor der Abhaltung der in Frage stehenden Jagdverpachtung an das betreffende Forstamt zu übergeben, damit hievon in dem Pachtakt Meldung geschehen kann.

Wenn die öffentliche Versteigerung aus Mangel an hinlänglicher Konkurrenz ohne Erfolg geblieben ist und deshalb temporäre Verwaltung in Regie eintritt (§ 29), ist das inzwischen erlegte Wild dem Aerar zu verrechnen und die weiters nothwendige Beschießung der Jagd ebenfalls auf Rechnung des Aerars vorzunehmen.

Für solche Jagdbezirke ist aber nach Verlauf von spätestens einem halben Jahr, wenn nicht schon früher eine entsprechende Konkurrenz erwartet werden darf, wiederholt die Verpachtung zu versuchen.

IV.

Pachtverträge.

§ 19.

Die Pachtvertragsurkunden werden mit Beziehung auf die denselben vorangegangenen Verhandlungen nach Anleitung der folgenden §§ 20 bis 37, aus welchen die allgemeinen Bedingungen zu entnehmen sind, und des § 38 hinsichtlich etwa nöthiger spezieller Bedingungen gefertigt.

§ 20.

Die Dauer des Jagdpachtes, welcher sich auf den durch die Grenzbeschreibung näher bezeichneten Jagdbezirk erstreckt, wird in der Regel auf 15 Jahre festgesetzt.

Wenn von fremdem Eigenthume umschlossene Staatswaldjagden an die Pächter der umliegenden Gemeindejagden in Pacht gegeben werden (§ 9), so hat sich die Pachtzeit auf die Dauer des Jagdpachtes für die umliegende Gemeindejagd zu richten.

§ 21.

Dem Pächter steht es nicht frei, den Pachtvertrag unter irgend einem Vorwande zu kündigen.

Der Pachtvertrag erlischt jedoch noch vor der festgesetzten Zeit ohne allen Entschädigungsanspruch:

a) bei dem Tode des Pächters;
b) wenn derselbe seinen Wohnort verändert und die Jagd vom neuen Wohnort aus persönlich nicht ausüben kann und einen eigenen gelernten Jäger nicht aufstellen will;
c) wenn die Eigenschaften und die Verhältnisse aufhören, auf deren Grund der Pächter zur Pachtung zugelassen worden ist;
d) wenn der betreffende Staatswaldjagdbezirk ganz oder theilweise verkauft, vertauscht oder auf Forstpurifikation abgetreten wird.

Ferner bleibt dem k. Aerar, beziehungsweise der k. Regierung, Kammer der Finanzen, die Aufkündigung des Jagdpachtes ohne gerichtliche Dazwischenkunft und ohne allen Entschädigungsanspruch von Seite des Pächters zu jeder Zeit noch vorbehalten:

e) wenn der Pachtschilling nicht binnen 4 Wochen vom Verfalltage an erlegt ist, und
f) wenn der Pächter, vorausgegangener Mahnung durch die k. Regierung ungeachtet, einer oder der andern der Bestimmungen der §§ 23, 29 und 31 entgegengehandelt oder dieselben nicht erfüllt, namentlich wenn dem Inhalte des § 29 zuwider eine solche Vermehrung des Wildstandes eintreten sollte, daß derselbe nach dem Gutachten der betreffenden Lokalbehörde als ein wesentliches Hinderniß für die Feldkultur oder Holzzucht erkannt wird, oder wenn umgekehrt die Jagd übermäßig ausgeschossen werden sollte.

§ 22.

Der Pächter hat gegen Beeinträchtigung durch Wilddiebstahl und Jagdfrevel auf dem gesetzlichen Wege Schutz zu suchen.

Das k. Forstpersonal ist angewiesen, zur Verhinderung, Entdeckung und gesetzlichen Bestrafung aller Jagdexzesse möglichst mitzuwirken.

§ 23.

Für einen Jagdbezirk sind höchstens drei Pächter zugelassen, welche sodann im Pachtvertrag namhaft zu machen sind. Dieselben haften gemeinschaftlich für die Erfüllung der Jagdbedingungen, und wenn einer von den Beiden, oder einer von den Dreien, welche die Jagd gemeinschaftlich gepachtet haben, austreten sollte, so ist der Andere verpflichtet, den Pachtvertrag auch ferner fortzusetzen und einzuhalten.

Die Benutzung des Jagdbezirkes hat ordnungsmäßig mit Einhaltung der festgesetzten oder der gewöhnlichen Schußzeit und unter Beobachtung der allgemeinen und speziellen jagdpolizeilichen Verordnungen zu geschehen. Sie wird nur dem Pächter oder den Pächtern, wo deren zwei oder drei sind, zugestanden.

Der oder die Pächter haben sich jeder theilweisen oder ganzen Verleihung in Afterpacht, jeder Ueberlassung an Dritte gegen Vergütung in Geld oder Wildpret, resp. gegen Vorbehalt eines Theils des Jagdertrages durchaus zu enthalten.

Wenn Gemeinden oder Stiftungen zur Arrondirung ihrer Jagdbezirke umschlossene oder angrenzende Staatswaldjagden pachten (§ 8), so darf die Jagd nur durch die von denselben aufgestellten gelernten Jäger oder höchstens zur Jagdpachtung zuläßige Gemeindeglieder unter Beobachtung der allgemeinen und speziellen Bedingungen ausgeübt werden.

Dem Pächter ist unbenommen, andere Jagdliebhaber von unbescholtenem Rufe mit sich auf die Jagd zu nehmen, oder durch seine Jäger oder Jagdaufseher mitnehmen zu lassen.

§ 24.

Kein Jagdpächter und kein Jagdliebhaber, Schütze oder Jäger, welche der Pächter mit sich auf die Jagd nimmt, darf die Jagd mit dem Gewehre ausüben, ohne mit dem verordnungsmäßigen Gewehrpaß versehen zu sein, bei Vermeidung der durch die Gesetze in dieser Hinsicht festgesetzten Strafe.

§ 25.

Die Ausübung der verpachteten Jagd, oder die Aufsicht über dieselbe darf nur in den Fällen dem Forstpersonale, vom Revierförster an abwärts, übertragen werden, wenn die k. Regierung, Kammer der Finanzen, ihre Bewilligung zu dieser Uebertragung gegeben hat.

Die Festsetzung des Schuß- und Fanggeldes oder einer anderweitigen Remuneration bleibt alsdann der gütlichen Uebereinkunft zwischen dem Pächter und dem Forstpersonale überlassen.

Niemals aber darf die Verwendung des Letzteren zur Jagd mit dem Forstdienst in Collision treten, vielmehr muß die Jagdaufsicht oder Ausübung stets den Forstdienstverrichtungen nachgesetzt bleiben.

§ 26.

Wenn der Pächter andere Individuen als Jagdaufseher aufstellen will, so hat er hiezu Leute von gutem Leumund zu wählen und die Zustimmung des k. Forstamtes zu erholen. Glaubt Letzteres dieselbe versagen zu müssen, so entscheidet die k. Regierungskammer der Finanzen.

§ 27.

Das k. Forstpersonal möge mit der Aufsicht und Ausübung der Jagd beauftragt sein oder nicht, so soll dasselbe in jedem Falle seinen ganzen

Forstbezirk begehen, auch nach den desfallsigen Verordnungen innerhalb seiner Forstbegänge dem Schwarzwilde und den Wölfen Abbruch thun können. Jedoch hat dasselbe bei anzustellenden Jagden dieser Art den Jagdliebhaber vorher in Kenntniß zu setzen. Letzterer mag dann bei der Jagd mitwirken oder nicht, so ist das erlegte Schwarzwild an ihn auszuliefern.

Nach Befinden der Umstände ist auch dem Forstpersonale von anderen Waldbesitzern der Durchgang mit dem Gewehre gestattet, wenn der Weg zu der ordentlichen Dienstverrichtung durch den verpachteten Aerarialjagdbezirk führt.

§ 28.

Die Grenzen des Jagdbezirks dürfen bei der Ausübung der Jagd ebensowenig überschritten, als die angrenzenden Jagdbezirke auf irgend eine andere Weise beunruhigt werden. Die Uebertretung dieser Bedingung zieht die Verfolgung und Bestrafung als Jagdfrevler nach sich. Zu diesem Ende hat sich der Förster insbesondere des Gebrauches lange und weit jagender Hunde zu enthalten.

Die Wildfolge kann nur auf Grund der mit den angrenzenden Jagdliebhabern zu treffenden Uebereinkunft ausgeübt werden. Wo ein solches Uebereinkommen nicht besteht, findet eine Wildfolge nicht statt. Frühere hierauf bezügliche Verfügungen treten hiemit außer Wirksamkeit.

§ 29.

Pächter erhält durch den Pachtvertrag durchaus keine Befugniß, die Kultur, Bewirthschaftung und ökonomische Benutzung der Waldungen, Felder, Wiesen, Möser, Filze, Weiher 2c. zu hindern, sich auf irgend eine Art einzumischen, oder in dieselbe eingreifende Handlungen vorzunehmen; er hat im Gegentheil jede Beschädigung der Feldfrüchte und Holzbestände bei der Ausübung der Jagd sorgfältig zu vermeiden und überhaupt die ihm verpachtete Nutzung in jeder Hinsicht so zu betreiben, daß weder die Feldwirthschaft noch die Holzzucht darunter leidet.

§ 30.

Pächter ist ohne allen Anspruch auf Entschädigung verbunden, im Falle die Schonung oder Verminderung oder die Vertilgung einer Thiergattung polizeilich angeordnet wird, sich darnach zu richten und ernstlich mitzuwirken, so weit es durch die Ausübung der Jagd geschehen kann.

Namentlich hat sich derselbe die Verfolgung und Vertilgung der Wölfe und des Schwarzwildes angelegen sein zu lassen.

§ 31.

Sollte den Bestimmungen der vorhergehenden Paragraphen ungeachtet in dem erpachteten Jagdbezirke Wildschaden irgend einer Art, sei es durch das Wild selbst oder bei der Ausübung der Jagd geschehen, so hat der Pächter die Verbindlichkeit, den betreffenden Grundbesitzern, also auch dem k. Aerar als Waldbesitzer, den auf gesetzlichem Wege festgestellten Schadenersatz zu leisten, ohne deshalb irgend einen Regreß an dem k. Aerar suchen zu dürfen.

§ 32.

Die Bezahlung des Pachtschillings wird für jedes Jahr am 1. Oktober durch Vorausbezahlung in guten kassenmäßigen Münzsorten unweigerlich und ohne Abgang an das einschlägige k. Rentamt geleistet, widrigenfalls nach vergeblich erfolgter Mahnung ohne alle andere Förmlichkeit unbeschadet der

Vorbehalte des § 21 lit. e und f exekutive gegen die im Rückstande verbliebenen Pächter verfahren wird.

In keinem Falle und unter keinem Vorwande hat Pächter Anspruch auf irgend einen Nachlaß am Pachtschilling, vielmehr leistet derselbe darauf, sowie auf jede Reklamation oder Entschädigungsforderung im Voraus Verzicht.

§ 33.

Wenn sich der Jagdpachtvertrag in Gemäßheit der §§ 20 und 21 im Laufe eines Etatsjahres, für welches der Pachtschilling vorausbezahlt worden ist, auflöst, so wird diejenige Rate desselben durch das k. Rentamt auf Anweisung der k. Regierung, Kammer der Finanzen, an den austretenden Pächter oder dessen Stellvertreter zurückbezahlt, welche sich von dem Tage an, wo die Benutzung der Jagd von Seite des Pächters oder seiner Stellvertreter aufgehört hat, bis zum Ende des Etatsjahres nach dem Verhältnisse dieses Zeitraumes zu jenem, für welchen der Pachtzins vorausbezahlt worden ist, berechnet.

Der neue Pachtschilling hat, wenn die Wiederverpachtung in Bälde stattfindet und nicht die temporäre Verwaltung in Regie auf längere Zeit eintreten mußte, von dem Tage der Erledigung des früheren Jagdpachtes an zu laufen.

Dem neuen Pächter ist jedoch, wenn der Bezirk bis zur Wiederverpachtung der Jagd nach § 18 beschossen werden mußte, der Erlös aus dem erlegten Wilde, nach Abzug der auf Schußgeld, Lieferlohn rc. erlaufenen Kosten, auszubezahlen.

§ 34.

Um das k. Aerar wegen Erfüllung der Jagdbedingungen sicher zu stellen, hat der Pächter einen solidarischen Bürgen zu bezeichnen, welcher — insofern das k. Rentamt ihn als genügend annimmt — das Verpachtungsprotokoll als solcher mit zu unterzeichnen hat.

§ 35.

Die sämmtlichen Jagdverpachtungskosten nämlich für die Anschlagzettel oder das Ausrufen der Versteigerung, den Stempel des Versteigerungsprotokolles, die Schreib-, Ausfertigungs- und Einregistrirungsgebühr für letzteres, hat der Pächter zu tragen. Das k. Rentamt zahlt erstere vorschußweise und hat sich solche mit der Einregistrirungsgebühr von dem Pächter zurückerstatten zu lassen.

§ 36.

In dem Verpachtungsprotokoll soll nicht blos das letzte und höchste Gebot mit dem Namen des Steigerers aufgenommen werden, sondern es ist jeder Steigerer namentlich mit seinem Angebote aufzuführen.

§ 37.

Mit dem Beginne der Versteigerung soll der Zeitpunkt bestimmt und in dem Protokoll angegeben werden, bis zu welchem die Steigerung dauern, resp. das Protokoll für die Angebote offen gehalten werden soll; mit dem Eintritt dieses Moments erfolgt der Zuschlag an den Letzt- und Meistbietenden.

§ 38.

Den in den §§ 20 bis 35 vorgegebenen allgemeinen Bestimmungen können noch diejenigen speziellen Bedingungen beigefügt werden, welche etwa durch besondere örtliche Verhältnisse veranlaßt werden möchten, wobei sich übrigens von selbst versteht, daß sie mit jenen nicht im Widerspruche stehen dürfen.

§ 39.

Nach erfolgtem Abschlusse wird von dem betreffenden k. Landkommissariate das Original-Verpachtungsprotokoll an die k. Regierungsfinanzkammer zur Genehmigung eingesendet. Sobald diese erfolgt und der Akt bei dem betreffenden k. Rentamte registrirt ist, hat das k. Landkommissariat vom fraglichen Akte dem k. Forstamte zwei Ausfertigungen mitzutheilen, die eine auf Stempelpapier für den Pächter, die andere auf freies Papier für die k. Regierung, resp. das verrechnende Rentamt. Jene für den Pächter muß mit der Jagdgrenzbeschreibung begleitet sein.

V.

Einweisung des Pachtes.

§ 40.

Sofort nach der jederzeit ohne Aufschub zu erledigenden Ausfertigung des Pachtvertrags ist der Pächter oder dessen Bevollmächtigter durch das einschlägige k. Forstpersonal an Ort und Stelle in die Grenzen des ihm verpachtenden Jagdbezirkes mittelst kurzer schriftlicher Verhandlung genau einzuweisen.

I.

Verfolgung des Schwarzwildes.

Anordnung der k. Regierung der Pfalz, Kammer des Innern und der Finanzen, vom 4. Juni 1872.

Da die bisherigen Anordnungen bezüglich der Vertilgung des Schwarzwildes sich nicht als ausreichend erwiesen haben, so sieht sich die unterfertigte Stelle zu folgenden Anordnungen veranlaßt:

I. Die Ausschreiben vom 5. März 1868 und vom 24. Oktober 1869 werden zurückgenommen.

II. Diejenigen k. Bezirksämter, in deren Bezirken Beschädigungen durch Schwarzwild festgestellt oder zu befürchten sind, werden angewiesen, auf Grund des § 1 der k. Verordnung vom 4. Januar 1872 und der §§ 1, 12 Abs. 2 und 18 der k. Verordnung vom 5. Oktober 1863 folgende Anordnung zu treffen:

1. Vorsorglich ist für die betreffenden Gemeinden eine Anzahl von 6—8 zuverlässigen, wenn möglich jagdkundigen Leuten durch den Gemeinderath zu bestimmen und als Schutzmannschaft auf Grund des Art. 75 der Gemeindeordnung beeidigen zu lassen.
2. Sobald in einer Gemeinde durch Wildschweine verursachte nennenswerthe Beschädigungen konstatirt sind, und die Abhaltung einer Jagd auf diese Thiere Erfolg verspricht, hat der betreffende Bürgermeister oder dessen Stellvertreter die Jagdberechtigten des Gemeindebannes oder der betreffenden Bann Abtheilung aufzufordern, sogleich eine Jagd auf Wildschweine zu veranstalten, mit dem Bemerken, daß dieselbe außerdem von Amtswegen abgehalten werde. Es ist hiebei gleichgiltig, ob der Jagdberechtigte die Jagd vom Staate, von der Gemeinde u. s. w. gepachtet hat, oder ob er durch großen Grundbesitz zur Ausübung der Jagd selbst berechtigt ist.

Wohnt der Jagdberechtigte nicht in der vom Schaden betroffenen Gemeinde, so hat derselbe auf Aufforderung der Ortsbehörde einen in der Gemeinde wohnenden Bevollmächtigten aufzustellen und dem Bürgermeisteramte zu bezeichnen. In diesem Falle ist an den Bevollmächtigten die vorhin erwähnte Aufforderung zu richten.

Leistet der Jagdberechtigte oder dessen Bevollmächtigter der Aufforderung nicht alsbald ernstliche Folge, oder hat der erstere die Aufstellung eines Bevollmächtigten unterlassen, so steht dem Bürgermeister oder dessen Stellvertreter die Befugniß zu, die Verfolgung der Wildschweine und speziell eine Jagd auf dieselben nach Maßgabe der Bestimmung Nro. 3 sofort einzuleiten und zu veranstalten.

Dem betreffenden k. Oberförster ist zugleich von Anberaumung der Jagd unter möglichst genauer Zeitangabe Mittheilung zu machen.

3. Der Bürgermeister oder dessen Stellvertreter hat die Jagd zu leiten, als Jäger die unter Nro. 1 bezeichnete Schutzmannschaft zu verwenden und die etwa nöthigen Treiber beizuziehen.

Der aufgestellten Schutzmannschaft ist es gestattet, den Anstand auf Sauen, wenn solche auf die Felder ausbrechen, auch ohne Aufforderung und in Abwesenheit des Bürgermeisters auszuüben. In diesem Falle dürfen nur mit Kugeln geladene Gewehre geführt werden.

Die Schutzmannschaft hat bei den Jagden stets die Bescheinigung über die stattgehabte Beeidigung bei sich zu führen, und dient dieses Zeugniß als Jagderlaubnißschein.

4. Die allenfalls erlegten Sauen müssen den Jagdberechtigten überlassen werden.

5. Die Gemeinden und die Ortsvorstände bleiben dafür verantwortlich, daß bei den unter Nro. 3 bezeichneten Jagden keinerlei Uebergriffe vorkommen.

6. Von jeder Jagd und dem Erfolge derselben ist sowohl dem k. Bezirksamte, als dem k. Oberförster Anzeige zu erstatten, resp. Mittheilung zu machen.

7. Sind in Gemeinden bei solchen Jagden Uebergriffe oder Unordnungen vorgekommen, oder sind solche auch nur mit Grund zu befürchten, so hat das k. Bezirksamt derartige Jagden daselbst nicht zu gestatten. Das Bürgermeisteramt hat dann bei vorkommenden oder in Aussicht stehenden Beschädigungen bei dem k. Bezirksamte auf Grund des § 18 der k. Verordnung vom 5. Oktober 1863 die nöthigen Anträge zu stellen und hat das k. Bezirksamt sodann das Geeignete zu verfügen.

8. In Staatswaldjagden, welche in Regie beschossen werden, oder in den in dieser Weise beschossenen, durch den Staat gepachteten Jagden geht die Befugniß resp. die Verpflichtung, die unter Nro. 3 bezeichneten Jagden zu veranstalten und zu leiten, auf den mit der Leitung des Regiebeschusses betrauten k. Oberförster über.

Auch die Ausübung des Anstandes in der in Nro. 3 bezeichneten Weise steht der Schutzmannschaft in solchen Jagden nur mit ausdrücklicher Erlaubniß des k. Oberförsters zu.

III. Die Anordnungen des k. Staatsministeriums des Innern vom 29. Oktober 1866 bezüglich der Auszahlung einer Prämie von 5 fl. für jedes erlegte Stück Wildschwein, (Amtsbl. 1867 S. 1175) sind auch fernerhin maßgebend, wobei wegen der Art und Weise der Auszahlung und der Begründung der Ansprüche auf das Ausschreiben der unterfertigten Stelle vom 13. Dezember 1871 (Amtsbl. S. 1994) verwiesen wird.

Die Verfügung unterfertigter Stelle vom 5. Nov. 1867 (Amtsbl. dieses Jahres Nro. 97) wird dahin modifizirt, daß vom 1. Januar 1872 an die Ertheilung von Bescheinigungen über erlegte Wildschweine ausschließlich in die Hände der k. Oberförster gelegt wird.

Fragliche Bescheinigungen sind auf Grund unmittelbarer Kenntnißnahme oder auf Erhebungen hin auszustellen, welche die k. Oberförster bei den ihnen untergebenen Schutzbediensteten zu erholen haben. Diese Zeugnisse müssen den Tag und den Ort angeben, an welchem das Wildschwein erlegt worden ist.

Zur Vereinfachung des Rechnungswesens wird vom 1. Januar 1872 an bei denjenigen k. Rentämtern, wo Schußgeld zur Auszahlung und zur Verrechnung kommt, ein bestimmter Credit eröffnet. Dieselben werden ermächtigt, auf Grund des vom k. Oberförster ausgestellten Zeugnisses, dieses in Form eines Lohnzettels, Zahlung zu leisten.

II.

Wolfsjagden.

Verordnung der k. k. österreich. und k. bayer. gemeinschaftlichen Landes-Administrations-Commission vom 12. November 1814, die Verfolgung der Wölfe betr.

Da mehrere Anzeigen eingekommen sind, daß sich häufig Wölfe sehen lassen, so findet die unterzeichnete Stelle sich bewogen, folgendes wegen Verfolgung derselben zu verordnen:

1. Dem Forstpersonal wird zur Pflicht gemacht, den Wölfen möglichst nachzustellen. Zu dem Ende haben die Förster, sobald Schnee auf der Erde sein wird, die Waldungen fleißig abzukreisen, und wenn sie einen oder mehrere Wölfe auf diese Art bestätigt haben, auch wenn sonst sichere Spuren da sind, daß sich Wölfe in ihrem Reviere aufhalten, sofort eine Wolfsjagd zu veranstalten und zu derselben die besten Schützen aus der Gegend zusammen zu berufen.
2. Zur Abhaltung dieser Jagden haben die Ortsvorsteher der umliegenden Gegenden die nöthige Anzahl Treibleute blos auf mündliche Meldung und Anforderung des Försters unweigerlich und unverzüglich verabfolgen zu lassen, welche der Ortsvorstand entweder selbst anzuführen oder einen Schöffen dazu zu committiren hat und es dürfen weder Frauensleute noch Kinder unter 16 Jahren gestellt werden.

   Da öfters, zumal wenn Wölfe eingekreist worden sind, mit wenigen Schützen und wenigen Treibern mehr ausgerichtet wird, als wenn zu viele Menschen mit auf die Jagd genommen werden, so haben die Förster niemals mehr Treibleute zu requiriren, als deren gerade nach Beschaffenheit der Lokalitäten nöthig sind.
3. Die Förster sind befugt, die Wolfstreiben nicht allein in den Staatswaldungen, sondern auch in den Gemeinde- und Privatwaldungen und Hecken zu halten, wenn auch in diesen die Jagd an einen Dritten verpachtet sein sollte; die Pächter sind hievon zu benachrichtigen und zur Jagd einzuladen; dagegen ist es strenge und bei der weiter unten angesetzten Strafe verboten, auf Wolfsjagden irgend ein Wild, ja nicht einmal andere Raubthiere, als Füchse, wilde Katzen u. dgl., zu schießen.
4. Die Anordnung der Jagd in Hinsicht des Anstellens der Schützen und Treiber ist Sache des Försters. Bei der Ausführung dieser Anordnungen stehen die Treibleute unter dem unmittelbaren Befehl ihrer Ortsvorsteher oder Schöffen und haben diese dafür

zu sorgen, daß Alles ordnungsmäßig hergehe und vor Anfang des Treibens kein Lärm gemacht werde.

5. Ueber jede solchergestalt abgehaltene Wolfsjagd wird ein Protokoll in duplo aufgenommen, welches der Förster und die anwesenden Ortsvorsteher oder Schöffen zu unterzeichnen haben.

Ein Exemplar dieses Protokolles übersendet der betreffende Bürgermeister an die Kreisdirektion, das andere aber der Förster an seinen Oberförster, der es an die Kreisforstmeisterei abgibt, welche letztere es sofort an das Oberforstamt gelangen lassen wird.

Das Oberforstamt hat der unterzeichneten Stelle jeden Monat eine Uebersicht der abgehaltenen Wolfsjagden vorzulegen.

Die Köpfe der erlegten Wölfe werden an die Kreisdirektion abgeliefert.

6. Für jeden erlegten Wolf wird aus der Staatskasse eine Prämie von 25 Franken bewilligt. Ist aber der Wolf auf einer der vorgeschriebenen Wolfsjagden getötet worden, so erhält diese Prämie der betreffende Revierförster, außerdem aber derjenige, der den Wolf erlegt, wenn er das Factum sofort bei dem betreffenden Ortsbürgermeister protokollarisch konstatiren läßt. Die Prämien werden auf Grund der Protokolle und eines Attestes der Kreisdirektion über geschehene Ablieferung der Wolfsköpfe, auf Liquidation des Oberforstamtes angewiesen werden. Die Kreisdirektoren haben demnach die desfallsige Bescheinigung an letztere gelangen zu lassen.

7. Nach abgehaltener Wolfsjagd soll, ehe das Jagdpersonal auseinandergeht, durch die Ortsvorsteher oder Schöffen untersucht werden, ob alle Treibleute der Jagd beigewohnt haben. Diejenigen, welche sich nicht gestellt haben, sollen durch die Förster in das Forstfrevelregister eingetragen und von dem Friedensgericht in eine Strafe von 3 Franken verurtheilt werden.

8. Wer auf Wolfsjagden einen Schuß anders als auf Wölfe thut, soll neben dem, dem Eigenthümer oder Pächter der Jagd gebührenden Schadenersatz 25 Franken Strafe bezahlen. Desfallsige Vergehungen hat der Förster in das Frevelregister einzutragen, damit sie auf dem in dem Amtsblatt Nro. 9 vorgeschriebenen Wege zur Bestrafung kommen.

9. Den Forstbeamten und anderen Schützen ist es erlaubt, auf den in Gemäßheit gegenwärtiger Verordnung abzuhaltenden Wolfsjagden einfache oder doppelte Jagdgewehre zu führen, wenn sie auch zu diesem Ende keinen Waffenschein gelöst haben.

10. Den Forstmeistern und Oberförstern wird zur Pflicht gemacht, darüber zu wachen, daß keine Mißbräuche unter dem Vorwande dieser Wolfsjagden entstehen, sowie denn auch insbesondere die der Jagd beiwohnenden Ortsvorsteher und Förster gemeinschaftlich darauf zu sehen haben, daß allen Bestimmungen dieser Verordnung genau nachgekommen und nichts dagegen unternommen werde.

Art. 125 P. St. G. B.

Die Uebertretungen der gesetzlichen Bestimmungen über Ausübung der Jagd und der nach Maßgabe des Gesetzes im Verordnungswege erlassenen jagdpolizeilichen Vorschriften wird nach den hierüber bestehenden Gesetzen bestraft.

Auf Personen, welche bei Ausübung des Jagdrechtes eine gemäß § 367 Ziff. 9 des Strafgesetzbuches für das deutsche Reich verbotene Waffe führen, sind die Bestimmungen jenes Gesetzes anwendbar.

Unbeschadet der nach Maßgabe des Abs. 1 verwirkten Strafe unterliegt Wild, welches mit Uebertretung der die Hege oder Hegezeit betreffenden Bestimmungen erlegt wird, desgleichen Wild, welches während der für die betreffende Wildgattung festgesetzten Hegezeit und nachdem seit deren Eintritt 14 Tage verstrichen sind, ohne von der Distriktspolizeibehörde bewilligte Terminsverlängerung zum Verkaufe gebracht wird, der Einziehung. Der Erlös daraus fließt in die Armenkasse des Ortes der Uebertretung.

An Geld bis zu 10 Thalern oder mit Haft bis zu 6 Tagen wird gestraft, wer Vögel, deren Einfangen, Töten oder Verkauf durch Verordnung verboten ist, einfängt, tötet oder verkauft, oder wer den Verordnungen oder oberpolizeilichen Vorschriften über das Einsammeln oder den Verkauf von Ameisen-Eiern zuwiderhandelt.

Wildprethandel.

§ 59 der Gewerbeordnung.

Eines Wandergewerbescheines bedarf nicht:

1. wer selbstgewonnene Erzeugnisse*) . . . . der Jagd feilbietet.

§ 66 der Gewerbeordnung.

Gegenstände des Wochenmarktverkehrs sind:

1. rohe Naturerzeugnisse**) mit Ausschluß des größeren Viehs.

Kgl. allerhöchste Verordnung vom 21. Mai 1897, die Feier der Sonn- und Festtage betr.

§ 3.

Die Abhaltung von Getreide- und Viehmärkten, von Treibjagden und öffentlichen Versteigerungen an Sonn- und Festtagen ist verboten.

C.

Vogelschutz.

Reichsgesetz, betr. den Schutz von Vögeln, vom 22. März 1888.

§ 1.

Das Zerstören und das Ausheben von Nestern oder Brutstätten der Vögel, das Zerstören und Ausnehmen von Eiern, das Ausnehmen und Töten von Jungen, das Feilbieten und der Verkauf der gegen dieses Verbot erlangten Nester, Eier und Jungen ist untersagt.

Dem Eigenthümer und dem Nutzungsberechtigten und deren Beauftragten steht jedoch frei, Nester, welche sich an oder in Gebäuden oder in Hofräumen befinden, zu beseitigen.

Auch findet das Verbot keine Anwendung auf das Einsammeln, Feilbieten und den Verkauf der Eier von Strandvögeln, Seeschwalben, Möven und Kiebitzen, jedoch kann durch Landesgesetz oder durch landespolizeiliche

---

*) Selbstgewonnen sind Erzeugnisse, welche Jemandem aus seinem eigenen . . . (Jagd-) Betriebe angefallen sind.

**) Unter rohen Naturerzeugnissen ist auch das Wild inbegriffen.

Anordnung das Einsammeln der Eier dieser Vögel für bestimmte Orte oder für bestimmte Zeiten untersagt werden.

§ 2.

Verboten ist ferner:

a) das Fangen und die Erlegung von Vögeln zur Nachtzeit mittelst Leimes, Schlingen, Netzen oder Waffen; als Nachtzeit gilt der Zeitraum, welcher eine Stunde nach Sonnenuntergang beginnt und eine Stunde vor Sonnenaufgang endet;
b) jede Art des Fangens von Vögeln, solange der Boden mit Schnee bedeckt ist;
c) das Fangen von Vögeln mit Anwendung von Körnern oder anderen Futterstoffen, denen betäubende oder giftige Bestandtheile beigemischt sind, oder unter Anwendung geblendeter Lockvögel;
d) das Fangen von Vögeln mittelst Fallkäfigen und Fallkästen, Reusen, großer Schlag- und Zugnetze, sowie mittelst beweglicher und tragbarer, auf dem Boden oder quer über das Feld, das Niederholz, das Rohr oder den Weg gespannter Netze.

Der Bundesrath ist ermächtigt, auch bestimmte andere Arten des Fangens, sowie das Fangen mit Vorkehrungen, welche eine Massenvertilgung von Vögeln ermöglichen, zu verbieten.

§ 3.

In der Zeit vom 1. März bis zum 15. September ist das Fangen und die Erlegung von Vögeln sowie das Feilbieten und der Verkauf toter Vögel überhaupt untersagt.

Der Bundesrath ist ermächtigt, das Fangen und die Erlegung bestimmter Vogelarten, sowie das Feilbieten und den Verkauf derselben auch außerhalb des im Abs. 1 bestimmten Zeitraums allgemein oder für gewisse Zeiten oder Bezirke zu untersagen.

§ 4.

Dem Fangen im Sinne dieses Gesetzes wird jedes Nachstellen zum Zweck des Fangens oder Tötens von Vögeln, insbesondere das Aufstellen von Netzen, Schlingen, Leimruthen oder anderen Fangvorrichtungen gleichgeachtet.

§ 5.

Vögel, welche dem jagdbaren Feder- und Haarwilde und dessen Brut und Jungen, sowie Fischen und deren Brut nachstellen, dürfen nach Maßgabe der landesgesetzlichen Bestimmungen über Jagd und Fischerei von den Jagd- oder Fischereiberechtigten und deren Beauftragten getötet werden.

Wenn Vögel in Weinbergen, Gärten, bestellten Feldern, Baumpflanzungen, Saatkämpen und Schonungen Schaden anrichten, können die von den Landesregierungen bezeichneten Behörden den Eigenthümern und Nutzungsberechtigten der Grundstücke und deren Beauftragten oder öffentlichen Schutzbeamten (Forst- und Feldhütern, Flurschützen 2c.), soweit dies zur Abwendung dieses Schadens nothwendig ist, das Töten solcher Vögel innerhalb der betroffenen Oertlichkeiten auch während der im § 3 Abs. 1 bezeichneten Frist gestatten. Das Feilbieten und der Verkauf der auf Grund solcher Erlaubniß erlegten Vögel sind unzulässig.

Ebenso können die im Abs. 2 bezeichneten Behörden einzelne Ausnahmen von den Bestimmungen in §§ 1 bis 3 dieses Gesetzes zu wissenschaftlichen oder Lehrzwecken, sowie zum Fang von Stubenvögeln für eine bestimmte Zeit und für bestimmte Oertlichkeiten bewilligen.

Der Bundesrath bestimmt die näheren Voraussetzungen, unter welchen die im Absatz 2 und 3 bezeichneten Ausnahmen statthaft sein sollen.

Von der Vorschrift unter § 2b kann der Bundesrath für bestimmte Bezirke eine allgemeine Ausnahme gestatten.

§ 6.

Zuwiderhandlungen gegen die Bestimmungen dieses Gesetzes oder gegen die von dem Bundesrath auf Grund derselben erlassenen Anordnungen werden mit Geldstrafe bis zu einhundertfünfzig Mark oder mit Haft bestraft.

Der gleichen Strafe unterliegt, wer es unterläßt, Kinder oder andere unter seiner Gewalt stehende Personen, welche seiner Aufsicht untergeben sind und zu seiner Hausgenossenschaft gehören, von der Uebertretung dieser Vorschriften abzuhalten.

§ 7.

Neben der Geldstrafe oder der Haft kann auf die Einziehung der verbotswidrig in Besitz genommenen, feilgebotenen oder verkauften Vögel, Nester, Eier, sowie auf Einziehung der Werkzeuge erkannt werden, welche zum Fangen oder Töten der Vögel, zum Zerstören oder Ausheben der Nester, Brutstätten oder Eier gebraucht oder bestimmt waren, ohne Unterschied, ob die einzuziehenden Gegenstände dem Verurtheilten gehören oder nicht.

Ist die Verfolgung oder Verurtheilung einer bestimmten Person nicht ausführbar, so können die im vorstehenden Absatz bezeichneten Maßnahmen selbstständig erkannt werden.

§ 8.

Die Bestimmungen dieses Gesetzes finden keine Anwendung

a) auf das im Privateigenthum befindliche Federvieh;
b) auf die nach Maßgabe der Landesgesetze jagdbaren Vögel;*)
c) auf die in nachstehendem Verzeichniß aufgeführten Vogelarten:
   1. Tagraubvögel mit Ausnahme der Thurmfalken,
   2. Uhus,
   3. Würger (Neuntöter),
   4. Kreuzschnäbel,
   5. Sperlinge (Haus- und Feldsperlinge),
   6. Kernbeißer,
   7. Rabenartige Vögel (Kolkraben, Rabenkrähen, Nebelkrähen, Saatkrähen, Dohlen, Elstern, Eichelheher, Nuß- oder Tannenheher),
   8. Wildtauben (Ringeltauben, Hohltauben, Turteltauben),
   9. Wasserhühner (Rohr- und Bleßhühner),
   10. Reiher (eigentliche Reiher, Nachtreiher oder Rohrdommeln),
   11. Säger (Sägetaucher, Tauchergänse),
   12. alle nicht im Binnenlande brütenden Möven,
   13. Kormorane,
   14. Taucher (Eistaucher und Haubentaucher).

Auch wird der in der bisher üblichen Weise betriebene Krammetsvogelfang, jedoch nur in der Zeit vom 21. September bis 31. Dezember je einschließlich, durch die Vorschriften dieses Gesetzes nicht berührt.

Die Berechtigten, welche in Ausübung des Krammetsvogelfangs außer den eigentlichen Krammetsvögeln auch andere, nach diesem Gesetze geschützte Vögel unbeabsichtigt mitfangen, bleiben straflos.

---

*) Die Bestimmungen des Art. 1a J.-G. sind auch maßgebend für die Anwendung dieses R.-Gesetzes. Motiv. z. d. A.-G. z. B.G.B. i. Verh. d. Abg.-H. 1898 Beil.-Bd. XX Abth. I S. 94.

§ 9.

Die landesrechtlichen Bestimmungen, welche zum Schutze der Vögel weitergehende Verbote enthalten, bleiben unberührt. Die auf Grund derselben zu erkennenden Strafen dürfen jedoch den Höchstbetrag der in diesem Gesetze angedrohten Strafen nicht übersteigen.

§ 10.

Dieses Gesetz tritt am 1. Juli 1888 in Kraft.

Königl. Verordnung, den Schutz von Vögeln betr., vom 15. November 1889.

§ 1.

Das Fangen und die Erlegung der in der Anlage angeführten Vögel, sowie das Feilbieten und der Verkauf derselben in totem Zustande ist auch außerhalb der in § 3 Abs. 1 des Reichsgesetzes festgesetzten Schonzeit (1. März bis zum 15. September), sohin während des ganzen Jahres verboten.

§ 2.

Die nach § 5 Abs. 2 und 3 des Reichsgesetzes zulässigen Ausnahmsbewilligungen werden von den Distriktspolizeibehörden, in München von der Polizeidirektion ertheilt.

Gesuche um solche Bewilligungen sind seitens der Betheiligten bei der Ortspolizeibehörde ihres Wohnortes anzubringen und von letzterer mit gutachtlicher Aeußerung der Distriktspolizeibehörde vorzulegen.

Die Distriktspolizeibehörden haben die einkommenden Gesuche entsprechender Prüfung zu unterstellen und erforderlichenfalls bezüglich des Vorhandenseins der gesetzlichen Voraussetzungen zur Gewährung einer Ausnahme weitere Erhebungen zu pflegen. In den hiezu geeigneten Fällen ist die gutachtliche Aeußerung der Forstbehörden, der Organe des landwirthschaftlichen Vereines oder von anderen Vereinen und Sachverständigen einzuholen.

§ 3.

In den Fällen des § 5 Abs. 3 des Reichsgesetzes dürfen Ausnahmsbewilligungen nur an gut beleumundete Personen ertheilt werden.

Bei Gestattung von solchen Ausnahmen ist dem Nachsuchenden ein Legitimationsschein auszufertigen, welcher zu enthalten hat:

1. den Namen und die Personalbeschreibung des zur Führung des Scheins Berechtigten;
2. den Inhalt der Bewilligung, dann die Oertlichkeit und Zeitdauer, auf welche sich dieselbe erstreckt;
3. den Vorbehalt jederzeitigen Widerrufes der ertheilten Bewilligung;
4. alle sonstigen Bedingungen, unter welchen die Ausnahmsbewilligung gewährt wurde;
5. das Verbot der Abtretung des Legitimationsscheines an andere Personen.

Diesen Legitimationsschein hat der zur Führung desselben Berechtigte bei Ausübung seiner Befugnisse stets bei sich zu tragen und dem Polizei-, Forst- und Jagdschutz-, dann dem Feldschutz-Personale auf Verlangen vorzuweisen.

§ 4.

Gegenwärtige Verordnung tritt am 1. Januar 1890 in Kraft.

Mit demselben Tage wird die Verordnung vom 4. Juni 1866, das Verbot des Einfangens, Tötens und Verkaufens von Vögeln betreffend, (Regierungsblatt Seite 733) aufgehoben.

Unberührt bleiben die bestehenden jagdpolizeilichen Bestimmungen über das Federwild, insbesondere die §§ 2, 3, 4, 6, 9 und 10 der Verordnung vom 5. Oktober 1863, polizeiliche Vorschriften über Ausübung und Behandlung der Jagden betreffend, (Regierungsblatt Seite 1657).

Anlage,

enthaltend das Verzeichniß der nach § 3 Absatz 1 des Reichsgesetzes, sowie nach § 1 der Verordnung geschützten Vogelarten.

Ammern
Bachstelzen
Baumläufer
Blau- und Braunkehlchen
Braunellen
Eulen mit Ausnahme des Uhu
Finken (alle Finkenarten, insbesondere Buchfinken, Gimpel, Stieglitz, Zeisig 2c.) mit Ausnahme der sogen. Böhemer und des Sperlings
Fliegenschnapper
Goldamsel (Pirol)
Goldhähnchen
Grasmücken
Haide- oder Baumlerchen
Kuckucke
Laub- und Rohrsänger
Mandelkrähen (Blauracken)
Meisen
Nachtigallen
Nachtschwalben
Pieper
Rothkehlchen
Schwalben
Schwarzkehlchen
Schwarzplättchen
Spechte
Sprosser
Staare
Steinschmätzer
Störche
Wendehälse
Wiedehopfe
Zaunkönige

Das Fangen und die Erlegung der vorstehend aufgeführten Vögel, sowie das Feilbieten und der Verkauf derselben ist während des ganzen Jahres verboten.

D.

Sicherheitspolizeiliche Vorschriften.

aa) Kgl. Verordnung, das Verbot des Feilhaltens und des Führens von Waffen betr. vom 19. November 1887.

I.

Auf Grund des Art. 39 des Polizeistrafgesetzbuches vom 26. Dezember 1871 2c. 2c.

II.

Auf Grund des § 367 Ziff. 9 des Reichsstrafgesetzbuches 2c. 2c.

§ 3.

Das Feilhalten oder Mitsichführen von Schußwaffen, welche in Stöcken oder Röhren oder in ähnlicher Weise verborgen sind, ist nur mit Bewilligung der Distriktspolizeibehörden, in München der Polizeidirektion, zulässig 2c. 2c.

bb) Vorschriften des Reichsstrafgesetzbuches gegen verbotswidriges bezw. unvorsichtiges Schießen.

§ 367 Ziff. 8.

Mit Geldstrafe bis zu einhundert fünfzig Mark oder mit Haft wird bestraft: . . . .

8. Wer ohne polizeiliche Erlaubniß an bewohnten oder von Menschen besuchten Orten Selbstgeschosse, Schlageisen oder Fußangeln legt, oder an solchen Orten mit Feuergewehr oder anderem Schießwerkzeuge schießt, oder Feuerwerkskörper abbrennt.

§ 368 Ziff. 7.

Mit Geldstrafe bis zu sechzig Mark oder mit Haft bis zu vierzehn Tagen wird bestraft: . . . .

7. Wer in gefährlicher Nähe von Gebäuden oder feuerfangenden Sachen mit Feuergewehr schießt oder Feuerwerke abbrennt.

cc) Art. 83 P.-St.-G.-B.

An Geld bis zu fünf Thalern wird gestraft:

1. wer Hunde der durch ober- oder ortspolizeiliche Vorschriften angeordneten und öffentlich bekannt gemachten Visitation entzieht oder nicht rechtzeitig unterstellt oder die ober- oder ortspolizeilich vorgeschriebenen Zeichen für dieselben nicht löst;
2. wer Hunde in Kirchen oder zu Pferderennen mitnimmt;
3. wer gegen ortspolizeiliches Verbot oder in Ermanglung eines solchen gegen distriktspolizeiliche Anordnung Hunde auf Leichenhöfe, in öffentliche Wirthschaftslokale, in Theater, Fleischbänke, auf Märkte oder zu öffentlichen Feierlichkeiten mitnimmt, solche während der Nachtzeit auf öffentlichen Straßen frei herumlaufen *) läßt, läufige Hündinnen nicht gehörig verwahrt oder frei laufende Hunde größerer Gattung **) nicht mit einem wohlbefestigten Maulkorbe versieht.

Unabhängig von Strafverfolgung steht der Polizeibehörde die Befugniß zu, die ohne vorgeschriebenes Zeichen oder gegen Verbot frei oder ohne Maulkorb herumlaufenden Hunde einfangen und nach Ablauf eines festgesetzten, öffentlich bekannt gemachten Zeitraumes töten zu lassen, wenn sich der Besitzer innerhalb dieses Zeitraumes nicht gemeldet hat.

Desgleichen ist die Polizeibehörde berechtigt, Hunde, welche mit ansteckenden oder ekelerregenden Krankheiten behaftet sind, auf Gutachten eines approbirten Thierarztes töten zu lassen.

Maßregeln gegen die Tollwuth der Hunde.

Reichsgesetz, betr. die Abwehr und Unterdrückung von Viehseuchen vom $\frac{\text{23. Juni 1880}}{\text{1. Mai 1894}}$.

§ 34.

Hunde, oder sonstige Hausthiere, welche der Seuche verdächtig sind, müssen von dem Besitzer oder demjenigen, unter dessen Aufsicht sie stehen,

*) Ein Hund läuft frei, wenn er nicht an der Leine geführt wird; E. d. O.-L.-G. München v. 29. November 1887 S. IV S. 541.

**) Der Ausdruck „Hunde größerer Gattung" umfaßt alle „größeren Hunde"; das Wort „Gattung" ist hier im gemeinen, nicht im Sinne „Race" zu nehmen. Eine ortspolizeiliche Vorschrift nach Art. 83 Abs. I Ziff. 3, welche allgemein von „Hunden größerer Gattung"

sofort getötet oder bis zu polizeilichem Einschreiten in einem sicheren Behältnisse eingesperrt werden. *)

§ 35.

Vor polizeilichem Einschreiten dürfen bei wuthkranken oder der Seuche verdächtigen Thieren keinerlei Heilversuche angestellt werden.

§ 36.

Das Schlachten wuthkranker oder der Seuche verdächtiger Thiere und jeder Verkauf oder Verbrauch einzelner Theile, der Milch oder sonstiger Erzeugnisse derselben ist verboten.

§ 37.

Ist die Tollwuth an einem Hunde oder an einem anderen Hausthiere festgestellt, so ist die sofortige Tötung des wuthkranken Thieres und aller derjenigen Hunde und Katzen anzuordnen, rücksichtlich welcher der Verdacht vorliegt, daß sie von dem wuthkranken Thiere gebissen sind. **)

Liegt rücksichtlich anderer Hausthiere der gleiche Verdacht vor, so müssen dieselben sofort der polizeilichen Beobachtung unterworfen werden.

Zeigen sich Spuren von Tollwut an denselben, so ist die sofortige Tötung auch dieser Thiere anzuordnen.

Ausnahmsweise kann die mindestens dreimonatliche Absperrung eines der Tollwuth verdächtigen Hundes gestattet werden, sofern dieselbe nach dem Ermessen der Polizeibehörde mit genügender Sicherheit durchzuführen ist, und der Besitzer des Hundes die daraus und aus der polizeilichen Ueberwachung erwachsenden Lasten trägt.

§ 38.

Ist ein wuthkranker oder der Seuche verdächtiger Hund frei umhergelaufen, so muß für die Dauer der Gefahr die Festlegung aller in dem gefährdeten Bezirke vorhandenen Hunde polizeilich angeordnet werden. Der Festlegung ist das Führen der mit einem sicheren Maulkorbe versehenen Hunde an der Leine gleich zu erachten. ***) Wenn Hunde dieser Vorschrift zuwider frei umherlaufend betroffen werden, so kann deren sofortige Tötung polizeilich angeordnet werden.

---

spricht, erstreckt ihre Wirksamkeit auch auf Jagdhunde größerer Gattung. Es liegt jedoch im Ermessen der Ortspolizeibehörde, Jagdhunde von der Vorschrift auszunehmen. E. d. O.-L.-G. München v. 29. November 1887 und 11. Februar 1892 S. IV S. 541, VII S. 38.

*) Der Transport eines erkrankten oder seuchenverdächtigen Hundes zum Zweck der sicheren Einsperrung muß, wenn unvermeidlich, in einem geschlossenen Behälter geschehen. Wenn ein Mensch oder ein Thier von einem solchen Hunde gebissen worden ist, soll, soweit es ohne Gefahr möglich, eine Tötung des Hundes vor polizeilichem Einschreiten nicht erfolgen, derselbe vielmehr behufs thierärztlicher Untersuchung eingesperrt werden. § 16 der Seucheninstruktion. — Die Polizei hat diese Untersuchung durch den amtlichen Thierarzt sofort zu veranlassen. Bei Zweifel über den Zustand des Hundes ist die Einsperrung desselben auf 8 Tage auszudehnen. § 17 a. a. O.

**) Ausnahmsweise kann mindestens dreimonatliche Absperrung des verdächtigen Hundes polizeilich gestattet werden, soferne dieselbe mit genügender Sicherheit durchzuführen ist und der Hundebesitzer die Kosten der Absperrung und polizeilichen Ueberwachung trägt. § 19 a. a. O.

***) Die Festlegung der Hunde ist auf 3 Monate anzuordnen. Aus dem gefährdeten Bezirke dürfen Hunde ohne polizeiliche Erlaubniß nicht ausgeführt werden. Als gefährdet gelten alle Ortschaften, in denen der kranke oder verdächtige Hund gesehen worden ist und die bis zu 4 Kilometer von diesen Ortschaften entfernten Orte einschließlich der Gemarkungen derselben. — Die Verwendung von Jagdhunden bei der Jagd kann unter der Bedingung gestattet werden, daß die Hunde außer der Zeit des Gebrauchs (außerhalb des Jagdreviers) festgelegt oder, mit einem sicheren Maulkorbe versehen, an der Leine geführt werden. § 20 a. a. O.

§ 39.

Die Kadaver der gefallenen oder getöteten wuthkranken oder der Seuche verdächtigen Thiere müssen sofort unschädlich beseitigt werden.

Das Abhäuten derselben ist verboten.

dd) Aus der Eisenbahn-Betriebs- und Verkehrsordnung.

§ 27 der Verkehrsordnung:

Die Mitnahme größerer Hunde, insbesondere Jagdhunde in die 3. Wagenklasse darf ausnahmsweise gestattet werden, wenn die Beförderung der Hunde mit den begleitenden Personen in gesonderten Abtheilungen erfolgt. — Ausnahmsweise kann Jägern gestattet werden, mit ihren Hunden in Gepäck- oder Güterwagen Platz zu nehmen, wenn keinerlei Anstände bezüglich der darin verladenen Gepäckstücke und Güter bestehen und in Bezug auf persönliche Sicherheit der betreffenden Reisenden kein Bedenken obwaltet.

§ 62 der Betriebs- (§ 29 der Verkehrsordnung für Internverkehr).

Jägern und im öffentlichen Dienste stehenden Personen ist die Mitführung von Handmunition gestattet (allgemein ist die Mitnahme von geladenen Gewehren, und abgesehen von vorstehender Ausnahme von Schießpulver, leicht entzündlichen Stoffen ausgeschlossen). — Der Lauf eines mitgeführten (ungeladenen) Gewehres muß nach oben gerichtet sein.

ee) Veterinärpolizeiliche Bekämpfung der Wildseuche.

Die Wildseuche macht sich in der Regel durch häufige Eingänge beim Wild, besonders bei Rehen rc. bemerkbar.

Die Wildseuche ist eine schon sehr lang bekannte, aber erst im Jahre 1878 als solche von Professor Dr. Bollinger in München erforschte Erkrankung des Wildes (Rehwild, Hirsche und Wildschweine), welche auch auf Hausthiere, Rinder, Pferde, Schweine übertragen wird.

Die Krankheitserscheinungen sind äußerliche, gekennzeichnet durch Anschwellungen am Kopf, Kehlgang, Hals, welche rasch den Tod des Thieres herbeiführen, oder innerliche, Erkrankungen der Athmungsorgane, Kehlkopf, Luftröhre, Lunge, des Brustfells, Herzes oder des Darmes. In der Regel treffen diese Formen mehr oder weniger ausgesprochen zusammen. Die Wildseuche hat auch große Aehnlichkeit mit der Schweineseuche und Schweinepest. Charakteristisch ist für die Feststellung der Seuche, daß dieselbe fast ausschließlich tötlich verläuft (90 bis 94 Proz. der erkrankten Thiere verenden und zwar nach einer Dauer von 6 Stunden bis zu 5 Tagen), daß beim Wilde fast nur die innerliche oder Brustform (beim Rinde mehr die äußerliche im Vereine mit der inneren Form) vorkommt und daß die Krankheit ansteckend ist.

Der Wildseuche kommt eine sehr große Bedeutung zu.

Der Schaden, der von dieser Seuche sowohl den Hausthierbeständen, als auch dem werthvollen Wildstande droht, rechtfertigt die Eingreifung energischer und einschneidender Schutz- und Tilgungsmaßregeln.

Als solche kommen insbesondere gegenüber dem Wilde in Betracht:

1. Sämmtliche Viehverscharrungsplätze, zunächst aber jene der von der Wildseuche betroffenen Gemeinden sind in vorschriftsmäßiger Weise herzustellen und so zu umzäunen, daß sie vom Wilde nicht betreten werden können.

2. Anfallende Kadaver sind völlig bedeckt zu transportiren und bis zu ihrer Obduktion, welche nur auf dem Verscharrungsplatze zu geschehen hat, auch völlig bedeckt zu lassen.

3. Die Verscharrung von Wildseuche-Kadavern hat in jedem Falle unter ortspolizeilicher Aufsicht zu geschehen.

4. Der Bezirksthierarzt hat dafür Sorge zu tragen, daß bei jeder Obduktion und Verscharrung von Seuchenkadavern die nöthige Desinfektion aller Anwesenden und insbesondere des Verscharrers stattfindet. Es ist in jedem Falle die erforderliche Menge von desinfizirenden Substanzen und Wasser bereit zu stellen. Auch die Standorte und Lagerplätze sind ergiebig zu desinfiziren.

5. Desgleichen ist die Bevölkerung vor dem Betreten der in den infizirten Gemeindebezirken gelegenen Waldungen zu warnen.

6. Verscharrungsgruben des in den infizirten Gemeinden an Wildseuche gefallenen Wildes sind aufzusuchen, die Kadaver zu exhumiren und auf örtlichen Verscharrungsplätzen vorschriftsgemäß zu verscharren.

7. Die Forstbehörden, Wald- und Forstschutzbedienstete, Jagdberechtigte und Jagdpächter sind von dem Ausbruche der Seuche zu verständigen und zur geeigneten Mitwirkung einzuladen.

Die Ortsbehörden sind aufzufordern, in ihren Gemeinden Umfrage zu halten, ob dieselben etwa ein auffälliges Eingehen von Rehen ꝛc. bemerkt haben, auf die Gefährlichkeit der Wildseuche für Wild und Hausthiere aufmerksam zu machen und die Untersuchung eingegangener Rehe ꝛc. durch einen Thierarzt schleunigst zu veranlassen. Die verendet aufgefundenen Rehe sollen bis zur Untersuchung durch den Thierarzt möglichst dicht mit Laubwerk u. dgl. bedeckt werden, weil die Wildseuche durch Insekten, namentlich Fliegen, welche sich auf verendete Rehe setzen, leicht auch auf gesunde Thiere übertragen wird. Gefallenes Wild ist aufzusuchen. Wo Jagdbestände sich verdächtig erweisen, kann deren Abschuß polizeilich angeordnet werden.

ff) Das Gesetz, betr. die Prüfung der Läufe und Verschlüsse der Handfeuerwaffen vom 19. Mai 1891 nebst den hiezu ergangenen Ausführungsbestimmungen vom 22. Juni 1892.

Nach dem Reichsgesetz, betr. die Prüfung der Läufe und Verschlüsse der Handfeuerwaffen vom 19. Mai 1891 (R.-G.-Bl. 1891 S. 109 ff.) seit 1. Jan. 1893 in Kraft (vgl. § 10 Abs. 2 a. a. O. k. Verordg. v. 20. Dez. 1892 R.-G.-Bl. 1892 S. 1055) dürfen Handfeuerwaffen jeder Art nur dann feilgehalten und in den Verkehr gebracht werden, wenn ihre Läufe und Verschlüsse in amtlichen Prüfungsanstalten vorschriftsmäßig geprüft und mit Prüfungszeichen versehen sind (§ 1).

Gegenstand des gesetzlichen Prüfungszwanges sind die Handfeuerwaffen.

Es fallen also unter das Gesetz nicht die Schießwerkzeuge überhaupt, sondern nur solche, welche:

a) von einer Person getragen und bedient werden, mit welchen eine Person hantiren kann;
b) zu Waffen geeignet und bestimmt sind, d. i. als Mittel zum Angriffe oder zur Vertheidigung gegen Menschen oder Thiere.

Dem Prüfungszwange unterliegen demnach nicht z. B. Kanonen jeder Art und Böller, sowie solche Handschießwerkzeuge, welche lediglich zu wissenschaftlichen Zwecken oder wegen ihres Kunstinteresses, also lediglich zur Aufbewahrung feilgehalten oder in den Verkehr gebracht werden, ferner Scheiben- und Zimmerstutzen.

Die Handfeuerwaffen dagegen unterliegen dem gesetzlichen Prüfungszwange, gleichviel welcher Art sie sind, also sowohl die Lang- (Gewehre) als die Kurzfeuerwaffen (Pistolen, Terzerole, Revolver).

Sie müssen aber nur dann amtlich geprüft und mit dem vorgeschriebenen Prüfungszeichen versehen sein, wenn sie feilgehalten, oder in den Verkehr gebracht werden, nicht also, wenn sie zum eignen Gebrauch besessen oder aufbewahrt werden.

Unter Feilhalten von Handfeuerwaffen versteht man das Bereithalten derselben zum Verkaufe, das Bereithalten derselben in der Absicht des Verkaufes (Rechtsprechung des Reichsger.-R. Bd. III S. 373 ff.), gleichviel, an wie viel und an welche Personen (Reichsger.-R. Bd. V S. 315, Bd. VIII S. 671). Dasselbe setzt weder ein Anpreisen, noch ein zur Schaustellen voraus und ist jener Begriff insofern enger, als der des Feilbietens (Reichsger.-R. Bd. IV S. 137). Gewerbemäßiges Feilhalten ist wie bereits oben erwähnt nicht erforderlich. Unerheblich ist es auch, ob die Handfeuerwaffen zu eigenem Gebrauche, oder zur Weiterveräußerung ver- bezw. gekauft werden.

Das „in den Verkehr bringen" der Handfeuerwaffen begreift jede Art der Veräußerung derselben, also sowohl das Verkaufen, als Verschenken rc. derselben in sich.

Werden Handfeuerwaffen, welche ohne die vorschriftsmäßigen oder zugelassenen Prüfungszeichen versehen sind, wiederholt feilgehalten oder in den Verkehr gebracht, so liegt ein fortgesetztes Vergehen vor, wenn unter der Mehrheit dieser strafbaren Handlungen ein derartiger thatsächlicher und geistiger Zusammenhang besteht, daß keine Handlung als eine selbstständige, sondern daß jede der nachfolgenden Handlungen nur als eine Fortsetzung der vorausgehenden erscheint.

Gleichgiltig ist, ob das Feilhalten und in den Verkehr bringen von Handfeuerwaffen gewerbemäßig (von Fabrikanten, Händlern, Büchsenmachern) geschieht, oder ob nur ein Stück oder mehrere einzelne Stücke aus dem eigenen Gebrauche zum Verkaufe bereitgestellt, oder in den Verkehr gegeben werden, gleichgiltig ferner, ob die Handfeuerwaffen zum Vertriebe in das Ausland oder im Inlande hergestellt und bestimmt sind.

Verboten ist nur das Feilhalten und der Vertrieb ungeprüfter Handfeuerwaffen als solcher, nicht auch einzelner Theile (Läufe, Hähne, Verschlüsse rc.) derselben.

Ausnahmsweise können Handfeuerwaffen, auch ohne vorschriftsmäßig geprüft zu sein, feilgehalten oder vertrieben werden, wenn sie:

a) Mit Vorrathszeichen versehen sind. Das Vorrathszeichen kennzeichnet dieselben als solche, welche schon vor dem Inkrafttreten des Waffenprüfungsgesetzes (1. Januar 1893) vorhanden waren.

   Dasselbe besteht in einem V mit der Reichskrone darüber, aufgeschlagen durch die Ortspolizeibehörde, auf der oberen Lauffläche, oder wenn solche nicht vorhanden, an entsprechender Stelle und außerdem bei Läufen, welche eine Schwanzschraube (Mutze) oder einen Hinterladerverschluß, Verschlußgehäuse, Verschlußblock oder Verschlußkammer haben, mit welchen die Läufe verbunden oder verschlossen sind, auch auf diesen jeden und bei den Revolvern auf der Patronenlagerwalze.

   Vor dem Inkrafttreten des Gesetzes vorhanden gewesene Handfeuerwaffen, welche bis zum 1. Januar 1893 mit Vorrathszeichen nicht versehen wurden, können solche nicht mehr erhalten. Dieselben müssen, wenn sie feilgehalten oder vertrieben werden sollen, der gesetzlichen Prüfung unterstellt und mit vorgeschriebenen Prüfungszeichen versehen werden.

b) Aus dem Auslande eingeführt und mit den vollständigen, den inländisch gleichwertigen Prüfungszeichen eines auswärtigen Staates versehen sind.

c) Durch eine Militärverwaltung oder im Auftrage einer solchen hergestellt oder geprüft worden sind, mit Ausnahme der nicht auf Bestellung, sondern auf Vorrath für Militärverwaltungen hergestellten Handfeuerwaffen, die dem gesetzlichen Prüfungszwange unterliegen.

Anderseits dürfen auch bereits amtlich geprüfte und mit den gesetzlichen Prüfungszeichen versehene Handfeuerwaffen nur insolange feilgehalten werden, als an denselben nicht nachträglich eine Veränderung in dem Kaliber oder an dem Verschlusse vorgenommen wird.

Diesfalls bedürfen dieselben einer erneuten Prüfung und der Bestätigung hierüber durch einen eigenen Stempelaufdruck. Gleichgiltig ist hiebei, ob die vorgenommene Aenderung groß oder gering ist.

Die Prüfung, welcher die Handfeuerwaffen zu unterstellen sind, besteht in einer Beschußprobe.

Die Prüfung der Terzerole und Revolver geschieht durch eine einmalige, die aller übrigen dem Prüfungszwange unterstellten Handfeuerwaffen regelmäßig durch eine zweimalige Beschußprobe. Eine zweimalige Beschußprobe findet bei denselben ausnahmsweise auf Antrag des Einsenders nicht statt, jedoch nur dann, wenn die Läufe solcher Handfeuerwaffen ohne Würgebohrung, d. i. an der Mündung in den Bohrung nicht verengt sind.

Die erste Beschußprobe findet bei der einer Prüfung durch zweimalige Beschußprobe zu unterwerfenden Handfeuerwaffen mit den vorgearbeiteten Läufen statt, die zweite Beschußprobe (Endprobe) nach Fertigstellung der Läufe einschließlich der Vereinigung bei Mehrläufen und der Anbringung der Verschlußstücke.

Werden Handfeuerwaffen, welche mit einer zweimaligen Beschußprobe zu prüfen sind, in dem Kaliber oder an den Verschlußtheilen abgeändert, so richtet sich die erneute Prüfung nach dem Stande der Herstellung, in welchem die Waffe sich befindet, also bei Veränderung an den erst vorgearbeiteten Läufen mit zwei Beschußproben; bei Veränderung bereits fertiggestellter Läufe nur mehr durch Endprobe.

Die Beschußprobe erfolgt mit verstärkter, d. h. nicht mit der dem Kaliber der Waffe entsprechenden vorschriftsmäßigen, sondern einer diese übersteigenden Ladung (Probeladung).

Die vorschriftsmäßigen Ladungen, sowie die Probeladungen sind für die einzelnen Kaliber in „Beschußtafeln" zusammengestellt.

Soweit für einzelne Kaliber die Probier- und vorschriftsmäßigen Ladungen in den Beschußtafeln nicht angegeben sind oder die dort angegebenen unanwendbar oder ungeeignet sind, hat der Einsender die besondere der Waffe entsprechende (vorschriftsmäßige) Ladung an Pulver und Blei schriftlich anzugeben; dieselbe wird dann zur Probe entsprechend verstärkt.

Als Pulver wird zu den Beschußproben das „neue Gewehrpulver M/71" verwendet. Der Einsender kann schriftlich beantragen, daß die Prüfung außerdem durch Beschußproben mit anderer Pulversorte erfolge; in dem Antrag muß die für die weiteren Beschußproben zu verwendende Pulversorte und die diesem entsprechende vorschriftsmäßige Ladung angegeben werden. Zu den Bleiladungen kommt bei den Proben Weichschrot im Durchmesser von 2,5 mm zur Anwendung.

Bei der Bleiladung wird unterschieden zwischen Läufen für Schrotladung und Läufen für Einzelgeschosse. Daher ist bei der Einsendung aller Läufe vom Einsender schriftlich anzugeben, ob dieselben für Schrotladung oder für Einzelgeschoß bestimmt sind.

Bei Läufen für Schrotladung besteht die Bleiladung aus einer Schrotladung, deren Gewicht für die erste Probe das Zweifache, für die Endprobe das $1^1/_3$ fache der Schrotladung der dem Laufkaliber entsprechenden vorschriftsmäßigen Patrone beträgt.

Läufe mit der Würgebohrung, welche in dem engeren Theile ihrer Bohrung nicht glatt, sondern ganz oder zum Theile mit Zügen versehen sind, sind bei der Endprobe mit einem im vorderen Drittel konisch zulaufenden, das $1^1/_2$ fache der Schrotladung der dem Laufkaliber entsprechenden vorschriftsmäßigen Patrone wiegenden Bleigeschosse zu beschießen.

Läufe, welche für Einzelgeschosse bestimmt sind, werden sowohl bei der ersten wie bei der Endprobe mit Bleiladungen im $1^1/_3$ fachen Gewicht des

Geschosses der dem Laufkaliber entsprechenden, vorschriftsmäßigen Patrone beschossen.

Die zwischen Pulver und Geschoß bezw. Schrot und auf letztere beiden zu setzenden Pfropfen werden aus Filz gefertigt, müssen bezüglich ihres Durchmessers dem Laufkaliber entsprechen und dürfen in ihrer Höhe eine Kaliberlänge nicht überschreiten.

Bei nachträglich abgeänderten Waffen erfolgt die Beschießung mit der für die Endprobe vorgeschriebenen Pulver- und Bleiladung. Besteht die Veränderung hiebei in einer Abänderung des Patronenlagers, so wird nicht die dem Kaliber des Laufes, sondern die dem Kaliber des neuen Patronenlagers entsprechende vorschriftsmäßige Ladung zu Grunde gelegt.

Die Einsender von Läufen mit Verschlüssen sind verpflichtet, der Prüfungsanstalt auf ihr Verlangen die zum Beschusse erforderlichen Patronenhülsen mit eingesetzter Zündeinrichtung (Zündhütchen, Zündplättchen 2c.), sowie die Geschosse der betreffenden Gebrauchspatrone unentgeltlich zur Verfügung zu stellen.

Läufe oder Verschlüsse, welche nach einer Beschußprobe unganz oder im geringsten aufgebraucht, d. i. mit ring- oder halbförmigen Erweiterungen befunden werden, werden durch Einsägen oder Zerschlagen unbrauchbar gemacht. Finden sich andere Mängel vor, so werden die Waffen an den Einsender zurückgesandt. Derselbe kann die Mängel beseitigen und die ausgebesserten Waffen zur abermaligen Prüfung vorlegen. Zeigen sich bei dieser abermaligen Probe wieder die gleichen Mängel, so sind die Waffen unbrauchbar zu machen. Zeigen sich dagegen bei dieser Prüfung Mängel anderer Art, welche eine sofortige Unbrauchbarmachung der Waffe nicht erheischen, so können dieselben wiederholt der Verbesserung und Prüfung unterstellt werden. Die eingesägten oder zerschlagenen Waffen sind dem Einsender zurückzugeben.

Als Prüfungszeichen werden angebracht:

a) für die abermalige Beschußprobe von Revolvern und Terzerolen:
   1. als Beschußstempel die Reichskrone,
   2. als Untersuchungsstempel der Buchstabe U mit der Reichskrone darüber;

b) bei zweimaliger Beschußprobe:
   1. für die erste Probe der Reichsadler,
   2. für die Endprobe der Reichsadler und der unter a 2 aufgeführte Untersuchungsstempel und zwar das Prüfungszeichen zu 1 auf dem runden Theil der Läufe, nahe dem hinteren Ende vor den ebenen Flächen, und wenn solche nicht vorhanden, an entsprechender Stelle, rechts davon; außerdem:
      1. bei Läufen für Schrotschuß der Buchstabe S mit der Reichskrone darüber, oder wenn die Läufe mit Würgebohrung versehen sind, der Buchstabe W mit der Reichskrone darüber,
      2. bei Läufen für ein Einzelgeschoß der Buchstabe G mit der Reichskrone darüber,

c) bei Beschränkung der Prüfung zufolge Antrags auf eine einmalige Beschußprobe:
   1. als Beschußstempel der Buchstabe B mit der Reichskrone darüber,
   2. als Untersuchungsstempel der Buchstabe U mit der Reichskrone darüber;

d) bei erneuter Prüfung außer den bei der ersten Prüfung angebrachten Prüfungszeichen:
   1. als Beschußstempel der Buchstabe R mit der Reichskrone darüber,
   2. als Untersuchungsstempel der Buchstabe U mit der Reichskrone darüber. Die Prüfungszeichen zu a, b 2 und c werden auf der unteren, die Prüfungszeichen zu d auf der oberen Lauffläche, und

wenn solche nicht vorhanden, an entsprechender Stelle, und zwar der Untersuchungsstempel hinter dem Beschußstempel angebracht.

Läufe mit Würgebohrung, die nach der ersten Prüfung in dem engeren Theil der Bohrung ganz oder zum Theil gezogen worden, erhalten rechts neben dem Beschußstempel die verschlungenen Buchstaben (WS) mit der Reichskrone darüber.

Bereits geprüfte, später mit Würgebohrung versehene Läufe bei der erneuten Prüfung bei glatter Würgebohrung den Buchstaben W mit der Reichskrone darüber; bei ganz oder zum Theil gezogener, die verschlungenen Buchstaben (WS) neben dem Buchstaben R mit der Reichskrone darüber.

Neben diesen Beschußzeichen wird auf alle Läufe hinter dem Untersuchungsstempel die Kalibergröße (Nr.) des Laufes aufgeschlagen und rechts neben dieser

1. bei Läufen für Expreßbüchsen der Buchstabe E mit der Reichskrone darüber,

2. bei Läufen von Hinterladerwaffen für Schrotschuß eine die Kalibergröße (Nr.) des Patronenlagers bezeichnende, in einen Kreis geschlossene Ziffer z. B. (12).

Sind Läufe mit noch anderer Pulversorte als M.G.P.M./71 probirt worden, so wird auch die dieser Pulversorte entsprechende Ladung auf die obere Lauffläche bezw. an entsprechender Stelle aufgeschlagen und zwar eventuell neben der vorbezeichneten Ladungsangabe.

Bei Läufen, welche eine Schwanzschraube oder einen Hinderladerverschluß, Verschlußgehäuse, Verschlußblock oder Verschlußkammer haben, mit welchen die Läufe verbunden oder verschlossen sind, soll der Beschuß- und Untersuchungsstempel (gleich dem Vorrathszeichen) auch auf den Schwanzschrauben, Hinterladerverschlüssen 2c. und bei Revolvern auf den Patronenlagerwalzen aufgeschlagen werden.

Bayerische Prüfungsanstalten sind errichtet bei den Artilleriedepots München, Germersheim und Würzburg, sowie bei der Gewehrfabrik Amberg. Dieselben führen die Bezeichnung: „K. B. Waffenprüfungsanstalt." Die Auswahl unter denselben ist den Einsendern freigestellt.

Die Einsender von Waffen haben der Prüfungsanstalt die Kosten für Porto, Hin- und Rücksendung der Waffen, sowie die durch die Waffenprüfung erwachsenen Kosten, und zwar diese nach dem Tarife vom 12. Januar 1895 zu entrichten.

Strafbestimmungen.

Wer Handfeuerwaffen feilhält oder in Verkehr bringt, deren Läufe oder Verschlüsse nicht mit den vorgeschriebenen oder zugelassenen Prüfungszeichen versehen sind, wird wegen Vergehens mit Geldstrafe bis zu eintausend Mark oder mit Gefängniß bis zu sechs Monaten bestraft.

Neben der verwirkten Strafe ist auf die Einziehung der vorschriftswidrig feilgehaltenen oder in den Verkehr gebrachten Waffen zu erkennen, ohne Unterschied, ob sie dem Verurtheilten gehören oder nicht.

Ist die Verfolgung oder Verurtheilung einer bestimmten Person nicht ausführbar, so kann die Einziehung selbstständig erkannt werden.

Strafbar ist sowohl das Feilhalten als in den Verkehr bringen; werden aber beide Handlungen gleichzeitig vorgenommen, so bilden sie nur ein Vergehen.

Die Prüfungs- einschließlich der Vorrathszeichen stellen öffentliche Urkunden dar, bezeugen, daß die Waffen von den behördlichen Prüfungsanstalten bezw. Ortspolizeibehörden vorschriftsmäßig auf ihre Brauchbarkeit bezw. ihr Vorhandensein vor dem Inkrafttreten des Waffenprüfungsgesetzes geprüft wurden.

Wer dieselben daher in rechtswidriger Absicht verfälscht oder fälschlich anbringt und von denselben oder von falschen oder verfälschten Prüfungs- oder Vorrathszeichen überhaupt wissentlich zum Zwecke der Täuschung Gebrauch macht, begeht Urkundenfälschung.

Hiemit kann auch Betrug in rechtlichen Zusammenfluß kommen. Dieser liegt auch dann vor, wenn jemand in der vorbezeichneten Absicht und der dort angegebenen Wirkung geprüfte und gesetzmäßige Waffen verkauft, welche nachträglich abgeändert und daher einer erneuten Prüfung bedurft hätten unter Verschweigung dieser Thatsache.

Strafbar ist sowohl das vorsätzliche als das fahrlässige Feilhalten oder Vertreiben der Handfeuerwaffen, letzteres kann insbesondere bei Prüfung des Vorhandenseins der erforderlichen Zeichen begangen werden. Eine über das gewöhnliche Maß der einem gewissenhaften Manne für normale Verkehrsverhältnisse eigenen Sorgfalt oder Vorsicht hinausgehende Aufmerksamkeit wird jedoch vom Gesetze nicht verlangt.

Das Gesetz, den Ersatz des Wildschadens betr. vom $\frac{\text{15. Juni 1850}}{\text{9. Juni 1899}}$.

Art. 1.*)

Die Vorschriften des Bürgerlichen Gesetzbuchs über die Verpflichtung zum Ersatze des Wildschadens werden durch die folgenden Bestimmungen ergänzt.

Art. 2.**)

Die Ersatzpflicht erstreckt sich auf den Schaden, welcher durch jagdbare Säugethiere anderer als der im Bürgerlichen Gesetzbuche bezeichneten Gattungen angerichtet wird.

Art. 3.***)

Ist das Jagdrecht auf den zu einem Jagdbezirke vereinigten Grundstücken nach den gesetzlichen Vorschriften über die Ausübung der Jagd von der Gemeinde verpachtet oder wird es von der Gemeinde in Selbstverwaltung ausgeübt, so haftet dem Beschädigten an Stelle der Grundeigenthümer die Gemeinde.

Sind mehrere Gemeindebezirke zu einem Jagdbezirke vereinigt, so haften die Gemeinden als Gesammtschuldner.

In allen Fällen ist der aus Gemeindekassen geleistete Ersatz von den einzelnen Grundeigenthümern der betreffenden Gemeinde zu vergüten und auf dieselben verhältnißmäßig zu vertheilen.

Der Gemeinde ist unbenommen, in dem Jagdpachtvertrage den oder die Pächter der Jagd für den Rückersatz des aus der Gemeindekasse geleisteten Wildschadens haftend zu erklären.

Art. 4.†)

Der Anspruch auf Ersatz ist nicht davon abhängig, daß der Wildschaden durch übermäßiges Hegen oder sonstiges Verschulden in Ausübung der Jagd veranlaßt wurde.

*) Art. 144 Ziff. I d. b. A.-G. z. B.G.B.
**) Art. 144 Ziff. II d. b. A.-G. z. B.G.B.
***) Abs. I und II aus Art. 144 Ziff. III b. A.-G. z. B.G.B.
†) Aufgehoben s. Art. 144 Ziff. VI b. A.-G. z. B.G.B.

Art. 5.*)

Der vom Wilde in Baumschulen, in Obstgärten oder an einzeln stehenden jungen Bäumen verursachte Schaden wird nicht vergütet, wenn die Herstellung von Schutzvorrichtungen unterblieben ist, die unter gewöhnlichen Umständen zur Abwendung des Schadens ausreichen.

Art. 6.**)

Von dem Federwild verursachter Schaden wird nicht vergütet.

Art. 7.

Wenn Getreide und ähnliche Erzeugnisse, deren voller Werth sich erst zur Zeit der Ernte bemessen läßt, vor diesem Zeitpunkte durch Wild beschädigt werden, so ist der Wildschaden nur in demjenigen Umfange zu gestatten, in welchem er sich zur Zeit der Ernte darstellt.

Art. 8.

Insoweit der Wildschaden nach den Grundsätzen einer ordentlichen Wirthschaft durch Wiederanbau in demselben Jahre ausgeglichen werden kann, soll hierauf bei der Abschätzung Rücksicht genommen werden.

Art. 8a.***)

Der Beschädigte hat den Anspruch auf Ersatz des Wildschadens bei Verlust des Anspruchs binnen drei Tagen, nachdem er von der Beschädigung Kenntniß erlangt hat, bei der Ortspolizeibehörde anzumelden, in deren Bezirke der Schaden entstanden ist. Zur Wahrung der Frist genügt die Absendung der Anmeldung.

Art. 9.

Ansprüche auf Ersatz des Wildschadens sind ohne Rücksicht auf die Klagsumme und auf den persönlichen Gerichtsstand des Beklagten vor demjenigen Stadt- oder Landgerichte geltend zu machen, in dessen Bezirk der Schaden verursacht worden ist.

Art. 10.

Wenn mehrere Grundeigenthümer, deren Grundstücke in dem nämlichen Jagdbezirke liegen, vor demselben Gerichte und gegen den nämlichen Beklagten Ansprüche auf den Wildschadensersatz erheben, so können sie gemeinschaftliche Klage stellen.

Art. 11.

Das Verfahren und der Instanzenzug richten sich nach den für die Civilrechtsstreitigkeiten bestehenden Vorschriften.

Wenn in dem Falle des Art. 10 hinsichtlich der Forderungen mehrerer Kläger die Berufung ergriffen wird, so sind zur Feststellung der Beschwerdesumme die einzelnen Beträge zusammenzurechnen.

---

*) Art. 144 Ziff. IV d. A.-G. z. B.G.B.
**) Aufgehoben: s. Art. 144 Ziff. VI d. A.-G. z. B.G.B.
***) Art. 144 Ziff. V d. A.-G. z. B.G.B.

Art. 12.

Gegenwärtiges Gesetz tritt mit dem Tage seiner Verkündung durch das Gesetzblatt in allen Landestheilen diesseits des Rheins in Wirksamkeit.

Jagdpachtverträge, welche vor diesem Tage abgeschlossen wurden, können einseitig vom Verpächter oder Pächter aufgelöst werden, vorbehaltlich der Entrichtung oder Wiedererstattung des Pachtschillings nach Maßgabe des Zeitraums der bisherigen Jagdbenützung.

Die Kündigung muß, wenn sie statthaft sein soll, längstens bis zum 1. Juli 1850 erklärt werden, worauf die Auflösung innerhalb des im Art. 24 des Gesetzes vom 30. März d. J., „die Ausübung der Jagd betreffend" bezeichneten Termines erfolgt.

Die in Artikel 1 *) enthaltenen Vorschriften gelten auch für die Pfalz.

a) § 835 des Bürgerlichen Gesetzbuches.

Wird durch Schwarz-, Roth-, Elch-, Dam- oder Rehwild oder durch Fasanen ein Grundstück beschädigt, an welchem dem Eigenthümer das Jagdrecht nicht zusteht, so ist der Jagdberechtigte verpflichtet, dem Verletzten den Schaden zu ersetzen. Die Ersatzpflicht erstreckt sich auf den Schaden, den die Thiere an den getrennten, aber noch nicht eingeernteten Erzeugnissen des Grundstückes anrichten.

Ist dem Eigenthümer die Ausübung des ihm zustehenden Jagdrechts durch Gesetz entzogen, so hat derjenige den Schaden zu ersetzen, welcher zur Ausübung des Jagdrechts nach dem Gesetze berechtigt ist. Hat der Eigenthümer eines Grundstückes, auf dem das Jagdrecht wegen der Lage des Grundstückes nur gemeinschaftlich mit dem Jagdrecht auf einem anderen Grundstücke ausgeübt werden darf, das Jagdrecht dem Eigenthümer dieses Grundstückes verpachtet, so ist der letztere für den Schaden verantwortlich.

Sind die Eigenthümer der Grundstücke eines Bezirkes zum Zwecke der gemeinschaftlichen Ausübung des Jagdrechts durch das Gesetz zu einem Verbande vereinigt, der nicht als solcher haftet, so sind sie nach dem Verhältnisse der Größe ihrer Grundstücke ersatzpflichtig.

b) Einführungsgesetz zum B.G.B.

Art. 70.

Unberührt bleiben die landesgesetzlichen Vorschriften über die Grundsätze, nach welchen der Wildschaden festzustellen ist, sowie die landesgesetzlichen Vorschriften, nach welchen der Anspruch auf Ersatz des Wildschadens innerhalb einer bestimmten Frist bei der zuständigen Behörde geltend gemacht werden muß.

Art. 71.

Unberührt bleiben die landesgesetzlichen Vorschriften, nach welchen

1. die Verpflichtung zum Ersatze des Wildschadens auch dann eintritt, wenn der Schaden durch jagdbare Thiere anderer als der im § 835 des B.G.B. bezeichneten Gattungen angerichtet wird,
2. . . . . .
3. . . . . .
4. der Wildschaden, der an Gärten, Obstgärten, Weinbergen, Baumschulen und einzeln stehenden Bäumen angerichtet wird, dann nicht zu ersetzen ist, wenn die Herstellung von Schutzvorrichtungen unter-

---

*) Art. 144 Ziff. I b. A.-G. z. B.G.B.

blieben ist, die unter gewöhnlichen Umständen zur Abwendung des Schadens ausreichen,

5. . . . . . .

6. die Gemeinde an Stelle der Eigenthümer der zu einem Jagdbezirke vereinigten Grundstücke zum Ersatze des Wildschadens verpflichtet und zum Rückgriff auf die Eigenthümer berechtigt ist oder an Stelle der Eigenthümer . . . . oder der Gemeinde oder neben ihnen der Jagdpächter zum Ersatze des Schadens verpflichtet ist.

Art. 144 des bayer. Ausführungsgesetzes zum B.G.B.

Das Gesetz vom 15. Juni 1850, den Ersatz des Wildschadens betreffend, wird dahin geändert:

I. Der Artikel 1 erhält folgende Fassung:

Die Vorschriften des Bürgerlichen Gesetzbuchs über die Verpflichtung zum Ersatze des Wildschadens werden durch die folgenden Bestimmungen ergänzt

II. Der Artikel 2 erhält folgende Fassung:

Die Ersatzpflicht erstreckt sich auf den Schaden, welcher durch jagdbare Säugethiere anderer als der im Bürgerlichen Gesetzbuche bezeichneten Gattungen angerichtet wird.

III. Der Artikel 3 Abs. 1, 2 erhält folgende Fassung:

Ist das Jagdrecht auf den zu einem Jagdbezirke vereinigten Grundstücken nach den gesetzlichen Vorschriften über die Ausübung der Jagd von der Gemeinde verpachtet oder wird es von der Gemeinde in Selbstverwaltung ausgeübt, so haftet dem Beschädigten an Stelle der Grundeigenthümer die Gemeinde.

Sind mehrere Gemeindebezirke zu einem Jagdbezirke vereinigt, so haften die Gemeinden als Gesammtschuldner.

IV. Der Artikel 5 erhält folgende Fassung:

Der vom Wilde in Baumschulen, in Obstgärten oder an einzeln stehenden jungen Bäumen verursachte Schaden wird nicht vergütet, wenn die Herstellung von Schutzvorrichtungen unterblieben ist, die unter gewöhnlichen Umständen zur Abwendung des Schadens ausreichen.

V. Als Artikel 8a wird folgende Vorschrift aufgenommen:

Der Beschädigte hat den Anspruch auf Ersatz des Wildschadens bei Verlust des Anspruchs binnen drei Tagen, nachdem er von der Beschädigung Kenntniß erlangt hat, bei der Ortspolizeibehörde anzumelden, in deren Bezirke der Schaden entstanden ist. Zur Wahrung der Frist genügt die Absendung der Anmeldung.

VI Die Artikel 4, 6 werden aufgehoben

Die Artikel 1, 2, 5, 7 bis 8a des Gesetzes vom 15. Juni 1850 werden auf die Pfalz erstreckt

Art. 145

In der Pfalz können die bestehenden Jagdpachtverträge von jedem Theile unter Einhaltung einer dreimonatigen Kündigungsfrist für den 31. Dez. 1899 gekündigt werden.

Nachträge.

Zu S. 29, 30. Jagdausübung: Der Begriff „Jagdausübung" umfaßt nicht blos das Jagen, die persönliche Ausübung der Jagd oder den Betrieb durch gelernte Jäger (a. Vertrauensmänner und Jagdgäste), sondern auch durch Verpachtung des Jagdrechtes auf einem bestimmten Gebiete. Art. 2 b. J.-G. spricht von der Ausübung des Jagdrechts durch den Grundeigenthümer und d. b. V.-G.-H. hat ausdrücklich anerkannt, daß die Ausübung des Eigenjagdrechts auch durch Verpachtung bethätigt werden könne. Art. 4 besagt wörtlich: „Die Gemeinde . . übt . . . das Jagdrecht durch Verpachtung aus." (Vgl. hiezu E. d. b. V.-G.-H. v. 9. März und 20. April 1880 S. I S. 173, 250, v. 13. Juli 1891 S. 187 mit § 11 Ziff. 1 d. V.-V. z. J.-G.; „das Gesetz begreift unter Jagdausübung nicht nur den wirklichen Jagdbetrieb, sondern auch den Gebrauch der eigenen Jagdberechtigung nach Art. 2 und 3 und hauptsächlich gemäß der Wortfassung der Art. 4, 7 und 11 die verschiedenen Vergebungsarten: Verpachtung und Selbstverwaltung" — und E. d. pr. K.-G. v. 28. März 1900 D. J.-Z. VI S. 461.)

Zu S. 34. I. Eigenjagd: Die Unterlage der Eigenjagdberechtigung ist ein den dinglichen Erfordernissen entsprechendes „Grundeigenthum". Als Grundeigenthümer im Sinne des J.-G. hat, solange die civilrechtlichen Eigenthumsverhältnisse an einem Grundstücke nicht durch richterliche Entscheidung festgestellt sind, derjenige zu gelten, welcher das Grundstück im juristischen Besitz hat; vgl. E. d. b. V.-G.-H. v. 6. Juli 1886 S. VII S. 277. — Gleichgiltig ist, ob der Grundeigenthümer (Grundbesitzer) eines befriedeten, umfriedeten oder den Ausmaßen in Art. 2 Abs. I Ziff. 3 und 4 J.-G. entsprechenden Grundkomplexes eine physische oder juristische Person, ob der betreffende Komplex Eigenthum nur einer Person ist oder im gemeinsamen (real) ungetheilten Besitze mehrerer Personen steht; vgl. gegen die Min.-Entschl. v. 8. Juni 1864 (Trunk a. a. O. S. 8 Note 6) die E. d. b. V.-G.-H. v. 20. April 1880 S. I S. 250. — Unter Eigenthum an Grund und Boden im Sinne des (pr.) J.-G. ist nicht nur das privatrechtliche Eigenthum, sondern auch das sogen. gemeine Eigenthum des Staates an Theilen der Erdoberfläche zu verstehen; E. d. pr. O.-V.-G. v. 23. Mai 1889 E. XVIII S. 287.

Zu S. 44. Hochgebirge (Note 45): Zweifel darüber, ob ein Bezirk dem Hochgebirge oder der Ebene (dem Flachlande) angehört, können insbesondere bezüglich der Vorgebirge (Ausläufer des Hoch- oder Alpengebirges) entstehen. Die Entscheidung wird davon abhängen, ob das Gelände des Bezirks Stellen in sich schließt, welche die im Hochgebirge vorhandenen Schwierigkeiten für den Jagdbetrieb steile, unzugängliche Felspartieen, Alpenweiden darbieten. Thäler und Schluchten, welche am Fuße der Höhenzüge in die Ebene verlaufen, werden dem Flachlande zuzuzählen sein. In gemischten Jagdrevieren wird das Vorherrschen jeder alpinen oder ebenen Geländebildung für die Behandlung des Reviers nach dem Umfange (400 oder 240 Tgwk.) entscheiden; vgl. a. Deutsch. Jäger Bd. XIX S. 328. — S. a. Bestimmungen über die k. Leibgehegsjagden rc., welche in § 1 Anhaltspunkte für die geographische Umschreibung des „Hochgebirgs" geben. (Anhang.)

Zu S. 43. Eigenjagdbezirke—gesetzliche Größe: E. d. pr. O.-V.-G. vom 1. April 1900 — Privatwege und Hofräume sind bei Berechnung der Eigenjagdbezirke regelmäßig mitzurechnen s. D. J.-Z. Bd. V S. 532. — Im Hinblicke auf Art. 2 b. J.-G. werden auch Hausgartenareale miteinzurechnen sein, ferner auch Privatflüsse und Bäche bei der Berechnung des Komplexumfanges mit ihrem Flächeninhalte beizuzählen sein.

Zu S. 53, 54. Wasserläufe — Jagdrecht auf öffentlichen Flüssen: s. Goltdammer Arch. Bd. XLVI S. 104.

In Gebieten des pr. Jagdrechts können zufolge einer Entschl. d. pr. Min. vom 11. April 1860 (Min.-V.-O.-Bl. S. 175) auf öffentlichen Flüssen selbstständige Jagdbezirke mit einem Umfange von mindestens 300 Morgen gebildet werden; s. dagegen die oben angef. Direktiven für Verwaltung der bayer. Staatswaldjagden § 1 letzt. Abs.

Zu S. 54 ff. Die **Inklave**: s. hieher einen komplizirten Fall der Inklavenbildung durch Eigenjagden und Wege in d. Bayer. Gemeindezeitung Bd. II (Jahrgang 1892) S. 851. — vgl. a Deutscher Jäger Bd. XXIII S. 240. — s. ferner Bayer. Gemeindezeitung Bd. III (Jahrgang 1893) S. 164, 165 (Ausmarkungsparzelle als Enklave) und Bd. VIII (Jahrgang 1898) S. 111 (durch einen Weg zugängliche Enklave). Ueber unvollkommene Inklaven, sogen. „Halb- und Dreiviertel"-Inklaven, welche nur auf zwei oder drei Seiten von einem Eigenjagdbezirke umschlossen werden und mit zwei bezw. einer Seite an einen anderen Fremdjagdbezirk angrenzen s. a. Deutscher Jäger Bd. XXIII S. 198 — dieselben werden auch „Gemeindejagd-Exklaven" genannt und sind dem Gemeindejagdbezirke ohne Rücksicht auf den Zusammenhang mit den übrigen Theilen desselben einzuverleiben. — Vgl. a. oben S. 61 und 63.

Zu S. 57 ff. Ausmärkische Bezirke: Im Deutschen Jäger Bd. XXIII S. 227 ff., 238 ff. und 248 ff. wird unter Bekämpfung der Lehrmeinung v. Seydels (bayer. Staatsrecht 2. Aufl. Bd. III

S. 377) der Versuch gemacht, die Frage des Jagdrechts in Ausmarkungen mit der Aufstellung zu lösen, daß in Ausmarkungen parzellierten Grundeigenthums die Jagdverpachtung durch die Distriktspolizeibehörde zu bethätigen sei. Der Verfasser geht davon aus, daß in Art. 4 d. J.-G. für die Gemeindejagd-Verpachtungen eine mit öffentlicher Autorität bekleidete Behörde gefordert sei. Gerade der Umstand, daß den politischen Gemeinden die Ortspolizei und die örtliche polizeiliche Jagdaufsicht obliege, sei für die gesetzgebenden Faktoren mitbestimmend gewesen, den Gemeinden die Jagdverpachtung zu übertragen. In ausmärkischen Bezirken sei die Handhabung der Ortspolizei der Distriktspolizeibehörde übertragen, diese also auch die zuständige Behörde für Vornahme der Jagdverpachtung in solchen Bezirken. Dabei wird aber vollständig übersehen, daß es sich in Ansehung der Verpachtung der Gemeindejagd nicht um eine ortspolizeiliche Maßnahme, sondern um eine Gemeindeangelegenheit handelt. Das z. B. des Erlasses d. d. J.-G. in Geltung gestandene revid. Gemeindeedikt erwähnt in §§ 107 mit 117 unter den Gegenständen ortspolizeilicher Thätigkeit mit keinem Worte die „Jagdpolizei", ebensowenig Ziff. LXXVII der Vollzugsvorschriften z. rev. Gemeindeedikte, und § 90 lit. i d. VI. Verf.-Beil. läßt vielmehr ersehen, daß die Forst- und Jagdpolizei einer höheren Polizeiinstanz (Landgericht, Patrimonialgericht) vorbehalten war. Die in § 110 rev. Gemeindeedikts vorgesehene kriminalpolizeiliche Thätigkeit der Ortspolizei (s. a. § 68 a. a. O.) gab wohl eine Grundlage zur Einschreitung bei Wildfrevel, hatte aber mit Jagdpolizei im engeren Sinne nicht das Mindeste zu thun. Wenn bei Berathung des Entwurfs des J.-G. vom Ausschusse d. Abg.-K. dem Worte „Gemeinde" die weiteren „als Ortspolizeibehörde" beigefügt werden wollten, so ist damit durchaus nicht dargethan, daß die „Jagdverpachtung" als ein Gegenstand ortspolizeilicher Funktion vermeint war. Bei der damals noch nicht festgehaltenen Trennung rein-polizeilicher und wohlfahrtspolizeilicher (Verwaltungs-) Funktionen kann aus dem Beisatze „Ortspolizeibehörde" keineswegs gefolgert werden, daß damit die Gemeindejagdverpachtung als Gegenstand ortspolizeilicher Thätigkeit im heutigen Sinne erklärt werden wollte. § 116 rev. Gemeindeedikts zählt eine Reihe von kulturellen Aufgaben als Gegenstand der Feldpolizei auf, die zweifellos Verwaltungsaufgaben sind. Die Gemeindeverwaltung, nicht die Ortspolizei hat die vermögensrechtlichen und wirthschaftlichen Interessen ihrer Angehörigen — und zu dieser Art von Interessen gehört auch die Jagdberechtigung — zu vertreten und zu verwalten, zur Zeit des rev. Gemeindeedikts ebenso wie heute. Art. 3 Abs. II d. Gmde.-Ordg. überweist in Ausmarkungen der Distriktspolizeibehörde nur die Handhabung der „Ortspolizei", nicht aber die

Vertretung in „Gemeindeangelegenheiten", als welche die Verpachtung eines Gemeindejagdbezirks sich unbestritten darstellt. Letzteres Geschäft fiel, wie gezeigt, nie in den Bereich ortspolizeilicher Thätigkeit und ist dieser auch heute entrückt; die Uebertragung der Ortspolizei in Ausmarkungen kann daher der Distriktspolizeibehörde unter keinen Umständen in Bezug auf die Verpachtung der Jagd eine Zuständigkeit gewähren. — „Das Verpachten der Jagd ist keine Polizei und nirgends gesagt, daß die Gemeinde dieses Geschäft als ein staatliches (übertragenes) besorgt"; v. Seydel, Staatsrecht V S. 627 Note 3. — Wie sich die v. Seydel'sche Auslegung: „Recht der Jagdausübung in Ausmarkungen parzellirten Bestands durch die Grundeigenthümer selbst" in der Praxis gestalten würde, ist eine Frage, die für die Entscheidung des Rechtszustandes selbstredend keinen Einfluß üben kann. Treten Unzukömmlichkeiten auf, so bleibt noch immer Art. 4 d. rechtsrh. Gmde.-Ordg. als Ausweg zur Abhilfe offen. Hätte der Verfasser jenes Artikels thatsächlich „aus den Quellen geschöpft", worauf er sich so zuversichtlich beruft, so würden ihm wohl Bedenken über die Stichhaltigkeit seiner Theorie aufgestiegen sein. — S. a. Becher, rechtsrh. Landescivilrecht § 182, IV. 2 S. 1039.

Zu S. 63. Gemeindejagdbezirk: Sind öffentliche Anlagen der Gemeinde als ein in die Jagdverpachtung einzubeziehender Bestandtheil der gemeindlichen Gesammtflur zu behandeln? In Wild und Hund Bd. VII S. 715 wird berichtet, daß die Stadt Elberfeld und der dortige Verschönerungsverein mehr oder weniger große Waldparzellen in ihrem Besitze haben, welche den Charakter öffentlicher Anlagen tragen, und diese an verschiedenen Stellen des gemeindlichen Jagdbezirkes gelegenen Grundstücke von der Verpachtung ausschließen. Es wird a. a. O. ausgeführt, daß diese Anlagen dem Gemeindejagdbezirke angehören und mit diesem zur Verpachtung gebracht werden müßten. Die Polizeibehörde sei auch nicht befugt, im Interesse des Schutzes der Personen die Jagdausübung in solchen Anlagen zu verbieten. Auch nach dem Art. 4 bayer. J.-G. werden solche Anlagen dem Gemeindejagdbezirke zuzuzählen sein, dagegen wird die Jagdausübung in solchen aus Rücksichten der Sicherheit und Bequemlichkeit des öffentlichen Verkehrs auf Grund des § 366 Nr. 10 St.-G.-B. in Verbindung mit Art. 95 P.-St.-G.-B. (Sicherstellung öffentlicher Anlagen) durch Polizeivorschrift untersagt werden können, und wird der Jagdpächter solche Verbote sicherheitspolizeilicher Natur gemäß Art. 13 Abs. I d. J.-G. zu achten verpflichtet sein (vgl. hieher E. d. b. Ob.-G.-H. v. 30. April 1875 S. V. S. 173). Außerdem schlägt hier noch § 367 Nr. 8 St.-G.-B. ein, welcher an von Menschen besuchten Orten (und als solche werden dem öffentlichen Verkehr zugängliche Anlagen zu erachten sein) das Schießen mit Feuergewehren ohne polizeiliche Erlaubniß unter Strafandrohung stellt. Eine solche sicherheitspolizeiliche Vorschrift erscheint ohne Zweifel geeignet, die „Befugniß" des Jagdberechtigten zur Jagdausübung an solchen Orten und auf Grund des Art. 95 auch zum Begehen der Anlagen außerhalb der Wege (s. § 368 Nr. 9 St.-G.-B.) aufzuheben. Insoweit solche Anlagen umfriedet sind und die Umfriedung den Voraussetzungen des Art. 2 Abs. I Ziff. 2 b. J.-G. oder des § 5 Abs. V d. pfälz. J.-V.-O. entspricht, sind dieselben überhaupt vom Gemeindejagdbezirke ausgenommen.

Zu S. 99. Die Gemeinde als Stellvertreterin der Grundeigenthümer: Insoweit es sich um Vertretung der Grundeigenthümer in der Ausübung des Jagdrechts durch Verpachtung oder Regiebetrieb handelt, erscheint die Vertretungsmacht der Gemeinde als eine gesetzliche, durch § 164 B.G.B. gestützt. Die Willenserklärung der Gemeinde wirkt unmittelbar für und gegen die vertretenen Grundeigenthümer (als Jagdberechtigte d. h. als Inhaber der von der Gemeinde auszuübenden Jagdgerechtigkeit), einer besonderen Vollmacht der Vertretenen bedarf es hiezu nicht (Fischer-Henle, Komm. z. B.G.B. zu § 164 Note 2; vgl. a. d. Mot. z. B.G.B. Bd. I S. 233). Die Stellung der Gemeinde als Vertreterin der Grundeigenthümer gegenüber Dritten, insbesondere gegenüber den Jagdpächtern, sowie die Haftung der Gemeinde gegenüber den Grundeigenthümern bemißt sich nach §§ 1793, 1833 B.G.B. und ist demnach die Frage des gemeindlichen Vertretungsverhältnisses im Wesentlichen aus gleichen rechtlichen Gesichtspunkten zu behandeln wie unter der Herrschaft des bisher geltenden Civilrechts (vgl. a. Verhdl. d. Abg.-K. 1898 Beil.-Bd. XX Abth. I S. 94).

Zu S. 100. Verpachtung der Gemeindejagd durch Versteigerung: Eine Stadtgemeinde schrieb die Gemeindejagd zur *Verpachtung im Submissionswege* aus, die zum Termine eingelaufenen Angebote wurden am festgesetzten Tage eröffnet und dem Meistbietenden von den städtischen Kollegien der Zuschlag ertheilt. Dieses Verfahren, welches bei Prüfung der Pachtverhandlungen durch die Staatsaufsichtsbehörde eine Beanstandung nicht erfahren haben soll (s. deutsch. Jäger Bd. XX S. 145), verstößt offenbar gegen die Vorschriften in Art. 7 Abs. 1 b. J.-G., wonach die Verpachtung der Gemeindejagden in der Regel im Wege der öffentlichen Versteigerung stattfinden soll, ausnahmsweise die Verpachtung der Jagd ohne Versteigerung durch Kontraktsabschluß vorgenommen werden darf. Unter die Form der Verpachtung im Vertragswege kann die Vergebung der Jagd nach Submissionsangebot nicht wohl gebracht werden, vielmehr gleicht diese Art der Verpachtung an einen Meistbietenden der Versteigerung. Letztere muß nach gesetzlicher Vorschrift *öffent*-

lich stattfinden. Den Jagdliebhabern soll Gelegenheit gegeben werden, die Angebote der Mitbewerber sofort zu erfahren und dieselben je nach Neigung und Vermögen zu überbieten; denn es ist der Gemeinde nicht gestattet, bei der Versteigerung Beschränkungen des Kreises der Pachtlustigen zu treffen (Min.-Entschl. v. 31. Januar 1863 und 14. Oktober 1865), was bei Vergebung mittels Submission zweifellos der Fall wäre. Die geheimen Angebote auf die Submission entziehen sich bis zur Eröffnung der Kenntniß der Mitbewerber, also bis zum Augenblicke des Ausschlusses eines weiteren Bietens; damit ist jeder Submittent einer Beschränkung in Ansehung seiner eventuellen Angebote unterworfen und damit auch der Kreis der Pachtlustigen selbst beschränkt, deren bei öffentlicher Versteigerung bei jedem Gebote neue als überbietende Mitbewerber bis zum Augenblicke des Zuschlags auftreten können. Die Gemeinde hat die Wahl zwischen unbeschränkter Zulassung von Pachtliebhabern bei öffentlicher Versteigerung oder einer Beschränkung der Bewerber durch Verpachtung mittels Kontraktschlusses; die Submission entspricht weder der einen noch der anderen Form gesetzmäßiger Jagdverpachtung und ist daher aufsichtlich zu beanstanden.

Nicht zu beanstanden ist bei Versteigerungen der Gemeindejagd eine Vertretung Pachtlustiger durch einen Bevollmächtigten. Selbstverständlich muß der Vertreter eine entsprechende Vollmacht des Auftraggebers (wenn nicht notariell so doch mit amtlich oder notariell beglaubigter Unterschrift) und, soferne die Persönlichkeit des letzteren hinsichtlich der Jagdkarten- und Zahlungsfähigkeit nicht gemeindeamtsbekannt ist, auch hierüber genügende Ausweise vorlegen (vgl. Deutsch. Jäger XX S. 343).

Zu S. 104. Eintheilung des Gemeindejagdbezirks in Jagdbogen: Die V.-V. z. J.-G. § 4 fordert die Fassung eines besonderen Gemeindebeschlusses über die Unterabtheilung des Gemeindejagdbezirks in mehrere Jagdbogen. Verpachtungen ohne vorherigen Beschluß über die Unterabtheilung sollen ohne Weiteres abgestellt werden. Diese Bestimmung scheint im Widerspruche mit Art. 7 J.-G. zu stehen, welcher nur das Ergebniß der Verpachtung der Genehmigung der Gemeindeversammlung bzw. der städtischen Kollegien unterstellt, die Verpachtung selbst aber der Gemeindeverwaltung (dem Magistrate) zuweist. Wäre es Absicht des Gesetzgebers gewesen, alle einzelnen Bestimmungen der Verpachtung der Festsetzung durch die Gemeindeversammlung (die beiden Kollegien städtischer Verfassung) vorzubehalten, so müßte auch die Bestimmung des Aufwurfspreises dieser Genehmigung vorbehalten werden, was aber nicht der Fall und auch in den V.-V. nicht ausgesprochen ist. Aus der Fassung des Art. 7 Abs. I J.-G. wird vielmehr zu folgern sein, daß die Abtheilung der

Gemeindemarkung in mehrere Jagdbezirke ausschließend Sache der Gemeindeverwaltung sei und eine Zustimmung der Gemeindeversammlung zu dieser Festsetzung nicht erfordert werde. Ist die Gemeindeversammlung mit dieser Ordnung der Verpachtung in Bezug auf das Objekt nicht einverstanden, so steht ihr frei, die Genehmigung des Verpachtungsergebnisses zu versagen und diesen Grund der Nichtgenehmigung zu erkennen zu geben. Da ihr nicht zusteht, selbst andere Pachtbedingungen aufzustellen, muß sie es alsdann dem Gemeindeausschusse anheim lassen, inwieweit er bei einer erneuerten Verpachtungsverhandlung ihren betreffenden Wünschen entgegenkommen will. Eine Unterlage für § 4 d. V.-V. ist auch nicht aus § 104 d. rev. Gemde.-Edikt zu gewinnen und ebensowenig aus Art. 112 und 147 d. GemeindeOrdg., insoweit die Jagdverpachtung unbeschadet des Art. 206 Abs. II Ziff. 1 a. a. O. als „Gemeindeangelegenheit" zu betrachten und behandeln ist.

Zu S. 121 u. ff. Sequestrirung einer Jagd als einstweilige Verfügung während eines schwebenden Rechtsstreites über das Jagdausübungsrecht: Eine E. d. Ob.-L.-G. Braunschweig v. 2. Oktober 1885 bemerkt: Eine einstweilige Verfügung zum Zwecke der Regelung eines vorläufigen Zustandes in Bezug auf das streitige Rechtsverhältniß (Jagdnutzung) erscheint zur Abwendung wesentlicher Nachtheile so zulässig, wie angemessen (§§ 819 [jetzt 940], 815 [936] mit 800 [920] d. Civ.-Pr.-O.). Die Bestimmung der zur Erreichung dieses Zweckes zu treffenden Anordnungen ist dem freien Ermessen des Gerichtes anheimgegeben (§ 817 [938] Civ.-Pr.-O.). Ein Verbot der Jagdausübung für den einen wie den anderen Streitstheil würde den Grundbesitzern auf längere und unbestimmte Zeit hinaus die Möglichkeit benehmen, einen Schutz und bzw. eine Entschädigung für Wildschäden zu sichern, es erübrigt nur die Sequestration der Jagd durch Uebertragung ihrer Ausübung an einen benachbarten Forstbeamten; Seufferts Arch. XV S. 69. — In Bayern könnte diese richterliche Verfügung nur bei einem Rechtsstreite Platz greifen über die Frage, ob bei Arrondirung eines Eigenjagdbezirks durch Grundzuwachs (durch Erbschaft, Kauf ꝛc.) das Recht des bisherigen Jagdpächters dem Rechte des Grundeigenthümers zu weichen habe, der einzige Fall, in welchem über die Jagdberechtigung nicht im Verwaltungsrechtswege, sondern durch die Civilgerichte entschieden wird; E. d. b. Ob.-G.-H. S. VIII S. 568, Bl. f. R.-A. Bd. XXXIV S. 321, Bl. f. a. Pr. XIX S. 142. — Fraglich erschiene es, ob ein Forstbeamter als Sequester aufgestellt werden dürfte und würde jedenfalls den Intentionen d. J.-G. mehr entsprechen, solchenfalls einen „gelernten Jäger" (Art. 10 Abs. II J.-G.) zu bestellen.

Hinsichtlich eines in Konkurs gerathenen Jagdpächters s. § 851 Civ.-Pr.-O. Das erpachtete Jagdausübungsrecht kann der Pächter einem Dritten nur unter Aufgabe des eigenen Rechtes aus dem Pachte (und vorbehaltlich des Art. 12 J.-G.) übertragen, dasselbe erscheint daher nicht pfändbar und kann nicht zur Konkursmasse gezogen werden. Der Konkursverwalter ist nicht berechtigt, die erpachtete Jagd des Konkursschuldners an seiner Stelle auszuüben oder ausüben zu lassen (s. a. D. J.-Z. IV S. 151), wohl aber kann der Erlös aus der Jagdausübung zur Masse gezogen werden. — Die Verpachtung einer Eigenjagd ist auch der Konkursmasse gegenüber wirksam, soferne sie vor Eröffnung des Konkursverfahrens erfolgte. — Im ersten Fall kann der Verpächter zurücktreten, wenn die Ueberweisung der gepachteten Jagd noch nicht erfolgt ist.

Zwangsversteigerung bricht Miethe, der Ersteher eines Grundstückes kann das Pachtverhältniß innerhalb der gesetzlichen Frist kündigen (§ 57 d. R.-G. über die Zwangsversteigerung). Erfolgt die Kündigung nicht zum ersten gesetzlich zulässigen Termine, so entsteht zwischen Pächter und Grundstückerwerber dasselbe rechtliche Verhältniß wie beim freiwilligen Verkaufe eines Grundstücks, der Erwerber bleibt nach dem Satze „Kauf bricht nicht Miethe" an den bestehenden Pachtvertrag gebunden (vgl. a. §§ 56, 90 d. a. G.). Diese Bestimmungen berühren nur die Eigenjagd, nicht aber die Gemeindejagd, bei welcher nur die Markungszugehörigkeit, nicht aber die Person des Besitzers der Grundstücke in Betracht kommt — ausgenommen den Fall d. Art. 6 d. J.-G. Verliert der Eigenjagdbesitzer durch Zwangsversteigerung sein zur Selbstbejagung berechtigendes Grundeigenthum, so erlischt für ihn die Jagdberechtigung und geht sofort auf den neuen Erwerber über, sofern nicht eine Parzellierung eintritt, welche die Anwendung des Art. 4 J.-G. bedingt. War der Eigenjagdbezirk an einen Dritten verpachtet, so greift Art. 5 d. Zwangsverst.-G. Platz (s. o.): der Erwerber kann den Pachtvertrag fortsetzen oder kündigen. Erfolgt Parzellierung, so geht vorbehaltlich der Fälle des Art. 2 Ziff. 1 und 2 J.-G. das Jagdrecht (d. h. die Ausübung) sofort an die Gemeinde über, da die Erwerber der Parzellen gemäß Art. 4 J.-G. nicht selbst über das Jagdausübungsrecht auf den dem Art. 2 nicht entsprechenden Besitzungen verfügen können. Selbstverständlich findet hier § 57 a. a. O. keine Anwendung. Wegen allenfallsiger Entschädigung kann der Pächter sich an den vormaligen Verpächter halten. Im Falle des Art. 6 werden dieselben Grundsätze zu gelten haben, da die Verpachtung nicht auf gesetzlicher Vertretungsmacht, sondern auf freiwillig vereinbarter Vermittlung durch die Gemeinde beruht und demnach der Bestand und bzw. Verlust der Jagdberechtigung des Grundeigenthümers für das Pachtverhältniß entscheidend bleibt. Für die Ersteigerung verpachteter Eigenjagdbezirke oder von Parzellen derselben zu anderen Selbstjagdbezirken sind die oben S. 129 u. ff. gegebenen Ausführungen leitend. Ueber die Wirkungen der Zwangsverwaltung, durch welche der Gläubiger sich den Bezug des Pachtschillings verpachteter Eigenjagden sichern kann s. Fränkel, Mieth- und Pachtrecht S. 80, 81 mit §§ 21, 22, 146, 148, 151 Zwangsverst.-G., 98 Ziff. 2 B.G.B.; s. a. Bl. f. R.-A. Bd. LXIII S. 375.

Durch Zwangsenteignung nach dem Gesetze v. 17. November 1837 (s. hiezu Art. 109 E.-G. z. B.G.B.) wird ein Pachtverhältniß (auch Jagdpacht) ohne Kündigung aufgehoben, sobald der Enteignungsausspruch und die Feststellung der Entschädigung erfolgt ist (s. Art. V ff., XVIII ff. d. b. Expropr.-G.).

Zu S. 143 ff. Mitpacht, Afterpacht: E. d. R.-G. v. 30. April 1883 Rspr. VIII S. 330 und E. d. R.-G. i. Civ.-S. XXXVII S. 233, 236.

Zu S. 156. Regiejagdbetrieb: Die Ausübung der Regiejagd ist nur durch drei jagdkartenfähige Gemeindebürger zulässig, wie der Wortlaut des Art. 11 in Abs. I zu erkennen gibt. Neben diesen können gelernte Jäger aufgestellt und von ihnen Jagdgäste eingeladen und mitgenommen werden. Ein Betrieb durch Jagdgäste allein, ohne Aufstellung von Vertrauensmännern, wie ihn Kitt, Jagdwesen in Bayern S. LXIX Note 39 als zulässig zu erachten scheint und für solchen Fall die Erlaubnißertheilung dem Gemeindeausschusse bzw. dem Magistrat vorbehalten wissen will, ist wohl nicht statthaft.

Zu S. 157. Berechtigung der Vertrauensmänner zur Einladung von Jagdgästen: Bei Regiejagden steht die Ertheilung der Erlaubniß für Jagdgäste den Vertrauensmännern zu. Die schriftliche Erlaubniß wird unter Beachtung des oben S. 156 Gesagten von allen Dreien bzw. den den Jagdgast nicht Begleitenden auszufertigen sein.

Zu S. 164. Entschädigung für die Jagdausübung auf Inklaven: E. d. V.-G.-H. (Deutscher Jäger Bd. XXIII S. 210): Den Besitzern von Inklaven steht gegen den zur Jagdausübung berechtigten Großgrundbesitzer ein Entschädigungsanspruch aus Art. 3 d. J.-G. unbestritten zu und es ist hiebei gleichgiltig, ob der Jagdberechtigte auf dieses sein Recht bezüglich der Enklave verzichtet und es somit ruhen läßt oder nicht, da in Art. 3 von einem ruhenden Jagdrechte nichts gesagt ist.

Zu S. 174 und 183 ff. Jagdfolge: Die Aneignung (Okkupation) wird durch Inbesitznahme des Wildes vollendet. Letztere ist erfolgt, sobald der Jagende durch seine auf diese Absicht gerichtete Thätigkeit das Wild in eine Lage versetzt hat, daß er die physische Möglichkeit einer Einwirkung auf dasselbe erlangt hat. Das ist z. B. der Fall, wenn das Wild auf den Schuß am Platze liegen bleibt (E. d. Ob.-L.-G. München Bl. f. R.-A.-E. Bd. X S. 254) oder wenn das Wild infolge der Verwundung nicht mehr fähig ist, über die Grenze zu flüchten oder sonst in einem Zustande innerhalb des Reviers des Jagdberechtigten verbleibt, der dem Jäger ermöglicht, dasselbe jeden Augenblick an sich zu nehmen (oder — innerhalb des Reviers — durch den Hund holen zu lassen). Die Verwundung mit der Folge thatsächlicher Möglichkeit sofortiger Ergreifung kann als wirkliche Inbesitznahme betrachtet werden. (Anders bei in Schlingen, Fallen &c. gefangenem Wild, für das, solange die Inbesitznahme desselben durch den Nachstellenden nicht erfolgt ist, die Möglichkeit der Selbstbefreiung oder der Befreiung durch Menschenhand besteht. E. d. R.-G. E. XXIII S. 89.) Geräth ein als bereits thatsächlich occupiert anzusehendes Wild durch Zufall und ohne eigenes Zuthun in ein fremdes Nachbarrevier, z. B. durch Fortschwimmen in einem Gewässer, so ist es nicht mehr Gegenstand der jagdmäßigen Aneignung und hat der betr. Grenznachbar keinen Anspruch auf dasselbe. Wohl aber besteht ein solcher Anspruch, wenn die Ergreifung des auf der Stelle gebliebenen oder verwundeten Wildes dem Jäger durch die Umstände (z. B. Beschaffenheit des Geländes) innerhalb des eigenen Reviers nicht möglich war und dasselbe auf der Flucht in das Nachbarrevier kam oder nach dem Verenden vom Wasser dahin gerissen wurde; denn hier war die Aneignung im Reviere des Erlegers noch nicht vollendet, es kommt noch lebend oder als Fallwild in den Nachbarbezirk und kann vom Jagdberechtigten desselben beansprucht werden. S. Deutsch. Jäger Bd. XX S. 85, 86. (In dem hier erwähnten Fall — der Jäger ließ die von ihm geschossenen Enten, deren Ergreifung auf eigenem Gebiete möglich war, aus Bequemlichkeit ins Nachbargebiet fortschwimmen, um sie dort später herauszunehmen — erscheint es immerhin fraglich, ob nicht eine Verletzung des § 292 St.-G.-B. vorliegt. Die Aneignung muß doch soweit vollendet sein, daß mit Willen des Erlegers das Wild nicht mehr in andere Hände kommen kann. Wenn aber der Jäger das erlegte Wild in einen fremden Bezirk schwimmen läßt, obgleich er sich desselben innerhalb des eigenen bemächtigen konnte, so bleibt dahingestellt, ob nicht diese Bequemlichkeit (?) als Aufgabe des Willens berechtigter Aneignung im eigenen Revier zu betrachten und infolge dessen das Wild als herrenloses „Fallwild“ dem Nachbarn als zuständig anzusehen sein dürfte. Der Einwand der Bequemlichkeit scheint hier vom Standpunkte des Jagdstrafrechts doch nicht so ganz einwandfrei.) — Vgl. a. über Jagdfolgeübung mittels Hundes Deutsch. Jäger Bd. XVII S. 55.

Zu S. 179. Fallwild: s. deutsch. Jäger Bd. XVIII S. 107; XIX S. 69.

Zu S. 180. Scheuchen des Wilds: über Verwittern der Grenze s. Zwinger und Feld Bd. VII S. 90.

Zu S. 185. Aneignung von Wild in Behausungen:

Praktischer Fall: In dem offenen Durchgange einer Heuhütte wurde von deren Besitzer ein Hirsch gefunden, der sich mit dem Geweih im Gebälk verhängt hatte und verendet war. Der Besitzer, obwohl im Bezirke des Standorts der Hütte nicht jagdberechtigt, eignete sich den Hirsch an und verweigerte die Herausgabe desselben nebst Geweih an den Jagdberechtigten.

Der Besitzer der Hütte wurde in 1. Instanz im Civilrechtsstreite zur Ersatzleistung an den Jagdberechtigten verurtheilt, nachdem er vorher aus § 292 in Strafe genommen worden war (Deutsch. Jäger Bd. XIX S. 69). Die Verurtheilung aus § 292 mußte erfolgen, da eine Heuhütte eine Behausung im Sinne des Art. 2 Ziff. 1 J.=G. nicht bildet und dieselbe auch nicht umfriedet war, somit die Aneignung — von Fallwild — auf fremdem Revier vorlag.

Jagdausübung in umfriedeten Wohnanwesen: Ein Grundeigenthümer sah ein angeschossenes Reh vor dem Hunde in einen fremden Hof flüchten, eilte hinzu, ergriff das Reh und trug es nach Hause, um es dort zu töten und das Fleisch seinen Hunden vorzuwerfen. Das pr. K.=G. setzte das freisprechende Urtheil 1. Instanz außer Kraft, da zwar der Grundeigenthümer in Gärten, Höfen und anderen geschlossenen Plätzen (vgl. Art. 2 Ziff. 1 und 2 b. J.=G.) die Jagd ausüben darf, diese Befugniß sich jedoch über den „eigenen Grund und Boden" hinaus nicht erstreckt und auf Plätzen der bezeichneten Art nicht jeder beliebige Dritte zur Jagdausübung befugt erscheint (E. d. pr. K.=G. vom 25. April 1901 D. J.=Z. VI S. 534, 535).

Erlegung eines Marders im eigenen Gehöfte: Ein Anwesensbesitzer spürte in seinem Hofe einen Marder, welcher dort mehrere Hühner und Tauben anriß und tötete. Als der Besitzer eines Tags den Marder in der Holzschupfe entdeckte, rief er Nachbarn herbei, bewaffnete sich und einen Nachbarn mit Schießgewehr, ließ sich von einem Dritten den Marder zutreiben und schoß denselben. Sämmtliche Betheiligte waren wegen unbefugter Jagdausübung in Geldstrafen genommen worden. Das R.=G. (E. v. 7. Oktober 1901 noch ungedruckt) hob dieses Urtheil auf und in wiederholter Verhandlung kam das L.=G. München II zur Freisprechung in der Erwägung, daß die Anwesenheit des Marders in dem Gehöfte eine Gefahr für das Geflügel des Besitzers bildete, die er im Hinblicke auf § 228 B.G.B. Kraft eigenen Rechtes durch Tötung des Marders abzuwenden befugt war. Hienach könne von einem strafbaren Thun nicht die Rede sein. Dementsprechend wurden sämmtliche Betheiligte freigesprochen (E. d. L.=G. München II v. 10. Dezember 1901 — ungedruckt!).

Zu S. 193. Treiber: über den Umfang der Dienstleistungen s. a. Wild und Hund VII S. 638.

Zu S. 194. Anstifter: Die Strafbarkeit des Anstifters ist keineswegs bedingt durch die Ermittlung und Bestrafung des Hauptthäters. Dies gilt auch für Anschuldigungen wegen Jagdpolizeiübertretungen.

Praktischer Fall: Ein Jagdpächter legte seinen Jagdgästen vorsätzlich, theils mittelbar, theils unmittelbar nahe, Rehgeisen und Kitzböcke zu schießen und stellte ihnen dafür ein Jagdessen in Aussicht. Ein Theil der Jagdgäste folgte der Anregung des Jagdgebers und schoß solches Schonwild; es konnte jedoch nicht festgestellt werden, welche der Schützen das Schongebot verletzten.

Das O.-L.-G. München erachtete gleichwohl mit E. v. 18. Juli 1895 den Pächter für strafverantwortlich als Anstifter; Bl. f. R.-A. Bd. XLI S. 65.

Zu S. 212, 213. Erlegen und Fangen von Rehgaisen, Kitzen &c.: Wer aus Mitleid ein verlassenes Rehkitz mit nach Hause nimmt, thut dies nicht in Ausübung der Jagd. Der Jagdberechtigte, der solche Tiere zum Zwecke der Erhaltung nach Hause nimmt, muß sie, wenn die Gefahr des Eingehens vorüber ist, der Freiheit wiedergeben und darf sie nicht für sich behalten oder verkaufen — ausgenommen die männlichen Kitze je vom 1. Januar ab, von welchem Tage an sie zu den jagdbaren Böcken gerechnet werden dürfen. Nichtjagdberechtigte haben aus Mitleid aufgenommene Schonthiere dem Jagdberechtigten des Bezirkes alsbald auszuliefern. — Wird ein für die Jagd werthlos gewordenes — kümmerndes — Schonthier geschossen, so wird es gut sein, sich zeugschaftlichen Beweis über die Wertlosigkeit des Wildstückes zu sichern; s. Deutsch. Jäger XIX S. 29 und über Aufnahme junger Hasen Zwinger und Feld Bd. VIII S. 566. vgl. ferner oben Nachtrag zu S. 194.

Zu S. 215. Wildparke und Fasanerien: Sogen. „wilde Fasanerien“ werden der Begünstigungen des § 12 d. J.-P.-V.-O. nicht theilhaftig sein.

Zu S. 219. Versendung lebender Wachteln während der Schonzeit: Das pr. K.-G. hat in wiederholten Entscheidungen ausgesprochen, daß auch die Einfuhr lebender Wachteln während der Schonzeit strafbar sei; s. Deutsch. Jäger Bd. XVII S. 82, 227, 344. — Eine Einziehung wird nach dem Wortlaute des Art. 125 Abs. III P.-St.-G.-B. nicht verfügt werden können, da diese Bestimmung im Zusammenhalte mit §. 11 d. J.-P.-V.-O. offenbar nur erlegtes Wild, „Wildpret“, im Auge hat.

Zu S. 219. Treibjagden: Eine Treibjagd liegt vor, wenn das Wild auf- und den Schützen entgegengejagt wird; unerheblich ist, ob dies durch Treiber oder durch die Schützen selbst geschieht. E. d. b. Obst. L.-G. v. 6. November (ungedruckt).

Zu S. 238. Widerstand unter Drohung mit Schießgewehr: Das Anschlagen des Gewehres auf einen Jagdschutzbeamten ist als Widerstand mit Schußwaffe zu erachten. Zwinger und Feld Bd. VIII S. 180.

Zu S. 256. Behandlung der Gewehre während der Jagd:

Praktischer Fall. Ein Forstgehilfe hatte auf der Hühnerjagd sein Gewehr während einer Pause so auf den Boden gelegt, daß der Lauf nach einer Gruppe Personen gerichtet war; durch einen Zufall entlud sich das Gewehr und traf einen Jagdtheilnehmer tötlich. Das Landgericht Straubing verurtheilte den Forstgehilfen wegen fahrlässiger Tötung.

Es wurde angenommen, daß das Setzen des Hahnes in Rast die dem Gesetze genügende Vorsicht noch nicht erfülle, vielmehr beim Niederlegen des Gewehrs die Patrone hätte herausgenommen und außerdem das Gewehr so gelegt werden sollen, daß die Laufmündung nicht gegen Personen gerichtet war (E. v. November 1901).

Zu S. 260. Unfallversicherung des Jagdpersonals: Betriebsunfall bei Betheiligung an einer Jagd als Jagdgast. An die X'sche aus zusammenhängendem Waldbestande gebildete Eigenjagd, welche von dem X'schen Forstverwalter unter Beistand einiger auch als Jagdaufseher verpflichteter Waldhüter im Auftrag und für Rechnung der Grundherrschaft bejagt wird, grenzt die verpachtete Gemeindejagd von N. In beiden Revieren werden Treibjagden abgehalten. Bei einer solchen im Gemeinderevier wurde ein X'scher Waldaufseher und Jagdhüter durch einen zufällig losgehenden Schuß getötet. Dem Entschädigungsanspruche der Wittwe wurde stattgegeben, da die Abhaltung von Treibjagden sowohl im Interesse des Jagdberechtigten als der Waldwirthschaft gelegen sei, um einen nachtheiligen Wildstand abzumindern. Bei Abhaltung von Treibjagden sei man auf Mitwirkung der Nachbarn und Jagdgäste angewiesen. Jeder der Nachbarn nehme dabei auch direkte Interessen der eigenen Jagd wahr (z. B. beim Ueberlauf angeschossenen Wilds); E. d. bad. Landes-Versicherungs-Amts v. 25. September 1894 Reger, Bd. XV S. 193. — Von einem forstwirthschaftlichen Betriebe der Gemeinde ist die Jagd durch gesetzlich gebotene Verpachtung so völlig losgelöst, daß von Beziehungen zwischen Jagd und Waldwirthschaft nicht mehr die Rede sein kann, es muß daher festgestellt werden, ob der Unfall des X'schen Waldhüters mit dem Forstwirthschaftsbetrieb seiner Grundherrschaft in ursächlichem Zusammenhange steht. (Ein gleicher Fall in Bayern s. Reger XII S. 297.) — Der Mitpächter einer Gemeindejagd, landwirthschaftlicher Betriebsunternehmer, hatte bei der Jagdausübung einen Unfall, seinem Entschädigungsanspruch wurde vom R.-V.-Amte stattgegeben, da die Jagdausübung wesentlich im Interesse seines landwirthschaftlichen Unternehmens veranlaßt erschien, weil sein von drei Seiten durch Staatswald umschlossenes Besitzthum erheblichem Schaden durch austretendes Wild ausgesetzt war. — Dagegen wurde der Anspruch eines beim Patronenfüllen beschädigten Wirthschaftsinspektors abgewiesen, weil dargethan war, daß die Ausübung der Jagd durch ihn nicht zu seinen vertragsmäßigen Obliegenheiten gehörte, sondern nur zum Vergnügen geschah, woran der Umstand nichts ändere, daß die Jagdbeute auftragsgemäß zur herrschaftlichen Küche abgeliefert wurde; Deutsch. Jäger XVII S. 236. — Auf Verletzungen der Treiber durch Jagdgäste kann sich nach Umständen die land- und forstwirthschaftliche Unfallversicherung erstrecken, nicht aber — in der Regel — auf Unfälle von Jagdgästen s. Deutsch. Jäger XIX S. 219.

Alphabetisches Register.

(Die Zahlen bedeuten die Seiten.)

A.

B.

C.

D.

E.

F.

G.

H.

W.

Z.

Kolibri 360 GmbH
Ferdinand-Jühlke-Straße 7
99095 Erfurt, Deutschland
produktsicherheit@kolibri360.de